Spindler · Die frühen Kelten

Konrad Spindler

# Die frühen Kelten

Mit 114 Textabbildungen
und 18 Tafeln

Philipp Reclam jun. Stuttgart

**CIP-Kurztitelaufnahme der Deutschen Bibliothek**

**Spindler, Konrad:** Die frühen Kelten / Konrad Spindler. –
Stuttgart: Reclam, 1983.
  ISBN 3-15-010323-1

Alle Rechte vorbehalten. © 1983 Philipp Reclam jun., Stuttgart
Gesamtherstellung: Reclam, Ditzingen. Printed in Germany 1983
Umschlagentwurf: Hanns Lohrer, Stuttgart
ISBN 3-15-010323-1

# Inhalt

# Vorwort

Vor rund 2500 Jahren bildeten Südwestdeutschland, Ostfrankreich und die nordalpine Schweiz eine – im archäologischen Sinne – Kulturgemeinschaft, die von der Fachforschung als »westlicher Hallstattkreis« bezeichnet wird. Es spricht kaum etwas dagegen, daß es sich dabei um eine erste Konsolidierungsphase jenes Volkes handelt, das in den antiken Schriften unter dem Namen »Kelten« erscheint.

Eine länderübergreifende Darstellung der rund 200 Jahre währenden Geschichte dieser frühen Kelten hat es bislang nicht gegeben, wenngleich für die Teilbereiche bereits vorzügliche Untersuchungen vorliegen. Ich erwähne für Ostfrankreich die Dissertation von G. WAMSER (1975) sowie die Arbeiten von JOFFROY (1954 ff.), dem Ausgräber des berühmten Fürstengrabes von Vix. Für die Schweiz sind vor allem die grundlegenden Veröffentlichungen von DRACK (1958 ff.) maßgeblich, ebenso wie Band 4 des Sammelwerkes über die *Ur- und frühgeschichtliche Archäologie der Schweiz* mit dem Titel *Die Eisenzeit* (1974). Für Südwestdeutschland steht neuerdings das umfassende Werk über *Die Kelten in Baden-Württemberg* zur Verfügung, das namhafte Gelehrte unter Leitung von BITTEL, KIMMIG und SCHIEK (1981) zusammengestellt haben. Kürzlich erschien als Sondernummer der *Antiken Welt* eine von FISCHER und BIEL (1982) verfaßte Broschüre, in der – mit wunderschönen Fotos – die hauptsächlichen frühkeltischen Fürstengräber vorgeführt werden.

Wenn hier von einer Geschichte der frühen Kelten die Rede ist, so sind darunter ausschließlich Erkenntnisse zu verstehen, die sich aus archäologischen Quellen gewinnen lassen. Schriftliche Nachrichten, wie sie gewöhnlich für die Geschichtsschreibung herangezogen werden, fehlen nahezu völlig. Der Ausdeutung von Ausgrabungsbefunden sind freilich enge Grenzen gesetzt, die erst in jüngster Zeit durch die Einbeziehung naturwissenschaftlicher Methoden eine gewisse Erweiterung erfahren. Den mit Hilfe der Nachbarwissenschaften (Zoologie, Botanik, Anthropologie, Dendrochronologie u. a.) erzielten, teilweise erheblichen Fortschritten der Vorgeschichtsforschung ist in diesem Buche besonders Rechnung getragen worden. Überhaupt wurde versucht, in erster Linie die Quellen selbst, also die Siedlungen, Gräber und Kultplätze der frühen Kelten, auszubreiten und ausführlich zu beschreiben. Dadurch mag die Darstellung bisweilen etwas nüchtern wirken. Es sei dem Leser aber unbenommen, das archäologische Quellenmaterial selbst mit Leben zu füllen, wie denn die Archäologie nicht nur von Geduld und Glück, sondern sehr stark auch von einer guten Portion Phantasie lebt. Denn hinter den Bodenurkunden steht immer der Mensch. Jeder noch so bescheidene Vorzeitfund, jeder Tontopf und jede Fibel sind von Menschenhand gefertigt. Einer unserer Vorfahren hat diese Gegenstände einst geschaffen und genutzt, sie dann verworfen, verloren oder auch der Erde anvertraut, ohne zu ahnen, daß Jahrtausende später ein Archäologe die Überreste wieder ausgraben würde. Für einen kurzen Ausschnitt der Menschheitsgeschichte sollen diese Funde nun zum Sprechen gebracht werden.

Erlangen, im Herbst 1983                                      *Konrad Spindler*

# Einleitung

Es bedarf keiner weitschweifigen Rechtfertigung, die Kelten in den
Kreis der großen Völker Alteuropas aufzunehmen. Gleichwohl liegt
ihre Geschichte allen Forschungsbemühungen zum Trotz nach wie vor
im tiefsten Dunkel. Denn, und das unterscheidet sie wie kaum etwas
anderes von ihren südlichen Nachbarn – den Griechen und Römern –,
die Kelten besaßen keine eigene Schriftlichkeit. Wollen wir Caesar
(*Bell. gall.* VI 14,4) glauben, so widerstrebte es ihnen sogar, sich in der
Schriftübung zu bemühen: die keltischen Priester – die Druiden –
gedächten nicht, ihre Lehre unters Volk zu bringen, und außerdem
sollte man im Vertrauen auf die Schrift nicht das Gedächtnis vernach-
lässigen.
Der Versuch, uns ein Bild von Leben und Kultur dieses eigenwilligen
und rätselhaften Volkes zu verschaffen, muß deshalb notgedrungen
auf zwei zudem völlig unterschiedliche Quellengattungen zurückgreifen, die beide auf ihre Art nur fragmentarische Ausschnitte der historischen Wirklichkeit widerspiegeln.
Es sind dies einmal mehr beiläufige Notizen, Marginalien und nur
gelegentlich ausführlichere Berichte antiker Historiographen, die seit
dem 6. Jahrhundert v. Chr. ihren Niederschlag in der zeitgenössi-
schen Literatur des mediterranen Südens finden. Unter allen herausragend sind Caesars Kommentare zum Gallischen Krieg, die freilich
nur die Schlußphase der Keltike kurz vor der Mitte des 1. Jahrhunderts v. Chr. schildern. Diese Literaten erwarben die Informationen
nur in den seltensten Fällen aus erster Hand oder gar aus Augenschein. Was zu guter Letzt schriftlich fixiert wurde, ist als Folge der
Nachrichtenstafette durchaus entstellt. Selbst sorgfältige Textanalyse
ergibt kaum mehr als einige obskure Hinweise von höchst differenter historischer Gewichtung. Dennoch ist in jedem Fall der Kern
geschichtlicher Wahrheit bloßzulegen, soweit dies überhaupt möglich ist.
Auch der Quellenwert des vorzüglichsten Berichtes über die Kelten,
der *Commentarii de bello gallico* von C. Iulius Caesar, ist nicht im
Sinne einer neutralen Reportage aufzufassen. In erster Linie dienen die
Kriegstagebücher zur Rechtfertigung und Selbstglorifizierung der
Eroberungspolitik des Imperators. Bei aller erstaunlichen Detailtreue
– man denke nur an die Beschreibung des *murus gallicus*, der kelti-

schen Festungstechnik – wird dem Leser doch tatsächlich nur eine Interpretatio romana der wirklichen Begebenheiten geboten.

Die vielfältigen und mehrheitlich feindlichen Auseinandersetzungen des mittelmeerischen Südens mit den aus seiner Sicht barbarischen Kelten währten über ein halbes Jahrtausend. Zu erwarten, daß die Kontakte der Hochkulturen mit einem Randvolk durchaus niedrigerer Zivilisationsstufe zur schriftlichen Niederlegung einer auch nur oberflächlichen Geschichte der Kelten geführt hätten, wäre vermessen. Immerhin verdanken wir ihnen aber zahlreiche wichtige Referenzen in der griechischen und römischen Literatur. Sie verschaffen uns, angefangen von dürftigsten Bemerkungen bis hin zu Caesars Kommentaren als Höhepunkt und zugleich Ende der Berichterstattung, ein freilich immer durch die getönte Brille des sich überlegen fühlenden Südländers und auch dann noch mehr als lückenhaft geknüpftes Netz an Information.

Dies erlaubt, im Verein mit der zweiten Quellengattung in Teilaspekten gewisse Rückschlüsse auf die historische Entwicklung der Kelten von ihrem ersten Auftreten im Blickfeld der Geschichte bis zu ihrem Untergang im Mahlstrom römischer und germanischer Machtbestrebungen zu ziehen. Daß es den Kelten dabei gelang, wenigstens kurzfristig die blühenden Stadtkulturen südlich der Alpen und Karpaten in Angst und Schrecken zu versetzen, ja bis an den Rand der Katastrophe zu drängen – sie brandschatzten Rom und bedrohten das Orakel von Delphi –, gehört zu den Marksteinen alteuropäischer Geschichte.

Um so mehr stellt sich die Frage, woher dieses Volk kam, inwieweit sich Frühformen seiner Konsolidierung fassen lassen und welche Möglichkeiten bestehen, die Anfänge keltischer Kultur zeitlich und räumlich zu umgrenzen. Dazu ist es unumgänglich, die Zentren historischer Tradition zu verlassen und in die Peripherie der damals bekannten Welt vorzudringen, dorthin, wo an eigenständige schriftliche Überlieferung nicht zu denken war. Die Geschichte des frühen Keltentums läßt sich faktisch nur mit archäologischen Methoden erhellen. Doch die Quellen der Archäologie fließen nicht perennierend. Oft schütten sie nur spärlich und versiegen häufig genug ganz. Darüber hinaus beleuchten sie in aller Regel auch nur Perspektiven menschlichen Wirkens, die nachgerade von der schriftlichen Beurkundung ausgeschlossen oder doch zumindest vernachlässigt werden. Lassen sich die archäologischen Befunde vornehmlich siedlungsgeschichtlich, trachtgeschichtlich, handelsgeschichtlich, wirtschaftsgeschichtlich und formenkundlich ausdeuten, so notiert die literarische

Tradition überwiegend Fakten politischer, schöngeistiger oder religiöser Natur. Letztere operiert mit Individuen, die namentlich genannt, deren Leistungen im positiven wie im negativen angeführt werden und deren Lebensdaten in den abendländischen Kalender einzubinden sind.

Die Träger prähistorischer Kulturerscheinungen dagegen bleiben immer anonym. Die Quellhorizonte archäologischer und geschichtlicher Überlieferung decken einander so wenig, wie eine Wasserscheide zwei Flußsysteme trennt. Ohne Frage aber können sie sich bis hin zu universalhistorischen Betrachtungsweisen ergänzen, wenn es gelingt, beide in ein gemeinsames Kanalbett zu leiten. Dies ist nicht nur bei den antiken Kulturen Italiens und Griechenlands, sondern auch bei den vorderorientalischen Völkern des Fruchtbaren Halbmondes von Mesopotamien bis hinab nach Ägypten der Fall. Spatenforschung und Altphilologie lassen deren Frühgeschichte in ungleich hellerem Licht erscheinen, als es die allein erhaltenen Bodenurkunden etwa der frühkeltischen Kultur vermögen.

Die räumliche und zeitliche Fixierung dieses Rahmens wird mit Aufgabe der folgenden Betrachtungen sein. Daß eine solche Definition nicht unproblematisch ist und – darüber ist sich der Verfasser im klaren – nicht widerspruchslos bleiben wird, soll nicht verschwiegen werden. Es geht hier ja auch nicht darum, die frühen Kelten als sprachliche oder gar als politische Einheit festzulegen. Ein derartiges Vorhaben muß scheitern, wenn nur die im Boden bewahrten Sachaltertümer als Quellen zur Verfügung stehen. Andererseits bedarf aber jedes Thema einer begründeten Begrenzung, und dies ist in der Archäologie durch die Verbreitung ausgewählter Befundgruppen und Formenkreise vorgegeben. Wenn sich das Vorkommen beispielsweise bestimmter vergleichbarer Fibeln, Tongefäße oder Waffen, aber auch bezeichnender Bestattungssitten oder Siedlungstypen immer wieder deckt, so entsteht am ehesten der Eindruck, daß dahinter eine wie auch immer geartete Kulturgemeinschaft steckt. Der sich auf diese Weise abzeichnende »Westhallstattkreis« ist demnach Gegenstand der Abhandlung. Diesem randlich oder weiter entfernt gelegene Kulturprovinzen, auch wenn sie gelegentlich und teilweise wohl zu Recht als frühkeltisch bezeichnet werden, sind ausgeklammert.

Damit entstehen einerseits zwar nicht zu übersehende Nachteile, andererseits ist aber bei der Fülle des vorhandenen Stoffes eine Bescheidung unumgänglich. Nachteilig wirkt sich hauptsächlich der regional recht unterschiedliche Forschungsstand aus. So ist bislang im

Arbeitsgebiet nur eine Siedlung, und zwar die Heuneburg an der oberen Donau, umfänglich und systematisch untersucht worden, so daß auf diesen befestigten Fürstensitz unverhältnismäßig viel Bezug genommen werden muß. Andere vergleichbare Unternehmen (Britzgyberg, Châtillon-sur-Glâne, Mont Lassois, Bragny-sur-Saône) stekken in den Anfängen oder sind bislang nicht ausreichend publiziert. Wohnplätze der sozial niedriger stehenden, bäuerlichen Bevölkerung bilden noch immer ein Desiderat der Forschung.

Demgegenüber erweisen sich die Grabfunde als vorrangige, kaum noch überschaubare Quellengattung, wenngleich die vollständige Untersuchung von Gräberfeldern – eine seit langem unwidersprochene Forderung der Wissenschaft – nach wie vor die Ausnahme bildet. Depot- und Weihefunde als Zeugnisse bestimmter Jenseitsvorstellungen spielen im Westhallstattkreis eine untergeordnete Rolle, und Opferplätze wie Heiligtümer sind kaum bekannt.

Dieser vorwiegend durch einseitige Ausgrabungstätigkeit, weniger durch das Verhalten des vorgeschichtlichen Menschen selbst bedingte, unzulängliche Quellenfundus verlockt dazu, auch außerhalb des engeren Arbeitsgebietes zutage gekommene Befunde heranzuziehen, um damit das zu rekonstruierende Lebensbild der frühen Kelten zu bereichern. Der Verfasser verzichtet darauf weitgehend, einmal um nicht den Rahmen einer an sich schon mühseligen Grenzziehung neuerlich zu verwischen und zum anderen, um die im Westhallstattkreis nachweisbaren und mit der Kultur der frühen Kelten zu verbindenden archäologischen Befunde um so deutlicher herausstellen zu können. Auch hat gerade die jüngere Forschung gezeigt, daß die Übertragung gesicherter Forschungsergebnisse in ein archäologisch nur notdürftig erschlossenes Gebiet selbst kleinräumig zu erheblichen Fehlschlüssen führen kann.

Wohl keine andere vorgeschichtliche Kultur Mitteleuropas hat für eine derart faszinierende Hinterlassenschaft gesorgt wie der westliche Hallstattkreis. Es brauchen nur so spektakuläre Funde wie die frühkeltischen Fürstengräber von Vix und Eberdingen-Hochdorf genannt zu werden, die allein durch die atemberaubende Schönheit und künstlerische Fertigung der Grabbeigaben bestechen. Mag uns der Anblick des goldenen Halsreifes vom Fuß des Mont Lassois auch einen Anflug vom Schönheitssinn seines Besitzers vermitteln, mag die Betrachtung der rollenden Sitzbank aus dem Umfeld des Hohenasperg uns der handwerklichen Leistung ihres Herstellers staunen machen, so steht dahinter doch mehr als nur der bewunderte Gegenstand. Dahinter steht die geistige und politische Sphäre einer uns freilich weitgehend apokryphen Bevölkerung. Sie hatte ohne Zweifel bereits eine ungeschriebene Geschichte, der sie verpflichtet war, löste sich aber aus eigener Kraft von übernommenen Lebensnormen und formte sich zu einer neuen, in allen Bereichen menschlichen Lebens und Wirkens progressiven Gemeinschaft. Mit der Herausbildung fürstlicher Dynastien – und das bezeugen die archäologischen Funde in aller Eindringlichkeit – fand sie zu einer bis dahin völlig ungewohnten, sozialen Gesellschaftsstruktur. Handwerk, Kunstgewerbe und Kunst wurden mehr denn je als Ausdrucksmittel neuer geistiger und religiöser Grundeinstellungen integriert. Die Verwendung fortschrittlicher Technologien legte den Grundstock zu einer Entwicklung, die die frühen Kelten gleichsam an die Schwelle zu einer Hochkultur führte. Dies um so mehr, als mit der Einbindung in ein internationales Handelsnetz, das sich über die gesamte damals bekannte Welt von China bis Iberien und von Nordafrika bis an die Küste der Ostsee erstreckte, die entsprechenden Kontakte zu hochzivilisierten Völkern gegeben waren. Die mediterrane Welt war den nördlichen »Barbaren« Lehrmeister in vielem, man denke nur an den Mann von Hirschlanden oder an die Lehmziegelmauer der Heuneburg. Auch die neue politische Organisation der frühen Kelten, die Absonderung des Adels in wohlbefestigten Burgen, ist ohne das südliche Modell der Akropolis kaum zu verstehen.

Es liegt eine gewisse Tragik in der Kultur dieses frühen Keltentums, daß sie nach kurzer Blüte schon zu Beginn des 4. Jahrhunderts v. Chr. ein so abruptes, in seinen Ursachen schwer ergründbares Ende fand. Doch daß der Untergang der frühkeltischen Adelsburgen und im Verein damit das Abbrechen der Fürstengrabsitte just in jene Zeit fällt, in der die antiken Autoren das erste Eindringen keltischer Stämme in den Süden und Südosten Europas vermelden, wird wohl kein Zufall sein.

# Erstes Kapitel
## Das frühe Keltentum aus historischer Sicht

Der folgende kurze Abriß dessen, was wir aus den antiken Schriften griechischer und römischer Historiker über die frühen Kelten erfahren, soll in erster Linie einen Überblick von der geschichtlichen Bedeutung dieses Volkes von seinen ältesten Erwähnungen bis hin zu dem Zeitpunkt vermitteln, als mit dem Beginn der Keltenwanderungen spätestens im Verlauf des 4. Jahrhunderts v. Chr. ein auch im archäologischen Fundbild tiefgreifender Kulturwandel spürbar wird. Dies wird uns helfen, die Frühzeit der Kelten vor allem gegen jene Erscheinungen besser abzusondern, die in der Forschung mit dem Begriff »Latène« umschrieben werden und während denen die keltischen Stämme nach einer Phase neuerlicher Konsolidierung mit der Entstehung der sogenannten Oppida-Zivilisation in eine zweite, in diesem Fall freilich zugleich letzte Phase hochkulturlicher Blüte eintraten.

Schon im 2. Jahrhundert v. Chr. dehnte sich die Keltike mit erstaunlich einheitlichem Kulturhabitus bis an die Atlantikküste im Westen, nach Osten bis in die ungarische Tiefebene, nach Norden bis an die Mittelgebirgsschwelle und nach Süden bis an den Fuß der Alpen wie Pyrenäen aus. Seitdem ist es den Nationen dieses Raumes nie mehr gelungen, zu einer derart weiträumigen Oikumene zu verschmelzen. Spätestens an der Wende zum 1. Jahrhundert v. Chr. erstreckte sich das keltische Territorium nach Aussage der Funde in Zentraleuropa von West nach Ost über fast 4000 km und von Süd nach Nord über mehr als 1500 km.

Für die früheste Geschichte der Kelten sind in unserem Zusammenhang insbesondere drei literarische Quellen wichtig, die bei Hekataios von Milet, Apollonios von Rhodos und Herodot tradiert sind. Zusammengefaßt ergeben alle drei Überlieferungsstränge, wenn auch nicht ohne unvermeidliche Einschränkungen, eine in etwa gleiche Tendenz.

Der Geograph und Geschichtsschreiber Hekataios von Milet lebte von 560/550 bis um 480 v. Chr. Er erwähnt, daß das Gebiet um »Massilia« (das heutige Marseille) von Ligurern bewohnt sei und daß dahinter die »Keltike« liege. Nach Westen schließen sich den Ligurern die Iberer an

(*Fragm.* 19 und 21), woraus sich zwangsläufig ergibt, daß Hekataios die Kelten irgendwo nördlich der Provence angesiedelt wissen will.

Noch deutlicher drückt sich der Gelehrte und epische Dichter Apollonios von Rhodos aus, der im 3. Jahrhundert v. Chr. wirkte und – möglicherweise auf älteren Quellen fußend – in seinen *Argonautika* berichtet, man erreiche die Kelten, wenn man den »Rhodanos« (die Rhône) aufwärts fahre und stürmische Seen überquere (*Argonautika* 4, 625 ff.). Damit kann eigentlich nur der Genfer See und darüber hinaus vielleicht die Seenplatte des Schweizer Mittellandes bis hin zum Bodensee gemeint sein, mithin das Kerngebiet des Westhallstattkreises.

Problematischer ist die Quellenlage bei Herodot, dem »Vater der Geschichtsschreibung«. Das überlieferte Geburtsdatum 484 v. Chr. kann annähernd richtig sein. Vermutlich ist er kurz nach Ausbruch des Peloponnesischen Krieges 430 v. Chr. gestorben. Sein Lebenswerk, das er die »Darlegung der Forschung« nennt, ist damit etwa 50 Jahre nach dem des Hekataios von Milet verfaßt. Vermutlich benutzt er neben eigenen Reisenotizen auch ältere Berichte. Vorab ist zu sagen, daß Herodot ehrlicherweise zugibt, daß er sich in der Geographie des westlichen wie des nördlichen Kontinents nicht gut auskennt. Dementsprechend unklar sind auch seine Versuche, die Kelten zu lokalisieren. In seiner Geographie erwähnt er die Kelten zweimal (Buch II 33,3 und IV 49,3). Die zweite Notiz kann außer Betracht bleiben, da es sich dabei – wie Franz Fischer einleuchtend gezeigt hat[1] – allem Anschein nach lediglich um ein gekürztes Selbstzitat seiner ersten Fassung handelt. In Buch II 33,3 heißt es, daß die Donau bei den Kelten und der Stadt »Pyrene« entspringe und dann ganz Europa, dieses teilend, durchströme. Die Kelten aber lebten jenseits der Säulen des Herakles (d. i. die Meerenge von Gibraltar), und dahinter kämen nur noch die Kyneten als die äußersten Bewohner Europas.

Bei diesen durchaus verworrenen geographischen Angaben fällt zunächst die Nennung der Donauquelle als Heimat der Kelten auf, was ohne weiteres mit der örtlichen Bestimmung bei Hekataios von Milet in Einklang zu bringen ist und später, wenn auch nur mittelbar und in unserer Kenntnis der tatsächlichen erdkundlichen Verhältnisse, von Apollonios bestätigt wird.

Schwieriger wird man mit dem zweiten geographischen Begriff, der Stadt Pyrene, fertig. Allgemein identifiziert man damit die Pyrenäen, wobei immer unter dem Hinweis auf die mangelnde Kenntnis des Westens dem Geographen eine Verwechslung von Stadt und Gebirge unterstellt wird. Daß dies nicht von ungefähr kommt, wird bei Herodot auch anderwärts ersichtlich, als man mit fast noch besserer Begründung geneigt wäre, etwa die beim gleichen Verfasser als rechts- bzw. linksdanubisch bezeichneten Nebenflüsse Alpis und Karpis mit den Gebirgsketten der Alpen und Karpaten zu gleichen.

Um der Verbindung Donauquellen und Pyrene=Pyrenäen den inneren Widerspruch zu nehmen, erwägt Edward Sangmeister[2], ob nicht von vornherein eine Fehlorientierung über den Verlauf der Pyrenäen vorläge. Danach könnten die Griechen als Küstenseefahrer in diesem Höhenzug ein Gebirge gesehen haben, das vom Golf du Lion aus über Cevennen, Zentralplateau und Vogesen bis zum Schwarzwald gereicht habe. Die südfranzösische Küstenzone werde ja von Süd nach Nord durch ein von See her geschlossen wirkendes Gebirge begrenzt, das sich irgendwo im Norden verliere: eine ansprechende Deutung, wenn nicht überhaupt die Klangähnlichkeit auf Zufall beruhe und mit Pyrene in der Tat eine bislang nicht zu lokalisierende Stadt in der Keltike angesprochen sei.

Die dritte geographische Komponente bei Herodot siedelt die Kelten jenseits der Meerenge von Gibraltar und vor den Kyneten an, also nach unserem heutigen Wissen am ehesten in Südportugal. Dies erscheint erst recht unglaubwürdig und läßt sich auch archäologisch nicht im mindesten erhärten, da keltische Funde im Südwesten der Iberischen Halbinsel völlig fehlen. Eine solche Bemerkung kann wohl nur vom Standort des Referenten – nach seinen ausgedehnten Erkundungsreisen wirkte Herodot zuletzt in Athen und Unteritalien – als ganz unverbindlich erachtet werden und nicht mehr als eben »im Westen« bedeuten. Nach seinen eigenen präziseren Angaben nicht falsch und nicht richtig, jedoch die von ihm selbst zugegebene Unsicherheit verratend.

So vage die ersten Lokalisierungsversuche durch die Alten auch sein mögen, die zielen letztlich immer auf denselben Raum, den wir am ehesten mit einem Gebiet nordwestlich des Alpenbogens – Ostfrankreich, Südwestdeutschland und nordalpine Schweiz – umgreifen möchten.

Damit gewinnen wir für die Frühzeit der Kelten eine maßgebliche räumliche Zuweisung, die es jetzt zeitlich zu fixieren gilt.

Hekataios von Milet wirkte in den Jahrzehnten um 500 v. Chr. Seine Erdbeschreibung dürfte im wesentlichen Zustände der zweiten Hälfte des 6. Jahrhunderts v. Chr. widerspiegeln. Herodot schrieb zwar etwa zwei Generationen später, doch soll er – wie die Forschung annimmt –

neben seinen selbst erworbenen Erfahrungen auch ältere Berichte ausgewertet haben. Dies beträfe insbesondere den Westen, für den er, da das westliche Mittelmeer nach der Schlacht bei Alalia (um 540 – 535 v. Chr.) für die Griechen im wesentlichen gesperrt war, allem Anschein nach einen frühen Periplus (wörtlich: Umsegelung) ausschöpfte. Ist dies richtig, so würden seine Informationen zum einen auf Nachrichten etwa aus der Mitte des 6. Jahrhunderts v. Chr. zurückgehen. Nichtsdestoweniger könnte aber die Kenntnis über die Kelten beim Donauursprung auch auf zeitgenössische Mitteilungen zurückzuführen sein, die über den Rhône-Saône-Couloir und die griechische Pflanzstadt Massilia zu ihm gelangten. Damit wären Herodots Kronzeugen ungefähr in die Zeit von 550 bis 450 v. Chr. einzuordnen, ohne daß man genauer sagen könnte, ob ihm mehrere Quellen zur Verfügung standen und aus welcher Zeit diese exakt stammten.

Ich neige eher zu der Ansicht, daß die geographischen Fixpunkte »jenseits der Säulen des Herakles« und »Pyrene« älteren, von ihm nicht mehr genauer nachprüfbaren oder unverstandenen Periplus entnommen wurden, während ihm Händler oder Kaufleute seiner Zeit den Topos »bei den Donauquellen« zutrugen, wie ihm ja der korrekte Lauf der Donau »Europa teilend« durchaus geläufig war. Für die im 3. Jahrhundert v. Chr. verfaßten *Argonautika* des Appolonios von Rhodos läßt sich nur festhalten, daß auch sie auf Quellen der Zeit um 500 v. Chr. zurückgreifen sollen.

Damit gewinnen wir praktisch aus allen historischen Überlieferungen über die frühen Kelten ein Datenspektrum, das grob gesprochen in die Zeit zwischen 550 und 450 v. Chr. einzuordnen ist.

In dieser Zeit nun prägt sich im oben umrissenen Raum – der Zone nordwestlich der Alpen – jener Kulturkreis aus, der schon wiederholt als »westlicher Hallstattkreis« apostrophiert wurde.

Notwendigerweise schließt sich an diese Feststellung die Frage an, welche Ursachen dazu führten, daß in dieser Zeit aus dem genannten Raum nahezu unvermittelt Nachrichten in die Mediterraneis drangen. Und zwar Nachrichten, die den weiten Weg aus dem düsteren Barbarenland bis in die helle Sonne Griechenlands zurückgelegt hatten. Die Antwort drängt sich geradezu auf. Der Westhallstattkreis empfing in kaum glaublichem Umfang südliche Importgüter, die nun als Bodenfunde jenseits der nördlichen Peripherie der mittelmeerischen Hochkulturen in überraschender Fülle vorliegen. Es kamen Reste von weit über hundert attisch-schwarzfigurigen Gefäßen aus dem Boden Ostfrankreichs, Südwestdeutschlands und der Schweiz, ja sogar aus Böh-

men zum Vorschein. Berücksichtigt man, daß bislang nur der geringste Bruchteil wieder ans Tageslicht gefördert wurde, so ist ohne
Übertreibung sicherlich mit Tausenden von keramischen Importen zu
rechnen.

Wenn auch in vermindertem Umfang, so ist ähnliches ebenso bei
anderen Einfuhrgütern zu veranschlagen. Man denke an die nicht
geringe Zahl griechischen und etruskischen Bronzegeschirrs, an dessen
Spitze der einzigartige Volutenkrater von Vix steht. Gerade bei solchen Prunkgefäßen ist es mehr als berechtigt, an ihrer Stellung als
regulärem Handelsgut zu zweifeln, sie vielmehr als Auftragsarbeit
oder gar als repräsentative Staatsgeschenke – als Keimélia[3] – oder als
Heiratsmitgift zu deuten. So beschränkten sich die Kontakte der
frühen Kelten mit der mediterranen Welt nicht nur auf die rein
merkantile Ebene, es kamen wohl auch Kelten zu den Bewohnern des
Südens und umgekehrt. Die Belege dafür gehen weit über die Zeugnisse der Sachaltertümer hinaus. Erscheinungen wie die Lehmziegelmauer der Heuneburg oder der Mann von Hirschlanden bestätigen
diese wechselseitigen Beziehungen nachdrücklichst.

Auch die schriftliche Überlieferung spricht im gleichen Sinn. Der
hervorragendste Beleg findet sich bei Plinius dem Älteren (23/24 – 79
n. Chr.), der eine Anekdote aus der Zeit vor dem Einsetzen des
keltischen Ausgriffs in den Süden, also etwa das 5. Jahrhundert v. Chr.
betreffend, vermerkt (*Nat. hist.* XII 5). Danach hätte sich der helveti-
sche Kelte Helico als Handwerker (*faber* ›Schmied‹) in Rom betätigt
und bei seiner Rückkehr in die Heimat Südfrüchte, Olivenöl und Wein
mitgeführt. In Kenntnis dieser Köstlichkeiten hätten sich dann die
Kelten entschlossen, sich solcher durch Kriegszüge selbst zu bemäch-
tigen und damit die keltischen Wanderungen über die Alpen nach
Italien seit Beginn des 4. Jahrhunderts v. Chr. ausgelöst.

Wir gewinnen also aus dieser Quelle zumindest den indirekten Hinweis, daß sich in der römischen Historiographie vage Erinnerungen an
persönliche Beziehungen zwischen der Keltike und dem Süden schon
vor Einsetzen der Keltenzüge gehalten hatten, womit sich literarische
Tradition und archäologische Befundausdeutung wieder in einen
erfreulichen Einklang bringen lassen. Von daher erscheint es gewiß
gerechtfertigt, den westlichen Hallstattkreis als jenen Kulturraum zu
begreifen, den auch die antiken Historiker und Geographen örtlich
und zeitlich mit dem frühen Keltentum identifizierten.

Mit dem Einsetzen der keltischen Wanderungen spätestens zu Beginn
des 4. Jahrhunderts v. Chr. wird die literarische Überlieferung etwas

dichter und auch zuverlässiger. Für uns ist dieser Vorgang leicht zu erklären, traten doch eben zu diesem Zeitpunkt die Kelten dem Machtzentrum Rom zum erstenmal und sogleich auch als höchst bedrohliche Gefahr entgegen. Da – wie die antiken Schriften melden – die Kelten über die Alpen nach Süden in die Poebene vordrangen, muß die Herkunft jener Volksstämme wohl vornehmlich im süddeutschen Raum gesucht werden, folglich in dem Gebiet, das in dieser Zeit von dem allmählichen Erlöschen der Späthallstattkultur und den sich mehr und mehr durchsetzenden Erscheinungen der Frühlatènekultur geprägt wurde. Die Auseinandersetzung zwischen den beiden genannten Kulturkreisen, in der der eine unterliegt, der andere obsiegt, muß die Ursache für jene Unruhen gewesen sein, die die keltischen Heerhaufen zunächst nach Italien, später auch die Donau abwärts auf die Balkanhalbinsel trieb. Damit war gleichermaßen eine sich in den sozialen, religiösen und künstlerischen Verhältnissen niederschlagende Umstrukturierung verbunden.

Als Hauptgrund für die keltischen Wanderzüge werden zunächst innere Zwistigkeiten und anhaltende kriegerische Umtriebe angenommen. Dies berichtet jedenfalls Pompeius Trogus in der zweiten Hälfte des 1. Jahrhunderts v. Chr. (zitiert bei Iustinus 20,5), und man ist durchaus geneigt, in dem im wesentlichen wohl in die Jahrzehnte nach 400 v. Chr. fallenden Ende der frühkeltischen Fürstensitze vom Typ Heuneburg und Mont Lassois den historischen Kern dieser Nachricht zu sehen.

Übereinstimmend melden die Quellen zudem eine Überbevölkerung (wieder Pompeius Trogus bei Iustinus 24,4 sowie Livius V 34 f.), die die Emigration veranlaßte. Livius nennt den Keltenkönig Ambigatus, der aufgrund eines Orakels seine beiden Söhne in die Ferne schickte. Sigovesus zog in die herzynischen Wälder, nach allgemeiner Ansicht die nordalpine Mittelgebirgszone, in der tatsächlich seit Beginn der Latènekultur (Latène A) eine beträchtliche Ausweitung und Intensivierung der keltischen Besiedlung zu verzeichnen ist. Das Ziel seines Bruders Bellovesus war Italien. Nach Pompeius Trogus sollen insgesamt etwa 300 000 Menschen auf dem Marsch gewesen sein, sicher eine übertriebene Zahl, jedoch ein Hinweis auf erhebliche Bevölkerungsverschiebungen und letztlich wohl auch die offizielle Entschuldigung des stolzen Roms, daß es von solchen dahergelaufenen Barbaren derart in Bedrängnis gebracht wurde.

Wie dem auch sei, am 18. Juli 387 vernichteten die Kelten das römische Heer an der Allia und äscherten das geräumte Rom ein. Nur das

Kapitol, dessen Verteidiger durch Gänsegeschnatter gewarnt waren, konnte sich halten, und erst eine erkleckliche Summe Lösegeldes bewog die Kelten zum Abzug. Der seitdem sprichwörtliche Ausruf »vae victis« (Wehe den Besiegten!) spiegelt die ganze Not wider, in die das junge Staatengebilde Mittelitaliens damals geriet, und die ständige Bedrohung aus dem Norden lastete noch jahrhundertelang auf dem aufstrebenden Imperium, bis es sich endlich im letzten Jahrhundert vor der Zeitenwende entschloß, die Keltenreiche und damit diese Gefahr ein für allemal zu beseitigen. 58 bis 51 v. Chr. wurde Gallien ungefähr in den Grenzen des heutigen Frankreichs und Belgiens niedergeschlagen. Mit der Eroberung Rätiens und Vindelikiens im Verlauf des Alpenfeldzuges 15 v. Chr. durch die Augustus-Stiefsöhne Drusus und Tiberius wurde schließlich auch das keltische Gebiet Süddeutschlands und der Schweiz vom Alpenkamm bis zur Donau von Rom unterjocht.

Die durchgreifende Romanisierung der ehemaligen Keltenreiche setzte in Mitteleuropa eine Zäsur, die die politischen und kulturhistorischen Konstellationen grundlegend änderte und Machtverhältnisse schuf, die die geschichtliche Zukunft Alteuropas maßgeblich gestalten sollten.

# Zweites Kapitel

# Der Westhallstattkreis als Lebensraum der frühen Kelten

## Zeitliche Abgrenzung

Die Kulturerscheinungen des westlichen Hallstattkreises, die die Frühzeit keltischen Lebens und Wirkens in Mitteleuropa ausmachen, ordnen sich in einen von der Forschung genau definierten Ausschnitt der vorrömischen Eisenzeit ein. Der Archäologe erstellt dabei eine relative Abfolge einzelner unterschiedlicher Formen- und Befundgruppen, die man in einem zweiten Schritt absolutchronologisch zu datieren versucht.

Dem Hallstattkreis geht die in ihrem Habitus noch spätbronzezeitliche Urnenfelderkultur voran (um 1200 – 750 v. Chr.). Ihm folgt die jüngereisenzeitliche Latènekultur (um 450 v. Chr. bis um Christi Geburt). Die Hallstattkultur selbst wird in zwei kulturell deutlich voneinander zu trennende Zeitabschnitte gegliedert. Die ältere Hallstattkultur trägt die Kennbuchstaben Ha C, die jüngere oder späte Hallstattkultur das Sigel Ha D. Nur mit der späten Hallstattkultur (Ha D) läßt sich die Hinterlassenschaft der frühen Kelten im Sinne der antiken Historiographen fassen. Es erscheint nicht gerechtfertigt, auch den älteren Teil der Hallstattkultur (Ha C) als keltisch zu bezeichnen. Denn der Wechsel im archäologischen Befundbild von der älteren zur jüngeren Stufe ist so markant, daß eben nur in den Neuerungen der Späthallstattkultur das erkannt werden darf, was die Griechen und in ihrer Folge die Römer als typisch keltisch verstanden wissen wollten.

Selbstverständlich sind die Übergänge von Kulturabschnitt zu Kulturabschnitt fließend, und oft ist deshalb die Trenngrenze nicht ganz leicht zu ziehen. Man einigt sich deshalb auf ein Merkmal, von dem man sicher sagen kann, daß es in allen Fällen auf eine Stufe beschränkt bleibt. Danach ist der Beginn der Späthallstattzeit mit dem Aufkommen der Fibelmode definiert. Unter einer Fibel versteht man eine nach dem Prinzip der Sicherheitsnadel konstruierte Gewandschließe. In der vorangehenden Stufe Ha C wurden ausschließlich Nadeln als Schmuck und zur Sicherung der Gewänder genutzt. Es gibt im gesamten Bereich der westlichen Hallstattkultur keinen Fund der Stufe Ha C, in dem bereits Fibeln auftauchen. Andererseits freilich wurde die Nadel auch während Ha D gern benutzt, doch setzten sich nun die Fibeln rasch und variantenreich durch.

Mit der Einführung der Fibel als Gewandspange waren weitere Neuerungen gekoppelt, die aber keineswegs in allen Fällen eine solche Ausschließlichkeit wie das plötzliche Aufkommen der Fibelmode aufwiesen. Es handelt sich folglich um sekundäre Merkmale, deren Bündelung die Besonderheiten des Westhallstattkreises ausmachen. Dazu gehörte beispielsweise eine auffallende Änderung der Waffenbeigabe in den Männergräbern. Während Ha C gelangten nur lange Hiebschwerter in die Gräber, die mit dem Beginn der Späthallstattkultur durch die Mitgabe kurzer Zierdolche abgelöst wurden. Daß diese Regelung durchaus nicht so verbindlich war, zeigt sich etwa daran, daß in einem Hallstattgrab von Prächting in Unterfranken[1] ein Schwert zusammen mit einer eisernen Schlangenfibel niedergelegt wurde. Selbst die Schwertbeigabe verlor im Verlauf der Stufe Ha D nicht völlig an Bedeutung. Aus der Späthallstattkultur sind wenigstens 17 Lang- und Kurzschwerter bekannt[2], die zum ganz überwiegenden Teil aus Gräbern zutage kamen. Erst in der folgenden Latènekultur gewann das Schwert dann wieder als Beigabe in den Männergräbern die Oberhand.

Neben Änderungen im Formenbestand und Grabritus ist aber die Späthallstattkultur insbesondere durch einen deutlichen Wechsel in der sozialen Struktur der Bevölkerung gekennzeichnet. Gemeint ist das Aufkommen überaus üppig ausgestatteter Gräber, die nach allgemeiner Übereinkunft als Fürsten- oder Adelsbestattungen bezeichnet werden. Damit zusammen hängt auch die Entstehung aufwendig gestalteter Siedlungen – Fürsten- oder Adelssitze –, die nicht selten in unmittelbarer Nachbarschaft der reichen Gräber angetroffen werden. Zwar sind soziale Differenzierungen auch in der älteren Stufe Ha C nicht zu verkennen. Diese setzen sich aber kaum so deutlich gegen das übliche Ausstattungsschema der allgemeinen Bevölkerung ab wie während der Phase Ha D.

Die späthallstättischen Fürsten waren es denn auch, die sich den Luxus südländischer Importe leisten konnten, mit deren Hilfe die zeitliche Einordnung dieser Kulturstufe gelingt. Der Einfuhrstrom setzte zwar schon während Ha C ein, wie der einstweilen einzige Importfund einer etruskischen Rippenschale des 7. Jahrhunderts v. Chr. in einem älterhallstättischen Schwertgrab aus dem Frankfurter Stadtwald[3] lehrt. Sie bleibt aber in der Fundstatistik vorerst noch völlig vereinzelt.

Etwas jünger sind zwei »rhodische« Bronzekannen der zweiten Hälfte
des 7. und der ersten Hälfte des 6. Jahrhunderts v. Chr. aus späthallstattzeitlichen Fürstengräbern von Kappel am Rhein[4] und von Vilsingen[5], Kr. Sigmaringen. Nun können aber solche in ihren Ursprungs-
ländern – hier vermutlich Griechenland – ohnehin nicht schärfer zu
datierenden Metallgefäße für die chronologische Bestimmung nur ganz
grobe Anhalte bieten, da man ja nicht weiß, welche Zeit von der
Herstellung der Gegenstände im Mittelmeergebiet bis zur Niederlegung im Grab eines Barbaren verstrich. Auch ist zu veranschlagen, daß
solche Kostbarkeiten sicher oft generationenlang sorgsam im Haushalt
oder in der Schatzkammer der Keltenfürsten verwahrt wurden, bis
man sich entschloß, sich von ihnen zu trennen und einem Familienmit-
glied mit ins Grab zu legen.
Etwas genauere Datierungsmöglichkeiten bietet die schwarzfigurige
attische Keramik, die mittlerweile bereits von zehn Stationen des
Westhallstattkreises und seiner Randgebiete bekannt ist. Wichtigster
Fundplatz ist wieder die Heuneburg, da von dieser Siedlung griechische Tonware in genügender Anzahl aus gut beobachteten Schichtzu-
sammenhängen vorliegt und damit der Fehler der geringen Zahl am
ehesten vermieden werden kann. Hier kam Tonware, die um 530/520
v. Chr. in der Ägäis getöpfert wurde, schon im Bereich von Mauerbauten zutage, die in die Anfangszeit der Burganlage gehören. Wenn
man die Zerbrechlichkeit von Keramik im Gegensatz zur Dauerhaftigkeit des Bronzegeschirrs berücksichtigt, wird man für den Beginn des
Fürstensitzes auf der Heuneburg, der im großen und ganzen auch dem
der späten Hallstattkultur gleichkommt, ein Datum um die Mitte des
6. Jahrhunderts v. Chr. ansetzen dürfen.
Schwieriger ist das Ende der Phase Ha D zu bestimmen. Einmal muß
man – so jedenfalls sind die archäologischen Zeugnisse zu interpretieren – mit einer recht langen Dauer des Übergangs von der späten
Hallstattkultur zur frühen Latènekultur rechnen. Zum anderen scheint
es so, als ob sich in manchen Gebieten die Kulturäußerungen relativ
lange halten konnten, während daneben die Eigentümlichkeiten der
Latènezeit bereits zum vollen Durchbruch gelangten.
Die späte Hallstattzeit läßt sich ihrerseits in drei Entwicklungsphasen
scheiden (Ha D 1 – 3), da die mit Beginn dieser Kulturstufe einset-
zende Verwendung der Fibel in der Folge raschen Modeströmungen
unterworfen war. So fällt auf, daß zunächst nur Kahn-, Bogen- und
Schlangenfibeln fabriziert wurden, die man später durch Pauken- und
Fußzierfibeln ersetzte. Mit Hilfe dieses Formenwechsels ist es mög-

lich, die Stufe Ha D in zwei zeitlich aufeinanderfolgende Phasen (Ha D 1 und D 2) aufzulösen. Die Berechtigung zu dieser Phasentrennung erfuhr in jüngster Zeit eine glänzende Bestätigung, als bei der Untersuchung eines hallstattzeitlichen Gräberfeldes auf dem Magdalenenberg bei Villingen im Schwarzwald zum erstenmal eine Nekropole freigelegt werden konnte, in der die Toten nur Fibeln der Phase Ha D 1, nämlich insgesamt 57 Kahn-, Schlangen- und Bogenfibeln sowie eine Dragofibel – eine Verwandte der Schlangenfibel –, trugen.[6]
Den beiden ersten Formengruppen folgt die Phase Ha D 3, in der neben guten Späthallstatt-Typen auch Bestände aus dem Formenvorrat der frühen Latènekultur (Lt A) vorliegen. Daher ist man gewohnt, die Endphase Ha D 3 mit dieser ersten Latènestufe voll zu parallelisieren und die Übergangszeit mit Ha D 3 / Lt A zu bezeichnen. Dies vor allem dann, wenn in einer Fundprovinz – und das trifft besonders für den Westhallstattkreis zu – einzelne Sachaltertümer bereits anzeigen, daß die letzte Phase latènezeitlich sein muß, das übrige Kulturmilieu aber in späthallstättischem Habitus verharrt.
Einen recht guten zeitlichen Ansatz für diese Wende bietet ein Grabfund vom Kleinaspergle bei Asperg, Kr. Ludwigsburg.[7] Dort wurde in einem Großgrabhügel am Fuße des Hohenasperg ein Mann bestattet, der nach Ausweis der Grabbeigaben und deren zeitlicher Einstufung ganz offensichtlich als einer der letzten aus der hallstättischen Hohenasperg-Dynastie hervortritt. Zwei um 450 v. Chr. in Griechenland entstandene Schalen und ein wohl erst im letzten Drittel des 5. Jahrhunderts im Tessin gefertigter gerippter Bronzeeimer datieren die Grablege an die Wende vom 5. zum 4. Jahrhundert. Die einheimischen Gegenstände des Grabes, insbesondere die Goldblecharbeiten, sind nicht mehr in hallstättischer Tradition, sondern bereits im frühen Latènestil gestaltet. Kulturell gehört das Grab mit seiner Ausstattung ohne Zweifel in den Umkreis der späthallstattzeitlichen Fürstengräber-Zivilisation, zeitlich bereits der frühen Latènekultur an.
Damit gewinnen wir für die absolute Chronologie des Westhallstattkreises die beiden nötigen Eckpfeiler. Mit den attisch-schwarzfigurigen Scherben von der Heuneburg aus der zweiten Hälfte des 6. Jahrhunderts v. Chr. wird die Anfangszeit dieses Fürstensitzes und damit der Stufe Ha D in die Jahre um oder kurz vor 550 v. Chr. datiert. Mit dem Grabfund aus dem Kleinaspergle aus der Zeit um 400 v. Chr. befinden wir uns bereits mitten im vollen Ha D 3 / Lt A, so daß das Ende des Westhallstattkreises mit um 350 v. Chr. wohl ungefähr getroffen ist. Die späte Hallstattkultur währte demnach etwa 200 Jahre.

Nach wie vor bildet die Importdatierung die beste Möglichkeit, prähistorische Kulturstufen mit archäologischen Methoden absolut-chronologisch einzuordnen. Wie problematisch dieses Verfahren dennoch ist, mögen die beiden folgenden Beispiele erläutern. In zwei späthallstattzeitlichen Gräbern wurden überdimensionale griechische Bronzegefäße angetroffen, deren Herstellung im Ursprungsland von den klassischen Archäologen in beiden Fällen übereinstimmend mit um 530 v. Chr. angegeben wird.

In dem Fürstengrab von Eberdingen-Hochdorf stand ein Bronzekessel von rund 1,2 m Durchmesser, auf dessen Schulter jeweils drei Löwen und Rollenattaschen mit Ringhenkeln appliziert waren.[8] Ehedem stammten die Rollenattaschen von einem allem Anschein nach noch weit größeren Kessel und wurden für das Hochdorfer Gefäß erst in sekundärer Verwendung genutzt. Auch von den drei Kessellöwen wurden nur zwei in Großgriechenland hergestellt. Bei dem dritten handelt es sich um einen wenig kunstvollen Nachguß, mit dem ein einheimischer Bronzegießer für ein verloren gegangenes Stück den nötigen Ersatz schuf. Ein weiterer Löwe trägt anstelle einer Mähne ein eingepunztes Rankenmuster, das ebenfalls die Handschrift eines keltischen Toreuten verrät. Dies bedeutet, daß der Kessel ein bewegtes Schicksal durchlief und wenigstens einmal gründlich überarbeitet und renoviert werden mußte, bevor er als Beigabe in das fürstliche Grab gelangte. Zwischen seiner Fabrikation und Deponierung muß jedenfalls eine gewisse, wenn auch nicht näher faßbare Zeit verstrichen sein.

Aufgrund der hallstättischen Beigaben, u. a. neben einer Paukenfibel der Phase Ha D 2 wenigstens 15 Schlangenfibeln – davon zwei aus Gold – der Phase Ha D 1, ist die Bestattung ganz an den Anfang der Phase Ha D 2 zu datieren. Schlägt man zum Herstellungsdatum des Bronzekessels um 530 v. Chr. noch die ungewisse Dauer des Transportweges (wenigstens 1000 km) und die Zeit seines Aufenthaltes über der Erde bis zu seiner Renovierung und noch späteren Vergrabung hinzu, so bedeutet das, daß der Fürst von Hochdorf frühestens um die Wende vom 6. zum 5. Jahrhundert v. Chr. gestorben ist. Dieser Zeitansatz stimmt recht gut mit dem Übergang von Ha D 1 zu Ha D 2 zwischen 500 und 450 v. Chr. überein.

Anders dagegen der Bronzekrater von Vix,[9] der mit einer Höhe von 1,64 m, einem Gewicht von 208,6 kg und einem Fassungsvermögen von 1300 l das größte Metallgefäß bildet, das uns die Antike überliefert hat. Sein Begleitinventar datiert den Grabfund in die Phase

Ha D 3 / Lt A. Maßgeblich sind spätesthallstättische Pauken- und Fußzierfibeln (Ha D 3) sowie eine bronzene Schnabelkanne, die sonst nur in Latène-A-Fundzusammenhang steht. Da – wie wir gesehen haben – die Phase Ha D 3 / Lt A in die Zeit zwischen 450/400 und 350 v. Chr. anzusetzen ist, bedeutet dies zwingend, daß der Krater von Vix generationenlang im Hausschatz der Mont-Lassois-Dynastie verwahrt wurde, ehe er im Dunkel der Gruft verschwand. Dabei wirkte das monströse Gefäß bei der Wiederauffindung im Jahre 1952 wie neu und wies auch keinerlei Spuren einer Reparatur auf. Für die absolute Chronologie bietet dieses Stück also lediglich einen Terminus ante quem non, mehr nicht. Erst die differenzierte Bewertung aller einschlägigen Befunde lehrt uns, daß in diesem Falle der Importkrater mindestens 100 Jahre nach seiner Herstellung in die Erde kam und damit für die Datierung der einheimisch-keltischen Sachaltertümer nur von geringer Relevanz ist.

Die mit der archäologischen Methode gegebene zeitliche Eingrenzung der Stufe Ha D läßt sich auch auf naturwissenschaftlichem Wege bestätigen. Leider bietet die zeitliche Absicherung mit Hilfe der Zerfallszeit des radioaktiven $C_{14}$-Kohlenstoffisotops trotz aller in sie gesetzten Erwartungen immer noch nicht genügend abgesicherte Daten. Sie muß daher außer Betracht bleiben. Dafür entschädigt uns aber eine andere naturwissenschaftliche Methode, und zwar die sogenannte Dendrochronologie. Nach der Aufstellung eines von heute lückenlos bis in das Jahr 743 v. Chr. zurückreichenden Jahrringkalenders durch Ernst Hollstein[10] gelingt es, auch für die Hallstatt- und Latènekultur jahrgenaue Daten zu bekommen. Bekanntlich läßt sich das dendrochronologische Prinzip mit drei Sätzen formulieren:

»1. Das Dickenwachstum der ringbildenden Bäume verläuft zeitlich nicht gleichmäßig, sondern in einmaliger Folge von wechselnden Ringbreiten (historisches Prinzip).

2. Werden die Bilder zweier Ringbreitenfolgen (Jahrringfolgen) in richtiger Zeitlage zur Deckung gebracht, so zeigt sich in der Regel eine statistisch nachweisbare Ähnlichkeit im Wuchsverlauf von Bäumen derselben Art, die gleichzeitig im gleichen Klimagebiet heranwachsen; in der Umkehrung dieser Bedingungen gelangt man zum Synchronisierungsprinzip; sind zwei vergleichbare Jahrringkurven in einer bestimmten Vergleichslage signifikant ähnlich, so ist die Zeitlage der einen Kurve durch die andere jahrgenau synchronisiert, d. h. datiert, wenn man ihr Endringdatum kennt.

3. Richtig synchronisierte Jahrringfolgen können zu einer gemeinsamen Folge (Mittelkurve) vereinigt werden, so daß durch gegenseitige Überbrückung eine weit in die Vergangenheit zurückreichende Standardchronologie entsteht« (Ernst Hollstein).

Die Standardchronologie umfaßt derzeit eine bruchlose Spanne von 2725 Jahren. Innerhalb dieses Zeitraumes liefert die Dendrochronologie jahrgenaue Daten, sofern der letzte vom grünen Baum gebildete Jahrring, der Förster nennt ihn die Waldkante, am untersuchten Holz vorhanden ist. Da in vor- und frühgeschichtlicher Zeit das Holz regelhaft saftfrisch verarbeitet und eingebaut wurde – Trockenholz kann mit Bronze- bzw. Weicheisenwerkzeugen praktisch nicht rationell gesägt, geschnitten oder gebeilt werden –, ist nahezu immer das Fälldatum des Baumes identisch mit dem Verbauungstermin des Holzes. Dies läßt sich dadurch belegen, daß die fast ausschließlich aus feuchtem Milieu geborgenen, prähistorischen Hölzer keine Trockenrisse aufweisen, die beim längerfristigen Lagern und Austrocknen von Balken an der Luft zu entstehen pflegen.

Vielfach fehlt jedoch die für die jahrgenaue Bestimmung benötigte Waldkante, wenn sie infolge Abarbeitung, Vermoderung oder Brand verloren ist. Dann liefert die Dendrochronologie nur Zeitpunkte danach (Termini post quos), wobei sich indes die Zahl der fehlenden Jahrringe durch Wuchseigentümlichkeiten des Holzes oder übliche Bearbeitungstechniken des Zimmermanns vielfach recht genau abschätzen läßt. Die Jahrringanalyse bietet damit hervorragende Voraussetzungen für die Datierung archäologischer Befunde.

Dendrochronologische Bestimmungen von hallstattzeitlichen Hölzern liegen bislang aus Hallstatt im Salzkammergut (Oberösterreich) selbst, mithin vom eponymen Fundplatz, sowie vom Magdalenenberg bei Villingen im Schwarzwald vor.

In den Stollen der seit der späten Urnenfelderkultur ausgebeuteten Salzstöcke in Hallstatt haben sich durch die konservierende Wirkung des Salzes zahlreiche organische Materialien ausgezeichnet erhalten. Immer wieder fand man im sogenannten Heidengebirge Grubenhölzer, Gezähe, Leuchtspäne aus Kienholz, Kleiderfetzen, Fellmützen, Salztragesäcke, ja sogar die nunmehr »eingepökelten« Leichen verunglückter Bergleute, wenn der moderne Stollenvortrieb die antiken Bergwerke anschnitt. Diese Funde, insbesondere in den Jahren 1573, 1616 und 1734 entdeckte Leichen hallstättischer Salzhauer, beflügelten die Phantasie der Zeitgenossen ungemein und fanden ihren Niederschlag auch in der schöngeistigen Literatur (Ludwig Ganghofer, *Der Mann im Salz*).

Die dendrochronologische Untersuchung der Grubenhölzer aus dem prähistorischen Salzabbau von Hallstatt ergab als Zeitpunkt der Fällung das Jahr 656 v. Chr. Das Datum ist aber für die absolute Chronologie nur von geringer Bedeutung, als es sich vorerst nicht mit einer eingrenzbaren Entwicklungsstufe der Hallstattkultur verbinden läßt. Es bezeugt lediglich die Salzgewinnung vor Ort spätestens seit der Mitte des 7. Jahrhunderts v. Chr.

Dagegen lieferte die Bestimmung der Magdalenenberghölzer wichtige Daten für die ältere Phase der späten Hallstattkultur (Ha D 1). Zur Untersuchung kamen die Balken der Hauptbestattung, Hölzer aus der nach Anlage dieser Grabkammer darüber aufgetürmten Hügelschüttung, Sargbretter von Nachbestattungen, die sekundär in den fertiggestellten Grabhügel eingebracht wurden, und Holzspaten, die von Grabräubern im zentralen Kammergrab hinterlassen wurden. Von diesen liegen folgende Daten vor:

1. Zentrales Kammergrab:           551 v. Chr.
2. Hölzer aus der Hügelschüttung:    551 v. Chr.
                                         550 v. Chr.
                                         546 v. Chr.
                                         545 v. Chr.
3. Nachbestattung 72:               536 v. Chr. oder jünger
4. Nachbestattung 6:                525 v. Chr. oder jünger
5. Tannenspaten (erste Beraubung):   504 v. Chr. oder jünger
6. Eichenspaten (zweite Beraubung): 367 v. Chr. oder jünger[11]

(Bei Nr. 3–6 fehlten die Waldkanten; aus holzanatomischen und bearbeitungstechnischen Gründen dürften im Schnitt etwa 5 bis 10 Jahrringe fehlen. Diese geringe Spanne müßte den dendrochronologisch ermittelten Daten hinzugefügt werden, um ein ziemlich genaues Jahr vor Christi Geburt zu bekommen.)

Das Zentralgrab vom Magdalenenberg gehört zu den ältesten Fürstenbestattungen des westlichen Hallstattkreises und wurde demzufolge ganz am Anfang der Stufe Ha D angelegt. Es ist ungefähr zeitgleich mit dem Beginn der hallstattzeitlichen Besiedlung auf der Heuneburg und dem Aufkommen der Fibelmode, mit welchletzterer der Stufenwechsel von Ha C zu Ha D definiert ist. Damit gewinnen wir für den Beginn der Späthallstattkultur ein Datum um oder kurz vor der Mitte des 6. Jahrhunderts v. Chr. Die Nachbestattungen im Magdalenenberg fanden alle während der ersten Phase (Ha D 1) statt, die demnach in den Jahren zwischen 530 und 510 v. Chr. zumindest im östlichen Schwarzwaldvorland bestand und kaum vor der Wende vom 6. zum 5. Jahrhundert v. Chr. geendet haben dürfte.

Glücklicherweise liegt – wie weiter unten noch zu zeigen sein wird – der Magdalenenberg geographisch sozusagen im Zentrum der Verbreitung der Späthallstattkultur, so daß diese zeitliche Einordnung mit allen nötigen Vorbehalten zumindest auch auf die unmittelbar benachbarten Kulturlandschaften übertragen werden darf.

Leider liegen für die Phasen Ha D 2 und Ha D 3 / Lt A keine Jahrringuntersuchungen vor, da aus diesen Zeiten noch keine für eine dendrochronologische Analyse hinreichenden Proben gefunden wurden. Die Bestimmungsversuche an großen Holzkohlenfragmenten eines abgebrannten Festungstores aus der Schlußphase der Heuneburg scheiterten bislang, da für eine erfolgreiche Einbindung in die Standardkurve Hölzer mit mindestens 50 aufeinanderfolgenden Jahrringen vorliegen müssen, und so umfangreich waren die geborgenen Reste offensichtlich nicht.

Erst das Ende der auf die Stufe Lt A folgenden Stufe Lt B konnte dendrochronologisch auf die Mitte des 3. Jahrhunderts v. Chr. festgelegt werden.[12] Da für die Dauer der Stufe Latène B aus verschiedenen, aber guten Gründen etwa 100 Jahre zu veranschlagen sind, kommt man auf diese Weise – rückwärts gerechnet – auf einen Termin um 350 v. Chr. für das Ende der Stufe Ha D 3 / Lt A.

Die historische Überlieferung von der frühesten Nennung der Kelten bis zu ihrem Ausgriff in den Süden umfaßt die Spanne von etwa 550 bis 350 v. Chr. In gleicher Weise geben in den Norden gelangte Importe, voran die ältesten attisch-schwarzfigurigen Scherben (530–520 v. Chr.) von der Heuneberg, für den Beginn des frühen Keltentums ein Datum, wie zwei keltische Frühlatènefibeln – eine Vogelkopf- und eine Doppelvogelkopffibel –, die bei Nemi, südöstlich von Rom, zutage kamen[13] und mit Gewißheit dem Keltenzug gegen die Hauptstadt (387 v. Chr.) ihre mittelitalische Provenienz verdanken, einen chronologischen Fixpunkt für das sich nahende Ende der Stufe Ha D 3 / Lt A.

Mit der Zeitspanne von 550 (oder kurz davor) bis 350 v. Chr. pendeln sich Anfangs- und Schlußpunkt der westlichen Späthallstattkultur aufgrund dendrochronologischer Daten in verblüffende Übereinstimmung mit den archäologischen wie historischen Befunden ein.

Der Anschaulichkeit halber ist der im Text vorgetragene Sachverhalt in der folgenden Tabelle schematisch zusammengefaßt:

| Dendro. Daten | Kultur- stufen | Import- datierung | Dauer | im Text genannte wichtige Befunde | |
|---|---|---|---|---|---|
| | | — 750 — | | | |
| 650 v. Chr. | Ha C | | 200 Jahre | ▌ Grubenhölzer Hallstatt | |
| 550 v. Chr. | | — 550 — | | ▌ Prächting | |
| 530–510 v. Chr. | Ha D 1 | | 50–100 Jahre | Magdalenen- berg | |
| | | 500/450 | | | Heune- burg |
| | Ha D 2 | | 50–100 Jahre | ▌ Hochdorf | |
| | | 450/400 | | | |
| | Ha D 3 / Lt A | | 50–100 Jahre | ▌ Vix ▌ Kleinaspergle | |
| | | — 350 — | | | |
| | Lt B | | 100 Jahre | | |
| 250 v. Chr. | | — 250 — | | | |
| | Lt C | | 100 Jahre | | |
| | | — 150 — | | | |
| | Lt D | | 150 Jahre | | |
| | | — Chr. Geb. — | | | |

▭   Westlicher Hallstattkreis = Ha D

▌   Chronologische Einordnung bzw. Dauer einzelner Stationen

*Erläuterungen zur Tabelle:* In den senkrechten Kolumnen sind von links nach rechts zunächst die durch dendrochronologische Bestimmungen verschiedener Holzfunde gewonnenen absoluten Daten, dann die zeitlich aufeinanderfolgenden Stufen bzw. Phasen der Hallstatt- und Latènekultur in den entsprechenden Kürzeln der Fachterminologie und weiter die dafür durch Südimporte erzielten Eckdaten eingetragen. In Spalte 4 folgen Angaben zur Dauer der einzelnen Stufen, wobei die Dauer der drei Phasen der späten Hallstattstufe vorerst nur grob mit jeweils 50 bis 100 Jahren veranschlagt werden kann. Einen Mittelwert von knapp 70 Jahren einzusetzen, verbietet der gegenwärtige Stand der Forschung und wäre sicher auch zu schematisch, wenngleich mit der Summierung die vermutete Gesamtdauer der Späthallstattkultur (etwa 200 Jahre) eher zufällig recht gut getroffen würde. In der letzten Kolumne sind wichtige Befunde in ihrer chronologischen Einordnung bzw. Dauer aufgeführt; der Magdalenenberg füllt dabei die Phase Ha D 1 aus, während durch die Siedlungsdauer der Heuneburg die gesamte Stufe Ha D abgedeckt wird. Dies ist durch entsprechend lange vertikale Balken angedeutet. Mit dem frühen Keltentum ist nur der mit einem rechteckigen Rahmen umgrenzte westliche Kreis der Späthallstattkultur (Stufe Ha D) zu identifizieren, der deshalb im Vordergrund der vorangegangenen und folgenden Betrachtungen steht.

## Räumliche Abgrenzung

Da die antiken Autoren jenes Gebiet, das sie als Heimat der frühen Kelten verstanden wissen wollen, nur höchst verschwommen umreißen, ist es unumgänglich, die Keltike des 6. bis 4. Jahrhunderts v. Chr. mit archäologischen Methoden genauer zu lokalisieren. Wichtigstes Hilfsmittel ist dabei die Verbreitungskarte, die das geographische Vorkommen bestimmter Befunde und Sachaltertümer exakt festlegt (Abb. 1–3).

Greifen wir vorab das wohl vornehmste Emblem des frühkeltischen Fürsten heraus, den Goldhalsreif. In bislang 20 Gräbern war dem Toten ein goldener Ring um den Hals gelegt. Daß es sich dabei mit einiger Gewißheit um das Statussymbol der Herrscherschicht handelte, beleuchtet in eindrucksvoller Weise eine bislang einzigartige steinerne Kriegerstatue, die als anthropomorphe Stele einst einen Grabhügel bei Hirschlanden im Neckar-Odenwald-Kreis krönte. Diese Figur trägt neben weiteren Trachtutensilien auch einen Reif um den Hals, bei dem es sich nur um einen jener Goldhalsringe handeln kann, wie sie Angehörigen des frühkeltischen Adels mit ins Grab gegeben wurden.

19 dieser Goldhalsreife wurden nach Herstellungsweise und Verzierungsmuster von einheimisch-keltischen Goldschmieden gefertigt. Nur bei dem exzeptionellen Reif aus dem Fürstengrab von Vix handelt es sich um ein aus Nordspanien importiertes Exemplar. Ein Blick auf die Landkarte lehrt sogleich, daß sich der Kernraum des Vorkommens auf ein Gebiet in Württemberg erstreckt, das sich vom Hohenasperg im Nordwesten bis zur Heuneburg im Südosten ausdehnt. Hier wurde

mit zehn Goldhalsreifen allein die Hälfte aller bislang bekannten Stücke gefunden. Weitere drei Exemplare kamen in den schweizerischen Kantonen Bern, Waadt und Freiburg zutage, und über zwei Funde in der Oberrheinebene schließen sich insgesamt drei Beispiele aus dem Departement Haute-Saône sowie der schon genannte Ring von Vix aus der Côte-d'Or an, der den Verbreitungsraum dieser Fundgattung endlich nach Westen abgrenzt.

Diesen gegenüber liegt der Goldhalsreif von Uttendorf in Österreich gänzlich isoliert, weit östlich der Achse Hohenasperg-Heuneburg. Er kennzeichnet Verbindungen zwischen dem Westhallstattkreis und dem Osthallstattkreis, wie umgekehrt auch gelegentlich östliche Elemente im Westen zu beobachten sind.

Mit dem Vorkommen der Goldhalsringe in Ostfrankreich, Südwestdeutschland und nordalpiner Schweiz wird recht deutlich jener Kulturkreis umgriffen, der in den antiken Quellen am ehesten als Heimat der frühen Kelten zu erfassen ist. Freilich läßt sich sogleich mit voller Berechtigung einwenden, daß eine solche Identität auf purem Zufall beruhen kann. Es gilt ja zu bedenken, daß sich gerade die Auffindung wertvollen Goldschmucks nicht regelhaft vollzieht, vielmehr von zahlreichen Imponderabilien abhängig ist. Einmal weiß man natürlich nicht, ob jeder keltische Fürst mit einem Goldhalsring ausgestattet oder ob diese Sitte lokal begrenzt war. Bei vielen Funden ist die Situation auch durch Grabraub verunklart, und in zahlreichen Grabhügeln, die aufgrund ihrer Größe den Verdacht auf ein Fürstengrab wecken könnten, fanden bislang noch keine archäologischen Untersuchungen statt.

Es muß folglich nach weiteren Kriterien gesucht werden, um den Kulturraum frühen Keltentums sichtbar zu machen. Mit den Goldhalsreifen ist zumindest ein brauchbarer Ansatzpunkt geschaffen. Sie kamen nämlich durchweg in großen bis sehr großen Grabhügeln zutage, die Höhen bis zu 13,5 m und Durchmesser zwischen 40 und 100 m aufweisen. Vergegenwärtigen wir uns nun das Vorkommen dieser Großgrabhügel, so ergibt sich das gleiche, nun weiter verdichtete Verbreitungsgebiet wie bei den Goldringen. Soweit diese Hügel ausgegraben wurden, enthielten sie immer wenigstens ein Fürstengrab, so daß bei den nicht untersuchten Tumuli ohne weiteres angenommen werden darf, daß auch sie eine herausragende Sepultur bergen.

Dazu kommt noch ein weiteres. Die Fürstengrabhügel mehren sich kleinräumig dort, wo in vielfacher Hinsicht auffällige Siedlungsplätze lokalisiert sind. Solche Stationen werden dann zumeist und mit einigem Recht als frühkeltische Fürsten- oder Adelssitze bezeichnet, wobei die den mittelalterlichen Sozialstrukturen entlehnte Nomenklatur selbstverständlich nicht berechtigt, ähnliche Gesellschaftsverhältnisse vorbehaltlos auf die Hallstattzeit zu projizieren. Was die archäologischen Quellen über die soziale Staffelung der frühkeltischen Bevölkerung auszusagen erlauben, wird weiter unten (Kap. 10) abzuhandeln sein.

Von Sonderfällen abgesehen, wurden die späthallstattzeitlichen Burgen immer auf markanten Höhenkuppen oder weit die Tallandschaften überschauenden Spornlagen errichtet und mit aufwendigen Befestigungssystemen gesichert. Wichtigstes Kriterium, einen solchen Wohnplatz in den Rang eines Adelssitzes zu erheben, bildet das Vorkommen mediterranen Imports, und zwar hauptsächlich attischer Keramik. Wenn auch unterschiedlicher Forschungsstand und mehr oder weniger intensive Ausgrabungstätigkeit die Beurteilung verschleiern, so lassen sich doch insgesamt elf späthallstättische Zentren benennen, die von den drei Voraussetzungen, die zur Herausstellung einer Siedlungszelle als Adelssitz berechtigen, wenigstens zwei erfüllen. Es sind dies (Abb. 1):

1. Eine befestigte, späthallstattzeitliche Höhensiedlung, nachgewiesen durch Ausgrabungen. Fehlen bislang archäologische Untersuchungen oder sind solche infolge moderner Überbauung nicht mehr möglich, so muß zumindest eine durch ihre Topographie zur Errichtung einer umwehrten Siedlung geeignete Höhenlage vorhanden sein.
2. Das Vorkommen mediterranen Imports in der Siedlung.
3. Ein oder mehrere benachbarte gold- und/oder importführende Fürstengräber. Die Entfernung der Fürstengräber vom Siedlungsareal ist unterschiedlich. Zumeist liegt sie innerhalb einer Distanz von maximal 4 bis 5 km. Bemerkenswert ist aber, daß gut bezeugte Fürstensitze vielfach zusätzlich noch von einem peripheren Ring von Fürstengräbern umgeben sind, die Entfernungen bis 40 km (etwa 1 Tagesmarsch) aufweisen.

Alle drei Kriterien sind bei der Heuneburg, beim Üetliberg, bei Breisach und beim Mont Lassois erfüllt. Die übrigen aber zeichnen sich wenigstens durch zwei der aufgeführten Voraussetzungen aus:

1. Heuneburg: Durch Ausgrabungen nachgewiesene, späthallstattzeitliche Befestigung in Spornlage. Wenigstens 80 zumeist wohl
attisch-schwarzfigurige Scherben und Reste massiliotischer Weinamphoren aus der Siedlung. Elf umgebende Großgrabhügel in
Entfernungen von 0,3 bis 5 km, in diesen bislang sieben goldführende Fürstengräber, davon eines zusätzlich mit Import
(bernsteinintarsiertes Möbelstück) ausgestattet.
2. Üetliberg: Befestigte, hallstattzeitliche Höhensiedlung. Grabungen förderten mehrere Fragmente attisch-schwarzfiguriger Keramik zutage. Dazu als Altfund das Henkelfragment eines doch
wohl schwarzfigurigen Kolonettenkraters. 0,8 km außerhalb der
Burg liegt auf dem gleichen Höhenrücken ein goldführendes
Fürstengrab.[14]
3. Mont Lassois: Zeugenberg mit befestigter Siedlung der späten
Hallstattzeit. Grabungen erbrachten rund 300 Scherben attisch-
schwarzfigurigen Geschirrs sowie Reste massiliotischer Weinamphoren und mehrere zumindest mediterran geprägte Kleinfunde.
Fünf Fürstengrabhügel in Entfernungen von 0,5 bis 4 km, darin
einstweilen vier Fürstengräber: das überreich mit Import und
Gold ausgestattete Grab von Vix, zwei weitere goldführende
Bestattungen und das Grab mit dem griechischen Greifenkessel.[15]
4. Münsterberg von Breisach: Inselberg mit Befestigung der Späthallstattzeit. Provenzalische, streifenbemalte Keramik. Sieben
Fürstengrabhügel im Umkreis von 4 bis 20 km, davon vier mit
Gold- und ein weiterer mit Importbeigaben.[16]
5. Hohenasperg: Imposanter Zeugenberg im Langen Feld. Wegen
der mittelalterlich-neuzeitlichen Überbauung fanden Grabungen
noch nicht statt. Jedoch kam am Fuß des Berges scheibengedrehte,
geriefte Keramik zutage, die bislang ausschließlich auf vergleichbaren Anlagen (Heuneburg, Schloßberg von Hohennagold, Münsterberg von Breisach, Üetliberg, Châtillon-sur-Glâne) bezeugt
ist. 13 Fürstengrabhügel (Entfernung 0,7–25 km) mit bislang sieben goldführenden Gräbern, davon vier zusätzlich mit Import;
weitere verschleifte Großgrabhügel durch Luftbilder erkannt.[17]
6. Schloßberg Hohennagold bei Nagold am oberen Neckar: Mittel-
alterlich überbaute Höhensiedlung mit späthallstattzeitlichen
Funden, darunter geriefte Drehscheibenkeramik (siehe Nr. 5:
Hohenasperg). Vier Großgrabhügel in 0,5 bis 20 km Entfernung,
davon zwei goldführend.[18]
7. Marienberg von Würzburg: Markante Höhensiedlung mit Sied-

lungsspuren der späten Hallstattzeit, dabei mehrere Scherben von zusammen drei attisch-schwarzfigurigen Gefäßen. Nekropole mit drei Großgrabhügeln in 6 km Entfernung. Weitere Riesenhügel in bis zu 40 km Distanz.[19]

8. Britzgyberg: Befestigte, hallstattzeitliche Höhensiedlung in Spornlage mit attisch-schwarzfigurigem Geschirr und Scherben massiliotischer Amphoren. Ein nahebei gelegener Großgrabhügel ist noch nicht untersucht.[20]

9. Châtillon-sur-Glâne: Befestigte Höhensiedlung der späten Hallstattzeit in Spornlage. Zahlreiche Scherben attisch-schwarzfiguriger Gefäße und provenzalische Keramik. Drei Großgrabhügel (Entfernung 1–2,4 km), davon einer mit etruskischem Import.[21]

10. Gray, Haute-Saône: Der modern überbaute Schloßberg von Gray bietet sich zur Anlage einer Höhensiedlung an. Über Funde ist vorerst nichts bekannt. Im Umkreis von 5 bis 20 km insgesamt sieben Großgrabhügel, davon drei mit Goldhalsreifen und weitere mit provenzalischen Weinamphoren.[22]

11. Camp de Château bei Salins-les-Bains: Auf einem markanten Höhenrücken errichtete Wallanlagen der späten Hallstatt- und frühen Latènezeit. Sehr viel attische und provenzalische Keramik. In der Umgebung zahlreiche, größtenteils nur schlecht untersuchte, gleichzeitige Grabhügel, darunter drei mit Wagenbeigabe. In 40 km Entfernung liegt das mit einer etruskischen Bronzeamphore ausgestattete Fürstengrab von Conliège.[23]

Darüber hinaus gibt es innerhalb wie am Rande des durch diese elf Zentren späthallstättischer Fürstenzivilisation vorgezeichneten Kulturraumes noch eine Reihe weiterer Siedlungen, die sich durch gelegentlichen Import (z. B. Ipf bei Bopfingen[24]: eine griechische Scherbe) hervorheben, in deren näherer und weiterer Umgebung aber die typischen Großgrabhügel fehlen, oder aber einzelne Riesentumuli wie etwa den Magdalenenberg bei Villingen[25], wo die benachbarte und allem Anschein nach zugehörige Siedlung indes einen eher bescheidenen Charakter besitzt. Wie sich solche Stationen in die frühkeltische Kulturlandschaft mit ihrer doch offenbar sehr differenzierten Sozialstruktur einbinden lassen, werden zukünftige gezielte Forschungsprogramme erweisen müssen.

Durch die Kartierung (Abb. 1) der mit mehr oder minder großer Sicherheit als Zentralsiedlungen anzusprechenden Plätze läßt sich

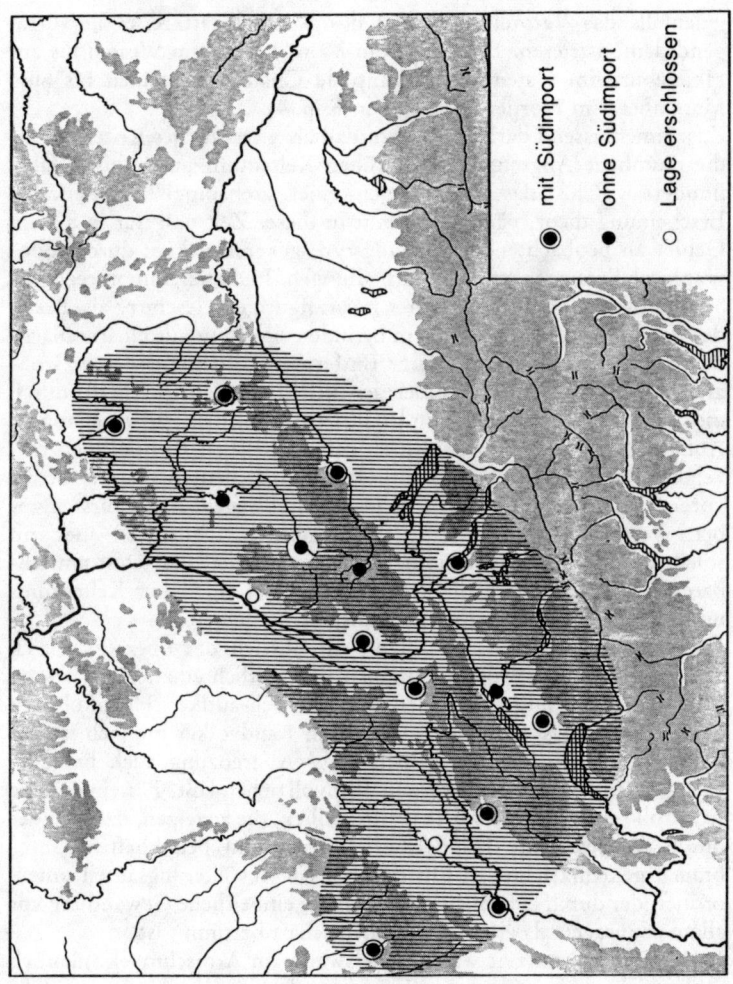

*Abb. 1.* Die Abgrenzung des Westhallstattkreises während der Stufe Ha D; aufgetragen sind alle bis jetzt bekannten bzw. erschlossenen Zentralsiedlungen, soweit sie durch umgebende Fürstengräber und/oder Siedlungsimport gekennzeichnet sind.

jedenfalls das Verbreitungsgebiet des Westhallstattkreises hervorragend demonstrieren. Es reicht vom Mont Lassois im Westen bis zur Heuneburg im Osten, vom Camp de Château im Süden bis zum Marienberg im Norden (Näheres in Kap. 4).
Zusammenfassend darf man sagen, daß als wesentliches Kriterium für die räumliche Abgrenzung des frühen Keltentums im 6. bis 4. Jahrhundert v. Chr. das Vorkommen einer archäologisch manifesten Erscheinung dient, nämlich ein nur in dieser Zeit und nur in diesem Gebiet zu beobachtender Siedlungstyp, gekennzeichnet durch topographisch herausragende Höhensiedlungen. In diesen kommt regelhaft Südimport, vorzüglich attisch-schwarzfiguriges Geschirr, als Besitz der Adelsschicht zutage. Zudem befinden sich in unmittelbarer Nachbarschaft, aber auch in größerer Entfernung, die zumeist von Großgrabhügeln überdeckten Gräber der Nobilitas, diese gleichfalls durch mediterrane Einfuhrgüter und/oder Goldbeigaben hervorgehoben. Außerdem existieren in derselben geographischen Region auch einzelne Riesengrabhügel oder importführende Siedlungen, bei denen vorerst kein Bezug zwischen Adelssitz und zugehörigen Fürstengräbern hergestellt werden kann. Insgesamt verdichtet sich aber mit solchen Stationen der archäologische Niederschlag einer fest umreißbaren Kulturlandschaft, die wir als Kerngebiet des frühen Keltentums im nordwestlichen Alpenvorland ansprechen möchten.
Damit ist es gelungen, zumindest im Bereich der oberen sozialen Schicht eine Kulturprovinz räumlich und zeitlich einzuengen, wie es ansonsten bei kaum einem der den klassisch-antiken Hochkulturen benachbarten, fast durchweg anonymen Randvölker möglich ist. So bleibt zu prüfen, inwieweit sich diese Abgrenzung auch bei dem Sachgut der übrigen Bevölkerung nachvollziehen läßt. Für eine solche Kontrolle eignen sich etwa Trachtutensilien, die anzeigen, daß sich der durch weitreichende Handelsbeziehungen und prunkhaften Grabbrauch gekennzeichneten Oberschicht ein Bevölkerungsanteil unterordnet, der durch eine mehr oder weniger einheitliche Gewandung vor allem sozusagen als eine Modegemeinschaft bestimmt ist.
In der Späthallstattzeit war beispielsweise ein Armschmuck, nämlich das getriebene, bronzene Tonnenarmbandpaar[26], bei den Frauen sehr beliebt. Die Verbreitung dieser auffälligen Zierstücke beschränkt sich auf die Oberrheinebene, die Nordschweiz, reicht nach Norden bis an den Main und überschreitet die Isar nicht nach Osten (Abb. 3). Besonders ins Auge fallen die Dichtezentren im schweizerischen Jura und in Südwestdeutschland, also in jenem Gebiet, das sich auch als

Schwerpunkt der späthallstättischen Fürstenzivilisation auswies. Dennoch sind gewisse Unterschiede in den Verbreitungstendenzen nicht zu verkennen. Sie müssen etwas ausführlicher kommentiert werden, um aufzuzeigen, wie schwierig es ist, rein archäologisch ein Kulturgebiet abzugrenzen. Die Darstellung zeigt aber zugleich, daß eine archäologische Kulturprovinz letztlich nicht statisch, sondern dynamisch ist und daß erst ein Bündel unterschiedlicher Befund- und Formäußerungen geeignet ist, wie in unserem Falle, den Raum der westlichen Späthallstattkultur gegen benachbarte Kulturgruppen zu sondern. So wird durch die Verbreitung der Tonnenarmbänder das Gebiet zwischen Lech und Isar an den Westhallstattkreis geknüpft, obwohl es dort nicht zur Ausbildung einer im Grabbrauch und im Siedlungswesen faßbaren sozialen Schichtung kam. Andererseits greift das Vorkommen der Tonnenarmbänder kaum über die Burgundische Pforte nach Westen aus, womit sich das Fundgebiet um den Mont Lassois nicht dieser Modeerscheinung anschließen läßt. Sozusagen als Ersatz entstand dort eine eigene Sonderform, das Melonenarmband.
Eine andere typische Späthallstattform verbindet aber das ostfranzösische Kulturgebiet mit der Nordschweiz und Südwestdeutschland. In der Stufe Ha D bildete ein kurzer, häufig mit Antennenknauf versehener Dolch[27] das bezeichnende Statussymbol des vornehmen keltischen Mannes. In Fürstengräbern sind solche Waffen nicht selten recht aufwendig, beispielsweise mit Goldblechauflagen, ausgestattet. Aber auch in einfacheren Gräbern markiert die Dolchbeigabe fast immer neben weiterem dinglichen Besitz, unter dem der vierrädrige Wagen eine wichtige Rolle spielt, die besondere Stellung des Toten selbst in einer Gemeinschaft von nur bäuerlich-dörflichem Charakter. Mit der Verbreitung dieser Dolche hebt sich der Raum Baden-Württemberg und die schweizerische Seenplatte wieder als Kerngebiet der westlichen Späthallstattkultur heraus (Abb. 2). Deutlich schließt sich nun aber auch die Region zwischen oberer Saône und Seine dieser Kulturerscheinung an. Im Osten gliedert sich die Schotterebene um Ammer- und Staffelsee bis zur Isar-Regen-Achse an; im Nordwesten wird durch die Dolche von Großeibstadt die obere Mainschleife annektiert. Eine Sonderstellung nimmt das Gräberfeld von Hallstatt selbst ein, das allein 37 Dolche erbrachte und damit neben unbestreitbaren östlichen Ausstattungsmustern seine Verbindung zum Westhallstattkreis bezeugt. Die Sitte der Dolchbeigabe greift aber auch in den Nordwesten aus, wo sich im Marnegebiet um Les Jogasses eine sonst nicht durch die Eigentümlichkeiten der Späthallstattkultur gekennzeichnete

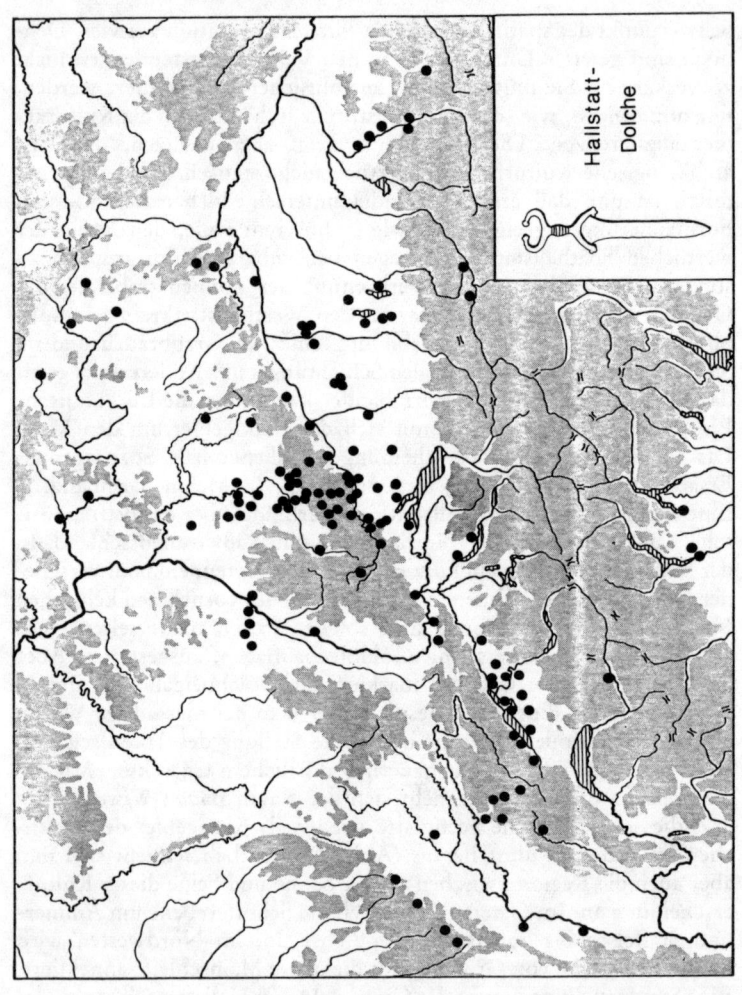

*Abb.* 2. Verbreitung der Hallstatt-Dolche (nach SIEVERS 1980).

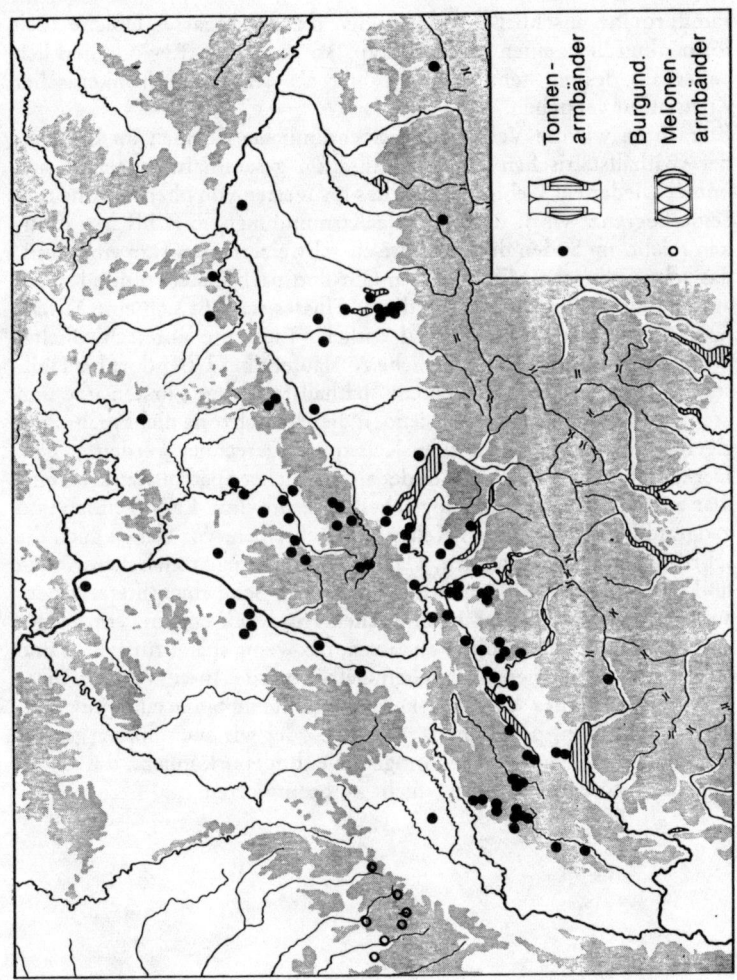

*Abb. 3.* Verbreitung der gravur- und punzverzierten Tonnenarmbänder sowie der Melonenarmbänder vom burgundischen Typ (nach RIETH 1950; KOSSACK 1959; DRACK 1965; G. WAMSER 1975, ergänzt).

Fundprovinz anschließt. Indes bilden die Les Jogasses-Dolche auch
formenkundlich einen eigenen Typ, so daß diese Region merklich
außerhalb dessen steht, was wir hier als den Raum frühkeltischer
Zivilisation verstehen.

Betrachten wir die Verbreitung eigentümlicher Formen im Umkreis
der späthallstättischen Fürstenzivilisation gesamthaft, so schält sich
immer wieder ein Gebiet heraus, das im Westen von oberer Saône und
Seine begrenzt wird, über das Neckarmündungsgebiet bis Mainfran-
ken reicht, im Süden den französisch-schweizerischen Jura einnimmt,
das schweizerische Mittelland umfaßt und nach Osten zumindest bis
an die Iller vordringt. Jenseits dieses Flusses schließt sich eine Mischzone an, in der westliche und östliche Elemente unterschiedlicher
Wertigkeit auftreten und westliche Ausläufer über Uttendorf bis Hallstatt wirken. Wegen des Fehlens späthallstättischer Fürstensitze und
umgebender Adelsgräber soll jedoch diese Mischzone nicht mehr zum
eigentlichen Kerngebiet frühen Keltentums gerechnet werden.

Der damit umgrenzte Raum bildet als westlicher Späthallstattkreis eine
klar umschreibbare, archäologische Kulturprovinz. Er ist zeitlich und
geographisch jenen frühen Kelten zuzuschreiben, von denen auch die
schriftlichen Quellen wissen. Daß die Verbindungen zwischen Kelten
und ihren südlichen Nachbarn auf der einen Seite einen literarischen,
auf der anderen einen archäologischen Ausdruck fanden, ermöglicht
es, die Anfänge eines Volkes zu fassen, das wenig später für Italien und
Griechenland zu einer erheblichen Gefahr wurde. Inwieweit sich diese
Gemeinschaft indes selbst als »keltisch« fühlte im Sinne einer kulturellen, sprachlichen, politischen, religiösen oder wie auch immer gearteten Einheit, diese Frage vermögen die Bodenurkunden, die es im
folgenden zu betrachten gilt, nicht zu beantworten.

# Drittes Kapitel
## Das Siedlungswesen

*Die Umwelt*

Wer heute die Gebiete bereist, die ehedem von den Kelten besiedelt waren, wird sich kaum mehr ein Bild vom Aussehen der Landschaft machen können, wie es sich vor etwa zweieinhalb Jahrtausenden den Blicken des Betrachters darbot. Allenfalls einige unwirtliche Höhenlagen in den Mittelgebirgen mögen sich ihr ursprüngliches Pflanzenkleid praktisch unversehrt bewahrt haben, doch greifen touristische und andere Unternehmungen, vor allem die rationell betriebene Forstwirtschaft, mehr und mehr in das natürliche Landschaftsbild ein.

Wenn man sozusagen auf den Spuren der frühen Kelten die Siedlungsräume erschließen will, so muß man sich zunächst alle modernen Verkehrsstränge wegdenken, die heutzutage in einem engmaschigen Netz die Landschaft zerschneiden: Autobahnen, Landstraßen, Eisenbahnstrecken, Kanäle, wie auch die Verdrahtung durch Stromleitungen und alle damit verbundenen Einrichtungen, bis hin zu den mittlerweile durchweg asphaltierten Feld- und Waldwegen. Auch die teils verhängnisvolle Regulierung selbst kleinster Bachläufe läßt den Urzustand nicht einmal mehr erahnen.

Für den damaligen zwischenörtlichen wie überregionalen Verkehr genügten von Mensch und Lasttier ausgetretene Pfade, zumal bislang keine Anhaltspunkte vorliegen, daß beispielsweise für größere Transporte Wagen oder Karren im Einsatz waren. Bei den geringen Ansprüchen an die Wegeführung ist wohl auch mit einem ziemlich häufigen Wechsel des Routenverlaufs zu rechnen. Es erscheint ohnehin nicht zweckmäßig, ständig den gleichen Weg zu benutzen. Das lockt nur Wegelagerer und Gesindel an. Saum- und Trampelpfade dürften im Gelände kaum aufgefallen sein und wurden, wenn man sie nicht regelmäßig beging, rasch wieder von der Wildnis überwachsen.

Vor Beginn der Rodungstätigkeit durch den Menschen der jüngeren Steinzeit war unser Gebiet mit dichtem Urwald bedeckt, wobei die Florengesellschaften je nach Klima, Höhenlage und Untergrund wechselten. Zur Hallstattzeit dürfte das agrarisch nutzbare Altsiedelland bereits weitgehend erschlossen gewesen sein. Freilich darf man sich die Gegend keineswegs so offen vorstellen, wie es die heutige landwirtschaftliche Nutzung bedingt. Die ackerbaulich bewirtschafteten Felder lagen in unmittelbarer Umgebung der Gehöfte. Daran schlossen sich zunächst mehr oder weniger lichte Gehölze an, die der Waldweide und Viehdrift dienten. Weite Gebiete aber, die heute entwaldet sind, insbesondere die kultivierten Wiesen- und Weideflächen, waren nach wie vor mit dichten Urwäldern bestanden. Völlig unbesiedelt blieben lediglich die Höhenzüge des Schwarzwaldes, der Vogesen und des französisch-schweizerischen Jura, während die nicht ganz so hohe Schwäbische Alb bereits mit einem lockeren Netz menschlicher Ansiedlungen überzogen war.

Aus der Vogelperspektive muß sich dem Beschauer das Bild eines weitgehend zusammenhängenden Waldgebietes mit einzelnen, eingestreuten Siedlungsinseln geboten haben, die sich nur selten zu größeren offenen Flächen agglomerierten. Allenfalls in ausgesprochen siedlungsgünstigen Landschaften, wie etwa dem fruchtbaren, lößbedeckten Langen Feld im mittleren Neckarraum, kann auch mit größeren, einander berührenden Feldfluren gerechnet werden.

Die Siedlungsdichte ergibt sich aus der Lokalisierung der archäologischen Stationen, die während der späten Hallstattzeit bestanden. Dabei beschränken sich die Fundstellen zum ganz überwiegenden Teil auf Gräberfelder. Die Wohnplätze selbst, also die ländlichen Gehöfte und Dörfer, entziehen sich fast ganz dem archäologischen Zugriff. Lediglich die Zahl der bedeutenden Zentralsiedlungen, die oben bereits kurz angesprochen wurden, dürfte einigermaßen vollständig bekannt oder erschlossen sein und auch bei zukünftiger Forschung wohl nur noch eine relativ geringe Bereicherung erfahren.

Der Grund für das nahezu völlige Ausbleiben der üblichen dörflichen Siedelstellen liegt darin, daß diese vorwiegend in den seit Jahrtausenden überackerten Tallandschaften liegen, so daß ihre geringen Spuren nur durch Zufall entdeckt werden können. Fortschritte sind hier vor allem durch die Luftbildarchäologie zu erwarten, wie das Beispiel Bayern zeigt. Dort ist in den letzten Jahren durch systematische Befliegung zum erstenmal eine größere Anzahl graben- und palisadenumwehrter, hallstattzeitlicher Gehöfte entdeckt worden.[1]

Anders dagegen die Grabstätten. Die vorherrschende Sitte des Hügelgrabes spiegelt die damalige Besiedlungsstruktur erheblich deutlicher wider, als es allein die einstweilen bekannten Siedlungsplätze vermögen. Denn es dürfte außer Frage stehen, und darin ist sich die Forschung einig, daß zu jedem Grabhügelfeld bzw. zu jedem Einzelgrabhügel grosso modo auch eine Ansiedlung gehört. Dies um so

mehr, als durchweg jeder Grabhügel nicht nur eine Bestattung, sondern regelhaft mehrere, bisweilen sogar über 100 Gräber enthält.[2] Es
ist überdies legitim, aus dem Umfang der Grabhügelnekropolen, die
maximal etwa 100 Hügel aufweisen können, auf die Größe der nahen
Siedlungen zu schließen.

Die Grabhügel haben den Vorteil, daß sie sich durch ihre Gestalt
ziemlich leicht im Gelände identifizieren lassen, wobei – je nach
Sorgfalt der archäologischen Landesaufnahme – die Kenntnis der
erhaltenen Denkmäler einigermaßen vollständig sein dürfte, wie die
Jahr für Jahr nachlassende Zahl von Neuentdeckungen nahelegt.
Lediglich durch intensivierte Luftbildforschung ist auch in Zukunft
noch mit weiteren Fundmeldungen zu rechnen, doch werden auch
diese das bislang registrierte Bild nur partiell ändern.[3] Dazu kommt
natürlich noch eine gewisse Dunkelziffer vollkommen abgegangener
Hügelgruppen, die aber aus verschiedenen Gründen vergleichsweise
gering eingeschätzt wird.

Wirft man nun einen Blick auf die Fundkarte der hallstattzeitlichen
Grabhügelvorkommen,[4] so ergibt sich die überraschende Tatsache,
daß das landwirtschaftlich ertragreiche Altsiedelland in Südwestdeutschland, Ostfrankreich und der Schweiz praktisch vollständig von
einem Netz entsprechender Stationen überzogen wird. Die Abstände
untereinander betragen selten mehr als 3 bis 5 km, höchstens aber
10 km.

Gleichwohl waren die Eingriffe des Menschen in die natürliche Landschaft noch so gering, daß überall ein ausgewogenes ökologisches
Gleichgewicht bestand. Die landwirtschaftliche Nutzfläche belief sich
innerhalb des anbaufähigen Gebietes allenfalls auf wenige Prozent.

Auch die Beanspruchung des Waldes als wirtschaftliches Potential
(Waldweide, Holzschlag, Köhlerei, Laubfütterung usw.) vermochte
die Rekreation der Natur nicht wesentlich zu beeinträchtigen. Bäche,
Flüsse und Seen waren klar und fischreich. Das jagdbare Wild wurde
nur aus der Nähe der Siedlungen zurückgedrängt. Der für die nacheis-
zeitliche Landschaft typische Artenreichtum der Tierwelt war dadurch
nicht gefährdet. Es gab hinreichend Rückzugsgebiete für die Wildtiere, selbst wenn man Flurschädlinge und Raubzeug den Weidegebie-
ten, Feldern und Siedlungen fernzuhalten trachtete. Untersuchungen
an Tierknochenresten (siehe Kap. 7) belegen diesen Sachverhalt in
genügender Anschaulichkeit.

Der Mensch begriff die Natur als gegeben und bediente sich ihrer.
Indes wirkten auch die Träger der Hallstattkultur am allmählichen

Wandel von der Naturlandschaft zur Kulturlandschaft mit. Für sie
verlief freilich dieser Wechsel unmerklich, zumal ihnen ja die Rasanz
der Vorgänge erspart blieb, wie sie sich in den letzten Jahrhunderten
abspielten und zu unseren heutigen Zivilisationslandschaften mit allen
ihren Problemen führten. Dennoch waren auch die frühen Kelten
letztlich ein, wenn auch nur höchst bescheidenes Rädchen im Getriebe
der Raumentwicklung, und es ist bemerkenswert, daß die moderne
Forschung gewisse anthropogene Veränderungen der Umwelt während der Hallstattzeit zumindest punktuell nachzuweisen vermag.
Als Beispiel sei etwa die Nutzholzverwertung im Umkreis der Heuneburg angeführt, über die Paul Filzer ausführlich berichtet hat.[5] Im
Verlauf der rund 200 Jahre langen hallstattzeitlichen Geschichte der
Adelsburg wurden die Befestigungsanlagen wie auch die Baulichkeiten
im Innern der Umwehrung mehrfach, und zwar mindestens sechsmal,
von Grund auf erneuert, wofür ungeheure Mengen von Baumstäm-
men benötigt wurden. Als Folge von Zerstörungen und Feuersbrünsten haben sich zahlreiche Reste der Bauhölzer in Form verkohlten
Holzes erhalten, die von den Ausgräbern sorgfältig gesammelt und zur
Untersuchung gegeben wurden. Insgesamt lagen 381 Proben vor, die
sich wie folgt auf die verschiedenen Baumarten verteilen:

| | | | | | |
|---|---|---|---|---|---|
| Eiche | 211 | (55,4 %) | Birke | 6 | (1,6 %) |
| Weißtanne | 69 | (18,1 %) | Kiefer | 3 | (0,8 %) |
| Rotbuche | 42 | (11,0 %) | Ulme | 3 | (0,8 %) |
| Esche | 19 | (5,0 %) | Erle | 2 | (0,5 %) |
| »Nadelholz« | 11 | (2,8 %) | Fichte | 1 | (0,2 %) |
| Ahorn | 7 | (1,8 %) | Linde | 1 | (0,2 %) |
| Pappel oder Weide | 7 | (1,8 %) | | | |

Die Aufstellung vermittelt zunächst ein zutreffendes Bild der in der
näheren und weiteren Umgebung vorhandenen Baumarten, so wie sie
damals in der Donau-Aue und am Albsüdrand wuchsen. Indes bietet die
Anzahl der Einzelnachweise keinesfalls ein repräsentatives Bild des An-
teils der Bäume in den Wäldern. Vielmehr ist der Prozentsatz durch
selektive Bevorzugung einzelner Holzarten für bestimmte Zwecke
bedingt. So steht beispielsweise der zu jener Zeit in der Südalb vorherrschende Waldbaum, die Rotbuche, mit 11 % erst an dritter Stelle.
Daß die Eiche mit 55,4 % die Spitze einnimmt, ist kein Zufall, denn sie
liefert seit jeher das wertvollste Bauholz. Befremdlich ist dagegen mit
fast einem Fünftel aller Proben der vergleichsweise hohe Anteil der

standortfernen Weißtanne. Auch die Tanne bietet ein günstiges Bauholz, doch liegt ihr nächstes Wuchsgebiet weit außerhalb der Heuneburg. Erst in einer Entfernung von über 20 km, nämlich in der Altmoränenlandschaft des nördlichen Oberschwabens, existierten seinerzeit ausreichende Bestände. Wenn sich also die frühkeltischen Zimmerleute der Mühe unterzogen, ihr Bauholz derart weit herzuholen, so ist daraus nur der Schluß zu ziehen, daß geeignetes Material in näherer Umgebung bereits vollständig abgeholzt war. Filzer entwickelt dabei die ansprechende Idee, daß die Fällkommandos die Stämme über Ostrach und Donau zur Heuneburg flößten, eine eingängige Vorstellung, die Organisation und Transportwesen des hallstattzeitlichen Arbeitseinsatzes um einen bemerkenswerten Aspekt bereichern.

Das zunehmende Ausholzen der Eiche mit Beginn der frühkeltischen Bautätigkeit an der Heuneburg beleuchtet in eindrucksvoller Weise die Holzkohlenuntersuchung aus dem 2 km entfernt liegenden Hohmichele.[6] Mit 13,5 m Höhe und annähernd 80 m Durchmesser bildet dieser Hügel eines der gewaltigsten Grabdenkmäler nicht nur im Umfeld der Heuneburg. Er wurde in den Jahren ab 1937 von Gustav Riek untersucht, bis der Ausbruch des Zweiten Weltkrieges den weiteren Ausgrabungen Einhalt gebot. Immerhin gestatten die vorliegenden Teilergebnisse die gesicherte Aussage, daß die Aufschüttung des Grabhügels ungefähr in die Anfangsphase des zugehörigen Fürstensitzes fällt.

Die Bestimmung der von Riek geborgenen Holzkohlen ergab gegenüber denen von der Heuneburg ein völlig anderes Bild, und zwar waren die Eiche mit 80 % und die Buche mit 11 % vertreten. Die übrigen 9 % teilten sich in Linde, Pappel, Weide, Esche, Ulme, Ahorn, Hainbuche, Hasel, Hollunder und vielleicht Faulbaum sowie Heckenkirsche. Nur eine Probe von der Bodenlage des zentralen Kammergrabes bestand aus Nadelholz (Tanne?). Dieses frappierende Ergebnis bestätigt zweifelsfrei, daß mit Einsetzen der hallstattzeitlichen Besiedlung in der Heuneburg-Region (um 550 v. Chr.) noch genügend Eichenholz in unmittelbarer Nachbarschaft zur Verfügung stand und die Tanne erst später mit zunehmendem Mangel an Eichenholz für Bauzwecke herangeschafft werden mußte.

Für unsere Fragestellung ergibt sich daraus, daß im weiten Umkreis der Heuneburg durch den immensen Bedarf an Bauholz die Wälder planmäßig ausgeholzt wurden. Da der Herdenauftrieb und Viehverbiß eine natürliche Wiederbewaldung verhinderten, muß die Umgebung des Fürstensitzes an der oberen Donau alsbald ein stark ausgelichtetes,

wohl nur mit Buschgruppen und einzelnen für die Verarbeitung
weniger geeigneten Bäumen bestandenes Landschaftsbild geboten
haben. Über die für die Feldbestellung benötigten Rodungsflächen
hinaus ist damit bereits für die späte Hallstattzeit ein merklicher, wenn
auch sicher nur partieller Eingriff in die Natur zu konstatieren.

Ein für die Forschung glücklicher Umstand ermöglichte es, ein solches
weitgehend anthropogen beeinträchtigtes Gebiet kleinräumig nachzuweisen. Ostwärts des Schwarzwaldes erhebt sich am Rande des Altsiedellandes der hallstattzeitliche Fürstengrabhügel Magdalenenberg,
der in den Jahren von 1970 bis 1973 einer umfassenden Ausgrabung
zugeführt wurde. Aufgrund ungewöhnlicher bodengenetischer Verhältnisse blieb die Schütterde des Tumulus über zweieinhalb Jahrtausende
hinweg ständig durchfeuchtet, so daß sich nicht nur Pollen und Samen,
sondern auch vielfältige Großpflanzenreste bis hin zu den Brettern und
Bohlen von Kammergräbern vorzüglich bewahrt hatten.

Das von Rudolf Hauff in den Jahren 1970 und 1971 aus Bodenschollen
der Hügelschüttung aufgenommene Pollendiagramm[7] ermöglicht
zunächst die Rekonstruktion des anteiligen Baumbestandes am Osthang des Schwarzwaldes, wie es sich ohne weiteres in die holozäne
Waldgeschichte eingliedern läßt. Es zeigte folgende Werte (ohne
Nichtbaumpollen und Sporen):

| | | | |
|---|---|---|---|
| Tanne | 75,3 % | Hasel | 1,7 % |
| Eiche | 7,3 % | Birke | 1,4 % |
| Fichte | 5,5 % | Linde | 0,8 % |
| Buche | 3,6 % | Erle | 0,4 % |
| Kiefer | 3,6 % | Hainbuche | 0,4 % |

Das Diagramm gibt damit klar die Tannenzeit des Subboreals während
der Hallstattzeit an. Ganz anders setzen sich demgegenüber die Holzfunde aus dem Hügel zusammen:[8]

| | | | |
|---|---|---|---|
| Eiche | 203 (37,5 %) | Erle | 5 (0,9 %) |
| Tanne | 176 (32,4 %) | Ahorn | 2 (0,4 %) |
| Fichte | 38 (7,0 %) | Hartriegel | 2 (0,4 %) |
| Esche | 37 (6,9 %) | Kiefer | 1 (0,2 %) |
| Weide | 27 (4,9 %) | Pappel | 1 (0,2 %) |
| Birke | 24 (4,4 %) | Hasel | 1 (0,2 %) |
| Buche | 16 (2,8 %) | Holunder | 1 (0,2 %) |
| Kernobst | 9 (1,6 %) | | |

Entgegen dem natürlichen Artenangebot wählte der Mensch empirisch die geeignetsten Hölzer für seine Zwecke aus, weshalb unter den Nutzhölzern die Dominanz bestimmter Holzarten der technologischen Verwendbarkeit entspricht. Bevorzugt wurde wieder, wie bei der Heuneburg und beim Hohmichele, die Eiche. Sie war, wie das Pollendiagramm ausweist, in unmittelbarer Nähe des Hügels nicht einmal so häufig, wurde aber insbesondere für den Bau der zentralen Grabkammer, deren Errichtung allein über 90 geradwüchsige Stämme erforderte, herangeschafft. Gute Spaltbarkeit, hohe Tragfestigkeit und Haltbarkeit lohnten die Mühe. Reichlich vorhanden war die Tanne, weniger die Fichte, die beide vor allem für geradschäftige Stangen und Pfeiler, wie sie vielfach im Hügel verbaut wurden, hervorragend geeignet sind. Die übrigen Laubhölzer wie Buche, Birke und Erle waren in der Nachbarschaft des Magdalenenberges weniger stark vertreten und spielten deshalb eine untergeordnete Rolle. Ohnehin stand Nadelholz in genügender Menge zur Verfügung, und Birke wie Erle besitzen bautechnisch auch keine so günstige Eigenschaften wie jene.

Für ausgewählte Zwecke wurden Eschen-, Weiden- und Kernobsthölzer verwandt. Das zähe und elastische Holz der Esche eignete sich besonders für den Wagner und Stellmacher zum Rad- und Wagenbau, aber auch zum Schnitzen von Holzgefäßen und allerlei anderen Gerätschaften. Speziell für die Herstellung der Radspeichen benutzte der Handwerker das vorzügliche Holz von Apfel, Birne oder Eberesche. Relativ häufig fanden sich auch Reste von Weidenruten, die zum Flechten der großen Transportkörbe zur Hügelaufschüttung unerläßlich waren.

Eine dritte Komponente bei den botanischen Untersuchungen am Magdalenenberg bildete die Bestimmung der auf den Rasenziegeln in erstaunlicher Frische bewahrten Pflanzenreste.[9] Der Kern des Grabhügels war aus gestochenen Rasensoden aufgeschichtet, auf denen sich Gräser, Kräuter, Moose und Pilze hervorragend erhalten hatten. So waren einzelne Grasblätter noch durch Chlorophyll grün gefärbt. Es zeigten sich Blütenkelche vom Roten Wiesenklee und die grünen Blattstücke vom Kriechenden Hahnenfuß sowie ganze Blättchen vom Thymian, in deren Duftdrüsen sich die Öltröpfchen zwischen Zellwand und Cuticula ausgeschieden hatten. Insgesamt ließen sich 55 Samenpflanzen und 32 Moose identifizieren. Die Gesamtauswertung aller Proben spricht für eine Rasenvegetation mit dichter Kraut- und Moosdecke, dabei ein deutlicher Anteil an Pflanzenarten, die durch

Beweidung gefördert werden. Der Anteil an Waldpflanzen trat spürbar zurück. Da auch Baumwurzelreste in den Soden völlig fehlen und der Rasen mit den vielen weidegeförderten Pflanzen einen durchaus stabilisierten Eindruck macht, muß die Entwaldung schon vor und die Beweidung durch Haustiere bereits seit Jahrzehnten vor der Aufschüttung des Totenhügels stattgefunden haben. In der Umgebung des Magdalenenberges gelang also der Nachweis einer weitgehend anthropogen entwaldeten Landschaft zur Hallstattzeit, die von Natur aus potentielles Waldland bildet.

In etwa 4 km Entfernung vom Magdalenenberg ließ sich auch eine größere hallstättische Siedlung lokalisieren,[10] wie überhaupt in der Umgebung zahlreiche gleichzeitige Grabhügelfelder in Abständen von 2 bis 3 km eine dichte Besiedlung verraten. Die pflanzensoziologischen Untersuchungen vom Magdalenenberg zeigten in wünschenswerter Klarheit, wie in dieser Region insbesondere die Ausholzung zur Bauholzgewinnung und die anschließende Überweidung durch Viehherden zu nicht geringen Umweltveränderungen gegenüber dem natürlichen Waldbewuchs führten. Ganz ähnliche Verhältnisse dürften auch im Umfeld der Zentralsiedlung auf der Heuneburg geherrscht haben.

Leider liegen noch viel zu wenig systematische Bestimmungen von Pflanzenresten aus hallstattzeitlichen Stationen vor, als daß die oben vorgetragenen Ergebnisse zu Landschaftsbild, Umwelt und Naturnutzung schon zu verallgemeinern wären. Um so wichtiger scheint es, wenigstens das bislang Erreichte rasch zu skizzieren und damit die Aussagefähigkeit solchen Materials zu demonstrieren. Noch zwei botanische Untersuchungen gilt es zu kommentieren, die beide auf ihre Art wertvolle und zusätzliche Erkenntnisse vermitteln.

Bei Gelterkinden im Baselland ergrub Erich Roost die Vorratsgrube einer frühlatènezeitlichen Siedlung (Lt A), die neben vielen Scherben und Tierknochen auch zahlreiche Holzkohlestückchen enthielt.[11] Zeitlich gehört der Fundkomplex ganz an das Ende jener Kulturerscheinungen, die wir hier mit dem Begriff frühen Keltentums umschreiben. Das keltische Dorf von Gelterkinden lag am sanften Hang etwas oberhalb der Talmulde, wo das Mühlebächlein in die Eibach mündet. Folgende 241 Holzkohlen ließen sich aus der Grube, die zuletzt als Abfalloch benutzt wurde, bestimmen:

| Buche | 71 (26,6 %) | Eiche | 15 (5,6 %) |
|---|---|---|---|
| Ahorn | 46 (17,3 %) | »Laubholz« | 7 (2,6 %) |
| Hasel | 38 (14,2 %) | Hainbuche | 5 (1,9 %) |
| Esche | 36 (13,6 %) | Pappel | 4 (1,5 %) |
| Erle | 20 (7,6 %) | Rinde | 3 (1,1 %) |
| Kernobst | 20 (7,6 %) | Tanne | 1 (0,4 %) |

Der relativ hohe Astanteil unter den Proben spricht eindeutig dafür, daß es sich bei dem vorgelegten Material zum überwiegenden Teil um Brennholzreste handelt. Aus diesem Grund liegen die guten Bauhölzer wie Eiche und Tanne – im Gegensatz zu den Befunden von Heuneburg und Magdalenenberg – ganz am unteren Ende der Skala. Brennholz gibt andererseits recht gut den Baumbestand in naher Umgebung der Siedlung an, da man das Heizmaterial gewöhnlich nicht sehr weit heranzuschleppen pflegt. Die feuchtigkeitsliebenden Arten wie Erle, Esche und Ahorn waren im nahen Talgrund leicht zugänglich. An den über der Wohnanlage gelegenen Hängen bildete – wie auch heute noch – die Buche die vorherrschende Holzart, deren Zweige ausgezeichnetes Brennholz liefern. Sie besitzt den höchsten Probenanteil. Der Haselstrauch mit seiner hohen vegetativen Regenerationskraft hält auch der Waldweide durchaus stand. Überdies verwandte man seine biegsamen Ruten gern für die Flechtwände der lehmbestrichenen Häuser. Im übrigen wird man die Hasel, wie auch die Kernobstbäume (Apfel, Birne), der Nüsse und Früchte wegen im nahen Siedlungsbereich geschont und nur deren dürre Äste verheizt haben. Fritz Schweingruber, der die Holzfunde von Gelterkinden bearbeitet hat,[12] erschließt daraus, daß das Dorf inmitten einer weitgehend offenen, extensiv beweideten Hecken- und Buschlandschaft stand. Auch hier ergibt sich ein bereits merklich durch menschliche Einwirkung umgestaltetes Weichbild der Ansiedlung.

Für die nun schon mehrfach angeschnittene Frage zum Verhältnis von Wald zu anthropogen entstandenen Freiflächen wie Ackerfluren und Weideland lieferten endlich auch die Untersuchungen von Pflanzenresten unter dem frühkeltischen Grabhügel von Eberdingen-Hochdorf bei Ludwigsburg erste Hinweise.[13] Der durch sein ungestörtes, goldreiches Fürstengrab weltweit Aufsehen erregende Tumulus liegt in der leicht welligen Lößzone unweit des Hohenasperg. Die Bonität der Böden bewirkte seit alters her eine intensive Bewirtschaftung, und so nimmt es kaum Wunder, wenn auf der alten Oberfläche unter der Hügelschüttung insbesondere Reste von Gräsern und krautigen Pflan-

zen, weniger Blätter von Laubbäumen nachweisbar waren. Die Bo-
tanikerin Udelgard Körber-Grohne nimmt daher eine großflächige
Grasvegetation, allenfalls mit locker stehenden Bäumen oder Wald in
einiger Entfernung an.[14]
Die Grabkammer des Fürsten von Hochdorf bestand, wie auch diejenigen von Magdalenenberg und Hohmichele, durchweg aus Eichenholz. Inwieweit bei der Wahl der Bauhölzer dabei auch eine mögliche
kultische Verehrung der Eiche eine Rolle spielte, sei dahingestellt; aber
man möchte kaum glauben, daß die Wahl ihres Holzes für alle großen
Kammergräber (Tanne würde sich genauso gut eignen) nur auf Zufäl-
ligkeiten beruht. Der Tote selbst ruhte auf einem Polster von dünnen
Zweigen. Unter diesen ließen sich Schlehe und Linde erkennen, beide
mit Sproßknospen nach dem Laubfall, was für eine Grablegung im
Herbst, genauer zwischen August und Anfang Oktober, spricht. Auf
die Brust hatte man ihm pietätvoll ein Sträußchen aus blühendem Klee,
Haselkätzchen, Teufelsabbiß und Witwenblume (!) gelegt. Ein ebenfalls mitgegebenes Körbchen bestand wie üblich aus Weidenruten.
Sorgfältige Analysen von Holz- und Pflanzenresten aus archäologischen Stationen liefern folglich nicht nur Hinweise auf die Umwelt
prähistorischer Kulturen, sondern insbesondere auch auf technologi-
sche Fertigkeiten, ernährungskundliche Verhältnisse und nicht zuletzt
auf die soziale und geistige Einstellung des vorgeschichtlichen Menschen (zum letzteren mehr in Kap. 5 und 10).

## *Fürstensitze*

Als Fürstensitze oder Adelsburgen bezeichnet man diejenigen späthallstattzeitlichen Zentralsiedlungen, die sich einmal durch eine herausragende topographische Lage, dann durch aufgefundenen Südimport, insbesondere attisch-schwarzfigurige Keramik, und schließlich
durch umgebende Großgrabhügel gegen die üblichen offenen Wohnplätze mehr dörflich-bäuerlichen Charakters absetzen. Die geographische Verbreitung der Fürstensitze kennzeichnet mehr als alles andere
den Lebensraum frühen Keltentums.
Die bislang identifizierten Stationen der geschilderten Art wahren
Abstände von 50 km, teilweise auch etwas mehr Kilometern. Es sind
deshalb Stimmen laut geworden, die von Territorien mit der Adelsburg im Mittelpunkt und einem Herrschaftsgebiet von etwa 25 km im
Umkreis sprachen. So einleuchtend eine solche territoriale Gliederung

innerhalb des Westhallstattkreises auf den ersten Blick erscheinen mag, sie ist dennoch zu sehr dem Modell feudalistisch-neuzeitlichen Kleinstaatentums verhaftet, als daß man es vorbehaltlos auf frühkeltische Machtgruppierungen übertragen dürfte. Bei dem Versuch, die gesellschaftlichen Verhältnisse innerhalb der Späthallstattkultur anhand der Bodenurkunden aufzuhellen, werden wir diese höchst problematischen Fragen noch einmal anschneiden müssen. Die folgenden Einzelbeschreibungen der als Zentralsiedlungen archäologisch bestimmbaren Stationen zeigen neben verständlichen Unterschieden, die oft noch forschungsbedingt sind, vorrangig die Gemeinsamkeiten auf, die uns berechtigen, die Adelsburgen zu einem weitgehend einheitlichen Siedlungstyp zusammenzufügen. Dabei werden die zugehörigen Fürstengräber vorerst nur kurz gestreift, da ihnen ein eigenes Kapitel gewidmet ist (Kap. 4).

Wenig unterhalb des Zusammenflusses mit dem Doubs liegt am rechten Ufer der Saône die späthallstattzeitliche Siedlung von *Bragny-sur-Saône*. Am gegenüberliegenden Flußufer sieht man in weniger als 1 km Entfernung die Häuser des kleinen Städtchens Verdun-sur-le-Doubs. Bragny-sur-Saône bildet die am weitesten gegen Südwesten gelegene Station des hier behandelten Siedlungstyps und setzt sich mit ihrer flachen Uferlage auch deutlich gegen die übrigen ab. Denn jene nehmen ohne Ausnahme markante Höhenkuppen ein. Gleichwohl rechtfertigen zwei entscheidende Gründe die Aufnahme dieses Ortes in den Kreis frühkeltischer Zentralsiedlungen.

Zum ersten bildet die Siedlung mit ihrer Randlage sozusagen das Tor zum mediterranen Süden. An dieser Stelle endet der geradlinig von Marseille (die antike, um 600 v. Chr. von phokäischen Griechen gegründete Kolonie Massilia) parallel zu Rhône und Saône nordwärts verlaufende Handelsstrang, um sich in alle Richtungen aufzufächern. Hier markiert die Enge zwischen den Monts du Charollais im Westen und dem Revermont im Osten die natürliche Einfallpforte in die Keltike. In diesem Sinne ist Bragny-sur-Saône nachgerade als Warenumschlagplatz aufzufassen, wobei die angesprochene Hafensituation nicht nur den Landtransport der Handelswaren, sondern vor allem auch einen regen Boots- oder Schiffsverkehr nahelegt. Es ist sicher kein Zufall, daß vom Saône-Doubs-Dreieck aus eine direkte Verbindung zum Mont Lassois führt, über welchen Weg seit langem der Zinnhandel mit der Bretagne und Cornwall angenommen wird.[15]

Von daher erscheint es mehr als verständlich, wenn gerade hier – trotz vorab nur kleinflächiger Sondagen – bereits eine Fülle südlichen

Imports zutage gefördert wurde, und das ist der nächste Anlaß, Bragny-sur-Saône besonders herauszustellen. Die Station wurde erst 1968 entdeckt und seitdem in mehreren Kampagnen ergraben.[16] Nach vorläufigen magnetographischen Vermessungen dürfte sie die immerhin beachtliche Größe von 4 ha umgreifen und steht mit dieser Größenordnung organisch zwischen Anlagen wie der Heuneburg mit 3 ha oder dem Hohenasperg mit 6 ha bewohnbarer Fläche. Inwieweit die Ansiedlung mittels Graben und Palisade bzw. Mauer befestigt war, läßt sich im intensiv überackerten Gelände vorerst nicht ausmachen. In Frage käme etwa eine halbkreisförmige Umwehrung mit der Saône-Uferböschung als südlichem Abschluß (die Saône fließt hier auf kurze Strecke in Ost-West-Richtung).

Neben zahlreichen, teils sehr qualitätsvollen, späthallstättischen Fibeln und einheimischer Keramik belegen Funde von Gußtiegeln, Gußformen und Eisenschlacken die Anwesenheit des Bronzegießers und Eisenschmieds. Es ist wichtig, diese zu vermerken, denn erst die differenzierten Handwerksbetriebe erheben die Siedlung in den Rang einer Gemeinschaft mit zentralörtlicher Funktion. Außer Resten graeco-massiliotischer Weinamphoren und Scherben mehrerer attisch-schwarzfiguriger Gefäße bezeugen vor allem die auffällig häufigen Fragmente von gläsernen Balsamarien sogenannten graeco-ägyptischen Stils die intensiven Südkontakte der Station.

Nach Fibeltypologie[17] (bislang nur Pauken- und Fußzierfibeln) und ausweislich eines bronzenen Armrings mit Pufferenden bestand Bragny-sur-Saône während Hallstatt D 2 und Latène A. Zugehörige reiche Bestattungen können indes noch nicht namhaft gemacht werden.

130 km nordnordwestlich von Bragny-sur-Saône liegt bereits jenseits der Mittelmeer-Atlantik-Wasserscheide einer der berühmtesten späthallstattzeitlichen Fürstensitze. Unweit Châtillon-sur-Seine erhebt sich der eindrucksvolle Zeugenberg des *Mont Lassois* über die Ebene (Taf. 1). »Wie ein Korken verschließt das Bergmassiv den engen Flaschenhals des oberen Seinetales« (Wolfgang Kimmig) und bot sich damit für die Errichtung einer vorgeschichtlichen Befestigung geradezu an, weshalb auch ältere und jüngere Besiedlungsspuren nicht fehlen. Der Mont Lassois begrenzt das frühkeltische Siedelgebiet nach Westen (vgl. Abb. 1) und schafft so die Verbindung zu den atlantischen Gefilden. Die Vermutung ist gar nicht so abwegig, daß er für den Landtransport des kornischen und bretonischen Zinns nach Westen und Süden den ersten Umschlagplatz darstellte. Dies um so

mehr, als ja in jener Zeit der Seeweg durch die Meerenge von Gibraltar (»Säulen des Herkules«) zu den Zinninseln (»Kassiteriden«) durch die Vorherrschaft der Karthager im Westmittelmeer seit der Schlacht vor Alalia (Korsika) (um 535 v. Chr.) für die Kauffahrteifahrer der östlichen Mediterraneïs gesperrt war. Es ist deshalb sehr verständlich, daß die Griechen von diesem Tage an den Ausbau eines Landweges von ihrer Kolonie Massilia aus forcierten, und damit gewannen Zwischenstationen wie Bragny-sur-Saône und Mont Lassois ihre eigentliche Bedeutung. In Einklang steht die Tatsache, daß der Fundanfall auf beiden Stationen so recht erst mit der Phase Hallstatt D 2 einsetzt, deren Beginn in jene Jahre (ab 500 v. Chr.) fällt.

Das Verdienst, die Adelsburg auf dem Mont Lassois für die Wissenschaft erschlossen zu haben, gebührt dem französischen Prähistoriker René Joffroy.[18] In jahrelangen Forschungen klärte er den Verlauf der Befestigungswerke und die Abfolge der Besiedlung auf dem Bergplateau. Seine Erfolge wurden durch die Auffindung des einzigartigen, völlig ungestörten Fürstengrabes von Vix am Fuße des Mont Lassois gekrönt: eine Sternstunde der Archäologie!

Der nahezu ebene Gipfel des Mont Lassois bildet ein Plateau von schmalovalem Umriß bei 120 bis 150 m Breite und etwa 500 m Länge in Nord-Süd-Richtung. Nach Südwesten schließt sich noch eine rund 20 m tiefer gelegene, 200 m lange und knapp 70 m breite Zunge an, die die Saint-Marcel-Kapelle trägt. Die besiedelte Fläche umfaßt somit etwa 9 ha, wobei durch Terrassierung und Bebauung der Hänge zusätzliches Siedelterrain gewonnen wurde. Der besonders gefährdete Westhang des Berges ist durch einen Erdwall mit innen und außen vorgeblendeter Trockenmauerschale aus Kleinsteinmauerwerk von etwa 420 m Länge eigens geschützt. Darüber hinaus umgibt ein nahezu 20 m breiter, bis 5,7 m tiefer Graben den gesamten Fuß der Anhöhe auf eine Länge von 2,7 km, dessen östliche und nördliche Flanken den Hang abwärts zum Seine-Ufer hinstreben und so ein weiteres talseitiges Siedlungsareal von knapp 18 ha Fläche mit in das Verteidigungssystem einbeziehen. Damit erheben sie den Mont Lassois in den Rang des mit Abstand größten späthallstättischen Fürstensitzes. Qualität, Vielfalt und Fülle der Funde bestätigen diese Bedeutung.

Die innere Gliederung in eine hochgelegene Plateausiedlung mit anschließenden hang- und talwärtigen Siedlungsflächen hat im Verein mit ähnlichen Besiedlungsstrukturen beispielsweise auf der Heuneburg sofort den Vergleich mit dem mediterranen Modell der Akropolis und dem Suburbium heraufbeschworen. Hier wie dort hätte sich der Adel vom Fußvolk durch die Wahl des repräsentativen Gipfelplateaus als Wohn- und Kultplatz abgesetzt. Archäologisch läßt sich das, was oben und unten bislang an Funden wie Befunden zutage kam, weder qualitativ noch baulich unterscheiden. Wie dem auch sei, man wird doch die Möglichkeit der bewußten Separierung der frühkeltischen Adelsschicht vom gewöhnlichen Anteil der Bevölkerung ins Auge fassen müssen. Die vielfältigen Kontakte mit der mittelmeerischen Welt können eine solche soziale Schichtung, die auch in der Standortwahl der Behausungen ihren elitären Ausdruck fand, durchaus gefördert haben.

Das Fundgut umfaßt – ohne die Gräber – derzeit an südlichen Importen Reste von wenigstens 70 attisch-schwarzfigurigen Gefäßen, vornehmlich aus dem letzten Viertel des 6. Jahrhunderts v. Chr. (Herstellungszeit!), die auch von dieser Seite her die Ausbildung der frühkeltischen Adelsdynastie auf dem Mont Lassois – und damit der Phase Hallstatt D 2 – frühestens in den Jahren nach 500 v. Chr. nahelegen.

Es kann kein Zweifel bestehen, daß die griechischen Gefäße zusammen mit den massiliotischen Weinamphoren, von denen sich gleichfalls zahlreiche Reste auf dem Mont Lassois fanden, in den Norden gelangten, auf daß nach echt südlicher Gesittung der keltischen Nobilitas für den Weingenuß auch das geziemende Geschirr zur Verfügung stand. Es ist dies der gleiche Vorgang, der zweitausend Jahre später mit dem Aufkommen des Teetrinkens bei den feinen Leuten Europas auch zum Import von Teekannen und Trinkschälchen aus chinesischem Porzellan führte.

Bemerkenswert ist die Einfuhr von Rohkoralle, die in örtlichen Ateliers zu Schmuckgegenständen einheimischer Formgebung, wie z. B. Nadelköpfen, umgearbeitet wurde.[19] Auch eine kleine bronzene Sphinx von nur 2,7 cm Länge (Abb. 103 links) ist, wenn nicht direkt Einfuhrgut, so ohne südliche Vorbilder kaum verständlich.

Damit ist schon alles aufgezählt, was als unmittelbarer Import zu gelten hat. Man darf aber die Imitationsfreude der frühen Kelten nicht unterschätzen. Besonders eindringlich ist diese Erscheinung bei der am Ort produzierten Keramik, die nicht nur in Malweise, Ornamentschatz und Formgestaltung, sondern auch in Tonqualität und Oberflächenbehandlung zahlreiche südliche Anregungen aufgegriffen hat. Figürliche Darstellungen, Spiralmuster und Mäanderband, aber ebenso die schlichte Streifenmalerei sind unmittelbar von provenzalischen Vorlagen entlehnt. Im Umkreis des Mont Lassois entstand damit eine spezifische Keramikgattung, die nachgerade als Vixien bezeichnet wird.

Macht und Einfluß der Mont-Lassois-Dynastie symbolisieren fünf Fürstengräber, die im Umfeld des Berges in einer Entfernung bis zu 5 km zutage kamen.

Von Bragny-sur-Saône und Mont Lassois aus gegen Osten folgen zwei weitere Zentren späthallstättischen Fürstentums: Gray und der Camp-de-Château oberhalb Salins-les-Bains. Am oberen Lauf der Saône zwischen den Nebenflüssen Ognon und Vanon konzentrieren sich die reichen Gräber von Apremont, Mantoche, Mercey und Savoyeux. Ohne allen Zweifel kennzeichnet diese Gruppe die Existenz einer zugehörigen Zentralsiedlung, die aber einstweilen nicht zu lokalisieren ist. Für deren Standort würde sich eigentlich nur der Schloßberg von *Gray* anbieten, wie Wolfgang Kimmig mit guten Gründen vorgeschlagen hat.[20] Funde sind wegen der mittelalterlichen und neuzeitlichen Überbauung vorerst nicht bekannt.[21] Doch liegt Gray, was auch bestimmend für die Entstehung der Stadt im Mittelalter war, an einem wichtigen Saône-Übergang. Von hier aus beträgt die Entfernung zu den südwestlich gelegenen Gräbern von Apremont und Mantoche rund 8 km und zur nordöstlichen Mercey-Savoyeux-Gruppe knapp 15 km, so daß ein deutlicher Bezug ohne weiteres gegeben ist.

Sehr viel klarer sind dagegen die Siedelverhältnisse beim *Camp-de-Château*[22], wenngleich hier die eigentlich zu erwartenden extrem reichen Gräber vorläufig noch fehlen. Die Felsenburg vom Camp-de-Château liegt hoch über dem Tal der Furieuse auf einem uneinnehmbaren Höhenrücken, dessen Ostteil durch eine Abschnittsbefestigung für die Kernanlage der Siedlung abgetrennt wurde. Die relativ kleinflächigen Grabungen lassen weitergehende Schlüsse noch nicht zu. Von hier aus hat man einen weiten Blick über die reizvolle, immer wieder von ausgedehnten Waldungen aufgelockerte Hügellandschaft bis hin zu den Fôrets de Moidons, d'Arbois und Mouchard, in welchen Forsten zahlreiche Grabhügelfelder die dichte hallstatt-frühlatènezeitliche Besiedlung der Region bezeugen.

Inwieweit die Salzquellen am Fuße des Berges bereits in frühkeltischer Zeit ausgebeutet wurden, ist derzeit nicht erforscht, doch sollte die Nachbarschaft der Mineralvorkommen zum Fürstensitz sicher kein Zufall sein. Allzusehr erinnert eine solche Situation an Hallstatt und Hallein im Salzkammergut, wo das Salz seinerzeit industriemäßig gewonnen wurde und der Vertrieb zu einem ungeahnten Wohlstand führte. Darüber hinaus dürfte der Camp-de-Château als westliche

Talstation der Jura-Überquerung in Richtung Schweizer Mittelland, wo sich die Zentralsiedlungen von Châtillon-sur-Glâne und Mont Vully anschließen, mit ausschlaggebend für die Wahl des Standortes gewesen sein.

Das reiche Fundgut stammt zum größten Teil aus den Grabungen Maurice Piroutets, der seit 1906 die Station erforschte, sowie aus den Sondierungen Maurice Dayets, der die Untersuchungen ab 1955 fortsetzte. Neben vielen Scherben massiliotischer Weinamphoren und sonstiger graeco-provenzalischer Tonware ist besonders die attische Import-Keramik wichtig, die sich auf schwarz- und rotfiguriges Geschirr verteilt und etwa zwischen 540 und 400 v. Chr. gefertigt wurde. Bemerkenswerterweise ist der Camp-de-Château damit die einzige Zentralsiedlung, die das allgemeine Ende des Westhallstattkreises überlebt und bis in die Stufe Latène B besteht. Entsprechend stellt sich das Fibelspektrum dar, das von Schlangenfibeln der Phase Hallstatt D 1 bis zu Fibeln vom Latène-B-Schema reicht.

Ausgesprochene Fürstengräber im Vorfeld der Burg sind nicht bekannt, doch läßt sich eine auffällige Häufung von Wagengräbern nicht verkennen.[23] Sie geben zumindest einen Hinweis auf soziale Differenzierungen, wie sie die Späthallstattkultur prägen. Das Grab von Camp Peupin bei Ivory liegt 5 km, das vom Fôret des Moidons bei Poligny 7 km südlich vom Camp-de-Château, während der Tumulus du Fourré bei Saraz mit seinem kostbaren Antennendolch bereits 16 km in nordöstlicher Richtung entfernt ist. Er kennzeichnet am ehesten den randlichen Wirkungsbereich der Zentralsiedlung. Sicher nicht mehr zum Umkreis gehört das 40 km südsüdwestlich gelegene Grab von Conliège bei Lons-le-Saunier,[24] das, abgesehen von der etruskischen Bronzeamphore (Abb. 84) wiederum nur durchschnittlich ausgestattet war.

Überqueren wir von Salins-les-Bains aus den Jura auf der auch heute vielbenutzten Route nach Pontarlier und umgehen dann den Neuenburger See am oberen Ende, so öffnet sich uns das schweizerische Mittelland mit seiner überaus dichten hallstattzeitlichen Besiedlung.[25] Es wird von drei frühkeltischen Zentralsiedlungen beherrscht, von Châtillon-sur-Glâne bei Freiburg im Süden, vom Mont Vully am Murtensee inmitten und vom Üetliberg bei Zürich im Norden (Abb. 1).

Noch 1969 schrieb Wolfgang Kimmig resignierend angesichts der vielzitierten Großgrabhügel: »Wo man die Hügel im Kanton Freiburg (Schweiz) angliedern könnte, vermag ich nicht zu sagen.« Es handelte sich dabei um das teilberaubte Fürstengrab vom Bois Murat bei

Corminbœf mit dem zwanzigteiligen, bronzenen Schüsselsatz und dem Fragment einer etruskischen Statuette (Teil eines Bronzegefäßes?), um den noch nicht untersuchten Hügel im Bois de Châtillon, um einen ebenfalls unversehrten Hügel in den Dailettes von immerhin noch 2,5 m Höhe und 30 m Durchmesser und um den größeren der beiden Hügel von Weiler Au Port mit 5 m Höhe und 30 m Durchmesser, von denen letzterer Spuren einer Raubgrabung durch unberufene Hand trägt, ferner um die altbekannten, goldführenden Bestattungen von Lentigny, Châtonnaye, Düdingen und Payerne.

Wie so oft führte auch hier der Zufall alsbald zu einer Klärung. Nur vier Jahre später entdeckte man am Hang des Châtillon-sur-Glâne unweit Freiburg im frischen Aushub einer Grube, aus der sich die Anwohner Blumentopferde zu holen pflegten, neben normalen vorgeschichtlichen Scherben und Tierknochen gleich sechs Fragmente attisch-schwarzfiguriger Keramik, dazu eine bildschöne Doppelpaukenfibel. Somit war endlich der langgesuchte Fürstensitz bestimmt, der mit fast mathematischer Genauigkeit das Zentrum der Gräbergruppe einnimmt (Entfernung bis maximal 15 km).

Die Ansiedlung liegt auf einem markanten Felsklotz mit quadratischem Grundriß und an drei Seiten steil abfallenden Wänden an der Stelle, wo die Glâne in die Saane mündet. Gegen das Hinterland ist das knapp 1,5 ha umfassende Gipfelplateau mit Wall und Graben eindrucksvoll geschützt. Seit 1974 finden unter der Leitung von Hanni Schwab und Denis Ramseyer Ausgrabungen statt, die erste Fragen der Besiedlungsstruktur klären konnten und vor allem das einschlägige Fundmaterial erheblich vermehrten.[26] Mit Hilfe der Fibelserie läßt sich die Besiedlungsdauer nunmehr recht genau auf die Phasen Hallstatt D 2 bis Latène A einengen; jüngste Form ist eine eiserne Certosa-Fibel. Zum Südimport, der allem Anschein nach sowohl über den Rhône-Saône-Couloir als auch über die Alpenpässe nach Norden geliefert wurde, gehören neben den nun schon geläufigen massiliotischen Weinamphoren und weiterer phokäisch-provenzalischer Keramik das Bruchstück eines blau-grünlichgelb-gebänderten, über den Sandkern gegossenen Glasfläschchens, wie wir solche schon von Bragny-sur-Saône kennen, und auch die Tülle einer doch wohl etruskischen Röhrenkanne aus Bronze. Von der lokal produzierten Tonware ist die gerief te Drehscheibenkeramik zu beachten, da diese an den späthallstättischen Fürstensitzen eine offensichtlich herausragende Rolle spielt.

Im Zentrum der mittelschweizerischen Seenlandschaft erhebt sich über

das Westufer des Murtensees der *Mont Vully* mit seiner herrlichen
Rundsicht. Seine Bedeutung als späthallstattzeitliche Zentralsiedlung
ist noch umstritten, doch mehren sich die Anzeichen, die für eine
solche Funktion sprechen. Zunächst sind wieder die 6 bzw. 12 km
entfernten Adelsbestattungen von Ins und Allenlüften (2 Gräber!) mit
ihren Gold- und Importfunden zu nennen, und vielleicht sind dazu
auch die Tumuli von Urtenen, Hermringen und Grächwil in 18, 22
und 26 km Distanz zu rechnen. Andererseits wäre man nicht abgeneigt, weiter nördlich zwischen Bern und Bielersee eine bislang noch
unerschlossene Zentralsiedlung zu suchen, der die drei letztgenannten
Fürstengräber zuzuordnen sind; indes fehlen vorab alle diesbezüglichen Anhalte.

Der Mont Vully, wie er bei den welschen, oder Wistenlacherberg, wie
er bei den deutschsprachigen Schweizern heißt, trägt ein sanft gerun-
detes Gipfelplateau, den Plan-Châtel, der von einem dreifach gestaffelten System wallartiger Gebilde umgeben ist. Das innerste umspannt
ein Areal von annähernd 2,5 ha Ausmaß, was durchaus dem Umfang
hallstättischer Zentralsiedlungen entspricht. Eine Testgrabung von
Rudolf Degen im Jahre 1964, der weitere Untersuchungen durch
Hanni Schwab 1978 und Gilbert Kaenel 1979 folgten,[27] ergab über das
Alter der Wehranlagen noch keine hinreichende Sicherheit; am wahr-
scheinlichsten ist derzeit Spätlatène-Zeitstellung, doch schließt dies
ältere Vorläufer nicht aus. Von der Größe her würde jedenfalls eine
Hallstatt-Anlage besser passen als ein spätkeltisches Oppidum, das
nach der Regel doch erheblich umfangreicher sein sollte.

Bezeichnenderweise erbrachten denn auch die Sondagen eine Reihe
guter späthallstattzeitlicher Fundgegenstände, darunter geriefte Keramik, die für die frühkeltischen Fürstensitze so typisch ist. Schlacken-
brocken erweisen zudem die Verhüttung und Verarbeitung von Eisen.
Mit einigen Vorbehalten und angesichts der Adelsgräber in der Umgebung wird man – auch in Erwartung großzügigerer Ausgrabungen –
den Mont Vully provisorisch unserem Siedlungstyp einreihen
wollen.

Erfreulich klar sind hingegen die Verhältnisse beim *Üetliberg*, hoch
über der Nordwestspitze des Zürichsees gelegen, wenngleich hier
Gewißheit erst in allerjüngster Zeit gewonnen werden konnte.[28] Der
Höhenzug wird wieder wie eine Arx oder Akropolis von einem
kleinem Gipfelplateau, dem Uto-Kulm, gekrönt, der durch mächtige
Wall- und Grabenanlagen vom ebenfalls befestigten Vorfeld eigens
abgetrennt ist.

Seit beinahe 150 Jahren ist vom Uto-Kulm eine einsame Scherbe bekannt, die bei einer 1840 durchgeführten »Grabung« mehrere Fuß tief im Boden zutage kam. Es handelt sich bei diesem raren Stück um die Henkelplatte eines attisch-schwarzfigurigen Kolonettenkraters der Zeit um 500 v. Chr. Begleitfunde blieben dürftig, und so wurde die kulturhistorische Bedeutung des Prunkstückes auch nicht aufgewertet, als man im Jahre 1906 die herrliche Goldschale von Zürich-Altstetten (Abb. 33) aufdeckte, die nur aus einem sonst nicht näher beobachteten, späthallstättischen Fürstengrab stammen kann. Wir verdanken es dem archäologischen Gespür des verdienten Schweizer Forschers Walter Drack, der die Zusammenhänge ahnte, daß seit 1979 die Untersuchung des Üetliberges und seiner Vorzeitdenkmäler energisch vorangetrieben wird. Als erstes wies Drack in dem 1 km vom Uto-Kulm entfernten Grabhügel Sonnenbühl eine frühkeltische Adelsbestattung der Stufe Latène A nach. 1980 auf dem Uto-Kulm selbst begonnene Ausgrabungen stießen in beträchtlicher Tiefe unter den mittelalterlich-neuzeitlichen Kulturschichten auf eindeutige Siedlungshorizonte der späten Hallstattkultur. Glücklicherweise fanden sich darin auch griechische Importkeramik und scheibengedrehte Riefenware, womit das Gipfelplateau nunmehr ohne Einschränkungen als Sitz einer frühkeltischen Adelsdynastie anzusprechen ist. Über die Ausdehnung und sonstige Struktur der Ansiedlung möchte man bei der umfangreichen römischen und insbesondere hochmittelalterlichen Überbauung vorerst keine weiterführenden Aussagen treffen, zumal die Altersstellung der insgesamt fünffach gestaffelten Wall-Graben-Umwehrungen noch offen ist.

Die räumliche Gliederung des Schweizer Mittellandes in zwei bzw. mit dem Mont Vully in drei hallstättische Siedlungszentren wird auf verblüffende Weise noch an einem anderen Befund deutlich, auf den wieder Drack hingewiesen hat.[29] Auch die Verbreitung der außerhalb der Adelsbestattungen zutage gekommenen Bronzeblechgefäße verdichtet sich auffällig im Uechtland um Freiburg (Châtillon-sur-Glâne), um den Mont Vully und um Zürich (Üetliberg). Ansonsten fehlen sie in der nordalpinen Schweiz trotz umfangreicher Grabhügeluntersuchungen fast völlig. Dies mag als weiterer Hinweis auf das Ausstrahlungsgebiet und die überörtliche Bedeutung der genannten Zentralsiedlungen gewertet werden. Als Produktions- und Handelsorte ermöglichten sie es, daß die Bevölkerung der Umgebung die begehrten Bronzekessel und -situlen eintauschen konnten.

Verlassen wir damit die Schweiz und wenden uns wieder der Rhône-

Saône-Doubs-Passage (Abb. 1) zu. Deren nordöstlicher Verlauf mündet in die Burgundische Pforte, wo sich zwischen den Vorbergen des Jura im Süden und den Vogesen im Norden der Sundgau zum Rheintalgraben öffnet. Dieses uralte und bis weit in historische Zeit nichts an Wichtigkeit verlierende Völkertor wird an seinem südlichen Flügel vom *Britzgyberg* bei Illfurth markiert, wo bereits der Ortsname den ersten bedeutungsschwangeren Hinweis gibt. Schon seit langem ist der beherrschende Bergvorsprung, der sich mehr als 100 m über das Tal der Ill erhebt, als vorgeschichtliche Station bekannt. Doch erst die erfolgreichen Ausgrabungen Roger Schweitzers[30] in den Jahren 1969 bis 1971 erbrachten den Nachweis einer späthallstattzeitlichen Zentralsiedlung.

Der Sporn umfaßt eine Fläche von 4,5 ha Größe. An drei Seiten durch Steilhänge geschützt, brauchte er nur gegen das Hinterland befestigt zu werden. Ein Abschnittswall mit einem 10 m breiten vorgelagerten Graben von gut 200 m Länge zeichnet sich deutlich im Gelände ab. Der Innenraum selbst gliedert sich in ein Hochplateau mit einer die Nase umgebenden, rund 4 m tiefer gelegenen und bis zu 50 m breiten Terrasse: also auch hier das Modell der Arx mit dem umgebenden Suburbium.

Die Untersuchungen erbrachten ein kompliziertes Schichtenpaket mit mehreren Bauphasen und Zerstörungshorizonten. Interessant ist ein mächtiges, vom Plateau auf die Terrasse herabgeflossenes, gelblehmiges Sediment, und man wird überlegen müssen, was dieser viele ortsfremde Lehm am Randbereich der oberen Siedelfläche zu suchen hat. Ohne daraus voreilige Schlüsse ziehen zu wollen, denkt man doch sogleich an die Lehmziegelmauer der Heuneburg (siehe unten). Es erscheint nicht völlig ausgeschlossen, daß wir hier einen zweiten Fall mediterraner Bauweise vor uns haben; doch sind zur Absicherung dieses Befundes noch weitere sedimentologische Bestimmungen vonnöten.

Das Fundgut vom Britzgyberg enthält u. a. Eisenschlacken, Gußtiegel, Gießereiabfälle, Gußformen, Spinn- und Webgeräte und keramische Fehlbrände, die ein lebendiges Bild der vielfältigen handwerklichen Betätigungen vor unserem Auge entstehen lassen.

An südlichem Importgut liegen zehn Scherben von attisch-schwarzfigurigen Gefäßen vor, von denen allein sechs zu einer Kylix (vgl. Abb. 92) aus dem letzten Viertel des 6. Jahrhunderts v. Chr. gehören. Flicklöcher an zwei weiteren Fragmenten zeigen die besondere Wertschätzung des griechischen Geschirrs an. Dazu kommen mehrere

Reste provenzalischer Weinamphoren. Zeitlich reicht die Ansiedlung nach Ausweis der Fibelserie[31] von Hallstatt D 1 (Schlangenfibeln) bis Latène A (Drahtfibeln).

Ein unweit gelegener Grabhügel (Taf. 7) von über 100 m Durchmesser erinnert mit seinen gewaltigen Ausmaßen an den Magdalenenberg, und man wird in ihm mit einiger Gewähr einen Bestattungsplatz der Britzgyberg-Dynastie vermuten dürfen. Als Hinweis auf ein weiteres Fürstengrab kann vielleicht eine im Historischen Museum von Mühlhausen (Elsaß) verwahrte etruskische Bronzehydria mit Gorgonenattasche[32] dienen. Ihre Fundumstände sind zwar nicht überliefert, doch stammt das aus alten Privatsammlungen übernommene Inventar des Museums durchweg aus dem Elsaß, so daß dieses Stück möglicherweise mit den gleichen Einfuhrgütern des späten 6. Jahrhunderts v. Chr. in den Norden gelangte, die bei den späthallstättischen Adelsgeschlechtern so begehrt waren und von denen man sich nur trennte, wenn es galt, das Grab eines Verstorbenen würdig auszustatten.

Im Oberrheingraben begegnen uns zwei hallstättische Siedelzentren. Das eine liegt auf dem Münsterberg von Breisach; ein weiteres ist unweit Rastatt zu erschließen. Britzgyberg und Breisach wahren die übliche Distanz von knapp 50 km Luftlinie, während die Entfernung vom Münsterberg zur rheinabwärts gelegenen Zentralsiedlung am Westrand des Hagenauer Forstes rund 90 km beträgt. Ob zwischen den beiden letzteren noch eine weitere Station, vielleicht minderen Ranges, postuliert werden muß, ist derzeit nicht näher zu ergründen. Belege sind dafür vorerst nicht beizubringen; freilich darf man das von uns entworfene Netz frühkeltischer Fürstensitze im Westhallstattkreis keinesfalls zu schematisch knüpfen. Das widerspräche den landschaftlichen Gegebenheiten ebenso wie allen Unwägbarkeiten menschlichen Verhaltens.

Soweit die heutige Topographie verrät, bildete der *Münsterberg von Breisach* in antiker Zeit zumindest zeitweilig eine Insel, die von breiten Rheinarmen umströmt wurde. Mitten im Talgrund am Rheinübergang gelegen, stellt der Inselberg nach wie vor einen natürlichen Übergang zwischen der Freiburger Bucht im Osten und dem Oberelsaß im Westen dar. Die lößbedeckten, tephritischen Vulkankegel erheben sich wuchtig über die Rheinebene, so daß der Refugiums- und Festungscharakter des Felsenklotzes nachweislich in allen Nöten der Zeit vom späten Neolithikum bis in die Neuzeit bewahrt blieb.

So nimmt es denn nicht wunder, daß der Münsterberg auch während der späten Hallstatt- und frühen Latènezeit eine herausragende Anlage

trug. Ältere Grabungen galten vor allem den spätrömischen Umweh-
rungen. Weitere Untersuchungen fanden zwischen 1966 und 1975
statt,[33] die die für uns wichtigen Ergebnisse lieferten. Der Errichtung
der frühkeltischen Zentralsiedlung ging eine erstaunlich aufwendige
Planung voraus. Bis dahin zerschnitt eine die Mitte des Berges teilende
etwa 80 m lange, bis zu 15 m tiefe und 80 bis 100 m breite Senke das
Gipfelplateau in zwei Teile. Diese Rinne wurde, so unglaublich dies
klingen mag, von den Hallstattleuten vollständig aufgefüllt, wobei
man annähernd 50 000 m³ Erdmaterial umsetzte. Zwar war durch den
Bau der Großgrabhügel der Transport umfangreicher Erdmassen häufig geübt worden und organisatorisch zu bewältigen, daß aber derart
gewaltige Bodenarbeiten nur unter dem Druck und der Aufsicht
mächtigster Persönlichkeiten zu bewerkstelligen waren, bedarf keiner
näheren Begründung. Damit war dann auf dem Münsterberg eine
geschlossene Siedelfläche von etwa 15 ha Größe geschaffen, die trotz
der an sich schon durch die steilen Felswände hinreichenden Fortifika-
tion noch zusätzlich mit einer Hangmauer gesichert wurde.
Die Funde unterstreichen die zentrale Bedeutung des Platzes. Scheibengedrehte geriefte Ware[34] stellt die Anlage gleichrangig neben Châtillon-sur-Glâne, Üetliberg und Heuneburg. Verbindungen in den
westlichen Bereich belegt Tonware mit Vixien-Charakter und in den
östlichen Raum ein längsgeripptes Linsenfläschchen böhmisch-mährischen Zuschnitts. Als langerwarteter Import stellte sich die Schulter-
scherbe einer provenzalischen Kanne mit Streifenmalerei ein.
Nicht weniger als acht Großgrabhügel bzw. überdurchschnittlich
ausgestattete Gräber umsäumen das Weichbild des Münsterberges.
Am nächsten liegen Ihringen und Gündlingen in etwa 4 km, am
weitesten Kappel (2 Gräber!) – rechtsrheinisch – und Ensisheim –
linksrheinisch – in immerhin 30 km Entfernung, so daß ihre unmittelbare Zugehörigkeit fraglich bleibt. Daß sie aber dennoch dem Ausstrahlungsbereich der Breisacher Zentralsiedlung wie auch immer ein-
zugliedern sind, wird weiter unten aufzuzeigen versucht. In mittelwei-
ter Distanz erheben sich dann die Tumuli von Schlatt sowie das Bürgle
bei Buchheim im Breisgau und auf der gegenüberliegenden Rheinseite
das vieldiskutierte Grab im Kastenwald bei Colmar mit Abständen
zwischen 10 und 14 km.
Im nördlichen Teil des Oberrheingrabens finden sich noch einmal
mehrere reich ausgestattete Gräber, die im östlichen Teil des Hagenauer Forstes und im Raum südlich *Rastatt* angetroffen wurden. Im
einzelnen sind dies – rechtsrheinisch – die Hügel von Iffezheim,

Hügelsheim und Söllingen sowie – linksrheinisch – die Sepulturen von Hatten, Sesenheim und ein nicht mehr lokalisierbares, aber durch eine Bronzeschnabelkanne aus dem Hagenauer Forst bestimmtes Grab. Wie auf einer Kreisbahn mit einem Radius von 5 bis 7 km gruppieren sich diese Adelsgräber um einen imaginären Punkt zwischen Rappenheim und Roeschwoog im Unterelsaß, und irgendwo dort muß sich die bislang nicht identifizierte Siedlung befunden haben. Daß sich insgesamt sechs Fürstengräber in einem so engen Raum bündeln, darf wohl nicht mehr dem Zufall zugesprochen werden, und das allein rechtfertigt die Annahme einer Zentralsiedlung im Rheingebiet südlich Rastatt.

Folgt man der Gräberchronologie, so ist hier sogar mit einer ziemlich lange andauernden Ansiedlung zu rechnen. Als früheste Bestattungen weisen sich Hügelsheim[35] und Söllingen[36] mit Schlangenfibeln (Hallstatt D 1), als jüngste die Schnabelkannengräber (Latène A) von Iffezheim[37], Sesenheim[38] und wohl auch das für die fundortlose Kanne aus dem Hagenauer Forst[39] anzunehmende Begräbnis aus. Die Beigabe einer Schnabelkanne ins Grab wird allgemein als ein Anzeichen von frühlatènezeitlichem Grabbrauchtum gewertet. Besonders deutlich wird diese Sitte im (hier nicht behandelten) Fürstengräberkreis um Saar und Mosel, wo fast jedes Adelsgrab mit einer Schnabelkanne ausgestattet wurde. So erscheint es sehr verständlich, daß gerade im räumlichen und zeitlichen Überschneidungsbereich der Späthallstatt- und Frühlatènekultur Gräber mit Mischinventaren auftreten. Beispielhaft dafür steht das Grab von Hatten im Elsaß,[40] das mit Goldhalsreif, Bronzekessel mit Flügelattaschen, Bronzeschalen und vierrädrigem Wagen durchaus in hallstättischer Tradition steht, mit der beigegebenen Schnabelkanne jedoch die Kennzeichen der Grabensembles der pfälzischen Latènefürsten vorwegnimmt. Innerhalb des Westhallstattkreises gehören solche Gräber (Hatten, Mercy, Vix und Kleinaspergle) kulturell der Hallstattkultur, zeitlich zum Teil schon der Latènekultur (Ha D 3 / Lt A) an.

Östlich des Schwarzwaldes, im weiten Feld des Neckarlandes bis hin zur Schwäbischen Alb und oberen Donau, finden sich als weitere frühkeltische Siedelzentren die Stationen von Kapf/Magdalenenberg, Hohennagold, Heuneburg und Hohenasperg, denen sich als nordöstliche Abgrenzung des Westhallstattkreises die Anlagen vom Ipf bei Bopfingen und auf dem Marienberg von Würzburg anschließen.

Wenig oberhalb des Zusammenflusses von Breg und Brigach – den beiden Quellflüssen der Donau – liegt hart an der Ostabdachung des

Schwarzwaldes der Fürstengrabhügel Magdalenenberg mit der benachbarten Siedlung auf dem *Kapf* bei Villingen.[41] Siedlung und Riesentumulus halten eine Distanz von 4 km und besitzen Sichtverbindung. Wolfgang Hübener führte im Jahre 1959 eine Probegrabung auf dem Kapf durch, die – wenn auch nur mit bescheidenen Funden – eine befestigte, hallstattzeitliche Siedlung erwies. Die Wallburg erhebt sich in typischer Spornlage mit steilen Flanken über das Tal. Eine Quelle innerhalb der Umwehrung sorgt für ständiges Frischwasser. Gegen das Hinterland ist die 2 ha große Siedlung mit einem halbkreisförmigen Wall und vorgelagertem Sohlgraben gesichert. In der Mitte der Holzerde-Mauer befindet sich eine Toranlage.

Ein günstigerer Platz ist für einen Wohnsitz in der Umgebung des Magdalenenberges kaum zu finden. Die Funde, eine Bogenfibel, rotbemalte weißgrundige Keramik, sonstige feine Tonware und Wirtschaftsgefäße, gehören allesamt der Phase Hallstatt D 1 an. Dies bezeugt eine relativ kurzfristige Siedlungsdauer, so daß das Fehlen von Import nicht verwundert. Ohnehin kommt der Einfuhrstrom südlicher Güter erst in der folgenden Phase Hallstatt D 2 voll zum Tragen. Während Hallstatt D 1 bleiben solche vereinzelt; als seltenes Beispiel steht der iberische Gürtelhaken vom Magdalenenberg (Taf. 16). An der Zusammengehörigkeit von Kapf und dem einzigen Großgrabhügel im Umfeld, dem Magdalenenberg, können heute keine Zweifel mehr bestehen. Beide Stationen setzen ausweislich des Fundmaterials mit Beginn der Späthallstattkultur (Ha D 1) ein und brechen abrupt am Übergang von Hallstatt D 1 zu D 2 ab. Kennzeichnend dafür ist das völlige Fehlen von Pauken- und Fußzierfibeln, die die jüngere Serie vertreten. Beide Anlagen hatten demnach rund 50 Jahre Bestand.

Der Magdalenenberg-Dynastie gehören der im Zentralgrab des Hügels bestattete, im Spätjahr 551 v. Chr. verstorbene Fürst[42] sowie eine weitere machtvolle Persönlichkeit an, die das Grabmonument für ihren Vorgänger errichtete: zwei Generationen also innerhalb eines knappen halben Jahrhunderts. Das Ende des Adelsgeschlechtes im Schwarzwaldvorland der Baar muß jäh, wenn nicht katastrophal gewesen sein. Dafür sprechen nicht nur das gleichzeitige Aufhören der Siedlung auf dem Kapf und der Nachbestattungsnekropole auf dem Magdalenenberg. Deutlicher noch wird dieser Vorgang durch die in eben jener Zeit – kurz nach 504 v. Chr. – erfolgte Plünderung des Zentralgrabes, die ja wohl erst im Zusammenhang mit dem Erlöschen der Dynastie oder wenig später möglich erscheint.

Damit mag – und das soll hier mit allen nötigen Vorbehalten zur

Diskussion gestellt werden – ein sonst nicht erklärlicher Befund aus dem Ostteil des Magdalenenberges in Einklang stehen. Bei der Untersuchung des Grabhügels im Jahre 1973 wurde dort eine 4,5 m breite, 7 m lange und 1,5 m tiefe Grube beobachtet, die sekundär in die bestehende Hügelaufschüttung eingelassen war.[43] Soweit eine Deutung überhaupt möglich ist, kann es sich dabei nur um die Grabgrube für eine den Dimensionen nach fürstliche Bestattung gehandelt haben. Die Grube war völlig leer. So stellt sich unwillkürlich die Frage, ob der Tod dieser anonymen, an eben jener Stelle zu bestattenden Person, das Ende der Siedlung, der Abbruch des Gräberfeldes und die Beraubung des Zentralgrabes in einem inneren Konnex zu sehen sind: eine Frage von nachgerade historisch-politischer Tragweite.

60 km stromabwärts von Magdalenenberg und Kapf liegt das neben Mont Lassois und Hohenasperg wohl großartigste Zentrum frühkeltischen Fürstentums, die *Heuneburg* an der oberen Donau.[44]

Zwischen Hundersingen und Binzwangen schiebt sich der Ausläufer eines Moränenrückens weit nach Südosten vor, dessen Nase die versumpfte Niederung der Donau um nahezu 60 m eindrucksvoll überhöht. Die einzigartige Lage an der alten Donauhandelsstraße, die noch in römischer Zeit künstlich aufgeschottert wurde, die weite Fernsicht über das fruchtbare Altsiedelland und die repräsentative Spornlage mußten zur Ansiedlung reizen. So beginnt die bewegende Geschichte der Heuneburg bereits im Verlauf der Bronzezeit und währt mit im übrigen bezeichnenden Unterbrechungen bis weit hinein ins frühe Mittelalter, zu welcher Zeit die Burganlage ein letztesmal als Festung ausgebaut wurde. Infolgedessen verdankt die Heuneburg ihr heutiges Aussehen mit den beiden tief eingeschnittenen Abschnittsgräben im Südwesten und den allenthalben gesteilten Böschungen einer weitgehend erst mittelalterlichen Überformung. Das fraglos wichtigste Kapitel ihrer Geschichte erlebte die Burg indes zur Hallstattzeit.

Zu Anfang der Stufe Hallstatt D begründet hier ein frühkeltisches Adelsgeschlecht einen Fürstensitz, der erst mit den folgenschweren Umwälzungen in der beginnenden Latènezeit ein Ende findet. 200 Jahre lang (kurz vor 550 v. Chr. bis in die erste Hälfte des 4. Jahrhunderts v. Chr.) regieren die Herren der Heuneburg mit wechselhaftem Geschick. Wenigstens dreimal überzogen in dieser Zeit verheerende Zerstörungen mit Feuersbrünsten die Burg. Wenigstens zwölfmal gaben Trauerfälle in der Herrscherfamilie Anlaß zum Bau gewaltiger Grabhügel, die nun wie einen Kranz den Adelssitz umgeben. Im Süden und Südwesten sind dies der Lehenbühl und die Baumburg

(Taf. 3) sowie die beiden Hügel am Bettelbühl. Einsam im Osten –
weit draußen in 5 km Entfernung – wacht der Rauhe Lehen. Im
Westen erheben sich aus einem Feld von 32 Grabhügeln üblicher
Größe der Hohmichele, die Ruine des Kleinen Hohmichele und der
inzwischen abgegangene Speckhau-Hügel. Am dichtesten liegt die
Vierer-Gruppe im Gießübel-Talhau, nur 350 m vor der Nordwest-
flanke der Heuneburg. Ganz zur Peripherie rechnet das 20 km west-
südwestlich gelegene Fürstengrab von Vilsingen mit seiner prächtigen,
»rhodischen« Bronzekanne.

Die urkundlich erstmals im Jahre 1560 erwähnte Heuneburg wurde
von der Forschung schon immer mit den umgebenden Großgrabhügeln in Verbindung gebracht. Erste Grabungen auf der Burg führte im
Jahre 1921 Walter Veeck im Auftrag Peter Goeßlers[45] durch, die auch
zur Aufdeckung einer späthallstattzeitlichen Siedlungsschicht führten.
Seitdem war die Zugehörigkeit der Heuneburg zu den schon seit dem
Ende des vorigen Jahrhunderts aus den umgebenden Grabhügeln
gehobenen goldführenden Fürstenbestattungen gesichert. Die große
Stunde der Heuneburg-Archäologie schlug freilich erst im Jahre 1950,
als Kurt Bittel und Adolf Rieth die Spaten ansetzten.[46] Ziel des
Unternehmens war die vollständige Freilegung der Burganlage. Um es
vorweg zu sagen: bei der vorläufigen Einstellung der Ausgrabungen im
Jahre 1977 war erst ein Drittel des Adelssitzes untersucht. Die erste
Mannschaft (Kurt Bittel, Wolfgang Dehn, Wolfgang Kimmig, Adolf
Rieth und Edward Sangmeister) weilt längst im Ruhestand. Auch die
aktive Zeit ihrer Nachfolger nähert sich bald dem Ende (Egon Gersbach, Siegwalt Schiek und Mitarbeiter). Und schon meldet sich die
nächste Forschergeneration an (Siegfried Kurz, Lothar Sperber).
Wollte man allein die Hauptburg komplett ausgraben, so wären unter
Einsatz sämtlicher moderner Forschungsmittel noch wenigstens weitere 50 Jahre intensiven Ausgrabens nötig. Schon 75 wissenschaftliche
Veröffentlichungen – von der kleinen Fundnotiz bis zum großformati-
gen Folianten (vgl. Anm. 44) – belegen den hervorragenden Wert
dieser so kühn begonnenen Unternehmung und begründen den unver-
gänglichen Ruhm der Heuneburg-Ausgräber.

Die Hauptburg des frühkeltischen Adelssitzes erstreckt sich bei etwa
3 ha Grundfläche über das durch die rückwärtige Abschnittsbefestigung dreieckig gestaltete Areal des Bergsporns. Zu allen Zeiten war
die Plateaukante mit durchgehenden Mauerzügen umwehrt. Möglicherweise vorgelegte Gräben sind den mittelalterlichen Hangverstei-
lungen zum Opfer gefallen.

Befassen wir uns zunächst mit den Wehranlagen. Abgesehen von einem Sonderfall, über den weiter unten ausführlicher zu sprechen sein wird, hat man für die Mauerbauten die in gut einheimischer Tradition stehende Holz-Stein-Erde-Technik gewählt. Das Prinzip dabei ist, daß man mit Hilfe vertikal in den Untergrund gegrabener Pfosten und querliegender Ankerhölzer ein Kastensystem aufschlägt, dessen Schotten mit Steingeröll und Erde verfüllt werden. Die feindseitige Außenfront und die Innenfront bekommen eine in Kleinsteinmauerwerk hochgezogene Verblendung. Für das Holzskelett solcher Mauern gibt es unterschiedliche Konstruktionen. Am häufigsten ist die sogenannte Pfostenschlitzmauer, bei der außen in regelmäßigen Abständen von zumeist etwa 2 m senkrechte Balken stehen, zwischen die sorgfältig die Bruchsteine geschichtet werden. Aus Stabilitätsgründen muß eine Mauer dieser Art sehr breit, bis zu 4 m, angelegt werden. Wie die Zustiege zur Mauerkrone, der Wehrgang und die in jedem Fall vorauszusetzende Brustwehr (mit Schießscharten?) ausgesehen haben, wissen wir nicht. Allem Anschein nach sind hölzerne Vorrichtungen, vielleicht auch starke Astgeflechte, anzunehmen. An verteidigungstechnisch günstigen Stellen wird der Mauerverlauf durch Tore unterbrochen. Diese sind wohl mit schweren Holzflügeln zu schließen und besitzen zumeist ein rückwärtiges, aufgrund der häufig stärkeren Pfostenstellungen vermutlich turmartig erhöhtes Torhaus.

Natürlich ist eine solche Mauer fortifikatorisch optimal, aber leider nicht sehr dauerhaft. Vor allem wegen des in unseren feuchten Breiten unvermeidlichen Fäulnisbefalls muß sie durchweg alle 15 bis 20 Jahre erneuert werden. Das heißt freilich nicht, daß man die Mauerzüge regelmäßig in bestimmten Intervallen erneuerte. Vielmehr muß man sich vorstellen, daß ständig an den Mauern herumgeflickt, repariert und gelegentlich wohl auch längere, besonders stark verfallende Abschnitte gänzlich abgetragen und von neuem hochgezogen wurden. Viel anders ergeht es ja heute noch manch altem Gemäuer nicht; man denke an die hohen Dome des Mittelalters, von denen inzwischen jeder Stein des Gründungsbaues – teilweise nicht nur einmal – ausgewechselt wurde. Auf diese Weise jedenfalls wurde die Zirkumvallation der Heuneburg im Verlauf der rund 200 Jahre ihres Bestehens insgesamt etwa neunmal von Grund auf wiederhergestellt.

Nur einmal verließ man das vertraute Prinzip der Holz-Stein-Erde-Technik. Als die erste Mauer der Gründungsära am Zerfallen war, wich man grundlegend von der herkömmlichen Bauweise ab und errichtete in völlig ungewohnter Konstruktion ein bislang im prähisto-

rischen Mitteleuropa einzigartiges Festungswerk. Auf einem 3 m breiten und 0,5 m hohen Sockel aus grobbehauenen Kalkquadern schichtete man die Mauer aus luftgetrockneten Lehmziegeln bis zu einer
Gesamthöhe von etwa 4 m auf. Der Außenfront wurden in mehr oder
weniger regelmäßigen Abständen rechteckige Bastionen vorgelagert,
so groß, daß innen hinreichend Platz zur Vorratshaltung und wohl
auch zum Aufenthalt der Wachmannschaften blieb. Auf 600 m Länge
umgürtete die Lehmziegelmauer den gesamten Innenbereich des
Adelssitzes. Wenigstens zwei Tore gewährten Einlaß. Eines an der
Nordfront mit Blick auf die Außensiedlung, ein weiteres an der
Donauseite, wo sich sogar noch der gewaltige, gelochte Angelstein
fand, in dem sich einst der Torflügel drehte.
Vergleichbares für eine bei uns so ungewöhnliche Wehrbautechnik
findet sich nur im Mittelmeerraum, wo die Lehmziegelmauer auf
Quadersockel schon zu jener Zeit auf eine lange Tradition zurückblik-
ken konnte und wo sich die Ruinen solcher Mauern – wie beispielsweise in der griechischen Pflanzstadt Gela auf Sizilien – bis heute
erhalten haben. Selbst die Maße der Ziegel stimmen mit 40 auf 40 auf
8–10 cm hier wie dort verblüffend überein. Wie großartig diese Planung war, erkennt man allein daran, daß die Tausende von Kubikme-
tern Quadergestein aus einem 6 km weit entfernten Felsbruch heran-
geschleppt werden mußten. Die Kavitäten der Steinbrüche zeichnen
sich westlich der Heuneburg noch jetzt im Waldgelände ab.
Bei der sich aufdrängenden Frage, wie ein solch fremdartiges Bauwerk
nördlich der Alpen zu erklären ist, erinnert man sich sogleich des
schon in Kap. 2 erwähnten keltischen Handwerkers Helico, der in
Italien geweilt hatte und mit neuen Kenntnissen bewaffnet wieder in
seine Heimat kam. Der historisch überlieferte persönliche Kontakt
zwischen der Keltike Herodots und dem sonnigen Süden findet damit
eine glänzende archäologische Bestätigung. Zwei Möglichkeiten kommen in Betracht. Entweder hat ein wagemutiger Kelte im Süden die
notwendigen Fertigkeiten erlernt oder der Herr der Heuneburg hat
direkt einen südländischen Festungsbauer angeworben und ihn mit
diesem Auftrag betraut. Ich halte sogar die zweite Lösung für die
wahrscheinlichere. Ein Mauerbau in Lehmziegeltechnik setzt sehr
viele Erfahrungen voraus, und ein besuchsweise in Italien oder Griechenland weilender Kelte hätte sich solch ausgeklügelte Kenntnisse
wohl kaum in kurzer Zeit aneignen können. Insbesondere erfordert ja
die planerische Organisation, zu der nicht nur der Entwurf des
Gesamtkonzeptes, sondern auch die Anleitung zum Lehmstampfen,

Ziegelstreichen, Mörtelmischen, Steinebrechen sowie die Leitung des Heeres der Baugehilfen gehört, ganz solide Erfahrungen. Immerhin hielt die regelmäßig zum Schutz gegen Regen und Schnee mit Kalklehmestrich verputzte Heuneburgmauer bald 50 Jahre, bis sie in einem verheerenden Schadenfeuer unterging. Von da an baute man nur noch in der üblichen Holz-Stein-Erde-Technik.

Die Innenfläche der Heuneburg war durch Gassen in einzelne Quartiere geteilt. Handwerkerviertel zeichnen sich ab, wie beispielsweise in der Südostecke, wo die Bronzegießer saßen. In fast jedem, von Traufgräbchen umgebenen Haus fand man die kennzeichnenden Schmelzöfen. In anderen Vierteln arbeiteten die Eisenschmiede, wie Schlackenfunde und ein Eisenbarren von 7,5 kg Gewicht zeigen. Es gab Bernstein-, Korallen-, Gagat- und Knochenschnitzereien. Nebenan bestanden Textilmanufakturen, die sogar chinesische Seide verarbeiteten: kurzum, ein buntes Treiben der verschiedenartigsten Gewerbe, wie man es heute noch in einem südlichen Basar erleben kann. Die innere Struktur der Heuneburg hat sehr viel mit der Anlage mediterraner Städte jener Zeit gemein, und man wird auch dabei südliche Einflüsse nicht verkennen wollen.

Etwa 80 Scherben attisch-schwarzfiguriger Keramik, zahlreiche Fragmente massiliotischer Amphoren, ein bronzener Nagelschneider mit Palmettengriff, Rohkoralle, Seide und vieles mehr verstärken nur den Eindruck intensiver Südbeziehungen, den schon die Lehmziegelmauer mit ihren Bastionen hervorgerufen hatte. Auffällig dabei ist, daß zunächst – und zwar gleichzeitig mit dem besagten Mauerbau – nur einzelne, bisweilen übergroße Gefäße, z. B. ein kolossaler Volutenkrater, in den Norden kamen; vielleicht als eine Art Staats- oder Diplomatengeschenke (Keimélia[47]), vielleicht aber auch nur, um Geschmack und Gefallen eines potentiellen Abnehmerkreises zu wekken. Später konsolidiert sich der Handel, und es finden Kylices und Wein in Amphoren in Mengen den Weg nach Norden.

Zwischen der Außensiedlung und der Kernburg entstand ein (freilich zeitlich noch nicht fixierter) mit Erdwall und Graben eingehegter Bezirk von wenigstens 620 auf 270 m Größe.[48] Möglicherweise handelt es sich dabei um eine weitgehend von Bebauung freigehaltene Kultanlage vom Temenos- oder Nemeton-Typ, der in der Spätlatènezeit in Gestalt der »Viereckschanzen« mit ihren verschiedenen, der Kultausübung dienenden Einrichtungen (Tempelbauten, Kultschächte bis 32 m Tiefe u. a.) eine so weite Verbreitung erfahren sollte.

Die Außensiedlung der Heuneburg, deren Gesamtausdehnung noch weitgehend unbekannt ist, lag, von dem umwehrten Teil des Adelssitzes aus gesehen, jenseits der vermutlichen Kultanlage. Dort jedenfalls haben sich unter den vier Grabhügeln der Gießübel-Talhau-Gruppe beachtliche Reste erhalten, die vermeinen lassen, daß das Suburbium mindestens den Umfang der Kernburg erreichte, wenn es diesen nicht gar überschritt. Die Häuser der beiden Bebauungsbereiche unterscheiden sich nur wenig. Überwiegend errichtete man teils mehrräumige Gebäude auf Schwellbalkenrosten. Auch in der Außensiedlung ließen sich handwerkliche Betriebe wie Bronzegießereien und Webereien nieder. Bei der Katastrophe, der die Lehmziegelmauer zum Opfer fiel, wurde auch die Vorstadt eingeäschert. Über ihren Ruinen schüttete man später die genannten Fürstengrabhügel auf.

Verlassen wir damit die Heuneburg und wenden uns den weiter nördlich gelegenen Zentralsiedlungen des westlichen Hallstattkreises zu. Es war schon wiederholt angeklungen, daß eine vorteilhafte Lage an den alten Handels- und Verkehrswegen mit den Ausschlag für die Wahl des Standortes gab. Die Rhône-Saône-Doubs-Passage hatten wir bis zur Burgundischen Pforte mit der Station auf dem Britzgyberg bereits verfolgt. Eine zweite Route verlief parallel dazu, aber südöstlich des französisch-schweizerischen Jura durch das Mittelland, bis beide auf den Hochrhein trafen. Ein Zweig zog dann den Oberrhein abwärts, der andere zwängte sich durch die Enge zwischen Südschwarzwald und Schwäbischer Alb mit Zielrichtung Neckarraum. Vorher aber bog noch ein Wegezug direkt zur oberen Donau – mithin zur Heuneburg – ab. Die Neckarlinie, der später – bezeichnenderweise mit gleicher Trassenführung – die wichtige Römerstraße Vindonissa (Windisch) – Brigobannis (Hüfingen) – Sumelocenna (Rottenburg) nachfolgt, verlief zielstrebig nach Norden, erst am Magdalenenberg vorbei, dann über Hohennagold bis zum Hohenasperg und endlich bis zum Marienberg von Würzburg (Abb. 1). Östlich an die Neckarregion schließt sich noch der Ipf bei Bopfingen an, als Wächter des Nördlinger Rieses mit dem Goldberg im Kessel und seiner auch sonst dichten hallstattzeitlichen Besiedlung. Das Ries bildet dann das am weitesten gegen Osten gelegene Siedelgebiet der frühen Kelten und knüpft an die Hallstattgruppen Frankens, der Oberpfalz, Böhmens und Mährens sowie Südbayerns an, die mit ihren vielfach bereits anders gearteten Kulturäußerungen nicht mehr zum eigentlichen Kernraum des westlichen Hallstattkreises gerechnet werden können.

Der auf hoher Warte über der Nagold aufsteigende Schloßberg von *Hohennagold* mit der weithin sichtbaren mittelalterlichen Burgruine lieferte anläßlich einiger Untersuchungen der Jahre 1932 bis 1938 auch Funde der späten Hallstatt- und frühen Latènezeit.[49] Darunter befindet sich mit vorzüglichen Beispielen die schwarz glänzende, riefenverzierte Drehscheibenkeramik, die für die frühkeltischen Adelssitze so kennzeichnend ist. Das berechtigt, auch hier eine solche Anlage zu lokalisieren. Die Annahme gilt um so mehr, als sich im Umkreis von Nagold wenigstens vier Tumuli namhaft machen lassen, die das Prädikat ›Fürstengrabhügel‹ verdienen.[50]

Gleich zu Füßen liegt inmitten der Talaue der Nagold der im wesentlichen unerforschte Krautbühl mit 60 m Durchmesser und noch 4,6 m Höhe. Weiter südwestlich in 7 km Entfernung erhebt sich der fast ebenso große, goldführende Bühl von Baisingen. Bei den beiden äußeren Hügeln in 18 bzw. 25 km Distanz wird man sich wieder streiten können, ob diese noch zum Einflußbereich des Hohennagold gehören oder lediglich den Randbezirk der Zentralsiedlung markieren. Der spürbar abgetragene Hügel Birkenleh bei Rottenburg harrt noch der Untersuchung, während der Eichbuckel von Dußlingen bei einer Raubgrabung durch den berüchtigten »Ausgräber« Dorn im Jahre 1890 ein reiches Fürstengrab mit Goldhalsreif, Goldarmband und Bronzegeschirr freigab. Die Funde aus den genannten Grabhügeln und von der Siedlung datieren die Anlage in die Phasen Hallstatt D 1 und D 2. Die in den Publikationen erwähnten Frühlatènefunde vom Schloßberg sind noch nicht vorgelegt und entziehen sich daher einer näheren Beurteilung.

50 km nordnordöstlich von Hohennagold folgt der *Hohenasperg* (Taf. 2), neben Heuneburg und Mont Lassois der wohl berühmteste Adelssitz des westlichen Hallstattkreises. Über die weite Ebene des Langen Feldes ragt unweit Ludwigsburg der eindrucksvolle Zeugenberg empor, dessen Kuppe die seit dem Mittelalter zur Festung ausgebaute weitläufige Burganlage trägt.[51] Siedlungsspuren der Hallstattzeit fehlen einstweilen vom etwa 6 ha großen und annähernd dreieckig gestalteten Plateau, doch schlummern diese ohne Zweifel noch unter den mächtigen Aufschüttungen der in der Renaissancezeit letztmalig glänzend umgestalteten Befestigung, die heute als Strafanstalt dient. Lediglich vom Ostfuß des Berges stammt als Einzelfund eine Schale, bezeichnenderweise der riefenverzierten Drehscheibenware angehörig.[52] Für die Siedlung selbst ist demnach die Forschungssituation höchst mangelhaft.

Anders steht es mit den umgebenden Grabhügeln, deren Monumentalität und Fundinhalt jeden Zweifel an der einstigen herausragenden

Bedeutung des Hohenaspergs als frühkeltischer Fürstensitz nehmen. Sie gliedern sich in einen inneren Ring, bestehend aus sieben Tumuli, sowie in einen peripheren, mehr oder weniger gestreuten Kranz von Hügeln, deren Zahl auf mindestens fünf zu veranschlagen ist. Dazu kommen noch weitere auffallend große Hügel, die entweder durch Überackerung stark verschleift[53] oder nur noch durch Luftaufnahmen zu erschließen sind, sowie zahlreiche Grabhügelfelder üblicher Größenordnung, die alle zusammen auch ohne unmittelbare Siedelzeugnisse den Hohenasperg als eines der markantesten Zentren frühen Keltentums hervorheben.

Dem Berg am nächsten liegt der Grafenbühl, zum Zeitpunkt der Ausgrabung noch ein Hügel von 40 m Durchmesser und 2,5 m Höhe, dessen Fürstengrab, wäre es nicht – nach seinen spärlichen Überresten zu urteilen – bereits in antiker Zeit geplündert worden, fraglos eine der an Gold und Import hervorstechendsten Adelsbestattungen geliefert hätte. Ein dem Hohenasperg im Süden etwa 1 km entfernt vorgelagerter, sanfter Höhenrücken trägt nebeneinander gleich vier Großgrabhügel, von denen bislang nur das Kleinaspergle teiluntersucht ist. Dieses erbrachte neben dem vollständig beraubten Zentralgrab das berühmte, ungestörte Seitengrab, dessen Inventar zwar unverkennbare latènezeitliche Züge besitzt, nach dem sonstigen Ausstattungsmuster indes späthallstättischem Grabritus entspricht.[54] Zum inneren Ring der Hohenasperghügel zählen mit 4 km Abstand auch die beiden Tumuli südlich Ludwigsburg. Der größere, Römerhügel oder Belle Remise genannt, der heute durch den Einbau eines Wasserbehälters völlig verunstaltet ist, barg zwei gold- und importführende Adelsgräber. Zum äußeren Kranz zählen mit Entfernungen von 10 bis 20 km die teilweise vollkommen eingeebneten Hügelgräber von Hochdorf, Schöckingen, Stuttgart-Bad Cannstatt (2 Gräber!) und Esslingen-Sirnau, alle reich mit Goldbeigaben versehen.

Als frühestes Grab hat dasjenige von Hochdorf mit seinen späten Schlangenfibeln und einer Paukenfibel zu gelten, als jüngstes das Seitengrab aus dem Kleinaspergle, das als einziges bereits echte Frühlatèneformen enthält. Damit zeichnet sich zugleich die Dauer der Hohenasperg-Dynastie ab; sie debütiert erst am Übergang von Hallstatt D 1 zu D 2, also erheblich später als die Heuneburg, und endet im Verlauf der Stufe Latène A.

Vom Hohenasperg aus finden sich die beiden äußersten Zentralsiedlungen des Westhallstattkreises 85 km im Osten, der Ipf bei Bopfingen, und 110 km im Nordnordosten, der Marienberg von Würzburg.

Sie kennzeichnen den nordöstlichen Randbereich der frühen Keltike.
Beide Anlagen – und gleiches gilt für die Grabhügel – sind noch
unzureichend erforscht, doch lassen sich schon jetzt erste wichtige
Hinweise geben.

Der wie ein Kegelstumpf das Terrain überhöhende Zeugenberg des
*Ipf bei Bopfingen* bildet den Ostausläufer der Schwäbischen Alb.
Mit seinen vielfach gestaffelten Wallanlagen bietet er ein eindrucksvolles obertägiges Denkmal der Vorzeit. Sein rundliches Gipfelplateau von 3 ha Größe trägt die stark befestigte Kernanlage, der weitere Vorfeldumwehrungen, insbesondere auf dem sanfter abfallenden
Osthang, vorgelagert sind. Zusätzliche Wallschenkel umgreifen die
drei künstlich in den Fels des Nordabfalles eingehauenen riesigen
Brunnenschächte, die für die ständige Wasserversorgung der Burg-
bewohner von eminenter Bedeutung waren. Ausgrabungen, die ab
1907 von Friedrich Hertlein unternommen wurden, erbrachten die
gleichen Mauern in Holz-Stein-Erde-Technik, wie wir sie schon auf
der Heuneburg kennengelernt haben. Im einzelnen ist die Datierung
der Wälle noch unsicher. Nach Ausweis des Fundgutes könnte der
Berg in der Urnenfelderzeit zum erstenmal umwehrt, in der Späthallstattzeit erneut ausgebaut und in der Spätlatènezeit letztmalig
befestigt worden sein. Abgesehen vor der vorzüglichen Topographie
berechtigt der Fund einer griechischen Scherbe[55] sowie des Frag-
mentes eines über den Sandkern gegossenen, dunkelblau-weißlich
gebänderten Glasfläschchens vom »graeco-ägyptischen« Typ[56] dazu,
den Ipf in den Kreis der späthallstättischen Zentralsiedlung aufzunehmen.

Umgebende Fürstengräber bzw. Großgrabhügel fehlen bisher völlig.
Eine unfern im Nordwesten sich erstreckende Nekropole mit etwa
50 Hügeln ist als Bestattungsplatz der normalen Bevölkerung anzusprechen.

Nicht minder eindrucksvoll ist die landschaftliche Lage des *Marienberges* von Würzburg[57] hoch über dem Main. Seit 1201 n. Chr. trug er
die Burg der Fürstbischöfe, die dann im 17./18. Jahrhundert zur
Festung ausgebaut wurde, wie sie noch heute in markanter Wucht und
ausgewogener Schönheit die Silhouette des Muschelkalkklotzes prägt.
Trotz umfassender mittelalterlich-neuzeitlicher Überbauungen haben
sich dennoch im Untergrund Reste der vorgeschichtlichen Kulturschichten erhalten, die Gerhard Mildenberger bei seinen wichtigen
Grabungen 1962 bis 1969 im Schloßhof, teils auch in den Innenräumen
der Burg, nachgewiesen hat. Der Erfolg dieses Unternehmens mag als

beispielhaft für vergleichbare Situationen (Gray, Hohenasperg) gelten, bei denen die Suche nach prähistorischen Spuren unter dem Schutt späterer Jahrhunderte als aussichtslos eingeschätzt wird.

Für uns ist die Feststellung eines späthallstatt-frühlatènezeitlichen Siedlungshorizontes bedeutsam, wenn sich auch die ehemals sicher vorhandenen Wehrbauten wegen der jüngeren, tiefgreifenden Umgestaltungen des Plateaus nicht haben erkennen lassen. Aus den gleichen Gründen kann man auch über die Ausdehnung der frühkeltischen Anlage nichts sagen. Aus dem zahlreichen Fundgut – überwiegend die landesübliche Tonware – ragen neben Pauken- und Fußzierfibeln aus der Schlußphase der Hallstattzeit insbesondere Scherben von drei attisch-schwarzfigurigen Gefäßen heraus, ein Krater oder eine Amphora aus dem letzten Drittel des 6. Jahrhunderts v. Chr. und zwei Trinkschalen gleicher Zeitstellung.

Zusammen mit den benachbarten Großgrabhügeln ergibt sich damit das kennzeichnende Bild einer späthallstättischen Zentralsiedlung. Mit dem Nachweis von nicht weniger als 44 Tumuli mit Durchmessern von 30 bis 90 m im Umkreis der Würzburger Mainschleife (Taf. 8) hat Ludwig Wamser eine bislang kaum ins Blickfeld der Forschung gerückte frühkeltische Siedelregion erschlossen,[58] die mit reichen Wagengräbern, Metallgefäßbeigaben, Zierdolchen und Prunkkeramik vom Heuneburg-Typ (Abb. 56) dem festen Standard im Westhallstattkreis entspricht. Auch im unmittelbaren Vorland des Marienberges sind drei große Tumuli lokalisiert, die im Guttenberger Wald 6 km südwestlich von Würzburg liegen und mit Durchmessern von 37 bis 53 m auch ohne Ausgrabung durchaus als einer der zugehörigen Adelsbestattungsplätze herangezogen werden können (Abb. 6).

Damit sind *alle* bis heute bekannten bzw. erschlossenen Zentralsiedlungen des Westhallstattkreises knapp skizziert. Zugleich konnten auch *alle* in derselben Region identifizierten frühkeltischen Fürstengräber und Großgrabhügel erfaßt werden, seien ihre Geheimnisse durch Ausgrabung schon preisgegeben oder nicht. Diese vielleicht etwas langatmige Aufzählung war insofern nötig, als sich das aus der Verbreitung typischer Einzelformen wie Dolchen oder bronzenen, getriebenen Tonnenarmbändern nur indifferent abzeichnende Kulturgebiet mit Hilfe der späthallstättischen Fürstensitze erheblich klarer umreißen läßt. Der Blick auf die Karte (Abb. 1) lehrt zudem, daß die Zentralsiedlungen nicht willkürlich angelegt wurden, sondern in beinahe regelmäßigen Abständen von rund 50 bis maximal etwa 100 km.

Sie schließen die frühkeltischen Gebiete Südwestdeutschlands, Ostfrankreichs und der nordalpinen Schweiz zu einer Ökumene mit
weitgehend einheitlichem Kulturhabitus zusammen. Es steht zu
erwarten, daß zukünftige Forschung noch da und dort eine Lücke
(etwa zwischen Mont Vully und Üetliberg oder im Burgund) abdichten kann, doch wird sich dies mit Sicherheit auf wenige Einzelfälle
beschränken.

Nicht ganz zufriedenstellend ist die jeweilige Zuweisung von Fürstengräbern gelungen, vor allem wenn sie mehr als 10 km entfernt und
außerhalb der Sichtweite des von uns als zugehörig bezeichneten
Adelssitzes liegen. Das wird hier unumwunden zugegeben. Natürlich
muß man die gesellschaftliche Struktur innerhalb des Westhallstattkreises differenzierter sehen, als ich es der Anschaulichkeit halber
vereinfachend dargestellt habe. Unter den sich anbietenden Deutungs-
möglichkeiten[59] ist insbesondere ein Modell sehr einleuchtend, das
Hartwig Zürn entworfen hat.[60] Er läßt die erhabenen Geschlechter der
fürstlichen Kelten hinter den Zinnen von Heuneburg, Hohenasperg
und Mont Lassois residieren, umgeben von einer »zweiten Garnitur«
rangniederer Vasallen, die ihre etwas weniger luxuriösen Paläste in
einiger Entfernung, aber noch innerhalb des jeweiligen zentralen
Herrschaftsbereiches aufgeschlagen hätten. Diesen wären dann die
bisweilen kenntlich abgestuften Gräber der Peripherie zuzuordnen.
Bei dem bislang noch sehr geringen Kenntnisstand des Siedelwesens im
flachen Lande ist eine solche Theorie vorläufig ohne weiteres ver-
tretbar.

So verlockend die Vorstellung territorialer Fürstentümer mit dem
Adelssitz in der Mitte auch sein mag und in mancher Hinsicht vielleicht der Realität nahekommt, scheint es gleichwohl besser, lediglich
von Einflußbereichen zu sprechen, da damit die Breite menschlichen
Wirkens sowohl selektiv wie umfassend in neutraler Weise zum Ausdruck gebracht werden kann. Daß sich solche Einflußbereiche über
das soeben aufgezeigte Modell hinaus auch sonst im archäologischen
Fundbild abzeichnen, möchte ich im folgenden an einem Beispiel
darzulegen versuchen. Es handelt sich dabei nicht um die regionale
Abgrenzung eines Einflußbereiches im politischen Sinne, als vielmehr
um die in der Tat lokal eingeengte Verbreitung bestimmter Sachaltertümer mit deutlichem Bezug auf die jeweilige Zentralsiedlung. Die
Verbreitungstendenzen können etwa als Absatzgebiete eigentümlicher
Formenbestände aufgefaßt werden, so wie sich örtliche Trachtsitten in
abgelegenen Schwarzwaldtälern sehr beharrlich gehalten haben. Von

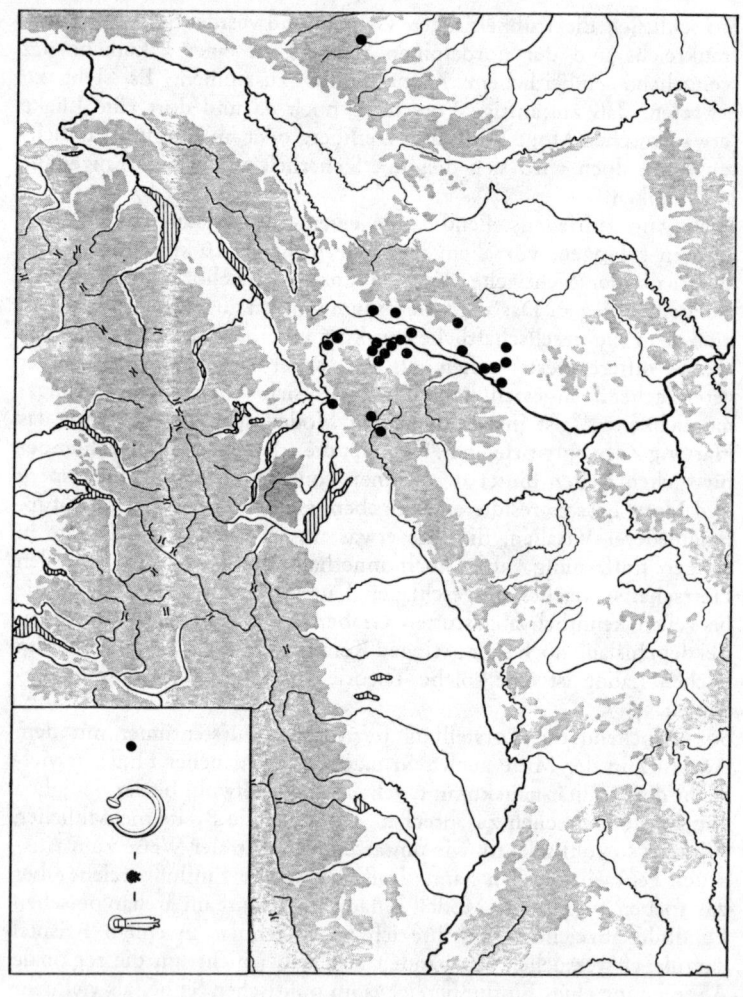

*Abb. 4.* Verbreitung der massiv gegossenen, schmalen Armringe mit Kugelkopfenden (nach KIMMIG 1979).

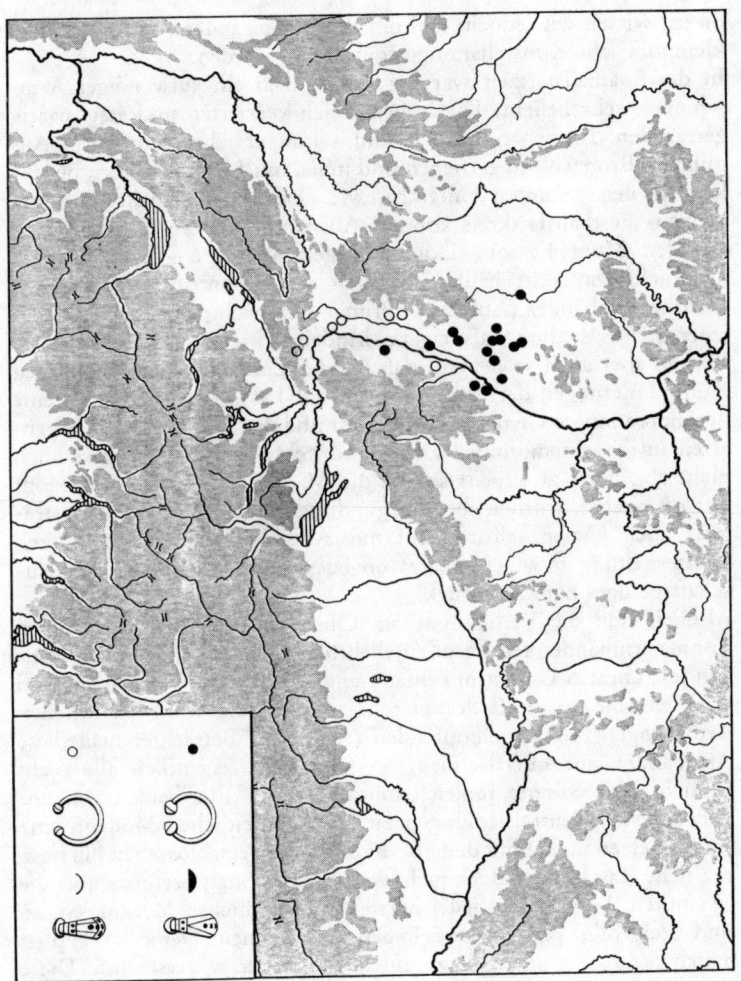

*Abb. 5.* Verbreitung der massiv gegossenen (ausgefüllte Kreise) und der getriebenen (Kreise) Armspangen mit Kugelenden der späten Hallstattkultur (nach DEGEN 1968).

diesen wissen wir jedoch, daß mit ihnen alles andere, nur eben nicht kleinpolitische Konstellationen transparent werden.

In der Späthallstattzeit war bei den Frauen ein aufwendiger Armschmuck sehr beliebt. Die hohen, reich verzierten und stets paarig getragenen Tonnenarmbänder sind schon erwähnt worden.[61] Aus dünnem Bronzeblech getrieben und innen mit Leder gefüttert, bedekken sie den gesamten Unterarm wie eine Stulpe. Sie kommen im ganzen Westhallstattkreis vor mit Ausnahme des westlichen Zipfels um den Mont Lassois. Dort hingegen war eine gänzlich andere Schmuckform recht häufig, nämlich die eleganten burgundischen Melonenarmbänder (Abb. 3).[62] Primär setzt sich damit der Umkreis jener Zentralsiedlung als eigene Modeprovinz ab. Man kann den Befund aber auch so deuten, daß bei der Einheitlichkeit der übrigen Kulturäußerungen der Stamm vom Mont Lassois sich selbst als eine besondere innere Gemeinschaft begriff und dies durch gewisse Eigenarten im Trachtempfinden zum Ausdruck brachte. Man wäre auch nicht abgeneigt zu sagen: soweit die Macht der Herren vom Mont Lassois reichte, wurden eben burgundische Melonenarmbänder getragen; doch kämen selbst damit nur Äußerlichkeiten einer inneren Geisteshaltung bzw. eines erzwungenen oder freiwilligen Gemeinschaftsgefüges zum Ausdruck.

Ähnlich sind die Verhältnisse am Oberrhein, wo die aufwendigen Tonnenarmbänder keine große Beliebtheit erlangten. Sie wurden nämlich fest um den Unterarm genietet und ließen sich nicht einmal beim Schlafen ablegen. Statt dessen schätzte man die schmalen, offenen Armspangen mit Kugelkopfenden (Abb. 4).[63] Betrachtet man diese Armbänder nur oberflächlich, so wirken sie eigentlich alle recht ähnlich. Man könnte sogleich mutmaßen, daß die beiden von uns konstatierten Zentralsiedlungen zu einer einheitlichen Modeprovinz verschmelzen und es mit dem nur hypothetisch erschlossenen Fürstensitz nahe Rastatt eben doch nicht weit her ist. Analysiert man aber die genannten Armspangen nach herstellungskundlichen Merkmalen, so sind drei völlig verschiedene Typen zu erkennen. Der erste Typ ist massiv gegossen und besitzt einen rundlichen Querschnitt. Diese Form ist im gesamten Oberrheingraben vom Baselknie bis zur Murgmündung verbreitet und streut mit Ausläufern an den Hochrhein sowie über den Schwarzwald hinweg ins Donauquellgebiet. Ein vereinzeltes Exemplar aus der Côte-d'Or im Westen vermittelt zum Mont Lassois und demonstriert so sehr schön die wechselseitigen Beziehungen der beiden Siedelbereiche. Damit lassen sich die zwei Zentralsied-

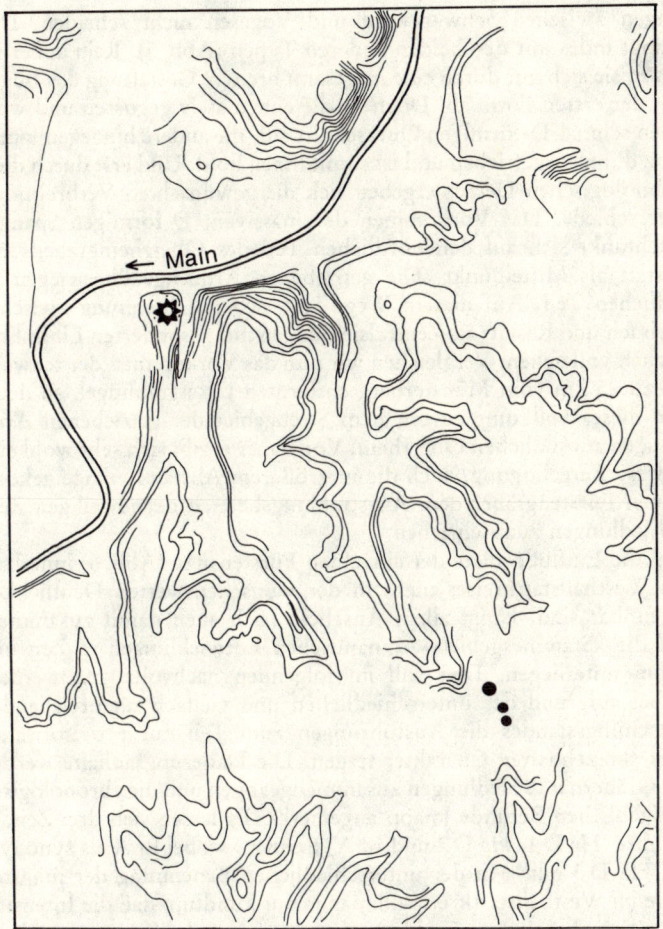

*Abb.* 6. Topographische Skizze mit dem Marienberg in Würzburg und der Grab-
hügelgruppe im Guttenberger Wald, Kr. Würzburg, als Beispiel für eine spät-
hallstattzeitliche Zentralsiedlung auf markanter Höhe über dem Fluß – hier dem
Main – und benachbarten Großgrabhügeln (Durchmesser der drei Tumuli von
Ost nach West: 53, 40 und 37 m) mit Sichtverbindung. Die Entfernung zwischen
Adelssitz (Stern) und zugehöriger Fürstengrabstätte beträgt knapp 6 km.

lungen zwischen Schwarzwald und Vogesen nicht scheiden. Dies gelingt indes mit den beiden anderen Typen (Abb. 5). Rein äußerlich setzen sie sich nur durch eine insgesamt breitere Gestaltung des Bügels von der ersten Form ab. Doch ist die eine massiv gegossen und weist einen schmal-D-förmigen Querschnitt auf, die andere hingegen wurde ganz dünn ausgetrieben und ist somit innen hohl. Und erst durch diese technologischen Details ergeben sich die gewünschten Verbreitungs-unterschiede. Das Vorkommen der massiven, D-förmigen Spangen beschränkt sich auf den nördlichen Teil des Oberrheingrabens mit Rastatt als Mittelpunkt. Die getriebenen Armringe überwiegen im südlichen Teil. Auf diesem Wege läßt sich die Trennung zwischen Breisach und Rastatt als Zentralsiedlungen mit gesonderten Einflußbe-reichen vollziehen. Vergleichen wir nun das Vorkommen der teilweise bis zu 25 km vom Münsterberg entfernten Großgrabhügel, so deckt sich dieses vollkommen mit dem Streugebiet der getriebenen Arm-spangen am südlichen Oberrhein. Von daher ergibt sich sehr wohl eine gewisse Berechtigung, auch die in größerem Abstand zutage gekom-menen Fürstengräber dem Ausstrahlungsbereich der jeweiligen Zen-tralsiedlungen zuzuschreiben.

Daß die Einflußgebiete der einzelnen Fürstensitze (Abb. 6) innerhalb des Westhallstattkreises nicht in der wünschenswerten Deutlichkeit erkennbar sind, hängt allem Anschein nach auch damit zusammen, daß die »Stammesgebiete« dynamischen Entwicklungen in Zeit und Raum unterliegen. Dies soll im folgenden nachvollzogen werden, wobei aufgrund des unterschiedlichen und vielfach unzureichenden Forschungsstandes die Ausführungen zum Teil nur provisorischen oder skizzenhaften Charakter tragen. Die Datierungsanhalte werden aus Gräbern *und* Siedlungen zusammengezogen und die chronologisch maßgeblichen Befunde knapp angemerkt. Es lassen sich drei Zeitab-schnitte (Ha D 1, Ha D 2 und Lt A) trennen, wobei Lt A als synonym mit Ha D 3 gilt. Mit der unterschiedlichen Benennung der jüngsten Stufe im Westhallstattkreis will man ja nur kundtun, daß die Intensität der Übernahme echter Frühlatèneformen regional differiert. So gibt es etwa im Heuneburg-Bereich in der Schlußphase nur wenige gute Latène-A-Funde, da dort die typisch hallstättischen Kulturelemente erheblich retardieren. Andere Gebiete (Üetliberg, Hohenasperg, Ra-statt) öffnen sich den neuen Stileigentümlichkeiten der Latènekultur bereitwilliger und spontaner. Unter diesen Gesichtspunkten ergibt sich für die Dauer der insgesamt 16 Zentralsiedlungen nachstehende Zusammenschau:

| Zeitabschnitte | Ha D 1 | Ha D 2 | Ha D 3 / Lt A | Lt B |
|---|---|---|---|---|
| Bragny-sur-Saône | | ▓▓▓▓▓▓ | Lt A ▓ | |
| Mont Lassois | | ▓▓▓▓▓▓▓▓ | | |
| Gray | | ▓▓▓▓ | ? | |
| Camp-de-Château | ▓▓▓▓▓▓▓▓▓▓▓▓▓▓▓▓▓▓▓▓▓▓▓▓ | | | |
| Châtillon-sur-Glâne | | ▓▓▓▓▓▓ | Lt A ▓ | |
| Mont Vully | | ▓▓▓▓ | ? | |
| Üetliberg | | ? | ▓ Lt A ▓ | |
| Britzgyberg | ▓▓▓▓▓▓▓▓▓▓▓▓▓▓ | | Lt A ▓ | |
| Münsterberg von Breisach | ▓▓▓▓▓▓▓▓▓▓▓▓▓▓▓▓▓▓▓▓ | | | |
| Rastatt | ▓▓▓▓▓▓▓▓▓▓▓▓ | | Lt A | |
| Kapf/ Magdalenenberg | ▓▓▓ | | | |
| Heuneburg | ▓▓▓▓▓▓▓▓▓▓▓▓▓▓▓▓▓▓▓▓ | | | |
| Hohennagold | ▓▓▓▓▓▓▓▓▓▓▓▓ | | ? | |
| Hohenasperg | | ▓▓▓▓▓▓ | Lt A ▓ | |
| Ipf bei Bopfingen | ? | ? | ? | |
| Marienberg | | ▓▓▓▓▓▓ | ? | |
| absolute Daten | 550 | 500/450 | 450/400 | 350 v. Chr. |

*Tabelle:* Die Dauer der Zentralsiedlungen des Westhallstattkreises im Chronologiesystem der späten Hallstatt- und frühen Latènezeit.[64] Differenzierungen innerhalb der einzelnen Zeitabschnitte, die teilweise möglich sind, wurden in der Tabelle der Übersichtlichkeit halber nicht berücksichtigt.

Ein Blick auf die Tabelle macht sogleich deutlich, daß die Entwicklung der späthallstättischen Fürstenzivilisation zwei deutlichen Zäsuren von offenbar geschichtlicher Tragweite unterliegt, auch wenn einzelne Stationen noch nicht genauer fixiert werden können. Letztere Fälle sind im Schema durch Fragezeichen gekennzeichnet. Der erste Einschnitt erfolgt im Übergangsbereich zwischen Ha D 1 und D 2. Der andere, der das abrupte Ende dieses Kulturphänomens in aller Eindringlichkeit aufzeigt, am Schluß von Ha D 3 / Lt A. Eindeutig mit Ha D 1 beginnen der Camp-de-Château und der Britzgyberg, doch ist gerade bei diesen beiden Siedlungen noch zweifelhaft, ob auch die soziale Differenzierung, d. h. das Aufkommen der durch Gold und Import gekennzeichneten Sonderstellung, zu eben jenem frühen Zeitpunkt schon einsetzt. Dafür liegen jedenfalls bis jetzt noch keine Anhalte vor. Vorläufig läßt sich also nur sagen, daß im gesamten linksrheinischen Gebiet Ostfrankreichs und der Schweiz der Anfang und die Ausbildung der Adelsdynastien – dann aber gleich auf allen von uns herausgestellten Zentralsiedlungen – sich erst am Übergang Ha D 1 / D 2 zu erkennen gibt. Es gibt dort keinen Importfund und kein Fürstengrab, die mit gutem Gewissen älter als Ha D 2 zu datieren sind.

Anders dagegen im rechtsrheinischen Raum, wo mit dem Breisacher Münsterberg, dem Kapf/Magdalenenberg und der Heuneburg[65] das Einsetzen späthallstättischen Fürstentums bereits ganz am Anfang von Ha D 1 zu konstatieren ist. Es kann damit eine spürbare Verschiebung dieser Erscheinung mit einem zeitweiligen Gefälle in Nordost-Südwest-Richtung aufgezeigt werden, wobei der Hochrhein bis zur Burgundischen Pforte die Grenze bildet. Interessant ist, daß der Magdalenenberg schon mit Übergang Ha D 1 / D 2 wieder endet, zu einem Zeitpunkt folglich, mit dem nach allen bisherigen Befunden der Hohenasperg erst einsetzt. Freilich bleibt es vorerst reine Hypothese, ob man daraus die entsprechende räumliche Verschiebung einer Dynastie zu folgern berechtigt ist; unmöglich wäre dies nicht.

Einschneidender noch ist die Zäsur am Ende von Ha D 3 / Lt A, die zugleich den Schlußpunkt des Westhallstattkreises markiert. Bis auf den Sonderfall des Camp-de-Château erlebt keine Zentralsiedlung mehr den Beginn der Stufe Lt B. Daß dieses Ende zumindest teilweise katastrophal war, belegt nicht nur der Zerstörungshorizont über der letzten Heuneburgmauer, sondern auch die Tatsache, daß nahezu alle Zentralgräber in den Fürstenhügeln geplündert wurden. Merkwürdigerweise blieben jedoch die ebenfalls vielfach extrem reichen Nebengräber in den Tumuli verschont, deren Lage den Leichenfledderern offensichtlich nicht bekannt war. Demnach erfolgten die Verwüstungen und Marodierungen wohl weniger aus den eigenen Reihen als vielmehr durch fremdstämmige Völkerschaften.

In der Schlußphase der Späthallstattkultur wird die Bereitschaft zur Aufnahme echter Frühlatène-Formen immer deutlicher. In der Tabelle ist dies durch Einfügung des Kürzels ›Lt A‹ in die entsprechende Kolumne vermerkt. Zunächst fielen einige der französisch-schweizerischen Stationen wie Bragny-sur-Saône, Châtillon-sur-Glâne und Britzgyberg vom Althergebrachten ab. Merklich konservativ verharrte die machtvolle Mont-Lassois-Dynastie, die solche Neuerungen bis zuletzt schlichtweg ablehnte. Gleiches gilt für die südwestdeutschen Zentralsiedlungen, die frühe latènoide Elemente nur höchst zögernd annahmen. Insbesondere auf der Heuneburg macht sich das Festhalten am Traditionellen stark bemerkbar. Unter der ungeheuren Fülle des Fundgutes tragen allenfalls wenige Fibeln die Formenmerkmale der frühen Latènezeit.[66]

Sehr viel bereitwilliger akzeptieren nur die ganz in der nördlichen Peripherie gelegenen Stationen Hohenasperg und Rastatt das neue Formengut. Das Seitengrab im Kleinaspergle und einige der Schnabelkannengräber am nördlichen Oberrhein sind sicher Latène A. Sie kennzeichnen damit in wünschenswerter Deutlichkeit den geographischen Anschluß an die Fürstengräber der Frühlatènezeit zwischen Mittelrhein, Mosel und Saar, die außerhalb unserer Betrachtung stehen.[67]

Um diese Verbindungen noch klarer herauszustellen, sei auf die Spuren eines weiteren frühlatènezeitlichen Fürstengrabes verwiesen, das räumlich zwischen Westhallstattkreis und dem Fürstengräberkreis am westlichen Mittelrhein steht.[68] Die Fundstelle eines etruskischen Bronzehenkels mit Herzattaschen von Fellbach, Kr. Waiblingen, liegt nur 16 km südöstlich des Hohenasperg. Bronzebecken mit solchen Henkeln wie auch Schnabelkannen sind besonders typisch als Beigabe in den Adelsgräbern der Rhein-Saar-Mosel-Gruppen, so daß man mit Funden wie Fellbach, Kleinaspergle, Iffezheim, Sesenheim und Hatten den historisch-geographischen Anschluß zu dem soeben umrissenen jüngsten Zentrum frühen Keltentums vollziehen kann. Auch diese Fürstengräbergruppe überlebte das Ende von Latène A kaum. Für Latène B steht nur noch das einzigartige Grab von Waldalgesheim,[69] das nach 340/320 v. Chr. in den Boden kam.

Als Kerngebiet des Westhallstattkreises schält sich damit deutlich der südwestdeutsche Raum heraus, wo sich frühkeltisches Fürstentum mit Magdalenenberg, Heuneburg und Breisach bereits zu Beginn der Phase Ha D 1 fest etabliert. Wenn nicht alle Zeichen trügen, wird am Übergang von Ha D 1 / D 2 der gesamte ostfranzösisch-schweizerische Raum annektiert, in dem mit älteren Stationen wie Champ-de-Château günstige Grundlagen vorbereitet waren. Zugleich dehnt sich – vielleicht aufgrund innerer Machtverschiebungen (der Kapf/Magdalenenberg endet zu dieser Zeit) – der Kernraum auch nach Norden aus, wo sich zu Beginn der Phase Ha D 2 die Hohenasperg-Dynastie einrichtet.

In den beiden zuletzt angeführten Gebieten macht sich die Bereitschaft, seit Ha D 3 auch Frühlatène-Formen aufzunehmen, immer spürbarer bemerkbar,[70] im deutlichen Gegensatz zum ursprünglichen Entstehungszentrum. Als letzte Zone bildet das (nicht mehr zum Westhallstattkreis zählende) pfälzisch-lothringische Gebiet vergleichbare Adelsstrukturen heraus, in dem sich jedoch unbelastet von späthallstättischen Traditionen die Fürsten im reinen Latène-A-Stil ausstatten. Von geringen örtlichen Nachläufern abgesehen, erlöschen die so hoffnungsvoll aufstrebenden und nun so weiträumig verteilten frühkeltischen Adelssitze und Fürstenhäuser mit dem Ende der Stufe Latène A.

Das plötzliche Auftauchen beutelustiger keltischer Stämme in Oberitalien und weiter donauabwärts läßt diese seit der ersten Hälfte des 4. Jahrhunderts um sich greifende Unruhe selbst im Mittelmeerraum spürbar werden.

## Offene Dörfer und Gehöfte

Die historischen Abläufe, denen die frühkeltische Oberschicht während des 6. bis 4. Jahrhunderts v. Chr. unterworfen war und an denen sie sicher kräftig mitgestaltet hatte, wirkten sich für die allgemeine Bevölkerung nur in geringem Maße aus. Wie so oft in der Geschichte mag sie unter den Machenschaften ihrer Herren gelitten haben. Aber die einfachen Leute des Volkes mußten ja leben, mußten das Feld bestellen und das Vieh auf die Weide treiben. Sie konnten sich keine Ranküne leisten, nicht zuletzt um die feudalistischen Bestrebungen des Adels zu finanzieren.

Aus diesem Grunde unterliegen Entwicklung, Dauer und Ende der Siedlungen im flachen Lande anderen Rhythmen als die befestigten Burgen der späthallstättischen Nobilität. Sehr viel öfter sind dörfliche Anlagen zu beobachten, die bereits in der frühen Hallstattzeit (Ha C) beginnen, sich in die späte Hallstattzeit (Ha D 2 / D 3) fortsetzen und bis weit in die frühe und mittlere Latènezeit hineinreichen. Diese Erscheinung treffen wir sowohl in den Siedlungen wie auf den Gräberfeldern der bäuerlichen Bewohner an. Diese waren die Träger der siedlerischen Kontinuität. So markante Zäsuren siedlungspolitischer Aktivität, wie die Umbrüche am Übergang von Ha D 1 zu Ha D 2 oder am Ende von Ha D 3 / Lt A im Umfeld der Zentralsiedlungen, waren der Oberschicht vorbehalten.

Leider bleiben umfänglich erforschte, offene Dörfer und Gehöfte innerhalb des Westhallstattkreises selten;[71] das wenig ansprechende Fundgut reizt kaum zu größeren Ausgrabungen, und so stehen die vorliegenden Befunde vorerst noch vereinzelt. Doch läßt sich mit ihnen unter den nötigen Vorbehalten schon ein erster Einblick in das Siedlungswesen der sozial unterhalb des Adels stehenden Bevölkerung gewinnen.

Bestimmend für die topographische Lage der Dörfer sind sanfte Hänge inmitten fruchtbaren Ackerlandes, meist wenig oberhalb von Bächen oder Flüssen. Gelegentlich werden auch günstige Höhenlagen gewählt, sofern sich eine entsprechende örtliche Situation anbietet, doch entfallen herausragende und repräsentative Höhenlagen, wie sie für die dann auch immer stark befestigten Zentralsiedlungen typisch sind, völlig.

Fast vollständig ausgegraben wurde das hallstatt- bis frühlatènezeitliche Dorf auf dem Goldberg bei Nördlingen im Rieskessel.[72] Es liegt im Bannkreis der nur 10 km entfernten Zentralsiedlung auf dem Ipf bei Bopfingen und gehört ohne Zweifel zu deren Einflußbereich. Die Rieslandschaft bildet sozusagen die am weitesten gegen Nordosten vorgeschobene Siedelzelle des Westhallstattkreises mit deutlichen Bezügen zu den angrenzenden fränkisch-oberpfälzischen Hallstattgruppen.

Das ovale Goldberg-Plateau besitzt eine Größe von knapp 4 ha. Es fällt auf drei Seiten etwa 60 m zum Umland ab und ist nur im Westen durch einen seichten Sattel mit einem weiteren Höhenrücken verbunden. An dieser Stelle war die Siedlung mit einer Holz-Erde-Mauer und vorgelagertem Graben gesichert. Der Zugang wurde durch einen Torturm, dessen Pfostenspuren in den Mauerverlauf einbanden, eigens geschützt. Die heute durch Steinbruchtätigkeit häßlich vernarbten und teils versteilten Flanken waren ursprünglich schwächer gebőscht, so daß man sich genötigt sah, die Anlage noch mit einem der Hangkante folgenden Graben zu umwehren.

Gerhard Bersu hat hier in den Jahren von 1911 bis 1929 mit Unterbrechungen gegraben, Funde und Befunde aber nur in dürftigsten Vorberichten publiziert. Überdies gingen die Unterlagen im letzten Krieg verloren, so daß die Dokumentation heute mehr als mangelhaft ist. Neben älteren und jüngeren Spuren belegen die veröffentlichten Funde jedenfalls eine durchgehende Besiedlung von Hallstatt C (Alb-Hegau-Keramik) bis Latène B (Certosa- und späte Frühlatènefibeln). In dieser Zeit entstanden etwas über 30 kleinere und größere Häuser, so daß im Verlauf der mehr als 300 Jahre dauernden Besiedlung nur eine sehr lockere Bebauung zu erschließen ist. Dies muß als deutlicher Unterschied zu der dichten, in einzelne Quartiere gegliederten und von engen Gassen durchzogenen, stadtartigen Bauweise in den Zentralsiedlungen vom Typ Heuneburg hervorgehoben werden. Ebenso fehlt auf dem Goldberg jeglicher, auch der bescheidenste Import, der sich selbst auf dem nahen Ipf bei nur sehr kleinflächigen Sondagen sogleich eingestellt hat.

Unter den Gebäuden auf dem Goldberg ragt ein durch doppelte Palisadengräbchen an der Nordecke des Plateaus abgetrenntes Gehöft mit zwei (gleichzeitigen?) Häusern hervor. Dieses wird wohl zu Recht als Wohnplatz des Dorfältesten angesehen. Die beiden Häuser besitzen Grundflächen von 80 bis 120 m² Größe, waren also recht ansehnliche Anwesen. Auch die übrigen Gebäude hatten ähnliche Ausmaße und wurden wohl von einzelnen Familien bewohnt. Nachgewiesen sind zwei- und dreischiffige Häuser in Ständerbauweise mit Firstdächern.

Außerhalb des Goldberges konnten späthallstattzeitliche Hausgrundrisse noch nicht ergraben werden. Dies hängt u. a. damit zusammen, daß die Siedlungen meist am flachen Hang liegen. Deshalb sind die Kulturschichten mit den Pfostenlöchern fast immer schon durch Erosion und Überpflügung abgetragen bzw. zerstört. Nur die besonders tiefen Eingriffe haben sich erhalten. Größere Befunde werden dann meist als eingetiefte Häuser, kleinere als Vorrats- oder Kellergruben gedeutet.

Auf diese Weise ließ sich bei Fellbach-Schmiden ein späthallstattzeitliches Dorf von mindestens 30 auf 100 m Ausdehnung nachweisen.[73] Bewahrt hatten sich nur die in den Löß eingelassenen Gruben mit durchschnittlich 2 m Tiefe. Die Siedlung liegt auf einer sanften Anhöhe mit weitem Rundblick über die fruchtbaren Ackerfluren. Am Fuße des Hanges entspringt ein Quell. Deutlich lassen sich die Bebauungsspuren durch eine freie Schneise wie durch eine Dorfstraße in einen südwestlichen und einen nordöstlichen Komplex scheiden. Offensichtlich gehörten immer mehrere (nacheinander angelegte?) kleinere Gruben bzw. Keller zu einem Haus. Sie dienten primär der Vorratshaltung und wurden später, wenn sie zu verfallen begannen, als Abfallöcher benutzt. Zwei große Eintiefungen von 4,5 auf 2,0 m und mehr als 10 auf über 2 m Umfang im Süden der Siedlung sind als Grubenhäuser anzusprechen. Ihre Funktion bleibt unklar, vielleicht waren es gewerbliche Einrichtungen wie z. B. Gießereien. Funde von schiffchenförmigen Gußtiegeln[74] belegen jedenfalls die Anwesenheit von Bronzegießern. Diese fertigten u. a. Bronzefibeln an, wie das Halbzeug einer Bogenfibel beweist. Des weiteren ist durch diesbezügliche Funde von Webgewichten und Spinnwirteln die Textilherstellung bezeugt. Auch für das Aufstellen der hohen Webstühle kämen die Grubenhäuser in Frage.

Chronologisch ordnet sich das Fundmaterial von Fellbach-Schmiden in die Phasen Ha D 1 und D 2 ein. Eindeutig feststellbare jüngere Formen fehlen, ganz im Gegensatz zur 15 km nordwestlich gelegenen Zentralsiedlung auf dem Hohenasperg, deren zeitliche Eckpfeiler – wie oben ausdrücklich betont und begründet – ganz anders liegen.

Ähnlich strukturiert ist die etwas jüngere Ansiedlung vom nahen Kornwestheim bei Ludwigsburg,[75] wenngleich hier die eingetieften Grubenhäuser dominieren. Insgesamt ließen sich 45 späthallstatt-frühlatènezeitliche Eintiefungen auf einem Areal von 8500 m² feststellen, doch war, da nur ein Ausschnitt untersucht wurde, das Dorf sicher noch größer. Die Siedlungsstelle liegt wie gewohnt am leichten Hang vor einem kleinen Taleinschnitt mit weitem Rundblick über die trächtigen Fluren. Die Erdhütten besaßen Ausmaße von 2 bis 4 m Länge und 2 bis 3 m Breite. Die Fußböden waren oft mit Lehmschollen festgestampft und enthielten stets eine Feuerstelle. Das Aufgehende der Wände bestand aus lehmbestrichenem Flechtwerk. Zwischen den Häusern fanden sich immer wieder die üblichen bienenkorbförmigen Vorratsgruben.

Die Siedlung setzte nach dem Ausweis des Fundes einer Schlangenfibel

schon während Ha D 1 ein und währte, wie die Fußzierfibeln, insbesondere aber ein gekrümmtes, eisernes Hiebmesser von 36 cm Länge
zeigen, bis in die Stufe Ha D 3 / Lt A. Das Fragment einer eisernen
Schwertscheide mit Mittelrippe gehört, ebenso wie eine gläserne
Schichtaugenperle, nach Lt A. Bemerkenswert ist ein 36 cm langer
und 18 cm hoher Mahlstein in Form des sogenannten »Napoleonshu-
tes«. Er besteht ohne Zweifel aus Eifelbasalt und bezeugt damit
Handelsverbindungen bis an den Mittelrhein.

Einzelne Grubenhütten der geschilderten Art sind als letzte Reste einst
sicher größerer Dörfer und Gehöfte an verschiedenen Plätzen innerhalb des Westhallstattkreises beobachtet worden. Genannt seien das
große, eingetiefte Gebäude vom Mägdeberg im badischen Hegau,[76]
die Grubenhütte von Möckmühl bei Heilbronn mit reichen Funden an
verkohltem Getreide und Hülsenfrüchten[77] sowie die Erdhäuser von
Schernau in Unterfranken[78] und von Gelterkinden im Baselland[79]. Die
weite Verbreitung dieses Bautyps zeigt bei aller Lückenhaftigkeit des
archäologischen Fundbildes an, daß die dörfliche Struktur des frühen
Keltentums selbst weiträumig eine gewisse Gemeinsamkeit aufweist.

Die meisten der bislang bekannten, dörflichen Wohnplätze der Späthallstattkultur sind lediglich durch Vorratsgruben überliefert. Ihre
vollständige Auflistung würde zu weit führen, zumal sich die Befunde
durchweg wiederholen. Geläufig ist der schon erwähnte bienenkorb-
förmige Typ, der vor allem in den Lößgebieten, den stets bevorzugten
Siedellandschaften, weit verbreitet war. Denn die in die eiszeitlichen,
äolischen Ablagerungen eingeschnittenen Hohlräume besitzen eine
gute Standhaftigkeit. Noch heute existieren etwa im Kaiserstuhl zahllose solcher sehr geschätzten Lößkeller. Die vorgeschichtlichen Trichtergruben haben einen schmalen Einstieg von oben her und erweitern
sich dann kräftig nach unten. Daß sie zu Lagerzwecken benutzt
wurden, beweisen die gelegentlich in ihnen zwar meist zerscherbt,
aber sonst vollzählig erhaltenen Geschirrsätze. Manche Gruben erreichen Tiefen bis 2,5 m bei Grundflächen von 1 bis 2 m Durchmesser.

In der Lagergrube von Mengen im Breisgau fanden sich insgesamt 15
vollständige Gefäße, darunter Becher, Schüsseln und große Vorrats-
töpfe.[80] Fünf Becher und eine Schale umgaben noch völlig unbeschä-
digt vier ineinandergestellte Schälchen und Näpfchen.

Drei Bienenkorb-Gruben kamen dicht nebeneinander in Kirchhardt
im Kraichgau[81] zutage; zusammen wurden zehn große Vorratsgefäße
mit den zugehörigen kleinen Schöpfschälchen geborgen.

Besonders reichhaltig waren die Keramikfunde in den Trichtergruben der späthallstattzeitlichen Ansiedlung von Klepsau an der Jagst.[82] In den elf Lagerräumen fanden sich nicht weniger als 90 Gefäße bzw. Teile von solchen. In drei Fällen standen die Schüsseln und Töpfe noch so auf den Böden der Gruben, wie sie die Dorfbewohner hinterlassen hatten. Gerade für die karge Winterszeit muß die Möglichkeit der Lagerhaltung größerer Lebensmittelmengen (Getreide, Hülsenfrüchte, Öle und Fette, Trockenfrüchte, Dörrobst, Geselchtes u. a.) eine eminente Bedeutung für das Überleben der Siedlungsgemeinschaft besessen haben.

# Viertes Kapitel
## Die Grabkultur

*Grabhügelfelder*

Für die Dauer der Hallstattkultur (Ha C und D) bildet der über der Bestattung aufgeschüttete Grabhügel den verbindlichen Grabritus, freilich nicht ohne Ausnahme. Gleichfalls gilt als Regel, aber wiederum mit Einschränkung, daß sich mehrere Grabhügel zu einem kleineren oder größeren Hügelgräberfeld vereinigen.

Die Sitte, über den Gräbern der Verstorbenen einen Tumulus zu errichten, gründet in weitverbreiteten, altweltlichen Ritualen, ohne daß es heute schon möglich wäre, Ursprünge und geistig-religiöse Hintergründe dieses Phänomens zu erfassen. Im südlichen Zentraleuropa wurzelt eine solche Grabkennzeichnung im Bestattungsbrauchtum der ausgehenden Jungsteinzeit, als die Träger der endneolithischen, schnurkeramischen Kultur die ältesten, zweifelsfreien Denkmäler dieser Art beibringen. Vereinzelt wird die Idee des Totenhügels von der Frühbronzezeitkultur übernommen, bis sie mit Beginn der Hochbronzezeit zum verbindlichen Grabritus wird, in einer Ausschließlichkeit, die nachgerade namengebend für die Kultur der Hügelgräberbronzezeit wurde.

Die folgende Urnenfelderkultur überdeckt den Brauch noch einmal mit kanonischer Wirksamkeit, bis er mit dem Einsetzen der Eisenzeit und ihren frühesten Trägern, den Hallstattleuten, wieder zum Durchbruch kommt. Für den älteren (Ha C) und jüngeren Abschnitt (Ha D) der Hallstattkultur spielt das Flachgrab als Alternative nur in wenigen Sonderfällen eine Rolle. Der größere Anteil aller heute nachweisbaren Hügelgräber wird im Verlauf der Stufe Ha C und in etwas vermindertem Umfang während Ha D angelegt. Mit dem Ende der frühkeltischen Fürstenzivilisation (Ha D 3 / Lt A) erlischt zugleich die Sitte des Hügelgrabes, wiewohl ein solches Totenritual auch in den folgenden Perioden der Latènezeit, der Römerherrschaft und des frühen Mittelalters immer wieder einmal sporadisch aufgegriffen wird.

Oscar Paret, der hochverdiente Stuttgarter Prähistoriker, hat das Verhältnis der stein-, bronze- und eisenzeitlichen Grabhügel einmal mit 1:50:500 errechnet.[1] Diese für Württemberg-Hohenzollern geschätzte Proportion mag mit den nötigen Abstrichen auch für die übrigen Landschaften des frühkeltischen Lebensraumes Gültigkeit besitzen, so daß wohl über 90 % aller Grabhügel im Verlauf der Hallstattkultur errichtet wurden. Genauere Zahlen über den ursprünglichen Bestand anzugeben, verbietet sich aus Gründen unterschiedlichen Forschungsstandes und Erhaltungsgrades; sie dürften aber in die Zehntausende gehen.

Über die Bedeutung der Hügelgräbervorkommen für die Rekonstruktion des hallstattzeitlichen Siedlungswesens wurde schon das Nötige gesagt. Obwohl entsprechende Untersuchungen vorerst noch hypothetisch bleiben müssen, dürften doch die Anzahl der in einem Hügelfriedhof enthaltenen Gräber und ihre chronologische Bestimmung die Dauer und Stärke der zugehörigen Siedlung einigermaßen widerspiegeln. Das schließt auch den Fall ein – den jüngste Forschungen eher zu bestätigen scheinen –, daß nicht alle Teile der Bevölkerung das Recht hatten, in einem Grabhügel beerdigt zu werden. Zugleich gibt auch die Verbreitung der Nekropolen und ihre Lage zueinander ein wohl zutreffendes Bild von Einsetzen, Intensität und Ende der siedlerischen Aktivitäten durch die Hallstattleute in den einzelnen Fundprovinzen.

Soweit die Siedelräume ackerbaulich und viehwirtschaftlich nutzbar sind, finden sich die kennzeichnenden Hügelgräberfelder. Gemieden werden nur die ausgesprochenen Mittelgebirgszonen von Schwarzwald, französisch-schweizerischem Jura und Vogesen. Auch niedrigere Lagen der Schwäbischen Alb oder des Plateau de Langres werden durchaus besiedelt. Ebenso ziehen die Stationen oft bis weit in die Gebirgstäler hinein, insbesondere wenn Bodenschätze wie Eisen oder Salz zusätzliche Anreize bieten. Regelhaftigkeit in der örtlichen Standortwahl läßt sich nicht ausmachen. Wir finden Hügelnekropolen in den Auetälern der Flüsse, inmitten fruchtbarer Ackergefilde, auf Terrassen, sanft geneigten Hängen und Hochflächen. Selbst kleinere Höhenzüge sind oft dicht mit Grabhügeln besetzt.

Die vielfach geäußerte Ansicht, daß die Hügelfelder die landwirtschaftlich günstigen Fluren aussparen, läßt sich nach den Ergebnissen der Luftbildarchäologie nicht mehr aufrechterhalten. Die relative Seltenheit von Grabhügeln in den Ackergebieten gegenüber dem vertrauten Erscheinungsbild der Tumuli in den Wäldern ist lediglich eine Frage des jeweiligen Erhaltungszustandes.[2] Selbst Riesengrabhügel wie die Monumente von Volkach-Eichfeld, Kr. Kitzingen (Taf. 8), Eberdingen-Hochdorf, Kr. Ludwigsburg[3], oder Vix bei Châtillon-sur-Seine[4] können durch Überpflügung oder andere Maßnahmen bis zur völligen Unkenntlichkeit nivelliert sein.

Es unterliegt keinem Zweifel, daß das vielgestaltige Aussehen der Grabhügelfelder in irgendeiner für uns schwer oder gar nicht faßlichen Weise das Schicksal der zugehörigen Siedlung reflektiert. Eine wie auch immer geartete Gesetzmäßigkeit ist bezüglich Anlage und Ausbau der Nekropolen überregional nicht zu beobachten. Kleinräumig zeichnen sich gelegentlich – wie im Taubertal – örtliche Eigentümlichkeiten ab. Soviel ist indes sicher, daß jeder Friedhof irgendwann einmal mit der Aufschüttung des ersten Tumulus begann. Gar nicht einmal selten – und bei den Fürstenhügeln auch beabsichtigt – blieb es dabei. Und so steht heute manch einsamer Hügel (Abb. 9) mitten in der Landschaft als Grabmal eines einzelnen Toten oder allenfalls einer kleinen Totengemeinschaft.[5] Meist aber wächst das Hügelfeld weiter, die Mäler mehren sich, drängen sich dicht aneinander, überlagern sich gar oder dehnen sich auch locker gestreut über ein weites Areal aus (Abb. 7). Manchmal hat man den Eindruck, daß die Totenhügel einen alten, inzwischen längst aufgelassenen Weg säumen (Abb. 8), so wie die Römer ihre Gräberfelder beidseitig der Ausfallstraßen vor den Toren ihrer Städte und Garnisonen anzulegen pflegten.

Zehn, zwanzig, dreißig oder vierzig Hügel ganz unterschiedlicher Größe bilden dann ein Grabhügelfeld. Noch umfangreichere Anlagen sind selten. In Württemberg gehört Zainingen mit wenigstens 62 Tumuli zu den größten.[6] In der Schweiz wird die Hügelnekropole im Sankert bei Hemishofen mit schätzungsweise 40 Hügeln zu den umfänglicheren Gruppen gerechnet.[7] Im Elsaß dürfte das Gräberfeld von Kirchlach im Hagenauer Forst mit 103 gezählten Hügeln an der Spitze stehen.[8] Und doch erschließt der obertägige Befund in allen Fällen nur die Mindestzahl. Als Beispiel kann das vollständig ergrabene Hügelfeld von Mauenheim im badischen Hegau zitiert werden.[9] Vor seiner Teilzerstörung, die den Anlaß zur Untersuchung gab, ließen sich bei vergleichsweise sehr guter Erhaltung im freien Wiesengelände insgesamt 18 Tumuli feststellen. Nach Abschluß der Forschungen hatte sich der Bestand um vier auf zusammen 22 erhöht. Einige kleine Hügel waren im Erosionsschatten der großen Nachbarn völlig verschwunden.

Mauenheim ist das einzige modern ausgegrabene und zugleich komplett untersuchte Gräberfeld im westlichen Hallstattkreis. Es wäre sträflicher Leichtsinn, wollte man angesichts eines solchen Forschungsstandes spezifizierte Aussagen zu Beginn, Dauer, Belegungs-

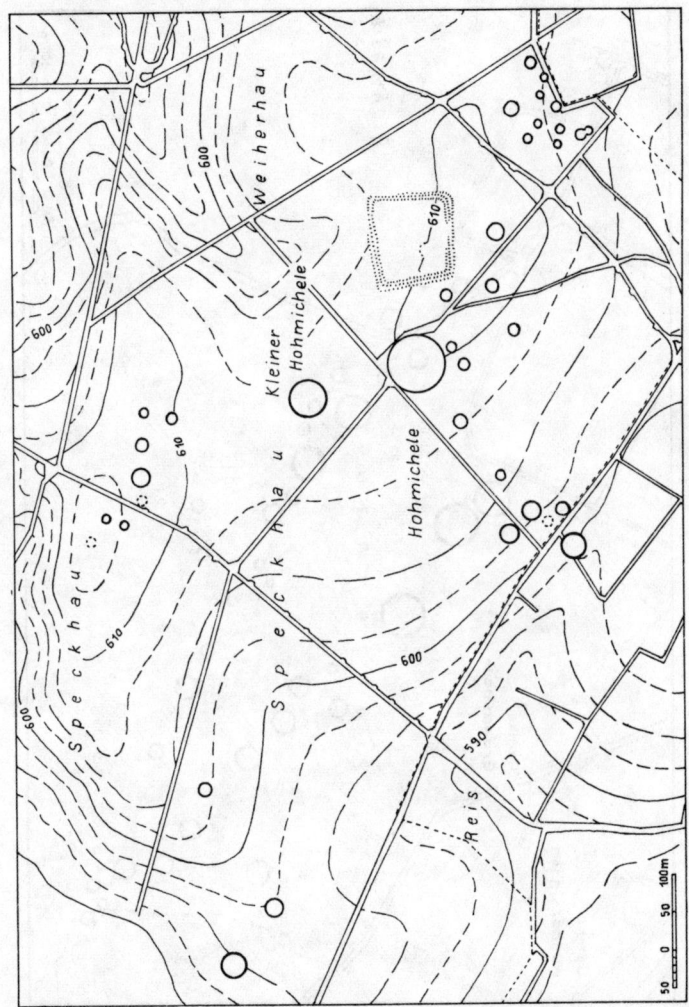

*Abb. 7.* Hallstattzeitliches Grabhügelfeld mit Hohmichele und Kleinem Hohmichele im Zentrum sowie umgebenden Tumuli kleineren Formats; östlich des Hohmicheles das Wallgeviert eines spätkeltischen Heiligtums vom Temenos-Typ (»Viereckschanze«) (nach BITTEL u. a. 1981).

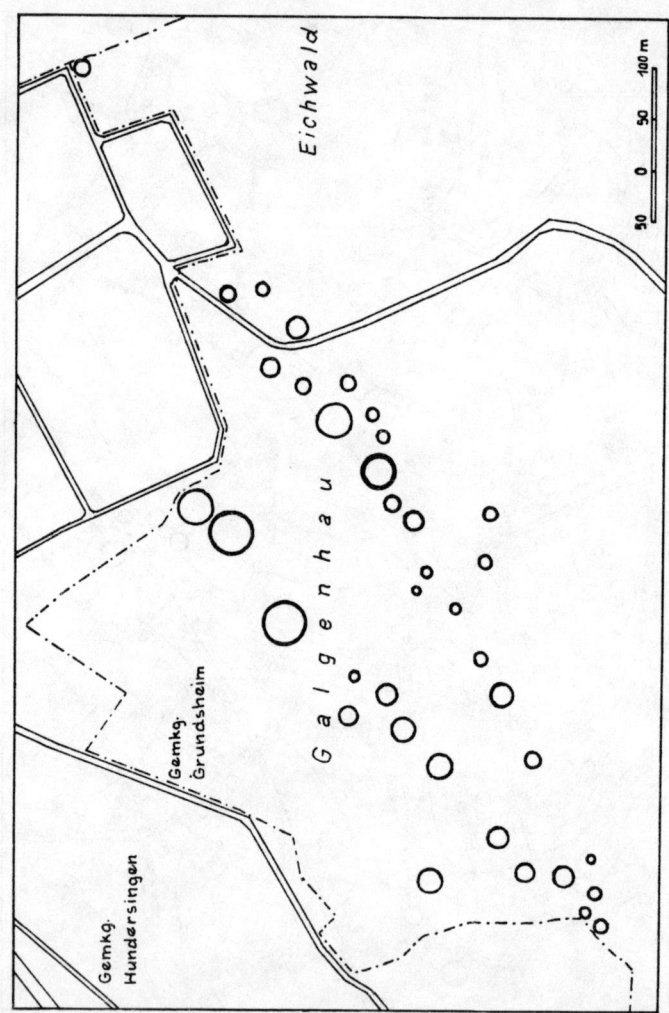

*Abb. 8.* Plan eines gleichmäßig, offensichtlich zu beiden Seiten eines alten, jetzt aufgelassenen Wegezuges angelegten hallstattzeitlichen Grabhügelfeldes: Flur »Galgenhain« bei Grundsheim, Verw.-Gem. Munderkingen, Alb-Donau-Kreis, Baden-Württemberg (nach BITTEL u. a. 1981).

dichte und Ende der hallstättischen Nekropolen innerhalb unseres
Arbeitsgebietes treffen. Dennoch müssen zumindest einige wenige
und ganz allgemein gehaltene Bemerkungen dazu versucht werden,
insbesondere um aufzuzeigen, daß die Zäsuren, von denen die späthallstättischen Zentralsiedlungen betroffen wurden, für die Bestattungsplätze der gemeinen Bevölkerung nicht gelten.
Wir hatten festgestellt, daß sich das frühkeltische Fürstentum in

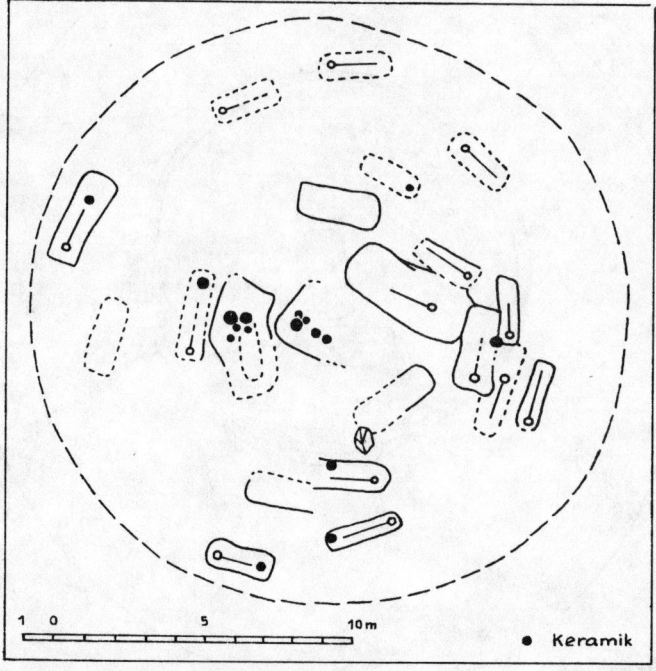

*Abb. 9.* Plan eines Grabhügels der Hallstatt- und frühen Latènezeit von Brei-
sach-Oberrimsingen, Kr. Breisgau-Hochschwarzwald, Baden-Württemberg.
Außer dem völlig zerstörten Zentralgrab ließen sich noch 21 Nachbestattungen
beobachten, deren tangentiale Ausrichtung zur Hügelmitte man beachte. Ein
etwa 1,2 m hoher, säulenförmiger Stein, offenbar eine Grabstele, wurde erst
1930 »mit einigen Ochsen« weggeschleppt (nach L. WAMSER 1970 und BITTEL
u. a. 1981).

Südwestdeutschland mit Beginn der Phase Ha D 1 geradezu unvermittelt etabliert. Diese markante Umstrukturierung der gesellschaftlichen Verhältnisse schlägt sich im Belegungsablauf der üblichen Gräberfelder überhaupt nicht nieder. Vielmehr läßt sich die fast regelhafte Beobach-

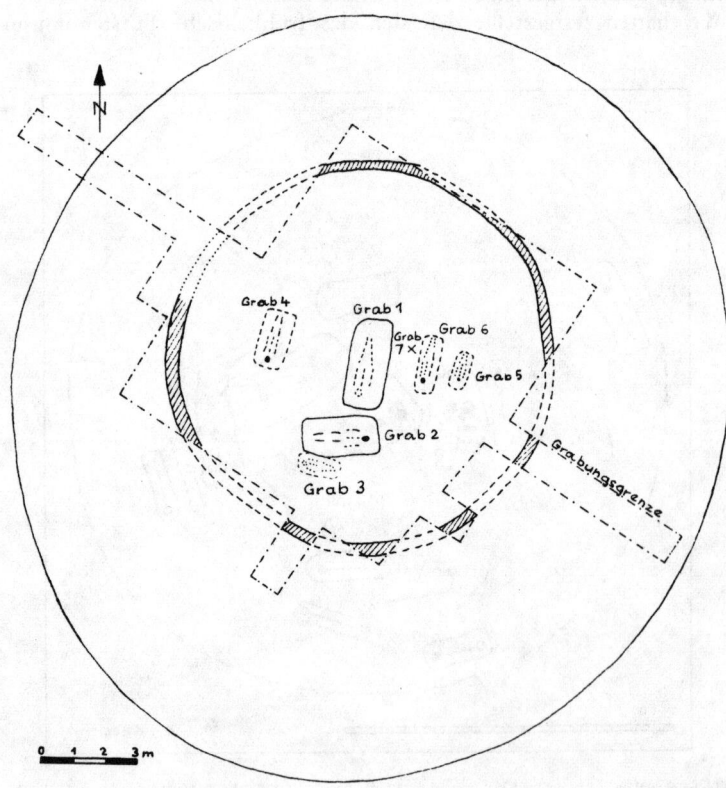

*Abb. 10.* Grundriß eines Grabhügels mit Zentralgrab und fünf Nachbestattungen der Hallstatt- und Frühlatènezeit von Mühlacker, Enzkreis, Baden-Württemberg. Der Fuß des Tumuls war von einem nur 25 cm tiefen und 30 cm breiten Kreisgraben eingefaßt; der äußere Ring gibt den Umfang des auseinandergeflossenen Grabhügels zum Zeitpunkt der Ausgrabung an (nach ZÜRN 1970).

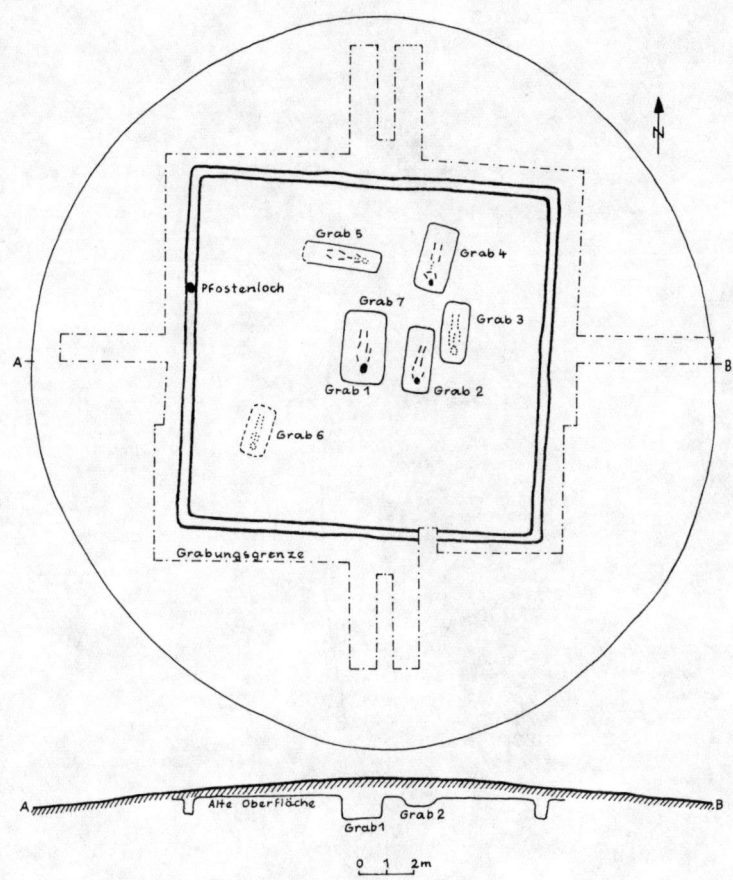

*Abb. 11.* Grundriß eines Grabhügels mit Zentralgrab und sechs Nachbestattungen der Hallstatt- und Frühlatènezeit von Mühlacker, Enzkreis, Baden-Württemberg. Der Fuß des Tumulus war von einem 0,4 m breiten und bis zu 0,7 m tiefen Rechteckgraben eingefaßt; der äußere Ring gibt den Umfang des rundlich auseinandergeflossenen Grabhügels zum Zeitpunkt der Ausgrabung an (nach ZÜRN 1970).

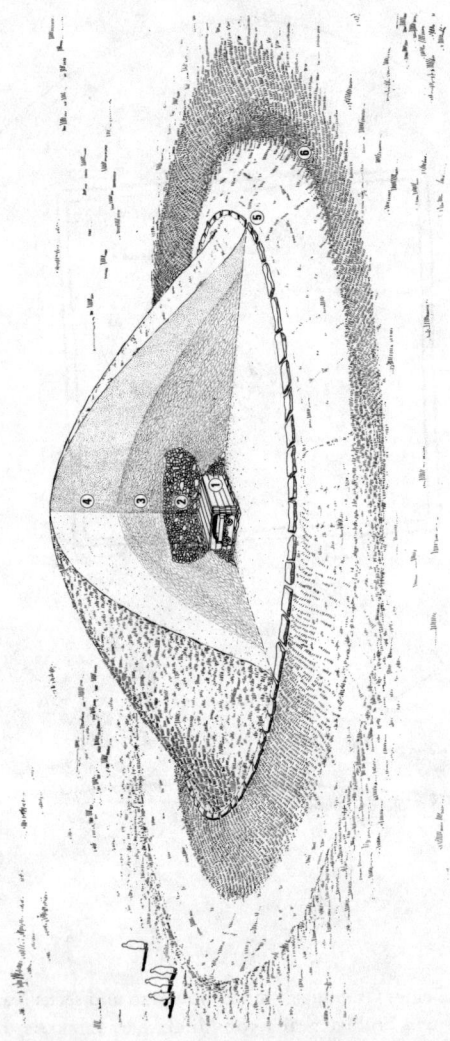

*Abb. 12.* Schnittrekonstruktion des hallstattzeitlichen Großgrabhügels »Fuchsenbühl« bei Riedenheim, Kr. Würzburg, Bayern, mit Kammergrab, Steinpakkung, Hügelschüttung, Steinkranz und Ringgraben (nach L. WAMSER 1981). Durchmesser etwa 40 m.

tung machen, daß die in der frühen Hallstattstufe (Ha C), teilweise schon in der späten Urnenfelderkultur begründeten Hügelnekropolen kontinuierlich weiterbenutzt werden. Für die meisten Friedhöfe ist es sogar kennzeichnend, daß sie sowohl während Ha C als auch während Ha D stetig als Begräbnisplatz dienen. Im gleichen Sinne darf daraus der Schluß auf ein ungebrochenes Bestehen der zugeordneten Siedlungsgemeinschaft gezogen werden. Die Herausbildung der frühkeltischen Adelsgesellschaft zu Beginn der Stufe Ha D erfolgt also innerhalb einer bereits seit langem ansässigen Bevölkerung.

Ebensowenig bedeuten der Zerstörungshorizont über der Heuneburg, das Ende der Magdalenenberg-Dynastie und die Ausweitung sozialer Differenzierungen in die nördliche Peripherie sowie nach Südwesten über den Rhein hinweg am Übergang von Ha D 1 zu Ha D 2 eine spürbare Unterbrechung für die außerhalb dieser Erscheinungen stehende Besiedlung. Die Mehrzahl der Grabhügelfelder üblicher Norm enthält Bestattungen beider Phasen. Die zu Beginn von Ha D 2 neu eingerichteten Adelssitze wie Hohenasperg, Üetliberg, Châtillon-sur-Glâne oder Mont Lassois können auf ein alteingesessenes Bevölkerungspotential zurückgreifen, welches das umliegende Land schon längst siedlerisch-wirtschaftlich erschlossen hatte.

Erst gegen Ende der Stufe Ha D 3 / Lt A läßt die Tendenz, die bestehenden Grabhügelfelder weiter zu benutzen, merklich nach. Die Sitte des Flachgrabes setzt sich mehr und mehr durch. Doch werden gelegentlich durchaus noch neue Tumuli aufgeschüttet, und selbst in der Stufe Latène B wählt man des öfteren einen alten Grabhügel als Bestattungsplatz. Der weiträumig gegen Ende der Stufe Ha D 3 / Lt A zu verzeichnende Abbruch der Zentralsiedlungen wie auch das völlige Ausbleiben von Fürstengräbern im Westhallstattkreis, die jünger als Lt A datiert werden könnten, findet in den Gräberfeldern der übrigen Bevölkerung sichtlich keine Entsprechung.[10] Freilich werden innerhalb des langen Zeitraumes vom Ende der Urnenfelderkultur bis weit in die frühe Latènezeit hinein immer wieder neue Gräberfelder zu ganz unterschiedlichen Zeitpunkten begründet, ebenso wie solche dann und wann abbrechen. In diesen rund 400 Jahren fügt neben vielem anderen die gemeinsame Idee der Hügelbestattung den Westhallstattkreis zu einer engen Kulturgemeinschaft zusammen. Und gerade die Grabhügelfelder als Spiegelbild der siedlerischen Schicksalsgemeinschaften verzahnen bei aller Unterschiedlichkeit der Belegungsdauer und -intensität die Familien, Sippen und Stämme des Westhallstattkreises über annähernd fünfzehn Generationen hinweg zu einem weitgehend

einheitlichen Bevölkerungssubstrat. Sie gewährleisten die Besiedlungs-
kontinuität in Raum und Zeit, während die gesellschaftliche Differenzierung unter Herausbildung einer repräsentationssüchtigen Adelsschicht ein ephemeres Phänomen bleibt.

## Fürstengräber und Großgrabhügel

Es ist in der Forschung immer wieder versucht worden, die frühkeltischen Fürstengräber gegen die Bestattungen der übrigen Bevölkerung
abzusetzen, um damit eine gültige Definition des Begriffes zu gewinnen. Eine Einigung scheitert schon an der Terminologie, da man gern
darüber streitet, ob man die einschlägigen Befunde mit Benennungen
wie Königs-, Fürsten-, Adels- oder Häuptlingsgrab apostrophieren
oder ob man statt dessen einen neutralen Begriff wie etwa Prunkgrab
wählen soll. Letztlich ist eine solche Fragestellung müßig, denn wir
wissen ja nicht, welche Stellung der mit auffallend reichen Grabbeigaben ausgestattete Tote in seiner Gemeinschaft innegehabt hatte. Besaß
er wirklich weltliche Macht als Vertreter einer adelsähnlichen Oberschicht? Besaß er priesterliche Befugnisse oder gar beides in Personal-
union? Oder war er nur ein begüterter Junker, ein vermögender
Handwerksmeister, ein wohlhabender Kaufmann, dessen Nachkom-
men sich bereitwillig bzw. pflichtgemäß vom kostbaren Erbvermögen
trennten, um den teuren Verblichenen gebührend zu ehren? Wenn
man also bereit ist, der zumeist der mittelalterlichen Adels- und
Ständestruktur bzw. der Völkerkunde entlehnten Nomenklatur nicht
zugleich eine sinngemäße Funktion im vorgeschichtlichen Schema zu
unterstellen, so darf man ohne weiteres von einem frühkeltischen
Fürsten- oder Adelsgrab reden. Gleichwohl scheint es geraten,
zunächst Grabhügel als Totenmal und Fürstengrab als Ausstattungsmuster gesondert zu betrachten.

Grundsätzlich gilt jeder Tumulus als Fürstengrabhügel, der ein oder
mehrere Fürstengräber enthält. Dabei ließen sich zwei Beobachtungen
machen, die die Bestimmung präzisieren. Fast alle Grabhügel, die ein
Fürstengrab bergen, heben sich durch ihre Größe von den üblichen
Hügelgräbern ab. Als untere Werte wurden Durchmesser um 30 bis
40 m gemessen. Den größten antiken Durchmesser hält der Magdalenenberg mit 102 m. Entsprechend beläuft sich die Menge der
Aufschutterde von 2000 bis 45 000 m$^3$. Freilich wurden bislang nur
sehr wenige Großgrabhügel exakt vermessen. Die untere Größenord-

nung überschneidet sich jedenfalls mit den höheren Hügeln der gewöhnlichen Nekropolen, soweit solche auch bei respektabler Größe kein Fürstengrab enthalten. Weiter werden alle Großgrabhügel in den Kreis der Fürstentumuli aufgenommen, die einen deutlichen Bezug zu einer Zentralsiedlung aufweisen (Abstand bis etwa 10 km), auch wenn sie mitunter etwas kleiner sind als die größten Hügelgräber außerhalb des engeren Ausstrahlungsbereiches der Fürstensitze.

Der Erhaltungszustand der Grabhügel ist für die Definition ohne Belang. Wir kennen gut bewahrte Hügel wie den Hohmichele mit 13,5 m Höhe, aber auch solche, die durch Abtragung und Überackerung vollständig eingeebnet sind, so daß sie sich obertägig nicht einmal mehr durch eine flache Anhöhung vom umgebenden Terrain abheben. Es gibt bislang keine sicheren Anzeichen dafür, daß ein späthallstättisches Fürstengrab nicht auch von einem Hügel überwölbt worden wäre. Damit sind zugleich alle diejenigen Großgrabhügel als Fürstentumuli bestimmt, in denen noch keine Ausgrabungen stattgefunden haben oder bei denen der Befund durch Beraubung verunklart ist.

Nun zu den Fürstengräbern selbst. Es gelten alle Bestattungen als solche, die wenigstens einen größeren oder mehrere kleinere Gegenstände aus Gold im Inventar führen, also entweder einen goldenen Halsreif, ein goldenes Armband, eine goldene Schale oder mehrere goldene Schmucknadeln. Darüber hinaus werden auch die Grablegen als fürstlich bezeichnet, die wertvolles südliches Importgut enthalten. Dazu zählen griechisches, großgriechisches und etruskisches Bronzegeschirr bzw. gute einheimische Bronzeblechgefäße nach mediterranen Vorbildern (zur Problematik der Unterscheidung von fremden und indigenen toreutischen Arbeiten siehe Kap. 8) sowie bernstein- und elfenbeinintarsierte Möbel. Von den beraubten Gräbern rechnen alle diejenigen zu den Fürstenbestattungen, die als Zentralgräber in den nach obigen Kriterien ausgewählten Fürstentumuli angetroffen wurden. Damit ist eine klare definitorische Abgrenzung nach unten erreicht. Freilich ist zu betonen, daß diese Scheidung gegen die normalen Gräber eine künstliche ist und eher heutigen Wertvorstellungen entspricht.

Angesichts des hervorragenden Quellenwertes für das frühkeltische Zivilisationsniveau erscheint es geboten, die Fürstengräber mit ihren Hügeln einzeln vorzustellen. Die fürstlichen Bestattungen führen uns exemplarisch das Gebaren der frühkeltischen Adelsschicht wenigstens im Sepukralbereich vor Augen. Und erst im Vergleich mit Ausstattungsmustern in den Grabhügeln der Bevölkerung mehr dörflichbäuerischen Charakters wird sich die soziale Differenzierung im Westhallstattkreis in aller Deutlichkeit erhellen lassen.

Die Geschichte der Entdeckung späthallstattzeitlicher Adelsgräber bildet fraglos eines der erregendsten Kapitel mitteleuropäischer Archäologie, und allein dieser Grund verlohnt die vielleicht etwas weitschweifige Aufzählung. Es beginnt bereits im Jahre 1580, als weiland am Stuttgarter Renaissancehof »ain ganz guet gulden halßpand und gulden Ring, ouch sonst etlich stuck, aß wan die von aim kessel kommen,« gezeigt wurden.[11] Die Gegenstände, die »neulich nahend beym Asperg ußer aim acker gegraben und gefunden« wurden, sind längst verschollen. Die kurze Notiz im Tomus actorum Nr. 10 des Hauptstaatsarchivs Stuttgart enthält ohne jeden Zweifel die früheste Meldung von der Auffindung eines Fürstengrabes mit Goldreifen und Bronzekessel, und zwar im Umkreis des Hohenasperg. Aus dem gleichen Raum stammt auch der vorerst jüngste Fund, das im Jahre 1978 entdeckte, einzigartige Grab von Hochdorf: Höhepunkt und hoffentlich nicht nur vorläufiger Schlußpunkt einer wahrhaft atemberaubenden Forschungsgeschichte, begleitet von niederschmetternden Enttäuschungen, wenn Grabräuber zuvorgekommen waren; von tumultuarischen Fundbergungen und Unterschlagungen, wenn arglose Landarbeiter unversehens auf goldenes Geschmeide stießen; von kriminalpolizeilichen Erhebungen, wenn die kostbaren Antiken soeben noch aus dem Schmelztiegel des hehlenden Goldschmiedes (Stuttgart-Bad Cannstatt!) gerettet werden konnten; und nur selten von Sternstunden gekrönt, wie sie nicht nur dem Zufall (Vix), sondern auch der sorgfältigen bodendenkmalpflegerischen Landschaftsbetreuung (Hochdorf) zu verdanken sind.

In der Beschreibung folgen wir dabei dem gleichen Ablauf, den wir bei der Darstellung der frühkeltischen Zentralsiedlungen (Kap. 3) gewählt haben. Es werden also zuerst die Gräbergruppen des Burgund und des Jura, als letzte die der nordöstlichen Randzone des Westhallstattkreises (Marienberg bei Würzburg) besprochen. Innerhalb der Gruppen richtet sich die Reihung nach der Bedeutung des Fundes wie auch nach dem mehr oder minder deutlichen Bezug zum jeweils angenommenen Fürstensitz. Zusätzlich werden auch einige Grenzfälle behandelt, bei denen die Frage, ob sie noch als Fürstengräber zu werten sind, offen bleiben muß.

*Bragny-sur-Saône:* Im Umkreis dieser Zentralsiedlung sind noch keine Gräber bekannt, die dem überraschend vielfältigen Südimport des Wohnplatzes entsprechen könnten. Dies mag zwei Gründe haben. Einmal bildet das mittlere Saônetal seit je her altbesiedeltes Kulturland, so daß möglicherweise vorhandene Hügelgräber längst überakkert und planiert sind. Wurden die Gräber vor der Hügelaufschüttung in den anstehenden Boden eingetieft, dann können sie bei der Abtragung der Erdmassen auch nicht zufällig zum Vorschein kommen. Zweitens ist zu erwägen, ob bei den besonderen wirtschaftlichen Verhältnissen in Bragny-sur-Saône überhaupt jemals Bestattungen vorgenommen wurden, die den Rang eines Fürstengrabes erreichten. Wenn die Hafensituation, insbesondere als Verteilerposten des Südhandels am Eingang zur Keltike, eine Rolle spielte, so ist vielleicht nur mit wohlhabenden Kaufleuten zu rechnen, ohne daß es zugleich zur Ausbildung adelsähnlicher Strukturen kam. Eine Reihe exzellenter Flußfunde aus der Saône ober- und unterhalb der Station, darunter die beiden frühlatènezeitlichen Antennendolche von Bragny und d'Allériot oder auch die Bronzesitula von Damerey[12] – alles Gegenstände, die normalerweise zum Sachbesitz der oberen Schichten gehören –, bringen indes im archäologischen Fundbild zum Ausdruck, daß zumindest Ansätze zur sozialen Differenzierung auch im Umfeld von Bragny-sur-Saône gegeben waren.

*Mont Lassois:* Fünf Fürstengräber rechnen zu diesem herausragenden frühkeltischen Adelssitz, die alle – wie beim Hohenasperg – südlich der Burg gelegen sind: das Grab von Vix, die beiden Hügel La Garenne und La Butte von Mousselots bei Sainte-Colombe, ein Tumulus bei der Gemeinde Cérilly und Spuren eines Wagengrabes bei Étrochey.

Das weltberühmte Grab von *Vix* wurde bei winterlicher Kälte am 3. Januar 1953 von Maurice Moisson entdeckt und in den folgenden Tagen von René Joffroy geborgen.[13] Es bildet heute den kostbarsten Schatz des Stadtmuseums von Châtillon-sur-Seine. Der Fundplatz liegt in völlig ebenem Wiesengelände, nur 150 m von der Seine-Uferböschung entfernt. Einige Steinansammlungen im Boden erweckten den Verdacht auf ein römisches Gebäude, bis Moisson im Rahmen einer kleinen Sondiergrabung unversehens auf die beiden attischen Schalen und den kolossalen Bronzekrater stieß. Joffroy wurde umgehend herbeigerufen, erkannte sogleich die Bedeutung des Fundes und veranlaßte die nötigen Maßnahmen. Dabei erwiesen sich die ortsfrem-

den Steine als der letzte Rest eines Grabhügels von etwa 42 m Durchmesser, dessen Kern ursprünglich aus einer Steinpackung bestand.
Diese stürzte nach dem Einbruch der hölzernen Kammer in den
Grabschacht und verfüllte ihn. Wann und auf welche Weise der
ehedem sicher mehrere Meter hohe Grabhügel planiert wurde, ist
nicht bekannt. Das Beispiel Vix, dem sich – wie wir noch sehen
werden – weitere zur Seite stellen lassen, lehrt nachdrücklich, daß das
Fehlen obertägig sichtbarer Grabtumuli nichts über deren ursprüngliches Vorhandensein besagt.
Die Bestattung selbst war in eine 2,3 m tief in den gewachsenen Boden
gegrabene Grube eingelassen worden. Deshalb konnte sie bei der
Abtragung des Hügels nicht aufgefunden werden. Auf der Sohle des
Grabschachtes war eine etwa 3 auf 3 m große hölzerne Grabkammer
aufgeschlagen worden, deren Ecken man mit Holzpfosten versteift
hatte. Abgesehen von der durch den Einbruch der Kammerdecke und
die nachgestürzten Steine hervorgerufenen Unordnung war das Grab
völlig ungestört und jedem Plünderungsversuch entgangen. Nicht
geklärt ist, ob es sich bei der Bestattung um das Zentralgrab, das den
Anlaß zur Hügelaufschüttung bot, oder um eine Nebenkammer wie
beim Kleinaspergle handelt.
Auf der Mitte der Grabsohle lag das versprengte Skelett des Toten mit
dem Kopf im Norden. Nach den Angaben des Ausgräbers ruhte der
Verstorbene in einem Wagenkasten wie auf einer Bahre. Die vier
Räder des Wagens waren abmontiert und nebeneinander an die Ost-
wand der Grabkammer gelehnt worden. Vom aufwendig mit zahlreichen Bronzeappliken (Abb. 111 und 112) ausgestatteten Wagen hatten
sich nur die Metallteile sowie der eiserne Langbaum erhalten.
Abgesehen von dem höchst künstlerischen Goldhalsreif (Abb. 96) –
einem Importstück von der Iberischen Halbinsel – zeigte sich die
Tracht des Toten eher bescheiden (Abb. 82). Die Obergewandung
sicherten acht Fibeln. Im Brustbereich fanden sich vier Stein- und
sieben Bernsteinperlen, die wohl als apotropäische Amulette dienen
sollten. Am rechten Handgelenk trug der Verstorbene einen, am
linken zwei schlichte Ringe aus einem tonig-schiefrigen Material, dazu
je einen Armreif aus auf Bronzebänder aufgeschobenen, röhrenförmi-
gen Bernsteinperlen. Die Hüfte zierte ein geschlossener, mit Lederstreifen umwickelter Bronzering von 27 cm Durchmesser. Und
schließlich schmückten zwei einfache Bronzeringe die Fesseln.
Im Westteil der Kammer war das Geschirr aufgestellt, wobei allein der
Volutenkrater (Abb. 82) fast ein Viertel des Grabbodens einnahm. Auf

seiner Schulter standen zwei attische Keramikschalen sowie eine halb-
kugelige Silberphiale mit goldenem Omphalos. Eine Schnabelkanne
vervollständigt zusammen mit zwei Henkelschalen und einem Becken,
alle aus Bronze, das Trinkservice. Die genannten Gefäßbeigaben gelten als mediterraner Import, wobei dies bei dem Krater und den
beiden Tonschalen außer Frage steht. Bei der Schnabelkanne, der
Silberschale und den drei Bronzebecken kann jedoch geschickte, einheimische Imitation oder Nachguß nicht völlig ausgeschlossen werden. An Gold enthielt das Grab rund 500 g. Davon entfallen auf den
hohl gearbeiteten Halsreif 480 g. Der geringe Rest verteilt sich auf die
Goldplattierung der einen Fibel und auf den Goldomphalos der Silberschale. Aus Silber, das in den Hallstattgräbern sehr viel seltener
vorkommt als Gold und vielleicht als erheblich kostbarer galt, besteht
gleichfalls die Aufsatzstatuette des Siebdeckels für den Volutenkrater,
eine gewandete Frauenfigur von archaischer Anmut.
Das Geschlecht des Bestatteten wird in der Literatur gemeinhin als
weiblich angegeben. Archäologisch sprechen dafür vor allem der
paarig getragene Handgelenk- und Fußschmuck, die Perlenkette und
der Hüftring sowie ein anthropologisches Gutachten von Robert-P.
Charles, der das schlecht erhaltene Skelett als das einer Frau mittleren
Alters (30–35 Jahre) vom nordiden Rassetypus einstuft.[14] Ich möchte
mich dieser Beurteilung nicht anschließen, und zwar aus folgenden
Gründen. Das Fehlen von Waffen erleichtert die sexuelle Differenzierung nicht, da im Westhallstattkreis die Beigabe von Dolchen oder
Lanzen ohnehin selten ist und höchstens 10 bis 20 % aller in Hügeln
bestatteten Männer mit solchen Insignien versehen sind. Darüber
hinaus unterliegen die Fürstengräber gesonderten Regeln, die mit den
Ausstattungsmustern der normalen Bevölkerung nur sehr bedingt in
Einklang zu bringen sind. So fanden sich beispielsweise in den beiden
durch Lanzenbeigaben als eindeutig männlich bestimmten Fürstengräbern von Stuttgart-Bad Cannstatt einmal paarig getragener Arm- und
Ohrschmuck und einmal rechts und links je ein goldener Ohrring. Der
mit einem Dolch ausgerüstete Adlige von Hochdorf trug, dem Vixer
Befund vergleichbar, ein Bernsteinperlenkettchen am Hals. Fraulich
anmutende Trachtutensilien scheinen also gelegentlich auch von Männern, hauptsächlich der Oberschicht, getragen worden zu sein. Auch
der Krieger von Hirschlanden, der seine Männlichkeit hinreichend
deutlich zur Schau bietet, gürtete seine Lenden mit eben jenen Leibrin-
gen, wie ein solcher im Grabe von Vix zum Vorschein kam. Ebenso
muß der Besitz eines goldenen Halsreifes unbedingt als männliches

Attribut gewertet werden. Denn in den wenigen Fürstengräbern, die mit einiger Gewähr als weiblich angesprochen werden dürfen, fehlen sie immer. Die Tote von Eßlingen-Sirnau[15] besaß die typische Frauentracht der Zeit; was sie heraushebt, sind zwei Armbänder und 18 Ohr- oder Schläfenringe aus Gold sowie eine kostbare Kette aus roten Edelkorallen.

Inzwischen wurden auch Zweifel an der anthropologischen Analyse angemeldet. Danach soll der Bestattete dem grazil-mediterraniden Typus angehören, bei dem die männliche Ausprägung bei weitem nicht so robust wirkt wie beim nordiden Typ und der Sexualdimorphismus ohnedies geringer ist. Ist diese Rassezuweisung richtig, dann deuten die Schädelmerkmale auf männliches Geschlecht hin. Zwar sind weder die archäologischen noch die anthropologischen Bestimmungen von letzter Sicherheit, doch mehren sich von beiden Seiten die Anzeichen, daß die »Prinzessin von Vix« ein gestandenes Mannsbild war.

Hingegen bereitet die Datierung des Grabfundes keine Probleme. Die späten Pauken- und Fußzierfibeln ordnen das Ensemble zwanglos in die Phase Ha D 3 ein. Latènoide Elemente treten nicht auf. Absolutchronologisch ist der Terminus ante quem non durch die in Griechenland um 480 v. Chr. gefertigte, schwarz gefirniste Kylix gegeben.[16] Die Bestattung könnte ab der Mitte des 5. Jahrhunderts v. Chr. erfolgt sein.

Wiewohl das Grab von Vix ob seiner Unversehrtheit mit zu den großartigsten Fundkomplexen im Westhallstattkreis zählt, ist die Stellung des Toten unter seinen Zeitgenossen kaum zu beurteilen. Fraglos war er ein Mitglied der Mont-Lassois-Dynastie. Welche Eigenschaften und welcher Modus ihn aber in den Kreis der Erlauchten berufen haben, das wissen wir nicht. Übernahm er die Würden im Rahmen einer Erbfolge von seinem Vater, wurde er in sein Amt gewählt oder durch ein Orakel ausgesucht? Hat er die Macht durch persönliche Leistung erworben oder mit Heimtücke usurpiert? Liegt eine gewisse Bedeutung darin, daß man ihm die Mitgabe von Waffen versagte? Warum besaß er – trotz aller »männlichen« Komponenten – so viel »weibischen« Schmuck? Vielleicht bringt uns die letzte Frage einen kleinen Schritt weiter. Ein bestimmter Personenkreis legt nämlich seit jeher ein zwitterhaftes Wesen an den Tag. Es sind dies die Priester, die kraft ihres religiösen Amtes auf das Tragen von Waffen verzichten und statt dessen nicht ungern in Frauenkleidung (Soutane!) auftreten. So brennend sich die Probleme kulturhistorischer Deutung artikulieren, es bleibt uns eine befriedigende Lösung vorerst versagt. Es wäre sicherlich sehr von Nutzen gewesen, wenn sich die übrigen Fürstengräber im Umkreis des Mont Lassois ebenso vollständig hätten heben lassen wie das Grab von Vix. Doch wird sich die Chance, die einzelnen Herrschergestalten vom Mont Lassois in ihrer Generationenfolge auch nur einigermaßen vollständig aus ihren Gräbern erstehen zu lassen, wohl niemals mehr eröffnen. Die Archäologie bietet nur punktuelle Ausschnitte des ehemaligen Geschehens, deren historische Gewichtung uns fast immer verschlossen bleibt.

Die vier weiteren Mont-Lassois-Gräber sind alle nur so fragmentarisch überliefert, daß sich ein Vergleich mit Vix verbietet; es lassen sich nicht einmal chronologische Relationen knüpfen.

Der Grabhügel, genannt *La Garenne*, lag etwa 3 km südsüdöstlich des Mont Lassois auf der Flur Les Mousselots und gehörte zur Gemeinde Sainte-Colombe. Sein Durchmesser wurde mit 70 m, seine Höhe mit 4 m angegeben. Er war damit einer der größten vorgeschichtlichen Grabhügel Frankreichs. Zur Gewinnung von Ackerland ließ ihn der Grundstücksbesitzer 1845 abtragen und schaffte dabei nahezu 10 000 m³ Erdboden zur Seite. Drei menschliche Schädel sowie unbedeutende Scherbenfunde kamen zutage, bis gegen Wintersende die Arbeiten beendet waren. Im März 1846 unternahm jemand eine Nachgrabung, über die ein gewisser Dr. Bourrée berichtete.[17] Danach entdeckte man in etwa 1 m Tiefe die Spuren eines Fürstengrabes. Gehoben wurden die zwar zerbrochenen, aber ziemlich vollständigen Teile eines Stabdreifußes und eines Greifenkessels (Abb. 86), Reste eines vierrädrigen Wagens und 23 Zierscheiben vom Pferdezaumzeug. Zum Fundkomplex zählen auch Bruchstücke von wenigstens zwei Fußzierfibeln, deren Zugehörigkeit zum sonstigen Inventar aber nicht gesichert ist. Sehr interessant ist eine kleine flache Bernsteinscheibe, wahrscheinlich von einem intarsierten Möbelstück, für die Vergleiche vom Grafenbühl, vom Römerhügel und vom Hügel Gießübel 1 vorliegen. Wie Hans-Volkmar Herrmann gezeigt hat,[18] stammen solche Bernsteinintarsien hauptsächlich von griechischen Klinen, also Bettstätten, die den Kelten als Totenbahre dienten. Inwieweit das Grabensemble von La Garenne vollständig gehoben wurde, ist gänzlich ungewiß. Jegliche Vermutungen, ob es ursprünglich etwa Gold enthielt, sind rein spekulativ. Immerhin ist auffällig, daß bei der Untersuchung keinerlei Skelettreste zutage traten, obwohl ja die bei der Hügelabtragung gefundenen drei Schädel die Erhaltbarkeit von Knochen im Boden bezeugen. Vielleicht haben die Ausgräber den Toten selbst nicht gefunden, und er ruht mitsamt seinem Schmuck noch in der Erde. Oder aber das Grab war geplündert, und die Störenfriede übersahen den Dreifußkessel. Nur eine Nachgrabung könnte zusätzliche Indizien beisteuern.

Die südlichen Importe wie auch die Monumentalität des Grabtumulus weisen bei aller Unzulänglichkeit der Fundbergung den Bestatteten ohne den geringsten Zweifel als Angehörigen des Adelsgeschlechtes vom Mont Lassois aus. Da wir nicht sicher wissen, ob die während der Ausgrabung entdeckten Fibeln wirklich zum Fürstengrab gehören, und die übrigen Gegenstände nicht näher datierbar sind, läßt sich der Fund innerhalb der späten Hallstattkultur zeitlich nicht genau einordnen. Bei dem Dreifuß und dem Greifenkessel, deren ursprüngliche Zusammengehörigkeit gewissen Zweifeln unterliegt, scheint es sich um Altstücke zu handeln, die schon ein oder zwei Generationen lang im Hausschatz aufbewahrt worden waren, bevor sie ins Grab kamen. Die qualitätvollen Greifenprotomen des geflickten (!) Bronzekessels deuten auf eine Herstellung um 580 v. Chr. im campanischen Kyme (Cumae) hin. Die Werkstatt des Stabdreifußes läßt sich nicht lokalisieren; nur daß es sich um ein südliches Importstück handelt, ist sicher.

Etwa 800 m nordnordwestlich des Tumulus La Garenne liegt in Sichtweite des Mont Lassois der Grabhügel *La Butte*. Merkwürdigerweise besitzt er einen ovalen Grundriß von 76 m Länge und 46 m Breite. Wahrscheinlich wurde er in früherer Zeit schon einmal abgegraben, wobei er mit etwas über 4 m Höhe seinem Nachbarn an Größe wohl nicht nachstand. Eine Untersuchung fand im Jahre 1863 unter Leitung eines gewissen J. Beaudin statt. Dessen originales Grabungsprotokoll ging leider verloren, doch existiert glücklicherweise noch der 1875 abgefaßte Bericht eines Augenzeugen.[19] Danach trieb man von der Seite her einen etwa 2 m breiten Schnitt zur Hügelmitte hin vor, wo man dann auch auf eine Bestattung stieß. Allem Anschein nach – wenn auch nicht mit letzter Gewißheit – handelte es sich um das Zentralgrab. Holzreste deuten auf ein Kammergrab.

Es fand sich ein Skelett in ungestörter Lagerung, aber schlecht erhalten. Man notierte mit 1,80 m Länge eine auffallende Körpergröße. Alter und Geschlecht des Toten bleiben nach dem anthropologischen Befund (nur ein Zahn liegt noch vor) unklar. Es heißt, daß der Tote in einem Wagenkasten geruht habe, während die vier abmontierten Räder gleichmäßig herumgelegt waren. Von den Wagenteilen sind zahlreiche Reste (Radreifen, Nabenbüchsen, Achskappen) und ebenso das zugehörige Pferdegeschirr (Trense, Phaleren, Ringe) erhalten. Zur

Ausrüstung des Verstorbenen zählen ferner zwei eiserne Tüllenbeile. Daß der Bestattete der Nobilitas vom Mont Lassois verbunden ist, bezeugt der einzigartige Goldschmuck (Gesamtgewicht 180 g). Um die Handgelenke trug er je einen breiten, reich verzierten, offenen Armreif (Abb. 34), im Bereich des Schädels lagen zwei bemerkenswerte Ohrringe (Abb. 97), die ihre Herkunft aus der phönizischpunisch beeinflußten Goldschmiedekunst der Iberischen Halbinsel nicht verleugnen können.

Wieder stellt sich – wie bei Vix – die Frage nach dem Geschlecht des Toten. Der »weibischen« Schmuckausstattung stehen die beiden Eisenbeile als typisch männliche Attribute gegenüber. Mit letzteren wird man sich leichter für männliches Geschlecht entscheiden wollen, als es im Falle Vix möglich war. Genauere Anhalte zur Datierung des Grabfundes, dessen Vollzähligkeit ohnehin unverbürgt ist, liegen nicht vor. Nach der Konstruktion der Radnaben wie auch nach dem Verzierungsmuster der Armbänder möchte man ihn am ehesten in die jüngere Phase der Späthallstattkultur (Ha D 2) einordnen. Nicht unerwähnt bleiben darf der Fund eines pyramidenförmigen Steinpfeilers von 1,2 m Höhe etwa 6 m außerhalb des Kammergrabes und auf einem höheren Niveau: vielleicht eine Grabstele, die einst den Tumulus bekrönte.

Noch sehr viel spärlicher sind die Fundnotizen über die beiden restlichen Adelsgräber im Vorfeld des Mont Lassois. Der 5 km entfernte Tumulus von *Cérilly* gehört mit der eindrucksvollen Höhe von 8 m bei etwa 50 m Durchmesser zu den am besten erhaltenen Denkmälern dieser Art. Er wurde im nämlichen Jahr 1863 wie La Butte von Baron de Stoffel angetrichtet, der zur gleichen Zeit im Auftrag Napoleons III. die Ausgrabungen in Alesia – berühmt durch Caesars *Gallischen Krieg* – leitete. Stoffel hoffte, hier einen der gallischen Stammesfürsten zu finden, die Caesar bei der Eroberung Galliens so erbittert Widerstand geleistet hatten. Er entdeckte in der Tat einen goldenen Armreif und vielfältige Eisenteile, offensichtlich von einem Wagen, alles – wie wir heute wissen – Hinweise auf ein sichtlich bedeutendes Adelsgrab der späten Hallstattzeit.[20]

Am dürftigsten ist die Überlieferung der letzten Fundstelle. Eigentlich weiß man nur, daß im Jahre 1889 ein gewisser M. Mamet verschiedene eiserne Bestandteile eines Wagens, darunter auch einen vollständigen Radreifen, an das Museum in Châtillon-sur-Seine ablieferte. Diese waren kurz zuvor in *Étrochey*, also nur rund 500 m westlich von Vix und unmittelbar am Fuße des Mont Lassois, ausgegraben worden.

Von einem Hügel wird nichts gesagt.[21] Vielleicht war er ebenso
eingeebnet wie das Grab von Vix. Angesichts des Fundortes muß man
selbst diesem mehr als zweifelhaften Befund – die Eisenreste sind
inzwischen verschollen – als Grablege eines vornehmen frühkeltischen
Herrn auffassen.

*Gray:* Zu dieser nur hypothetisch erschlossenen Zentralsiedlung rech-
nen zwei Gruppen von Fürstengrabhügeln, die sich ober- und unterhalb von Gray zu beiden Ufern der Saône scharen. Im Nordosten sind
dies die beiden Gräber von Mercy und der Hügel von Savoyeux, im
Südwesten die Bestattung von Apremont und die vier Grabfunde von
Mantoche auf der gegenüberliegenden Saône-Seite.
An der Spitze von allen steht der Hügel *La Motte des Fées von
Apremont.* Ausgegraben im Jahre 1879 von E. Perron, beherrscht das
Monument mit 4 m Höhe und 70 m Durchmesser die Anhöhe über
dem linken Saône-Ufer. Im Zentrum des Hügels deckte Perron eine
hölzerne Grabkammer von 3,2 auf 2,8 m Größe auf. Sie enthielt eine
wahrhaft fürstliche Bestattung. Wenn auch der äußerst kalkarme
Boden das Skelett des Toten völlig aufgezehrt hatte, so gestattet die
Verteilung der Beigaben, die der Ausgräber auf einem Plan sorgfältig
festgehalten hat, mancherlei Aussagen.[22]
Allem Anschein nach lag der Verstorbene inmitten der Grabkammer
und – wie es auch von La Butte berichtet wird – gebahrt auf einen
Wagenkasten, dessen Räder von den Achsen abgezogen und flach in
die vier Grabecken gelegt waren. Um den Hals trug er einen herrlichen, geschlossenen und reichverzierten Goldreif, dazu weiteren
Schmuck aus Gold, Elfenbein und Bernstein. Zwischen zwei Wagenrädern stand ein gewaltiges Bronzebecken von 80 cm Durchmesser
und 20 cm Tiefe, die Arbeit eines einheimischen Kesselschmiedes. In
diesem Gefäß lag ein zierliches Goldschälchen. Ganz ungewöhnlich
ist, daß man dem Toten – zu Füßen – ein Eisenschwert von 83 cm
Länge und einen Dolch mitgegeben hat und die Langwaffe auch noch
verbog, um sie unbrauchbar zu machen. Das gesamte Goldgewicht des
Grabinventars beträgt fast 300 g. Seltenheitswert haben die Gürtel-
ringe für die Schwertaufhängung und die übrigen Zierstücke aus
Elfenbein. Das Rohmaterial ist sicher aus Nordafrika über Etrurien in
den Norden verhandelt worden. Alles in allem also ein exzeptionelles
Beigabenensemble, das zu den vornehmsten Ausstattungen frühkelti-
scher Fürsten zu rechnen ist. Der Fund gehört in die jüngere Phase der
Späthallstattkultur (Ha D 2).

Weniger spektakulär, aber nicht ohne Finesse sind die Inventare aus der Hügelgruppe von *Mantoche* auf der rechten Saône-Seite. Insgesamt liegen dort nahe beieinander vier Tumuli im *Bois d'Apremont*.[23] Zur Charakterisierung der von A. Grasser kurz nach der Jahrhundertwende ergrabenen Befunde diene folgende Übersicht:

Hügel 1: eine graeco-massiliotische Weinamphore, ein schmaler Armring aus Lignit, Keramik.

Hügel 2: In der Zentralbestattung fanden sich Reste eines Eisenschwertes, eine bronzene Rippenziste, ein schmaler Lignitarmring, mehrere Bronzearmringe und Fibelreste. ⸍

Hügel 3: eine kleine graeco-massiliotische Weinamphore, ein Teller, ausgestreuter Leichenbrand (!).

Hügel 4: ein eisernes Schwert (Lt A), eine bronzene und zwei eiserne Lanzenspitzen, sechs eiserne Pfeilspitzen, Reste einer Pferdetrense, Bernstein- und Glasperlen.

Die Bewertung dieser vier Gräber ist in unserem Zusammenhang nicht ganz einfach, zumal nicht sicher ist, inwieweit sich die Beigaben vollständig erhalten haben. Einerseits bildet die sicher für Hügel 3 erwiesene Brandbestattung einen sehr altertümlichen bzw. fortschrittlichen, jedenfalls für Ha D 3 / Lt A ungewöhnlichen Grabritus. Andererseits wurden die Hügel 2 und 4, nach den Schwertern zu urteilen, erst während der frühen Latènezeit angelegt. Qualitativ erreichen die Inventare keinesfalls den Standard von Fürstengräbern. Doch bezeugen die provenzalischen Amphoren aus den Hügeln 1 und 3 durchaus gehobenen Lebensstil. Oder haben etwa die Eleven des Fürsten von der Motte des Fées, nachdem dieser den Wein ausgetrunken hatte, die leeren und damit für ihn wertlosen Behälter noch für würdig genug befunden, als Grabbeigaben von Angehörigen ihrer eigenen, niederen Schicht zu dienen? Immerhin müssen aber die Toten aus dem Bois d'Apremont von Mantoche zumindest zur engeren Klientel des Adelshauses gehört haben, denn Gegenstände wie eine Rippenziste, Pferdegeschirr und südliche Importe zählen allemal zum nicht alltäglichen Sachbesitz. Deshalb wurden die Gräber hier mit der nötigen Einschränkung und zur besonderen Kenntlichmachung des ja noch nicht lokalisierten Fürstensitzes kurz angeführt.

Sehr viel klarer sind dagegen die Verhältnisse bei den Tumuli der Nordost-Gruppe, von denen allein zwei durch Goldfunde hervorstechen. Die Gruppe gliedert sich in die drei Hügel von *Les Tassenières bei Mercy-sur-Saône* und in den Einzelhügel von *Le Tremblois bei*

*Savoyeux.*[24] Alle Denkmäler wurden 1879/80 von E. Perron ergraben.

Der Tumulus von Les Tassenières 1 (Durchmesser 33 m, Höhe 2 m)
enthielt eine zentrale Brandbestattung in einer kleinen, in den anstehenden Boden eingetieften Grube. Sie barg eine graeco-massiliotische
Weinamphore, gefüllt mit Leichenbrand. Dieser eigentümliche und
auf die Hügelgräber um Gray an der oberen Saône beschränkte
Grabritus – sonst sind Amphoren als Beigabe wie als Ossuarien völlig
unüblich – verbindet die beiden doch relativ weit voneinander entfernten Hügelgruppen (25 km) und verweist sie in ein räumlich geschlosse-
nes Kulturgebiet, als dessen Mittelpunkt ein einflußreiches Fürstenge-
schlecht – mag es nun auf dem Schloßberg von Gray oder anderswo
residiert haben – zu postulieren ist.

Der Hügel von Les Tassenières 2 (Durchmesser 37 m, Höhe 1,9 m)
barg wiederum ein reich mit Gold, Wagen und Bronzegefäßen ausgestattetes Grab: einen Hals- und einen Armring, beide aus Gold hohl
gearbeitet, eine bronzene Rippenziste, eine Schnabelkanne wohl etruskischer Herkunft und schmale Eisenbänder (bis zu 2 m Länge), die
offensichtlich zum Wagen (Wagenkasten oder Radreife, vielleicht auch
Schwertteile) gehören. Der Hügel 3 erwies sich als geplündert.

Gleichrangig steht dem Fürstengrab aus dem genannten Hügel 2 der
gleichfalls unberaubte Tumulus von Savoyeux auf dem anderen
Saône-Ufer gegenüber. Mit nur 0,5 m Höhe und unbekanntem
Durchmesser ist dieser Hügel, Le Tremblois, recht klein. Dennoch
kam aus ihm ein beachtliches Inventar zutage: ein Goldhalsreif und
ein Goldarmband, beide aus dünnstem Blech hohl getrieben von
zusammen nur 42 g Gewicht, zwei profilierte Bernstein- und eine
Glasperle, das Fragment eines tordierten Bronzerings (Hüftring?), an
Geräten ein eigentümliches Sichelmesser mit Schaftlappen und ein
Tüllenbeil, beide aus Eisen geschmiedet, dann die vier eisernen
Radreifen eines Wagens, ein großes Bronzebecken mit 50 cm Durchmesser und schließlich eine graeco-massiliotische Weinamphore als
provenzalischer Import.

Es muß für Perron, den Ausgräber von Apremont, Mercy und Savoyeux, schon ein erhebendes Gefühl gewesen sein, binnen weniger als
zwei Jahren gleich drei gold- und importführende Gräber entdeckt zu
haben. Aber leider sind seine Berichte nicht sehr zuverlässig, viele
Funde heute verschollen oder mangels Konservierung vollends zerfallen. Wir wollen daraus keinen Vorwurf ableiten und ihm sein Finder-
glück nicht neiden, zumal er sicher ein tüchtiger Heimatforscher war.

Dennoch wüßte man heute gern mehr über diese Gräber, insbesondere auch über den Grabhügelbau, über die Einrichtung der Grabkammern, über die Lage der Beigaben, über den Grad der Vollständigkeit des Inventars. So ergeben sich mancherlei Fragen, die nur unvollkommen zu beantworten sind. Jedenfalls erwecken alle reichen Gräber um Gray den Eindruck von Männerbestattungen. Die beiden Brandgräber mit den südlichen Weinamphoren bleiben unbestimmt. Frauengräber sind unter den Grablegen nicht gesichert. Ohnehin – und das muß nochmals ausdrücklich betont werden – zeichnet sich mit den Amphorengräbern ein eigentümliches Grabritual ab, das im Westhallstattkreis einzigartig bleibt und den Einflußbereich dieser Zentralsiedlung in aller Deutlichkeit umreißt. Goldschmuck, Importe, Bronzegefäße und Wagenbeigabe kennzeichnen die Adelsgräber. Sie reihen das Gebiet an der oberen Saône ebenbürtig den übrigen frühkeltischen Fürstentümern ein.

*Camp-de-Château:* Im näheren Umkreis dieser Zentralsiedlung können derzeit keine ausgesprochenen Fürstengräber namhaft gemacht werden, was aber insofern wenig besagt, als wir gesehen haben, wie sehr das Auffinden solcher reichen Bestattungen vom Zufall abhängt. Bemerkenswert bleibt freilich, daß sich das Vorkommen von späthallstattzeitlichen Wagengräbern im Umkreis des Camp-de-Château auffallend massiert. Die Beigabe eines vierrädrigen Wagens hebt die besondere Stellung des Toten innerhalb seiner Gemeinschaft hervor, wie ja auch diese Ausstattung für die Fürstengräber beinahe die Regel ist. Fehlen indes die bezeichnenden Gold- und Importbeigaben, so kann der Verstorbene zwar nicht als Angehöriger des Adels, aber immer noch als über die allgemeine Bevölkerung gestellt gelten. Auf diese Weise zeigt sich uns ein durchaus differenziertes Bild der frühkeltischen Gesellschaftsstruktur, deren innere Gliederung und Würdenfolge im einzelnen verschleiert ist. Gleichwohl wird man gerade im Umfeld der Fürstensitze mit einer mehrfachen Abstufung rechnen müssen. Und irgendwo auf einer der mittleren Sprossen der Rangleiter möchte man wohl die Toten in den Wagengräbern vom Forêt de Moidons bei Poligny, vom Champ Peupin bei Ivory und von Fourré bei Saraz[25] ansiedeln, die den Camp-de-Château über Salins-les-Bains umgeben. Der Bezug dieser drei Gräber zu der Zentralsiedlung wird noch dadurch unterstrichen, daß sich von den insgesamt nur 13 ostfranzösischen Wagengräbern der späten Hallstattzeit allein vier auf den Mont Lassois und zwei auf Gray hin orientieren, während bei

den restlichen vier zumindest lose Zuordnungen zu einzelnen Fürstensitzen getroffen werden können.[26]
Mit dem Erwachen national-historischen Bewußtseins entstand in der
Mitte des vorigen Jahrhunderts ein lebhafter Streit in Frankreich um
die örtliche Bestimmung des antiken Alesia, des gallisch-keltischen
Zentralortes, mit dessen Eroberung Caesar seinen entscheidenden Sieg
über Vercingetorix errang. Zwei Lokalitäten eiferten um die zweifelhafte Ehre: Alaise im Jura und Alise-Sainte-Reine in Burgund. Es war
nur folgerichtig, daß man das Problem archäologisch zu lösen trachtete, was für die Bodenforschung ungemein förderlich war. Es begann-
nen umfangreiche Grabungen nach den Gräbern der gefallenen gallischen Kampfhelden, und diese suchte man in den allbekannten Grabhügeln. Erst sehr viel später setzte sich die Erkenntnis durch, daß jene
Gräber nahezu ein halbes Jahrtausend älter waren, als zunächst
erhofft. Jedenfalls öffnete im Jahre 1858 ein gewisser Castan auch
mehrere Grabhügel im Massif d'Alaise, darunter den Tumulus von
*Fourré bei Saraz.*[27] Es war nur ein kleiner Hügel von knapp 20 m
Durchmesser und 2,1 m Höhe. Er enthielt aber die Skelette von etwa
zehn Bestatteten. Ein Begräbnis im Zentrum barg ein wohlerhaltenes
eisernes Kurzschwert mit Antennengriff in Bronzescheide (Länge
43 cm) und die Reste eines vierrädrigen, eisenbeschlagenen Wagens.
Der Hügel von *Champ Peupin bei Ivory* besaß mit 25 m Durchmesser
und 2 m Höhe fast die gleichen Maße wie das vorgenannte Monument.
Sein Fuß war mit einem Kranz aus großen Steinblöcken (sog. Krepis)
gesäumt. Grabungen fanden 1869 durch Ch. Toubin und 1921 durch
M. Piroutet statt. Der Tumulus enthielt fünf Gräber. Das Wagengrab
war als Nachbestattung 5 m nördlich des Hügelzentrums eingelassen
und von einer mächtigen Steinpackung überdeckt worden. Offensichtlich lag der Tote aufgebahrt auf dem vierrädrigen Wagen. An Beigaben
kamen drei Fibeln, ein Gürtelblech, eine kleine Bronzekette (zum
Gürtelverschluß gehörig?) und ein verziertes Tongefäß zutage.
Der Tumulus in *La Forêt de Moidons bei Poligny*, Gemeinde Chilly-
sur-Salins, wurde von J. de Morgan im Jahre 1906 untersucht. Seine
Höhe gibt er mit 2,2 m, den Durchmesser mit 16 bis 17 m an, also
wieder ein ziemlich kleiner Hügel. Die einzige Bestattung führte
reiche Beigaben, die sich als die einer Frau ausweisen, eine der sehr
seltenen Frauenbestattungen mit Wagen: drei Fibeln, zwei Glasperlen,
ein punzverziertes Gürtelblech, Arm- und Fußringe, ein großes
Bronzebecken mit einem Mündungsdurchmesser von 35 cm und die
eisenbeschlagenen Teile von vier Wagenrädern zu Füßen der Toten.

Wagen- und Bronzegefäßbeigabe heben das Grab merklich über den normalen Standard. Eine Fibel mit zurückgebogenem Fuß in Form eines Vogelkopfes datiert den Befund in die Phase Ha D 3.

Es ist notwendig, in diesem Zusammenhang auf zwei weitere späthallstatt-frühlatènezeitliche Fürstengräber in Ostfrankreich aufmerksam zu machen, die keinen Bezug zu einer benachbarten Zentralsiedlung haben, damit vielleicht aber auf das Vorhandensein weiterer, noch nicht entdeckter Anlagen hinweisen. Andererseits ist natürlich auch damit zu rechnen, daß aus Gründen, die für uns nicht mehr nachvollziehbar sind, hin und wieder eine bedeutende frühkeltische Persönlichkeit weit abseits ihres Stammsitzes bestattet wurde. Ebenso kann jemand in den Besitz eines kostbaren Gegenstandes gelangt sein, ohne dem Adel anzugehören, so daß uns sein Grab nun besonders wertvoll erscheint.

Letzteres könnte bei dem Fund von *Conliège* unweit Lons-le-Sauniers, ganz am Südrand des Westhallstattkreises, der Fall gewesen sein.[28] Ein fast ärmliches Grab mit nur zwei Fibeln, freilich herausragend durch eine etruskische Bronzeamphora (Abb. 84) der Zeit um 500 v. Chr. und einen kleinen Bronzeschöpfer. Der Grabhügel, genannt *Croix de Monceau* 6, war mit 30 m Durchmesser und 2,5 m Höhe deutlich größer als beispielsweise die eben aufgeführten Wagengräber um den Camp-de-Château. Er bleibt aber merklich hinter so monumentalen Tumuli wie die um den Mont Lassois oder den von Apremont bei Gray zurück. Auch das Fehlen eines Wagens oder von Goldschmuck setzt Conliège gegen jene ab. Ausgegraben wurde das Monument im Jahre 1886 von H. Chevaux und Z. Robert. Nach den Fibeln ist das Grab in die Phase Hallstatt D 3 zu datieren.

Ganz anders ist die Situation bei dem letzten der hier zu besprechenden jurassisch-burgundischen Fürstengrabhügel, dem berühmten Monument von *La Motte Saint-Valentin bei Courcelles-en-Montagne* im Dep. Haute Marne, womit sich auch der Kreis der in Ostfrankreich erforschten frühkeltischen Adelsbestattungen schließt (zu Sundgau und Elsaß siehe weiter unten). Mit einem Durchmesser von über 30 m und einer Höhe von etwa 5 m erhebt er sich in jeder Hinsicht als eindrucksvolles Denkmal. Allein die Größe legt nachdrücklich Zeugnis davon ab, daß das Bestattungsritual eng der späthallstättischen Idee des Großgrabhügels verbunden ist, wenn auch die beiden in La Motte Saint-Valentin entdeckten Fürstengräber bereits das Ausstattungsmuster der frühen Latènekultur tragen. An diesem Beispiel zeigt sich die innige Verflechtung des Überganges von Ha D zu Lt A besonders deutlich, weshalb die Forschung der Überlappungsphase auch das Sigel Ha D 3 / Lt A verliehen hat. Ein Grabfund dieser Zeit in rein späthallstättischer Prägung wird deshalb mit Ha D 3, ein solcher nach Frühlatènemuster mit Lt A bezeichnet, ungeachtet der Tatsache, daß die Grablegen im wesentlichen zur gleichen Zeit in den Boden eingelassen wurden.

Das Fürstengrab von Vix, das – abgesehen von der Schnabelkanne – nach Grabbrauch und Beigabengut nur hallstättische Gesittung widerspiegelt, gehört nach Ha D 3; La Motte Saint-Valentin dagegen trägt den unverfälschten Stempel der frühen Latènekultur, obwohl die beiden Gräber sicher nur in relativ kurzem zeitlichen Abstand in die Erde gekommen sind. Derartige Akkulturationserscheinungen, die räumlich und zeitlich in unterschiedlicher Intensität wirksam werden, sind ja bis in unsere Tage hinein durchaus geläufig. Man vergleiche nur einmal die Modesitten auf dem Münchner Presseball mit den Trachtgewohnheiten auf einer oberbayerischen Landhochzeit als einem Ereignis von sicher nicht geringerer gesellschaftlicher Relevanz. Spätere Kulturgeschichtler würden sich beim Fehlen jeglicher schriftlicher Überlieferung gewiß sehr schwer tun, beiden Besuchergruppen historische Gleichzeitigkeit zu attestieren.

Ohnehin liegt Saint-Valentin weitab der späthallstättischen Zentren – rund 50 km östlich des Mont Lassois und ebenso weit nördlich von Gray –, sozusagen in einem toten Winkel, wo sich das neue Stilempfinden der Frühlatènekultur unbelastet von späthallstättischen Traditionen rascher und intensiver entfalten konnte. Als möglicherweise zugehörigen Adelssitz verweist Wolfgang Kimmig[29] auf den 11 km entfernten Burgberg von Langres im Westen, der »unter seinen mächtigen römischen und Vaubanschen Überbauungen ohne Zweifel auch ältere Siedlungsspuren enthalten haben muß«.

Der Grabhügel wurde im Jahre 1880 von Henry-E. Millon durch einen 6 m breiten und 16 bis 17 m langen Schnitt geöffnet und erbrachte ein zentrales Männergrab sowie das Nebengrab einer Frau, das sogenannte »Spiegelgrab«[30], beide so reich ausgestattet, daß man gern an nahe Verwandtschaft, etwa im Sinne eines im gemeinsamen Hügel bestatteten, adligen Ehepaares, denken möchte. Die Fundumstände sind – wie immer in den alten Berichten – nicht ganz klar. Jedenfalls fand man im Zentrum des Hügels, in Höhe des natürlichen Bodens, einen mit einer Steinplatte bedeckten etruskischen Stamnos, dabei ein Frühlatèneschwert und einen griechischen Schuppenkantharos der Zeit um die Mitte des 5. Jahrhunderts v. Chr. Der italische

Bronzeeimer enthielt den Leichenbrand des Bestatteten. Die Sitte der Scheiterhaufenverbrennung entspricht althallstättischem Brauch und findet sich in der frühen Latènezeit nur vereinzelt, dann vor allem bei reichen Begräbnissen wie etwa im Kleinaspergle oder in den Hügeln um Gray. Als Terminus post quem gilt die Herstellungszeit der Importkeramik um 450 v. Chr., womit sich der Befund mit der nur 30 Jahre älteren, schwarz gefirnisten Kylix von Vix in enge zeitliche Nachbarschaft begibt. Das Grab von La Motte Saint-Valentin wird allenfalls eine Generation später in den Boden gelangt sein als die Bestattung von Vix.

An anderer Stelle im Hügel kamen ein prächtiger Bronzespiegel mit Beingriff, zwei Armringe aus Bronze bzw. Gagat, eine Schmucknadel und ein kunstvoll durchbrochen gearbeiteter Gürtelhaken zum Vorschein, zweifellos die Überreste einer Frauenbestattung. Die Gürtelschnalle und der Spiegelgriff zeigen in ihrer Palmetten- und Rankenornamentik deutlich die Merkmale des frühen Latènestils. Einzelne Langknochenfragmente, die sich in der Nähe der Bronzebeigaben erhalten hatten, weisen auf Körperbestattung hin. Dieses Grab war offensichtlich etwa 2 m tief und dezentral in den bereits errichteten Hügel eingebracht worden. Ist unsere Annahme von der ehelichen Gemeinschaft der beiden Verstorbenen richtig, so hätte die Witwe ihren Gatten um einige Zeit überlebt.

*Châtillon-sur-Glâne:* Neben einigen noch nicht erforschten mittleren und großen Grabhügeln im Umkreis dieses Fürstensitzes stehen hier in erster Linie die Bestattungen von Payerne, Châtonnaye, Düdingen, Lentigny und Bois Murat bei Corminbœf zur Diskussion.[31] Die fünf Gräber können mit gewissen Einschränkungen als Adelsbestattungen gelten, wenn sie auch alle in den Jahrzehnten vor der und um die Jahrhundertwende ergraben wurden und demzufolge die Untersuchungsmethoden aus unserer heutigen Sicht bisweilen ziemlich ungenügend erscheinen.

Der 2,5 m hohe und etwa 30 m im Durchmesser haltende Tumulus von *Payerne* liegt im Waldabteil Roverex und wurde von A. Naef um 1900 erforscht. Er barg mehrere Brand- und Körpergräber, von denen die etwas südlich der Hügelmitte vorgefundene Brandbestattung mit dem herrlichen, 86 g schweren und reichverzierten Goldhalsreif heraussticht. Ob es sich dabei um das Zentralgrab oder um eine Nachbestattung handelt, ist unklar. Jedenfalls gehören zu diesem Fundkomplex zahlreiche Teile von Radreifen mit Nägeln, hölzerne Felgen- und

Speichenreste, Naben sowie Eisen-, Bronze- und »Eichenholz«-Reste, die nach Meinung des Ausgräbers von einem mit Bronzeblech verkleideten Wagenkasten stammen. Daneben lagen verstreut Kohlepartikel und kalzinierte menschliche Knochen.

Der Hügel von *Châtonnaye* wurde 1880 vom Grundeigentümer bei Wiederaufforstungsarbeiten und um Steine zu gewinnen abgetragen. Er bestand eigentlich nur noch aus einer mächtigen Steinpackung von 5 m Durchmesser und 1,5 m Höhe, so daß anzunehmen ist, daß der ummantelnde Erdhügel bereits abgeschwemmt war. Unter dem Steinkern kamen Fragmente von Bronzeblech (Gefäße?), eiserne Radreifenteile, eine Kahnfibel, ein Dolchfragment, das Stück eines Gagatarmbandes, ein Teil eines eisernen, vergoldeten Hohlhalsringes, ein kleiner Goldohrring und schließlich der schön verzierte, 27 g schwere Goldhalsring zum Vorschein. Daß diese Funde alle zu einer Bestattung gehören, ist eher unwahrscheinlich, da die Kahnfibel nach Ha D 1, das Dolchortband nach Ha D 2 zu datieren sind. Möglicherweise liegen also die vermischten Inventare von wenigstens zwei Gräbern vor, einer älteren Zentralbestattung (Kahnfibel) und einem jüngeren Nebengrab (Dolch, Goldhalsreif). Welcher Grablege der Wagen zuzurechnen ist, muß offen bleiben.

Nicht weniger unklar sind die Fundverhältnisse des 3,3 m hohen Hügels von *Düdingen*, der vom Grundstückseigentümer auf der Suche nach einer Quelle angegraben und daraufhin im Jahre 1865 von Baron G. v. Bonstetten untersucht wurde. Er enthielt einen zentralen Steinsatz und wohl auch mehrere Gräber, doch warf man die Beigaben alle durcheinander, so daß heute eine Sonderung nach Grabensembles unmöglich ist. Auf eine reich ausgestattete Grablege weisen indes eiserne Radreifen von einem Wagen, ein eiserner Hohlhalsring mit Goldfolie überzogen und eine goldplattierte Paukenfibel hin.

Noch geringer sind die Spuren eines weiteren Fürstengrabes. Man weiß nur, daß in einem Grabhügel auf *Eu Bumey bei Lentigny* im Jahre 1883 ein Bauer ein Goldarmband fand. Freilich ist dieses 12 g schwere Schmuckstück exzellent gearbeitet, hohl getrieben, achtkantig facettiert und mit feinen Punzbuckelchen in Dreiecksreihen verziert. Gern hätte man mehr über diesen geheimnisvollen Totenhügel gewußt.

Der sorgfältigste Rapport stammt von *Corminbœf*; aber leider war das Grab ausgeraubt. Entdeckt wurde der völlig eingeebnete Hügel 1903 beim Bau eines Hauses und von dem berühmten Höhlenforscher Abbé Henri Breuil ausgegraben. Auch dieser Tumulus besaß einen gewaltigen Steinkern von 18 m Durchmesser und fast 2 m Höhe. Im Zentrum wies er ein 3 m weites und 1,2 m tiefes Raubloch auf. Dort fanden sich an verschiedenen Stellen und teilweise ineinandergestapelt die Reste von wenigstens 19 Bronzetellern mit punzverzierten Rändern und das Henkelchen eines Bronzegefäßes, die die Grabplünderer übersehen oder für nicht mitnehmenswert erachtet hatten. Zusätzlich kam das noch 14,5 cm lange Bein einer Bronzestatuette wohl von einem etruskischen Gefäßuntersatz oder etwas ähnlichem zutage.

*Mont Vully:* Nicht viel besser steht es mit der Überlieferung der Fürstengräber um den Mont Vully und um Bern. Auch diese Funde stammen alle aus der Zeit um die und vor der Jahrhundertwende, als die Grabhügeluntersuchungen eine Hochkonjunktur erfuhren, und entsprechend mangelhaft sind die Referenzen. Dem Mont Vully am nächsten liegen die reichen Hügel von Ins und Allenlüften.[32] In weiterer Entfernung erheben sich die Tumuli von Hermringen[33], Urtenen und Grächwil[34]; kurz gestreift wird auch der Fund von Jegenstorf[35].

Eines der interessantesten Gräber ist die Bestattung im Grabhügel 6 von *Ins*, untersucht von G. v. Bonstetten im Jahre 1848. Der Hügel war mit knapp 4 m Höhe der größte einer Gruppe von etwa zwölf Tumuli, vermutlich im Waldabteil Großholz. Er enthielt zuunterst unter einer »immensen« Steinpackung eine Anzahl Leder-, Holz-, Eisen- und Bronzereste, Eisenstreifen, mit Bronzezwecken beschlagene Lederstreifen von einem Doppeljoch, durchbrochene Bronzeplättchen, ein halbmondförmiges Rasiermesser und Fragmente bronzeüberzogener Speichen. Dabei fanden sich auch Teile eines menschlichen Schädels als Hinweis auf Körperbestattung, zwei Bronzeknäufe und als wichtigster Gegenstand ein etruskisches Goldkügelchen auf geflochtener Goldkette. Etwas über dieser Fundschicht kam nach den Berichten des Ausgräbers – und darin folgen ihm die späteren Bearbeiter – »ein zweites Grab« zum Vorschein, in dem man vier Radreifen, im Rechteck angeordnet, zahlreiche Eisenringe, ein Kurzschwert in Bronzescheide und einen Oberschenkelknochen fand.

Faßt man indes die beiden Fundkomplexe zusammen, so ergibt sich das Inventar eines einzigen, extrem reich ausgestatteten Grabes, ohne daß sich Ausrüstungsbestandteile wiederholten. Das betrifft sogar das Skelett des Toten, von dem man in tieferer Lage Schädelteile, in höherer einen Extremitätenknochen barg. Daß sich bei der Ausgrabung eines Kammergrabes, und ein solches ist in diesem Fall unbe-

dingt anzunehmen, die Beigaben auf verschiedenen Niveaus befinden,
ist nichts Ungewöhnliches. War der Verstorbene beispielsweise auf
dem Wagen aufgebahrt – wofür es gewisse Anzeichen gibt –, so treten
beim allmählichen Vermodern der Kammerbalken fast immer unregelmäßige Verlagerungen auf. Die ursprünglich aufrecht stehenden Räder
können dabei durchaus eine »höhere« Lagerung bewahren. Natürlich
ist eine nachträgliche Befundrekonstruktion nicht zu beweisen; ich
halte die hier vorgeschlagene Lösung aber für die wahrscheinlichste.
Danach gehörte das Fürstengrab aus Hügel 6 von Ins mit zu den
bemerkenswertesten Männergräbern des schweizerischen Mittellandes: Kurzschwert, Rasiermesser und eine unter den Eisenresten ausge-
lesene Fibel kennzeichnen die persönliche Ausstattung. Die Goldkette
und die Perle mit dem aufgelöteten Palmetten- und Mäanderornament
sind südlicher Import und entsprechen der gleichen Funktion wie
sonst der Goldhalsreif. Der obligatorische, vierrädrige Wagen trägt
gegitterte Bronzeapplikationen am Wagenkasten; dazu kommen das
Pferdegeschirr und als einzigartige Beigabe auf schweizerischem
Boden das aufwendig verzierte Doppeljoch. Die mitgefundene eiserne
Fibel ist am ehesten als Certosafibel anzusprechen und datiert somit
das Ensemble in die Phase Ha D 3 / Lt A.
Dicht neben dem Hügel 6 lag der Hügel 8 von *Ins* (Grabung
G. v. Bonstetten 1848), der ebenfalls ein fürstlich zu nennendes Grab,
diesmal das einer weiblichen Körperbestattung, enthielt. Die Tote war
mit einer bronzenen Bogenfibel, zwei hohen Gagatarmbändern, einem
bronzenen Hohlarmring, einem Goldohrring und einem Kollier aus
wenigstens 17 länglichen, punzverzierten und mit Goldblech überzogenen Perlen ausgestattet. Ferner besaß die Verstorbene zwei gemusterte, sphäroide Goldblechüberzüge, die wohl als besonders kostbare
Verkleidung hölzerner Trinkschalen von jeweils 13 cm Durchmesser
zu deuten sind, weiter einen großen Bronzeeimer und den uns nun
schon geläufigen Wagen mit eisenbeschlagenen Felgen. Zwar macht
die Fibel einen etwas altertümlichen Eindruck, doch kann das Grab
mit Hilfe der verwendeten Goldpunzen frühestens an den Übergang
von Ha D 1 zu Ha D 2 datiert werden.
Der kleine Grabhügel von *Hermringen* (Durchmesser 13 m, Höhe
0,8 m) wurde von E. F. Müller aus Nidau im Jahre 1849 geöffnet. Es
fanden sich darin sieben Skelette, deren Beigaben aber leider nicht
getrennt gehalten wurden. Die heute noch im Museum Schwab in Biel
verwahrten Reste, ein verzierter, über Bronze gezogener Goldhalsreif,
ein Goldarmband über Eisenkern und ein Goldohrring sowie weitere

Trachtutensilien aus Bronze und Gagat weisen jedenfalls auf über-
durchschnittlichen Wohlstand eines oder mehrerer der Bestatteten hin.
Dazu passen Teile eines großen Bronzebeckens und eines Wagens mit
eisernen Felgen und Beschlägen.

Die Nachrichten über den sogenannten *Unghürhubel bei Allenlüften*
(Grabung Heinrich Albert Jahn 1847 und E. v. Fellenberg 1869) sind
zu dürftig, als daß über die Zusammengehörigkeit der Funde sehr viel
mehr Klarheit erzielt werden könnte als für Hermringen. Ursprünglich soll der Tumulus eine Höhe von 8 m (!) bei nur 28 m Durchmesser besessen haben. Er war vor Beginn der Untersuchungen schon
größtenteils von Bauern abgetragen worden, die dabei einen Goldhalsreif und ein Goldarmband, beide reich verziert, fanden. E. v. Fellenberg entdeckte dann noch unter Steinpackungen, »die sich nur schwer
mit dem Spitzhammer auseinanderreißen ließen«, Eisenstücke und
Bronzebeschläge eines Wagens sowie eine Paukenfibel. Alles in allem
ist auch dieser Befund nur als Fürstengrab zu interpretieren. Wenn die
Paukenfibel wirklich dazugehört, wäre die Bestattung nach Ha D 2 zu
datieren.

Nicht minder wichtig ist das bemerkenswerte Frauengrab, das anläßlich eines Wegeeinschnittes aus einem Tumulus im Grauholz bei
*Urtenen* gehoben werden konnte. Der Grabhügel war etwa 2,3 m
hoch bei 20 m Durchmesser. J. Uhlmann barg das 1857 beim Wegebau
angetroffene Grab. Stark vermoderte menschliche Gebeine weisen auf
Körperbestattung hin. Dabei stand auf einer großen Steinplatte und
von einem »Gewölbe von rohen Kiesel- und Feldsteinen« überdeckt
eine gut erhaltene Bronzeziste. Weiter fanden sich eiserne Radreifen
und Nabenbüchsen. Zur Ausstattung der Toten gehörten zwei Armbänder aus Gagat, zwei kleine Goldohrringe und ein herrlicher Kopfputz aus 15 zweischaligen Kugelnadeln von jeweils 2,5 cm Durchmesser, alle mit verzierter Goldfolie plattiert.

Neben dem Krater von Vix bildet die mit prachtvollen Figurenapplika-
tionen geschmückte Hydria von *Grächwil* (Abb. 81) den wohl kunst-
historisch bedeutendsten, großgriechischen Importfund nördlich der
Alpen. Nach den eingehenden Untersuchungen von Hans Jucker
dürfte sie um 580 v. Chr. im lakonischen Stil in Tarent (Unteritalien)
gefertigt sein. Sie stammt aus dem größeren (Durchmesser etwa 31 m,
Höhe 5,5 m) der beiden Tumuli in Tannholz bei Grächwil. Dieser
Hügel hatte schon des öfteren beim Abbau von Sand Altertümer
freigegeben, bis sich im Jahre 1851 der Grund- und Gutsbesitzer, ein
Monsieur Courvoisier aus Le Locle, auf Veranlassung des Unterför-

sters T. Schärer entschloß, das als heidnisches Denkmal erkannte
Monument vollends zu durchgraben. Dabei kamen »in sieben Schuh«
Tiefe unter vielen Steinen etliche Reste von Radreifen und Wagenteilen
sowie dicht dabei die Bronzehydria zum Vorschein. Ob ein bereits
früher gefundenes und sogleich als unbrauchbar verworfenes »stark
oxidiertes kupfernes Gefäß« den jetzt verlorenen Fuß des Wassergefä-
ßes bildete, muß unklar bleiben. Da der Hügel nicht vollständig
untersucht wurde, steht zu vermuten, daß das zweifellos herausragende Fürstengrab nicht komplett geborgen ist. Wir wissen nicht
einmal, ob es sich bei ihm um das Hauptgrab oder um eine Nachbestattung handelt, zumal die Aufschüttung des Hügels voll mit »ganz
zu Asche vermoderten Leichnamen« steckte, wovon einige sicher erst
dem frühen Mittelalter (Spatha- und Saxbeigabe!) zuzuordnen sind.
Zum Schluß der Betrachtung der wichtigeren Grabfunde im schweizerischen Mittelland muß noch kurz auf das goldene Schmuckgehänge
von *Jegenstorf* eingegangen werden. Es stammt aus dem Tumulus 6
einer kleineren Grabhügelnekropole, die im Jahre 1907 von J. Wied-
mer-Stern untersucht wurde. Das 15 m große und nur (noch?) 0,5 m
hohe Hügelgrab barg außer der höchst bescheidenen Hauptbestattung
noch ein etwa 3 m vom Zentrum entferntes Nebengrab, welches als
Schachtgrab fast 2 m tief in den anstehenden Grund eingelassen war.
Der Schacht besaß einen Durchmesser von nur 0,5 m und war mit
Brandresten, die wohl von einem Scheiterhaufen stammen, bis oben
hin angefüllt. Darin kam mit zwei kleinen Tongefäßen, einer Pfeil-
spitze und einem Antennendolch, letztere aus Eisen, ein eher unauffälli-
ges Inventar zutage, wenn sich nicht daneben in einem »Säckchen« eine
Gagatperle und der seltene etruskische Goldschmuck (Abb. 98) gefunden hätten. Durch die Keramik läßt sich das Grab in die Phase Ha D 1
datieren. Als Fürstengrab ist das Ensemble nicht zu werten. Doch
Dolch und Gold vermitteln dem Toten ein gewisses Ansehen, das er
innerhalb seiner dörflichen Gemeinschaft besessen haben mag.

*Üetliberg bei Zürich:* Zwei Fürstengräber lassen sich im Umfeld dieser
bedeutenden Zentralsiedlung benennen. Von dem einen Grab kündet
freilich nur noch die herrliche Goldschale (Abb. 33), die bei Gleisbau-
arbeiten 1906 im Gebiet des Rangierbahnhofs von *Zürich-Altstetten*
geborgen wurde. Sie soll mit der Mündung nach unten und einem
darübergestülpten Tongefäß auf einem flachen Stein liegend zutage
gekommen sein.[36] Mit ihrem erstaunlichen Gewicht von 910 g bringt
sie fast ebensoviel Gold auf die Waage wie die Goldgegenstände aus den

Gräbern von Vix und Hochdorf zusammen. Quantitativ stellt die Schale von Zürich-Altstetten den gewichtigsten Goldfund der späten Hallstattkultur dar. Um so mehr ist zu beklagen, daß die Umstände ihrer Auffindung höchst obskur geblieben sind, und es ist nach wie vor nur eine vage Vermutung, daß die Schale als Beleg für ein frühkeltisches Fürstengrab gelten kann. Freilich wird diese Annahme neuerdings dadurch gestützt, daß nun ein einwandfrei beobachtetes, aber leider antik geplündertes weiteres Fürstengrab zur Verfügung steht.

Der Grabhügel auf dem *Sonnenbühl* unterhalb des Utokulm wurde unter Leitung von Walter Drack im Jahre 1979 einer vorbildlichen Untersuchung zugeführt.[37] Sein antiker Durchmesser betrug 17 m; zum Zeitpunkt der Ausgrabung besaß er noch eine Höhe von 2,5 m. Am Nordfuß des Hügels fand sich ein fast meterhoher Gneisblock, der ehedem vielleicht die Kuppe als Grabstele gekrönt hatte und später die Böschung hinabgerutscht war. Die zentrale Grabgrube von 3,10 auf 3,45 m Größe hatte man etwa 0,75 m tief in den gewachsenen Boden eingelassen. Die Bauart dieser Ausschachtung mit den senkrechten Wänden wies darauf hin, daß in ihr eine hölzerne Grabkammer errichtet worden war. Die Bestattung war fast vollständig beraubt. Lediglich die Teile von drei goldplattierten Eisenfibeln (Abb. 77), der Bügel einer bronzenen Certosafibel und eine vollständige Gürtelkette waren den Leichenfledderern entgangen. Kalzinierte Splitter menschlichen Gebeins belegen eine Brandbestattung. Alle Restbeigaben, insbesondere die Palmetten- und Arkadenzier der Goldblechauflagen, datieren die fürstlichen Grablege in die frühe Latènezeit (Lt A).

*Britzgyberg:* Ein jüngst entdeckter, noch unerforschter Großgrabhügel (Taf. 7) von etwa 100 m Durchmesser ist der bislang einzige Anhalt für eine adlige Gräberstätte im Umkreis des Britzgyberges.[38]

Immerhin soll das 26 km entfernte Wagengrab von *Grandvillars* bei Belfort nicht unerwähnt bleiben,[39] wenn es auch nur in ganz losen Zusammenhang mit der genannten Zentralsiedlung gebracht werden kann. Zeichnen sich doch damit letztlich auch im Sundgau ähnliche soziale Differenzierungen ab, wie wir sie schon in der Côte-d'Or, an der oberen Saône um Gray und im französischen Jura um Salins-les-Bains beobachtet hatten. Immer deutlicher schält sich heraus, daß die Fürstensitze mit den nahen und vielfach extrem reich ausgestatteten Adelsgräbern noch von einem peripheren Ring meist weniger üppig bestückter, aber sichtlich über dem Durchschnitt stehender Gräber umgeben wurden. Es sind dies die Bestattungen »zweiter Garnitur«,

wie sie Hartwig Zürn bezeichnet hat, und sie stecken möglicherweise
den Einflußbereich der Zentralsiedlungen großräumig ab. Insofern
erscheint es gerechtfertigt, auch den Fund von Grandvillars hier
anzuschließen, wobei der Bestattete nicht unbedingt auf dem Britzgyberg selbst, sondern eher in einer Siedlung minderen Ranges und näher
seinem Begräbnisplatz gewohnt haben könnte.

Der von A. Viellard 1919 erforschte Tumulus (Durchmesser 25 m,
Höhe 1,5 m) barg eine geräumige Kammer.[40] Das Skelett war im
kalkzehrenden Boden völlig vergangen, doch weisen die Trachtbeigaben
– ein punzverziertes Gürtelblech mit drei Schließringen, zwei
Ohrringe, ein Fußring, alles aus Bronze, und ein Gagatarmring – auf
eine Frau hin. Vom Wagen sind eiserne Radreifen und Nabenbüchsen
erhalten. Ferner fand sich ein flacher Bronzekessel mit Eisenhenkeln.

*Münsterberg von Breisach:* Auch die teilweise recht weit gestreuten
reichen Gräber im Oberelsaß und im Breisgau gliedern sich in wenigstens zwei Kategorien.

An der Spitze steht zweifellos das Fürstengrab aus dem Riesengrabhügel 1 von *Kappel* nördlich des Kaiserstuhles, hart am Ostufer des
Rheins. Der Tumulus mit einem Durchmesser von 75 m und zum
Zeitpunkt der Aufdeckung wenigstens noch mit 2,5 m Höhe wurde
schon des längeren als Lehmgrube genutzt, bis der Ziegler im Jahre
1880 auf Gold-, Bronze- und Eisengegenstände stieß, die er an die
Altertümersammlung in Karlsruhe veräußerte. Daraufhin führte der
zuständige Konservator, der hochverdiente Gelehrte Ernst Wagner,
eine fünftägige Ausgrabung durch. Leider ließen die Beobachtungsmöglichkeiten an der stark verwühlten Fundstelle sehr zu wünschen
übrig.[41] Folgendes war festzustellen: Offenbar zu ebener Erde hatte
man eine hölzerne Grabkammer unbekannten Ausmaßes aufgeschlagen. In dieser lag ein Skelett, von dem geringe Knochenspäne gefunden wurden. Zur Ausstattung gehörten ein goldener Halsreif (100 g
Gewicht), ein offener Armring, ein weiterer Armreif, drei halbkuge-
lige bis kegelförmige Zierstücke, alles gleichfalls aus Goldblech, ein
bronzener Gürtelbeschlag, ein Bronzedolch und ein Eisenmesser,
beide in Bronzescheide, viele Teile eines vierrädrigen Wagens, Pferdegeschirr, ein großes Bronzebecken und als besonders kostbares Stück
eine importierte »rhodische« Bronzekanne, die um 600 v. Chr. in
Griechenland entstanden sein soll.[42] Als Wegzehrung für die Reise ins
Jenseits hatte man dem Toten ein geschlachtetes Jungschwein bereitge-
legt.

Eine bereits seinerzeit von Wagner etwa 500 m westlich von der Hügelruine 1 im Acker bemerkte »Steinanschwellung« erwies sich zur allgemeinen Überraschung als ein im wesentlichen ungestörtes zweites Fürstengrab. Fehlende Gold- und Importbeigaben lassen diesen Toten freilich von deutlich minderem Rang erscheinen. Die von Rolf Dehn im Jahre 1976 geleitete Untersuchung[43] ergab in dem fast völlig verschleiften und nur noch 0,5 m hohen Hügel 2 (antiker Durchmesser 36 m) eine in Höhe des ursprünglichen Niveaus angelegte zentrale Grabkammer. Sie enthielt die Gebeine des Verstorbenen, dem ein bronzener Halsring umgelegt war. Weiter fanden sich Fibelbruchstücke, ein Dolch mit drahtumwickelter Scheide, zwei Lanzenspitzen, zwei Hiebmesser und mehrere Tongefäße. Besonders hervorzuheben ist ein riesiger Bronzeeimer, in dem sich eingeschichtet nicht weniger als 13 Bronzegefäße befanden: ein Kännchen mit Rinderkopfhenkel, eine Fußschale, zehn Rippenzisten und ein Kessel. Allem Anschein nach stand der Eimer mit dem hineingestapelten Bronzegeschirr auf einem mit bronzenen Rinderkopfprotomen geschmückten Gestell oder Dreifuß. Die Waffenbeigaben bestimmen die beiden Toten von Kappel als Männer; ihre Bestattungen datieren in die Frühphase der späten Hallstattkultur (Ha D 1).

Zur oberen Rangstufe gehört gewiß auch der Hügel im Allmendwald von *Ensisheim*, dessen Kategorie nicht nur durch die Größe (Durchmesser 48 m, Höhe 3,2 m), sondern auch durch seine isolierte Lage etwa 800 m abseits eines Grabhügelfeldes üblichen Zuschnitts betont wird. Er wurde 1872 auf Veranlassung des Bezirkspräsidenten von der Heydt durch Wegemeister Böhnert geöffnet. Ein Grabungsprotokoll liegt nicht vor, so daß nur die Funde zu uns sprechen:[44] ein 190 g schwerer Goldhalsreif, mehrere unbestimmbare Goldblechstreifen (Trinkhornbeschläge?), ein Goldarmband von 108 g Gewicht, mehrere bronzene Schmuckringe, zwei kleine mit Goldblech überzogene Bronzeringe, eine Fibel mit Einlagenverzierung und eine Lanzenspitze als männliches Attribut. Aufgrund der Einlagenfibel ist das Grab ganz an das Ende der Späthallstattkultur zu datieren (Ha D 3).

Ein völlig anderes Grabensemble zeigte der Fund von *Appenwihr im Kastenwald bei Colmar*. Madeleine Jehl und Charles Bonnet untersuchten dort 1955 in einem kleinen Gräberfeld zwei Hügel.[45] Der eine von ihnen (Durchmesser 30 m, Höhe 1,3 m) enthielt im Zentrum ein 0,6 m tiefes Schachtgrab, in dem der Tote aufgebahrt lag. Neben einem schwarz-rot bemalten Kegelhalstopf aus Ton fanden sich insgesamt fünf Bronzegefäße: eine Fußschale, ein Sieb, eine Rippenschale

mit eingehängten Ringen, ein kleiner Flakon und eine Pyxis, deren
Deckel mit einem Löwenfries verziert und mit einem gehenkelten
Blütenknauf versehen ist (Abb. 79). Zudem kam noch ein geschnitztes
Holzstück (durch Metallsalze konserviert) mit eingeritztem Flecht-
band zutage. Bis auf die Fußschale einheimischer Provenienz dürfte es
sich bei den Metallgefäßen um italisch-etruskischen Import, vornehmlich der zweiten Hälfte des 7. Jahrhunderts handeln. Als Grabbeigaben
fanden die Einfuhrgüter nach Ausweis des Kegelhalsgefäßes, das Form
und Dekor der Phase Ha D 1 eingliedern, indes erst 50 bis 100 Jahre
später Verwendung. Eigentümlicherweise gab es weder Tracht- noch
Schmuckgegenstände, so daß das Geschlecht des Toten offen bleiben
muß. Dessenungeachtet zeichnet außergewöhnlicher Südimport den
Verstorbenen als Angehörigen der Oberschicht aus.
Am Südfuß des Kaiserstuhles befinden sich auf den Gemarkungen von
*Ihringen, Merdingen* und *Gündlingen* mehrere kleinere und größere
Grabhügelfelder,[46] von denen die Lohbücke mit wenigstens 25 heute
noch erkennbaren Tumuli das bekannteste ist. Obwohl dort schon
verschiedentlich Ausgrabungen stattfanden, fehlen einstweilen reiche
Fürstengräber selbst in den größten Hügeln mit 52 und 70 m Durchmesser. Vielleicht sind sie noch zu entdecken oder wurden schon in
alter Zeit zerstört. Fündiger hingegen erwies sich eine kleine Nekropole zwischen Ihringen und Merdingen, als im Jahre 1859 die Gebrü-
der Blankenhorn »wegen Herstellung von Wiesen« eine Anhöhe
abtrugen. Dabei stießen sie auf ein Fürstengrab, von dem heute noch
mehrere Beigaben nachweisbar sind: ein schönes Armband aus 22,5
karätigem Gold, ein kreisaugenverziertes Kännchen, ein Henkelbek-
ken mit Doppelkreuzattaschen, ein großer Kessel und Bruchstücke
eines unverzierten Gürtelbleches, alles aus Bronze.
Gänzlich isoliert liegt etwa 1 km östlich von Gündlingen der Großgrabhügel *Zwölferbuck* mit 45 m Durchmesser und ursprünglich
wenigstens 6 m Höhe. Die Ausgrabung durch Ernst Wagner im Jahre
1880 erbrachte neben älteren und jüngeren Funden auch ein offensichtlich teilberaubtes oder -zerstörtes Späthallstattgrab, von dem sich
noch Eisenteile eines Wagens und Pferdegeschirr bergen ließen. Trotz
aller Unzulänglichkeit der Fundüberlieferung in den an Grabhügeln so
reichen Gemarkungen gilt es festzustellen, daß die vornehmen Insignien des späthallstättischen Adels wie Goldhalsreif und Südimport
bisher fehlen. Man wird also fragen müssen, ob hier nicht Angehörige
der »zweiten Garnitur« bestattet haben, die wohl zur engeren Klientel
der Herren vom Münsterberg gehörten, aber dort nicht wohnten.

Dieses Modell hat insofern eine gewisse Berechtigung, als nämlich auf
einem Kaiserstuhl-Sporn über Ihringen unlängst eine mit zwei Hals-
gräben befestigte, kleine frühkeltische Höhensiedlung lokalisiert werden konnte. Dort oben mögen die Leute mit ihren Dorfhäuptlingen
gesessen haben, die unten in der Ebene die Hügelnekropolen anlegten.

Ähnlich dürfte auch der Hunnenbücke genannte Hügel von *Schlatt*
südlich des Tuniberges einzustufen sein, der im Jahre 1933 von Walter
Rest ausgegraben wurde.[47] Er liegt unterhalb einer kleinen befestigten
Höhensiedlung inmitten eines Grabhügelfeldes von mindestens sechs
Tumuli. Wie sehr diese Bodendenkmäler durch die Hand des Menschen leiden, veranschaulicht gerade diese Nekropole, von deren
einem Hügel es um 1800 heißt, er sei 12 m hoch gewesen. Im Jahre
1839 maß er noch 4,5 m Höhe. 1933, also etwa hundert Jahre später,
ist er bereits auf 1,5 m Höhe bei 30 bis 50 m Durchmesser ge-
schrumpft. Heute sind kaum mehr wahrnehmbare Dellen von lediglich 0,3 m Höhe vorhanden. Nach dem Volksmund soll in einem der
Hügel der Hunnenkönig Attila begraben sein; eine andere Sage berichtet von einem goldenen Kalb. Was Wunder, daß im Frühjahr 1933 ein
Bauer zusammen mit einem Wünschelrutengänger bei tiefster Mitter-
nacht dort sein Glück im Schatzgraben versuchte: Anlaß zu der kurz
danach erfolgten amtlichen Rettungsgrabung, wobei gleich auf der
Oberfläche der Schürfstelle – von Schippe und Wünschelrute unbemerkt – ein prächtiger Goldarmreif gefunden wurde. Die mustergül-
tige Untersuchung durch Rest zeigte dann, daß es sich dabei um ein
von einem mächtigen Steinsatz überdecktes Nebengrab handelte, zu
dessen Ausstattung ferner ein eisernes, halbmondförmiges Rasiermesser, ein Gürtelbesatz aus Bronze, ein kleiner Bronzestift und ein
ritzverziertes, mit Graphit bemaltes Kegelhalsgefäß der Phase Ha D 1
gehörte. Das in einem Schacht angelegte Zentralgrab des Hügels barg
eine schlichte Frauenbestattung. Zu deren Beigaben zählt auch ein
Armring mit Kugelenden, wie er für die vom Münsterberg bei Breisach beherrschte südliche Oberrheinebene typisch ist.

Den mit Abstand größten Grabhügel zwischen Schwarzwald und
Vogesen stellt das *Bürgle von Buchheim* westlich von Freiburg dar.
Als es Ernst Wagner im Jahre 1884 mit dem Spaten anging, besaß es
noch den ansehnlichen Durchmesser von 120 m bei 4 m Höhe.[48]
Umgeben ist es von drei Hügeln kleineren Ausmaßes. Es muß höchst
fraglich bleiben, ob bei der Untersuchung das Hauptgrab angetroffen
wurde. Wagner brach aus nicht näher angegebenen Gründen die

Grabung alsbald wieder ab. Bis dahin hatte er wohl einige Skelette,
teils in Holzsärgen, mit durchweg nur bescheidenen Beigaben ausgehoben, doch eine der Größe des Tumulus entsprechende Grabkammer
war nicht zum Vorschein gekommen. Vielleicht verbirgt sie sich noch
unter einer etwa 10 auf 11 m messenden Steinpackung, auf die der
Ausgräber im Zentrum des Hügels in fast 4,5 m Tiefe gestoßen war.
Immerhin zeigen Teile von bronzenem und eisernem Pferdezaumzeug, vor allem aber drei gedrechselte Elfenbeinknäufe (Import!), daß
ihm das Fürstengrab anscheinend nur ganz knapp entgangen ist. Das
Pferdehalfter, das eine gute Parallele im Magdalenenberg besitzt, mehr
noch der mit Elfenbeinaufsätzen verzierte, undefinierbare Gegenstand, weisen wahrlich auf eine weit über dem Durchschnitt stehende Grablege hin. Die monumentale Größe des Hügels rückt ihn in
die Nähe von Magdalenenberg und Hohmichele; entsprechend wird
man ihn wohl an den Beginn der Späthallstattkultur datieren wollen
(Ha D 1).
Wenn wir zum Schluß der Betrachtung reicher Gräber im Umkreis des
Breisacher Münsterberges noch kurz auf den Fund von *Ohnenheim* im
Elsaß aufmerksam machen, so nicht, um diesen Hügel als Fürstengrab
zu apostrophieren, sondern um damit erneut die allenthalben recht
differenzierten Abstufungen im Ausstattungsmuster der Grablegen zu
beleuchten. Eine solche Kenntnis ist nötig, um die gesellschaftlichen
Verhältnisse der frühen Kelten, soweit sie sich aus den Bestattungsin-
ventaren ablesen lassen, rekonstruieren zu können (siehe Kap. 9). Der
Tumulus von Ohnenheim befindet sich am Südausläufer einer ausgedehnten Hügelnekropole auf der Westseite des südlichen Oberrheingrabens. Äußerlich war er mit etwa 33 m Durchmesser und 2,7 m
Höhe nicht gerade einer der kleinsten. Als ihn die Soldaten eines in
Ohnenheim stationierten bayerischen Regiments bei Schanzarbeiten
im Jahre 1917 anstachen, stießen sie alsbald auf eigentümliche Bronze-
und Eisengegenstände, die sie gewissenhaft an das Museum in
Straßburg ablieferten. Sofort eilte Robert Forrer hin, um die nötigsten
Maßnahmen zu treffen; eine gründliche Untersuchung folgte erst nach
Ende des Krieges im Jahre 1920.[49] Wichtigster Fund war ein vierrädriger
Wagen, der mit seinem schweren bronzenen Zierat fraglos das aufwen-
digste bislang bekannte Gefährt im Westhallstattkreis darstellt. Forrer
ließ davon eine Rekonstruktion anfertigen (Abb. 110), die einen gewissen Eindruck vom ehemaligen Aussehen des Prunkwagens geben mag.
Inwieweit sie als geglückt gelten kann, bedarf einer neuerlichen Untersuchung. Ich halte die für die Wiederherstellung eines Thronsessels

verwendeten Teile eher für die Ausrüstung eines Doppeljoches. Ferner kamen in dem etwas ausmittig gelegenen Grab (also wohl nicht die Hauptbestattung) zwei Pferdegeschirre, Bronzegefäßfragmente und möglicherweise auch Reste eines Schwertes zum Vorschein.[50] An Knochen wurden die beiden Oberschenkel, ein Oberarmbein und ein Fingerglied geborgen; sie bezeugen eine Körperbestattung. Was sonst bei der tumultuarischen Freilegung durch das Militär verloren ging, ist nicht mehr zu ermessen; doch wären Goldgegenstände sicherlich bemerkt worden. Der einzigartige Wagen hebt das Grab von Ohnenheim aus den übrigen frühkeltischen Wagengräbern auffällig hervor, und so bleibt für eine endgültige Bewertung wieder einmal nur die resignierende Feststellung eines unzureichend überlieferten Befundes.

*Rastatt:* Das reichste Grab im Umfeld dieser lediglich erschlossenen Zentralsiedlung lag in einem relativ kleinen, ovalen Hügel von nur 7 bis 12 m Durchmesser und 4 m Höhe. Der Tumulus von *Hatten* wurde im Jahre 1851 von H. Zäpffel geöffnet, der in 2 m Tiefe unter der Hügelkuppe ein Fürstengrab fand.[51] Ist die Höhenangabe richtig, so kann es sich nicht um das Primärgrab, sondern nur um eine Nachbestattung handeln. Zäpffel entdeckte eine Bronzekanne mit Kleeblattmündung, eine Schnabelkanne, einen großen Bronzekessel mit eisernen Ringhenkeln und Flügelattaschen, ein flaches Bronzebekken mit ebensolchen Griffen, ein kleines Bronzeschälchen, ein Eberzahnamulett, einen goldenen Halsreif, eine Eisenspitze (Lanze?), vier profilierte Bronzeaufsätze (vom Wagenkasten?) und vier eiserne Radreifen. Es ist nicht geklärt, ob eine Brand- oder eine Körperbestattung vorlag. Allem Anschein nach standen die fünf Bronzegefäße ineinander; an ihnen klebten noch Stoffreste. Holzspuren weisen auf eine Grabkammer hin. Der Hügel enthielt noch weitere, frühlatènezeitliche Nachbestattungen. Das Fürstengrab ist indes in die Stufe Ha D 2 / 3 zu datieren und zeigt damit an, daß entgegen einer vielfach geäußerten Meinung etruskische Schnabelkannen (bzw. deren einheimische Imitationen) sehr wohl im Grabbrauch der späten Hallstattkultur und nicht nur in der Frühlatènekultur Verwendung fanden (vgl. auch Vix).

Sehr viel genauer sind die Fundnachrichten über den auf der gegenüberliegenden, östlichen Rheinseite sich erhebenden *Heiligenbuck bei Hügelsheim*[52], von dem es schon in einer alten Notiz vom Jahre 1678 heißt, er wäre angetrichtert[53]. Dies bestätigte sich leider bei Ernst Wagners Untersuchung 1880, da das Fürstengrab in der Tat beraubt

war. »Um sich von der Eigenthümlichkeit des Grabhügels zu überzeu-
gen«, begab sich Wagner eines schönen Sonntagmorgens nach Hügelsheim und steuerte, wie es sich für einen ordentlichen Archäologen
gehört, erst einmal das Gasthaus an, wo ihn der Grünbaumwirt und
zwei alte Bauern, die er dort gemütlich beim Frühschoppen antraf,
denn auch mit den nötigen Informationen versorgten. Der damals
noch 3,5 m hohe Hügel von 74 m Durchmesser sei vor wenigen
Jahrzehnten nicht unbeträchtlich höher gewesen. 1845 habe man bei
Grabungen ein »eisernes Pfännlein, einen Hammer und ein Stück einer
hölzernen Fahnenstange mit vergoldeten Nägeln« gefunden. Außerdem sei es am Heiligenbuck nicht geheuer: man sehe des Nachts Feuer
auf dem Gipfel des Hügels, in dem es gelegentlich rumpele. Auch
hause dort ein unterirdisches Zwergenvolk, das den Landleuten in
Notzeiten helfe.
Bei seiner Untersuchung stieß Wagner im Südostsektor des Tumulus
auf eine etwa 1,5 m in den anstehenden Boden eingetiefte, ehemals
hölzerne Grabkammer von 4,5 auf 3,2 m Größe und rund 1,5 m
Höhe. Das Kammergrab war von einem mauerartigen Steinsatz
ummantelt. Die ausmittige Lage der Kammer läßt vermuten, daß es
sich nicht um das ursprüngliche Zentralgrab, sondern um eine Sekun-
därbestattung handelt. Dafür spricht auch, daß Wagner ziemlich im
Zentrum des Hügels ab etwa 3 m Tiefe eine Steinpackung von 1,8 m
Länge und noch 0,9 m Breite antraf, offensichtlich der Rest des
Zentralgrabes, das beim Einbau der Nebenkammer großenteils zerstört wurde. Diese Interpretation ist erlaubt, da in zahlreichen anderen
Hügeln ganz ähnliche Beobachtungen gemacht wurden.[54] Das Innere
der Hügelsheimer Grabkammer zeigte sich restlos zerwühlt. Von der
ehedem sicher sehr reichen Ausstattung ließen sich nur geringste
Überreste bergen, deren sorgfältige Analyse durch Siegwalt Schiek
den Nachweis folgender Beigaben erbrachte: ein vierrädriger Wagen
mit bronzeblechumkleideten Speichen und tauschierten Naben, Pferdegeschirr, ein Doppeljoch mit gegabelten Tüllenfortsätzen[55], eine
Bronzeschale, eine Rippenziste, ein Bronzekessel mit eisernen Ringhenkeln, vermutlich ein geschlachtetes Jungschwein und eine Schlangenfibel. Der letztgenannte Fund datiert das Grab in die Phase
Ha D 1. Sichere Importgegenstände fehlen völlig. Ob solche vor der
Plünderung vorhanden waren, ist zumindest fraglich, weil sie sich bei
der zum Zeitpunkt der Beraubung schon weit fortgeschrittenen Kor-
rosion der Metallbeigaben in Resten ebenso hätten nachweisen lassen
wie die vier von einheimischen Handwerkern getriebenen Bronzege-

fäße. Da sich auch in beraubten Gräbern mit Goldschmuck fast immer noch Goldflitterchen finden, wird man in Hügelsheim kaum mit exzellenter Goldausrüstung rechnen dürfen. Damit ordnet sich der Tote aus dem Heiligenbuck allenfalls der »zweiten Garnitur« innerhalb des frühkeltischen Adels zu, ähnlich dem fast gleichartig ausgestatteten, doch ungestörten Nebengrab VI im Hohmichele.

Nur 800 m südwestlich des Tumulus von Hügelsheim liegt, schon auf Markung *Söllingen*, ein zweiter, merklich kleinerer Hügel (Durchmesser 37 m, Höhe noch 1,7 m), der im folgenden Jahr 1881 gleichfalls durch Ernst Wagner untersucht wurde.[56] Die Aufdeckung erbrachte zunächst eine befremdliche Überraschung: In knapp 1 m Tiefe lagen nebeneinander acht von Ost nach West ausgerichtete Skelette. Als Beigaben kamen Bronzeknöpfe und ähnliches zutage. Erst nach Auffindung eines Muttergottes-Medaillons des 18. Jahrhunderts aus dem Prämonstratenserkloster Olmütz löste sich das Rätsel. Es waren gefallene österreichische Soldaten, die in der altehrwürdigen Heidenstätte ihre letzte Ruhe gefunden hatten. Tief unterhalb des Kriegergrabes, wohl schon im gewachsenen Boden, stieß Wagner auf die richtige Bestattung. Holz- und Skelettreste zeigten ein Körperbegräbnis in einer gezimmerten Kammer an. Der Tote trug einen bronzenen Halsring mit eingehängter, großer Bernsteinperle, drei Schlangenfibeln und als Besonderheit einen punzverzierten Goldarmreif. Das Geschlecht des Verstorbenen dürfte mit den großen Schlangenfibeln und dem an einem Handgelenk getragenen Armschmuck als männlich zu bestimmen sein; die Zeitstellung ist Ha D 1.

Ein Grabhügel im *Iffezheimer Wald* wurde bedauerlicherweise beim Eisenbahnbau 1894 unbemerkt zerstört.[57] Nur eine vollständig erhaltene Bronzeschnabelkanne gelangte zusammen mit dem Schädel des Bestatteten in die Großherzogliche Altertümersammlung zu Karlsruhe. Einige miteingelieferte Gefäßscherben müssen nicht unbedingt zum Schnabelkannengrab gehören. Als Nachweis eines späthallstatt-frühlatènezeitlichen Adelsgrabes genügt indes das südliche Importgefäß.

Etwa gleiche Wertung und Zeitstellung besitzt das im Hagenauer Forst bei *Sesenheim* von Professor Martin aus Straßburg im Jahre 1880 erhobene Inventar.[58] Der als Goethehügel oder Ebersberg bezeichnete Tumulus wies etwa 50 m Durchmesser bei 2,5 m Höhe auf. Wie so häufig bei alten Grabungen ist der Fundbericht miserabel. Man scheint im Nordostsektor (also Nebengrab!) zunächst auf einen Schädel und einen halben Meter weiter auf eine Bronzeschnabelkanne gestoßen zu sein. »Die Kanne enthielt eine schwarze Masse, in der verkohlte Knochenstücke erkannt wurden« (Leichenbrand?). Dazu sollen ferner ein goldener Arm- und ein goldener Fingerring gehören. Bei den dürftigen Nachrichten ist es völlig ausgeschlossen zu entscheiden, ob es sich um eine Brand-, eine Körper- oder gar um eine birituelle Doppelbestattung gehandelt hat. Die Goldbeigaben wie das etruskische Bronzegefäß zeigen jedenfalls ein Adelsgrab der Phase Ha D 3 / Lt A an.

Schließlich kann eine ansonsten fundortlose Schnabelkanne »aus dem *Hagenauer Forst*« durchaus auf ein weiteres Fürstengrab hinweisen,[59] das dann auch der Rastatter Zentralsiedlung zuzuweisen wäre.

*Abb. 13.* Für den Einsatz bei der Hügelaufschüttung gerüsteter Arbeiter mit Spatholz und Weidenkorb; nach Originalfunden im Magdalenenberg bei Villingen-Schwenningen, Schwarzwald-Baar-Kreis, Baden-Württemberg, rekonstruiert (nach SPINDLER 1980).

*Kapf bei Villingen:* Mit einem antiken Durchmesser von 102 m, einer heute noch erhaltenen Höhe von 6,5 m und einer ursprünglichen von etwa 8 m sowie einem Schüttungsvolumen von 45 000 m³ bildet der *Magdalenenberg* unweit Villingen im Schwarzwald den mit Abstand größten Grabhügel im Westhallstattkreis. Spätere Überpflügung hat ihm zwar viel von seiner Monumentalität genommen, doch ist seine herausragende Gestalt auf frühneuzeitlichen Villinger Stadtansichten als markante Silhouette am Horizont – gekrönt von einem Lothringer

Kreuz (daher auch der alte Name Kreuzbühl) – deutlich auszumachen. Im Volksmund heißt es, darin sei ein Schatz vergraben, auch sei es dort nicht geheuer. Trotz der wohl im Mittelalter erfolgten Akkomodation an die Heilige Maria-Magdalena bekam der Hügel während der Inquisition eine unheilvolle Bedeutung, als die Frau eines Schweinegerbers unter der dritten schweren Folter gesteht, sie habe auf dem Kreuzbühl mit dem bösen Geist namens »Casperlin« getanzt.

Als Bodendenkmal wurde der Magdalenenberg im Jahre 1887 erkannt und drei Jahre später, 1890, von Karl Schumacher, damals Assistent bei Ernst Wagner am Museum Karlsruhe, untersucht. Es gelang die Freilegung der zentralen Grabkammer, die fast vollständig im Holz erhalten vorgefunden wurde. Freilich war, wie so oft, die Bestattung nahezu restlos geplündert. In den Jahren 1970–73 erfolgte eine neuerliche Ausgrabung, bei der der Grabhügel vollständig abgetragen wurde.[60] Später schüttete man ihn über seinem alten Grundriß wieder auf, und so stellt er heute ein eindrucksvolles Zeugnis der Vorzeit im östlichen Schwarzwaldvorland dar (Taf. 4).

Als der Fürst vom Magdalenenberg im Spätjahr 551 v. Chr. starb, wählte man eine leichte Anhöhe als Bestattungsplatz, von wo aus eine freie Sicht zu den dunklen Hängen des Schwarzwaldes nach Westen – dort liegt auch die zugehörige Kapf-Siedlung –, zu den Vorbergen der Schwäbischen Alb im Nordosten und über das wellige Altsiedelland nach Süden und Osten besteht. Ganz in der Ferne kann man an klaren Tagen den Alpenkamm erkennen.

Als erstes wurde die Grabkammer zu ebener Erde aus insgesamt 90 ausgesucht geradwüchsigen Eichenstämmen aufgeschlagen. Zuunterst verlegte man zwei Schwellbalken von 9,45 und 9,15 m Länge. Quer dazu wurde der 8,2 auf 6 m große Kammerboden aus 27 schweren Balken ausgelegt. Die Hölzer waren so sauber im Vierkant mit dem Zimmermannsbeil geschlichtet, daß man nicht einmal ein Streichholz zwischen die Fugen stecken konnte. Die 1,5 m hohen Seitenwände errichtete man in Blockbautechnik (Taf. 13). Abgedeckt wurde die Kammer mit einer doppelten Lage von Eichenbalken (Abb. 14). Mit einer Grundfläche von 36,5 m² stellt das Kammergrab vom Magdalenenberg das bislang größte seiner Art in Mitteleuropa dar.

Doch auch die mächtigen Eichenstämme – die Dicke der Kammerdecke betrug allein einen halben Meter – konnten den Bestatteten nicht vor den Leichenfledderern schützen. Das Skelett des Verstorbenen fand sich bei der Ausgrabung im Jahre 1890 über den Boden der Grabkammer verstreut, vermischt mit den Knochen eines jungen

Schweines, das man als Totenspeise beigegeben hatte. Von der sonstigen Ausstattung war nurmehr weniges vorhanden. Unter den kärglichen Resten ließen sich Teile eines vierrädrigen Wagens sichern, dessen hölzerne Konstruktion mit Leder umkleidet war. Vom Pferdegeschirr hatten sich bronzene Riemenverteiler und -durchzüge erhalten. Ein Bronzevögelchen diente wohl als Jochaufsatz. Von der persönlichen Habe waren nur zwei Toilettbestecke (Pinzette, Ohrlöffel und Nagelschneider) den Grabräubern entgangen.

In einem weiteren Arbeitsgang wurde die Eichenkammer mit einem Mantel aus etwa 2500 m³ Buntsandsteinblöcken überwölbt (Taf. 6). Einige Kuhfladen und eine Stangenschleife aus einem Tannenstamm zeigen an, daß für den Transport der in etwa 1 km Entfernung gebrochenen Steine Rindergespanne eingesetzt wurden.

Über dem steinernen Kernhügel von knapp 30 m Durchmesser und 3,5 m Höhe wurde dann der eigentliche Erdhügel aufgeschüttet. Dabei stapelte man zunächst abgestochene Rasenziegel übereinander, zum Schluß folgte eine Abdeckung aus dem stark verlehmten Verwitterungsboden, den man weitflächig um den Fuß des Grabhügels herum abgrub. Als Spaten dienten einfache, beidseitig flach zugerichtete Stangen; zum Herbeischleppen der Erde verwendete man große Körbe (Abb. 13). So erreichte der Magdalenenberg nach etwa 20jähriger Bauzeit seine gewaltige Höhe.

Nach seiner Fertigstellung wurde das Monument weiterhin als Friedhof genutzt. Insgesamt ließen sich noch 126 Nachbestattungen (von vormals etwa 140), die alle innerhalb kurzer Zeit – einer Generation – erfolgten, in den Schüttungsmassen des Grabhügels nachweisen.

Zusammen mit dem Zentralgrab aus dem Hohmichele bei der Heuneburg und dem des Bürgle bei Buchheim gehört das Fürstengrab vom Magdalenenberg ganz an den Anfang der Späthallstattkultur (Ha D 1 früh). Es ist bezeichnend für diesen Kulturabschnitt, daß mit dem Aufkommen der frühkeltischen Fürstenzivilisation die Demonstration der neuen Machtverhältnisse sogleich durch die drei größten Tumuli des Westhallstattkreises geschieht.

*Heuneburg:* Im Gegensatz zu den meisten anderen Fürstengrabhügeln liegt der *Hohmichele* nicht isoliert oder mit einem bzw. mehreren Großtumuli zu einer Gruppe vereint, sondern inmitten eines Hügelgräberfeldes üblichen Zuschnitts, aus dem – außer ihm selbst – noch zwei weitere, freilich nur mittelgroße Hügel (der Kleine Hohmichele und ein inzwischen abgegangener Hügel im Speckhau) herausragen

(Abb. 7). Das gibt ihm eine gewisse Sonderstellung unter den die Heuneburg umgebenden Adelsbestattungen, die vielleicht damit zu erklären ist, daß der Hohmichele als wohl der älteste Fürstengrabhügel im Umkreis bei aller Mächtigkeit noch den unmittelbaren Kontakt zu den Grabstätten des gemeinen Volkes anstrebt. Der im Zentrum des Hohmichele beerdigte Fürst wollte – auf älterhallstättischen Regeln fußend – sozusagen als primus inter pares noch nicht die dem frühkeltischen Adel eigene Separierung im Bestattungsritual vollzogen wissen.

Mit rund 80 m Durchmesser bei 13,5 m Höhe bildet der Hohmichele den höchsten heute noch erhaltenen Grabhügel im westlichen Hallstattkreis. Eine auf seiner Kuppe entdeckte kleine Steinpackung läßt sich als Fundament einer ihn ursprünglich krönenden Stele deuten, womit er – niemals überackert oder abgetragen – als einer der ganz wenigen Fürstengrabhügel seit den Tagen seiner Aufschüttung vor

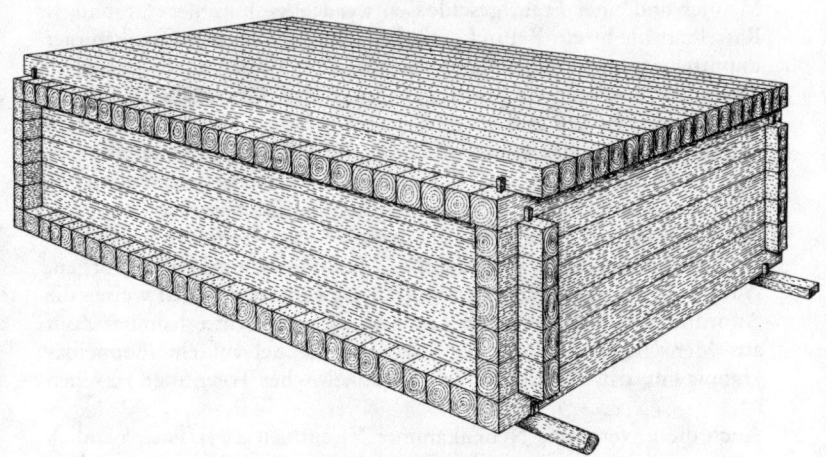

*Abb. 14.* Aus schweren Eichenbalken aufgeschlagene Grabkammer aus dem Magdalenenberg bei Villingen-Schwenningen, Schwarzwald-Baar-Kreis, Baden-Württemberg; entsprechend dem Originalbefund (vgl. Taf. 6) ist die Rekonstruktion in allen wesentlichen Details gesichert. Mit einer Grundfläche von 6,0 auf 8,2 m bildet dieses Kammergrab das bislang größte der Hallstattkultur (nach SPINDLER 1980).

über 2500 Jahren bis jetzt nachweislich nichts von seiner imposanten
Monumentalität verloren hat. Er wurde 1937/38 von Gustav Riek
teiluntersucht, bis der Ausbruch des Zweiten Weltkrieges der weiteren
Ausgrabung Einhalt gebot. Immerhin konnten damals das zentrale
Kammergrab, eine reiche Nachbestattung (das Wagengrab VI) sowie
elf einfache Nebengräber freigelegt werden. Was der Hohmichele
sonst noch an Befunden birgt – mehr als zwei Drittel der Schüttungsmassen blieben unberührt –, ist unbekannt.[61]

Die zentrale Bestattung, die den Anlaß zur Hügelerrichtung gab, lag
zu ebener Erde in einer 3,5 auf 5,5 m großen und mehr als 1 m hohen
Kammer aus Eichen- und Nadelholzbalken. Sie war in antiker Zeit
nahezu restlos geplündert worden. Einzelne Holz- und Eisenreste
lassen auf das Vorhandensein des üblichen, vierrädrigen Wagens
schließen. Bestimmend für die Grablege als Fürstenbestattung sind
Fetzen golddurchwirkter Stoffe (Brokat). Knochen hatten sich im
Boden überhaupt nicht erhalten, so daß nur durch das Vorkommen
zahlreicher Glasperlen auf ein Doppelbegräbnis, nämlich das eines
Mannes und einer Frau, geschlossen werden kann.

Rätselhaft bleibt ein Befund außerhalb der eigentlichen Grabkammer
unmittelbar vor deren südlicher Schmalseite. Leider waren gerade an
dieser Stelle erhebliche Störungen durch den Grabräuberstollen zu
verzeichnen. Es ließ sich aber erkennen, daß dort – ebenfalls auf dem
antiken Niveau – eine etwa 1 m breite und 3,5 m lange Schaffellunter-
lage ausgebreitet war, auf der ein mit zierlichen Bronzeplättchen
besetzter Gürtel, eine Glasperlenkette, ein Miniaturtöpfchen, ein
eisenbeschlagener Rundschild (?), ein größeres Eisenblech unbekannter Funktion sowie je ein Häufchen Haselnüsse und Pflaumen lagen.
Auch hier waren die Knochen vollständig vergangen, doch weisen die
Anordnung der Beigaben, insbesondere aber ein gut erhaltener Zopf
aus Menschenhaar und zwei Schamhaarbüschel auf ein Doppelbegräbnis hin, daß wohl im Rahmen frühkeltischer Totenfolge zu sehen
ist.

Auch die unversehrte Nebenkammer VI enthielt zwei Tote, nämlich
eine männliche und eine weibliche Bestattung. Sie war etwas ausmittig
als Schachtgrab in den Hügel eingebracht worden; die Grabsohle lag
2,15 m über Flur, so daß die dafür ausgehobene Grube eine Tiefe von
etwa 7 m besessen haben muß. Die Größe der Holzkammer betrug 2,5
auf 3,0 m bei mindestens 1,1 m Höhe. Das Ausstattungsmuster der
beiden auf einem Rinderfell aufgebahrten Toten entspricht zwar nicht
dem Standard des Hochadels, doch kann ihnen eine gewisse Bedeu-

tung innerhalb der späthallstättischen Hierarchie nicht abgesprochen werden.

Die Frau besaß als persönliche Tracht eine Schlangenfibel, eine Kette aus 351 Bernstein- und 2360 Glasperlen und einen schön verzierten Bernsteinring, der Mann einen eisernen Halsring, ein Gürtelblech und zwei Schlangenfibeln. Zu Häupten der Frau fand sich ein Sammelsurium apotropäischer Gegenstände wie ein Paar in Bronze gefaßte Biberzähne, vier ebenfalls gefaßte Wildschweinhauer, ein Stück Koralle, ein natürlich gelochtes Brauneisenerzstück, ein künstlich gelochtes Schleifsteinfragment, eine längliche Glasperle und eine kleine geschlossene Bronzebüchse. Zur Ausstattung des Mannes gehören ferner ein schweres eisernes Hiebmesser zu seiner Rechten und ein Köcher mit 51 Eisenpfeilen (Abb. 69). Vom Bogen hatte sich nur die Sehne erhalten. An Behältern für Speise- und Trankopfer waren den beiden Toten ein großer Bronzekessel mit eisernen Ringhenkeln und Flügelattaschen, eine Bronzeschale, eine Bronzevase (Abb. 43) und ein Korb aus Weidenruten mitgegeben worden. Über zwei Drittel der Grabkammer füllte ein vierrädriger Wagen aus. Reiches Zaumzeug für zwei Pferde sowie ein mit Tüllenaufsätzen versehenes Joch vervollständigten die Grabausstattung. Leider ist das Grab VI aus dem Hohmichele die einzige vornehme Grablege im Heuneburgbereich, die ungestört angetroffen und mit modernen Mitteln untersucht werden konnte. Sie erlaubt uns eine Fülle an Beobachtungen zu Grabbrauch und Bestattungsritual. Vielleicht das wichtigste Ergebnis ist der Nachweis einer Seidenstickerei an einem Stofflappen von der Bekleidung des Mannes.

Über den *Kleinen Hohmichele* wissen wir wenig.[62] Er hatte einen Durchmesser von 40 m und eine Höhe von etwa 4,5 m. 1884 wurden zur Melioration der Staatsdomäne Dollhof 2123 m$^3$ Boden abgefahren. Dennoch ist der Rest dieses Hügels auch heute nicht zu übersehen. 1893 nahm Eduard Paulus d. J. eine Nachgrabung vor, bei der aber nur Scherben, Eisen-, Holz- und Bronzereste zutage traten.

Ein durch unbekannte Hand in den Jahren 1877/78 in unmittelbarer Nachbarschaft eingeebneter Grabhügel auf der Flur *Speckhau* von nahezu den gleichen Ausmaßen wie der Kleine Hohmichele ergab neben Bronzeteilen die Reste eines Wagens mit eisernen Beschlägen und Reifen.[63] Nachuntersuchungen durch Paulus im Jahre 1880 erwiesen eine in den anstehenden Boden eingetiefte Grabkammer von angeblich 3 m$^2$ Größe (gemeint ist wohl 3 m Länge, sonst hätte der Wagen keinen Platz gehabt), die Holzverschalung derselben und

Eisenteile eines weiteren (?) Wagens. Der Hügel könnte also nach den
dürftigen Nachrichten ein zentrales Wagengrab sowie eine Nebenbe-
stattung ebenfalls mit einem Wagen geborgen haben.

Am Rande der Donauterrasse stehen zwei weitere Großgrabhügel
hoch über der sumpfigen Flußaue in Sichtweite der Heuneburg, die
Baumburg und der Lehenbühl[64] (Taf. 3). Die *Baumburg* ist durch
Überformung für die Errichtung einer Turmburg im Mittelalter äußerlich stark verändert, besitzt aber mit 7 m Höhe und 70 m Durchmesser fast den Umfang des Hohmichele. Forschungen fanden noch nicht
statt.

Der nahezu ebenso große, mit 5 m Höhe aber etwas stärker verschleifte *Lehenbühl* wurde 1897 von dem berüchtigten »Amateur-
Archäologen« Johannes Dorn in bewährter Manier angetrichtert. Er
stieß auf eine in den gewachsenen Boden eingetiefte Grabkammer von
nur 2 auf 2 m Größe, so daß fraglich ist, ob er wirklich das Hauptgrab
getroffen hat und dieses vollständig aushob oder ob er eine Nebenbe-
stattung anstach. In der hölzernen Kammer fanden sich zerwühlte
Menschenknochen, Teile einer Schlangenfibel, zwei kleine Bronze-
scheiben, ein Eisenmesser und Stücke von Birkenrinde, wohl von
einem Kegelhut wie aus dem Hochdorfer Grab. Nach Meinung des
Ausgräbers war dieses Begräbnis in alter Zeit geplündert worden.

Unterhalb der beiden letztgenannten Fürstenhügel liegt im Donautal
eine Gruppe von drei fast völlig verflachten Grabhügeln, von denen
der *Bettelbühl* mit ursprünglich 7 m, heute noch 3 m Höhe bei 70 m
Durchmesser der stattlichste ist.[65] Paulus meldet zwar »reiche Beigaben aus Bronze«, und vielleicht hängt die Sage von einer dort vergrabenen »Kirchenglocke« mit dem Fund späthallstättischen Bronzegeschirrs, das längst verschollen ist, zusammen. Hügel 2 der Bettelbühl-
Gruppe ist merklich kleiner, doch darf er sicher noch zu den Fürstengrabhügeln gezählt werden; bei dem kaum noch sichtbaren Hügel 3 ist
dies eher abschlägig zu bescheiden.

Der schon in einer Urkunde von 1420 als »Ruchenlehen« erwähnte
*Rauhe Lehen bei Ertingen* hat durch randliche Abpflügung einiges an
Umfang verloren, doch bildet er mit noch 7 m Höhe bei 45 m
Durchmesser, insbesondere aber mit dem ihn bekrönenden, dichten
Tannenschopf ein eindrucksvolles Denkmal im freien Ackerland.[66] Er
blieb soweit ungeschoren, bis Schultheiß Koch von Ertingen ihn im
Winter 1934 »heimsuchte«. Dabei kam etwa 3 bis 4 m über der
Hügelsohle ein reich ausgestattetes Frauengrab zutage, das allem
Anschein nach als Nachbestattung in einer Holzkammer angelegt war.

Der unerlaubte Eingriff brachte kostbaren Schmuck und mehrere Bronzegefäße zum Vorschein: Auf dem Kammerboden lagen zwei große Bronzebecken, in einem von diesen ein Weidenkörbchen und darin wiederum ein Bronzekännlein. Daneben fand sich ein hohes Armband aus Gagat und ein Kollier aus auf Bronzerähmchen gesteckten bunten Glasperlen, elf Bernsteinperlen und drei kleinen geschlossenen Büchsen aus Bronze der gleichen Art wie aus Grab VI vom Hohmichele. Auf Knochenreste wurde nicht geachtet; ebenso ist unbekannt, ob die Bestattung vollständig freigelegt wurde.

Während die bislang aufgezählten Heuneburg-Gräber – soweit sie datierbare Funde geliefert haben – durchweg der älteren Phase der Späthallstattkultur (Ha D 1) angehören, bildet die im folgenden zu besprechende Grabhügelgruppe auf den Gewannen *Gießübel* und *Talhau* die jüngere Nekropole (Ha D 2 und D 3) des Adelssitzes.[67] Sie nimmt nicht nur damit eine Sonderstellung ein. Die vier dicht aneinander gedrängten Fürstengrabhügel liegen nicht wie die übrigen weit gestreut im Umkreis der Burg, sondern in ihrem unmittelbaren Vorfeld, nur 350 m vor deren Nordwestfront. Ihre Aufschüttung fällt in die Zeit gleich nach der Zerstörung der Lehmziegelmauer, die danach nicht wieder in der fremdländischen Technik, vielmehr in gut einheimischer Holz-Stein-Erde-Bauweise errichtet wurde. Besonders bemerkenswert ist die Tatsache, daß die Gießübel-Talhau-Gruppe über den Ruinen der Außensiedlung steht, welche dem gleichen katastrophalen Schadenfeuer wie die Kernburg auf dem Sporn zum Opfer fiel. Wenn nicht alle Zeichen trügen, wird damit ein innenpolitischer Umschwung spürbar, verbunden mit zahlreichen grundlegenden Änderungen der Siedlungsstruktur und des Bestattungswesens.[68] Zugleich treten auch in den Gräbern der jüngeren Serie erstmals in größerem Umfang Gold- und Importbeigaben auf.

Die vier angeführten Tumuli sind halbkreisförmig mit wenigen Metern Abstand im Gelände angeordnet und tragen von West nach Ost die Bezeichnungen Gießübel 2, Gießübel 1, Talhau 4 und Talhau 3, hier der Kürze halber Hügel 1 bis 4 genannt.

Hügel 1 und 2 wurden 1876 zur Auffüllung einer Bodenmulde weitgehend abgetragen. Dabei kamen verschiedentlich Goldgegenstände zum Vorschein, die zu einer Kontrollgrabung durch Landeskonservator Eduard Paulus d. J. im folgenden Jahr (1877) führten. Damals grub er auch gleich noch den Hügel 3 aus. Zwischen 1954 und 1961 öffnete Siegwalt Schiek den seinerseits unberührt gebliebenen Hügel 4: Die Ergebnisse sind freilich erst in knappen Vorberichten veröffentlicht.

1978/79 leitete Lothar Sperber die moderne Nachuntersuchung des
Hügels 2. Dieser folgte von 1980–82 ein gleiches Unternehmen im
Hügel 1, nachdem Schiek schon 1963 einen Sondiergraben in diesen
hineingetrieben hatte. Seit 1981 stehen die Forschungen in der Gießübel-Talhau-Nekropole unter der Leitung von Siegfried Kurz.

Anlage und Aufbau der vier Hügel sind sehr einheitlich. Für die
jeweiligen Maße stehen folgende Angaben zur Verfügung:

Hügel 1: antiker Durchmesser 46 m; rekonstruierte Höhe etwa
5,0 m;
Hügel 2: antiker Durchmesser 51 m; rekonstruierte Höhe etwa
6,0 m;
Hügel 3: heutiger Durchmesser 50–60 m; geschätzte Höhe 2,5–4,0 m;
Hügel 4: antiker Durchmesser 42 m; zum Zeitpunkt der Ausgrabung
erhaltene Höhe 3,8 m.

Zwei der modern untersuchten Hügel besitzen einen den Fuß umgebenden Kreisgraben mit folgenden Maßen:

Hügel 1: Außendurchmesser 54 m, Breite 3 m, Tiefe 0,8–1,0 m;
Hügel 4: Außendurchmesser 47 m, Breite 1,5–2,0 m, Tiefe 0,8 m.

Dagegen war Hügel 2 zunächst mit einem Kranz starker Pfosten im
Abstand von 1,5 m umgeben worden, die offenbar kurz vor dem Ende
der Aufschüttungsarbeiten gekappt und durch eine 0,8 m breite und
0,5 m hohe Trockenmauer aus Kalksteinbrocken und -geschieben
ersetzt wurden.
Alle vier Hügel hatte man teils aus dem Aushubmaterial der Gräben,
teils aus weitflächig abgegrabenem Boden, der zahlreiche Reste der
kurz zuvor in Flammen aufgegangenen Heuneburg-Außensiedlung
enthielt, aufgeschüttet. Alle erbrachten in ihren Zentren eine eingetiefte, hölzerne Grabkammer unterschiedlicher Größe:

|  | Tiefe | Länge | Breite | Größe |
|---|---|---|---|---|
| Hügel 1: | 1,0 m | 4,3 m | 3,6 m | 15,5 m²; |
| Hügel 2: | 1,2 m | 3,0 m | 2,0 m | 6,0 m²; |
| Hügel 3: | 0,4 m (?) | 2,6 m | 1,5 m | 4,0 m²; |
| Hügel 4: | 0,8 m | 2,8 m | 3,4 m | 9,5 m². |

Abgesehen von Hügel 4, dessen – antik gestörter – Befund durch Schieks Grabung zweifelsfrei gesichert ist, sind die von Paulus mitgeteilten Berichte über den Inhalt der drei übrigen höchst unklar. Danach lagen in Kammer 1 drei Skelette und als Beigaben eine verzierte bronzene (!) Lanze, drei eiserne Lanzenspitzen, Bronzeringe, mehrere Bernsteinplättchen und kleine, mit Goldfolie überzogene Bronzezwecken. Sicher ist das Grab in alter Zeit ausgeraubt worden, so daß mit den überlieferten Gegenständen nur Teile einer ehemals kostbaren Ausstattung erhalten sind. Mit einiger Wahrscheinlichkeit bildeten die Bernsteinplättchen intarsienartige Einlagen für ein aus dem Süden importiertes Möbelstück (z. B. einer Kline, d. h. Bettstatt), wie sie in gleicher, palmettenartiger Anordnung aus dem Grafenbühl bekannt sind.

Kammer 2 barg zwei Skelette und Reste von Eisenwaffen, die inzwischen verlorengingen. Kammer 3 enthielt ein Skelett mit einem Eisendolch und einer Eisenlanze, die ebenfalls verschollen sind.

In Kammer 4 lag das von den Grabräubern verworfene Skelett im wesentlichen noch im anatomischen Verband. Die Plünderung erfolgte demnach zu einem Zeitpunkt, als sich die Gelenkbänder der in Verwesung befindlichen Leiche erst teilweise gelöst hatten. Auf dem Kammerboden kamen geringe Reste eines Gürtelbleches, eines vierrädrigen Wagens und des Zaumzeugs zum Vorschein.

Alle vier Hügel führten zudem zahlreiche Nachbestattungen ganz unterschiedlicher Qualitätsstufen von beigabenlos bis hin zu solchen mit Prunkdolchen und Bronzegeschirrsätzen. Unter diesen stechen fünf goldführende Nebengräber im Hügel 1 heraus, die damit diesen Tumulus zu dem goldreichsten Begräbnisplatz innerhalb des westlichen Hallstattkreises erheben und ihm eine einzigartige Stellung nicht nur im Umkreis der Heuneburg verleihen. Der Befund ist auch insofern merkwürdig, als die übrigen drei Hügel der Gießübel-Talhau-Nekropole mit ziemlicher Sicherheit kein einziges auch nur annähernd so kostbar ausgestattetes Nebengrab enthalten. Eine Deutung dieser Erscheinung kann nur soweit gehen, daß möglicherweise die Angehörigen des Heuneburg-Adels, nachdem bei Todesfällen keine neuen Hügel mehr aufgeschüttet wurden, nur in diesem einen Tumulus bestattet haben. Man darf sie sich als Mitglieder einer dynastisch eng verbundenen Gemeinschaft, vielleicht im Sinne einer familiären Generationenabfolge, vorstellen. Wegen der tumultuarischen Bergung der Gräber ist ihre Lage im Hügel unklar; auch dürften die Inventare keineswegs vollständig sein. Einzelne Teile wurden bereits während

der Ausgrabung gestohlen; anderes kam auf undurchsichtigem Wege
und unter Verschleierung des wirklichen Fundortes über Julius Naue
an das Germanische Nationalmuseum in Nürnberg, was erst 1966 (!)
bemerkt wurde.[69]
Die Beigaben aus Nachbestattung 1 bestanden aus einem goldenen
Halsreif, einem durchbrochen gearbeiteten Bronzegürtelbeschlag,
einem Dolch, drei eisernen Lanzenspitzen, einem eisernen Tüllenbeil,
einem großen Bronzekessel, einem vierrädrigen Wagen mit Joch und
Pferdehalftern. Über die Beisetzungsart (Körpergrab?) wird nichts
gesagt. Grab 2 enthielt unter einer meterlangen Steinplatte ein Skelett;
am Schädel fand sich ein Goldhalsring, neben dem Toten ein Dolch,
am linken Handgelenk ein Goldarmband, weiter eine Fibel der Phase
Ha D 3 / Lt A, ein längsgeripptes Gürtelblech, eine Perle aus gelb-
lichem Glas, eine Bronzering und ein Bronzebecken mit Eisenhenkeln.[70] Bestattung 3 führte wieder einen goldenen Halsreif, einen
Bronzekessel und eine Paukenfibel der Phase Ha D 2. Die Beisetzung
4 darf als einzige unter den reichen Nachbestattungen des Hügels 1 als
Frauengrab angesprochen werden.[71] Dafür sind der fehlende Goldhalsring als negatives und die typisch weibliche Schmucktracht als
positives Kennzeichen ausschlaggebend: ein goldenes Armband, ein
Bronzehalsring, ein Gürtelblech, vier Haarnadeln mit Bernsteinköp-
fen und Koralleneinlagen, fünf Fibeln der Phasen Ha D 2 und D 3, ein
großes Bronzebecken sowie einige Bronzekleinteile. Grab 5 schließlich barg einen Goldhalsreif, ein Gürtelblech, eine eiserne Lanzenspitze und ebenfalls ein großes Bronzebecken.
Damit ist der gegenwärtige Forschungsstand zur Fürstengräberarchä-
ologie rund um die Heuneburg kurz skizziert. Natürlich ist es verlok-
kend, aus den bislang bekannten Fakten die Generationenfolge der
Heuneburg-Dynastie zu rekonstruieren. Freilich wird dies erst möglich sein, wenn alle Großgrabhügel vollständig untersucht sind, und
selbst dann wird es noch der Probleme genug geben, die in erster Linie
auf antiken Grabraub sowie spätere unkontrollierte Abtragungen
zurückzuführen sein werden. Dennoch machen sich schon jetzt einige
Tendenzen bemerkbar, die aufzeigen, daß eine solche Analyse mit
zunehmenden Forschungserkenntnissen nicht von vornherein aussichtslos zu sein braucht. Gehen wir von den einigermaßen sicheren
Voraussetzungen aus! Die Heuneburg und damit ihre Herrscherge-
schlechter bestanden ungefähr 200 Jahre (Beginn Ha D 1 – Ende Ha
D 3). Längerfristige Siedlungsunterbrüche sind nicht festzustellen. Ob
mit der Zerstörung der Lehmziegelmauer, der hernach erfolgten Er-

neuerung der Wehranlagen und der damit verbundenen Änderung
zahlreicher Organisationsformen zugleich ein Wechsel der Adelsdynastie stattfand, kann unberücksichtigt bleiben – weil spekulativ und in
diesem Zusammenhang unerheblich.

In diesen rund 200 Jahren, die sich auf die drei Phasen D 1, D 2 und
D 3 der späten Hallstattkultur verteilen, wurden mindestens elf Groß-
grabhügel erbaut. Alle enthalten im Zentrum ein Kammergrab, das als
fürstliche Bestattung des Hochadels anzusprechen ist: Hohmichele,
Kleiner Hohmichele, Baumburg, Lehenbühl, Bettelbühl 1 und 2,
Rauher Lehen, Gießübel-Talhau 1 bis 4. Aufgrund des Ausgrabungs-
befundes läßt sich die Errichtung des Hohmichele, des Lehenbühl und
des Rauhen Lehen in die Phase Ha D 1 datieren. Der Bau der vier
Gießübel-Talhau-Hügel fällt in die Phase Ha D 2. Daß während Ha
D 3 noch neue Hügel errichtet wurden, dafür liegen keine Indizien
vor. Bezeichnend ist nämlich, daß die jüngsten datierbaren Fürstengräber, die Nachbestattungen 2 und 4 des Gießübel 1, in den bereits
fertigen Tumulus eingebracht wurden. Mit den fünf Nebengräbern aus
dem letztgenannten Hügel kennen wir also bereits 16 Adelsgräber im
Vorfeld der Heuneburg, von denen nur eins mit einiger Gewißheit als
Frauenbegräbnis (Gießübel 1 – Nebengrab 4) identifiziert ist. Grob
überschlagen würde dies einer Generationenfolge von lediglich 10 bis
15 Jahren pro Herrscherfigur entsprechen. Da auch mit bislang noch
unbekannten Fürstengräbern, vor allem als Nachbestattungen in den
noch nicht untersuchten Tumuli, zu rechnen ist, darf man wohl davon
ausgehen, daß nicht nur das jeweilige Oberhaupt des Herrscherhauses,
sondern auch weitere Personen seiner Familie oder Klientel durch eine
kostbare Grabausstattung ausgezeichnet wurden. Damit gibt sich eine
gestaffelte soziale Struktur zu erkennen, wie sie sich darüber hinaus
auch durch die nicht mit Gold oder Import ausstaffierten Gräber (z. B.
Speckhau-Hügel mit zwei (?) Wagengräbern, Bettelbühl 3, Hohmichele Grab VI und den Bronzeblechgeschirr-Nachbestattungen der
Gießübel-Talhau-Gruppe) abzeichnet. Eine strenge Rangordnung läßt
sich nicht ausmachen, zumal wir ja bei der Einschätzung der Gräber
durchweg von unseren heutigen Wertvorstellungen ausgehen und
letztlich auch nur diejenigen Teile des Grabinventars einstufen können, die der Boden bewahrt hat.

Gleichermaßen problematisch bleibt die Beurteilung des Fürstengrabes
von *Vilsingen*, das sich durch die Beigabe einer »rhodischen« Kleeblattkanne (Abb. 80) hervorhebt.[72] Aber auch der mit Bronzeblech verkleidete Wagen und insbesondere der aufwendige, fünfteilige Bronze-

geschirrsatz einheimischer Produktion stechen heraus. Der Grabhügel, aus dem diese und weitere Funde stammen sollen, ist stark
abgeflacht, besitzt aber immerhin 50 m Durchmesser. Ein Fundbericht liegt leider nicht vor; geborgen wurden die Gegenstände im
Jahre 1880. Das Grab war sicher nicht geplündert, so daß das Fehlen von Goldschmuck auffällt, den man dem wertvollen Importgefäß gern beigesellt gesehen hätte. Auf welchen Wegen oder Umwe-
gen auch immer diese Kanne nach Vilsingen gelangte, es fragt sich,
ob ihr letzter Besitzer, dem sie ins Grab folgte, überhaupt wußte,
daß das Stück aus dem fernen Süden kam, und es demgemäß hoch
einschätzte. Denn abgesehen von dem etwas befremdlichen Griff
unterschied sie sich qualitativ nicht sonderlich von lokal erzeugten
toreutischen Gefäßen. Akzeptiert man eine solche Vorstellung, so
hätte der Adlige von Vilsingen seinen Platz eher in der zweiten
Garnitur. An der Peripherie des Einflußbereiches der Heuneburg
gelegen, könnte sein Wohnsitz durchaus in einer gewissen Abhän-
gigkeit von der Zentralsiedlung gestanden haben.

*Hohennagold:* Der *Krautbühl* oder Heidenbühl unterhalb des Schloß-
berges von Hohennagold liegt inmitten der rechtsseitigen Talaue der
Nagold.[73] Mit etwa 60 m Durchmesser und noch 4,5 m Höhe muß es
sich um einen frühkeltischen Fürstengrabhügel handeln, auch wenn in
den Jahren 1899, 1925 und 1950 durchgeführte oberflächliche Schür-
fungen bislang nur einige frühmittelalterliche Steinplattengräber zum
Vorschein brachten.

Etwas mehr wissen wir vom *Bühl bei Baisingen* (Durchmesser 45 m,
Höhe 4 m), der im Jahre 1893 vom Bürgermeister des Ortes geöffnet
wurde. Dabei kam ein großer Bronzekessel zutage. Wenig später
besichtigte Konrad Miller die Fundstelle und zog dabei einen Goldhalsreif, ein goldenes Armband, einen Bernsteinring und einen kleinen
Bronzering aus der Grabungswand.[74] Da das Profil einzustürzen
drohte, wurden die Untersuchungen eingestellt. Ob die Gegenstände
zum Hauptgrab oder zu einer Nachbestattung gehören, ist ebensowenig bekannt wie die Vollständigkeit des Ensembles. Die Funde gingen
in Privatbesitz über und sind heute verschollen. In etwa 80 m Abstand
vom Bühl liegt noch ein weiterer, etwas kleinerer Grabhügel.

Genannt werden soll auch der in weiter Ebene gelegene *Birtenleh bei
Rottenburg.*[75] Er ist bei nur 18 m Durchmesser und 1,2 m Höhe zwar
nicht sehr groß. Da er aber im Mittelalter eine Gerichtsstätte trug,
muß er früher erheblich umfänglicher gewesen sein und kann daher

mit Vorbehalten den Fürstengrabhügeln, wenn auch wohl nur der zweiten Garnitur, zugesprochen werden.

Als letzter der Hohennagold-Gruppe ist der schon recht weit entfernte *Eichbuckel von Dußlingen* (Durchmesser 40 m, Höhe 2 m) aufzuführen. Er barg außer wenigstens sechs Nachbestattungen, darunter ein Doppelgrab mit Erwachsenen und Kind unter Steinpackung, ein goldführendes Zentralgrab. Die Untersuchung führte der uns bereits bekannte Johannes Dorn durch, dessen Berichte wie gewöhnlich sehr unklar sind.[76] Danach enthielt das Fürstengrab einen goldenen Halsring, einen Goldarmreif, einen Bronzekessel, eine eiserne Lanzenspitze, einen unbestimmten Eisengegenstand und sieben Bronzeringlein.

*Hohenasperg:* Bei der Besprechung der Fürstengräber um den Hohenasperg werden zunächst die Tumuli des inneren Ringes[77] (Grafenbühl, Kleinaspergle 1–4 und Römerhügel 1 und 2), daran anschließend die äußeren Hügel (Hochdorf-Gruppe und Schöckingen sowie auf der rechten Neckar-Seite die beiden Bad Cannstätter Gräber und Esslingen-Sirnau) aufgeführt. Zu erwähnen ist auch der einstweilen nur durch den Henkel eines etruskischen Bronzebeckens bezeugte Befund von *Fellbach* als mögliche Spur eines frühlatènezeitlichen Adelsgrabes.

Denkt man sich eine den Hohenasperg in westöstlicher Richtung schneidende Linie, so liegen alle bislang entdeckten Fürstengräber südlich dieser Achse, eine Erscheinung, die die Zentralsiedlung mit dem Mont Lassois gemeinsam hat. Warum im nördlichen Gebiet keine entsprechenden Funde vorliegen, bleibt unbekannt. Vielleicht könnte eine luftbildarchäologische Überfliegung des intensiv überackerten Langen Feldes Klärung erzielen.

Dem Hohenasperg am nächsten liegt der urkundlich bereits 1555 erstmals erwähnte *Grafenbühl*.[78] Zum Zeitpunkt der durch Neubaumaßnahmen veranlaßten und von Hartwig Zürn 1964/65 durchgeführten Ausgrabung besaß er noch eine Höhe von 2,2 m und einen Durchmesser von etwa 40 m. Er enthielt ein antik geplündertes, zentrales Kammergrab, das wahrscheinlich in einen schon bestehenden Grabhügel eingelassen wurde und demnach als Nachbestattung aufzufassen ist. Vom ursprünglichen Hauptgrab fanden sich nur noch Skelettreste und Teile einer Steinpackung. Letzteres ist wohl durch den Einbau des Sekundärgrabes völlig zerstört worden.[79]

Die 4,4 auf 4,5 m große hölzerne Grabkammer war etwa 0,8 m in den gewachsenen Boden eingetieft worden. Die Grube selbst zeigte sich

mit jeweils 5,5 m Seitenlänge etwas geräumiger. Das Balkenmaterial
bestand aus Eiche, Buche (?) und Kiefer (?). Auf drei parallelen
Unterzügen war der Kammerboden aufgeschlagen worden. Die Auf-
last der Kammerdecke wurde durch einen Mittelpfosten gestützt. Das
verstreute Skelett des Bestatteten lag überwiegend in der Südwestecke
der Kammer; dort war der Tote wohl aufgebahrt gewesen. Sehr
merkwürdig ist die Auffindung eines völlig ungestört im anatomischen
Verband ruhenden, beigabenlosen Skelettes längs der Südostwand der
Grabkammer. Die Leiche muß eingebracht worden sein, als das
Zentralgrab noch begehbar, die Decke also nicht eingestürzt war.
Dieser einwandfrei beobachtete Befund ist für die Interpretation älte-
rer Grabungsberichte von größter Wichtigkeit. Er besagt, daß nicht
jedes in einem Kammergrab aufgefundene Skelett unbedingt als
Hauptbestattung anzusprechen ist, sondern auch nachfolgenden
Begräbnissen entstammen kann. Vielleicht dürfen die in den drei von
Eduard Paulus untersuchten Zentralkammern der Gießübel-Talhau-
Nekropole aufgedeckten, eher bescheiden ausgestatteten Toten in
einem solchen Sinne zu deuten sein.
Trotz gründlicher Plünderung bewahrte das Fürstengrab im Grafenbühl noch zahlreiche Reste, die den ehemaligen Glanz der adligen
Ausstattung erkennen lassen. Danach ergibt sich folgender Mindestbestand an Beigaben: ein vierrädriger Wagen, ein thronartiger Sessel, ein
Joch, wenigstens zwei Bronzekessel, Goldbrokatstoffe, zwei gold-
blechbelegte Fibeln (Abb. 74), ein eisernes, mit Goldfolie überzogenes
Gürtelblech, eine große Bronzeklapper mit Eisengriff (Abb. 106),
eiserne Miniaturgeräte in Form einer Lanze und zweier Beile (alles
einheimische Produktion), ein oder mehrere Möbelstücke mit Bern-
stein-, Knochen- und Elfenbeinzierat (Abb. 100), ein etruskisch-
orientalisierender Fächer aus Elfenbein (Abb. 99) und ein Dreifuß
(Abb. 87) als Kesseluntersatz (südländische Importe). Wäre dieses
Grab nicht beraubt, so hätte es fraglos eines der reichsten Beigabenensembles des westlichen Hallstattkreises zutage gefördert. Nach
anthropologischem Gutachten war der Tote männlichen Geschlechts.
Die Grablege fand ausweislich der Fibeln während Ha D 3 statt.
Von den vier Hügeln auf dem Höhenzug zwischen Möglingen und
Asperg sind nur die beiden östlichen untersucht. Der äußerste mußte
im Jahre 1963 einem Neubau weichen und wurde deshalb von Hartwig
Zürn ausgegraben.[80] Zu diesem Zeitpunkt wies er nur noch eine Höhe
von 0,8 m und einen Durchmesser von 50 bis 60 m auf, stand also in
seinen Ausmaßen dem benachbarten Kleinaspergle kaum nach.

Entsprechend geräumig war die 1,1 m in den gewachsenen Boden eingetiefte, 3,8 auf 2,6 m große Grabgrube. Einzelne Holzspuren deuten auf ein Kammergrab hin. Wie spärliche Knochenspäne bezeugen, waren in dem völlig ausgeraubten Grab möglicherweise zwei Tote bestattet. Einige Bronzekleinteile und Bernstein- sowie Glasperlen auf dem Kammerboden erlauben eine Datierung in die Stufe Lt A; die Grablege dürfte etwa gleichzeitig mit dem Begräbnis im Grafenbühl erfolgt sein.

Als einziger der Hohenasperg-Tumuli ist das *Kleinaspergle* noch nahezu in seiner ursprünglichen Gestalt erhalten (Taf. 2). Der 6 m hohe und 60 m im Durchmesser haltende Hügel wurde 1879 von Oscar und Eberhard Fraas in höchst abenteuerlicher Weise durch Stollenbau angegangen.[81] Das Einfahren war von geradezu unglaublichem Glück begleitet. Vater und Sohn trieben von Westen her einen Tunnel in die Hügelschüttung und stießen etwa 18 m vom Rand entfernt auf ein ebenerdig angelegtes, reich ausgestattetes Nebengrab. Im weiteren Fortlauf des Stollenvortriebs entdeckten sie dann im Hügelzentrum das Hauptgrab, eine 2,8 m in den anstehenden Boden eingetiefte, 4 auf 5 m große Grabkammer. Diese war wieder vollständig ausgeplündert und enthielt nur noch geringe Reste von menschlichen Gebeinen. Auch fand sich im Raubschacht die 1,8 m hohe und an der Basis 0,6 m breite, pfeilerartige Stele aus Sandstein, die einst den Hügel bekrönte und die wohl bei der Plünderung in die Tiefe rutschte oder gestürzt wurde. Vom Nebengrab aus legten die Forscher noch zwei Querstollen an, die aber keine weiteren Bestattungen erbrachten.

Im Schein der düsteren Grubenlampe bargen die beiden Fraas' die Schätze aus der 2 auf 3 m großen Grabkammer: eine attisch-rotfigurige Schale (Abb. 93), eine weitere griechische, schwarz-gefirniste Kylix (beide Schalen sind um 450 v. Chr. entstanden und tragen als Reparaturleisten wie als Ornament im frühen Latènestil verzierte Goldblechapplikationen), eine Schnabelkanne, einen Stamnos, eine Rippenziste, einen Kessel von 93 cm Durchmesser (alles aus Bronze; in letzterem stand ein kleines hölzernes Schöpfgefäß), zwei goldene Trinkhornbeschläge mit Widderkopfenden[82], einen goldenen Sieblöffel, einen eisernen Gürtelhaken, einen prachtvollen goldenen Zierbeschlag (Abb. 35), verschiedene gepunzte Goldzierstreifen und -plättchen, zwei Silberkettchen und einen Armring aus Gagat.

Nach den Angaben der Ausgräber lag auf dem Südteil des Holzbodens ein Häufchen Knochenasche. Demnach wäre Brandbestattung anzu-

nehmen. Das Geschlecht des Toten bleibt zweifelhaft. Aufgrund der
Trinkhörner ist eher ein Mann zu vermuten. Eine Sondiergrabung im
Jahre 1963 ergab,[83] daß der Fuß des Hügels von einem 2,5 m breiten
und 1,2 m tiefen Graben umgeben ist. Über die beiden westlich des
Kleinaspergle auf dem gleichen Höhenrücken gelegenen Großgrabhü-
gel ist nichts bekannt; auch über ihre heutige Größe liegen keine
Angaben vor.

Das Schicksal des *Römerhügels* oder Belle Remise am südlichen Stadt-
rand von Ludwigsburg ist wohl eines der betrüblichsten der württem-
bergischen Archäologie. Früher besaß er die respektable Größe von 60
bis 80 m Durchmesser und 6 m Höhe. Beim Einbau eines Wasserturm-
mes im Jahre 1877 stieß man auf zwei Fürstengräber, die Oscar Fraas
untersuchte.[84] Bei der Erweiterung des Wasserbehälters im Jahre 1926
wurde der Tumulus vollends verunstaltet. Dabei ließen sich noch 15
Nachbestattungen der späten Hallstatt- und frühen Latènezeit beobachten.

Das Hauptgrab (?) hatte man im Bauschacht nur am Rande angeschnit-
ten. Es lag mit der Sohle etwa 1,2 m tief im gewachsenen Boden und
zeigte mindestens 4 m Seitenlänge. Aus der die eingestürzte Grabkammer bedeckenden Steinpackung zog man einen bronzenen Dolchgriff,
Fetzen von Gold- und Bronzeblech, goldbelegte Nietköpfe, zwei
Bernsteinscheibchen und den Schädel des Toten. Im Vergleich mit den
Bernsteineinlagen vom Grafenbühl ist demnach auch im Zentralgrab
des Römerhügels mit der Beigabe eines intarsierten, südlichen Möbel-
stückes (Kline?) zu rechnen.[85]

Die Nebenkammer konnte einigermaßen vollständig geborgen werden.
Sie war etwa in Höhe des ursprünglichen Bodenniveaus angelegt und
maß 3,5 auf 3,5 m. Der quadratische Holzboden ließ sich noch gut
erkennen. An der Westseite ruhte das schlecht erhaltene Skelett des
Verstorbenen mit einem Goldreif um den Hals. In Hüfthöhe fand sich
ein zierlicher Eisendolch mit Bronzegriff und -scheide von 38 cm Länge.
Zu Füßen standen vier Bronzegefäße: eine Rippenziste, ein Kessel
von 53 cm Durchmesser, eine Griffschale und ein Teller mit perlbuckel-
verziertem Rand; daneben lag ein goldenes Trinkhornmundblech.
Den Großteil der Grabkammer nahm ein vierrädriger, bronze- und
eisenbeschlagener Wagen ein. Zur Schirrung gehören ein mit bronzenen Vögelchen und Pferdchen besetztes Joch, eine eiserne Trense,
viele verzierte Phaleren, Eisenketten, ein schwerer Verteilerring mit
eingehängten Bronzeketten und zwei kleine messerförmige Zieran-
hänger. Zeitlich ordnet sich der Grabfund der Phase Ha D 2 ein.

Der etwas westlich vom Römerhügel im freien Feld gelegene, erheblich kleinere Tumulus ist noch unberührt. Weitere Großgrabhügel sind in der näheren Umgebung erst in jüngster Zeit bei Remseck-Hochberg (Durchmesser etwa 40 m, Höhe 2,0–2,5 m) und Hemmingen entdeckt, aber noch nicht erforscht worden.[86] Ebenso konnten in der Nachbarschaft des Fürstenhügels von Eberdingen-Hochdorf zwei weitere, völlig verflachte, große Tumuli durch Luftbilder geortet werden.[87]

Im Jahre 1976 meldete Renate Leibfried dem Landesdenkmalamt in Stuttgart, daß sich wenig östlich des Ortes *Hochdorf* eine leichte Erhebung sowie ortsfremde Steine im Acker befänden. Man besichtigte die Flur und erkannte einen angepflügten Steinkreis von etwa 60 m Durchmesser als letzten Rest eine Großgrabhügels. Die weitere Gefährdung des Denkmals ließ eine präventive Maßnahme geboten erscheinen, die für 1978 angesetzt wurde: Eine Sternstunde der Archäologie hatte geschlagen. Jörg Biel, der die Untersuchungen leitete, legte in dreizehnmonatiger Arbeit bis Ende 1979 das erste völlig ungestörte, frühkeltische Zentralgrab auf deutschem Boden frei. Die Restaurierung der Funde, die wissenschaftliche Auswertung und die naturkundlichen Bestimmungen sind noch lange nicht abgeschlossen, doch berichtet der Ausgräber zuvorkommenderweise laufend über den neuesten Stand der Hochdorf-Forschungen, so daß schon jetzt ein erster Überblick zu dem sensationellen Fund gegeben werden kann.[88] Die überaus sorgfältige und mit modernsten Methoden durchgeführte Unternehmung gewährt so viele unerwartete Erkenntnisse, daß der endgültige Wert des Hochdorfer Fundes noch gar nicht abgeschätzt werden kann. Nicht zuletzt lassen sich damit viele unzureichende Beobachtungen in früher ergrabenen Fürstengräbern besser deuten und erklären.

Mittels der Böschungsstrukturen in den Profilen ist die ursprüngliche Höhe des Monumentes mit etwa 8 bis 10 m zu bestimmen. Zu Beginn der Ausgrabung war es indes auf 1,5 m abgeflacht. Deshalb hatten sich lediglich zwei von ehedem sicherlich sehr viel mehr Nachbestattungen erhalten. Den Rand des Tumulus markierte ein Kranz von schweren Holzpfosten in Abständen von etwa 3,2 m. Zusätzlich umgab ein Steinmäuerchen von 57 m Durchmesser den Hügelfuß. Die Nordfront der Krepis war besonders hoch gezogen worden und ähnlich einer Toranlage gestaltet. Von ihr aus führte eine steingepflasterte Rampe zum Hügelzentrum, offenbar die repräsentative Zufahrt zum Zentralgrab, durch die der Tote Einzug in die letzte Ruhestätte hielt. Ein drittes

Nebengrab war wie ein Bauopfer unter der steinernen Randmauer
eingelassen worden. Im Zentrum stieß man auf die 2,4 m tiefe und
11 auf 11 m große Bestattungsgrube. In ihr war zunächst die eigentliche, quadratische Kammer von 4,7 m Seitenlänge aufgeschlagen und
diese nochmals von einem äußeren, 7,4 auf 7,5 m großen Blockbau
aus Eichenbalken ummantelt worden. Alles war mit schweren Bruch-
steinen zwischen- und hinterfüllt. Auch die etwa 1 m hohe innere
Kammer war mit mehreren Balken- und Steinlagen überdeckt.
Der Kern des Grabhügels bestand aus abgestochenen Rasensoden.
Darüber schüttete man steinfreie Erde zur geplanten Hügelgestalt auf.
In diesem Schüttboden zeichneten sich mehrere längliche, sekundär
ausgehobene Gruben ab, die mit allerlei Abfällen und kohligen
Bestandteilen verfüllt waren. Es kann kein Zweifel bestehen, daß es
sich dabei um die Überreste von Werkstätten handelt, die eigens und
kurzfristig für die Ausrüstung des vornehmen Toten neben dem Hügel
errichtet worden waren. Spuren von Eisen-, Bronze- und Goldverar-
beitung weisen darauf hin, daß manche Bestandteile des Beigabengutes
erst an Ort und Stelle speziell für das Leichenbegängnis fabriziert
wurden. Da zum Schluß die Erde um den Tumulus weitflächig bis zu
1 m Tiefe zur Gewinnung von Schüttmaterial abgegraben wurde,
ließen sich die Grundrisse dieser provisorischen Hütten nicht mehr
ausmachen. Sie waren, wie die aschigen Grubenfüllungen erkennen
ließen, vorher abgebrannt worden.
Der Inhalt der Grabkammer übertraf alle Erwartungen. Es lohnt sich
vielleicht – bevor wir fortfahren –, einmal kurz darüber nachzusinnen,
wie der Fundbericht wohl gelautet hätte, wenn das Grab vor 50 oder
100 Jahren entdeckt worden wäre, als die meisten der bislang bekannten frühkeltischen Fürstengräber ans Tageslicht kamen: Unter der
etwa 50 t schweren Steinpackung waren alle Eisen- und Bronzesachen
vollständig korrodiert. Allenfalls wenige massive Bronzegegenstände
hätte man in Bruchstücken bergen können – die Aufsatzlöwen und die
Rollenattaschen des Kessels und vielleicht Teile der Stützfiguren der
Kline. Die Goldschale und der Goldhalsreif des Toten wären wohl
auch nicht übersehen worden. Von dem sonstigen hauchdünnen Flit-
tergold lägen sicher nur noch winzige Fetzchen vor. Alles übrige hätte
man als rostigen Mulm durchwühlt und eventuell vermerkt, daß
wegen der vielen Bronzebrösel die »Grabkammer wohl mit Bronzeblech ausgeschlagen gewesen sei«, wie es mehrfach in alten Fundmeldungen heißt. Mehr wäre sicher bei einer sonntäglichen Hügelöffnung
à la Johannes Dorn oder Julius Naue nicht herausgekommen.

Unter Einsatz aller gegenwärtig zur Verfügung stehenden Hilfsmittel beläuft sich die Zahl der Fundnummern hingegen auf rund 2000 Objekte, darunter allein etwa 500 Stoffproben.

Das Innere der Eichenholzkammer war mit Textilien ausgelegt und auch die Wände waren mit Stoffbahnen verhängt worden. Diese hatte man mit Eisenkrampen befestigt und mittels Bronzefibeln drapiert. An der südlichen Kammerwand hingen neun goldverbrämte Trinkhörner: eines aus Eisen (Länge 85 cm), die anderen aus den Hornscheiden von Auerochsen. Gegenüber stand in der nordwestlichen Kammerecke auf einem hölzernen Gestell ein riesiger Bronzekessel von etwa 300 bis 400 l Inhalt. Drei archaisch-griechische Aufsatzlöwen zwischen Rollenattaschen weisen auf mediterrane Herkunft, ohne daß gegenwärtig die Provenienz der um 530 v. Chr. entstandenen heraldischen Tiere (Abb. 85) genauer eingegrenzt werden könnte. Dabei lag eine zierliche Goldschale von 72 g Gewicht.

Die gesamte östliche Kammerhälfte nahm ein vierrädriger Wagen mit 2,5 m langer Deichsel ein. Die zehnspeichigen Räder mit ihren wuchtigen Naben und der Wagenkasten waren mit Eisen beschlagen. Auf dem nur 0,65 m breiten und 8,5 cm hohen Wagenkasten lagerte das zweiteilige Zaumzeug, das mit entzückenden Bronzepferdchen besetzte Doppeljoch und der 1,9 m lange Stachel zum Antreiben der Zugtiere. Ferner fand sich im Wagenkasten allerlei Hausrat, darunter passend zu den Trinkhörnern neun Bronzeteller, drei große Griffbekken aus Bronze, ein Tranchiermesser, ein Metzgerbeil und eine Lanze zum Abfangen des Schlachtviehs.

Längs der westlichen Kammerwand stand der wohl interessanteste Gegenstand des Grabinventars: die Bettstatt des Toten, eine wie ein Biedermeiersofa mit Seiten- und Rückenlehne aus großen Bronzeblechen genietete, 3 m lange Kline (Abb. 15, 16, 107). Das fraglos im Umkreis des Hohenasperg gefertigte Prunkmöbel wird von acht massiven Frauenfiguren getragen, die dieselbe stilisierte Schmucktracht zeigen wie eine Frauenbestattung vom Magdalenenberg (Abb. 17) oder die Prinzessin von Schöckingen. Auf der Rückwand der fahrbaren Kline sind Kultszenen, Wagenumfahrten und Schwerttänze eingepunzt, dazu Vogelbarkenmotive, die der alteinheimischen, seit der Urnenfelderzeit geläufigen Bilderwelt entnommen sind.

Auf dieser Ruhestatt war der Tote aufgebahrt, gebettet auf mehrere Lagen von Kissen, Fellen und Decken. Als frühkeltischen Fürsten kennzeichnete ihn der Goldhalsreif. Den Leib gürtete ein Lederriemen mit Blechbesatz; darin steckte ein Zierdolch aus Eisen mit Bronzegriff

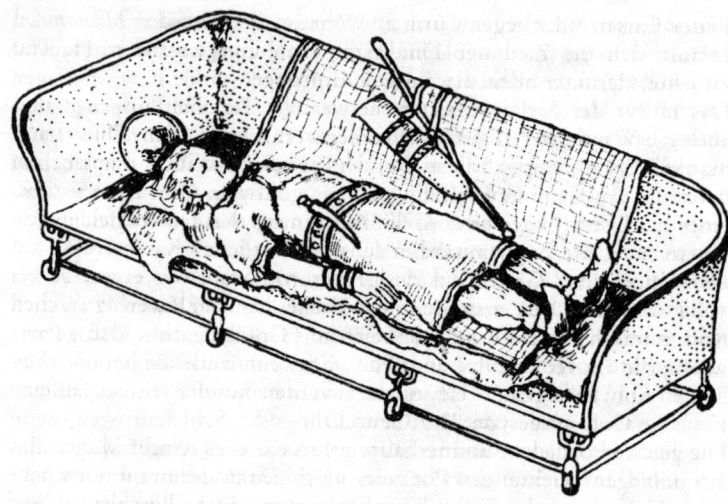

*Abb. 15.* Vorläufige Rekonstruktion einer etwa 3 m langen, fahrbaren, bronzenen Sitzbank mit dem aufgebahrten Toten aus dem Fürstengrab von Eberdingen-Hochdorf, Kr. Ludwigsburg, Baden-Württemberg (nach BITTEL u. a. 1981).

und -scheide. An den Füßen trug der Verstorbene Schnabelschuhe. Alle die letztgenannten Trachtbestandteile waren anläßlich der Bestattungsfeierlichkeiten in den eigens dafür eingerichteten Werkstätten mit dünnem, punzverziertem Goldblech verkleidet worden. Neben dem Schädel lag ein kegelförmiger Hut, aus Birkenrinde genäht, wie ihn in gleicher Form der Krieger von Hirschlanden trägt (Abb. 25). Das Gewand wurde von zwei bronzenen Schlangenfibeln verschlossen; zusätzlich hatte man für das Totenzeremoniell zwei ähnliche Fibeln aus Gold angefertigt und dem Toten auf die Brust gelegt. Es sind dies die einzigen Goldfibeln der Hallstattzeit nördlich der Alpen.

Zur alltäglichen Ausstattung des Toten gehören ein Holzkamm, ein Rasiermesser und ein Toilettennecessaire. Drei eiserne Angelhaken und ein Köcher mit Pfeilen verraten etwas von der Freizeitbeschäftigung des Hochdorfer Fürsten als Fischer und Jäger.

Das Goldgewicht beträgt insgesamt etwa 500 g, da fast nur hauchdünne Folien verarbeitet wurden. Während der Goldhalsreif zu den Herrscherinsignien, die goldene Trinkschale zum kostbaren Hausrat zu zählen sind, wurden die übrigen Goldgegenstände bzw. -auflagen speziell für das Bestattungsritual hergestellt, wie eine Punzenvergleichung bezeugt. Der Goldzierat verdeckt an Dolch, Gürtelblech und Trinkhörnern die eigentliche Verzierung und ist auch nur flüchtig befestigt. Ähnliche Goldblechfetzen aus gestörten Gräbern wie Grafenbühl, Römerhügel oder Gießübel 1 mögen einer vergleichbaren Aufwertung der Begräbnisausstattung gedient haben.

Der Hügel des 1951 entdeckten Grabes von *Schöckingen* war schon völlig eingeebnet, da er inmitten des Dorfes lag. Bei Bauarbeiten stieß man in nur 0,4 m Tiefe auf ein Skelett mit Goldbeigaben. Oscar Paret untersuchte sogleich die Fundstelle und konnte das Begräbnis einer jungen Frau freilegen.[89] Es handelte sich um eines der seltenen adligen Frauengräber, ausgestattet mit neun Ohr- oder Schläfenringen, neun kugeligen Haarnadeln und rechts wie links je drei Armbändern, alles aus Gold im Gesamtgewicht von 45 g. Dazu gehören noch vier Nadeln mit kastaniengroßen Korallenköpfen, ein Kollier aus zahlreichen kleinen Perlen und einem hühnereigroßen, hohlen Anhänger aus vielen kleinen, fein zugeschliffenen und zusammengepaßten Korallenstückchen. Ferner trug die Tote einen schlichten Bronzehalsring und mindestens drei Oberarmspiralen mit zurückgebogenen Schlangenkopfenden. Rekonstruiert man die Tracht der weiblichen Bestattung, so ergibt sich die nämliche Schmuckgarnitur, wie sie die Trägerfigurinen der Kline von Hochdorf zeigen.

Jenseits des Neckars kamen vor dem Zweiten Weltkrieg kurz hintereinander zwei frühkeltische Fürstengräber bei der Erschließung einer Neubausiedlung in *Stuttgart-Bad Cannstatt* zutage (Grab 1: 1934; Grab 2: 1937). Beide Bestattungen, deren Hügel bereits bis zur Unkenntlichkeit verflacht waren, wurden wieder von Oscar Paret geborgen.[90] Sie lagen nur 120 m auseinander, bildeten also ursprünglich eine Zweiergruppe großer Fürstentumuli.

In beiden Gräbern waren, nach den Waffen zu urteilen, Männer bestattet. Spärliche Holzspuren im Bereich der Metallbeigaben weisen jeweils auf gezimmerte Grabkammern hin. Hügel 1 soll noch eine Höhe von 0,5 m, Hügel 2 eine solche von 0,3 m gehabt haben. Über den Durchmesser der Hügel wie über die Größe der Kammern liegen keine Angaben vor.

Grab 1 enthielt im Ostteil einen Wagen mit vier zehnspeichigen Rädern und 43 cm langen, eisenverkleideten Nabenbüchsen. Die

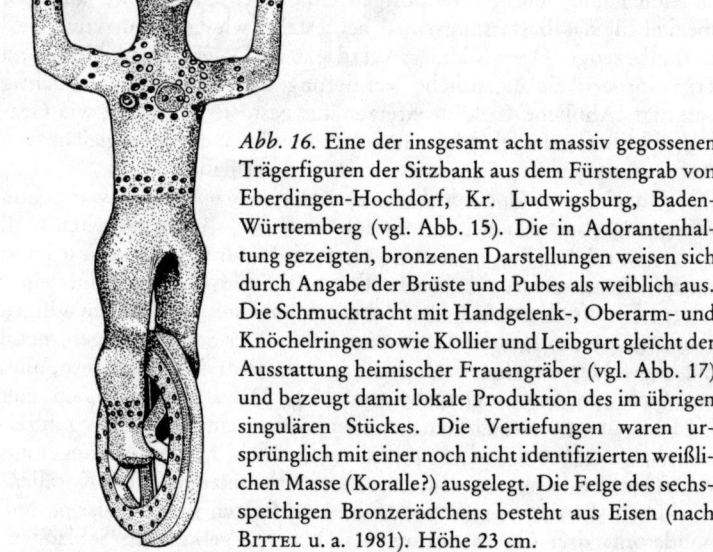

**Abb. 16.** Eine der insgesamt acht massiv gegossenen
Trägerfiguren der Sitzbank aus dem Fürstengrab von
Eberdingen-Hochdorf, Kr. Ludwigsburg, Baden-
Württemberg (vgl. Abb. 15). Die in Adorantenhal-
tung gezeigten, bronzenen Darstellungen weisen sich
durch Angabe der Brüste und Pubes als weiblich aus.
Die Schmucktracht mit Handgelenk-, Oberarm- und
Knöchelringen sowie Kollier und Leibgurt gleicht der
Ausstattung heimischer Frauengräber (vgl. Abb. 17)
und bezeugt damit lokale Produktion des im übrigen
singulären Stückes. Die Vertiefungen waren ursprünglich mit einer noch nicht identifizierten weißli-
chen Masse (Koralle?) ausgelegt. Die Felge des sechs-
speichigen Bronzerädchens besteht aus Eisen (nach
BITTEL u. a. 1981). Höhe 23 cm.

Seitenwände des Wagenkastens waren mit Bronzeblechstreifen
beschlagen, in die man horizontale Friese von stark abstrahierten
Tier- und Menschenfiguren eingepunzt hatte. So ließen sich die
Maße des Wagenkastens mit 1,8 m Länge, 0,7 m Breite und
14,3 cm Höhe ziemlich genau bestimmen. Tracht und Ausstattung
des Toten bestanden aus Halsreif, Armband und zwei Ringlein,
alles aus Gold, zwei goldplattierten Paukenfibeln, einer Kniefibel
mit kleiner Bügelpauke, einem Armring und einem Gürtelblech,
alles aus Bronze, sowie drei eisernen Lanzenspitzen und zwei großen Bronzekesseln von 0,9 und 0,7 m Durchmesser. Zwei Wochen
nach Beendigung der Ausgrabung brachte die Kriminalpolizei noch
eine herrliche Goldschale bei, die von den Findern verheimlicht
und bei einem Cannstatter Goldaufkäufer beschlagnahmt worden
war. Mit dieser Schale beläuft sich das Gesamtgewicht der Goldfunde auf 247 g.
Grab 2 von Stuttgart-Bad Cannstatt barg ein ganz ähnliches, nur etwas

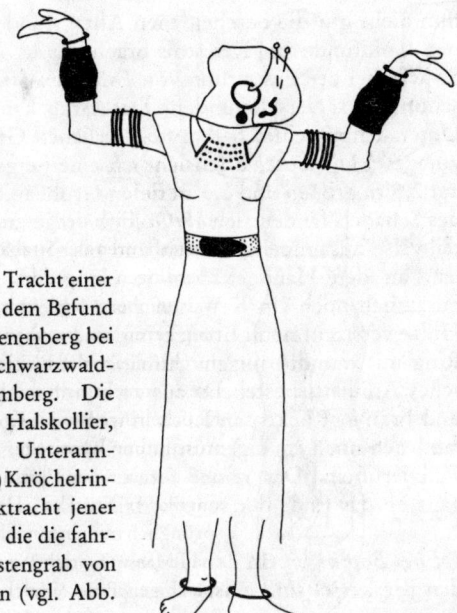

*Abb. 17.* Rekonstruktion der Tracht einer hallstattzeitlichen Frau nach dem Befund des Grabes 122 vom Magdalenenberg bei Villingen-Schwenningen, Schwarzwald-Baar-Kreis, Baden-Württemberg. Die Ausstattung mit Ohrringen, Halskollier, Oberarmringen, Gürtel, Unterarm-schmuck und (hier ergänzten) Knöchelrin-gen entspricht der Schmucktracht jener bronzenen »Adorantinnen«, die die fahr-bare Sitzbank aus dem Fürstengrab von Eberdingen-Hochdorf tragen (vgl. Abb. 15 und 16).

weniger üppiges Inventar. Es fehlte ein Wagen, und an Geschirr fand sich lediglich ein Bronzebecken von 0,5 m Durchmesser. Der Tote selbst besaß einen goldenen Halsreif, einen ebensolchen Armreif und je einen kleinen hohlen sowie massiven Goldring im Gesamtgewicht von 120 g. Weiter gehörten ein glattes Gürtelblech und zwei Fibeln aus Bronze zur Tracht. Von besonderem Interesse sind winzige Stück-chen genähter Birkenrinde, die nur zu einem kegelförmigen Hut wie von Hochdorf ergänzt werden können. Zwei eiserne Lanzenspitzen lagen zur Bewaffnung bei.

Es war Oscar Paret vergönnt, noch ein viertes ungeplündertes hallstät-tisches Fürstengrab zu finden. Der Rekord verdient um so größere Beachtung, als es sich in keinem Falle um Hügeluntersuchungen handelte, sondern jedesmal erreichten ihn die Meldungen, wenn die Gräber zufällig angestochen wurden. Durch seine Popularität genoß er ungewöhnliches Vertrauen als Bodendenkmalpfleger; die schwäbische Bevölkerung dankte ihm sein unermüdliches Engagement, indem sie ihm nicht nur die bescheidenen Alltagsfunde, sondern auch die seltenen Goldfunde zur Kenntnis brachte.

So war bei der Bestattung von *Esslingen-Sirnau* der Hügel gleichfalls schon längst verschwunden. Das Grab kam wieder zufällig bei der Untersuchung eines frühmittelalterlichen Gräberfeldes im Jahre 1936 zutage.[91] Die Tote, offensichtlich eine junge Frau, ruhte in einer 1,1 auf 2,8 m großen und 1,4 m tiefen Grube mit Holzeinbau. Im Bereich des Schädels fanden sich 18 Goldohrringe, am Hals ein Kollier aus 17, teilweise zusammengesetzten und bis zu 4,5 cm großen Korallenperlen, an den Handgelenken je ein goldenes Armband, am linken zusätzlich noch ein Kettchen aus 14 kleinen Korallenperlen, bei der Hüfte verstreut neun Bronzeringlein, wohl ein Gürtelbesatz, dazu ein Ring mit mondförmigem Anhänger und ein seltsames, sicher magisches Amulett, bestehend aus zwei unbekleideten Figürchen – Mann und Frau –, Rücken an Rücken in Bronze gegossen. An der Schulter fand sich noch ein eigentümlicher Bronzebügel und auf der Brust vier Fußzierfibeln. Das reiche Grab von Esslingen-Sirnau datiert damit ganz an das Ende der späten Hallstattkultur.

*Ipf bei Bopfingen:* In der Umgebung des Ipf wie auch im anschließenden Rieskessel sind einstweilen keine Fürstengräber bekannt.

*Marienberg bei Würzburg:* Die Bedeutung der durch Südimport gekennzeichneten Zentralsiedlung auf dem Marienberg war bislang unklar, da die zugehörigen Großgrabhügel zu fehlen schienen. Erst in allerjüngster Zeit gelang es Ludwig Wamser, im engeren und weiteren Umkreis der Würzburger Mainschleife nicht weniger als 45 Tumuli mit Durchmessern von 30 bis 90 m nachzuweisen (davon 29 mit Durchmessern von 30 – 39 m, 8 mit 40 – 49 m und 6 mit 50 – 90 m, vgl. Taf. 8; 2 Grabhügel sind noch fraglich).[92] Von diesen gehört ein großer Teil zum unmittelbaren Einflußbereich des Fürstensitzes. Drei Hügel (Durchmesser 37, 40 und 53 m) liegen mit etwa 6 km Abstand und Sichtverbindung im Vorfeld der Burg. Es ist dies die Gruppe im *Guttenberger Wald* (Abb. 6). In einigen weiter entfernten Tumuli fanden bereits Ausgrabungen statt.[93] Wenn auch bislang Gold- und Importbeigaben mangeln, so zeigen die gehobenen Inventare wie auch die Beobachtungen zu Grabhügelbau und Kammereinrichtung schlagende Parallelen zum übrigen südwestdeutschen Fürstengräberkreis. Genannt sei nur der 40 m im Durchmesser haltende und noch 6 m hohe *Fuchsenbühl bei Riedenburg* im Landkreis Würzburg, der mit zentraler, ebenerdiger Grabkammer, Steinpackung, Kernhügel aus gestapelten Rasenziegeln, Hügelmantel aus aufgeschüttetem Unterboden, peripherem Steinkranz sowie 7 m breitem und 2 m tiefem Ringgraben bis in Einzelheiten den Bestattungsbräuchen der Fürstenhügel um Heuneburg und Hohenasperg entspricht (Abb. 12). Besonders deutlich werden diese engen Verbindungen auch durch den Fund eines weiß-rot-schwarz bemalten Kegelhalsgefäßes im Fuchsenbühl (Abb. 56), das nur im Umkreis der Heuneburg getöpfert sein kann und in den nördlichen Randbereich des Westhallstattkreises verhandelt wurde. Die Ausstattung der unterfränkischen Großgrabhügel mit vierrädrigen Wagen (Abb. 113), Pferdegeschirr, Doppeljochen (vgl. auch Abb. 109) und Bronzegeschirr bildet dabei fast die Regel, wenn auch gerade die Zentralgräber zumeist antik beraubt sind.

Wir haben damit alle Fürstengräber kennengelernt, die im näheren und ferneren Einflußbereich der in Kap. 3 aufgezählten frühkeltischen Zentralsiedlungen lokalisiert sind. Darüber hinaus gibt es innerhalb des Westhallstattkreises keine weiteren Bestattungen, die nach unserer Definition das diesbezügliche Prädikat verdienen. Es waren nur solche Grablegen in unsere Betrachtungen aufgenommen worden, in denen entweder bemerkenswerter südlicher Import und/oder gewichtigere Goldbeigaben zutage gefördert wurden oder, wenn der Befund durch Plünderung verunklart war, zumindest die Monumentalität der Grabanlage zweifelsfrei auf ein Fürstengrab hinweist.
Die angestrebte Vollständigkeit kann dabei nur den Stand des bislang Bekannten erfassen. Leider läßt sich die brennende Frage, inwieweit dieser die ursprüngliche Zahl repräsentiert, nicht einmal in Ansätzen erörtern. Wissenschaftlich genügend und umfassend sind nur zwei Großgrabhügel im Westhallstattkreis untersucht worden: der Magdalenenberg und der Hügel Talhau 4. Die Grabungen am Grafenbühl und von Hochdorf mußten bereits am stark durch Abtragung dezimierten Objekt ansetzen, so daß letzte Gewißheit nicht besteht. Alle enthielten nur jeweils ein Fürstengrab, nämlich die zentrale Kammerbestattung. Von in älterer Zeit, insbesondere im 19. Jahrhundert, geöffneten Tumuli wissen wir aber, daß gelegentlich auch weitere reiche Gräber als Nachbestattungen in die Aufschüttung eingebracht sein können. Die größte Zahl lieferte der Hügel Gießübel 1 mit einem Haupt- und fünf Nebengräbern.
Bei anderen Großgrabhügeln (Gießübel 2, Kleinaspergle 2 u. a.) mußten die Ausgrabungen an einem so stark beschädigten Denkmal ausge-

führt werden, daß zwar noch ein zentrales Fürstengrab geortet, aber
nicht mehr geklärt werden konnte, ob adlige Nebenbestattungen
unbeachtet zerstört waren. Die meisten der frühkeltischen Fürstengrabhügel sind indes noch gar nicht oder nur teilweise geöffnet worden, so daß außer der sicheren Tatsache des Hauptgrabes weitere
Aussagen spekulativ bleiben müssen. Selbst die Zahl der Großgrabhügel ist – abgesehen vom Mindestbestand – nicht annähernd zu erfassen.
Sehr viele sind zudem völlig eingeebnet, weshalb sie nur durch Zufall
(Vix, Corminbœf, Stuttgart-Bad Cannstatt 1 und 2, Esslingen-Sirnau,
Schöckingen) oder durch Luftbildprospektion (Hochdorf 2 und 3,
Eichfeld; Taf. 8) lokalisiert werden können. Bezieht man alle genannten Imponderabilien mit ein, so ist festzuhalten, daß wir nur einen sehr
geringen Bruchteil aller ehemals angelegten Fürstengräber kennen.
Bei der geringen Zahl verläßlich beobachteter Adelsbegräbnisse verbietet es sich eigentlich, Grundlinien des Bestattungsritus und der
Beigabenkombination herausarbeiten zu wollen. Wie die Darstellungen gezeigt haben, herrscht auf der einen Seite eine auffällige Indivi-
dualität, so daß von einem einheitlichen Totenritual keine Rede sein
kann. Andererseits zeichnen sich sowohl gewisse über den ganzen
Westhallstattkreis verbreitete gemeinsame Züge als auch bestimmte
regionale und chronologische Besonderheiten ab, die – soweit nicht
schon eigens betont – im folgenden knapp angedeutet werden
sollen.
Verbindlich ist in jedem Falle die Bestattung im Grabhügel. Es liegt
vorerst kein sicherer Befund vor, der die Annahme einer Grablege
ohne Tumulus rechtfertigen würde. Die Größe des Grabhügels gibt
nur teilweise einen Hinweis, ob ein Fürstengrab vorliegt. Sicher ist das
lediglich bei der relativ kleinen Gruppe von Großgrabhügeln, deren
antiker Durchmesser etwa 50 m und mehr beträgt. Diese liegen zudem
auch regelhaft im unmittelbaren Umkreis der Zentralsiedlungen,
wodurch ein weiteres Kriterium gewonnen ist. Bei den kleineren
Tumuli mit Durchmessern zwischen 30 und 50 m kann nur der
Ausgrabungsbefund entscheiden, da gar nicht einmal so selten die
Grabhügel der normalen Bevölkerung diese Größenordnung erreichen.
Fürstliche Bestattungen in Grabhügeln unter 30 m antiken Durchmes-
sers bilden die Ausnahme. Anzeichen dafür, daß ein bestehender
Tumulus bei der Aufnahme eines weiteren Fürstengrabes zusätzlich
überhöht und vergrößert wurde, liegen im Westhallstattkreis nicht
vor. In der Schweiz und im französischen Jura fehlen die eigentlichen

Riesengrabhügel. Dort werden die adligen Herren üblicherweise in Hügeln mit Durchmessern zwischen 20 und 40 m bestattet, die größenmäßig zwar auch dann noch oft unter den gemeinen Tumuli herausragen, aber die untere Grenze ist doch sehr viel mehr verwischt als im Umfeld der Zentralsiedlungen Burgunds und Südwestdeutschlands. In den meisten Fällen liegen die als solche identifizierten Fürstengrabhügel isoliert, allenfalls in Gruppen bis zu vier Tumuli (Gießübel-Talhau). Nur die Fürstenhügel von Ins und der Hohmichele erheben sich inmitten größerer Hügelgräberfelder üblichen Zuschnitts.

Die Fürstentumuli enthalten immer ein Zentralgrab, das den Anlaß zur Hügelaufschüttung bot. Häufig wurden dann ein oder mehrere reiche Nachbestattungen in ein bereits bestehendes Monument eingelassen. Die Nebengräber können dabei in der Peripherie oder auch im Zentrum der Aufschüttung in ganz unterschiedlicher Tiefe liegen. Da diese, soweit verläßliche Beobachtungen existieren, als Schachtgräber mit nachfolgender Auffüllung der Grabgrube eingebracht wurden, stören oder beseitigen sie mitunter das ursprüngliche Hauptgrab (Grafenbühl).

Das Zentralgrab wurde entweder zu ebener Erde oder in einer ausgehobenen Grube mit maximal 2,8 m Tiefe (Kleinaspergle 1) angelegt. Die Fürstengräber der älteren Serie liegen zumeist auf dem antiken Niveau (Magdalenenberg, Hohmichele, Kappel 1 und 2). Für die Bestattungen der jüngeren Phasen (Ha D 2, Ha D 3 / Lt A) wurde fast immer eine Grube ausgehoben (Hochdorf, Gießübel-Talhau, Üetliberg-Sonnenbühl, Kleinaspergle 2).

Für alle fürstlichen Grablegen zimmerte man eine rechteckige oder quadratische Kammer in Blockbautechnik (Abb. 14; Taf. 13) mit flacher Decke. Je nach dem Umfang des aufzunehmenden Beigabeninventars weisen die Kammern Größen von 3 m² (Esslingen-Sirnau) bis 36,5 m² (Magdalenenberg) auf. Insbesondere die Grablegen mit einem Wagen sind immer deutlich größer. Freilich bietet die Grabkammergröße kein relevantes Anzeichen für ein Fürstengrab, denn unter den Bestattungen der allgemeinen Bevölkerung gibt es auch Kammern mit bis zu 25 m² Grundfläche, wie das 6,2 m lange und 4,2 m breite Wagengrab von Dautmergen, Zollernalbkreis, lehrt.[94]

Sehr oft, aber durchaus nicht immer (Hohmichele), wurden die zentrale Kammer oder die Nebengräber mit einer mehr oder minder großen Steinpackung überdeckt bzw. ummantelt. Dafür verwendete man örtlich anstehendes Gestein, das aus der näheren Umgebung beschafft wurde. Die Steinabdeckung von Hochdorf wiegt annähernd 50 t, die des Magdalenenberges umfaßt etwa 2500 m³ (Taf. 6). Bei letzterer gelang der Nachweis des Abbaufeldes in 1,2 km Entfernung. Vermutlich öfter als bislang erkannt wurden die Steinsätze mit Holzstangen oder Balken durchschossen, doch fehlen dazu noch genauere Untersuchungen, um Sinn und Regelhaftigkeit dieser Maßnahmen zu ergründen. Beim Magdalenenberg besaßen diese sorgfältig geschlichteten Balken nicht selten Zapfenlöcher und Stoßfugen, so daß man den Eindruck gewann, es handelte sich um Konstruktionsteile eines abgerissenen Hauses, das man dem Toten sozusagen als überdimensionale Grabbeigabe – pars pro toto – ins Jenseits mitgab.

Die Erde für den Aufschutt grub man weitflächig um den Hügel herum ab, so daß das Monument dadurch noch an Höhe gewann. Die Abgrabungstiefe erreicht höchstens 1 m (Hochdorf, Magdalenenberg), wobei die Aufschüttungsabfolge des Hügels sozusagen ein umgekehrtes Profil des Untergrundes wiedergibt. Meist bilden demnach die zuerst abgestochenen Rasensoden den Kern und der Unterboden den Mantel des Tumulus. Manchmal stießen die hallstättischen Arbeiter ihrerseits auf archäologische Befunde, die sie entweder einsteckten und die sich gelegentlich als Grabbeigaben wiederfinden (Steinbeile, Feuersteinpfeilspitzen), oder diese tauchen in der Schütterde des Hügels unter. So kamen beispielsweise im Hohmichele Reste einer urnenfelderzeitlichen Nekropole zutage oder in Hochdorf eine jungsteinzeitliche Siedlung. Für die Errichtung der Gießübel-Talhau-Gruppe wurde fast nur der Kulturboden der kurz zuvor zerstörten Heuneburg-Außensiedlung als Aufschutt verwendet. Die unausrottbare Meinung, die Kelten hätten die Hügelerde kilometerweit auf Schilden oder in Hüten zum Begräbnisplatz geschleppt, gehört ins Reich der Fabel.

Den Hügelfuß selbst markierte man entweder gar nicht (Magdalenenberg, Üetliberg-Sonnenbühl), umsäumte ihn mit einem Pfostenkranz, mit einem Mäuerchen (Gießübel 2, Hochdorf) oder umgab ihn mit einem Ringgraben (Kleinaspergle, Gießübel 1, Talhau 4). Allem Anschein nach strebte man immer eine deutliche Abgrenzung des Bestattungsbezirkes gegen das profane Umland an, wobei außer den genannten wohl auch mit solchen Kennzeichnungen zu rechnen ist, die sich dem archäologischen Zugriff entziehen.

Für das Abgraben des Bodens waren einfache, am dickeren Ende zweiseitig abgeflachte Stecken, für den Erdtransport große Weidenrutenkörbe im Einsatz (Abb. 13). Das Bewegen schwerer Lasten wie

z. B. der Steinblöcke geschah mit Hilfe von Rindergespannen und Stangenschleifen (Magdalenenberg). Die Dauer der Errichtung von Grabhügeln läßt sich nur im Falle des Magdalenenberges genauer abschätzen. Nach dendrochronologischen Daten brauchte man für die Aufschüttung der etwa 45 000 m³ ungefähr 15 bis 20 Jahre, so daß eine jährliche Arbeitsleistung von 2500 m³ veranschlagt werden kann. Damit stimmt sehr gut überein, daß die meisten Großgrabhügel ohnehin nur eine Schüttungsmasse von eben diesem Umfang erreichen, mithin innerhalb eines Jahres aufzutürmen waren. Nur wenige Fürstentumuli überschreiten dieses Maß wesentlich, woraus sich – als rasch herausgegriffene Beispiele – folgende Aufstellung ergibt:

| | | | |
|---|---|---|---|
| Gießübel 2: | 10 000 m³ | = | 4 Jahre |
| Lehenbühl: | 15 000 m³ | = | 6 Jahre |
| Bürgle bei Buchheim: | 20 000 m³ | = | 8 Jahre |
| Hohmichele: | 30 000 m³ | = | 12 Jahre |
| Magdalenenberg: | 45 000 m³ | = | 18 Jahre |

Natürlich handelt es sich dabei um recht willkürliche Schätzwerte, die zudem nach der Zahl der zur Verfügung stehenden Arbeitskräfte beträchtlichen Schwankungen unterliegen mögen. Weiter ist zu berücksichtigen, daß wegen der halbjährigen Schnee- und Frostperiode am Schwarzwaldrand die Magdalenenbergleute höchstens sechs bis sieben Monate im Jahr zu arbeiten vermochten, während im milderen Klima der oberen Donau und des Breisgaus fast das ganze Jahr lang geschafft werden kann. Entsprechend wären die Bauzeiten zu verkürzen. Setzt man weiter voraus, daß die Zentralsiedlung Heuneburg sicher erheblich mehr Arbeiter bereitstellen konnte als der Herr von Kapf und Magdalenenberg, so wird man für die Aufschüttung selbst der größten Heuneburg-Hügel höchstens einige wenige Jahre berechnen dürfen.

Es ist vielleicht kein Zufall, daß die früheren Fürstentumuli (Hohmichele, Lehenbühl, Rauher Lehen) der Burg an der oberen Donau sehr viel umfänglicher sind als die späteren (Gießübel-Talhau). Denn mit der Aufgabe der Außensiedlung nach der Katastrophe am Übergang von Ha D 1 zu Ha D 2 beschränkte sich das Siedelareal nur noch auf den befestigten Sporn. Zwangsläufig resultiert daraus ein erheblicher Bevölkerungsrückgang, so daß für die späteren Grabhügel weniger Arbeitspotential eingesetzt werden konnte und sich die Fürsten mit entsprechend kleineren Grabhügeln zu bescheiden hatten.

Gleichwohl stellen die frühkeltischen Riesengrabhügel die gewiß eindrucksvollsten Zeugnisse vorgeschichtlicher Gemeinschaftsleistungen in Mitteleuropa dar. Es unterliegt keinem Zweifel, daß nur ein starker Wille und die Macht herausragender Persönlichkeiten solche Leistungen erzwingen konnten. Die Bauherren setzten damit nicht nur ihren Vätern und Vorgängern, sondern auch sich selbst unvergängliche Denkmäler.

Soweit verläßliche archäologische bzw. anthropologische Analysen vorliegen, handelt es sich bei der weit überwiegenden Zahl der Fürstengräber um männliche Bestattungen. Einzelne Fälle müssen unentschieden bleiben. Fürstlich ausgestattete Frauengräber sind höchst selten. Dies bedeutet, daß innerhalb der obersten sozialen Schicht fast nur die Männer mit den Insignien der Nobilitas versehen die Reise ins Jenseits antraten. Die weiblichen Ehepartner, wobei Vielweiberei und Mätressentum wohl nicht auszuschließen sind, verbergen sich zum überwiegenden Teil unter den schlichten Gräbern der normalen Bevölkerung, zumal auch die Bestattungen der sogenannten »zweiten Garnitur« durchweg männliche Begräbnisse vertreten. Einige Befunde sind als Doppelbestattungen, vermutlich im Rahmen der Toten- und Witwenfolge, zu deuten. Einzelgräber mit reichen Frauen liegen von Ins-Hügel 8, Urtenen, Schöckingen und Esslingen-Sirnau vor. Anthropologische Gutachten stützen mangels erhaltener Skelette die Bestimmungen zwar nicht, doch geben der Besitz von Kopfschmuck und Perlenkolliers wie das Fehlen von Waffen und Goldhalsringen einen jeweils wohl genügend sicheren Hinweis. Die beiden schweizerischen Ensembles enthielten einen vierrädrigen Wagen. Bis auf Esslingen-Sirnau wurde in allen auch Bronzegeschirr gefunden. Südlicher Import (Ausnahme Koralle!) kommt in Frauengräbern niemals vor.

Für die Charakterisierung der fürstlichen Männergräber genügt es, die in den Einzeldarstellungen beschriebenen Befunde zusammenzustellen. Maßgeblich für die Bewertung war das Vorhandensein von üppigem Goldschmuck und/oder mediterranen Einfuhrgütern. Daraus folgert eine qualitative und quantitative Abstufung von extrem reichen Bestattungen wie Vix, Grafenbühl und Hochdorf bis hin zu Gräberinventaren, die recht unauffällig sind und nur deshalb von uns aufgelistet wurden, weil sie einen Goldarmreif (Schlatt) oder eine etruskische Hydria (Conliège) enthielten. Ausstattungsmäßig liegt hier ein breiter Überschneidungsbereich zwischen den Gräbern der »zweiten Garnitur« und den Begräbnissen der »Dorfältesten« oder Häuptlinge vor, deren soziale Auffächerung nur ganz unvollkommen gelingt (worüber noch im folgenden Abschnitt sowie zusammenfassend in Kap. 9 zu sprechen sein wird).

## Die kleinen Grabhügel

Das gewöhnliche Totendenkmal für die »kleinen Leute« ist der kleine Grabhügel (Abb. 9–11). Die durchschnittliche Größe beläuft sich auf etwa 6 bis 20 m Durchmesser. Es gibt aber auch winzige Tumuli mit nur 3 m Durchmesser, die die Bestattung gerade noch überdecken. Grabhügel mit mehr als 20 m bis maximal etwa 40 m Durchmesser bilden Ausnahmen. Ihre Größenordnung überschneidet sich mit den Ausmaßen kleinerer Fürstengrabhügel. Meist enthalten sie die Bestattungen der »Dorfältesten« oder einfache Wagengräber.

Gut erhaltene Grabhügel besitzen immer eine gleichmäßig gewölbte, flachkugelige Gestalt. Je nach dem Grad der Erosion bzw. Abtragung vermindert sich die ursprüngliche Höhe zugunsten einer Zunahme des ehemaligen Umfanges, so daß nur durch genaue Ausgrabung der antike Durchmesser bestimmt werden kann. In der Regel weisen die Grabhügel des westlichen Hallstattkreises eine kreisrunde Grundfläche auf (Abb. 9 und 10). Es wurden aber auch schon solche mit quadratischem Grundriß bemerkt (Abb. 11), und möglicherweise gibt es diese sehr viel häufiger, als es bislang den Anschein hat. Denn die viereckigen Tumuli erodieren ebenso rasch zum üblichen hügeligen Aussehen. Nur die Untersuchung auch der Randbereiche kann Klarheit schaffen, doch liegen derart gründliche Beobachtungen einstweilen noch recht selten vor. Diese Bemerkungen kommen nicht von ungefähr, denn im Verlaufe der Latènezeit erlangt die rechteckige Einfassung von Kultbezirken eine hohe Bedeutung (Viereckschanzen).

Die Anlage der Gräber, der Bau des Grabhügels und die Gestaltung des Hügelfußes spiegeln in entsprechend verminderten Dimensionen die Bestattungsmaßnahmen der Fürstentumuli wider, weshalb wir uns bei der folgenden Charakterisierung kurz fassen können und nur zusätzlich auf einige Besonderheiten hinweisen wollen.

Immer bildet eine zentrale Grablege den Anlaß zur Errichtung eines Grabhügels. Das Hauptgrab kann ebenerdig angelegt oder in eine eigens dafür ausgehobene Grube eingelassen sein. Soweit gute Erhaltungsbedingungen vorliegen und Holzspuren dokumentiert wurden, liegt der Leichnam oder der Leichenbrand zusammen mit den Beigaben regelhaft in einer gezimmerten Grabkammer. Kleinere, der Körperform angepaßte Kammern sollte man vielleicht besser als Kiste oder Sarg bezeichnen. Als Grundsatz gilt wieder – wie bei den Fürstengräbern –, daß die älteren Zentralbestattungen (Ha D 1) häufiger auf dem antiken Niveau eingerichtet, die jüngeren öfter eingetieft wurden. Vereinfacht läßt sich sagen: je jünger desto tiefer. Die zunehmende Bereitwilligkeit zur Bestattung in der Grube ab Ha D 2 nimmt die Flachgrabsitte der Latènezeit vorweg.

Bisweilen überdeckte man die zentrale Holzkammer bzw. den Sarg mit einer mehr oder minder umfänglichen Steinpackung. Zumal in der Côte-d'Or bestehen die Hügel fast nur aus Steinen. Darüber wird dann gegebenenfalls der Erdhügel aufgeschüttet. Den Hügelfuß kennzeichnete man entweder gar nicht, oder man umgab ihn mit einer steinernen Krepis. Diese kann aus einzeln nebeneinander gesetzten Steinplatten oder aus einem Mäuerchen bestehen. Gelegentlich trifft man auch Pfostenkränze an (Abb. 21; Taf. 9). Nicht selten sind offenbar auch Ringgräben (Abb. 10) als Abgrenzung des Bestattungsplatzes gegen das ungeweihte Umland ausgehoben worden. Hin und wieder begegnet man der Kombination von steinerner Krepis oder Holzpfostenkranz und Ringgraben (Abb. 12).

Neben dem Zentralgrab trifft man in den Hügeln sehr häufig eine unregelmäßige Zahl von Nachbestattungen an. Dies erweckt den Eindruck von Familien- oder Sippenfriedhöfen. Nebengräber werden regelhaft in den bereits bestehenden Tumulus eingelassen. Mit solchen Nachbestattungen werden nicht nur die in der späten Hallstatt- und frühen Latènezeit aufgeschütteten Hügel, sondern durchweg auch die älterhallstättischen Nekropolen (Ha C) versehen. Manchmal finden sich eisenzeitliche Nachbestattungen auch in bronzezeitlichen Hügeln, mitunter sogar in natürlichen Geländekuppen. Jedweder Hügel lockt den Totengräber an. In die Hügelmitte eingegrabene Sepulturen beschädigen oft die älteren Begräbnisse oder beseitigen sie vollends. Die zentrale Lage war allem Anschein nach besonders begehrt. In den Mauenheimer Hügeln schachtelten sich bis zu vier Bestattungen ineinander. Ein solcher Befund stellt höchste Anforderungen an die Sorgfalt des Ausgräbers, will er die einzelnen Grabensembles *cum lege artis* entwirren.[95] In der Hügelperipherie geschieht die Ausrichtung der Kammer- und Sarggräber meist tangential, so daß sich die Sekundärbestattungen wie zu Ringen agglomerieren. Auf diese Weise führen die einzelnen Tumuli durchschnittlich fünf bis zehn Begräbnisse (Abb. 10 und 11). In Ausnahmefällen können große Hügel auch ein oder meh-

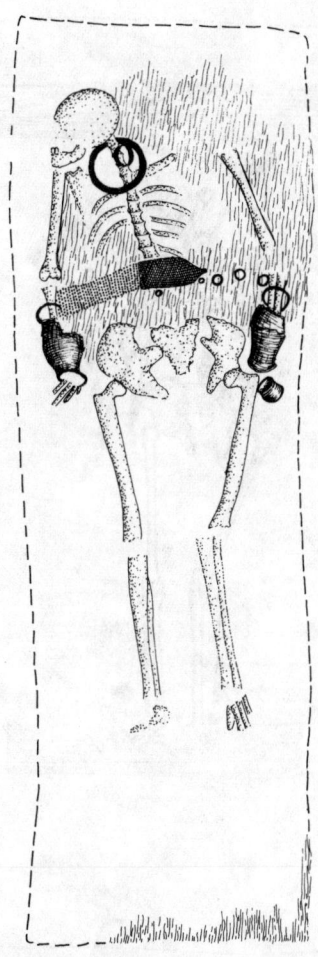

*Abb. 18.* Grab einer erwachsenen Frau vom Magdalenenberg bei Villingen-Schwenningen, Schwarzwald-Baar-Kreis, Baden-Württemberg. Von der Trachtausstattung blieben die Ohrringe, der Halsring, der zwingenbesetzte Leibriemen mit Gürtelblech und Verschlußringen sowie die beiden Tonnenarmbänder, alles aus Bronze, erhalten; neben der linken Hüfte ein keramisches Miniaturgefäß. Ebenfalls nachweisbar waren Spuren des hölzernen Sargbodens (nach SPINDLER 1976).

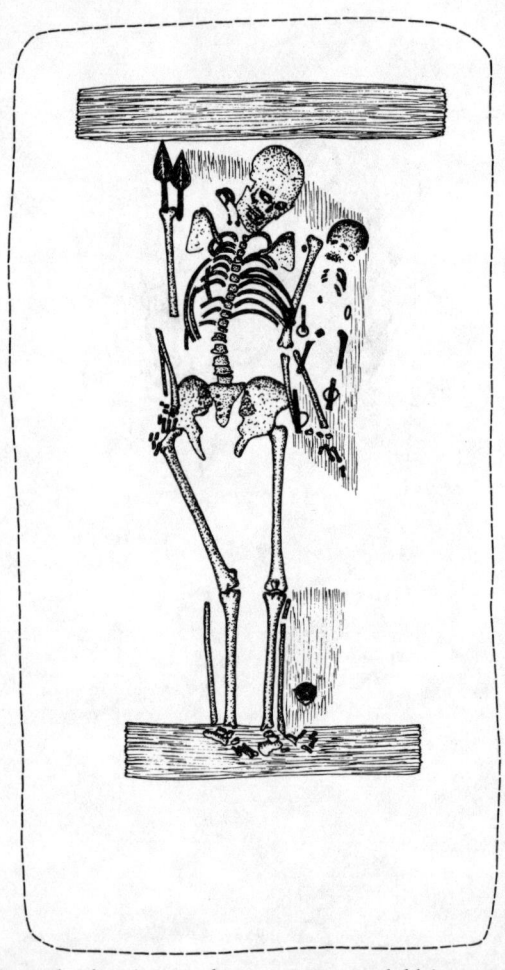

*Abb. 19.* Doppelgrab mit erwachsenem Mann und kleinem Mädchen vom Magdalenberg bei Villingen-Schwenningen, Schwarzwald-Baar-Kreis, Baden-Württemberg. Der Mann ist mit je zwei eisernen Lanzenspitzen und bronzenen Bogenfibeln, das Kind mit paarigen Ohr-, Arm- und Fußringen ausgestattet; zu Füßen ein keramisches Miniaturgerät. Die beiden Toten ruhten gemeinsam in einem Sarg, dessen Unterlegbalken an Kopf- und Fußende deutlich sichtbar waren (nach Spindler 1976).

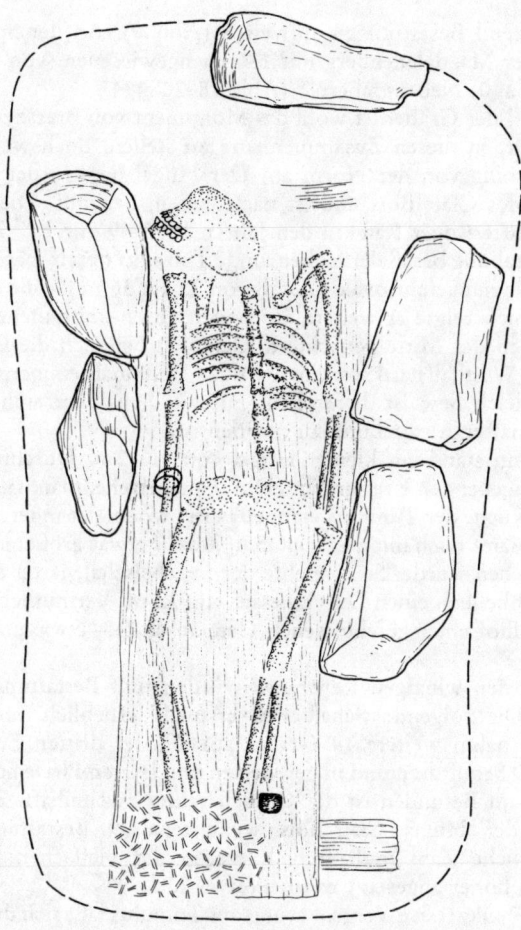

*Abb. 20.* Birituelle Dreifachbestattung vom Magdalenenberg bei Villingen-Schwenningen, Baden-Württemberg. In dem in Spuren erhaltenen Holzsarg ruhte ein körperbestatteter Mann mit zwei Armringen am rechten Handgelenk und einem keramischen Miniaturgefäß an der linken Ferse. Am Fußende, aber noch innerhalb des Sarges fand sich der Leichenbrand einer erwachsenen Frau und eines etwa 10 bis 11 Jahre alten Kindes. Der freie Raum zwischen Leichenbehälter und Grabgrubenwand war mit mächtigen Buntsandstein-Blöcken verfüllt (nach SPINDLER 1973).

rere Dutzend Bestattungen aufweisen (Abb. 9). An der Spitze steht bislang der Magdalenenberg mit 126 nachgewiesenen (von ursprünglich etwa 140) Nebengräbern[96] (Abb. 18–20, 114).

Nach Zahl der Gräber ist wohl das Monument von Bressey-sur-Tille, Côte-d'Or, in diesen Zusammenhang zu stellen, doch weicht es im Aufbau völlig von der Norm ab. Der Hügel liegt in der Nähe des Bauernhofes Clair-Bois und ist nach diesem benannt. Die Untersuchung führte Roger Ratel in den Jahren 1967–69 durch.[97] Zu Beginn der Ausgrabung besaß der früher runde Tumulus durch spätere Abgrabungen eine ungefähr ovale Gestalt von 25 auf 36 m Größe und 2,5 m Höhe. Auch zeigte er weitere Störungen durch unberufene Eingriffe und war in der Mitte getrichtert. Dennoch ließ sich die Geschichte dieses im Westhallstattkreis einzigartigen Denkmals einigermaßen klären. Zugleich beweist dieser Fall, mit welchen Überraschungen bei gewissenhafter Ausgrabung zu rechnen ist.

Am Beginn stand ein kleiner Hügel von nur 3 m Durchmesser mit einem umgebenden Kreisgraben. Durch mehrfache, planmäßige Überhöhung wuchs der Tumulus etappenweise, wobei der innere Kreisgraben insgesamt noch mit drei weiteren, jeweils etwas größeren Ringgräben umgeben wurde. So erreichte der zwiebelschalenartig aufgebaute Hügel schließlich einen Durchmesser von 32 m. Vermutlich bildete er den Friedhof einer geschlossenen Gemeinschaft – etwa eines kleinen Dorfes.

Schon in den winzigen Kernhügel wurden fünf Bestattungen eingebracht. Die folgende Schale des erstmals erheblich vergrößerten Tumulus nahm weitere 14 Gräber auf. In der dritten Erweiterung folgten 39 Sepulturen und in der vierten und letzten Phase noch einmal 41. Bei fünf Befunden ist der Grabcharakter zweifelhaft. Zusammen enthielt der Hügel Clair-Bois wenigstens 99 Bestattungen. Die ursprüngliche Zahl muß freilich wegen der vielfachen Störungen erheblich höher angesetzt werden (etwa 200).

Durch die sukzessive Vergrößerung des Tumulus läßt sich die zeitliche Abfolge der Bestattungshorizonte ziemlich genau rekonstruieren. Die Belegung begann in der Phase Ha D 2 und währte kontinuierlich bis in die Stufe Latène B. Die Gesamtdauer der Nekropole ist auf etwa 250 bis 300 Jahre zu veranschlagen. Pro Jahr fand also höchstens ein Begräbnis statt. Es waren einfache Leute, die dort ihre Toten begruben. Nur wenig mehr als die Hälfte aller Gräber führte Beigaben, hauptsächlich Ring- und Fibelschmuck. In einem Grab kam als Besonderheit ein Eisendolch in Bronzescheide zutage.

Der Friedhofshügel von Bressey-sur-Tille zeigt beispielhaft, daß das Ende der frühkeltischen Fürstenzivilisation der allgemeinen Besiedlung keinen Abbruch tat. Wir kennen kein Fürstengrab im Westhallstattkreis, das sicher nach Latène B zu datieren wäre. Die Adelsdynastien erloschen – zumindest ihre Repräsentation durch aufwendige Grablegen – mit dem Ende der Phase Ha D 3 / Lt A. Beim einfachen Volk hingegen läßt sich eine solche Zäsur nicht bemerken. Die Ansiedlung von Bressey-sur-Tille, gespiegelt durch ihren Bestattungsplatz auf dem Hügel Clair-Bois, währte bis weit in die folgende Stufe Latène B hinein.

Ebenfalls eine Sonderstellung nimmt die eigentümliche, im abgeschiedenen Taubertal zwischen Hohenasperg und Marienberg gelegene Gräberfeldgruppe vom Typ Impfingen ein, der vorerst nichts Vergleichbares an die Seite zu stellen ist. Bislang sind dort vier derartige Nekropolen bekannt, und zwar bei Tauberbischofsheim-Wolfstalflur, Königshofen, Werbach und Impfingen.[98]

Bei diesen seltsamen Friedhöfen handelt es sich um dicht aneinandergedrängte Kleingrabhügel von 3 bis 13 m Durchmesser. Fast alle Tumuli sind von Steinkränzen umgeben, die oft zusammenstoßen. Dabei ist der Steinkreis eines jüngeren Grabes meist nicht ganz geschlossen, so daß er mit unvollständiger Rundung an den älteren angrenzt. Auf diese Weise entstehen wabenförmige Gebilde mit jeweils einem Urgrab im Mittelpunkt vieler Steinringe. Es herrscht die Sitte der Körperbestattung vor, nur vereinzelt trifft man auf Brandgräber. Wenn auch Holzreste nicht erhalten sind, so müssen doch überwiegend kleine Kammern für die Aufnahme der Toten mit ihren Beigaben angenommen werden. Ehedem waren die Hügel wohl allesamt durch geschlossene Steinpackungen überdeckt, doch sind diese durchweg der Überpflügung zum Opfer gefallen. Zumeist ruhen die Verstorbenen zu ebener Erde; einige Bestattungen sind aber auch eingetieft. Die leider meist arg beraubten Gräber zeigen in der Art der Trachtausstattung und Gefäßbeigaben merklich eigenständige Züge, die ein Verharren in älterhallstättischen Gepflogenheiten spürbar werden lassen. Die Siedlungskammer im Taubertal nahm somit an der allgemeinen Entwicklung des Westhallstattkreises nur geringen Anteil, was durch ihre Randlage bedingt sein mag.

Abgesehen von relativ wenigen aus dem Rahmen fallenden Totenbräuchen, für die Bressey-sur-Tille und die Taubertalgruppe fast schon als einzige stehen, ist der westliche Hallstattkreis durch eine erstaunliche Gleichförmigkeit im Bestattungszeremoniell gekennzeichnet. Auch dies berechtigt uns, die frühkeltischen Stämme in Südwestdeutschland, der Schweiz und Ostfrankreich zu einer weitgehend einheitlichen Kulturökumene zusammenzuschließen.

## Grabstelen

Die Weihe des vom profanen Umfeld durch Krepis oder Graben abgegrenzten Hügels wurde durch das Aufstellen eines Pfeilers auf der Kuppe noch erhöht. Das Errichten von Stelen und Menhiren spielt seit den ältesten Zeiten im alteuropäischen Totenkult eine vornehme Rolle. Bei fraglos höchst unterschiedlichen funktionalen und geistig-religiösen Sinngehalten ist diese Sitte seit der jüngeren Steinzeit fest im Brauchtum der Völker verankert.[99] So verwundert es nicht, daß auch unsere späthallstattzeitlichen Hügel solche steinernen Mäler trugen (Abb. 21; Taf. 9). Natürlich wissen wir nicht, ob jeder Tumulus von einer Stele gekrönt war, und es ist wohl auch mit zahlreichen hölzernen Epitaphen zu rechnen, die spurlos vermodert sind. Aber auch von den steinernen Pfeilern steht heute keiner mehr auf seinem exponierten Platz. Der Zahn der Zeit, menschlicher Unmut oder anderweitige Verwendung haben sie allesamt stürzen lassen. Nur gelegentlich stößt man bei einer Ausgrabung unversehens auf den stummen Zeugen altehrwürdigen Totengedenkens.

Doch noch im 18. Jahrhundert n. Chr. müssen wenigstens einige Tumuli ihre Stelen getragen haben, wie beispielsweise die 1746 im Kupferstich festgehaltene Darstellung der Grabhügelgruppe von Hohebach, Kr. Künzelsau, zeigt.[100] Nicht selten ist freilich die Erinnerung an abgegangene Pfeilerdenkmäler in Flurnamen (Am Toten Mann, Steinerner Mann, Langer Stein) oder Ortssagen bewahrt geblieben. Erst um 1930 wurde die 1,2 m hohe Stele des Bernetbuck bei Oberrimsingen »mit einigen Ochsen« weggeschleppt, da sie beim Ackern hinderlich war.[101] Soweit sich in Erfahrung bringen ließ, war dies die letzte noch aufrecht und an ihrem ursprünglichen Ort stehende Steinstele im Westhallstattkreis.

Schon in der älteren Hallstattkultur (Ha C) wird die Idee spürbar, der pfeilerartigen Gestalt des Grabmals ein anthropomorphes Aussehen zu geben. Deutlich wird dies an den Stelen von Stockach[102] und Tübingen-Kilchberg,[103] bei denen wir die frühesten und deshalb noch ganz unbeholfenen Versuche sehen, dem ausdruckslosen Steinpfeiler so etwas wie eine menschliche Figur zu verleihen. Die 0,76 m hohe Stele

von Stockach wurde etwas eingesunken auf der Kuppe eines
kleinen Grabhügels über einer Ha-C-zeitlichen Bestattung gefunden. Sie besteht aus einer im wesentlichen roh belassenen Steinplatte;
der Kopf ist etwas herausgearbeitet und mit groben Gesichtszügen
versehen.

Ganz ähnlich sind auch die beiden älteren, ebenfalls nach Ha C
datierten Stelenfragmente von Tübingen-Kilchberg gestaltet.

Der Boden ist also gut vorbereitet, als durch die erheblich intensivier-
ten mediterranen Beziehungen während der Späthallstattzeit (Ha D)
das frühe Keltentum mit neuen bildnerischen Elementen konfrontiert
wird. Den erhabensten Ausdruck findet diese Verbindung alteinheimi-
scher Darstellungsweise mit südlicher Steinmetzkunst im Mann von
Hirschlanden (Abb. 21 und 25).[104]

Es kann kein Zweifel bestehen, daß der Gedanke, mit dem steinernen
Abbild des Toten den Grabhügel zu krönen, letztlich der griechischen
Vorstellungswelt entspringt. Man denke etwa an die Beschreibung des

*Abb. 21.* Rekonstruktion des Grabhügels von Ditzingen-Hirschlanden, Kr.
Ludwigsburg, Baden-Württemberg, mit steinerner Grabstele (vgl. Abb. 25)
und Steinkreis (nach ZÜRN 1970).

Androklos-Grabes bei Pausanias (*Graeciae descriptio* VII 2,8/9): »Als
Denkmal auf dem Grab steht ein bewaffneter Mann.«
Von Griechenland gelangte die Idee des toten Kriegers nach Etrurien,
wo sie sich – in unserem Zusammenhang – am eindrucksvollsten in den
Plastiken von Capestrano (Abb. 23) und Guardiagrele[105] manife-
stierte. Von zwei seitlichen Pilastern flankiert, steht der Mann von
Capestrano fast vollplastisch da, die Arme vor der Brust verschränkt.
Bis auf den knappen Lendenschurz ist er nackt. Vor dem breiten
Leibriemen trägt er den Langdolch am Schultergurt. Seine Brust ziert
ein rundes Pektorale. In der geöffneten rechten Hand hält er ein
Streitbeil. Die Oberarme und den Hals schmücken Ringe. Auf sein
Haupt hat er einen gewaltigen Sombrero gestülpt. So paradiert er in
stoischer Ruhe auf seinem Sockel als steinernes Abbild des verstorbe-
nen Kämpen tief unter ihm in der Gruft.
Wo immer die antiken Hochkulturen mit den Völkern an der nördli-
chen und westlichen Peripherie des Mittelmeeres Kontakte aufnah-
men, entstand eine eigenwillige, autochthone Form der bildnerischen
Gestaltung. Für uns beispielhaft sind die Torsi von Nesactium bei
Pula[106] in Istrien (Abb. 24); auch diese sind ohne graeco-etruskischen
Einfluß undenkbar. Die dem archaischen Stil des 6. Jahrhunderts
v. Chr. angeglichenen Jünglingsstatuen zeigen sich in heroischer
Nacktheit, doch im Gegensatz zu ihren griechischen Vorbildern mit
erigiertem Phallus. Auch sie sind, wiewohl als Spolien in jüngeren
Sepulturen verbaut vorgefunden, nur als steinerne Stelen über Gräbern
verstorbener Krieger zu deuten (Abb. 27). Die Ithyphallie verknüpft

---

*Abb. 22.* Verbreitung der anthropomorphen und anthropoiden steinernen
Grabstelen der Hallstattkultur sowie ihrer mediterranen Vorbilder:
1 Capestrano, Prov. L'Aquila, Italien. 2 Guardiagrele, Prov. Chieti, Italien.
3 »Nesactium« bei Pula, Istrien, Kroatien. 4 Sietschen bei Lumbrein, Bez.
Glenner, Kt. Graubünden. 5 Gomaringen-Stockach, Kr. Tübingen, Baden-
Württemberg. 6 Tübingen-Kilchberg, Kr. Tübingen, Baden-Württemberg.
7 Calw-Stammheim, Kr. Calw, Baden-Württemberg. 8 Ditzingen-Hirschlanden, Kr. Ludwigsburg, Baden-Württemberg. 9 Breuberg – Rai-Breitenbach, Odenwald-Kreis, Hessen. 10 Lehrberg-Brünst, Kr. Ansbach, Bayern.
11 »Birkach«, Windelsbach-Preuntsfelden, Verw.-Gem. Rothenburg o. d. T.,
Kr. Ansbach, Bayern. 12 Neudenau-Herbolzheim (Jagst), Kr. Heilbronn, Baden-Württemberg. 13 Ebrach, Kr. Bamberg, Bayern. 14 Bamberg-Gaustadt,
Kr. Bamberg, Bayern.

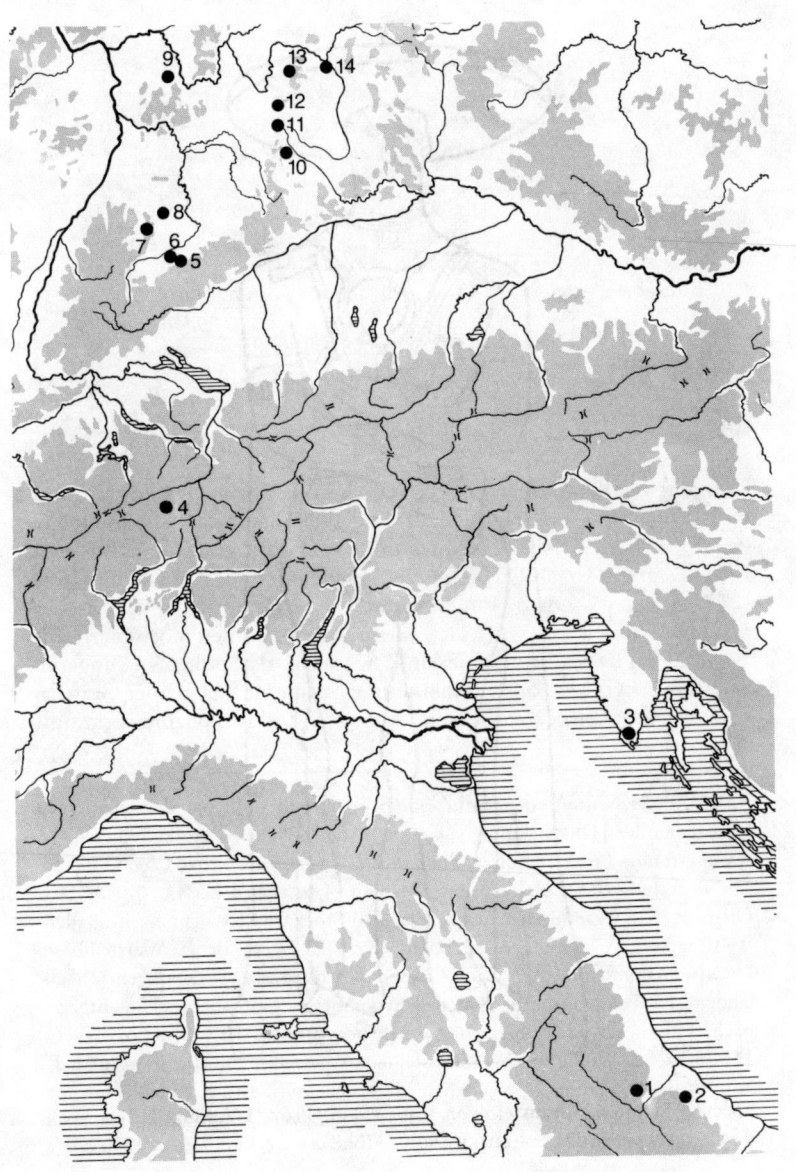

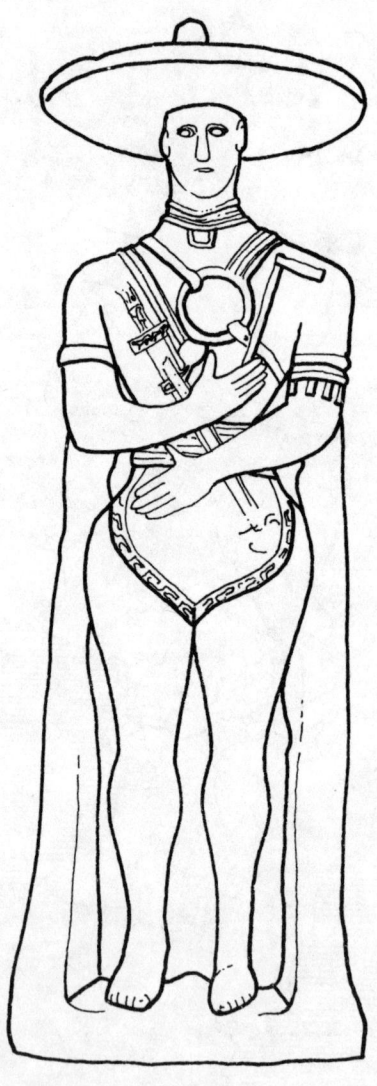

*Abb. 23.* Steinerne Grabstele von Capestrano, Prov. L'Aquila, Italien (nach V. Cianfarani in Dannheimer 1969). Höhe etwa 2,1 m.

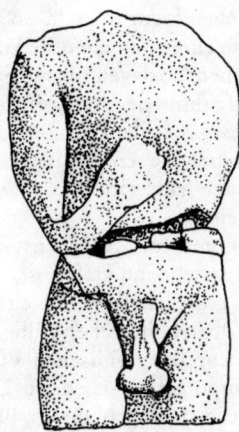 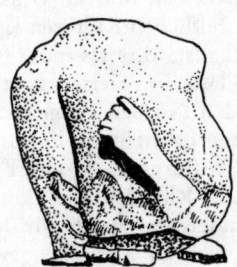

*Abb. 24.* Torsi zweier steinerner Grabstelen in Gestalt unbekleideter, ithyphallischer Männer vom Gräberfeld des antiken Nesactium bei Pula in Istrien, Kroatien; 6./5. Jahrhundert v. Chr. (nach M. HOERNES in STRAUB 1980). Etwa lebensgroß.

sie mit Hirschlanden und Stammheim. Und allen ist – wie auch bei Capestrano – der Gestus der vor der Brust verschränkten Arme gemeinsam.

Diese eigenwillige Armhaltung ermöglicht es uns nun, den Weg zu verfolgen, auf dem die anthropomorphe Großplastik in den Norden zu den Kelten kam. Anders als beim Südhandel, der hauptsächlich über See- und Flußschiffahrt die Alpen westlich umging, machen sich bei der Übertragung geistiger Vorstellungen und des nötigen handwerklichen Know-hows die transalpinen Wege von der Poebene und dem Caput Adriae in die Keltike geltend. Gerade am Beispiel der anthropomorphen Gestaltung von Totenmälern zeichnet sich eine Route ab, die von Oberitalien aus über den Grimsel-, Sankt-Gotthard- und Splügenpaß die Zone nordwärts der Alpen erreichte (Abb. 22). Vermittelnd wirkten hier die hallstattzeitlichen Gruppen von Golasecca und im Tessin. Es ist kein Zufall, daß gerade dort, mitten in den Alpen, eine Stele zum Vorschein kam, als deren Vorbild nur die etruskischen Statuen wie die von Capestrano aufgefaßt werden können. Wenn auch die Quarzitplatte von Sietschen bei Lumbrein (Abb. 26) nur den bescheiden-

unbeholfenen Abklatsch einer menschlichen Figur trägt,[107] so ahmt sie
doch mit dem typischen Armgestus, dem eingemeißelten Beil und dem
nur angedeuteten Gesicht die mediterranen Vorlagen bis in Einzelheiten nach. Bezeichnend ist auch die Aufnahme des Kriegsbeils in den
Bildkanon, eine Waffenausrüstung, wie sie vor allem den östlichen, im
Südostalpenraum und im Umkreis der nördlichen Adria ansässigen,
ältereisenzeitlichen Kulturen eigen ist, den frühkeltischen Bewohnern
des Westhallstattkreises indes fremd bleibt.

Mit der Platte von Sietschen ist als willkommene Zwischenstation der
Weg in den Norden vorgezeichnet. Bezeichnend dafür ist, daß die
anthropomorphen Stelen im gesamten westlichen Teil der Keltike, also
im Jura, in Burgund, ja selbst in der Oberrheinebene, völlig fehlen,
obwohl der Rhône-Saône-Couloir bis zur Burgundischen Pforte als
Haupthandelsweg gerade für den Südimport anzusehen ist. Die Idee
des Grabmals in Menschengestalt wurde demnach direkt über den
Alpenkamm nach Südwestdeutschland getragen, wobei man sich die
Durchlässigkeit des Gebirges nicht zu gering vorstellen darf. Wenn
auch die Beschwerlichkeit des Wegs über die Alpenpässe eine regelmäßige Güterfluktuation stark beeinträchtigte und deshalb die zwar
längere, aber bequemere Westroute gewählt wurde, so ist auf der
kürzeren Strecke gleichwohl mit einem zumindest fakultativen Perso-
nenaustausch zu rechnen.

Zunächst fand im Umkreis des Hohenasperg im mittleren Neckarland
der Gestaltungswille zur menschlichen Großplastik mit bislang vier
Exemplaren recht unterschiedlicher Qualität Aufnahme.[108] An diesen
schließt sich eine weitere Gruppe steinerner Figurenstelen mit mehr
oder minder deutlichem Anthropomorphismus an der nördlichen und
nordwestlichen Randzone des Westhallstattkreises an (Abb. 22).

An der Spitze der Darstellungen steht das steinerne Mannsbild von
Hirschlanden (Abb. 25).[109] Die kennzeichnenden Merkmale wie Nacktheit, Armhaltung und Ithyphallie lehnen sich eng an die Denkmäler von
Sietschen, Nesactium und Capestrano an. Die Figur wurde im Spät-
herbst 1962 bei der Untersuchung eines Grabhügels gefunden. Der
Tumulus mit 18,5 m antikem Durchmesser – ebenso die in ihm
entdeckten beiden übereinanderliegenden Hauptgräber und in zwei
Kreisen angeordneten 14 Nachbestattungen (weitere dürften durch die
vor allem im Nordwestsektor weit fortgeschrittene Abtragung zerstört
sein) – war an sich nicht auffällig. Hervorzuheben ist indes der Steinkreis. Mit orthostatisch im Abstand von etwa 1 m gesetzten Steinpfo-
sten und zwischengefüllten Mauerzwickeln bildet er eine architektoni-

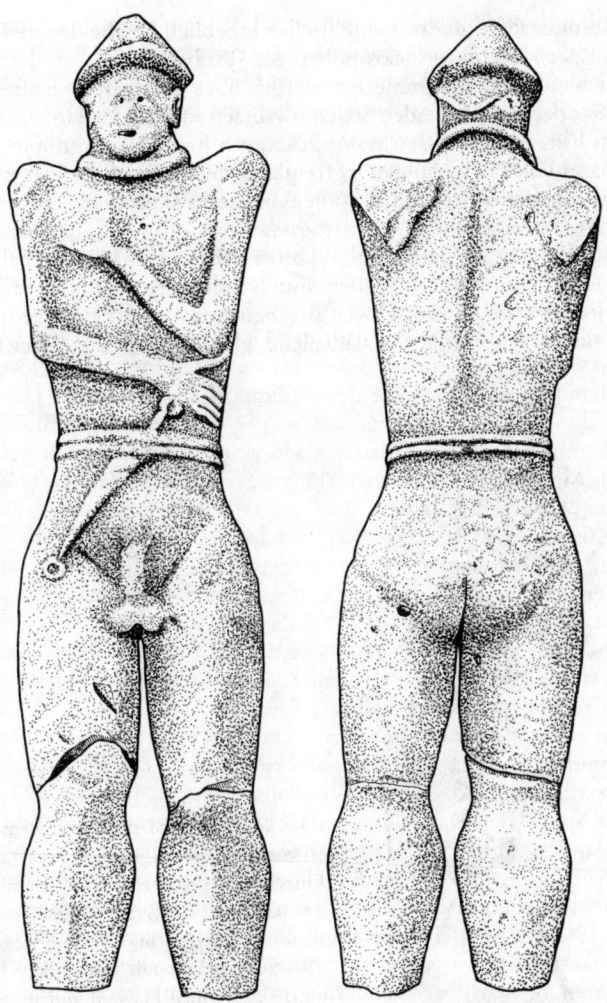

*Abb. 25.* Steinerne Grabstele eines hallstattzeitlichen Bestattungshügels in Gestalt eines lebensgroßen, unbekleideten, ithyphallischen Mannes mit Leibgurt, Dolch, Halsring, Totenmaske und Kegelhut: gefunden am Fuße eines Grabhügels bei Ditzingen-Hirschlanden, Kr. Ludwigsburg, Baden-Württemberg (nach ZÜRN 1970). Höhe noch 1,5 m.

sche Besonderheit, der nur eine freilich erheblich bescheidenere Parallele aus den Steinkreisnekropolen des Taubertales[110] an die Seite gesetzt werden kann. Immerhin werden aber durch diese bautechnischen Sonderfälle die beiden Stelenprovinzen südlich des Hohenasperg und im Einzugsgebiet des Mains zusätzlich kulturell verknüpft.

Der Mann von Hirschlanden ist freiplastisch aus einem Balken einheimischen, unfern anstehenden Stubensandsteins skulptiert. Trotz weitgehender, oberflächlicher Verwitterung konnte Josef Röder die Herstellungstechnik einigermaßen rekonstruieren. Danach geschah die grobe Abarbeitung durch Prellen mittels Spitzeisen und Schlegel. Das Flacheisen wurde nur an schwer zugänglichen Stellen, etwa zwischen den Beinen, eingesetzt. Anschließend glättete man die Oberfläche

*Abb. 26.* Quarzitplatte mit eingemeißelter menschlicher Figur in Frontalansicht: Einzelfund von Sietschen bei Lumbrein, Bez. Glenner, Kt. Graubünden. Vom Gesicht sind Augen und Nase angegeben. Ob die umrahmende Linie den Kopfumriß oder einen Halsreif andeuten soll, ist unklar. Hände und Arme sind im gleichen Gestus wie beim »Mann von Hirschlanden« (vgl. Abb. 25) dargestellt; darunter ein stark stilisiertes Beil (nach Wyss 1964). Höhe 1,8 m.

durch Naßschleifen. Es ist dies eine fortgeschrittene Verfahrensweise, die in Griechenland bereits in archaischer Zeit geübt wurde. Der Hersteller der Hirschlandener Stele muß von dorther seine Fähigkeiten bezogen haben. Daß dieser Steinmetz südliche Bildhauer oder Bildwerke gesehen hat, wird vor allem an der Gestaltung der Beine mit den abgedachten Schienbeingraten und der Rückenpartie deutlich, die – zwar vergröbert, aber unmißverständlich – griechischen Kourosstatuen nachempfunden sind. Dem steht freilich die blockhafte Gebundenheit der Vorderansicht des Oberkörpers gegenüber, die in seltsamer Zwittrigkeit eher dem Pfeilertyp des alteinheimischen Grabmals verhaftet ist. Gezeigt werden die vor der Brust verschränkten Arme, der unter den Gürtel gesteckte Dolch und der erigierte Phallus, alles wie hölzern im Flachrelief. Merkwürdig verkrampft wirken auch die eckig hochgezogenen Schultern. Um die Hüften trägt er einen Gürtel, der wie zwei Ringe gestaltet ist. Man denkt dabei an metallene Leibringe, wie sie in Bronze und Eisen vornehmlich in Frauengräbern, aber auch mit Lederstreifen umwickelt aus dem Grab von Vix bekannt sind. Der breitrunde Reif um den Hals ist wohl zu Recht als Abbild eines die frühkeltischen Fürsten auszeichnenden Goldhalsringes gedeutet worden. Das Gesicht bedeckt – deutlich abgesetzt – eine Totenmaske, wie solche als Realien aus einem steiermärkischen Grab gleicher Zeitstellung von Kleinklein im Sulmtal[111] sowie – in Gold – aus makedonischen Fürstengräbern von Trebenischte[112] am Ochrida-See gehoben wurden. Auch das Antlitz des Kriegers von Capestrano ist hinter einer Maske verborgen. Hier ist also der mediterrane Bezug ebenfalls unverkennbar.

Da die Gräber von Kleinklein genannt wurden, gilt es in diesem Zusammenhang auf eine weitere Besonderheit aufmerksam zu machen. Dort kamen in einem anderen fürstlichen Grab zwei bronzene Votivhände zum Vorschein. Diese dienten offensichtlich wie die Gesichtsmasken dazu, Hände und Antlitz des Verstorbenen während der tagelangen Leichenzeremonien eindringlich hervorzuheben, aber auch die vom Tod gezeichneten Körperteile pietätvoll zu verhüllen. Es ist deshalb verständlich, daß selbst bei den primitivsten, nordalpinen Stelen nicht nur das Gesicht, sondern auch die Hände fast immer mehr oder weniger gekonnt dargestellt sind (Abb. 23–26, 28, 29). Als letzter Reflex dieser auffälligen Betonung der Hand im Totenkult muß eine tönerne Miniaturhand gelten, die zusammen mit anderen Votiven (Tonrad = Wagensymbolik, Tondreieck = Gesichtsmaske) in einem oberfränkischen Grabhügel bei Prächting zutage kam.[113] Sicher nicht

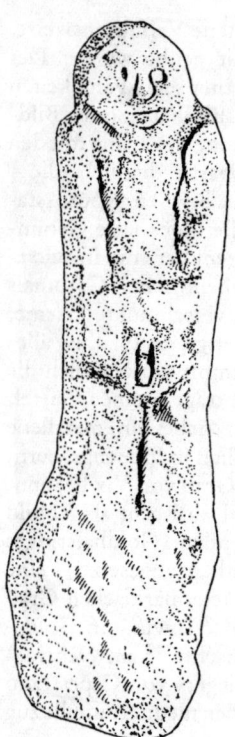

*Abb. 27.* Stele aus Plattensandstein in Gestalt eines unbekleideten, ithyphallischen Mannes. In der Nähe eines hallstattzeitlichen Grabes gefunden bei Calw-Stammheim, Kr. Calw, Baden-Württemberg (nach Zürn 1970). Höhe 1,62 cm.

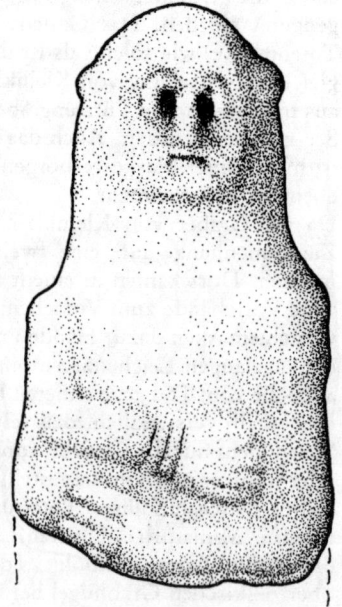

*Abb. 28.* Steinerne Stele in Gestalt eines Mannes mit maskenhaft abgesetztem Gesicht, abstehenden Ohren und geripptem Armring an nur einem Handgelenk; gefunden 1919 im Walddistrikt »Obersberg« bei Breuberg – Rai-Breitenbach, Odenwaldkreis, Hessen (nach Jakob 1964). Höhe noch 0,45 m.

*Abb. 29.* Steinerne Stele in Gestalt eines Mannes mit abgesetztem Kopfteil, Halsring und Armen von Ebrach, Kr. Bamberg, Bayern (nach Jakob 1967). Höhe 1,03 m.

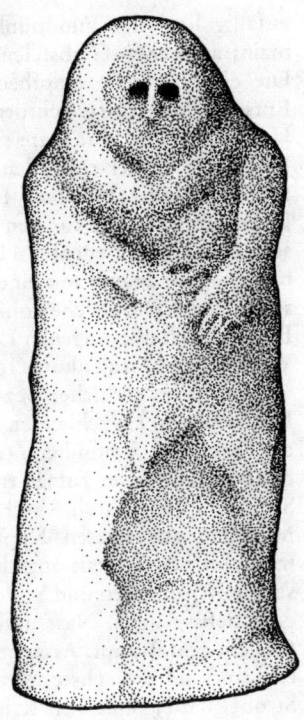

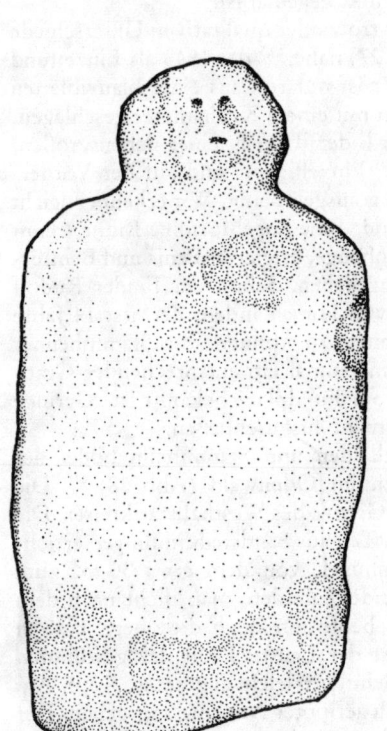

*Abb. 30.* Steinerne Stele mit abgesetztem Kopfteil von »Birkach«, Windelsbach-Preuntsfelden, Verw.-Gem. Rothenburg o. d. T., Kr. Ansbach, Bayern; die frühneuzeitliche Inschrift ist auf der zeichnerischen Wiedergabe weggelassen (nach Dannheimer 1969). Höhe 1,05 m.

zufällig liegt der Fundpunkt dieser singulären Votive inmitten der
mainfränkischen Grabstelenprovinz (Abb. 22).

Die eigentümliche Kopfbedeckung des Hirschlandeners findet ihre
Entsprechung im gleichförmigen Birkenrindenhut des Fürsten von
Hochdorf. Der Hut hatte sich, eingepreßt zwischen die verdrückten
Bronzebleche der rollenden Kline im Oxidationsfeld der Metallsalze
fast vollständig erhalten. Damit wird auch die Deutung winziger
Birkenrindenfetzen aus den Fürstengräbern von Stuttgart-Bad Cann-
statt 2 und vom Lehenbühl bestimmt: Die frühkeltischen Adelsherren
beliebten ihr Haupt mit einem solchen weißleuchtenden Kopfputz zu
schmücken. Die gleiche konische Form tritt uns bei einem mit dünnem
Bronzeblech überzogenen Lederhut von Oppeano bei Verona und auf
Werken der Situlenkunst des Caput Adriae gegenüber,[114] womit
wiederum ein südlicher Bezugspunkt gegeben ist.

Der Stele von Hirschlanden steht trotz aller qualitativen Unterschiede
der Stein vom Stammheim (Abb. 27) nahe,[115] der 1948 als Einzelfund
bei Baggerarbeiten zutage trat. Er ist nur roh aus einer blauvioletten
Sandsteinplatte durch Abscherben mit einem Keilhammer geschlagen.
Mit dem abgesetzten Kopf wird der Umriß einer lebensgroßen,
menschlichen Gestalt angedeutet. Einzelheiten sind auf der Vorderseite mit Spitzeisen und Schlegel herausgearbeitet. Wir erkennen leicht
eingetiefte Augen, Nase und Mund. Eine bogenförmige Rinne trennt
Gesicht und Rumpf. Arme, Schambeuge, erigierter Penis und Beinfur-
che sind auf einfachste Weise angegeben. Schon der Finder Rudolf
Ströbel hatte, ohne den Krieger von Hirschlanden, der erst 14 Jahre
später zum Vorschein kam, kennen zu können, die Stammheimer
Figur der Hallstattzeit zugewiesen, zumal ein entsprechender Grabfund in nur 120 m Entfernung vom Fundplatz bekannt ist. Geringe
örtliche Verschleppung ist daher nicht auszuschließen.

Die nächste Parallele zu Hirschlanden und Stammheim bildet der
Figurenstein von Rai-Breitenbach im Odenwald (Abb. 28).[116] Die
Fundstelle markiert die nördliche Grenze des Westhallstattkreises. Die
Stele fand sich 1919 in einem zum Teil aus Sandsteinfindlingen errichteten Haufen, wohl einem Grabhügel, von dem etwa 30 m² zum
Wegebau abgefahren wurden. Leider fahndete man nicht nach dem
abgebrochenen Unterteil, so daß heute nur noch die obere, 0,45 m
hohe Hälfte vorliegt. Erhalten ist der Brustteil mit der gewohnten
Armhaltung, darüber der an den Schultern leicht abgesetzte Kopf. Am
rechten Handgelenk ist ein dreifach gerippter Armring angegeben. Der
einseitig getragene Armreif stellt die typische Schmucktracht des früh-

keltischen Mannes dar, wie sie sich zahlreich in den späthallstattzeitlichen Männergräbern und – aus Gold – in fast allen Fürstengräbern findet. Wieder ist das Gesicht maskenhaft vom Untergrund abgehoben, womit die vielfach angezweifelte Gesichtsmaske des Hirschlandeners gerade in der Odenwälder Stele wohl ihre deutlichste Ausprägung findet.

Die anthropomorphen Merkmale der bislang angeführten Steine treten in zunehmender Verkürzung noch auf einigen weiteren Stelen auf, deren Fundpunkte sich im Raum zwischen oberer Altmühl und Bamberg häufen (Abb. 22). Genannt seien die Figurensteine von Brünst[117], Birkach[118] (Abb. 30), Herbolzheim[119] (Taf. 10) und Ebrach[120] (Abb. 29), die zwar alle als Einzelfunde bzw. in sekundärer Verwendung zutage kamen, gleichwohl jedoch dieselbe Funktion und gedankliche Konzeption besitzen, die den schon genannten Skulpturen innewohnt.

Zur Gruppe späthallstattzeitlicher, steinerner Grabmäler in Menschengestalt gehören allem Anschein nach auch die sogenannten »Bamberger Götzen«. Sie wurden beim Bau einer Spinnerei in der Talaue der Regnitz bei Gaustadt 1858 geborgen.[121] Es handelt sich um zwei Bildwerke von knapp Lebensgröße mit jeweils 1,55 m Höhe und um eine dritte Figur von nur 1,08 m Höhe. Den Gestus der vor der Brust verschränkten Arme haben die Gaustadter Stelen mit Ebrach, Rai-Breitenbach, Hirschlanden, Sietschen und den mediterranen Vorbildern gemeinsam. Die Gesichtszüge mit den eigenwillig betonten, sichelförmigen Augenbrauen finden wir bei den Trägerfigurinen der Hochdorfer Kline (Abb. 16) wieder. Der bei den Bamberger Götzen freilich etwas tief gerutschte Leibriemen in Form eines doppelten Hüftringes gleicht bis in Details der Gürteltracht des Mannes von Hirschlanden. Die Dreierzahl erinnert an die drei anthropoiden Steine von Tübingen-Kilchberg.

Damit stehen den bislang vorgetragenen Deutungsversuchen für die Gaustadter Skulpturen, u. a. als Relikte eines attilazeitlichen Fürstengrabes oder als karolingische Grenzsteine, ernsthafte Bedenken gegenüber. Man wird mit den beigebrachten Argumenten wohl nicht mehr zweifeln können, daß es sich bei den Bamberger Götzen um die Bekrönungsfiguren eines hallstattzeitlichen Grabhügels handelt.

## Bestattungssitten

Während in der älteren Hallstattkultur (Ha C) die Brandbestattung den Grabritus nahezu ausschließlich beherrscht, setzt mit Beginn der Stufe Hallstatt D ein Wechsel zur Körperbestattung ein. Es kann kein Zweifel daran bestehen, daß die Leichenverbrennung und die Beerdigung des unverbrannten Leichnams tiefgreifende Änderungen der religiösen Haltung wie auch der Jenseitsvorstellungen anzeigen. Besonders auffallend ist dabei, daß die frühesten Fürstengräber der Phase Ha D 1 (Magdalenenberg, Hohmichele, Kappel 1 u. a.) bereits allesamt die Körperbestattung wählten. Demgegenüber nimmt die Verbrennung der Toten unter der normalen Bevölkerung keineswegs so rapide ab. Vielmehr beobachtet man unter den üblichen Gräbern der Phase Ha D 1 zu einem nicht geringen Prozentsatz noch die Feuerbestattung. Die Späthallstattfürsten wandten sich also dem neuaufkommenden Ritual sogleich in vollem Umfang zu. Die einfachen Leute reagierten sehr viel zögernder, so daß bei ihnen der Wandel erst allmählich im Verlauf der Phase Ha D 1 eintritt. Überhaupt wird man die soziale Umstrukturierung, gekennzeichnet durch die Herausbildung eines Hochadels am Übergang Ha C zu Ha D, in einer sehr engen Verflechtung mit den weittragenden Änderungen im Kult- und Geistesleben sehen müssen.[122]
Erst in Ha D 2 hat sich dann die Körperbestattung in allen Bevölkerungsschichten vollends durchgesetzt. Aus dieser Phase sind keine Kremationen bekannt.
Ein Umschwung setzt interessanterweise erst wieder während der Phase Ha D 3 / Lt A ein. Im Westhallstattkreis gewinnen die insbesondere von einem gänzlich andersgearteten Stilgefühl getragenen Erscheinungen der frühen Latènekultur nur ganz allmählich an Boden. Es retardiert der hallstättische Formungswillen bis weit in die Stufe Latène A hinein, weshalb hier für diese Zeitspanne das Kürzel ›Ha D 3‹ verwendet wird. In den spätesten Hallstattgräbern wie Vix oder Grafenbühl wurde der Tote dementsprechend als Leichnam aufgebahrt. Und es ist außerordentlich bemerkenswert, daß die wenigen im Latène-Stil eingerichteten Gräber sich in aller Deutlichkeit vom Hergebrachten abkehren und nun ihrerseits zur Brandbestattung übergehen. La Motte-St. Valentin, Kleinaspergle und Üetliberg-Sonnenbühl enthalten die Leichenbrände der Verstorbenen. Damit wird zugleich klar, daß Latène nicht nur einen Wandel des Stilgefühls anzeigt, sondern auch mit erheblichen geistig-ritualen und – als Folge des

Abbrechens der Fürstengräbersitte – sozialen Umwälzungen verbunden ist.

Die späthallstattzeitlichen Brandgräber zeigen sich in der Regel ärmlich ausgestattet, weshalb wohl in den unteren Bevölkerungsschichten dieser Brauch zäher haften blieb. Besonders deutlich wird dies an bislang zwei Befunden in Südwestdeutschland. Die Entdeckung, deren allgemeine Verbreitung einstweilen verschleiert ist, wird lediglich dem Umstand verdankt, daß man in diesen beiden Fällen bei der Untersuchung von Grabhügelnekropolen ausnahmsweise auch einzelne Flächen zwischen und außerhalb der Tumuli in Augenschein nahm. Dabei fanden sich in kleine Gruben eingetiefte Flachgräber, in denen nur der Leichenbrand, manchmal in einer Urne, noch seltener mit spärlichen Beigaben, verwahrt war.

So wurde nördlich des in mehrere Gruppen und Einzelhügel gegliederten Hügelfeldes von Schnaitheim bei Heidenheim ein 35 Brandgräber umfassendes Flachgräberfeld ausgegraben,[123] dessen bescheidene Ausstattung entweder auf einen Friedhof der untersten sozialen Schicht oder einen solchen von Kleinkindern und Säuglingen, die gesonderten Bestattungsregeln unterliegen, schließen läßt. Genaueres kann man erst nach einer anthropologischen Analyse der Leichenbrände sagen. Gleiches gilt für vereinzelte Brandgräber zwischen den Hügeln der Mauenheimer Nekropole.[124]

Bei der Brandbestattung wird der Verstorbene immer auf einem Scheiterhaufen verbrannt. Es gibt Anzeichen dafür, daß man den Toten in voller Tracht einäscherte. Aus der erkalteten Asche liest man die ausgeglühten, kalzinierten Knochenstückchen – den Leichenbrand – heraus und sammelt sie in ein Gefäß – die Urne –, das meist aus Keramik, bei begüterten Toten auch aus Bronze besteht. Oft verwendet man auch Leichenbrandbehälter aus organischem Material (Stoffbeutel, Ledersäckchen, Holzschachteln) oder schlägt den Leichenbrand in Tücher bzw. Rinde ein. In nicht seltenen Fällen häuft man die Totenasche wohl auch einfach im Grab auf oder streut sie entsprechend der Körperform auf der Grabsohle aus. Das Verteilen des Leichenbrandes in einem Sarg bzw. einer der Körpergestalt angepaßten Grabgrube zeigt eine gedankliche Vermischung mit dem Körpergrab an. Oft wird nicht nur die Totenasche bestattet, sondern werden auch die mit Holzkohlen durchsetzten Rückstände des Scheiterhaufens in das Grab geschüttet. Die meist bis zur Unkenntlichkeit verschmorten Trachtutensilien sammelt man ebenfalls mit ein. Vielfach werden diese aber auch unverbrannt zusammen mit Beigefäßen in die Grabgrube gelegt. Bestimmte Regeln lassen sich vorerst nicht ausmachen; dazu ist die Zahl der verläßlich dokumentierten Befunde noch zu gering.

Über die Behandlung der für die Körperbestattung vorgesehenen Toten wissen wir wenig, zumal die aus den unterschiedlich reichen und armen Beigabenensembles ablesbare Rangordnung sicherlich recht differenzierte Bräuche nach sich zog. Vermutlich wurde der Verstorbene zunächst gewaschen. Möglicherweise traf man insbesondere in den höheren Kreisen Balsamierungsmaßnahmen. Hinweise darauf sind sehr spärlich. Immerhin ließ sich auf einem Haarbüschel aus dem Zentralgrab des Magdalenenberges eine merkliche Anreicherung von Arsen feststellen.[125] Vielleicht hatte man den Toten mit arsenhaltigen Präparaten balsamiert. Ein weiterer Anhalt dafür, daß der Leichnam in irgendeiner Weise behandelt wurde, zeigt der Befund von Hochdorf. Der »Fürst« trug, als er starb, den geschlossenen goldenen Reif noch um den Hals. Da man diesen offensichtlich nicht ohne weiteres vom leichenstarren Körper abstreifen konnte, wurde der Ring brutal durchgeschnitten, wobei auch ein Stück verloren ging. Nach Abschluß der Leichenversorgung legte man den beschädigten Reif wieder an.

Immer bestattete man den Toten in seinem Gewand mit allen Schmuck- und Trachtutensilien. Deshalb lassen sich anhand der erhaltenen Fibeln, Ringe, Perlenketten, Gürtelbeschläge und Nadeln die Trachteigentümlichkeiten der frühen Kelten regional wie chronologisch gut sondern (siehe dazu Kap. 6). Außerhalb der Trachtlage vorgefundene Gegenstände machen aber deutlich, daß hin und wieder einzelne Kleidungsstücke mit den Gewandspangen oder Gürtelgarnituren separat niedergelegt wurden.

In seltenen Fällen, hauptsächlich in Fürstengräbern, gelingt der Nachweis, daß die Grabkammer bzw. die Sargkiste mit Textilbahnen drapiert und mit Fellen oder Decken ausgelegt wurde. Meist ruht der Tote in gestreckter Rückenlage auf dem Kammerboden. Nur in extrem reichen Gräbern wurde er auf einer Bettstatt aufgebahrt. In Hochdorf fand man eine 3 m lange, aufwendig gestaltete Bronzekline (Abb. 15 und 16). In den gestörten bzw. nur teiluntersuchten Gräbern der Tumuli von La Garenne, Grafenbühl, Römerhügel und Gießübel 1 lassen Funde von Bernstein-, Elfenbein- und Knochenplättchen darauf schließen, daß man aus dem Süden importierte, intarsierte Möbelstücke als letzte Ruhestätte verwendete. In Vix und Apremont hat man den Eindruck, daß der Tote im Kasten eines Wagens, dessen Räder abmontiert waren, beigesetzt wurde. Dies sind aber Ausnahmen, die nur den obersten Schichten der Bevölkerung vorbehalten blieben.

Waffenbeigaben bleiben selten. Sie beschränken sich auf Prunkdolche, Lanzenspitzen sowie Pfeil und Bogen. Möglicherweise nehmen die Waffenträger (etwa 10–20 % der bestatteten Männer) einen höheren Rang innerhalb der frühkeltischen Sozialstruktur ein. Hier wird der Kulturunterschied des Westhallstattkreises zum Osthallstattkreis augenfällig. Im Ostalpenraum ist die Waffenbeigabe sehr viel häufiger und kulminiert mit Helmen, Panzern, Beinschienen, Schilden und Streitbeilen vor allem in den Fürstenkreisen zu martialischen Ausmaßen: dort der schwer gegossene Negauer Helm, bei uns ein flottes Birkenrindenhütchen. Die westliche Nobilitas ließ sich sozusagen als Zivilisten bestatten, was natürlich über ihre diesbezügliche Gesinnung und ihren Waffenbesitz als Lebende nichts besagt.

Im Totenzeremoniell spielt die kultische Wagenumfahrt eine große Rolle. Alle Untersuchungen an späthallstattzeitlichen Wagenfunden haben übereinstimmend gezeigt, daß es sich um sehr leichte, keinesfalls für den schweren Warentransport geeignete Gefährte handelt. Die oft sehr kostbare Ausschmückung verweist das Fahren auf dem vierrädrigen, bisweilen mit einem Sessel oder Thron versehenen Wagen ohnehin in den Kultbereich. Unterstützt wird diese Ansicht auch durch die Darstellung einer solchen Prozession auf der Rückwand der Hochdorfer Kline (Abb. 107). Zweirädrige Kampfwagen kommen in Mitteleuropa erst in spätkeltischer Zeit auf.

Zuletzt muß noch des den Toten sehr häufig beigegebenen Geschirrs gedacht werden. Je nach Rang und Reichtum finden sich keramische und bronzene Gefäße in oft erstaunlicher Anzahl im Grab. Dazu kommen auch hölzerne Behälter, die freilich nur in den wenigsten Fällen noch nachweisbar sind. Im Zentralgrab des Magdalenenberges lagen Reste einer Holzschale.[126] In einem Bronzekessel aus einer Nachbestattung des Hügels Talhau 4 hatte sich ein sorgfältig aus Wurzelholz gedrechseltes Schälchen bewahrt,[127] im Kleinaspergle ein Schöpfgefäß. Zum Teil handelt es sich dabei um Geschirrsätze, die – vor allem wenn sie ineinandergestapelt wurden wie in Corminbœf – sicherlich ohne Inhalt im Grab standen. In seltenen Glücksfällen ließen sich jedoch auch Nahrungsmittelreste und Getränkerückstände nachweisen. So enthielt etwa der 300 bis 400 l fassende, griechische Löwenkessel aus dem Fund von Hochdorf eine honigweinartige Flüssigkeit[128], ebenso das große Bronzebecken von Stuttgart-Bad Cannstatt 1[129]. Besonders in besser bestückten Gräbern liegen

mitunter die Skelette ganzer geschlachteter Schweine als Speisebei-
gaben.

Die Bestattung in Tracht wie auch die Mitgabe von Speise und Trank
weisen unmißverständlich darauf hin, daß in den Jenseitsvorstellungen
der frühen Kelten, in welcher Form auch immer, ein Leben nach dem
Tode eingeplant war. Für die Reise in das Reich der Toten stand eine
gewisse Wegzehrung zur Verfügung, vornehme Herrschaften bedien-
ten sich zur Überfahrt eines Wagens, bespannt mit zwei Pferden. Die
Ausstattung der Gräber mit umfangreichen Geschirrsätzen, die weit
über den Reisebedarf hinausgehen, lassen annehmen, daß der Tote
danach trachtete, im Jenseits seine vor oder nach ihm verstorbenen
Gefährten anzutreffen, um mit ihnen standesgemäße Gelage zu veran-
stalten. Für ein solches Totensymposion hatten die Kessel und Kannen, Trichter und Teller, Becken und Butten, Siebe und Seiher,
Schöpfer und Schalen bereitzustehen. Daß dafür selbst die kostbarsten
Gefäße, attische Keramik wie in Vix, Kleinaspergle und La Motte-St.
Valentin oder Goldschalen wie in Zürich-Altstetten, Hochdorf, Stuttgart-Bad Cannstatt und Apremont, gerade gut genug waren, bezeugen
die Grabfunde in aller Eindringlichkeit. Die Ausstattung mit Rang-
symbolen wie Goldhalsreif, Goldarmband und Zeptern gewährlei-
stete, daß die Stellung, die der Fürst im Leben innehatte, auch im
Jenseits repräsentativ zum Ausdruck gebracht werden konnte. Die
eigens für das Bestattungszeremoniell gefertigte Goldverkleidung der
Schnabelschuhe, des Gürtelbleches, der Trinkhörner und des Dolches
im Grab von Hochdorf deutet sogar auf eine Überhöhung der Würden
im Totenreich hin.

Mit dem Ableben des Betroffenen war der Kontakt zu den Hinterbliebenen nicht abgerissen. Man muß wohl davon ausgehen, daß der
Verstorbene in einer für uns heute schwer faßlichen Weise noch mit
den Lebenden in Verbindung blieb oder nach seinem Ermessen in
Geschehnisse aller Art eingreifen konnte. Er vermochte auf das Wirken und Schicksal einzelner Personen oder der Gemeinschaft im
Positiven wie im Negativen Einfluß zu nehmen. Dies scheint sich in
einer Reihe absonderlicher Bestattungsbräuche auszudrücken, auf die
Ludwig Pauli jüngst umfassend aufmerksam gemacht hat.[130] In erster
Linie geht es dabei wohl um die Sorge der Nachlebenden, daß ein
unzeitig Verstorbener wiederkehrt und Schaden anrichtet. Als unzeitige Tote gelten etwa Kleinkinder, die meist auf den regulären Friedhöfen gar nicht bestattet werden. Man begrub sie beispielsweise in der
Siedlung, wie drei Säuglingsgräber zeigen, die bei den Ausgrabungen

auf der Heuneburg freigelegt wurden.[131] Für besonders gefähr-
liche Tote hielt man auch jung verstorbene Frauen, bei denen vielfach
der Eindruck des Todes im Kindbett entsteht. Solche beerdigte
man, abweichend von der üblichen gestreckten Rückenlage, in seit-
licher Hockerstellung oder auf dem Bauch. Manchmal wurden auch
nach dem Tode Manipulationen am Skelett vorgenommen, indem
man einzelne Gliedmaßen entfernte oder verlagerte, um eine Wieder-
kehr zu verhindern. Sehr selten sind Skelettbestattungen, bei denen
das Gebein völlig disloziert im Grab vorgefunden wurde. Entweder
zerstückelte man die Leiche oder begrub die bereits von den Weichtei-
len gelösten Knochen. Auffallend häufig begegnet man unheilabweh-
renden Amuletten, Klappern, Rasseln und sonstigen apotropäischen Gegenständen in Gräbern von Kindern und jungen Frauen
(Abb. 101–106).

## Totenfolge

Unter Totenfolge versteht man die freiwillige oder moralisch erzwun-
gene Selbsttötung, aber auch das gegen den Willen des Betroffenen
vollzogene Menschenopfer am Grab von Verstorbenen.[132] Die Totenfolge ist ein außerordentlich weit verbreitetes und komplexes Phänomen, das in vielen Teilen der Alten und Neuen Welt – historisch und
archäologisch belegt – teilweise bis in Mittelalter und Neuzeit hinein
geübt wurde. Ihr verfallen nicht nur Verwandte, Angehörige der
Dienerschaft und Kriegsgefangene, sondern auch solche Leute, die
vermeintlich oder nachgewiesenermaßen Schuld am Tode des Verstorbenen tragen. Die Zahl der Opfer beschränkt sich dabei in der Regel
auf eine, allenfalls auf einige wenige Personen. Zumeist werden die
Toten zusammen mit denen, die ihnen in den Tod folgen, gemeinsam
in einer Gruft beerdigt.
Eine der ältesten schriftlichen Nachrichten für die Ausübung dieses
Brauchs stammt aus dem 5. Jahrhundert v. Chr., also aus dem Zeit-
raum, der für unsere Zusammenhänge relevant ist (Herodot IV 71).
Dort wird die Bestattung eines skythischen Fürsten geschildert, dem
»eines seiner Weiber, sein Mundschenk, sein Koch, sein Marschalk,
Leibdiener und Bote« geopfert werden. Daraus wird deutlich, daß es
sich bei dieser Sitte hauptsächlich um eine Angelegenheit höher gestell-
ter Kreise handelt. Leider fehlen uns für die frühen Kelten entsprechende historische Überlieferungen. Lediglich aus spätkeltischer Zeit

besitzen wir das Zeugnis Caesars (*Bell. gall.* VI 19), der schreibt, daß »nicht lange vor Ankunft der Römer in Gallien Lieblingsknechte und Lieblingsangehörige zusammen mit vornehmen Toten verbrannt wurden«.

Daß diese Erscheinung bis in die späte Hallstattzeit zurückprojiziert werden darf, belegen etwa 40 Grabfunde im Westhallstattkreis, in denen zwei oder mehr Tote gemeinsam bestattet wurden. Dabei kann Totenfolge nur dann angenommen werden, wenn der Grabungsbefund die gleichzeitige Grablege glaubhaft macht. Deshalb sind für unser Problem ältere Grabungsberichte, in denen steht, daß in einem Grab zwei oder mehr Skelette lagen, meist nicht verwertbar. Es könnte sich ja auch um zwei unabhängig voneinander, aber dicht benachbart angelegte Nachbestattungen handeln. Unerläßlich ist eine gute Darstellung in Plänen, so daß man auch im nachhinein einigermaßen beurteilen kann, ob es sich um nacheinander erfolgte Grablegen oder um ein gleichzeitiges Begräbnis handelt. Brauchbare Dokumentationen liegen nur von Grabungen aus den letzten Jahrzehnten vor. Ältere Referenzen werden im folgenden lediglich unter Vorbehalten herangezogen.

Mehrfachbestattungen kommen im Westhallstattkreis ausgesprochen selten vor: im Vergleich mit den Einzelgräbern höchstens in einem bis zwei Prozent der Fälle. Daraus ergeben sich einige bemerkenswerte Beobachtungen. Wichtig ist zunächst ein negativer Befund der Art, daß diese Erscheinungen in den Gräberfeldern üblichen Zuschnitts beinahe immer fehlen. Ich nenne nur einige der umfänglichsten modernen Untersuchungen, bei denen wie in Mauenheim[133] die Nekropole vollständig oder wie in Böblingen[134] und Mühlacker[135] die Hügel zum großen Teil erschlossen wurden. In keinem dieser drei Gräberfelder konnte eine Mehrfachbestattung festgestellt werden.

Auch in der Schweiz, wo ja die extrem großen Grabhügel vom Typ Bürgle bei Buchheim, Hohmichele und Magdalenenberg unbekannt sind und auch die überreichen Gräber wie Vix, Grafenbühl und Hochdorf ausbleiben, treten Doppelgräber nur ganz vereinzelt auf (etwa sechs Belege). Darin scheint sich ein Zusammenhang anzudeuten.

Demgegenüber fällt zumindest in Südwestdeutschland (etwa 25 Belege) auf, daß die Mehrfachbestattungen die Nähe zu den Gräbern des Hochadels suchen. So ließen sich bei der Ausgrabung des Grafenbühl noch 27 Nachbestattungen feststellen, von denen nicht weniger als sechs, also fast ein Viertel, sich als Doppelgräber erwiesen. Bei

7

10

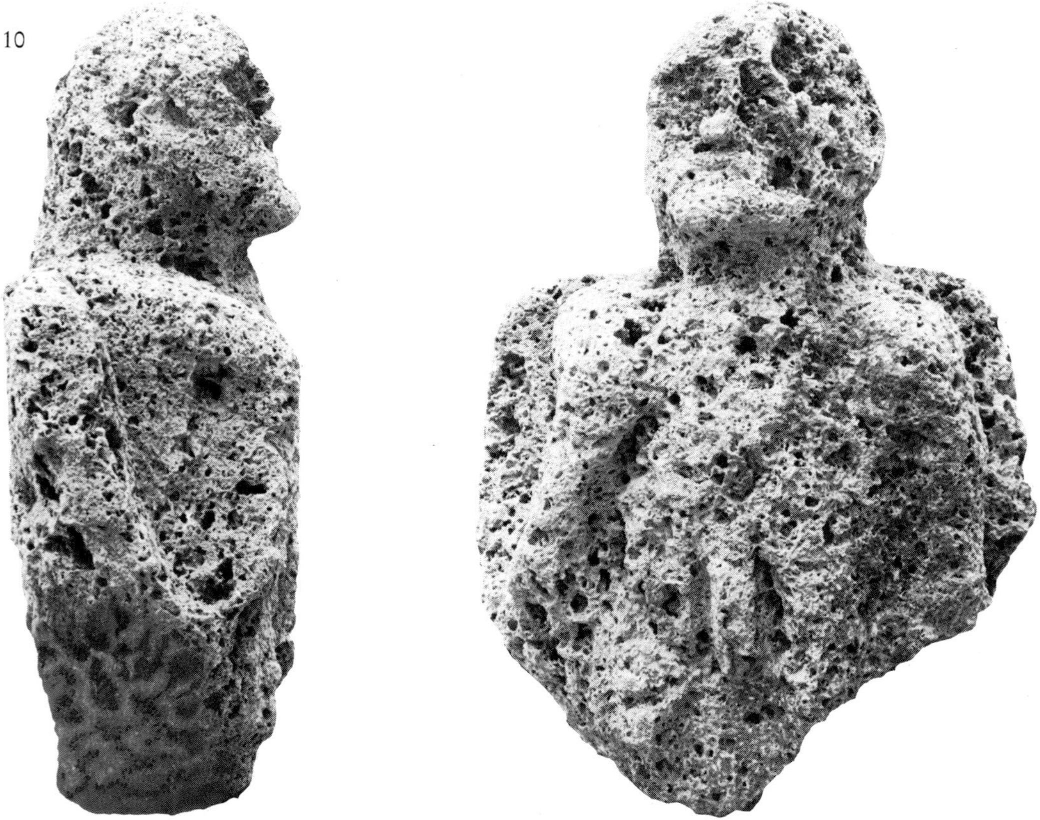

11

12

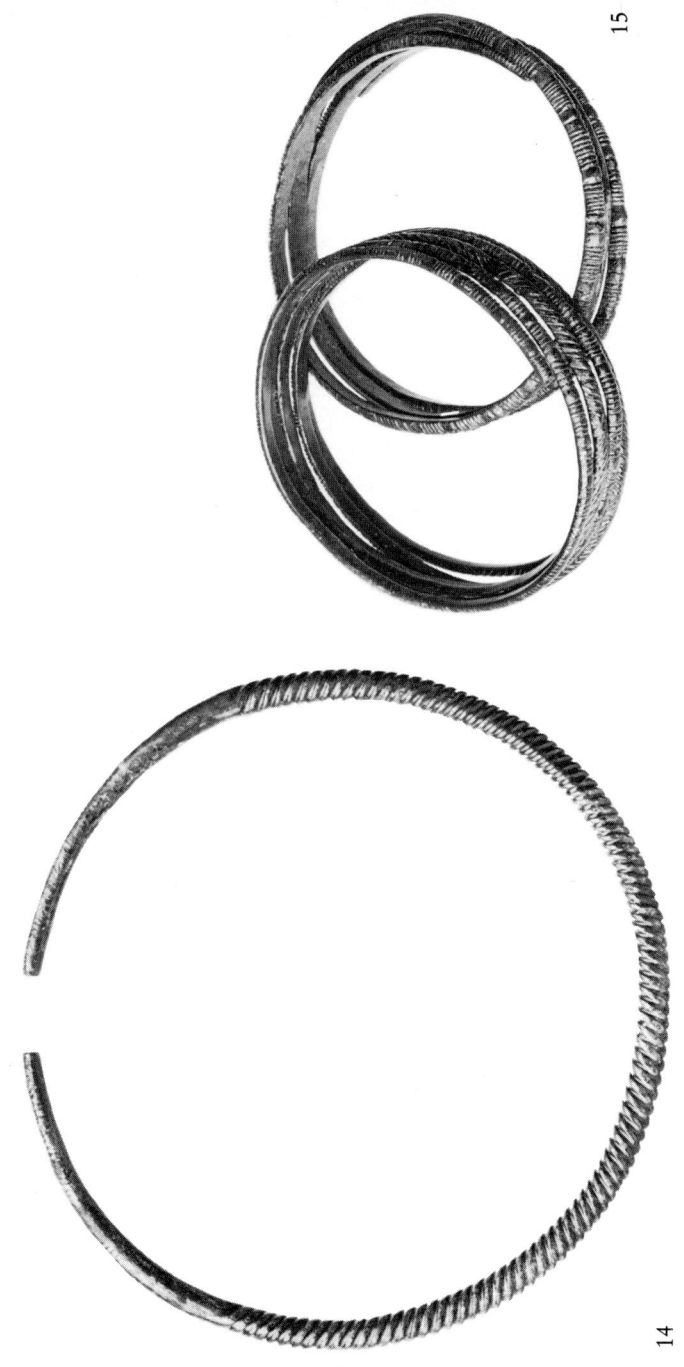

15

14

16

17

ihnen nimmt der Ausgräber die Gleichzeitigkeit der Sepultur an.[136] Die beiden Toten im Grab 14/15 liegen so dicht beieinander, sozusagen Arm in Arm, daß die Beerdigung zweifelsfrei in einem gemeinsamen Sarg zur gleichen Zeit stattgefunden haben muß. Auch bei der Bestattung 17/18, die aufgrund der Beigaben wie des anthropologischen Gutachtens als die einer Mutter mit Kind bestimmt wurde, kann nur an ein gemeinschaftliches Begräbnis gedacht werden.

Nicht ganz so häufig sind Mehrfachgräber auf dem Magdalenenberg bei Villingen im Schwarzwald.[137] Von 127 nachgewiesenen Grabanlagen enthielten zehn jeweils zwei und eine drei Tote. Bei dreien dieser Gräber handelt es sich um sogenannte birituelle Begräbnisse, d. h. ein oder zwei Tote wurden eingeäschert, ein weiterer körperbestattet. An Kombinationen treten einmal Erwachsene gleichen und unterschiedlichen Geschlechts auf. So ruhen etwa im gemeinsamen Sarg des Grabes 67 zwei erwachsene Männer, der eine von ihnen als Dolchträger im Rang aufgewertet. Die Befunde vom Magdalenenberg geben für unsere Fragestellung insofern wertvolle Hinweise, als die Sargkammern fast immer mit mächtigen Steinpackungen überdeckt sind, die ein nachträgliches Wiedereröffnen der Gruft zum Einbringen später Verstorbener ausgeschlossen erscheinen lassen. In Grab 100 ruhten ebenfalls zwei erwachsene Personen, die nach der Ausstattung als Mann und Frau bestimmt werden konnten, im gemeinsamen Sarg unter einer Steinsetzung. Das Außergewöhnliche dieser Bestattung kommt auch dadurch zum Ausdruck, daß die beiden Toten nicht in üblicher Lage, sondern auf der Seite und Rücken an Rücken aufgebahrt wurden. Überdies trägt die Frau – als einzige im Westhallstattkreis! – einen Ring um die große Zehe. Zum Ungewöhnlichen der Doppelbestattung tritt hier noch Absonderliches des Grab- und Ausstattungsritus hinzu. Im Grab 93 lag ein erwachsener Krieger zusammen mit einem Kind im Arm (Abb. 19). Ebenso kann bei den birituellen Gräbern die Gleichzeitigkeit des Begräbnisses als erwiesen gelten, vor allem weil sich der Leichenbrand immer innerhalb der hölzernen Totenlade befindet (Abb. 20).

Weitere Meldungen von Doppelgräbern in Fürstenhügeln liegen von Dußlingen und vom Bürgle bei Buchheim vor.

Da sich in unmittelbarer Nachbarschaft der Fürstengräber, nämlich als Nachbestattungen in Großgrabhügeln, die Mehrfachgräber häufen, scheint es geboten, auch einen Blick in die Gräber der Adligen selbst zu werfen. In der Tat gibt es einen vorzüglich bezeugten Befund vom Hohmichele.[138] In dem reich ausgestatteten Nebengrab VI waren auf einem Rinderfell zwei Tote beigesetzt. Zwar sind die Gebeine vergangen, doch läßt sich die Lage der Verstorbenen anhand des aufgefundenen Trachtzubehörs eindeutig rekonstruieren. Danach waren Mann und Frau in gestreckter Rückenlage nebeneinander aufgebahrt. Erkennbar ist u. a. der eiserne Halsring, die beiden Fibeln und das Gürtelblech des Mannes sowie der Perlenschmuck und die eine Fibel der Frau. Nach den Beigabenresten im geplünderten Zentralgrab des Hohmichele zu urteilen, müssen auch in dieser Kammer zwei Tote, Mann und Frau, bestattet gewesen sein. Möglicherweise ist auch der rätselhafte Befund vor der Südwand der Zentralkammer als Doppelbegräbnis im Sinne der Totenfolge zu deuten.

Die Befunde der Hohmichele-Gräber helfen uns bei der Interpretation alter Grabungsberichte über weitere Mehrfachbestattungen in Totenhügeln des Heuneburg-Bereiches.[139] Das Zentralgrab im Gießübel 1 enthielt drei Skelette. Nur der in der Mitte aufgebahrte Haupttote besaß Waffenbeigaben, während die beiden anderen Verstorbenen nahezu unbegütert waren. Auch im benachbarten Hügel Gießübel 2 ruhten im zentralen Kammergrab zwei Tote.

Aus dem Burgund und Jura sind – freilich fast nur von Grabungen des 19. Jahrhunderts – einige Beispiele für Mehrfachgräber beizubringen.[140] Wohl nicht zufällig scharen sich diese vor allem um den Camp-de-Château, wo zwar noch keine herausragenden Fürstengräber bekannt sind, aber eine Reihe von Wagengräbern sichtlich auf gesellschaftliche Abstufungen im Umfeld dieser Zentralsiedlung hinweisen.

So kamen im Hügel 5 der Nekropole von Moidons Sepois bei Ivory zwei Skelette in der zentralen Bestattung zum Vorschein. Die eine Tote trug die reiche Schmucktracht einer Frau mit einem Ziergehänge (Abb. 64), zwei bronzenen Tonnenarmbändern (Abb. 62), zwei weiteren gebuckelten Armringen, zwei Nadeln und je vier Beinringen an den Fußgelenken. Ein sozialer Unterschied macht sich darin geltend, daß der zweite Tote im Grab beigabenlos war. Ähnlich zeigte sich der Befund in dem Hügel Croix du Gros Murger (auch Fourré bei Saraz). Dort lagen in einer Nachbestattung zwei Verstorbene und neben ihnen ein Pferdeskelett. Die Beigabe eines toten Pferdes ist außerordentlich rar und kennzeichnet einmal mehr das Ungewöhnliche dieses Grabes. Die Haupttote war mit Schwanenhalsnadel, zwei Gagatarmbändern, zwei Bronzearmringen und einem Gürtelhaken recht gut ausgestattet. Das andere Menschenskelett zeigte sich wieder beigabenlos.

In einem anderen Hügel des Totenfeldes von Moidons Sepois (Nr. 1) waren gar fünf Leichname im Zentralgrab bestattet: eine erwachsene Frau und zwei Kinder nebeneinander sowie seitlich schräg dazu je ein weiterer Toter; zwischen den beiden Kindern soll noch ein Hundeskelett gelegen haben. Nur die Frau und eines der Kinder waren mit den für den Jura üblichen Trachtutensilien versehen. Und schließlich soll noch eine der neun Nachbestattungen des Tumulus Au Souillard bei Saraz aufgeführt werden, in der drei Leichen nebeneinander aufgebahrt waren. Als Besonderheit ist neben zwei Paukenfibeln und weiteren Kleinteilen ein Dolch zu nennen, der den einen Toten auszeichnet und von seinen Begleitern absetzt. Schließlich kam auch in dem eigentümlichen Zwiebelschalen-Hügel von Bressey-sur-Tille ein Doppelbegräbnis, wenn auch beigabenlos, zum Vorschein.

Mit den genannten Beispielen, denen sich einige weitere anschließen ließen, dürfte hinreichend klargestellt sein, daß die Sitte der Totenfolge fest im Brauchtum der frühen Kelten verankert war. Freilich erfolgte sie nicht regelhaft. Sie beschied sich auf bestimmte Einzelfälle nach für uns nicht nachvollziehbaren Formeln. Oft verbinden sich mit ihr ausgefallene Grabriten. Insbesondere herrschte das uns so grausam erscheinende Ritual im Umkreis der Adelshäuser. Doch wissen wir aus schriftlichen Nachrichten, daß die Betroffenen nicht selten in froher Stimmung den Opfergang antraten, ja sich bisweilen sogar um diese zweifelhafte Ehre stritten.

## Grabraub

Grabraub ist für den Archäologen nicht nur eine höchst betrübliche, sondern auch eine recht problematische Sache. Leichenfledderei läßt sich nämlich zumeist nur bei mit peinlicher Sorgfalt durchgeführten Grabungen oder unter günstigen Beobachtungsbedingungen erkennen. Wer jemals selbst ein altes Grab geöffnet hat, in dem die Knochen des Toten total aufgelöst, Eisen- und Bronzegegenstände völlig korrodiert waren und eine tonnenschwere Steinpackung beim Versturz der Kammerdecke alles zerschlagen hatte, der wird nach mühseliger und enttäuschender Freilegung zunächst an eine Beraubung denken. Insbesondere die Öffnung großer, fast leer vorgefundener Gräber läßt oft Plünderei vermuten. Dem ist entgegenzuhalten, daß ja in der Regel nur Keramiken und Metalle erhalten bleiben, während Beigaben aus organischen Materialien wie Holz, Stoff, Horn, Fell, Leder, Federn u. a. vergangen sind.

So wurden beispielsweise in den bekannten Frostgräbern von Pazyryk[141] im Altai außerordentlich reiche Ausstattungen in Form von Möbeln, Sätteln, Pferdegeschirr, Schabracken, Wagen und Kleidung entdeckt, die sich im ständig durchfrosteten Boden hervorragend konserviert hatten. Deshalb werden auch die sibirischen Reitergräber zu Recht als die Bestattungen einer höheren sozialen Schicht, eines Nomadenadels, angesprochen. Hätte man vergleichbare Gräber mit ebenso großen Kammern bei uns in Mitteleuropa gehoben, so wäre allenfalls einmal ein Metallspiegel oder eine verrostete Eisentrense zutage gekommen. Denn selbst der elegante, vierrädrige Wagen aus dem Kurgan 5 von Pazyryk war ohne jedes Metallteil konstruiert! An seiner Stelle hätte in einem hiesigen Grab gähnende Leere geherrscht. Offensichtlich darf man auch bei großen und doch relativ beigabenarmen Kammern nicht sogleich auf Beraubung schließen. Deshalb ist bei älteren Grabungen, denen eine modernen Anforderungen entsprechende Dokumentation mangelt, Skepsis geboten, wenn seinerzeit auf Grabraub erkannt wurde.

Gleichwohl liegen aus neueren Ausgrabungen genügend einschlägige Befunde vor. Generell lassen diese erkennen, daß sich die Plünderung grundsätzlich auf die Hügelmitte konzentriert, wo man ja zu Recht die reichsten Bestattungen vermuten durfte. Exzentrisch angelegte Nachbestattungen blieben fast immer verschont. Daraus ist zwingend zu folgern, daß die Nebengräber zum Zeitpunkt der Beraubung obertägig nicht (mehr) sichtbar waren. Es seien nur das Frühlatènegrab im Kleinaspergle, das Wagengrab VI im Hohmichele oder die fünf goldführenden Nachbestattungen im Gießübel 1 erwähnt, die bis in unsere Tage jeglichem Plünderungsversuch entgingen. Mit Gewißheit ergibt sich daraus, daß die an den Grablegen beteiligten Zeitgenossen vom Grabraub Abstand hielten. Das Wiederaufsuchen einer Gruft unter verwerflichen Absichten war also zumindest innerhalb der engeren Siedelgemeinschaft strengstens tabuisiert. Das Aufbrechen der Kammern ließ sich durch die Ausübung von Macht und Moral eine gewisse Zeit lang wirkungsvoll verhindern.

Da die Grabräuber nicht wußten, ob bzw. wo solche lohnenden Nebengräber vorhanden waren, schließt man, daß fremde Stämme etwa während einer Belagerung oder Eroberung einer Zentralsiedlung zugleich die umgebenden Fürstengrabhügel plünderten. Da z. B. die Heuneburg mehrfach verheerenden Zerstörungen ausgesetzt war, wäre eine solche Möglichkeit durchaus gegeben gewesen. Bevorzugt wurde dann das Hügelzentrum angegangen, weil man sich hier am sichersten Erfolg versprach. Das ziellose Durchwühlen der teilweise immensen Hügelschüttungen nach Nebengräbern wurde vielleicht als zu mühselig empfunden. Eine weitere Gelegenheit mag sich den Leichenfledderern geboten haben, wenn die innere Ordnung der frühkeltischen Stammesgemeinschaften so weit destruiert war, daß die Sepulturen der Altvorderen nicht mehr hinreichend geschützt werden konnten.

Es ließe sich der Frage, wann die Gräber erbrochen wurden, dann nähertreten, wenn es gelänge, diesen Zeitpunkt mit archäologischen Mitteln einzugrenzen. Doch ist das fast nie möglich. Eine Ausnahme bildet der Magdalenenberg, dessen zentrales Kammergrab bei der Ausgrabung im Jahre 1890 gründlich geplündert vorgefunden wurde.[142] Da sich die Kammerbalken und die Restbeigaben im Holz vorzüglich erhalten hatten, ließ sich sogar das Einstiegsloch der Grabräuber erkennen. Diese waren von oben her in den Hügel eingedrungen und hatten die doppelt verlegten Eichenbalken der Kammerdecke von einem halben Meter Stärke durchschlagen. Die fast vollständige Ausräumung und das über den Kammerboden verstreute Skelett des Toten zeigen an, daß die Decke zu diesem Zeitpunkt noch nicht eingestürzt, die Kammer also noch begehbar war.

Angesichts dieser Räubereien ist es für den Archäologen nur ein bescheidener Trost, daß die Plünderer selbst etwas hinterlassen haben, nämlich ihre Grabwerkzeuge. Teile von vier Holzspaten lagen verstreut in der Grabkammer. Die jahrringchronologische Bestimmung[143] ergab nun, daß diese Spaten mindestens 47 Jahre nach der Errichtung des Kammergrabes hergestellt wurden. Da die jüngsten Jahrringe an den Hölzern fehlen, läßt sich zwar das genaue Datum nicht angeben, doch können aus holzanatomischen und bearbeitungstechnischen Gründen nur fünf bis zehn Ringe entfernt sein. Die Beraubung des Magdalenenberges fand also nur knapp über 50 Jahre nach der Beerdigung statt. Etwa zum gleichen Termin brach auch die Belegung der Nachbestattungsnekropole ab, und die zugehörige Siedlung auf dem Kapf endete. Erst das Erlöschen der Dynastie – und vielleicht besteht darin der ursächliche Zusammenhang – ermöglichte die Plünderung des Fürstengrabes.

Übrigens wurde nach dem Ausweis eines fünften Holzspatens (Taf. 11), dessen Baumringe im Jahre 367 v. Chr. enden, das Grab noch einmal in der frühen Latènezeit heimgesucht. Die zweite Beraubung muß ihren Urhebern mindestens die gleiche Enttäuschung bereitet haben wie 2250 Jahre später den Ausgräbern Ernst Wagner und

Karl Schumacher, als sie vor der leeren Kammer standen. Wohl nicht zufällig fiel die zweite Plünderung in eben jenen Zeitabschnitt, als mit dem Ende der frühkeltischen Fürstenzivilisation das Land von folgenschweren Unruhen überzogen wurde.

Vorbildlich dokumentiert ist auch die Ausraubung des Zentralgrabes im Hohmichele.[144] Bis auf wenige Stoff- und Fellfetzen zeigte sich die Kammer wie leergefegt. Die Grabräuber waren in den Hügelgrund durch einen engen Kriechstollen hineingeschlüpft, den sie von außen zunächst mit einem Gefälle von 20°, schließlich kurz vor der Kammer noch etwas steiler mit 30° vortrieben. Hätten sie die anfängliche Neigung beibehalten, so wäre die Grablege verfehlt worden. Man wußte also genau, wo man zu suchen hatte. Die Stollenhöhe betrug 0,45 bis 0,65 m, so daß sich die Räuber nur auf dem Bauch kriechend vortasten konnten. Der mehrfach geknickte Gang traf schließlich das Hauptgrab an der Südwand. Die winklige Führung sollte offenbar verhindern, daß Licht nach außen drang. Das Unternehmen fand in aller Heimlichkeit statt! Sollten damit die Wächter überlistet werden? Oder wollte man sich damit lästige Konkurrenten vom Halse halten? Wir wissen es nicht. Insbesondere die letzten 5 m des Tunnels ließen sich einwandfrei in den Grabungsprofilen erkennen. Die Tombaroli schlugen mit dem Beil die Kammerwand durch, huschten in das Innere und schleppten hinweg, was nur irgend von Wert erschien. Eine Perlenkette zerriß in der Hast. 736 grünliche Glasperlen lagen gestreut vor dem Schlupfloch der Holzwand und auf der Sohle des Stollens. Mit unverhohlener Achtung schreibt der Ausgräber Gustav Riek, daß »die primitive Art und Bauweise dieses Kriechgangs die auf die fürstlichen Schätze erpichten prähistorischen Grabräuber im Hohmichele vor unseren Augen als sehr verwegene Burschen erscheinen läßt, die im wahrsten Sinne des Wortes Kopf und Kragen riskierten«. Die Gefahr des Tunneleinbruchs, die stickige Luft in der niedrigen Gruft, die sich durch die offene Lichtquelle sicher rasch verschlechterte, der Verwesungsgestank der Leichen, die Angst vor Entdeckung – nichts schreckte die Grabräuber zurück.

Freilich ist der Zeitpunkt der Plünderung kaum genauer zu bestimmen. Der Ausgräber meint, daß diese bereits zur Zeit der Hügelaufschüttung geschah, während der die aus dem Stollen geschaffte Erde nicht sonderlich auffiel, also allenfalls wenige Jahre nach der Grablege. Dafür soll auch eine Reihe aufgefädelter Perlen sprechen, die im Raubtunnel vorgefunden wurde. Der Kettfaden war also noch nicht vermodert, als die Kammer erbrochen wurde. Doch haben sich gerade im Hohmichele zahlreiche Textilreste bis in unsere Tage erhalten,[145] womit nachweislich der Verfall von organischen Materialien in diesem Grab nur ganz langsam vonstatten ging. Die Tatsache des erhalten gebliebenen Fadens bildet also kein zeitliches Kriterium für den Beraubungstermin.

Gleiches gilt für das Zentralgrab im Hügel Talhau 4. Bis auf geringe Teile des Wagens, des Pferdehalfters und eines Gürtelbleches hatten die Leichenfledderer nichts zurückgelassen. Diese Kammer wurde von der Decke her »geknackt«. Die Grabräuber hoben einen trichterförmigen Schacht aus, durch den sie in die Tiefe gelangten. Das Skelett des Toten wurde bei der Ausgrabung von Siegwalt Schiek noch im natürlichen Verband vorgefunden, nur der Schädel und einige Langknochen waren gelöst. Die Plünderer rissen der Leiche den Kopf ab, wohl um des goldenen Halsreifes willen, und auch die übrigen Glieder trennten sie ab, um an den Schmuck zu kommen. Nach dieser ekelerregenden Verrichtung warfen sie den Leichnam achtlos an die Seite. Auch in diesem Falle wird die noch nicht abgeschlossene Verwesung des Toten als relativ früher Zeitpunkt für die Beraubung – »spätestens nur wenige Jahre nach der Bestattung« – gewertet. Doch scheint mir dieses Argument nicht sehr stichhaltig, da wir über die Dauer der Weichteilzersetzung an Bestatteten keinerlei konkrete Angaben besitzen und zudem – wie die Arsenpräparation des Fürsten vom Magdalenenberg lehrt – auch mit Balsamierungen rechnen müssen. Die vielfach geäußerte Ansicht, die Adelsgräber der Gießübel-Talhau-Nekropole sei im Verlauf einer Belagerung in einer Nacht-und-Nebel-Aktion geplündert worden, muß daher ziemlich hypothetisch bleiben.

Das ungewöhnlich reiche Grab im Grafenbühl wurde allem Anschein nach beraubt, als die Kammer schon weitgehend zerfallen war.[146] Sonst wären wohl kaum die zahlreichen Beigabenreste, darunter die zwei zusammen 6 kg schweren Löwenfüße des Dreifußes (Abb. 87), übersehen worden. Auch in diesem Falle ist eher ein relativ später Zeitpunkt der Plünderung anzunehmen.

Fast alle Zentralgräber der frühkeltischen Fürstenhügel (seltene Ausnahme: Hochdorf) und auch viele Hauptgräber der kleinen Tumuli fielen früher oder später den Raubgräbern zum Opfer.[147] So muß beispielsweise die zentrale Kammer im Kleinaspergle noch einmal im späten Mittelalter aufgesucht worden sein, wie ein darin von den beiden Fraas' geborgener Topf des 14. Jahrhunderts n. Chr. lehrt.[148] Die Sage vom verborgenen Schatz, die an so vielen alten Hügeln haftet, hatte wohl auch diese Leute bewogen, gleich ein Gefäß mitzunehmen, um das fürstliche Gold abzufüllen. Enttäuscht warfen sie es in die Ecke, da ihnen frühere Kollegen längst zuvorgekommen waren.

Hartnäckig hielt sich die Mär vom Gold seit keltischer Zeit im Volk. Daß das Wissen um sagenhafte Schätze in den Grabhügeln über alle Stürme der Zeiten hinweg unsere Tage erreichte, ist gewiß der einzige, aber um so erstaunlichere Traditionsstrang, der uns noch mit der grauen Vorzeit verbindet.

Die Gier nach dem Gold durchbrach alle Tabus und fegte auch die letzten Hemmungen hinweg, sich der Düsternis und Unheimlichkeit dieser Orte zu nähern. Das Motiv war immer das gleiche: sich möglichst rasch und ohne viel Aufwand zu bereichern. Das gilt auch für die zahlreichen, von »Amateuren« leider bis heute noch vorgenommenen Grabuntersuchungen, wenn sie die gehobenen »Schätze« dann an Händler und Museen verscherbeln.

# Fünftes Kapitel
## Die dingliche Hinterlassenschaft als Zeugnis handwerklicher Produktion

Die aus den unterschiedlichsten Rohstoffen gefertigten Dinge für den täglichen wie für den besonderen Bedarf legen von einer breit gefächerten handwerklichen Betätigung Zeugnis ab. Zu unterscheiden ist dabei zwischen Gegenständen, deren Rohmaterial überall zur Verfügung steht und deren Herstellung keine spezialisierten Fähigkeiten erfordert. Dies betrifft etwa den Geräte- und Sachbestand ländlich-bäuerlicher Gehöfte, der zum ganz überwiegenden Teil im Hausfleiß entstand. In gewissem Sinne ist ein landwirtschaftlicher Betrieb autark; nur wenige, dann zumeist Luxusgüter oder Artikel für den gehobenen Bedarf wurden eingetauscht. Am Ort selbst stellte man Textilien, Holzgegenstände, Keramik, Leder- und Fellarbeiten, Geweih- und Knochenartefakte sowie die nötigsten Eisengeräte her.

Den alltäglichen Gebrauchsgütern stand jedoch eine Vielzahl höchst kunstfertig produzierter Sachgüter gegenüber, deren Herstellung nur in eigens dafür eingerichteten Werkstätten unter Leitung von hervorragend ausgebildeten und erfahrenen Meistern denkbar ist. In diesen Betrieben fertigte man nicht nur Gegenstände aus einheimischen, sondern auch aus exotischen Rohstoffen.

Die Basis dafür bot ein weit über den europäischen Raum hinausgreifendes Handelsnetz, in das auch die Kultur des Westhallstattkreises profitlich integriert war. Man importierte insbesondere Materialien wie Elfenbein, Koralle, Seide, Silber, Gold, Kupfer und Zinn, Glas und Bernstein, die zu Gegenständen lokalen Geschmacks verarbeitet wurden. Darüber hinaus interessierte man sich aber auch für Fertigprodukte aller Art. Der Vertrieb der vielfach arbeitsteilig fabrizierten Güter erforderte wiederum die Organisation des örtlichen Absatzmarktes. Und es besteht kein Zweifel, daß sich die handwerklichen Betriebe hauptsächlich im unmittelbaren Umfeld der Fürstensitze, zumeist wohl in den befestigten Anlagen selbst ansiedelten. Hier stand eine potente Auftraggeberschaft zur Verfügung, hier blühten Handel und Wandel, hierher gelangten auf langen Wegen die begehrten, fremdländischen Rohstoffe, und hier deckte sich die umwohnende Bevölkerung mit dem Nötigsten und Schönsten ein.

Die folgenden Betrachtungen zu Handwerk und Gewerbe werden dadurch erschwert, daß wir fast gar keine Werkstätten mit ihren Einrichtungen kennen. Auch die Werkzeuge und Gerätschaften sind uns nahezu unbekannt. Dieser Mangel ist in erster Linie auf den Rückstand der Siedlungsforschung zurückzuführen. Weder ein hallstattzeitlicher Töpferofen noch eine Metallschmelzstätte oder Schmiede ließen sich bislang aus archäologischen Befunden ermitteln. Gleichwohl sprechen die Erzeugnisse selbst zu uns und erlauben, wenigstens das Wichtigste über die handwerkliche Betätigung zu erschließen.

## Gold und Silber

Der für vorgeschichtliche Verhältnisse ganz ungewöhnliche Goldreichtum stellt primär die Frage nach der Herkunft dieses Edelmetalls. In Frage kommen dafür die bekannten europäischen Goldlagerstätten in Irland, auf der Iberischen Halbinsel und im Karpatenraum. Dazu gesellen sich kleinere Vorkommen u. a. in den Alpen, im schweizerischen Jura und im französischen Zentralmassiv. Zahlreiche Analysen prähistorischer Goldfunde[1] haben nun ergeben, daß für das an den Fürstenhöfen der frühen Kelten verwendete Gold nicht die innerhalb des Westhallstattkreises gelegenen Vorkommen ausgebeutet wurden.

Insbesondere scheint das aus der Schweiz über die Aare in den Rhein transportierte Flußgold überhaupt nicht gewonnen worden zu sein. Jedenfalls läßt sich der dafür charakteristische Gehalt an Begleit- und Spurenmetallen im Fürstengold nicht nachweisen. Daraus kann man schließen, daß dieses – wie so vieles andere – auf dem Handelsweg in den Besitz der frühen Kelten gelangte. Eigene Goldwäscherei, zumal in den gar nicht einmal so unergiebigen Aare- und Rheinsanden, wurde unseres Wissens nicht betrieben.

Dem entspricht, daß einige der im Hallstattzusammenhang gefundenen Goldgegenstände eindeutig von fremdländischer Provenienz sind. Dies betrifft zunächst den mit 480 g Goldgewicht auffallend schweren, freilich hohl gearbeiteten Reif von Vix (Abb. 96) sowie die beiden Goldohrringe von La Butte (Abb. 97), die ihre besten Parallelen auf der Iberischen Halbinsel besitzen.[2] Sie dürften über die antike Handelsmetropole Massilia (Marseille) rhôneaufwärts in den Norden gekommen sein.

Ein anderer Weg des Goldimports führte offensichtlich über die Alpen, wie die beiden etruskischen Schmuckstücke von Ins[3] und Jegenstorf[4] (Abb. 98) belegen, die mit ihrer perfekten Granulations- und Löttechnik die Fähigkeiten der frühkeltischen Goldschmiede ohnehin überfordert hätten.

Völlig aus dem Rahmen der Hallstattgoldgeräte fällt auch die vieldiskutierte Goldschale von Zürich (Abb. 33).[5] Seit der Auffindung des insgesamt 9 kg schweren Goldschatzes von Villena in der Provinz Alicante, kann indes über die Herkunft dieser Schale aus Spanien, dem Goldland der Antike, keine Unsicherheit mehr bestehen.[6] Sie stimmt in Gewicht, Größe, Form, Verzierungstechnik und -anordnung erstaunlich mit den iberischen Stücken überein. Damit erklärt sich auch das hohe Gewicht der Züricher Schale (0,91 kg), während die einheimisch-hallstättischen Goldgegenstände immer nur aus hauchdünn getriebenem Blech bestehen. Aus dem schweizerischen Stück hätte man allein über 250 Armreifen der Art fertigen können, wie sie beispielsweise die Tote aus dem Grab von Esslingen-Sirnau besaß.[7] Diese trug an beiden Handgelenken je einen offenen Ring aus dünnem Goldblech von 1,2 cm Breite, 5 cm Durchmesser, abgerollt 14,5 cm Länge und lediglich 3,45 bzw. 3,55 g Gewicht. Auch die vielfältigen Goldgegenstände aus dem Fürstengrab von Hochdorf bringen zusammen nur etwas

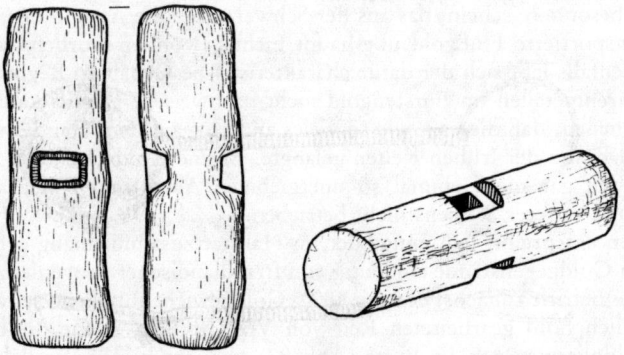

*Abb. 31.* Einer der beiden rechteckig durchlochten Hirschgeweih-Hämmer aus Grab X vom Hohmichele bei Altheim-Heiligkreuztal, Kr. Biberach, Baden-Württemberg (nach RIEK / HUNDT 1962). Länge 14,7 cm.

mehr als die Hälfte an Gold auf die Waage[8] (etwa 500 g) wie die Schale von Zürich-Altstetten.

Aus alledem wird deutlich, daß die frühkeltischen Fürsten des West-hallstattkreises keine eigenen Goldminen betrieben. Vielmehr importierte man das Edelmetall entweder in Barrenform oder, was wahrscheinlicher ist, als Fertigstücke. Um den hohen Bedarf der Adelshäuser und – freilich nur gelegentlich – der übrigen Bevölkerung zu decken, zerteilte man die relativ massiven Einfuhrgüter und trieb das Gold zu dünnwandigen Schmuck- und Ziergegenständen aus. Sehr beliebt waren auch zarte Auflagen auf organischen Materialien oder auf Bronze und Eisen. Im Treiben von Blech hatte man an toreutischen Arbeiten, vor allem an Bronzegefäßen, seit alters her genügend Erfahrung gesammelt. Daß sich Gold auf eine »Stärke« von Millimeterbruchteilen dehnen läßt, war ebenfalls längst bekannt. Für kompliziertere Verfahren wie Schmelzen, Schweißen oder Granulieren liegen beim Hallstattgold keine Belege vor. Selbst das Löten wurde nur in Ausnahmefällen geübt.

Dagegen entwickelten die frühkeltischen Goldschmiede bewundernswerte Leistungen in der Treibtechnik. An der Spitze stehen die nahtlos gefertigten Halsreife, die Statussymbole der Hallstattfürsten. Sie werden im folgenden mit ihren Maßen zusammengestellt, wobei zunächst die geschlossenen, dann die offenen und schließlich diejenigen aufgelistet werden, bei denen eine Zuweisung aufgrund des fragmentarischen Zustandes fraglich bleiben muß:

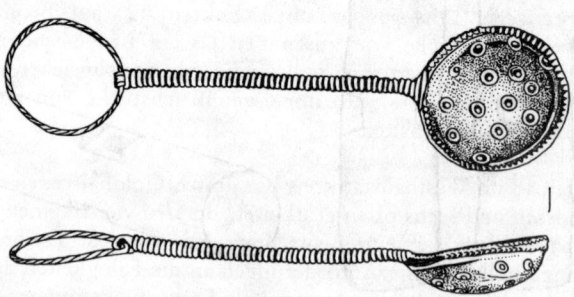

*Abb. 32.* Goldener Sieblöffel von der Heuneburg bei Herbertingen-Hundersingen, Kr. Sigmaringen, Baden-Württemberg; Gewicht nur 6,55 g (nach BITTEL/RIETH 1951). Länge mit Ring 10,5 cm.

| Geschlossene Reife: | Außen-durchmesser | Gewicht | Bem. |
|---|---|---|---|
| Apremont[9] | 27 cm | 232 g | |
| Dußlingen[10] | 23,6 cm | 128,4 g | |
| Ensisheim[11] | etwa 20 cm | 190 g | |
| Hochdorf[12] | 25,3 cm | 132 g | (1) |
| Gießübel 4[13] | 21,5 cm | 61 g | |
| Ludwigsburg-Römerhügel[14] | 22,6 cm | 75 g | |
| Mercey-sur-Saône[15] | 25 cm | 142 g | |
| Payerne[16] | 22,5 cm | 86 g | |

| Offene Reife: | | | |
|---|---|---|---|
| Baisingen[17] | 20,2 cm | 40 g | (2) |
| Stuttgart-Bad Cannstatt[18] | 17/18 cm | 64 g | |
| Stuttgart-Bad Cannstatt[19] | 19,6 cm | 95,7 g | |
| Châtonnaye[20] | etwa 24 cm | 27 g | |
| Kappel[21] | etwa 23 cm | 160 g | |
| Savoyeux-Le Tremblois[22] | 21,9 cm | 32 g | |

| Fragmente: | | | |
|---|---|---|---|
| Allenlüften[23] | | | (3) |
| Gießübel 1[24] | etwa 20–23 cm | noch 98 g | (4) |
| Gießübel 2[25] | etwa 18–20 cm | noch 80 g | (5) |
| Gießübel 3[26] | | noch 45 g | (6) |

*Bemerkungen:* (1) sekundär aufgeschnitten; (2) auf Bronzefutter; (3) zwei Bruchstücke von zusammen 66 cm Länge sind erhalten; (4) gebrochen; da nicht ganz vollständig erhalten, unsicher, ob nahtlos gearbeitet; (5) dass.; (6) nur zwei Bruchstücke von zusammen 42 cm Länge sind erhalten.

Von den 18 im Westhallstattkreis bekannten Goldhalsreifen sind acht geschlossen und sechs offen gearbeitet. Bei den vier fragmentarischen Stücken verbietet sich eine Beurteilung. Das nahtlose Treiben großer Halsringe stellt höchste Anforderungen an die Fähigkeiten des Goldschmiedes. Wurde das Rohmaterial als Fertigstücke importiert, etwa in Form von Schalen des Typs Zürich-Altstetten, so läßt sich der Arbeitsgang folgendermaßen nachvollziehen. Man schnitt die Schalen in einzelne horizontale Ringe, aus denen die Halsreifen über einer

Schablone ausgetrieben wurden. Zum Schluß verzierte man den Reif
von innen her mittels feiner Punzen.

Aus dem Schalenboden ließ sich unter entsprechender Ausdünnung
des Bleches erneut eine größere Schale treiben, diese freilich von
erheblich geringerem Gewicht. Einen solchen Fabrikationsmodus
bestätigen nicht nur die Maße der Halsringe, sondern auch die der drei
bislang in frühkeltischen Fürstengräbern gefundenen Goldschalen,
soweit sie nach Form und Verzierung als einheimische Erzeugnisse zu
gelten haben:

| Goldschalen: | Durchmesser | Höhe | Gewicht |
|---|---|---|---|
| Apremont[27] | 14 cm | 4 cm | 55 g |
| Hochdorf[28] | 13,4 cm | 5,3 cm | 72 g |
| Stuttgart-Bad Cannstatt 1[29] | 16,5 cm | 6,5 cm | 161,5 g |

Ebenso sind die übrigen goldenen Schmuckstücke der Späthallstattzeit
wie Armreifen (Abb. 34), Ohrringe, Schläfen- und Haarringe immer
aus dünn getriebenem Goldblech hergestellt und zumeist mit einem
für die Kultur typischen, geometrischen Musterschatz in Punztechnik
verziert. Nach den Spektralanalysen ließ sich feststellen, daß für die
beiden Armreifen und die 18 Segelohrringe aus dem Frauengrab von
Esslingen-Sirnau ein und dasselbe Ausgangsmaterial – etwa ein größeres Blechstück von 15,4 g – verwendet wurde. Das gleiche gilt für die
sechs Kugelkopfnadeln, neun Ohrringe und sechs Armreifen von
Schöckingen, die ebenfalls alle aus nur einem Stück Rohgold von 45 g
gefertigt wurden.[30]
Unter dem frühkeltischen Goldschmuck nehmen die beiden Schlangenfibeln aus dem Fürstengrab von Hochdorf eine gewisse Sonderstellung ein. Es sind dies die beiden einzigen Fibeln innerhalb der Späthallstattkultur, die aus Gold bestehen. Ein massiver Golddraht wurde
in Fibelform gebogen; Gewandhalter und Fußknopf schob man auf
und verkleidete die Nadelrast und einen Teil des Bügels zusätzlich mit
seitlich aufgebördeltem Goldblech. Diese Fibeln hatten keine Funktion, da hochkarätiges Gold nicht federt, was bei den nach dem
Prinzip der Sicherheitsnadeln konstruierten Fibeln ja unerläßlich ist.
Sie wurden eigens für die Bestattungszeremonie in der Hochdorfer
Werkstatt hergestellt. Das Gewand des Toten sicherten zwei gleichartige Fibeln, diese aber wie üblich aus Bronze.
Abgesehen von den schon genannten Schalen benutzte man das rare

Gold kaum für Gebrauchsgegenstände. Der goldene Sieblöffel von der Heuneburg (Abb. 32), der nach dem verläßlichen Grabungsbericht einwandfrei aus einer Hallstatt-D-2-Schicht stammt, bildet somit eine kostbare Ausnahme.[31] Auch er wurde aus dünnstem Goldblech getrieben und wiegt bei einer Länge von 8,4 cm (ohne Ring) nur 6,55 g. Der Ring wurde aus tordiertem Golddraht zusammengelötet. Die Lötstelle ist gut erkennbar. Was für ein Lot verwendet wurde, ist noch nicht untersucht. Möglicherweise nahm man eine geringkarätige Goldlegierung mit niedrigerem Schmelzpunkt. Der Stiel ist hohl gearbeitet und aus einem gerippten Blechstreifen wohl über einem Kern (Holz oder Metall) zusammengebogen. Die Kelle mit den Sieblöchern ist zur Verstärkung am Rand umbördelt. Stiel und Kelle wurden wieder durch Lötung miteinander verbunden. Das kleine Kunstwerk fand wohl nur im kultischen Bereich Verwendung, da der Löffel für eine praktische Handhabung viel zu fragil ist.

Am häufigsten wurde Gold als Auflage für allerlei Schmuck- und Gebrauchsgegenstände gebraucht. So glaubt man beispielsweise, daß die sehr empfindlichen Halsreifen auf einen Kern aus organischem

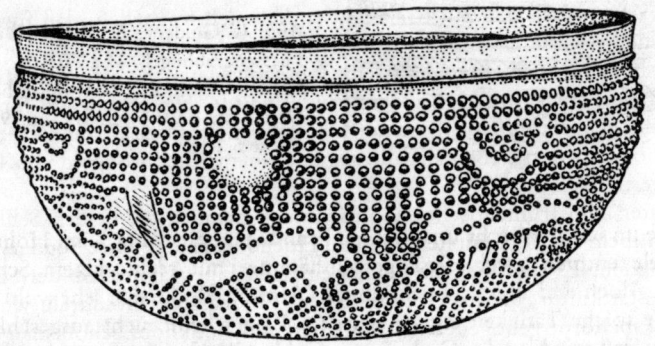

*Abb. 33.* Punzbuckelverzierte Schale aus Goldblech im Gewicht von 910 g. Die Darstellung der Motive – Hirsch und Hindin, Sonne (?) und Mond – ist durch Musteraussparung erzielt worden. Gefunden 1906 bei Zürich-Altstetten, Kt. Zürich, bezeugt das Stück allem Anschein nach ein sonst nicht weiter beobachtetes, aber sicherlich hervorragendes Adelsgrab im Umkreis des späthallstatt-frühlatènezeitlichen Fürstensitzes auf dem Üetliberg bei Zürich (nach DRACK 1974). Durchmesser 25 cm.

Material (Holz?) gezogen waren. Das ist möglich, doch nicht beweisbar, weil entsprechende Spuren einstweilen nicht nachzuweisen sind. Nur für den Reif von Baisingen ist ein Bronzefutter gesichert.

Das Austreiben des Metalls zu hauchdünner Folie geschah durch Hämmern auf dem Amboß.[32] Damit lassen sich »Stärken« bis zu ¹/₁₀₀ cm (Briefpapierdicke!) erreichen. Wollte man noch dünneres Metall erhalten, mußte zu Hilfsmitteln gegriffen werden. Das Gold würde sonst unweigerlich reißen und am Hammer oder am Amboß kleben bleiben. Blattgold wurde vor der Erfindung der Blechwalze zwischen Membranen aus Pergament oder Rinderdärmen, gelegentlich auch zwischen dünnen Kupferblättchen geschlagen. Man benutzte dafür Hämmer aus Metall (Bronze, Eisen), Stein oder Hirschgeweih. Messungen an Blattgoldauflagen auf Nietköpfen aus dem Grafenbühl erwiesen eine Stärke von 2μ (²/₁₀₀ mm!).

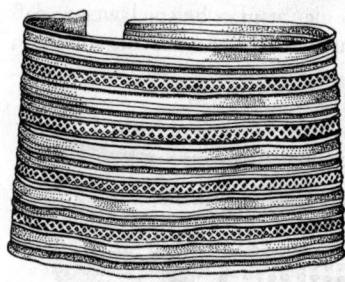

*Abb. 34.* Goldenes Armband aus dem Fürstengrabhügel »La Butte« bei Sainte Colombe, Arr. Montbard, Dep. Côte-d'Or (nach STRAUB 1980). Breite 5,2 cm.

Die im übrigen recht unauffällige Brandnachbestattung X im Hohmichele enthielt zwei Hirschgeweihhämmer mit rechteckigem Schäftungsloch und abgeflachten Bahnen (Abb. 31)[33], die sich sehr wohl für eine solche Tätigkeit eignen würden. Es erscheint nicht ausgeschlossen, daß wir hier das Grab eines »Goldschlägers« vor uns haben, der als hochgeachteter Handwerker im Dienste der Heuneburg-Fürsten stand.

Goldfolie und Blattgold wurden als Auflage zur Veredelung von Ringschmuck, Haar- und Haubennadeln, Perlen, Fibeln (Abb. 74 und 77) und Gürtelblechen verwendet. Oft verkleidete man damit auch die Mund- und Endbeschläge von Trinkhörnern, die bislang ausschließlich in Fürstengräbern zutage gefördert wurden (Römerhügel, Hochdorf, Kleinaspergle). Möglicherweise belegte man bisweilen auch Holzgefäße mit Gold, wie die beiden kalottenförmigen Zierfolien von jeweils 13,8 und 14,8 cm Durchmesser bei 5 cm Höhe von Ins zeigen.

Besonders vielfältig sind die Auflagearbeiten aus dem frühlatènezeitlichen Nebengrab im Kleinaspergle am Fuß des Hohenasperg.[34] Dort fand sich ein Paar Trinkhörner, deren spitzes Teil auf eine Länge von 17,5 cm mit Goldblech auf Bronze verkleidet ist und in entzückenden Widderköpfen endet. Passend zu den beiden Trinkhörnern kamen zwei attische Schalen zum Vorschein, denen barbarischer Geschmack zu feinen Goldapplikationen verholfen hat (Abb. 93). Ein Goldblechbeschlag auf Eisenunterlage (Abb. 35) zeigt uns das neue Stilempfinden der Latènekunst besonders deutlich. Die geometrisch-starren Ornamentsysteme des Späthallstattstils haben sich zu wirbelnden Ranken- und Fischblasenmustern aufgelöst. Palmetten-, Rosetten- und Arkadenmuster kommen hinzu (vgl. Abb. 77). Der Bilderfeindlichkeit der Hallstattzeit stellt die Latènezeit das zu Fratzen-, Dämonen- und Larvendarstellungen verzerrte menschliche Antlitz gegenüber (Abb. 89). Selbst in der Kleinkunst finden sich nicht selten zu Masken transponierte Tier- und Menschenköpfe (vgl. Abb. 75).

Im Hohmichele und im Grafenbühl ließen sich feine, gewirkte Drähte und Blechstreifen aus Gold bergen, die allem Anschein nach in Textilien eingewebt waren. Demnach ist auch die Herstellung von Brokatstoffen an den frühkeltischen Adelssitzen anzunehmen.

In der Grabausstattung fand das Repräsentationsbedürfnis der Hallstattfürsten auch über den Tod hinaus seinen prachtvollen Ausdruck und nicht zuletzt eine Überhöhung. Die Ausgrabung des Hochdorfer Hügels ließ dies in frappanter Weise deutlich werden.[35] Eigens für das Leichenzeremoniell verkleidete man die neun Trinkhörner, den Dolch, das Gürtelblech und die Schnabelschuhe des Toten mit punzverzierter Goldfolie. Bewiesen wird das dadurch, daß bei Dolch und Trinkhörnern die ursprüngliche Verzierung der Bronze- bzw. Eisengegenstände von der Goldauflage überdeckt wird. Beim Prunkdolch hatte man zudem die Aufhängevorrichtung entfernt, um die hauchdünne Goldfolie ohne Riß herumschlagen zu können. Die Goldauflagen der Schuhe waren vertauscht worden, so daß der rechte Beschlag auf dem linken Stiefel saß und umgekehrt. Auch hatte man die Schuhverzierung nur ganz lose und flüchtig mit ein paar Stichen befestigt.

Ein Vergleich der Zierpunzen der Goldbleche ergab, daß der offene

Armreif und die beiden Fibeln von Hochdorf mit denselben Werkzeu-
gen ornamentiert worden waren. Die Herstellung all dieser Stücke
geschah unmittelbar am Grabe selbst, wie im Hügel »bestattete«
Werkstattabfälle, darunter ein kleines Halbfabrikat aus Gold, bezeugen. Der Goldschmied vom Hohenasperg hatte demnach sein »Atelier« für die Dauer der Begräbnisfeierlichkeiten kurzfristig an den
Bestattungsplatz verlegt. Nicht einmal der Werkstattmüll galt als
profan; er wurde sorgfältig zusammengefegt und in einer Grube unter
dem Tumulus der Einwirkung und den Blicken der Nachwelt entzogen.

Obwohl Silber seit der frühen Bronzezeit in Mitteleuropa nicht unbekannt ist, bleibt es bis in spätkeltische Zeit außerordentlich rar und
steht damit weit hinter der Fülle von Goldarbeiten zurück. Da Silber –
im Gegensatz zu Gold – in der Natur nicht gediegen vorkommt, setzt
seine Gewinnung und Verhüttung erhöhte metallurgische Kenntnisse
voraus. Ist schon das Goldwaschen im Späthallstattkreis kaum zu
erweisen, so dürfte das Schürfen nach Silber noch unwahrscheinlicher
sein. Die spärlich aufgefundenen Silberarbeiten müssen daher wohl
alle importiert worden sein, zumindest das Rohmaterial dafür. Sie
seien rasch aufgezählt: Bei der silbernen Aufsatzfigur des Siebdeckels
vom Vixer Krater ist dies offensichtlich.[36] Sie wurde in einer Werkstatt
Großgriechenlands gegossen. Möglicherweise stammt auch die silberne Phiale mit dem eingesetzten Goldomphalos des gleichen Grabes
aus dem Süden.[37] Dem geflochtenen Silberkettchen aus dem Klein-

*Abb. 35.* Im Frühlatène-Stil verzierter Goldblechbeschlag auf Eisenunterlage
aus dem Fürstengrab vom Kleinaspergle bei Asperg, Kr. Ludwigsburg, Baden-
Württemberg. Im Innern der Kreismuster befinden sich Reste von Bronzestiften mit Koralleneinlage (nach BITTEL u. a. 1981). Breite 6,9 cm.

aspergle[38] steht die ebenfalls geflochtene etruskische Goldkette von Ins gegenüber. Bereits in die frühe Latènezeit gehören zwei silberne Hohlarmringe mit Goldmuffen aus einem Grabhügel von Unterlunkhofen im Kanton Aargau.[39] Die Gold-Silber-Kombination gemahnt an die Vixer Schale, wobei im Falle Unterlunkhofen zudem die Lotospalmettenverzierung nachdrücklich auf eine Verbindung zum Mittelmeerraum hinweist. Vereinzelt treten auch Silberfibeln auf, aber immer nur im Frühlatène-Zusammenhang.[40] Das völlige Fehlen von Silbergegenständen in der Späthallstattkultur (Ha D 1/2) und das allmähliche Aufkommen zu Beginn der Frühlatènezeit (Ha D 3/Lt A) belegt einmal mehr den damit verbundenen Kulturwandel.

Über die Wertschätzung besagt dies freilich wenig: Was man nicht kennt, dessen bedarf man nicht. Und wo kein Absatzmarkt ist, braucht man auch nicht zu handeln. Sicherlich war die Verdienstspanne beim Gold sehr viel größer, so daß die Edelmetallieferanten gar nicht auf die Idee kamen, auch gleißendes Silber anzubieten. Zunächst wohl nur gelegentlich als Beifracht seit Beginn der Latènezeit den Kelten überbracht, gewann das Silber erst in der mittleren Latènezeit, dann aber sogleich erheblich an Bedeutung. Es ist dies die Zeit, in der die Kelten die Münzprägung von den Griechen übernahmen und für die Emission ihrer Währung gemäß dem südlichen Vorbild neben Gold nun auch Silber in größerem Umfang benötigten.

## Bronze

In der älteren Hallstattkultur (Ha C) gewinnt das Eisen im Vergleich zur Bronze zunehmend an Bedeutung. Ein großer Teil der Waffen und des Geräts wird bereits aus Eisen geschmiedet. Das Verhältnis der bislang gefundenen, für Ha C typischen Langschwerter beträgt immerhin schon 2 : 1; den 425 Eisenklingen stehen 215 Bronzeschwerter gegenüber. In der jüngeren Hallstattkultur (Ha D) hat sich dann die Relation ganz zugunsten des Eisens gewandelt. Waffen, Werkzeug und Gerät, auch ein Teil des Schmucks und Zierats bestehen nun aus Eisen. Lediglich zwei Bronzewaffen künden noch von alten Zeiten: eine reich verzierte Bronzelanzenspitze vom Gießübel 1 – Zentralgrab[41] und ein zweischneidiger Dolch aus dem Fürstengrab von Kappel[42]. Beide Waffen sind ein Statussymbol, die Lanze wegen ihres einzigartigen Schmucks, der Dolch wegen seiner Zierlichkeit und kunstvollen Ausführung.

Die Verwendung der Bronze erstreckt sich bei den frühen Kelten indes noch auf zwei wichtige Bereiche. Einmal wählt man sie in beträchtlichem Umfang zur Herstellung von Schmuck, Trachtutensilien und allerlei Zierat. Zum anderen ist sie für die Produktion des Metallgeschirrs und größerer Blecharbeiten nach wie vor durch nichts Geeigneteres zu ersetzen.

Bronze besteht aus einer Legierung von Kupfer und Zinn. Die gewöhnliche Mischung setzt sich aus 90 Teilen Kupfer und zehn Teilen Zinn zusammen. Beide Metalle stehen innerhalb des Westhallstattkreises lediglich in ganz ungenügender Menge zur Verfügung; sie mußten folglich in erheblichen Quantitäten eingetauscht werden. In antiker Zeit waren für die Zinnlieferungen hauptsächlich die bretonisch-kornischen Vorkommen, der westiberische Zinnbogen und die fündigen Lagerstätten des Erzgebirges von Bedeutung. Kupfererze kamen in sehr viel mehr Gebieten vor; genannt seien die ergiebigen Erzgänge in den Salzburger Alpen und in Tirol. Aber auch in Spanien und Portugal, auf den Britischen Inseln, wieder im Erzgebirge, im Harz und im Karpatenraum wurde der vorgeschichtliche Kupferbergbau betrieben. Kleinere Vorkommen gab es auf der Schwäbischen Alb, in den schweizerischen Alpen, im französischen Jura und auf den Monts Faucilles in der Franche Comté. Daß die letztgenannten Lagerstätten für die Versorgung des Westhallstattkreises ausreichten, ist unwahrscheinlich. Es mußte ja nicht nur der normale Bedarf gedeckt, sondern insbesondere auch der ungeheure Schwund an Metall durch die Sitte der Grabbeigabe ständig ausgeglichen werden.

Es stehen vorerst nur wenige Analysen hallstattzeitlicher Bronzegegenstände zur Verfügung, so daß wir nicht wissen, in welcher Form das Metall vom frühkeltischen Gießer und Schmied übernommen wurde. Denkbar ist, daß man Zinn und Kupfer getrennt handelte und erst der Endverbraucher die gewünschte Legierung herstellte. Denkbar ist auch, daß man die Mischung bereits in den Bergbauzonen und Verhüttungszentren vollzog und lediglich fertige Bronze in den überregionalen Handel brachte. Wahrscheinlich sind beide Verfahren zum Tragen gekommen, zum einen weil die beiden Rohmetalle durchweg unterschiedlicher Provenienz sind, zum anderen weil die Entfernungen zu den Zinnvorkommen vom Westhallstattkreis aus sehr viel weiter sind als zu den Kupferbergwerken und man sich sicher doppelte Wege ersparen wollte. Weiter ist anzunehmen, daß vor allem in den Zentralsiedlungen in großem Umfang das eingehandelte Kupfer mit dem importierten Zinn legiert wurde, da für die einzelnen Bronzetechniken ganz unterschiedliche Legierungsverhältnisse erforderlich sind. Von hier aus schleuste man die Bronze in den örtlichen Handel ein; hier versorgte sich die umwohnende Bevölkerung mit Bronzebarren und Fertigprodukten. Auf diese Weise lassen sich in günstigen Fällen die Absatzgebiete einzelner Formengruppen jeweils mit einer Zentralsiedlung im Mittelpunkt erkennen (Abb. 5). Darüber hinaus liegen aber auch Indizien vor, daß selbst in den ländlichen Gehöften und Dörfern sehr häufig kleinere Bronzegießereien und -schmieden bestanden. Diese verarbeiteten indes wohl nur Fertigbronze und Altmetall.

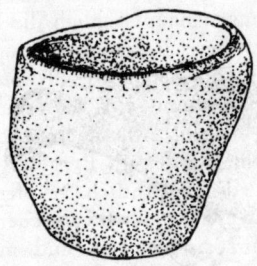 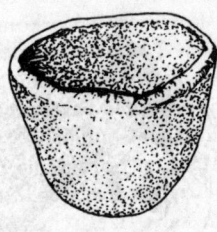

*Abb. 36.* Tönerne Gußtiegel von Bragny-sur-Saône, Dep. Saône-èt-Loire (nach GUILLOT 1976). Höhe etwa 5 und 6 cm.

Zur Einrichtung jeder Bronzewerkstatt gehörte ein Ofen, in dem das Rohmetall durch entsprechende Erhitzung und unter Sauerstoff- bzw. Luftzufuhr (Blasebalg!) zum Schmelzen gebracht wurde. Kupfer-Zinn-Bronzen schmelzen je nach Zinnanteil zwischen 1060° und 798°, wobei die günstigste Gießtemperatur rund 100° bis 300° über dem Schmelzpunkt liegt. Solche Temperaturen lassen sich ohne weiteres in einem offenen Herdfeuer erzeugen. Man brachte die Rohbronze in kleinen Keramiktiegeln zum Schmelzen, wie sie beispielsweise in Bragny-sur-Saône (Abb. 36) gefunden wurden.[43] Einzigartig sind die schiffchenförmigen Gußtiegel mit lang ausgezogener Schneppe von Fellbach-Schmiden (Abb. 37).[44] Schon diese beiden Fundorte zeigen auf, daß man nicht nur in den Zentralsiedlungen, sondern auch in den offenen Wohnplätzen mehr bäuerlichen Charakters Bronzegießereien betrieb.

Das flüssige Metall wurde dann zur Weiterverarbeitung in Formen

gegossen, wobei mehrere Verfahren zu unterscheiden sind. Das einfachste war der sogenannte offene Herdguß, der in erster Linie zur
Herstellung von Barren diente. In einen glattgeschliffenen Stein wurde
das Negativ eingegraben und sodann die Form gefüllt. Gelegentlich
sind solche Formen wohl auch aus Ton gefertigt worden, doch fehlen
einstweilen diesbezügliche Funde. Die rundlichen, ovalen oder länglichen Rohstücke dienten hauptsächlich der Herstellung von toreutischen Arbeiten. Durch Kalt- und Warmschmieden mit dem Hammer
lassen sich Stäbe, Drähte und vor allem Bleche bis zu 0,3 mm Stärke
treiben. Große Bleche benötigte man beispielsweise für Gürtelbleche

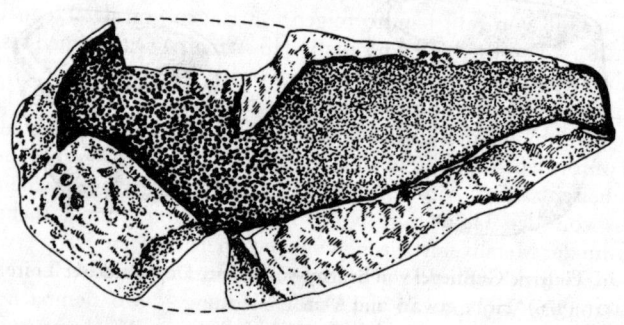

*Abb. 37.* Schiffchenförmiger Gußtiegel aus Ton von einer Siedlung bei Fellbach-Schmiden, Rems-Murr-Kreis, Baden-Württemberg (nach ZWICKER
1979). Länge 9 cm.

(Abb. 65) oder für die Metallverkleidungen der vierrädrigen Wagen.
Reste nutzte man für Kleinteile wie etwa Toilettenbesteck (Abb. 40).
Meisterleistungen der Treibtechnik sind die über 1 m langen Bronzebleche der Kline aus dem Fürstengrab von Hochdorf (Abb. 15). Auch
die Körper der Bronzegefäße wurden durchweg getrieben (Abb. 41
und 42). Als wahre Kunstwerke stellen sich die riesigen Bronzekessel
mit Durchmessern bis zu 0,9 m dar, die man nahtlos aus einem einzigen Gußrohling trieb. Flaschen und Kännchen mit engen Mündungen
bestehen zumeist aus zwei oder mehr Teilen, die in einem weiteren
Arbeitsgang zusammengenietet oder -gefalzt wurden (Abb. 42).
Da sich Bronzegefäße in der Regel nur in reicheren Gräbern finden,

dokumentiert ihr Besitz einen gewissen Wohlstand. Fraglos waren die hochspezialisierten Werkstätten der frühkeltischen Toreuten überwiegend im näheren Umkreis der Fürstensitze angesiedelt.

Eine zweite Art der Weiterverarbeitung bildete der Guß in zweischaligen Steinformen. Damit stellt man kleine Schmuck- und Trachtutensilien, vor allem Ringe, her. Im Gegensatz zur Bronze- und Urnenfelderzeit, wo der Kokillenguß eine unübertroffene Blüte erreichte, spielte dieser in der späten Hallstattzeit, in der Waffen, Werkzeug und Gerät nicht mehr aus Bronze angefertigt wurden, kaum noch eine Rolle. Belegen läßt sich der Zweischalenguß für geschlossene Ringe durch Gußformenfunde vom Britzgyberg und von Bragny-sur-Saône (Abb. 38 und 39).[45] Sehr interessant ist die Klappform für den gleichzeitigen Guß von fünf bandförmigen Ohrringen von der Heuneburg (Abb. 38).[46] Es ist sicher kein Zufall, daß steinerne Gußformen bislang nur aus Zentralsiedlungen bekannt geworden sind.

Von größerer Bedeutung hingegen war der Guß in verlorener Form (à cire perdue) und der Überfangguß, wenngleich die Reste zerschlagener Tonformen für diese beiden Techniken zu den ausgesprochenen Seltenheiten zählen. Aus dem Westhallstattkreis liegen einstweilen nur solche von der Heuneburg vor, die sich damit einmal mehr als Zentrum der Metallverarbeitung von weit überörtlichem Rang erweist. Siegwalt Schiek entdeckte gebrannte Tonformen für die Herstellung rundstabiger Armringe in der Außensiedlung,[47] wo demnach eine Bronzegießerei gestanden haben muß. Weitere Werkstätten sind innerhalb der Kernburg auf dem umwehrten Sporn ausgegraben worden.

Komplizierte Gegenstände (Abb. 67, 101–103) fertigte man stets im Wachsausschmelzverfahren an. Dabei schuf man zunächst das Wachsmodell – mitunter über Tonkern –, das sorgfältig mit Lehm umhüllt wurde. Durch leichtes Erhitzen brachte man das Wachs zum Schmelzen und Ausfließen. Danach wurde der Ton gebrannt und die flüssige Bronze in die glühende Form eingefüllt. Nach dem Erkalten zerschlug man den Tonmantel. Das Gußstück erfuhr dann noch die nötige Überarbeitung. Der Gußzapfen wurde abgekniffen (Abb. 39 links), die Gußhaut durch Schleifen oder Polieren geglättet, die Gußnähte abgefeilt oder verhämmert und schließlich die Verzierung aufgebracht. Letzteres geschah mittels stählerner Punzen (Abb. 39 Mitte). Feine Linienbündel wurden bisweilen auch spanabhebend mit dem Gravierstichel erzeugt. Allem Anschein nach spannte man die Werkstücke gelegentlich in eine Metalldrehbank ein. Anders ließen sich die extrem

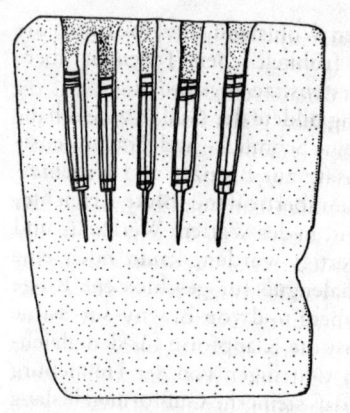 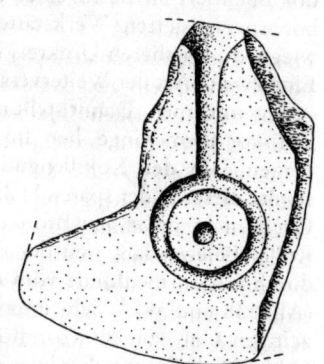

*Abb. 38.* Links: steinerne Form für den gleichzeitigen Guß von fünf bandförmigen Bronzeohrringen von der Heuneburg bei Herbertingen-Hundersingen,
Kr. Sigmaringen, Baden-Württemberg (nach BITTEL/RIETH 1951). Länge
8,5 cm. – Rechts: steinerne Form für einfache massive Bronzeringe von Bragny-sur-Saône, Dep. Saône-et-Loire (nach GUILLOT 1976). Länge 18,5 cm.

eng und völlig parallel verlaufenden Zierkerben etwa der hohen Tonnenarmbänder (Abb. 62) kaum einschneiden. Beliebt war auch die
Tremolierstichtechnik (Abb. 66 links), für die man ebenfalls Stahlsti-
chel verwendete. Kreisaugenmuster wurden mit dem stählernen Zentrumsbohrer angebracht.

Der Überfang- und Verbundguß stellt eine Weiterentwicklung des
Wachsausschmelzverfahrens dar.[48] Im Prinzip gleichen sich die Techniken. Er fand vor allem bei der Verbindung aus mehreren Einzelteilen
bestehender Gegenstände und bei der Kombination von eisernen mit
bronzenen Werkstücken Verwendung. Wichtig war er auch für die
Ausbesserung von Gußfehlern und für Reparaturen an zerbrochenen
Eisen- und Bronzegegenständen.

Die verschiedenen Möglichkeiten der Bronzeverarbeitung wurden von
den frühkeltischen Gießern, Schmieden und Toreuten virtuos gehand-
habt. Nicht selten finden sich mehrere Techniken selbst bei unschein-
baren und kleinen Erzeugnissen miteinander vereint. Zusätzliche
Funktions- und Farbeffekte erzielte man durch Verwendung von
Bronze und Eisen für nur einen Gegenstand. Gern brachte man auch

farbige Einlagen aus Bernstein, Koralle und Emaille (Glasfluß) auf
Bronzeschmuck an.

Haar- und Haubennadeln wurden mit massivem Kopf gegossen, die
Nadelspitzen fein ausgehämmert. Daneben gibt es solche, auf deren
Schaft zwei getriebene Halbkugeln über einem organischen Kern zu
einem Kugelkopf aufgeschoben wurden.[49]

Sehr vielgestaltig ist der Ohr- und Schläfenschmuck. Es handelt sich
dabei um offene Ringe mit Durchmessern bis zu 10 cm, die in den
Gräbern oft in Bündeln bis zu zehn Stück rechts und links neben dem
Schädel gefunden werden. Sie können bandförmig oder als Hohlringe
gestaltet sein.[50] Wie wir von der Heuneburg-Gußform wissen, wurden die Bandohrringe im Kokillenguß hergestellt. Solche mit feinen
Rillen überarbeitete man auf der Drehbank. Wie die völlig ohne
Stauchfalten aus dünnem Blech getriebenen Hohlringe fabriziert wurden, ist trotz sorgfältiger Versuche durch Hans-Jürgen Hundt nicht
geklärt. Die Kenntnis dieser Technik, die auch bei Hals-, Arm- und
Fußringen angewendet wurde, ist wieder verloren gegangen.[51]

Neben wenigen Eisen- und Goldhalsringen bestehen die meisten
Halsringe aus Bronze. Sie wurden massiv gegossen – gelegentlich sind
Reste des Gußzapfens erhalten – und mitunter verziert. Sehr häufig
sind auch Hohlhalsringe mit Stöpselverschluß.

Besonders für die Fertigung der Fibeln setzte man die gesamten
technischen Möglichkeiten der Bronzebearbeitung ein.[52] Es gibt
gegossene, getriebene, mit Ein- und Auflagen verzierte, im Verbundguß hergestellte und nicht zuletzt reparierte Stücke (Abb. 71–76). Ihre
Gestaltung unterlag starken Modeströmungen, weshalb sich die Fibeln
vorzüglich als chronologischer Indikator nutzen lassen (siehe Kap. 6).
Die Gewandspangen erfüllten einerseits eine praktische Funktion als
Kleiderschließe – das Knopfloch war noch nicht erfunden –, andererseits waren sie oftmals künstlerisch gearbeitete Schmuckstücke,
schließlich dienten sie wie Amulette zu magischen und apotropäischen
Zwecken. Dafür sind die Masken- und Tierkopffibeln der frühen
Latènezeit (Lt A) ein lebendiger Beweis (Abb. 75).[53]

Dem Amulettgedanken kommt auch vielfältiger Anhängerschmuck
nahe, auf dessen Formenvarianz hier nicht näher einzugehen ist (siehe
dazu auch Kap. 10). Oft findet sich solcher in Gestalt von Rasseln,
Körbchen, Menschen- und Tierfiguren (Abb. 101–103), alles im Guß *à
cire perdue* gefertigt. Man hängte ihn zusammen mit Bommeln, Hohl-
kugeln oder aus Blech geschnittenen Dreiecken in die Ohr-, Hals-
oder Armringe ein. Besonders auffällig ist der prachtvolle, jurassische

Anhängerzierat in Form von mehrteiligen, durchbrochenen Zierscheiben (Abb. 63) und Kettengehängen (Abb. 64).[54]
Armschmuck wurde meist am Handgelenk, seltener am Oberarm
getragen. Abgesehen von Exemplaren aus Gold und Gagat, besteht er
durchweg aus Bronze, angefangen von den schweren, massiv gegossenen Armringen mit Kugelenden (Abb. 4 und 5) bis hin zu den hohen,
extrem dünn ausgetriebenen Tonnenarmbändern (Abb. 3 und 62).
Gerade in die Armringe und -bänder legte der frühkeltische Handwerker seine ganze Liebe und Kunstfertigkeit.[55] Dünne Armringe aus
Draht, Stäben oder Blechstreifen wurden oft bündelweise überge-
streift. Beliebt waren auch Armbänder aus spiralig gewundenem dünnen Bronzedraht. Möglicherweise benutzte man für die Herstellung
der außerordentlich gleichmäßigen Drähte bereits ein Drahtzieheisen,
wenngleich Funde solcher Werkzeuge erst aus spätkeltischer Zeit

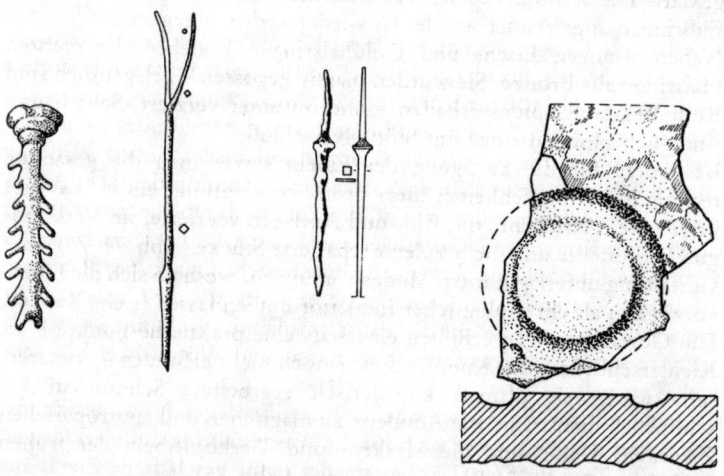

*Abb. 39.* Zeugnisse der Metallverarbeitung vom Britzgyberg bei Illfurth, Arr.
Mulhouse, Dep. Haute-Rhin; von links nach rechts: Gußzapfen aus einer
zweischaligen Form für den gleichzeitigen Guß von 15 Bronzegegenständen
(Nieten, kleine Ringe o. ä.), zwei Eisenstichel mit abgesetzten Schäftungs-
dornen für feine Punz- oder Ziselierarbeiten, Fragment einer Gußschale
aus Sandstein für Bronzeringe (nach SCHWEITZER 1973). Länge 9,5, 16, 10 und
12,5 cm.

vorliegen.[56] Zum Gestaltungsprinzip der frühen Latènezeit gehörte die Tendenz, die offenen Armringe mit verdickten Stempelenden auszustatten.

Typisch für die späte Hallstattzeit sind langbreite Gürtelbleche, mit denen der vordere Teil des ledernen oder gewebten Leibriemens aufwendig geschmückt wurde.[57] Man stellte sie immer aus ausgehämmerten, großen Blechen her und versah sie mit den nötigen Befestigungsvorrichtungen. Dies geschah durch Nietung, indem kleine Blechstückchen zur Sicherung hinterlegt wurden. Eine Eigenart bildete das Besetzen des nicht vom Gürtelblech überdeckten Teiles des Gurtes mit dicht an dicht eingelassenen Bronzezwecken. Die Auszählung eines solchermaßen verzierten Gürtels ergab nicht weniger als 6000 winzige Zwecken. Neben glatten Blechen gibt es reich in Tremolierstich- und Punztechnik verzierte Stücke (Abb. 65).

Fußringe blieben fast immer unverziert. Die massiv gegossenen oder hohlgearbeiteten Stücke waren ausschließlich der Frauentracht vorbehalten.

Aus Bronze fertigte man auch allerlei Kleingerät an. Erwähnenswert ist das aus Nagelschneider, Ohrlöffel und Pinzette bestehende Toilettenbesteck (Abb. 40) zur Körperpflege. Auch Nähnadeln wurden aus Bronze hergestellt.[58] Vereinzelt liegen bronzene Pfeilspitzen vor.[59]

Die Zusammenarbeit zwischen Bronze- und Eisenschmied wird vor allem bei den Prunkdolchen der späten Hallstattkultur deutlich. Außer reinen Eisendolchen wurden in großer Zahl auch Dolche gefertigt, bei denen nur Klinge und Griffangel aus Eisen, die übrigen Teile des Griffes und die Scheide aber aus Bronze bestehen (Abb. 68). Da diese zierlichen Waffen keinen Gebrauchswert besitzen – die Griffstange ist immer zu kurz, um sie mit der Faust umspannen zu können –, wurde auf ihre kunstvolle Ausstattung als Rang- und Würdeabzeichen sehr viel Wert gelegt.[60]

Gleiches gilt für die Ausschmückung des Pferdegeschirrs, des Zaumzeugs und des Joches wie auch für die Ausgestaltung der vierrädrigen Wagen.[61] Zum größten Teil besteht der dafür geschaffene Zierat aus Bronze. Nur die Gebißstangen sind immer aus Eisen, wie auch an den Wagen die Radreifen und -nägel stets aus diesem Material gefertigt sind. Bronze wäre einer intensiven Belastung wegen ihrer Sprödigkeit nicht gewachsen gewesen. Die durchgängige Verwendung von Eisen für die Reifen ist ein entscheidender Hinweis darauf, daß die späthallstattzeitlichen Prunkwagen nicht reine Schmuckkarossen waren, sondern durchaus einsatz- und fahrbereit gehalten wurden. Für die weniger beanspruchten Teile des Wagens und für die Zierstücke (Abb. 111 und 112) hingegen verwendete man gleichermaßen Bronze und Eisen.

Für die Herstellung des Blechgeschirrs ist die Bronze wegen ihrer guten metallurgischen Eigenschaften bestens geeignet. Die Toreutik besitzt in Mitteleuropa eine bis weit in die Bronzezeit zurückreichende Tradition. Dazu kommen immer wieder Anregungen aus dem Süden, sei es in Form von Importen (Abb. 79–87), sei es, daß besondere Fertigkeiten und Techniken den Weg über die Alpen fanden. Es ist deshalb heute oft schwer zu entscheiden, ob es sich bei einem Metallgefäß, das in frühkeltischem Fundzusammenhang zutage kam, um einheimische Produktion, geschickten Nachguß bzw. Imitation oder um ein echtes Einfuhrstück handelt. Wir werden auf diese Frage später (Kap. 8) noch einmal zurückkommen.

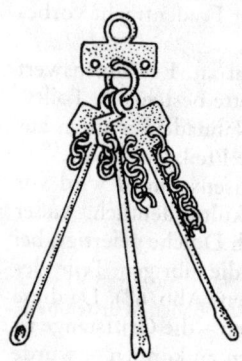

Abb. 40. Bronzenes Toilettenbesteck mit Ohrlöffel, Nagelschneider und Pinzette aus dem Grabhügel Cassard bei Flagey, Arr. Besançon, Dep. Doubs (nach G. WAMSER 1975). Gesamtlänge 9,1 cm.

Eine gewisse Ähnlichkeit in der formalen Gestaltung zwischen Blech- und Tongefäßen ist nicht zu verkennen. So wird einzelnes Bronzegeschirr keramischen Vorbildern nachempfunden und umgekehrt. Beispielsweise entspricht eine kunstvoll aus einer Bronzescheibe nahtlos getriebene, weitmündige Vase[62] (Abb. 41) durchaus dem üblichen Duktus der gleichzeitigen Tongefäße (vgl. Abb. 52 links), obschon gerade dieses Exemplar vereinzelt bleibt.

Meisterleistungen der Treibtechnik stellen die bis zu 90 cm im Durchmesser haltenden, halbkugeligen Bronzekessel dar, die teils einen geraden, teils einen nach innen abgewinkelten Rand besitzen.[63] Auch sie sind immer nahtlos getrieben. Als Zeichen intensiver Benutzung tragen viele von ihnen aufgenietete Reparaturbleche. Man fragt sich unwillkürlich, ob zur Pflege dieses aufwendigen Geschirrs nicht wandernde Kesselflicker die Siedlungen und Gehöfte aufsuchten. Die Herstellung der großen Bronzebecken geschah ohne Zweifel in wenigen spezialisierten Werkstätten. Häufig arbeitete der Kesselschmied mit dem Eisenschmied zusammen, da die schweren Ringhenkel wie auch die längs des Randes aufgenieteten Flügelattaschen fast immer aus Eisen bestehen. Mittels eines Kesselgehänges (Abb. 44) ließen sich die Siedgefäße am Dachsparren über dem Herdfeuer anbringen. Der arme Mann, der sich das teure Bronzegeschirr nicht leisten konnte, mußte mit ähnlich gestalteten, tönernen Kesseln vorliebnehmen.[64] Die Bron-

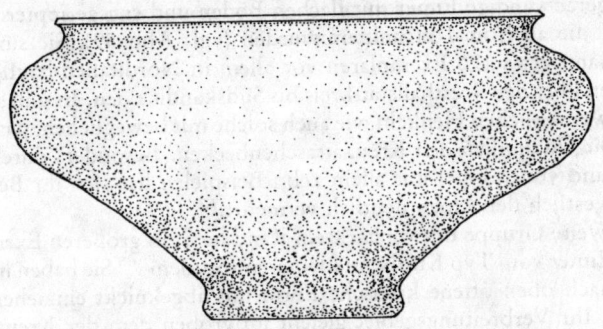

*Abb. 41.* Weitmündige Schale aus getriebenem Bronzeblech; aus Grab VI vom Hohmichele bei Altheim-Heiligkreuztal, Kr. Biberach, Baden-Württemberg (nach RIEK / HUNDT 1962). Höhe 10,2 cm.

zebecken finden sich fast nur in reichen Gräbern des Westhallstattkreises. Einzelne Stücke gibt es auch in Bayern sowie in der nördlich anschließenden Hunsrück-Eifel-Kultur. In Etrurien ist der Typ ebenfalls verbreitet. Dennoch wird man die nordalpinen Stücke nicht für Import halten dürfen. Es ist eher anzunehmen, daß einzelne Exemplare eingehandelt wurden und sogleich zu einheimischer Nachformung anregten.

Neben den mächtigen Bronzekesseln mit den eisernen Ringhenkeln gibt es eine zweite Gruppe kleinerer Becken mit flachen oder abgerundeten Böden. Sie werden meist an einem Paar glatter oder tordierter Bügel getragen und besitzen dementsprechend gegenständige doppelte

Attaschen immer in Kreuzform, daher kurz ›Kreuzattaschenbecken‹ genannt.[65] Diese Kessel kommen von Mittelitalien bis Südskandinavien und von der Ile de France bis in den Karpatenraum hinein vor. Ihre Heimat ist wohl die Ungarische Tiefebene, wo sie bereits in der Urnenfelderzeit auszumachen sind. Von dort aus breiteten sie sich über den Südostalpenraum nach Westen aus und finden sich in mehreren Beispielen schließlich auch im Westhallstattkreis.

Die beiden folgenden Blechgefäßformen unterscheiden sich technisch von den Kesseln insofern, als bei ihnen der Rand durch einen umbördelten Eisenreif verstärkt wurde. Zugleich hat man sie auch nicht einteilig getrieben, sondern aus zwei oder mehr Blechen durch Nietung oder Falzung zusammengesetzt. Zu nennen sind einmal »Zisten«[66], das sind geradwandige Eimer mit flachen Böden und eng gerippter Wandung, die auch in Ton imitiert wurden (vgl. Abb. 59). Sie sind mit insgesamt etwa 170 Exemplaren vor allem in Norditalien häufig und streuen über den Westhallstattkreis bis Südskandinavien. Es gibt solche mit zwei seitlichen Henkeln wie auch solche mit beweglichen, paarigen Tragbügeln ähnlich den Kreuzattaschenbecken. Besonders durch den Neufund von Kappel mit allein zehn Beispielen hat sich ihr Bestand nordwestlich der Alpen deutlich vermehrt.[67]

Die zweite Gruppe mit verstärktem Rand heißt in größeren Exemplaren »Eimer vom Typ Kurd«, in kleineren »Situlen«.[68] Sie haben immer eine nach oben offene konische Form mit abgeknickt einziehendem Rand. Ihr Verbreitungsgebiet gleicht im groben dem der Kreuzattaschenbecken. Auch sie werden gern in Ton nachgebildet.[69] Bei den Situlen vom sogenannten rheinisch-tessinischen Typ wird die lokale Imitation nicht nur im Westhallstattkreis besonders evident. Während die tessinischen Stücke durchweg einteilig gearbeitet und mit einer bronzenen oder bleiernen (selten Holz) Randeinlage versehen sind, wurden die nordalpinen Situlen immer aus zwei oder mehr Blechstükken hergestellt und mit einem Eisenring am Gefäßmund verstärkt. Es kann sich also bei letzteren nicht um Import, sondern nur um Produkte lokaler Werkstätten handeln. Eigentümlicherweise beschränkt sich das Vorkommen der Bronzesituler innerhalb des Westhallstattkreises fast ausschließlich auf das schweizerische Mittelland. Nur wenige Stücke erscheinen in der östlichen Peripherie (Großeibstadt) und schaffen damit eine Verbindung zum bayerisch-ostalpinen Verbreitungsgebiet. Ein bemerkenswertes Exemplar der im Westhallstattkreis sehr seltenen Großeimer vom Typ Kurd wurde unlängst im zweiten Fürstengrab von Kappel entdeckt.[70]

Die flachen Bronzeschüsseln lassen sich gleichfalls in zwei Varianten scheiden. Die einen tragen einen breit ausgezogenen, punz-, seltener tremolierstichverzierten Rand und werden nach dem Fund im Wagengrab VI als »Typ Hohmichele« bezeichnet.[71] Ihr Vorkommen ist auffällig an Fürstengräber gebunden; genannt seien zusätzlich Corminbœuf in der Schweiz, Ertingen-Rauher Lehen, Hügelsheim-Heiligenbuck, Vilsingen und Hochdorf, womit bereits die Hälfte der westhallstättischen Fundorte aufgezählt ist.

Die zweite Schüsselform differiert nur wenig vom Typ Hohmichele, doch ist sie meist deutlich tiefer, und der Rand zeigt einen Kranz dicht gesetzter Perlbuckel.[72] Diese Schüsseln sind im Mittelmeerraum ziemlich häufig und treten nördlich der Alpen nur vereinzelt auf. Die meisten, insgesamt drei Stück, stammen aus Nachbestattungen der Gießübel-Talhau-Nekropole; je eine weitere wurde auf der Heuneburg und in der Nebenkammer des Römerhügels bei Ludwigsburg gefunden. Als letzte gehören noch ein Gewässerfund aus dem Neuenburger See bei Portalban und ein Fund von Wohlen, Kt. Aargau, mit in das Gebiet des Westhallstattkreises.

Große, ganz flache Becken von etwa 40 bis 50 cm Durchmesser und mit zwei seitlichen Henkeln sind einstweilen nur aus den Fürstengräbern von Hochdorf, Hatten und vom Römerhügel bekannt.[73]

Wir kommen damit zu den kleinen Gefäßen wie Tassen, Schöpfern, Kännchen und Schalen. Auch deren Verbreitungsgebiet streut weit über den Westhallstattkreis hinaus und weist damit, wie auch das des übrigen Metallgeschirrs, auf die weitreichenden Beziehungen der frühen Kelten zu ihren Nachbarvölkern hin. Ihre Integration in das alteuropäische Handelsnetz wird auch an diesem Beispiel offenkundig.

Sehr typisch, wenn auch bei uns recht selten, sind die entzückenden Kännchen mit Rinderkopfhenkel oder Hebelgriff.[74] Außer von Tannheim (Abb. 42) sind Funde von Ertingen-Rauher Lehen, Hügelsheim-Heiligenbuck, Ihringen, Salem und Rappenau bekannt. Merkwürdigerweise fehlen sie in der Schweiz und in Ostfrankreich völlig. Dies hängt wohl damit zusammen, daß diese relativ frühe Gefäßform (Ha C und Ha D 1) zum Zeitpunkt der Herausbildung frühkeltischer Machtzentren im schweizerischen Mittelland, in Burgund und im Jura (ab Ha D 2) nicht mehr im Handel war.

Schlichte kalottenförmige und geschweiftwandige Schälchen mit und ohne Hebel- bzw. Bügelgriff kommen fast nur zusammen mit großen Metallkesseln vor und dienten vermutlich als Schöpfgefäße für Flüssigkeiten. Gefunden wurden solche in Hossingen, Tannheim, Vilsingen, Gündlingen, Mergelstetten, Großeibstadt, Hatten, Aumont, Coffrance und Magny-Lambert, also innerhalb des gesamten Westhallstattkreises mit einer gewissen Verdichtung in Südwestdeutschland.[75] Darüber hinaus sind diese kleinen Schalen, Schöpfer und Tassen vor allem in den östlich angrenzenden Gebieten bis Böhmen und Slowenien sowie in Nord- und Mittelitalien gut belegt.

Als ausgefallene Formen treten einige elegante Fußschalen auf. Fundorte sind Tannheim, Kappel 2, Appenwihr-Kastenwald und Großeibstadt.[76] Vom letztgenannten Platz stammt zugleich ein den Kännchen verwandtes Bronzegefäß, das aber wegen der beiden seitlich angebrachten Henkel als Amphore zu bezeichnen ist.[77]

*Abb. 42.* Bronzenes Rindergriff-Kännchen aus der Grabhügelgruppe im Wald »Härtle« bei Tannheim, Kr. Biberach, Baden-Württemberg (nach BITTEL u. a. 1981). Höhe 9,5 cm.

Wir haben damit das Blechgeschirr des Westhallstattkreises in seinem geläufigen, einheimischen Formenschatz erfaßt. Einzelne der aufgeführten Typen lassen sich bis in die frühe Hallstattzeit (Ha C), ja sogar bis in die Urnenfelderzeit zurückverfolgen. Damit zeigt sich, daß die Toreutik den aus älterer Zeit überlieferten Gestaltungstraditionen erheblich stärker verhaftet ist als beispielsweise das Töpferhandwerk, das sich neuen Formungstendenzen gegenüber sehr viel aufgeschlossener zeigt. Die weit über den Lebensraum der frühen Kelten hinausgreifende Verbreitung der Metallgefäßtypen mag darauf hindeuten, daß es sich nur zum geringsten Teil um Eigenschöpfungen handelt. Vieles wurde aus dem Süden und Südosten übernommen und kopiert.

Ganz klar sehen wir den Vorgang an den Schnabelkannen, die erstmals in der jüngsten Hallstattstufe (Ha D 2/3) nördlich der Alpen auftauchen. Deshalb werden sie nur noch selten als Beigabe in den Fürstengräbern des Westhallstattkreises gefunden (Vix, Mercey-sur-Saône, Hatten, Iffezheim, Sesenheim, Hagenauer Wald und Kleinaspergle[78]). Einzelnen, wohl etruskisch-italischen Erzeugnissen stehen von keltischen Blechnern gefertigte Stücke gegenüber, wie etwa das Exemplar vom Kleinaspergle (Abb. 89) im typischen Maskenstil der Frühlatènezeit. Die Gußform einer Henkelattasche von der Heuneburg lehrt zudem, daß südliche Kannen nicht nur nachempfunden, sondern regelrecht nachgegossen wurden[79] (Abb. 88), was die Festlegung, ob Import oder nicht, ohne Metallanalyse unmöglich macht. Jedenfalls erfreuten sich die als fremdartig empfundenen Importgefäße rasch allgemeiner Beliebtheit, so daß der Markt mit Eigenprodukten aufwarten mußte. Wer sich das Blechgeschirr nicht leisten konnte, begnügte sich gar mit Nachbildungen in Keramik. Tönerne Schnabelkannen sind hinreichend bekannt.[80]

## Eisen

In der frühen Hallstattzeit (Ha C) lehnt sich die Eisentechnik formal ausgesprochen eng an die geläufigen Bronzearbeiten an. Schmuckstücke und Waffen wie etwa gerippte Armringe oder die langen Mindelheim-Schwerter, die in dieser Zeit aus Eisen hergestellt wurden, unterscheiden sich in Umriß und Gestaltung nicht von den gleichzeitigen Bronzegegenständen. Erst in der Späthallstattzeit (Ha D) erreicht die Eisenverarbeitung eine in jeder Hinsicht unabhängige Eigenständigkeit und zugleich ihre erste Blüte. Freilich wirkt es sich für die Forschung auch hier nachteilig aus, daß der bislang bekannte Bestand an Eisenartefakten fast ausschließlich aus Gräbern stammt. Die wenigen Siedlungsgrabungen gestatten es derzeit noch nicht, uns ein ausreichendes Bild der vom Filter der Bestattungssitte zurückgehaltenen Serie an Werkzeug und Gerät zu verschaffen. Nur durch Betrachtung der Altsachen selbst lassen sich gewisse Rückschlüsse auf den von den frühen Kelten erreichten Stand der Eisentechnologie ziehen. Und dieser ist erstaunlich genug.[81]
Die Voraussetzungen waren ungleich günstiger als bei der Bronzemetallurgie. Überall im Gebiet des Westhallstattkreises lagern reiche Vorräte an Eisenerzen. Erinnert sei nur an die Bohnerzvorkommen der Schwäbischen Alb und des französischen Jura sowie an die

Doggererze des Schweizer Randen und in der Côte-d'Or. Daneben gibt es zahlreiche kleinere Vorkommen, die zum Teil bis ins Mittelalter und in die frühe Neuzeit hinein ausgebeutet wurden, heute jedoch in Vergessenheit geraten sind. Alle diese Lagerstätten waren im Tagebau leicht erschließbar. Verhüttungsplätze und Eisenschmelzöfen aus frühkeltischer Zeit sind nicht bekannt. Doch wird sich das Verfahren kaum von dem in späteren Perioden angewandten unterschieden haben.

Man sammelte das Erz, zerkleinerte es und schichtete es zusammen mit Lagen von Zuschlag und Holzkohle in den Schmelzofen. Wie üblich dürften die aus Lehm gebauten, kuppelförmigen Öfen einen Durchmesser von etwa 1 m und mit Schlot eine Höhe von etwa 1,5 m besessen haben. Noch einfacher wäre die im Prinzip gleiche Methode der in den Hang eingetieften Schmelzgrube. Bei der Erhitzung des Ofens – unter ständiger Luftzufuhr – auf 1100° C bis 1400° C setzt die Reduktion des Erzes ein; der Schmelzfluß wird teigig, und auf dem Boden bildet sich die Luppe.

Dann bricht man die Ofenbrust auf und zieht mit einer Zange oder einem Haken die glühende Luppe heraus. Je nach Beschickung läßt

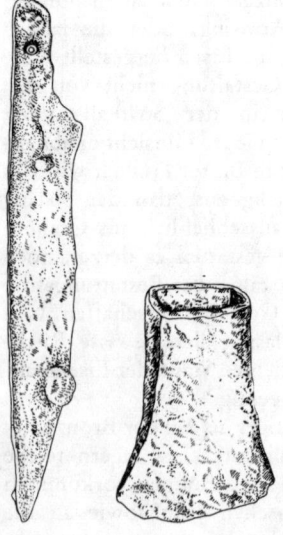

*Abb. 43.* Schweres Eisenmesser mit genieteter Griffplatte von der Heuneburg und eiserne Tüllenaxt aus einem Fürstengrab vom Gießübel 1 bei Herbertingen-Hundersingen, Kr. Sigmaringen, Baden-Württemberg (nach RIETH 1942 und BITTEL/RIETH 1951). Länge 32,2 und 11,5 cm.

sich auf diese Weise mit einem Brand etwa 2 bis 10 kg Metall gewinnen. Solches Eisen ist wegen des geringen Kohlenstoffgehaltes ziemlich weich und kann daher gut geschmiedet werden. Das Schmelzprodukt wird anschließend mit dem schweren Luppenhammer ausgeschmiedet. In den Handel kam das Eisen in Barrenform. Diese spindelförmigen bis vierkantigen Barren mit zipfelig ausgezogenen Enden wiegen zwischen 2 und 10 kg. Sie sind bislang in über 700 Exemplaren in Mitteleuropa bekannt, mit einem deutlichen Verbreitungsschwerpunkt in Lothringen, Südwestdeutschland und der Schweiz.[82]

Ihr Datierungsspielraum reicht indes von der frühen Eisenzeit bruchlos bis in das hohe Mittelalter, so daß die Zuweisung der chronologisch indifferenten und meist isoliert gefundenen Einzelstücke und Horte in die Späthallstattzeit problematisch blieb. Erst durch die 1967 erfolgte Entdeckung eines solchen Doppelpyramidenbarrens in einem Wohnhaus auf der Heuneburg ist die Produktion derartiger Masseln nun auch für Ha D 2/3 sicher bezeugt.[83]

Die Weiterverarbeitung des Eisens bei den frühen Kelten setzt die Gliederung in einzelne spezialisierte Werkstätten voraus. Insbesondere ist die Zusammenarbeit des Eisenschmiedes mit den Bronzegie-

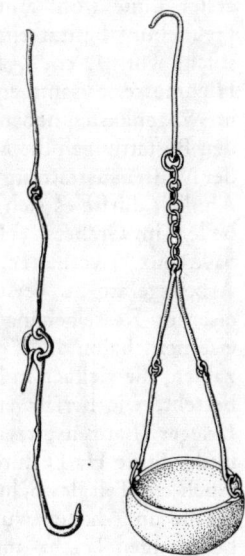

*Abb. 44.* Fragment eines eisernen Kesselgehänges vom Camp-de-Château bei Salins-les-Bains, Arr. Lons-le-Sauniers, Dep. Jura; daneben: verkleinerte Rekonstruktion (nach DÉCHELETTE 1927). Länge noch 1,2 m.

ßern und den holzverarbeitenden Handwerkern wie Wagnern und
Stellmachern zu betonen. Die arbeitsteilige Produktion ist eine kennzeichnende Erscheinung der späten Hallstattzeit und mit ihrer kompli-
zierten Organisation von der Rohstoffbeschaffung bis zum Vertrieb
wohl nur innerhalb der Zentralorte anzusiedeln. Wenn sich auch die
Grob-, Waffen- und Feinschmiede nicht gildenmäßig trennen lassen,
so beleuchten doch die Fertigerzeugnisse den außerordentlich hohen
Stand der Eisentechnik.

Werkzeuge[84] zur Metallverarbeitung sind durch Bodenfunde zwar nur
in geringem Umfang zu belegen, doch lassen sich durch Heuneburg-
Funde zumindest folgende benennen: Hammer, Federzange, Amboß,
Feile, Meißel, Punzen, Durchschläge und Stichel (Abb. 39 Mitte). Der
Holzverarbeitung dienten Beile (Abb. 43 rechts), Dechsel, Stemm-
und Stecheisen, Löffelbohrer, Messer und Ausdrehhaken zum Drech-
seln. Auch ein Teil des landwirtschaftlichen Geräts (Pflugschar,
Sicheln, Hacken) dürfte aus Eisen bestanden haben; erwähnt sei die
Schaftlappensichel aus dem Fürstengrab von Savoyeux an der oberen
Saône.[85]

Nicht selten treten in Gräbern[86] und gelegentlich auch in Siedlungen
(Abb. 43 links) schwere, einschneidige Hiebmesser auf. Sie dienten in
erster Linie wohl zum Zerlegen von Fleisch. Das Messer von der
Heuneburg besitzt eine Länge von 32 cm[87], das von Vilsingen eine
solche von 42 cm[88]. Im Fürstengrab von Hochdorf fand sich ein
Hiebmesser zusammen mit einem Tüllenbeil und einer Lanzenspitze
im Wagenkasten neben dem bronzenen Speisegeschirr.[89] Oft liegen in
den Bestattungen die Messer in der Nähe der Fleischbeigaben, abseits
der Waffenausstattung des Kriegers.

Ähnlich dürfte es sich bei den wenigen Funden von eisernen Tüllen-
beilen in Gräbern (Hochdorf, Grafenbühl, La Butte, Gießübel 1,
Savoyeux[90]) verhalten, die wohl auch weniger als Waffen, denn als
Arbeitsgeräte zu verstehen sind. Vom Camp-de-Château liegt ein
eisernes Kesselgehänge vor (Abb. 44). Zum Gerät sind ferner die
eisernen, halbmondförmigen Rasiermesser und Toilettenbestecke zu
zählen, die vielfach in Männergräbern gefunden wurden.[91] Überhaupt
besteht, wie bereits erwähnt, die Jagd- und Waffenausstattung der
Krieger (Lanzenspitzen, Dolch- und Schwertklingen, Pfeilspitzen[92])
in der Stufe Ha D durchweg aus Eisen.

Auch ein Teil des Schmucks wie Nadeln, Fibeln, Halsringe, Gürtelbleche und -haken wurde aus Eisen geschmiedet. Vor allem Männer
bevorzugen Tracht- und Schmuckutensilien aus Eisen. In Frauengrä-

bern treten solche sehr viel seltener auf. Eisen war ein typisch »männliches Metall«.

Der hochentwickelte Stand der Eisentechnik verdeutlicht sich insbesondere an den Dolchen mit kugelförmigem Ortband.[93] Dies soll kurz an dem von Hans-Jürgen Hundt eingehend untersuchten Dolch aus dem Neuenburger See bei Estavayer-le-Lac (Abb. 45) dargestellt werden. Die Zierwaffe lagerte im Wasser, war bei ihrer Auffindung nur von einer dünnen Rostschicht überzogen und ist daher das am besten erhaltene Stück seiner etwa 20 Exemplare umfassenden Gattung.

Insgesamt besteht der Dolch mit Scheide aus 45 Einzelteilen, die durch 29 Nietungen, zwei Kantenbördelungen und zwei Hartlötungen miteinander verbunden wurden. Dolchklinge und Griffangel sind aus einem Vierkantstab geschmiedet. Die Schneiden wurden angeschliffen und sind noch heute messerscharf. Der Griffwulst wurde gesondert geschmiedet und auf die Angel aufgeschoben. Die beiden Heftblätter sind mittels zweier Vierkantnieten am oberen, dafür gelochten Klingenabschluß befestigt. Auf die seitlich verlängerten Heftblätter nietete man je einen profilierten Knopf auf. Der Knauf besteht aus einer auf das verjüngte Griffangelende genieteten rechteckigen Eisenplatte. Auf dieser steht die durchbrochen gearbeitete Knaufzierplatte. An diese sind rechts und links winzige, hohle Eisenkästchen gesetzt, durch die auch die beiden Außennieten der Knaufknöpfe geführt wurden. Nach oben schließt der Knauf wieder mit einer langschmalen Platte ab, die die vier profilierten Kegelknöpfe trägt.

Die Scheide ist aus zwei flach gewölbten Blechen geschmiedet, deren vorderes über das hintere gebördelt wurde. Auf die Vorderseite wurden die mehrteilige Riemenhalterung und die Zierknöpfe genietet. Das Ortband ist aus zwei halbkugeligen, gerieften Eisenschalen zusammengesetzt und innen hohl. Die beiden Schalen wurden durch Hartlötung verbunden. Als Lot benutzte man eine Kupferlegierung. Ebenso wurde auch die Ortbandkugel am unteren Scheidenende befestigt.

Eigentümlicherweise war das Ortband mit einem roten Pulver gefüllt. Wie die Analyse ergab, handelt es sich um gemahlenes Hämatit, wie es seit alters her zum Schminken benutzt wird. Am unteren Ende besaß das Ortband eine kleine Öffnung, die etwa mit einem Holz- oder Hornpflock verschlossen werden konnte. Der Besitzer des Dolches kam also jederzeit an sein Schminkpulver heran (Kriegsbemalung!).

Versuchsweise wurde vor einigen Jahren ein Dolch vom Typ Estavayer-le-Lac, und zwar der Fund von Wolfegg, von einem modernen Kunstschmied nachgearbeitet.[94] Der Schmied verwendete dafür Alteisen von Beschlägen des 18. Jahrhunderts n. Chr., das metallurgisch dem frühkeltischen Rennfeuereisen weitgehend geglichen haben dürfte. Er stellte sich zunächst geeignete Werkzeuge (Kehlhämmer, Kehlstock, Setzmeißel) und Gesenke her. Das Schmieden des Dolches und der Schneide dauerte 67 Stunden, wenngleich ein versierter Hallstattschmied wohl nicht ganz so viel Zeit benötigt haben dürfte.

Haben wir damit einen Einblick in die bewundernswerte Perfektion des frühkeltischen Fein- und Kunstschmiedes gewonnen, so soll zum Schluß noch auf eine weitere herausragende Eisentechnik, die Tauschierung mit Bronze, aufmerksam gemacht werden.[95]

Verzierungen in Tauschiertechnik wurden bislang an späthallstattzeitlichen Lanzen, einem Gürtelblech, Radnabenverkleidungen und Dol-

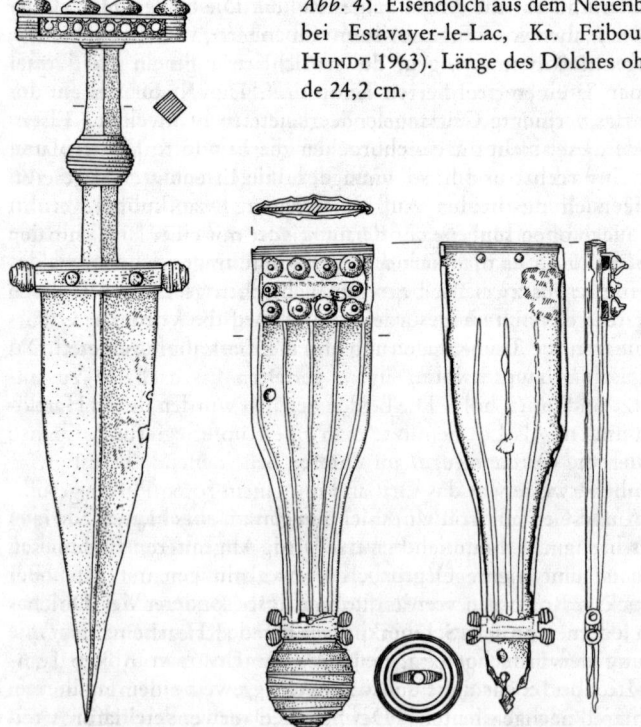

*Abb. 45.* Eisendolch aus dem Neuenburger See bei Estavayer-le-Lac, Kt. Fribourg (nach HUNDT 1963). Länge des Dolches ohne Scheide 24,2 cm.

chen beobachtet. Sie bezwecken eine farblich-dekorative Belebung des Untergrundes. Entgegen früheren Annahmen hämmerte man das Inkrustationsmetall nicht in die ausgehobenen Rillen des Werkstückes ein (echte Tauschierung), sondern grub die für das Muster vorgesehenen Vertiefungen mit stählernen Sticheln oder Zentrumsbohrern aus und umgoß das Eisen mit flüssiger Bronze. Das Ornament kam dann erst nach Abschleifen der aufgegossenen Metallhaut zum Vorschein (Tauschierungsimitation). An Mustern liegen Zickzacklinien, Kreisaugen, Bogenreihen, Linienbündel, Schraffenfelder, Dreiecksreihen und metopierte Felder vor. Tauschiert wurden Dolchklingen und -griffe, Schauseiten von Gürtelblechen, Tüllen von Lanzenspitzen und eiserne Ringe von Nabenbüchsen.

Das Vorkommen der späthallstattzeitlichen Bronzetauschierungen verdichtet sich auffällig in der mittleren Schwäbischen Alb, so daß sich die Heuneburg als ein vermutlicher Produktionsort geradezu aufdrängt. Die Naben von Hügelsheim am Oberrhein, von Vilsingen, Kr. Sigmaringen, und von Ebingen, Zollernalb-Kreis, ähneln sich formal und in der Tauschiertechnik so sehr, daß Siegwalt Schiek an der Herstellung in einer gemeinsamen Werkstatt nicht zweifelt.[96] Läge diese in der Tat auf der Heuneburg, der die Fundorte Ebingen und Vilsingen benachbart sind, so hätte der Hügelsheimer Wagen von seinem Herstellungsort bis zur Niederlegung als Grabbeigabe im Heiligenbuck immerhin eine Entfernung von etwa 130 km Luftlinie zurückgelegt. Und da man sich die Überwindung des Schwarzwaldes kaum vorstellen kann, käme beim nördlichen oder südlichen Umfahren des Gebirges noch einiges an holpriger Wegstrecke hinzu. Offensichtlich waren die Prunkwagen mit ihren Eisenreifen doch nicht so fragil, wie oft behauptet wird.

## Knochen- und Geweihgerät

Knochen- und Geweihgerät wird hier gemeinsam abgehandelt, da eine Unterscheidung der Materialien bei allseitig abgearbeiteten Stücken schwierig ist und sogar gelegentlich Verwechslungen mit Elfenbein vorliegen. Als Rohstoffe verwandte man insbesondere Wildtierknochen, da deren Compacta zäher ist als die der Haustiere. Für die Herstellung der Hirschgeweihartefakte sammelte man Abwurfstangen, nutzte aber ebenso die schädelechten Geweihe der Jagdbeute. Knochen und Geweih dienten als Schmuck. Daneben spielten sie noch eine gewisse, aber nicht sehr bedeutende Rolle als Material für Gerätegriffe sowie für einige bestimmte Werkzeuge.

Mitunter belegte man die Griffzungen der schweren Hiebmesser mit zwei Halbschalen aus Knochen oder Geweih, wie Beispiele von Zürich[97], Kappel 2 und Weinsfeld, Mittelfranken[98], zeigen. In allen Fällen wurden die Griffe mit sorgfältig eingezirkelten Kreisaugen verziert. Vom Magdalenenberg ist ein kleiner eiserner Nagelschneider mit verziertem Knochengriff bekannt.[99] Unter Siedlungsfunden liegen nicht selten beinerne Pfriemen, Doppelstichel und Nadeln vor, die in erster Linie der Lederverarbeitung und für sonstige Näharbeiten dienten (Abb. 50 rechts).[100] Vorerst vereinzelt bleiben ein knöcherner Webkamm vom Britzgyberg[101] (Abb. 50 links) und eine Knochenpfeilspitze von der Heuneburg[102].

Knochen und Geweih werden des weiteren zur Herstellung von Perlen und sogenannten Schiebern genutzt. Längliche, zu Ketten aufgefädelte Perlen sind in Gräbern von der Heuneburg[103] und vom Magdalenenberg[104] gefunden worden. Eine Besonderheit stellt die 4,3 cm lange,

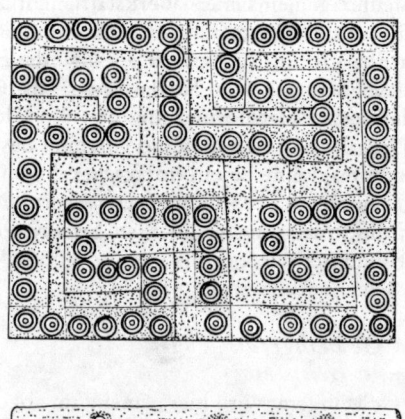

*Abb. 46.* Mit Hakenkreuzmuster verzierter Hirschgeweih-Schieber von einem Halskollier (vgl. Abb. 61), seitlich dreifach gelocht; deutlich ist die fein eingerissene Mustervorzeichnung zu erkennen. Gefunden auf der Heuneburg bei Herbertingen-Hundersingen, Kr. Sigmaringen, Baden-Württemberg (nach BITTEL u. a. 1981). Breite 4 cm.

sauber durchbohrte und mit feinen Rillengruppen verzierte Röhrenperle von der Heuneburg dar, die auf der Drehbank geformt wurde.[105] An der Existenz von Knochenschnitzereien auf eben diesem Adelssitz ist nicht zu zweifeln, wie Halbfertigstücke und Spanabfälle zeigen.

Die Schieber dienen dazu, die einzelnen Fäden von Perlenkolliers auseinanderzuhalten und zu ordnen. Im Westhallstattkreis sind solche aus Bronze, Gagat, Bernstein und die im folgenden zunächst besprochenen aus Knochen und Geweih bekannt. Die Schieber von Kaltbrunn sollen angeblich aus Elfenbein bestehen. Fundorte sind Heuneburg[106] (5 Stück), Magdalenenberg[107] (7 Stück aus 5 Gräbern), Kaltbrunn[108] (2 Stück), Dottingen[109] (1 Stück), Goldberg im Nördlinger Ries[110] (1 Stück) und Böblingen[111] (1 Stück). In der Schweiz und in Ostfrankreich fehlen sie einstweilen, doch mag dies mit der schlechten Konservierung in kalkzehrenden Böden zusammenhängen.

Meist besitzen die Schieber Stäbchenform (Abb. 48) und sind bis zehnfach durchbohrt. Einige von ihnen tragen die beliebten, mit dem Zirkel oder Zentrumsbohrer eingegrabenen Kreisaugenverzierungen. Aus dem Rahmen fallen drei Heuneburg-Schieber. Zwei von ihnen besitzen hochrechteckigen bis quadratischen Umriß von 3,4 auf 4,0 cm bzw. 3,0 auf 4,2 cm Größe bei nur 3 mm Höhe (Abb. 46). Sicher erforderte es großes Können, in diese feinen Plättchen die nur 1 mm starken und bis zu 3,4 cm langen Löcher mit dem Drillbohrer anzubringen. Der dritte Hirschgeweihschieber von der Heuneburg ist 22 cm lang, 1,5 cm breit und 0,6 cm hoch. Er ist zwanzigfach durchbohrt und gehörte fraglos zu einem einzigartigen, besonders kostbaren Brustschmuck. Auf der Schauseite trägt er ein sorgfältig eingezirkeltes Bogen- und Punktreihenmuster, das in seiner Ornamentwirkung bereits Elemente des Frühlatènestils vorwegnimmt. Gefunden wurde er in Siedlungsschichten der Phasen Ha D 2/3.

## Glas, Gagat und Bernstein

*Glas:* Die wenigen Funde importierter, bunter Glasfläschchen aus Zentralsiedlungen sollen hier nicht behandelt werden (siehe dazu Kap. 8). Darüber hinaus tritt Glas im Westhallstattkreis ausschließlich in Form von Perlen auf. Die Glasperlen weisen neben wenigen Sonderstücken durchweg eine längliche, kugelige oder ringartige Gestalt auf. Die Größe variiert zwischen wenigen Millimetern bis etwa 3 cm Durchmesser.[112] Sie haben alle Farben wie blau, rot, braun, gelb und grünlich; gelegentlich kommt auch entfärbtes Glas vor. Häufig finden sich auch Perlen mit andersfarbigen, auf- oder eingelegten Fäden und Tupfern. Typisch für die frühe Latènezeit sind gelb-blau-weiß gefärbte Schichtaugenperlen. Opake wie transluzide Perlen sind gleichermaßen bekannt.

Siedlungsfunde von Perlen wurden bislang nur vom Mont Lassois vorgelegt, wo über 20 verschiedene Perlen zutage kamen.[113] Die Masse der übrigen Glasperlen stammt aus Gräbern, und zwar aus Bestattungen von Frauen und Kindern. Deutlich lassen sich zwei Kategorien unterscheiden. Zum einen handelt es sich um Schmuck, zum anderen um Amulette.

Einzelne oder allenfalls einige wenige Perlen tauchen als Grabbeigabe im gesamten Gebiet des Westhallstattkreises hin und wieder auf. Daß es sich dabei um Amulette handelt, verrät ihre häufige Kombination mit anderen Gegenständen magischen oder apotropäischen Charakters[114] (siehe dazu mehr in Kap. 10).

Eine speziell in Südwestdeutschland verbreitete Schmucktracht bilden die herrlichen Kettengehänge, deren Fäden durch Schieber auseinandergehalten werden. Neben anderen Schmuckmaterialien verwendete man dafür in seltenen Fällen auch Glasperlen, bisweilen mehrere hundert Stück. Die größte Anzahl besaßen die beiden reichen Frauen aus dem Hauptgrab und dem Nebengrab VI vom Hohmichele mit 1000 und 2630 Perlen.[115] Weiterer Perlenschmuck stammt aus einem Frauengrab von Hirschlanden[116]; hier waren die Glasperlen zusammen mit Gagatperlen als Armkettchen und Kleiderbesatz getragen worden. Mehrfach finden sich auch in Grabhügeln des Hagenauer Forstes Glasperlenketten.[117] Der schönste Glasschmuck kam im Fürstengrabhügel Rauher Lehen bei Ertingen zutage.[118] Insgesamt 75 Perlen aus dunkelblauen, hellbraunen und wasserblauen Perlen, letztere mit eingeschmolzenen weißen Fäden, von 1,3 bis 1,9 cm Durchmesser waren auf zusammen sechs Bronzerähmchen aufgeschoben.

Die relative Seltenheit von Glasperlen im Westhallstattkreis und das an Fürstengräber oder sonstige außergewöhnliche Bestattungen gebundene Vorkommen zeigen deutlich ihre Kostbarkeit und Wertschätzung an. Allgemein traut man den frühen Kelten keine eigene Glasindustrie zu. Vermutlich wurden die Perlen aus dem Südostalpenraum, speziell vielleicht aus dem eigentlichen alteuropäischen Glasperlenzentrum, dem nördlichen Balkangebiet, eingehandelt, wie die beste Kennerin vorgeschichtlichen Glasschmucks, Thea Elisabeth Haevernick, meint.[119]

*Gagat:* In der Hallstattzeit wurde nahezu unvermittelt ein neues, schwärzlich-kohleartiges Mineral in die Schmuckproduktion aufgenommen, das seitdem bis weit in die Neuzeit hinein nichts an Beliebtheit verloren hat und selbst heute noch mitunter auf Flohmärkten und in Antiquitätenläden angeboten wird. Bei den in der Vorzeit verarbeiteten Rohstoffen dieser Art unterscheidet die Mineralogie den Gagat und den Sapropelit. Daneben verarbeitete man auch noch andere, ähnliche oder verwandte Rohstoffe (Lignit, tonig-schiefriges Material), doch kommt dies nur vereinzelt und dann wohl als Ersatz für den gefälligeren Gagat und Sapropelit vor.[120]

Gagat ist ein fossiles, mit Bitumen durchtränktes, stark zusammengepreßtes und daher strukturloses Holz (»Pechkohle«). Im Bruch zeigt er sich fein- bis flachmuschelig. Infolge seiner Zähigkeit eignet er sich gut zum Schnitzen, Bohren und Drechseln. Nach dem Polieren ist er schwarzglänzend.

Sapropelit ist eine mit mineralischen Bestandteilen wie Ton oder Feinsand und organogenen Sedimenten (hoher Algen- und Pollenanteil) durchsetzte »Faulschlammkohle«. Im Bruch zeigt er sich meist schiefrig bis splittrig. Er ist nicht ganz so hart wie Gagat, besitzt aber sonst die gleichen technologischen Eigenschaften. Grundfarbe ist wieder schwarz mit gelegentlichen Tönungen ins Bräunliche.

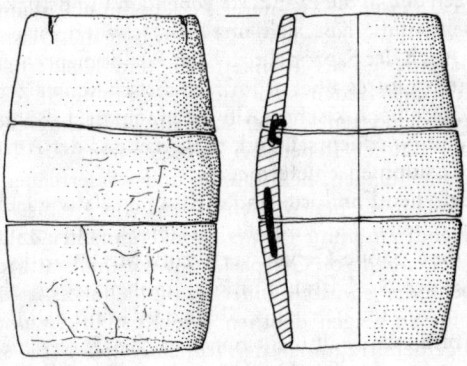

*Abb. 47.* Aus drei Ringen und mit Zinnstiften zusammengesetztes Tonnenarmband aus tiefschwarzem Sapropelit (Faulschlammkohle); Fundort: Grabhügelfeld Immendingen-Mauenheim, Kr. Tuttlingen, Baden-Württemberg (nach AUFDERMAUER 1963). Höhe 12 cm.

Sind die bisher vorliegenden Analysen richtig, so wurde Gagat ausschließlich zur Herstellung von Schiebern, Perlen in Kugel- oder Tönnchenform, kleinen Ringen, Nadelköpfen und Zieranhängern benutzt. Demgegenüber stellte man aus Sapropelit in allen Fällen Armschmuck her, und zwar von dünnen, stabförmigen Armringen bis hin zu breiten Tonnenarmbändern mit maximal 18,7 cm Höhe (Abb. 47).

Gagatperlen wurden wie Glasperlen entweder einzeln oder bis zu mehreren Hundert auf Ketten gefädelt bzw. als Kolliers getragen. Neben Halsketten kommen auch Armkettchen vor. Verbreitungsschwerpunkte sind die Gebiete zwischen Schwarzwald und Schwäbischer Alb, das Hoch- und Oberrheintal sowie das schweizerische Mittelland. In Burgund und im französischen Jura fehlen entsprechende Funde. Nur ganz versprengte Vorkommen sind aus Bayern, Hallstatt und Böhmen bekannt. Der hallstattzeitliche Gagat soll überwiegend aus Nestern im Posidonienschiefer der Schwäbischen Alb stammen. Noch im 15. Jahrhundert n. Chr. betrieben Gagatschnitzer z. B. in Schwäbisch Gmünd ihr einträgliches Gewerbe. Ist die geologische Herkunft wirklich gesichert, so hätte die nahe Heuneburg sozusagen eine Monopolstellung in der Gewinnung und Verarbeitung von Gagat sowie im Handel damit einnehmen können.

Armringe und -reifen aus Sapropelit wurden einzeln oder paarweise, oft kombiniert mit Bronzeringen getragen. Die Herkunft des Rohmaterials, das nach den in die Hunderte gehenden Fundstücken in Massen gebrochen sein muß, läßt sich ungleich schwieriger bestimmen als beim Gagat. Auch der Sapropelit steht in Posidonienschiefern des Lias an. Lagerstätten gibt es überall im französisch-schweizerischen Jura, auf der schwäbisch-fränkischen Alb bis hinein nach Böhmen sowie in Luxemburg und Norddeutschland, entsprechend der Ausdehnung des jurassischen Posidonienschiefermeeres.

Die archäologischen Fundorte sind dicht und relativ gleichmäßig über den gesamten Bereich des Westhallstattkreises, ja bis in die Côte-d'Or und das mittlere Saône-Gebiet verstreut. Merkwürdig fundarm ist demgegenüber der Neckarraum um den Hohenasperg, ohne daß man diesen Befund vorerst befriedigend deuten könnte. Möglicherweise machen sich in diesem Fall nicht nur zeitliche Unterschiede, sondern auch handelspolitische Konkurrenzen zur Heuneburg geltend, in deren Umkreis reiche Sapropelitfunde bekannt sind und wo auf dem Fürstensitz selbst kiloschwere Rohbrocken als Zeugnis örtlicher Schnitzereien zutage kamen. Seit Beginn der frühen Latènezeit weitet sich das Vorkommen des Sapropelitschmuckes merklich nach Osten hin, über Bayern nach Böhmen, in die Slowakei und bis in die Ungarische Tiefebene aus.

Auf eine Besonderheit soll speziell eingegangen werden. Die Beliebtheit des tiefschwarz-glänzenden, freilich etwas bruchempfindlichen Materials erforderte nicht selten Reparaturen, die mittels Hilfsbohrungen und kleinen Metallstiften behoben wurden. Auch für das Zusammenfügen der meist aus zwei bis drei Ringen bestehenden Tonnenarmbänder (Abb. 47) benutzte man feine Niete. Die Röntgenfluoreszenzanalyse eines solchen Metallstiftes aus einem Armband vom Magdalenenberg durch Dietrich Ankner ergab eine Legierung aus etwa 70 % Zinn und 30 % Blei. Es ist dies der bislang einzige gesicherte Nachweis für das Auftreten metallischen Zinns im Westhallstattkreis.[121] Bei aller Bescheidenheit des Befundes beweist er doch, daß Zinn in metallischer Form mit Kenntnis seiner Eigenschaften den frühen Kelten geläufig war. Die Weichheit der Zinn-Blei-Legierung erlaubte die Verwendung für Sapropelit-Reparaturen. Ein Versuch, mit harten Bronze- oder Kupfernieten zu flicken, hätte nur zu einer weiteren Zersplitterung der Faulschlammkohle geführt.

*Bernstein:* Das bei weitem ergiebigste Vorkommen natürlichen Bernsteins erstreckt sich an den Küsten der Ostsee und der Nordsee, insbesondere an den Gestaden Westjütlands und Ostpreußens mit dem Samland als Hauptfundplatz. Geologisch entstammt er alttertiären Bildungen, dem sogenannten »Bernsteinwald« Fennoskandiens, der nach dem Einbruch des Thetismeeres abgesunken ist. Aus diesem wurde er sekundär in jüngere Tertiärschichten, in die »Blaue Erde«, eingespült. Der Bernstein wird seitdem von den Meeresströmungen wieder freigewaschen. Er schwebt wegen seiner geringen Dichte im Wasser und treibt vor allem nach starken Stürmen an die Küsten. Dort kann er am Strand gesammelt oder im Uferbereich mit Netzen gefischt werden. Aus den ursprünglichen Lagerstätten wurde der Bernstein aber auch mit den Gletschervorstößen während der Eiszeiten und fluviatil durch die Urstromtäler weit ins Landesinnere transportiert, so daß sich »Erdbernstein« in Holland, in der norddeutschen Tiefebene, in Polen und in Rußland bis hinab zum Donez und zur Dnjepr-Mündung findet. Der Bernstein aus diesem weitgestreuten Fundgebiet heißt einheitlich »Succinit« oder »Baltic amber«.

Außerdem gibt es kleinere Vorkommen in Rumänien (Rumänit), in Italien (Apennin-Bernstein), in Sizilien (Simenit), im Libanon, in Portugal und in der Schweiz. Bernstein erfreut sich als Schmuck- und

Amulettmineral in zahlreichen Kulturen Alteuropas seit dem Paläolithikum bis heute großer Beliebtheit. Deshalb ist von der Forschung der Frage nach seiner Herkunft breiter Raum gewährt worden, vor allem zur Klärung der damit verbundenen handelsgeschichtlichen Probleme. Chemisch-analytisch und spektroskopisch läßt sich der Succinit zwar einigermaßen zuverlässig identifizieren, nicht dagegen der Bernstein aus den übrigen europäischen Lagerstätten. Man kann also lediglich feststellen, ob es sich um nordischen Bernstein aus dem weiten Vorkommen zwischen England und dem Schwarzen Meer oder um solchen anderweitiger Herkunft handelt.[122] Damit ist freilich für die Handelsgeschichte kaum etwas gewonnen. Die seit langem in der Fachwissenschaft geisternden »Bernsteinstraßen« bleiben Fiktion!

Wenn auch für den Einzelfall keine Klärung zu erzielen ist, so kann doch kein Zweifel bestehen, daß die überwiegende Menge des in antiker Zeit verarbeiteten Bernsteins aus dem Norden kam, wie es auch Tacitus bestätigt, der die Aestii – die alten Balten – ausdrücklich als Bernsteinsammler beschreibt (*Germ.* 45). Demgegenüber können die sonstigen Vorkommen durchaus vernachlässigt werden. Sie finden in den schriftlichen Quellen keinerlei Erwähnung und dürften allenfalls eine geringe örtliche Bedeutung besessen haben. Außerdem liegt Baltic amber in großen bis sehr großen Brocken vor, während beispielsweise vom sizilischen Bernstein bislang höchstens taubeneiergroße Stücke bekannt sind.

Eine zweite Frage ist, auf welchen Wegen der Bernstein in den Westhallstattkreis gelangte. Unmittelbare Verbindungen in den Norden sind wohl auszuschließen, jedenfalls lassen sich nordische Elemente im frühkeltischen Kulturgut in nennenswertem Umfang nicht feststellen. Die Fernverbindungen der Keltike gehen eindeutig in den Süden und etwas weniger stark in den Ostalpenraum. Und in der Tat scheint es, als seien sowohl die Mediterranneïs wie auch der Osthallstattkreis als Lieferanten des Bernsteins in Anspruch zu nehmen.

Der Grabfund vom Grafenbühl brachte den ersten sicheren Nachweis, daß Bernstein aus dem Mittelmeerraum importiert wurde. Man darf wohl annehmen, daß es sich dabei um Baltic amber handelt, der aus dritter oder vierter Hand den weiten Bogen von den Gestaden der Ostsee über Böhmen und Mähren, das mittlere Donautal, den Ostalpenraum und den nördlichen Balkan nach Italien und Griechenland zurückgelegt hat und schließlich erneut den Weg nach Norden über die Alpen und den Rhône-Saône-Couloir in den Westhallstattkreis antrat.

Im Fürstengrab vom Grafenbühl fand sich eine beinerne Sphinx mit einem aufgesetzten Bernsteingesichtchen (Abb. 100),[123] die nach der gewiß zutreffenden Beurteilung von Hans-Volkmar Herrmann mit einiger Wahrscheinlichkeit in einer großgriechischen Werkstatt Unteritaliens – speziell Tarent – um 600 v. Chr. gefertigt wurde. Die palmettenartig angeordneten Bernsteinplättchen aus dem nämlichen Grab waren, wie der gleiche Bearbeiter überzeugend dargelegt hat, ursprünglich intarsienartig in Möbelstücke – vielleicht Klinen (Bettstätten) – eingelassen. Technik und Musterschatz gehören ohne Zweifel in mediterrane Zusammenhänge.[124] Die Belegstücke aus dem Grafenbühl helfen uns endlich, identische Bernsteinplättchen aus dem Gießübel 1 und dem Römerhügel bei Ludwigsburg[125] (ev. La Garenne[126]) als Einlagen in aus dem Süden importierten Holzmöbeln, Truhen oder Kästchen anzusprechen.

Soweit sich in hallstattzeitlichen Komplexen gefundene Bernsteinartefakte aufgrund formaler Kriterien als mittelmeerische Einfuhrgüter erweisen, zeigen sie sich immer als Zierelemente höchst kostbar verarbeiteter Luxusgegenstände. Der Bernsteinhandel mit dem Süden geschah folglich nicht um des Rohstoffes willen.

Frühkeltische Bernsteinsteingegenstände, die einheimisches Formempfinden verraten, deuten hingegen allesamt auf Beziehungen zum Osthallstattkreis, der augenscheinlich als erste zentrale Verteilerstelle des baltischen Bernsteins fungierte. Im Westhallstattkreis verarbeitete man das »Gold des Nordens« dann zu Nadelköpfen, Perlen, Ringen, Anhängern, Schiebern sowie Dolchgriff- und Fibeleinlagen. Wie der Gagat und der Sapropelit besitzt auch der Bernstein neben dem Schmuckwert eine apotropäische Funktion. Wieder finden sich nicht selten eine oder mehrere Perlen bzw. Anhänger gemeinsam mit weiteren Amuletten in zahlreichen Gräbern.

Östliche Verbindungen bezeugen die kleinen, meist quaderförmigen, gelochten Bernsteinschieber, die im Westhallstattkreis von Ravensburg, aus dem Zentralgrab des Hohmichele und aus dem Frauengrab von der Heuneburg vorliegen.[127] Der Heuneburg-Schieber gehörte zu einer Halskette mit weiteren, tönnchenförmigen Bernsteinperlen und einigen länglichen Knochenperlen. Der kreuzförmig gelochte Schieber aus dem Hohmichele bildete zusammen mit den etwa 1000 Glasperlen wohl eines der prächtigen Brustkolliers. Vergleichsstücke für Bernsteinschieber aus dem Süden und Osten sind in einzelnen Exemplaren aus Oberbayern, Hallstatt, Kärnten, Slowenien, Venetien und Dalmatien bekannt.[128]

In die gleiche Richtung weisen die schönen gerillten Bernsteinanhän-
ger, die einzeln oder paarweise im Magdalenenberg, in Hirschlanden
und in Böblingen zutage traten und deren Spur über Aislingen in
Schwaben und Hallstatt bis Vače in Slowenien führt.[129]
Neben einzelnen Perlen[130] gibt es auch Sonderformen wie einen
Schuhanhänger von Bargen[131] oder einen Ringanhänger vom Magdalenenberg[132]. Ohnehin finden sich amuletthafte Bernsteingegen-
stände vornehmlich in Fürstengräbern. In Baisingen, Ertingen und
Söllingen waren dies kleine Ringe, im Gießübel 1 eine Perle.[133] Die
reiche Frau aus dem Wagengrab VI vom Hohmichele[134] besaß nicht
nur ein herrliches Kollier aus zahllosen Glasperlen und 351 Bernsteinperlen, sondern auch mit einem kunstvoll gedrechselten Ring
von 5,6 cm Durchmesser den größten Bernsteinfund des Westhallstattkreises. Eindrucksvoll ist das aus 191 tönnchenförmigen Bern-
stein- und 30 Knochenperlen zusammengefädelte Kollier der Dame
aus Grab 97 vom Magdalenenberg[135] (Abb. 48, dem der nicht minder
prächtige Brustschmuck der Frau von Bad Rappenau[136], Kr. Heilbronn, kaum nachsteht (Abb. 61).
In Ostfrankreich sind Bernsteinartefakte, abgesehen von wenigen

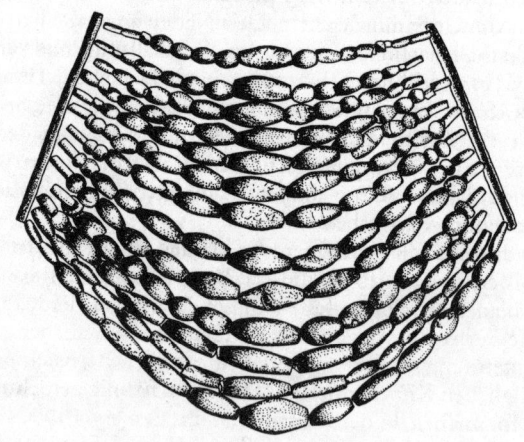

*Abb. 48.* Bernstein-Kollier aus einem Frauengrab vom Magdalenenberg bei
Villingen-Schwenningen, Schwarzwald-Baar-Kreis, Baden-Württemberg (nach
SPINDLER 1976). Breite 22 cm.

Perlen, relativ selten.[137] Eine Ausnahme macht das Grab von Vix[138], dessen Toter zwei Fibeln mit eingelegten Bernsteinscheibchen, zwei Armringe, bestehend aus schmalen Bronzeblechstreifen mit aufgeschobenen Bernsteintönnchen, und sieben große, in der Brustgegend aufgefundene Bernsteinperlen besaß. Auch in den Fürstengräbern von Hochdorf[139] (5 Stück), Apremont[140] (4 Stück) und Savoyeux[141] (2 Stück) kamen Bernsteinperlen zutage, die den Verstorbenen um den Hals gelegt waren. Diesen muß eine besondere magische Kraft innegewohnt haben, zumal sich im Falle Hochdorf der Eindruck aufdrängt, daß die Perlen eigens für die Leichenzeremonie am Bestattungsplatz gefertigt wurden, wie Bernsteinsplitter aus dem im Hügel vergrabenen Werkstattabfall nahelegen.[142]

Als Haarschmuck oder eher noch als Häubchenzier dienten Nadeln mit großem Kugelkopf (Durchmesser etwa 3 cm), wie sie aus Gagat oder mit Goldblech belegt schon angesprochen wurden und wie sie uns aus Koralle noch begegnen werden. Aus mehreren Scheiben zusammengesetzt, durch Drechseln zierlich profiliert und mit Bohrkanälen zur Erhöhung des Lichtreflexes versehen, stellte man diesen geschätzten Kopfputz auch aus Bernstein her. Beispiele liegen von Geisingen, Hochdorf, Inneringen, Nordhausen im Elsaß, Trüllikon im Kanton Zürich, Wohlen im Kanton Bern und aus dem Hagenauer Forst sowie von Upflamör vor.[143] Der Nadeltyp war also fast im gesamten Westhallstattkreis mit Ausnahme des Burgund und des französischen Jura verbreitet. Ihm steht ein entzückender Häubchenschmuck aus einem Frauengrab vom Magdalenenberg zur Seite, wo sich insgesamt 16 Nadeln noch *in situ* um Stirn und Schläfen der Toten gelegt fanden. Dabei wechselten sich Nadeln mit massivem Bronzekopf und feine Nadeln ab, auf die man winzige, geriefelte Bernsteinköpfchen geschoben hatte.[144]

Siedlungsfunde sind einstweilen nur von der Heuneburg und vom Mont Lassois bekannt. Auf der Heuneburg kamen mehrere Bruchstücke von Nadelköpfen zutage[145], der Adelssitz in der Côte-d'Or lieferte einige Perlen[146].

## Mollusken und Koralle

Gehäuse von Meeresschnecken, Muschelschalen und Korallen, die nur als rote Edelkoralle (Corallium rubrum L.) in die Keltike gelangten, werden hier kurz zusammen erwähnt, da sie trotz ihrer geringen

Fundzahl die Wege des Südhandels maßgeblich beleuchten. Zudem kommt ihnen allen neben ihrer Schmuckfunktion ein hoher, dem Amulettgedanken verhafteter Stoffwert zu.

Mittelmeerische Mollusken erreichten nur selten den Norden. Ein geregelter Handel darf ausgeschlossen werden; eher ist gelegentliche Beifracht anzunehmen. Gleichwohl achtete man auch diese exotischen Stücke und verwahrte sie in abergläubischer Ehrfurcht. Auf der Heuneburg fand sich eine wohlerhaltene Schale der Großen Pilgermuschel (Pecten maximus L.).[147] In dem ziemlich reichen Frauengrab von Leipferdingen, Landkreis Donaueschingen, lagen außer der üblichen Trachtausstattung ein Ring aus blauem Glas, Gagatperlen, drei Goldohrringlein, Nadelköpfe aus Koralle und eine Purpurschnecke (Murex trunculus L.).[148] Eine Kaurischnecke (Cyprea ornamentaria annulus L.) kam mit einem apotropäischen Sammelsurium im Nebengrab 15 des Grafenbühl zum Vorschein.[149] Gleiches gilt für das Grab von Ohlungen im Hagenauer Forst, das unter vielfältigem Amulettschmuck auch eine Meeresschnecke (Venus spec.) lieferte,[150] sowie für das Embryograb von Singen im Hegau mit Wildschweinzähnen, einem Körbchenanhänger mit eingesetzten Korallenstiften, Sapropelitarmring, Bernsteinperle, Bronzeringchen und der Schale einer Meeresschnecke[151].

Daß allein drei der fünf bislang bekannten Fundplätze mittelmeerischer Mollusken zugleich Koralle führten, darf wohl nicht dem Zufall zugeschrieben werden. Beide Materialien gelangten sicher auf gemeinsamen Handelsrouten in den Westhallstattkreis. In Frage kommt eigentlich nur die von Marseille (Massilia) entlang der Rhône und Saône nach Norden führende Strecke. Wenn auch bei den frühen Kelten nicht sehr häufig, so sind die gegenüber dem Osthallstattkreis doch relativ reichlichen Korallenfunde bemerkenswert. Die Verhältnisse sind gerade umgekehrt wie beim Bernstein, der ganz deutlich im den Rohstoffquellen näheren Osten »hängenblieb«, während die Koralle lediglich in geringsten Quantitäten den ostalpinen Raum erreichte.

In der westlichen Hallstattkultur wurde Edelkoralle zu Nadelköpfen, länglichen und runden Perlen sowie zu Anhängern verarbeitet. Erst in der Spätphase setzte die Mode ein, Bronze- und Eisenfibeln sowie andere Gegenstände mit Stiften und Plättchen aus Koralle zu belegen. Diese Sitte nahm in der Frühlatènezeit[152] erheblich zu. Noch später wurden die Ziereinlagen allmählich durch roten Glasschmelz ersetzt.

Wenn die Anzeichen nicht trügen, importierte man die Koralle regelmäßig als Rohmaterial. Jedenfalls kamen sowohl auf der Heuneburg[153]
wie auf dem Mont Lassois[154] bearbeitete Äste von Rohkoralle zutage,
und die fertigen Schmuckstücke zeigen allesamt hallstättische Form-
merkmale.

Unter größter Schonung des Rohstoffes schuf man Perlen von kugeli-
ger, rundlich-flacher und oft auch unregelmäßiger Gestalt, wobei
natürliche Vertiefungen bisweilen mit entsprechenden Paßstücken aus-
gezwickelt wurden. Gemäß der Seltenheit des Materials finden sich
immer nur wenige Exemplare, ausnahmsweise einmal ein Kettchen
oder ein Gehänge, in den Gräbern. Genannt seien Hochdorf[155]
(13 Perlen von 0,8–1,8 cm Durchmesser), Singen am Hohentwiel
(32 Perlen von 0,5–1,4 cm Durchmesser, 2 Ringanhänger von 3,8 cm
Höhe), Hagenauer Forst[156] (Grabfunde mit 1, 2, 33 und 109 Perlen
von 0,4–0,7 cm Durchmesser), Mühlacker[157] (11 Perlen von
1,1–2,5 cm Durchmesser), Magdalenenberg[158] (1 Kugelperle von
0,9 cm Durchmesser, 6 längliche Perlen von 0,9–1,9 cm Länge),
Schöckingen[159] (8 Perlen von 1,1–2,5 cm Durchmesser, weiterer
Korallenschmuck), Esslingen-Sirnau[160] (Armkettchen mit 14 Perlen
von 1,2–1,6 cm Durchmesser, Halsschmuck aus 11 oder 12 Perlen von
2–3 cm Durchmesser).

Gleichartige Perlen wurden durch Einfügen eines Bronze- oder Eisen-
schaftes gern auch als Haar- oder Haubennadeln benutzt.[161] Durch
den Rohstoff bedingt, waren der Größe des Korallenschmuckes Grenzen gesetzt, so daß man aus kleinen Lamellen oder Scheibchen Nadelköpfe und Anhänger von entsprechenden Dimensionen zusammensetzte. Eine einzelne solche Korallenlamelle für einen Komposit-
schmuck von etwa 4 cm Durchmesser lag im Siedlungsschutt des
Mont Lassois.[162] Von Nordhausen im Elsaß sind zwei Nadeln mit
Köpfen von 3,8 cm Durchmesser bekannt.[163] Wahre Kunstwerke
stellen die aus bis zu 30 Lamellen bestehenden, hohl gearbeiteten
Kugelanhänger von Schöckingen und Esslingen-Sirnau dar.[164] Der
größte besitzt fast den Umfang eines Hühnereies. Mittels feiner Boh-
rungen und Eisenstiftchen fügte man die Korallensegmente zusammen.

Eines der schönsten Geschmeide aus Koralle bildet fraglos das 35 cm
lange und 7 cm hohe Kollier aus einem Frauengrab von Kaltbrunn im
Hegau.[165] Es besteht aus neun durch Schieber aus Elfenbein (?)
auseinandergehaltenen Kettfäden, auf die dicht an dicht unzählige
Korallenperlen geschoben sind. Man verwendete dafür längs durch-

bohrte, bis 7 cm lange Korallenästchen; wo diese Krümmungen aufweisen, halfen Einschnitte von außen beim Bohren und beim Durch-
ziehen der Fäden.

## Verarbeitung organischer Materialien

Innerhalb der handwerklich-gewerblichen Produktion wie auch der
häuslichen Betätigung nahm die Verarbeitung organischer Rohstoffe
einen außerordentlich breiten Raum ein, der durch die archäologische
Sachhinterlassenschaft freilich nur in geringstem Umfang repräsentiert
wird. In Rede stehen pflanzliche Materialien wie Holz, Rinde, Bast,
Pech, Fasern und Halme sowie tierische Produkte wie Leder, Felle,
Haare, Wolle und Horn. Da sich die genannten Stoffe nur unter
glücklichen Bedingungen, etwa im Oxidationsbereich von Metallen
oder im feuchten Milieu erhalten, lassen sich lediglich geringe Zeugnisse anführen; gleichwohl darf der spärliche Urkundenbestand nicht
darüber hinwegtäuschen, daß gerade diese Rohstoffe, die praktisch in
unbegrenzter Menge zur Verfügung standen, eine der wesentlichen
Existenzgrundlagen vorgeschichtlicher Populationen bildeten und die
Lebensweise maßgeblich prägten. Gegenüber den in den vorangegangenen Kapiteln besprochenen Handwerkszweigen dürfte die Verarbeitung pflanzlicher und tierischer Rohstoffe zusammen mit der Arbeit in
der Landwirtschaft die weitaus meiste Zeit der prähistorischen Menschen in Anspruch genommen haben.

*Holz:* Wichtigstes Bauholz lieferte die Eiche und in geringerem Maße
die Tanne. Ohne Zweifel bevorzugte man das Eichenholz wegen
seiner hohen Dauerhaftigkeit, guten Spaltbarkeit und soliden Trag-
kraft. Tannenholz nutzte man offensichtlich erst dann, wenn die Eiche
in der näheren Umgebung der Siedelplätze knapp zu werden begann.
Stammholz benötigte man in riesigen Mengen für die Balkengerüste
der Befestigungswerke in Holz-Stein-Erde-Technik und deren Toran-
lagen. Auch für die Errichtung der Häuser wählte man mit Vorliebe
Eichenbalken. Bezeugt sind das Pfostenhaus und das Schwellbalken-
haus. Die an Grabkammern angewendete Blockbau-Technik (Abb. 14;
Taf. 13) ist wohl auch für die Wohnbauten anzunehmen. Daneben
muß es aber auch Fachwerkhäuser gegeben haben, wie gelegentlich in
Siedlungen gefundener gebrannter Hüttenlehm zu erkennen gibt.

Dabei wurden Flechtmatten aus fingerdicken Haselruten in die Balkenfächer gesetzt und beidseitig mit Lehm verstrichen. Brannte ein solches Haus ab, so verziegelte der Lehm. Die gebrannten Lehmbrokken mit den Rutenabdrücken blieben dann für alle Zeiten im Boden erhalten. Die Dächer bestanden aus Stroh oder Ried. Holzschindeln und Dachziegel lassen sich erst seit römischer Zeit nördlich der Alpen nachweisen.

Für den Bau der fürstlichen Grabkammern verwendete man fast immer Eichenholz, seltener Tannenholz.[166] Ob sich darin die uralte mythische Bedeutung der Eiche in Kult und Brauchtum widerspiegelt, muß hier Vermutung bleiben. Aus Nadelholz bestehen denn auch alle Sargkammern der Nachbestattungen vom Magdalenenberg, soweit erhaltene Reste eine Holzartbestimmung zuließen.[167]

Auch die Inneneinrichtung der Häuser muß man sich fast ausschließlich aus Holz gefertigt vorstellen, wenngleich entsprechende Funde sich nach wie vor dem archäologischen Zugriff entziehen. Immerhin vermittelt die Bronzekline aus dem Grab von Hochdorf (Abb. 15)

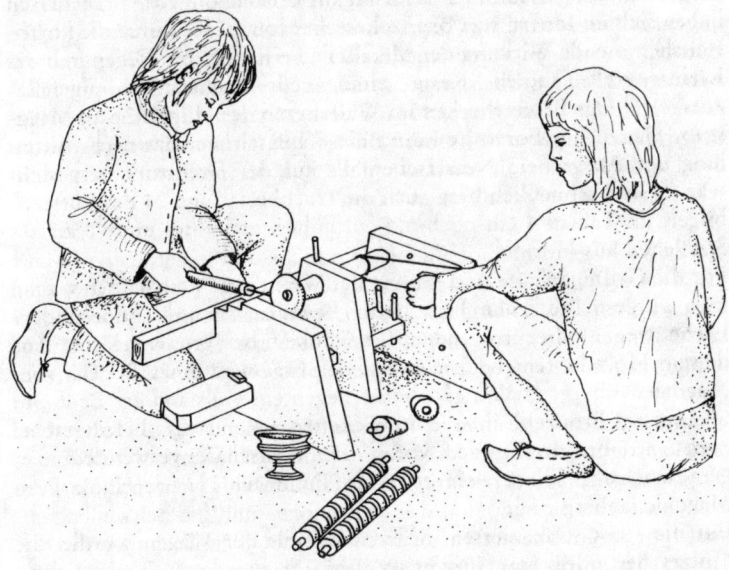

*Abb. 49.* Rekonstruktion einer hallstattzeitlichen Dreh- und Drechselbank (nach H. Drescher in Straub 1980).

einen gewissen Eindruck von Luxus und Aufwand der Raumausstattung. Das hochentwickelte Handwerk der Tischler, Schreiner und Drechsler war sicher in der Lage, für die gediegene Möblierung der Zimmer mit Tischen, Stühlen, Schränken, Truhen und Bettstätten zu sorgen.

In gleicher Weise lieferte das Holz den Werkstoff für die Gestaltung des Hausrats. Auch für diesen bieten die Grabfunde nur vereinzelte Ausschnitte, die in keiner Weise die ursprüngliche Menge und Vielfalt veranschaulichen können. Dem Löwenkessel von Hochdorf diente ein hölzernes Gestell als Untersatz.[168] Der große Eimer vom Typ Kurd aus dem zweiten Fürstengrab von Kappel stand allem Anschein nach ebenfalls auf einem Holzdreifuß, der mit stierköpfigen Bronzeappliken verziert war.[169]

Sehr umfangreich muß auch der Bestand an geschnitzten und gedrechselten Holzgefäßen gewesen sein, für den wiederum lediglich bescheidene Beispiele aus Gräbern angeführt werden können. Aus dem Zentralgrab des Magdalenenberges liegen Teile einer durch Stauwasser konservierten, geschnitzten Schüssel aus Eschenholz vor.[170] Mehrfach haben sich im Innern von Bronzekesseln Holzgefäße durch die korrosionshemmende Wirkung der Metallsalze erhalten. Im Nebengrab des Kleinaspergle kamen Reste eines gedrechselten Schöpfgefäßes zutage.[171] Das Bronzebecken im Waffengrab des Hügels 2 von Maegstub, Hagenauer Forst, bewahrte ein Schüsselchen, das nach Mitteilung des Ausgräbers Nessel ebenfalls auf der Drehbank hergestellt war[172], und schließlich barg auch die Nachbestattung 24 des Fürstenhügels im Talhau 4 ein noch 5,4 cm hohes, gedrehtes und verziertes Schälchen aus Holz[173].

Für die Griffe, Schäfte und Holme der Werkzeuge und Waffen wählte man ausgesuchte, zähe Holzarten. Bevorzugt wurde insbesondere Esche wegen ihrer federnden Biegsamkeit bei großer Härte. Aus diesem Holz besteht beispielsweise das Fragment eines Bogens vom Magdalenenberg.[174] Von Hochdorf liegen ein vollständiger Beilholm und ein mit Bronzeblechband umwickelter, 1,4 m langer Pferdestachel zum Antreiben der Zugtiere vor.[175] Für Pfeilschäfte verwendete man geradwüchsige Triebe, wie etwa ein Fund aus Hartriegelholz vom Magdalenenberg zeigt.[176]

Für die stark strapazierten, hölzernen Teile der Wagen wurden die Hölzer besonders sorgfältig ausgewählt. So wurden z. B. die Felgen des Magdalenenberg-Wagens aus Esche, die Speichen (Taf. 12) – wie auch die des Wagens von Ins – aus dem Holz eines Kernobstbaumes

(Apfel, Birne) gefertigt.[177] Auch die Doppeljoche und sogar die Trensenknebel schnitzte man aus Holz.[178] Auffallend ist, daß man sich für die Herstellung der Gerätschaft zur Feldbestellung wie überhaupt der Geräte für Erdarbeiten mit weniger wertvollem Holz begnügte. So besteht etwa die einzigartige Ackerschleppe vom Magdalenenberg aus Fichtenholz (Taf. 18).[179] Die schlichten Grabscheite der Hügelerbauer (Abb. 13) und auch die Spaten der Grabräuber sind durchweg aus Nadelholz, in einem Fall aus Ahorn geschnitzt.[180] Lediglich die kleine Holzschaufel (Taf. 11) der frühlatènezeitlichen Magdalenenberg-Plünderer (zweiter Beraubungsversuch!) war aus Eichenholz gefertigt.[181]

Neben seinem Holz lieferte der Baum aber noch weitere nützliche Rohstoffe. Rinde etwa gilt seit jeher als gutes Isoliermaterial für Fußböden. Birkenrinde eignet sich vorzüglich für die Herstellung von allerlei Behältnissen. In der Nachbestattung 56 vom Magdalenenberg war ein Teil der Trachtbeigaben in einer wenigstens 30 cm langen und 6 cm hohen Birkenrindenschachtel untergebracht.[182] Der überraschende Fund eines Birkenrindenhutes im Grab von Hochdorf veranschaulicht eine weitere Verwendungsmöglichkeit dieses bewährten Materials, nicht zu vergessen den entzückenden Holzkamm mit doppelter Zinkenreihe aus dem nämlichen Grab.[183]

Selbst Rindenbast wurde gewonnen und zu Geweben verarbeitet. Textilfunde von Hochdorf zeigen gezwirnte Fäden von nur 0,2 bis 0,3 mm Stärke. Dabei zog man dünnste Streifen der bastfaserhaltigen Rinde ab und verspann sie. Einmal waren sogar zwei verschiedene Bastarten zu einem längsgestreiften Stoff verwebt. Das eine Bastgarn rief ein helles und glattes, das andere ein dunkles und rauhes Aussehen hervor.[184]

Wichtigstes Binde- und Kittmittel war Pech, das aus Baumsaft gekocht wurde. Man zapfte die Bäume an und verdampfte das Harz zu einem zähflüssigen Sud. Geeignet sind dafür alle Nadelhölzer, insbesondere aber die Birke. So bekam man einen vorzüglichen Kleber, der zum Abdichten von Gefäßen, zum Leimen von Holzgegenständen und für Schäftungen verwendet wurde.

*Textilien und Geflechte:* Reste von Geweben sind bei älteren Grabungen gar nicht einmal so selten beobachtet worden, doch gab es seinerzeit noch keine Möglichkeiten zur Konservierung und trachtgeschichtlichen Auswertung. Unter den neueren Untersuchungen erbrachten nur die Fürstengräber vom Hohmichele[185] und von

Hochdorf[186] umfangreichere Reste, die erstmals wertvolle Einblicke in die Webkunst und Anhaltspunkte zur Trachtenkunde der frühen Kelten lieferten. Gesponnen, gezwirnt und verwebt wurden an pflanzlichen Fasern Rindenbast und Leinen, an tierischen vor allem Schafwolle, weniger Dachshaar und Roßhaar. Die meisten der bislang gefundenen Gewebereste bestehen zwar aus Wollstoffen, was indes nichts über die tatsächliche Häufigkeit besagt, da sich das empfindliche Leinen ungleich schlechter erhält als das tierische Wollprodukt.

Die Fasern wurden zunächst mittels Handspindel und Spinnwirtel (Abb. 51) zu Garn versponnen. Aus zwei Fäden stellte man durch Zusammendrehen Zwirn her. Einfaches Garn und doppelten Zwirn verwebte man am Webstuhl zu Tuchen. Gearbeitet wurde am hohen, rahmenförmigen Gewichtswebstuhl, wie zahlreiche Funde von tönernen Webgewichten (Abb. 51) aus fast allen Siedlungen bezeugen. Bei den meisten Textilien bildete der stärkere Zwirn die Kette (vertikale Fäden am Webstuhl), während einfaches Garn als Schuß (horizontale Fäden) Verwendung fand. Bei den Geweberesten vom Hohmichele

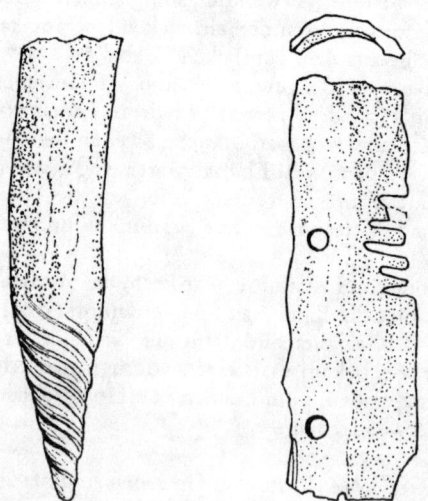

*Abb. 50.* Webkamm und Bohrpfriem aus Knochen vom Britzgyberg bei Ill-furth, Arr. Mulhouse, Dep. Haute-Rhin (nach SCHWEITZER 1973), Länge 12 und 11 cm (rechts).

liegen zwei Bindungsarten vor, die sogenannte Leinen- oder Tuchbindung und die Köperbindung. Letztere wurde deutlich bevorzugt. Als weitere Bindungsart tritt gelegentlich die Brettchenweberei auf. Diese eignet sich insbesondere zur Herstellung von Bändern, Gürteln und Kleidersäumen.

Mit eingefärbten Garnen ließen sich bunt gemusterte Stoffe herstellen. Naturbraune Wolle färbte man oft tief kupferrotbraun bis schwarz. Helle Wollfäden tragen grüne, seltener rote, blaue oder gelbe Färbungen. Als Färbemittel verwendete man natürliche Farbstoffe. Auf der Heuneburg wurden Früchte vom Färberwaid (Isatis tinctoria) gefunden, der einzigen Färbepflanze für Blau.[187] Als weitere Färbemittel liefert die Natur den Wau (Reseda luteola) für Gelb und den Krapp (Rubia tinctoria) für Rot, doch fehlen einstweilen noch entsprechende Nachweise für die Hallstattzeit. Außerdem ist wahrscheinlich auch mit Mineralien und Wildpflanzen wie Schachtelhalm, Heidekraut oder Erlenrinde gefärbt worden, deren Bedeutung ja erst in der Neuzeit mit Einführung der Indigo- und Anilinfarben abnahm.

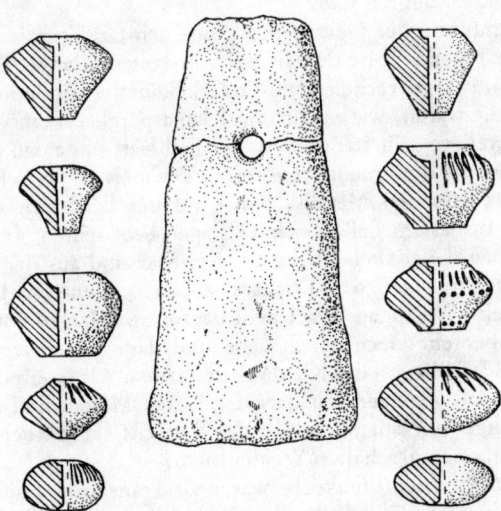

*Abb. 51.* Webgewicht und Spinnwirtel aus Ton vom Britzgyberg bei Illfurth, Arr. Mulhouse, Dep. Haute-Rhin (nach SCHWEITZER 1973). Höhe des Webgewichts 14,5 cm, Durchmesser der Spinnwirtel 2,8-4,0 cm.

Ausgewählt kostbare Tuche erhielt man durch Einweben von Goldfäden (Brokat), wie Funde vom Hohmichele und vom Grafenbühl belegen, oder durch Stickereien mit Seide, wie Funde von Hochdorf und wieder vom Hohmichele zeigen.

Die vorzüglich untersuchten Textilreste im Nebengrab VI des Hohmichele erlauben zudem einige Rekonstruktionsvorschläge zur Tracht der beiden Toten. Danach trug die Frau ein kittelartiges Obergewand, das mit Mustern aus Seiden- und Wollfäden bestickt war. Das Ornament zeigt Mäander- und Hakenkreuzmotive. Diese Bluse fiel etwa bis zur Mitte der Oberschenkel herab und endete mit einem in Brettchentechnik angewebten Saum. Zur Gürtung und Raffung des Gewandes diente eine in Hüfthöhe gelegene Wollschnur. Darunter fanden sich Fetzen eines knöchellangen Rockes, der ebenfalls mit einer Brettchenkante gesäumt war. In Höhe der Waden lag noch ein flauschig gewalkter Köperstoff, vielleicht der Rest eines warmen Mantels, auf den die Verstorbene gebettet war. Die Gewebefragmente des mitbestatteten Mannes dürften am ehesten als eine Kittelbluse und eine farbig gestreifte Hose, beide aus Wollköper, zu deuten sein.

Die Bestimmung der Gewebefunde aus dem an Textilien so reichen Grab von Hochdorf ist derzeit noch in vollem Gange. So viel kann aber schon gesagt werden, daß die Grabkammerwände mit Stoffbahnen drapiert waren, wie es auch im Kleinaspergle und möglicherweise auch bei weiteren Fürstengräbern der Fall war, ohne daß die Befunde damals genauer dokumentiert wurden. Die meisten Gewebe wurden – konserviert von den Metallsalzen – auf der fahrbaren Bronzekline entdeckt. Insgesamt ließen sich 13 Lagen beobachten. Interessanterweise kamen dabei auch Tuche aus Roßhaar und aus dem schwer zu verspinnenden Haar des Dachses zutage. Zuunterst befand sich zunächst eine Decke aus Dachsfell, darauf zwei Lagen von Basttextilien, darüber ein Dachshaargewebe und darauf mehrere Stoffe aus Wolle und Leinen von der Kleidung des Toten. Als Kopfpolster diente ein Kissen aus Zweigen mit darauf gelegten Matten und Zöpfen aus feinstengeligen Grashalmen. Auf der Bettstatt stand noch ein Körbchen aus dünnen geschälten Weidenruten.

Geflochtene Weidenrutenkörbe waren als Transport- und Aufbewahrungsbehälter unerläßlich. Außer dem eben genannten sind weitere Exemplare aus dem Hohmichele[188] (Bodendurchmesser 26 cm), aus dem Rauhen Lehen bei Ertingen[189], aus dem zweiten Fürstengrab von Kappel[190] (Teile kleiner, aus Binsen geflochtener Körbchen oder

Schalen), aus dem Hügel 2 von Tannheim[191] und von Wohlen im Kanton Aargau[192] bekannt. Große Körbe für die Beförderung der Erdmassen zur Hügelaufschüttung fanden sich an zwei Stellen im Magdalenenberg (Abb. 13);[193] der besser erhaltene besaß einen Durchmesser von etwa 50 cm bei 19 cm Höhe. In ihm ließ sich mehr als ein Zentner Erde transportieren.

Bemerkenswert ist ein aus feinen Ruten geflochtener Köcher mit Holzboden von Kleinostheim bei Aschaffenburg.[194]

*Leder und Fell:* Für die Verarbeitung der Tierhäute zu Leder und Fellen kommt nur eine pflanzliche Gerbung aus Baumrinden (Eiche, Fichte, u. a.) in Frage.[195] Wie immer sind Leder- und Fellfunde sehr selten und werden daher der ursprünglichen Bedeutung dieser Produkte nicht gerecht.

Lederstreifen wurden zu Gürteln und Tragriemen, insbesondere aber für die Schirrung und das Zaumzeug der Zugtiere verarbeitet. Zwei vollständig rekonstruierbare, mit Bronzezierscheiben besetzte, lederne Pferdehalfter liegen aus dem Fürstengrab von Hochdorf vor.[196] Eine Besonderheit bei den frühen Kelten ist das Beschlagen von Holzgegenständen mit Leder. So fanden sich in der Adelsbestattung von Ins zahlreiche Reste eines Doppeljoches, dessen Lederbezug mit einem Muster aus doppelreihigen Bronzezwecken besetzt war.[197] Im Magdalenenberg lagen Teile eines Wagens, dessen Felgen, Speichen und Aufbauten mit Leder verkleidet waren.[198] Das Leder klebte man zunächst mit Pech auf die Holzunterlage und nagelte es dann mit kleinen Eisenstiften fest.

Felle verwendete man als Decken und wohl auch zur Bekleidung. Die beiden Toten aus dem Grab VI vom Hohmichele ruhten auf einem Rinderfell.[199] Vor der Südwand des Hauptgrabes im gleichen Hügel lag ausgebreitet ein Schafvlies, wohl als Unterlage einer Bestattung. Der Verstorbene im Fürstengrab von Hochdorf war auf einer Dachsfelldecke aufgebahrt. Er besaß offenbar auch einen Umhang oder ein Cape aus feinem Rauchwerk, worauf Funde von Haarbüscheln des Marders hinweisen könnten.

*Horn:* Als letztes sei noch auf die Verwendung des Horns hingewiesen, dessen Erhaltbarkeit im Boden praktisch gleich Null ist. Es eignet sich in seiner natürlichen Form als Trinkhorn und wurde entsprechend benutzt. Erschließen läßt sich dies freilich nur durch Funde metallener Beschläge, wie sie beispielsweise von Hochdorf, vom Kleinaspergle und vom Römerhügel bekannt sind. Die Größe der Mundbleche weist dabei auf die Hörner mächtiger Auerstiere hin, was zugleich den Trophäencharakter der Trinkhörner bezeugt.

## Keramik

Tongefäße dienten in erster Linie der Zubereitung von Speisen und Getränken, der Nahrungsaufnahme und der Vorratshaltung. Entsprechend vielgestaltig ist das Formenspektrum des Geschirrs. Sonderstücke, die aus gebranntem Ton hergestellt wurden, wie beispielsweise Gußtiegel, Tonfigürchen, Spinnwirtel, Webgewichte u. a. bleiben im folgenden unberücksichtigt. Ohnehin kann an dieser Stelle nur ein stark vereinfachter Überblick zur Keramikproduktion im Westhallstattkreis gegeben werden, da die Entwicklung der Töpferei in diesen 200 Jahren auf mehreren Ebenen verläuft, die jeweils innig miteinander verflochten sind und deren auch nur halbwegs vollständige Darstellung Bücher füllen würde.

Einmal sind chronologisch differente Stileigentümlichkeiten zu beobachten, die nahtlos von der charakteristischen Frühhallstatt-Tonware (Ha C) über eigenständige, der Späthallstattzeit verpflichtete Gestaltungsmerkmale zur klassischen Frühlatène-Formgebung führen.

Sodann lassen sich – wie nicht anders zu erwarten – jeweils regionale Keramikstile aussondern, da die Tongefäße durchweg lokal produziert wurden, d. h., jede Siedlung erzeugte ihren Bedarf selbst. Ein überörtlicher Handel mit keramischen Gefäßen bestand nicht; er beschränkte sich, schon wegen der Bruchgefahr während des Transportes, im allgemeinen auf gelegentliche Einzelfälle.

Des weiteren ist zu bemerken, daß gerade in frühkeltischer Zeit mit dem Aufkommen neuer Verzierungsweisen, insbesondere den verschiedenen Maltechniken, die Palette der Gefäßornamentierung erheblich verbreitert wird, wobei ältere Mustersysteme zugleich an Beliebtheit verlieren und allmählich auch völlig aufgegeben werden.

In die Späthallstattzeit fällt auch erstmals die Verwendung der Töpferscheibe[200], womit der Keramikproduktion ein gänzlich neues Verfahren bereitgestellt wird. Zweifellos verdanken die frühen Kelten die Kenntnis solcher Technologien – und gleiches gilt für die Drehbank – ihren intensiven Südbeziehungen.

Die Kontakte mit den Völkern der Mittelmeerwelt ermöglichten zudem den Import metallener und keramischer Gefäße, deren vielfach fremdartige Gestaltungsprinzipien sogleich von den keltischen Töpfern kopiert wurden und so den alteinheimischen Formenschatz bereicherten.

Da die griechischen, italischen und provenzalischen Anregungen hauptsächlich im Umkreis der Zentralsiedlungen aufgegriffen wurden, spiegelt das Vorkommen bestimmter hochqualitativer Keramikgattungen letztlich auch die sozial-ökonomischen Verhältnisse innerhalb der späthallstättischen Gesellschaftsstruktur wider.

Schließlich erschwert der unterschiedliche Quellen- und Forschungsstand eine übersichtliche Zusammenschau des frühkeltischen Töpfereiwesens. Aus der älteren Hallstattzeit (Ha C) liegen Keramikfunde nahezu ausnahmslos aus Gräbern vor, weil in dieser Stufe die Keramikbeigabe im Totenkult eine hervorragende Rolle spielt: 10, 20 oder gar 30 Tongefäße in einem Grab sind keine Seltenheit. Demgegenüber ist Siedlungsware dieses Zeitabschnittes fast unbekannt.

Mit dem Wandel der Bestattungssitte vom Brand- zum Körpergrab am Übergang von Ha C zu Ha D verliert die Keramikbeigabe schlagartig an Bedeutung. Was zu Beginn der Spätstufe (Ha D) noch an Tonware den Verstorbenen ins Grab gelegt wird, versteht sich als auslaufendes Verharrungsmoment frühhallstättischer Funeraltraditionen. Bei reinen Ha-D-Körperbestattungen ist die Beigabe eines oder einiger weniger Gefäße im Grab ausgesprochen selten. Regelhaft erscheinen nur Miniaturtöpfchen in Einzahl, wie solche zum Beispiel in der Ha-D-1-zeitlichen Nachbestattungsnekropole vom Magdalenenberg in beinahe jedem Grab gefunden wurden.[201] Mit der Darstellung der Grabkeramik allein ließe sich die Formenvielfalt des späthallstattzeitlichen Irdengeschirrs nur höchst bruchstückhaft aufzeigen.

Erfreulicherweise schafft die bislang ergrabene Siedlungskeramik einen Ausgleich, die von zahlreichen kleineren Wohnplätzen, aber auch von Adelssitzen in hinreichendem Maße vorliegt. Freilich läßt der Publikationsstand zu wünschen übrig. Wenngleich manche Fundkomplexe bescheideneren Umfangs schon vorgelegt sind (z. B. Wittnauer Horn in der Schweiz[202], Mägdeberg im Hegau[203], Fellbach-Schmiden[204] und Kornwestheim[205] in Nordwürttemberg, Klepsau[206] und Kirchhardt[207] in Nordbaden), so wurden von den weitaus meisten Stationen – und dazu rechnen leider auch die Zentralsiedlungen – lediglich Proben veröffentlicht.[208]

Schlämmgruben, Töpferwerkstätten und Brennöfen sind im Westhallstattkreis noch nicht entdeckt worden. Da man diese Betriebe wegen ihrer Feuergefährlichkeit zumeist außerhalb der Siedlungen anlegte, kann man sie unter normalen Voraussetzungen auch gar nicht auffinden. Es fragt sich überhaupt, ob eine Töpferei archäologisch nachzuweisen ist. Die Handwerksgeräte des Töpfers, also Glättspachtel, Modellierhölzer, Schablonen, Zierpunzen und selbst Töpferscheiben bestehen durchweg aus Holz, das naturgemäß der Vergänglichkeit anheimfällt. Lehmabbaugruben hinterlassen keine Spuren. Schlämmgruben zur Aufbereitung des Tons sind nicht identifizierbar; sie rangieren in den Grabungsberichten wohl mit unter dem vieldeutigen Begriff der Abfallgruben. Und auch die Überreste der obertägig errichteten Brennöfen dürften längst verschwunden sein.

Ebenso lassen sich über die betriebliche Organisation der Keramikherstellung nur Vermutungen äußern. In ahistorischen Populationen liegt die Töpferei häufig in den Händen einzelner geschickter Frauen, die damit ihren Lebensunterhalt bestreiten; eine gewisse Spezialisierung dieser Personen in ihrer Gemeinschaft ist unverkennbar. Mit dem Aufkommen komplizierter Verzierungs- und Maltechniken, insbesondere aber mit der Einführung der Töpferscheibe, scheint indes die Töpferei mehr und mehr in den Bereich gewerblicher Produktion zu rücken. Vor allem im Umfeld der späthallstattzeitlichen Zentralsiedlungen ist daher die Fabrikation zumindest der hochwertigen Keramikqualitäten ohne regelrechte Werkstätten mit mehreren Arbeitern kaum vorstellbar. Diese erzeugten serienmäßig das begehrte Geschirr und boten es sicherlich auch auf den Märkten der umwohnenden Bevölkerung an.

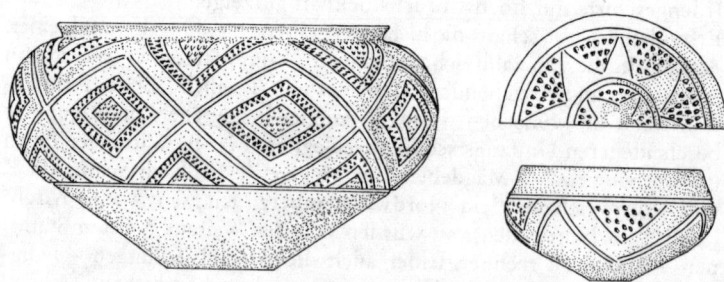

*Abb. 52.* Kerbschnittverzierte Kragenrandschüssel und Schälchen mit Spitzdeckel aus Grab IX vom Hohmichele bei Altheim-Heiligkreuztal, Kr. Biberach, Baden-Württemberg (nach RIEK/HUNDT 1962). Höhe 21 und 5,2 cm.

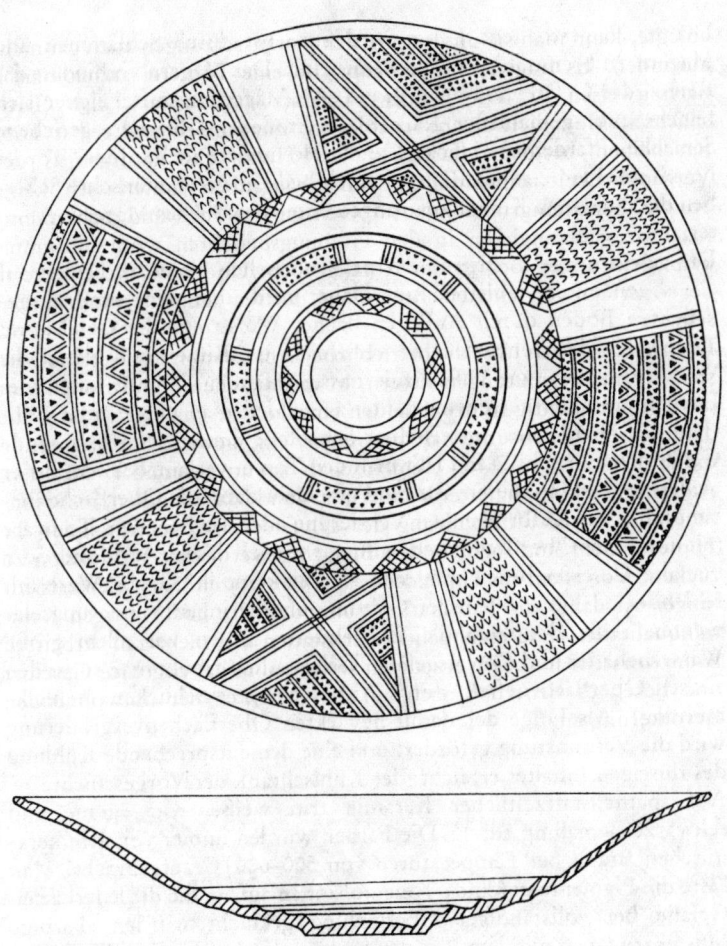

*Abb. 53.* Im sogenannten Alb-Hegau-Stil (Stempel- und Kerbschnitt-Technik) verzierte, weißinkrustierte und teilgraphitierte Stufenschale aus Grab IX vom Hohmichele bei Altheim-Heiligkreuztal, Kr. Biberach, Baden-Württemberg (nach RIEK/HUNDT 1962). Durchmesser 41,5 cm.

Der frisch gestochene Lehm wird zunächst durch Schlämmen und
Magern zu brennfähigem Ton verarbeitet. Das Magern verhindert das
Reißen der Gefäßwand beim Brand. Als Magerungsmittel eignen sich
feiner Sand, gemahlener Kalkgrus, gestoßener Glimmer, geriebene
Schlacke, Pferdemist, Häcksel und vieles andere mehr. Jeder Töpfer
besaß wohl ein eigenes Rezept. Auch bedingt der gewünschte Scherben der einzelnen Keramikgattungen unterschiedliches Magerungsma-
terial.

Die gewöhnliche Fertigung der prähistorischen Tonware basiert auf
der sogenannten Wulsttechnik. Dabei wird über dem rund ausge-
drückten Boden durch Auflegen flacher Wulstringe die Gefäßwand
aufgebaut. Man verknetet und verstreicht die Ritzen und glättet die
Wandung innen wie außen mit nassen Händen. Durch langsames
Drehen auf einer geeigneten Unterlage erzielt man mit leichter Führung der Hand oder mittels einer Schablone eine gleichmäßig runde
Gefäßform. Anschließend läßt man den Ton etwas antrocknen, bis er
»lederhart« ist. In diesem Zustand geschieht dann die Oberflächenbehandlung, das Aufbringen der Verzierung oder das Bemalen. Tonware
mit intensiver Oberflächenbehandlung wie auch das verzierte und/oder
bemalte Geschirr bezeichnet man als Feinkeramik. Grobe Ware mit
fehlender oder nur flüchtiger Glättung und geringen Verzierungsele-
menten heißt Grobkeramik. Zu letzterer zählen vor allem große
Wasserbehälter und Vorratsgefäße. Gelegentlich erhöht man sogar den
rauhen Oberflächeneffekt durch Auftragen eines Schlickers (Schlick-
rauhung). Als Folge der damit bewirkten Oberflächenvergrößerung
wird die Verdunstung gefördert und eine dementsprechende Kühlung
des flüssigen Inhaltes erreicht: der Kühlschrank der Vorgeschichte.

Auf späthallstattzeitlicher Keramik tritt weiße, rote, graue und
schwarze Bemalung auf.[209] Die Farben wurden immer vor dem keramischen Brand bei Temperaturen von 500–600° C aufgebracht. Man
löste die Pigmente in feinen Tonemulsionen auf, in die die lederharten
Gefäße bei vollständiger Übermalung getaucht wurden. Farbige
Muster trug man mit dem Pinsel auf oder preßte sie mit dem Finger an.
Weiße Farbe gewann man durch Einrühren von pulverisierter Kreide
in die Engobe. Für die Bereitung des roten Malschlickers verwendete
man Ocker (Hämatit), den man mit Ton vermischte. Es war aber dabei
zu beachten, daß der Scherben in der letzten Brennphase einen oxidie-
renden Brand erfuhr, damit das rote Eisen(III)-Oxid des Ockers nicht
zu schwarzen Eisen(II)-Ionen reduzierte. Die Graubemalung geschah
durch eine Paste, die fein verteilten Kohlenstoff, vermutlich Ruß,

*Abb. 54.* Ritz- und riefenverziertes Kegelhalsgefäß mit roter Bemalung und Graphitierung auf Tongrund von der Heuneburg bei Herbertingen-Hundersingen, Kr. Sigmaringen, Baden-Württemberg (nach DÄMMER 1978). Größter Bauchdurchmesser 54 cm.

enthielt. Schwarzfärbung der Keramik konnte einmal mittels Schmauchbrand durch die Flammengase des Ofens selbst bewirkt werden. Ansonsten malte man mit Graphiterde die Muster auf. Durch Polieren des Farbauftrages vor dem Brennen erhielt man eine glänzende Gefäßoberfläche, wobei an unbemalten Stellen eine Glimmermagerung des Tons eine ähnliche Wirkung erzielte. Neben einfarbigen Mustern begegnen wir auch bi- und polychromen Malweisen.

Für die frühe Hallstattzeit (Ha C) ist die sogenannte Alb-Salem-Keramik[210] besonders charakteristisch. Ihr Hauptverbreitungsgebiet liegt auf der Schwäbischen Alb bis hinab zum Bodensee. Von hier aus strahlt sie bis in das Oberrheintal, in den Nordteil des schweizerischen Mittellandes und in die westlichen Gebiete des Osthallstattkreises aus. Kennzeichnend ist eine üppige Verzierung mit Ritz-, Stempel- und Kerbschnittornamenten sowie zusätzliche Bemalung in Schwarz und Rot. An Formen liegen Kegelhalsgefäße, Kragenrandschüsseln, Schalen, Teller und Deckel vor. In relativ wenigen Exemplaren findet sich

diese prachtvolle Keramik noch in frühesten Fundverbänden der Stufe
Ha D. Das bekannteste Beispiel ist die Brandnachbestattung IX vom
Hohmichele[211], die allein zwei große Stufenteller (Abb. 53), vier Kragenrandschüsseln (Abb. 52 links), zehn Schälchen, teils mit Zipfelbo-
den und Spitzdeckeln (Abb. 52 rechts), einen Stufendeckel und zwei
quadratische Tonplättchen unbekannter Funktion enthielt. Dazu
kommen noch fünf unverzierte Schalen und zwei Bronzearmringe.

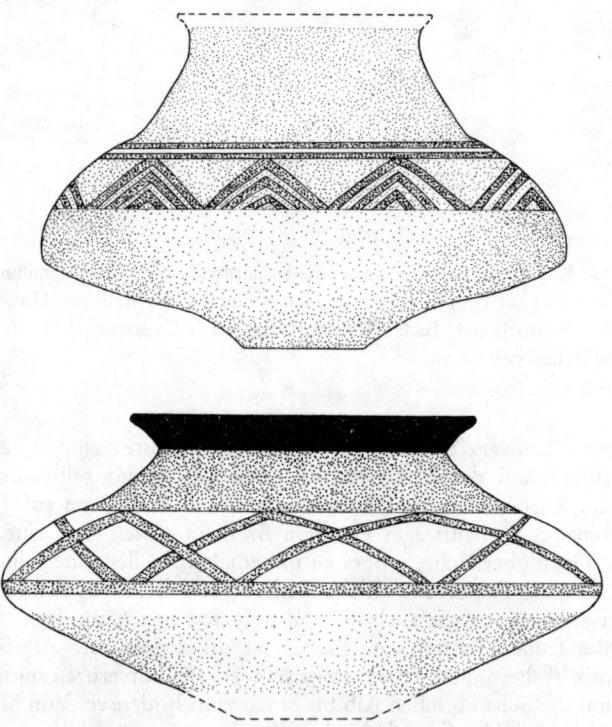

*Abb. 55.* Kegelhalsgefäße mit grauer Bemalung auf rotgrundiger Schulter
(oben) und mit graphitierter Mündungslippe sowie roter Bemalung auf weiß-
grundiger Schulter von der Heuneburg bei Herbertingen-Hundersingen, Kr.
Sigmaringen, Baden-Württemberg (nach DÄMMER 1978). Höhe etwa 21,5
(unten) und 24 cm .

Etwas später als die Keramik in Alb-Hegau-Art, aber noch im Verlauf der Stufe Ha C entsteht ein ähnlicher Typus der Tonware, der jenem formal und in der Musteranordnung eng verwandt ist. Die Ornamentierung geschieht ausschließlich in Ritz- und Riefentechnik, während die schwere Stempel- und Kerbschnittzier fehlt. Schwarz- und Rotmalerei wird weiter verwendet. Diese Keramik erlebt noch den Beginn der Phase Ha D 1 und überdauert das Ende des Alb-Hegau-Stils

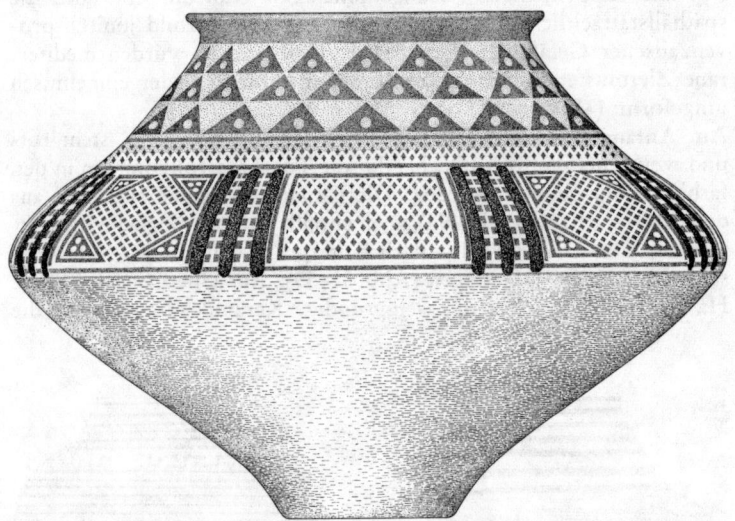

*Abb. 56*. Rot-grau-bemaltes, weißgrundiges Kegelhalsgefäß nach »Heuneburg-Art« aus dem »Fuchsenbühl« bei Riedenheim, Kr. Würzburg, Bayern (nach L. WAMSER 1981). Höhe 30 cm.

deutlich. Sie trägt die etwas umständliche Bezeichnung »Keramik in Alb-Hegau-Tradition« (KAHT). Ihr Verbreitungsgebiet deckt sich ungefähr mit dem des älteren Stils, läßt sich aber gegen die Keramikformen der übrigen Gruppen des Westhallstattkreises mangels einschlägiger Vorarbeiten derzeit nur unzulänglich abgrenzen (Abb. 54). Stehen die beiden soeben angeführten Keramikgattungen noch ganz im Banne frühhallstättischen Gestaltungswillens, so bilden die folgenden kennzeichnende Neuentwicklungen der Späthallstattkultur. Zunächst sind formale Unterschiede zu vermerken. Die getreppten Teller wie auch die Spitzschälchen verschwinden. Die Kegelhalsgefäße tendieren zu einer Verbreiterung des Halsfeldes, womit sich das typisch späthallstättische »Hochhalsgefäß« repräsentiert. Auch Fußgefäße und Flaschen waren vorher unbekannt. Hin und wieder wurden aus dem Mittelmeerraum importierte Metallgefäße in Ton nachgeahmt. Es gibt keramische Zisten (Abb. 59), Situlen, Schnabelkannen, Kleeblattkannen und Rippenschalen (»Zungenphialen«). Ohnehin sind auch die späthallstattzeitlichen Malweisen nur über das Vorbild jonisch-provenzalischer Gefäßmalerei erklärbar. Gelegentlich wurden mediterrane Ziermuster mittelbar übernommen (Abb. 58) oder einheimisch umgeformt (»Vixien«[212]).

Am Anfang der späthallstattzeitlichen Gefäßbemalung[213] steht rot- und weißgrundige Keramik, bei der die Tontöpfe vollkommen in den farbigen Slip getunkt wurden. Die Ornamentsysteme stammen aus dem Musterschatz der KAHT, doch entfällt nunmehr jegliche Ritzverzierung. Das Dekor wird je nach Untergrund mit grauer, roter oder schwarzer Farbe aufgetragen (Abb. 55–59). Am Übergang der Phase Ha D 1 zu D 2 bricht die weißgrundige Keramik ab, während die

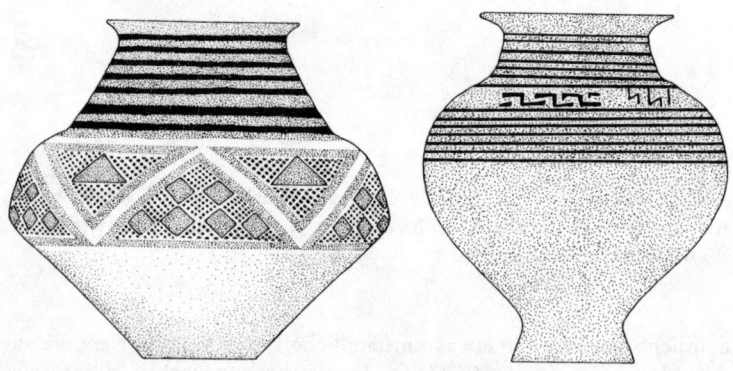

*Abb. 57.* Links: Kegelhalsgefäß mit graphitiertem Halsteil und grauer Bemalung auf weißer Schulter; daneben: flaschenförmiger Kegelhalsbecher mit grauer Streifenmalerei auf rotem Grund. Von der Heuneburg bei Herbertingen-Hundersingen, Kr. Sigmaringen, Baden-Württemberg (nach DÄMMER 1978). Höhe 27,5 cm (links) und 14 cm (rechts).

Grau-auf-Rot-Malerei bleibt und bis zum Ende der Hallstattkultur die
Keramikfarben beherrscht (Abb. 57 rechts). Dabei lösen sich auch die
Mustersysteme zum Teil vom hergebrachten Stilempfinden; neu ist
beispielsweise das Motiv des »laufenden Hundes«.

Dank der umfassenden Studie von Heinz-Werner Dämmer läßt sich
das Verbreitungsgebiet der weißgrundigen Keramik gut überschauen.
Ihr Vorkommen beschränkt sich auf Südwestdeutschland mit einem
auffälligen Schwerpunkt auf der Westalb, an der oberen Donau und im
Hegau. Vereinzelte Ausläufer streuen in die Nordschweiz, an den
Oberrhein, in das Main- und Mainmündungsgebiet sowie nach Fran-
ken, in die Oberpfalz und nach Bayern. Östlichster Fundpunkt ist
Hallstatt.[214] Daß die Heuneburg im Zentrum der Kernverbreitung

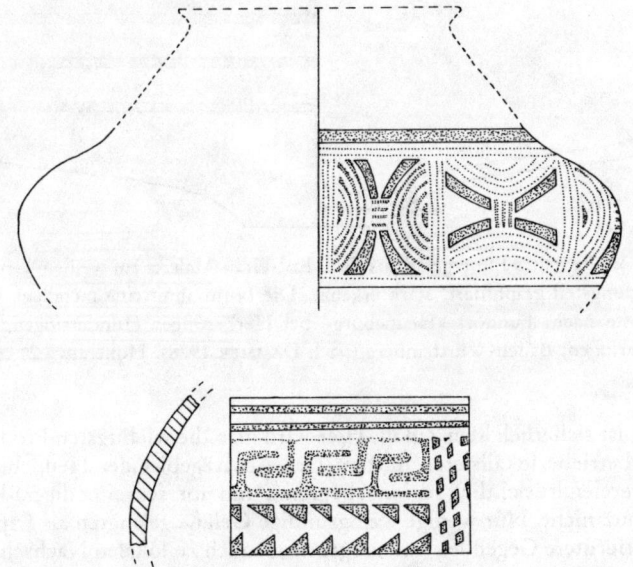

*Abb. 58.* Von provenzalischen Zierstilen abzuleitende Mustersysteme auf grau-
weiß-bemalter Keramik von der Heuneburg bei Herbertingen-Hundersingen,
Kr. Sigmaringen, Baden-Württemberg. Oben: etwa 5,8 cm hohe Zierzone mit
versetzten Halbkreismustern; unten: 4,3 cm hohes Zierfeld mit Mäander- und
Dreiecksband (nach DÄMMER 1978).

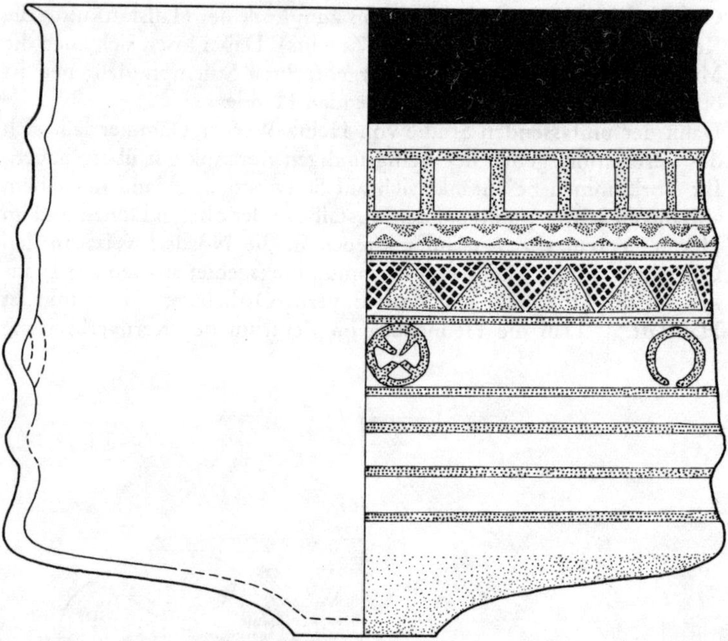

*Abb. 59.* Bemaltes Eimergefäß aus Ton, Rot-Grau-Malerei auf weißem Grund, Mündungsteil graphitiert, stark ergänzt. Die Form ahmt eine metallene Rippenziste nach: Fundort »Heuneburg« bei Herbertingen-Hundersingen, Kr. Sigmaringen, Baden-Württemberg (nach DÄMMER 1978). Höhe etwa 21 cm.

liegt, ist sicherlich kein Zufall. Hier wird man die wichtigsten Produktionsbetriebe lokalisieren dürfen. Das Absatzgebiet der Heuneburg-Töpfereien ist sichtlich regional begrenzt und überschreitet die 50-km-Distanz nicht. Nur wenige weißgrundige Gefäße gelangten als Export in entferntere Gegenden und mögen wohl auch zu lokalen Nachschöpfungen angeregt haben (Abb. 56).

Vergleichbar sind die Verhältnisse auf dem Mont Lassois, wo sich mit Beginn der Phase Ha D 2 ein eigenständiger, örtlicher Keramikstil, das sogenannte »Vixien«, herausbildet.[215] Typisch dafür sind geradbis schrägwandige Becher, schlanke Flaschen und elegante Fußschalen mit bizarren Zonen-, Metopen- und – seltener – Spiralmustern. Pro-

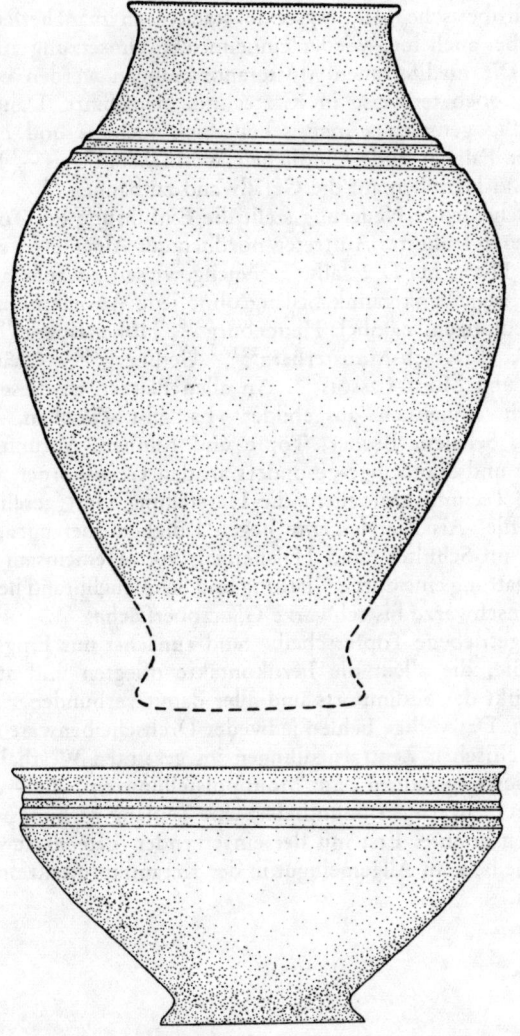

*Abb. 60.* Geriefte Drehscheiben-Keramik von der Heuneburg bei Herbertingen-Hundersingen, Kr. Sigmaringen, Baden-Württemberg. Oben: Flasche,
darunter: Schüssel mit Ringfuß (nach LANG 1974). Höhe noch 20 und 8,4 cm.

venzalisch-iberische Dekorsysteme standen in mancherlei Hinsicht
Pate, wobei auch hier wieder einheimische Umsetzung zum Tragen
kommt. Die mediterranen Musteranordnungen werden wohl übernommen, doch teilweise in Ritztechnik ausgeführt. Daneben wird
auch fleißig gemalt, ja man scheut sich nicht – und das ist ein
einmaliger Fall im bilderfeindlichen Westhallstattkreis –, Friese von
Vögeln und Hirschen auf die Gefäßwand zu bannen.[216]
Eine entscheidende Neuerung stellt die Einführung der Töpferscheibe dar, deren frühestes Auftreten nördlich der Alpen etwa an den Beginn der Phase Ha D 2 fällt.[217] Nachgewiesen ist späthallstattzeitliche Drehscheibenkeramik bislang ohne jede Ausnahme nur in den
Zentralsiedlungen, nämlich Heuneburg[218], Hohenasperg[219], Hohen-
nagold[220], Breisach-Münsterberg[221], Üetliberg[222], Châtillon-sur-
Glâne[223] und Mont Lassois[224]. An allen Plätzen ist diese Tonware
erstaunlich einheitlich ausgebildet. Es gibt Flaschen, Schüsseln
(Abb. 60), Schalen, Becher, Töpfe und Kannen. Mitunter werden
Hohlfüße und Standringe gesondert an den Gefäßkörper angedreht.
Die neue Technik ermöglicht die Herstellung sanft geschwungener
Gefäßprofile. Als Zierelemente liegen lediglich Riefengruppen vor-
nehmlich im Schulter- und Halsbereich vor. Gemeinsam ist dieser
Keramikgattung eine durch Glättung und Schmauchbrand hervorgeru-
fene braunschwarze bis schwarze Glanzoberfläche.
Die handgetriebene Töpferscheibe fand zunächst nur Eingang in die
Fürstenhöfe, die allein die Fernkontakte pflegten und stets erster
Anlaufpunkt des Südimports und aller damit verbundener Anregungen waren. Das völlige Fehlen jedweder Drehscheibenware außerhalb
der frühkeltischen Zentralsiedlungen im gesamten Westhallstattkreis
räumte diesen geradezu eine Monopolstellung ein, die – wenn die
Anzeichen nicht trügen – zumindest eine Zeitlang wirkungsvoll gehalten werden konnte. Erst mit der einsetzenden Latènezeit wurde die
Töpferscheibe zum Allgemeingut in der Keramikproduktion nördlich
der Alpen.

# Sechstes Kapitel
# Tracht und Bewaffnung

Die Reise in die Vergangenheit ist ein alter Traum der Menschheit. Wer hätte wohl nicht einmal den Wunsch verspürt, sich 1000, 2000 oder 3000 Jahre zurückversetzen zu lassen, um durch ein mittelalterliches Städtchen zu schlendern, sich mitten unter das römische Volk zu begeben oder mit verhaltener Neugier ein keltisches Dorf zu besuchen. Nur zu gern würde man sich ein lebendiges Bild unserer Vorfahren verschaffen wollen und die Altvorderen bei ihrem Treiben, bei der Arbeit, im Hause oder auf ihren Festen beobachten. Doch bleibt uns eine solche Möglichkeit versagt, und vielleicht ist das auch ganz gut so. Denn man sähe gewiß nicht nur Frohsinn, Schaffensfreude und Glück, sondern auch alle negativen Aspekte, mit denen die Menschheit geschlagen ist, wie Mühsal, Plackerei, Streit, Not und Tod.

Gleichwohl muß auch der heutige Mensch nach seiner Herkunft fragen, will er die Gegenwart begreifen und für die Zukunft planen. Und so bemühen sich Geschichtswissenschaft und Archäologie in enger Zusammenarbeit, die Vergangenheit sozusagen aufzurollen, um die Leistungen und das Wirken der Menschheit von den frühesten Zeiten bis in unsere Tage zu erforschen. Es gilt, die Fragen nach dem Geschehenen so weit wie möglich zu beantworten.

Je weiter wir jedoch zurückgehen, um so spärlicher fließen die Quellen. Für Mittelalter und Römerzeit besitzen wir noch recht gute Informationen. Ereignisse aller Art wurden schriftlich festgehalten und sind bis heute überliefert. Die Menschen jener Zeitläufte berichteten nicht nur über sich, sie stellten sich auch selbst dar. Wirklichkeitsgetreue, idealisierte und stilisierte Bildnisse vermitteln uns eine anschauliche Vorstellung davon, wie etwa der Mensch des Mittelalters oder der Römerzeit aussah bzw. wie er sich selbst sehen wollte.

Ungleich schwieriger ist es indes, eine Vorstellung vom Aussehen prähistorischer Menschen zu bekommen, sie aus der Anonymität archäologischer Relikte herauszulösen und sie damit zu individualisieren. Die Einseitigkeit der Hinterlassenschaft reicht beim besten Willen nicht aus für eine Charakterisierung des frühen Kelten, mit dem wir uns hier beschäftigen.

Die frühen Kelten neigten nicht dazu, sich selbst abzubilden, jedenfalls nicht in einem Material, das der Vergänglichkeit trotzt. Die Darstellung eines jeglichen Lebewesens, sei es Mensch, Tier oder Pflanze, war verpönt und wie von heiliger Scheu umgeben. Was sich an anthropomorphen und theriomorphen Bildnissen aus Stein oder Bronze im Boden des Westhallstattkreises bewahrt hat, zeigt die Gestalt bis fast zur Unkenntlichkeit abstrahiert oder zumindest kultisch verbrämt. Da Realismus nicht beabsichtigt ist und wohl auch nicht konzediert war, ist Unvermögen auszuschließen.

Die Beispiele seien rasch aufgezählt. Als winzige Punzen im Ornamentschema von Bronzeblecharbeiten erscheinen umrißhafte Figürchen von Mensch und Tier. Thema sind Mann oder Frau, bisweilen mit adorierend ausgebreiteten oder erhobenen Armen bzw. in tänzerischer Haltung, dann Pferd, Hirsch und Hahn.[1] Gestus und Tierauswahl illustrieren gleichsam eine freilich erst aus Einzelmotiven zusammenzufügende Kultszene.

Eine zweite Gruppe frühkeltischer Darstellungen bilden die kleinen Anhängerfigürchen in Tier- und Menschengestalt, stets mit Ringöse an Kopf oder Rücken (Abb. 101–103).[2] Ein solches Pärchen fand sich in Unterlunkhofen, Kt. Aargau, beide völlig nackt, der Mann mit erigiertem Phallus, die Frau mit deutlich gezeigter Vulva. In gleicher Weise sind die beiden Menschenpaare von Stuttgart-Uhlbach gestaltet; zusätzlich gehört zu diesem Fund aus dem Grabhügel »Tannenschopf« noch ein Tierpaar, als Hirsch und Hindin gekennzeichnet. Etwas abweichend ist der Figurenanhänger von Esslingen-Sirnau geformt. Mann und Frau sind Rücken an Rücken untrennbar miteinander verbunden und tragen eine gemeinsame Kopföse. Die eigentümliche Haltung der beiden Figürchen kehrt in einem Doppelgrab vom Magdalenenberg wieder, in dem Mann und Frau ebenfalls Rücken an Rücken aufgebahrt waren.[3]

Der Sinn dieser stark stilisierten Figuren war es sicher nicht, ein getreues Abbild der menschlichen Gestalt zu bieten, geschweige denn ein zänkisches Ehepaar vorzuführen, das sich die Rücken zuwendet. Die Nacktheit wie auch die drastische Demonstration der Geschlechtlichkeit verweist die Darstellungen vielmehr in den Fruchtbarkeitskult, wobei der Tod allem Anschein nach der Potenz des Mannes wie auch der Empfängnisbereitschaft der Frau keinen Abbruch tat.

Auch der Krieger von Hirschlanden (Abb. 25) trägt seine Männlichkeit deutlich genug zur Schau. Da der Verstorbene selbst mit Totenmaske skulptiert wurde, wird mit der Ithyphallie die Potenz über den Tod hinaus versinnbildlicht. Freilich soll und kann auch diese in heroisch ritualisierter Blöße geschaffene Statue uns kein wirklichkeitsgetreues Bild eines frühkeltischen Mannes vermitteln.

Bei den Fähigkeiten der späthallstattzeitlichen Handwerker und Kunstgewerbler im Kopieren und Imitieren fremdländischer Sachgüter erstaunt es eigentlich, daß sie einerseits zwar durch die Einfuhr etwa der attisch schwarz- und rotfigurigen Keramik (Abb. 90–93) durchaus mit Bildern konfrontiert wurden, andererseits aber die vorgegebenen Szenen selbst nicht nachahmten oder doch wenigstens in einen einheimischen Stil umsetzten.

Wir kennen aus dem gesamten Westhallstattkreis nur eine einzige Bildszene mit Menschengruppen in Aktion. Es ist dies die Darstellung von Schwerttänzern und Wagenumfahrten (Abb. 107) auf der Rückenlehne der Kline von Hochdorf. Fraglos wurde dieses Motiv der durchweg etwas freieren Bilderwelt der östlichen und alpinen Hallstattgruppen entlehnt. Das frühe Keltentum des Westens war dagegen weit strenger bilderfeindlich. Nur Kult und Magie öffneten eine schmale Lücke zum anthropomorphen Gestaltungswillen, der aber niemals über abstrahierende Andeutungen der Figürlichkeit des Menschen hinauskam.

Erst in der Schlußphase der Späthallstattkultur (Ha D 3) werden gewisse Änderungen spürbar. In diese Zeit gehören zum Beispiel ja auch die oben erwähnten Anhängerfigürchen. Mit dem Einsetzen latènoider Erscheinungen ändert sich zugleich die geistig-religiöse Sphäre. Die Körperlichkeit gilt nicht mehr als schlechthin tabuisiert. Die Abformung einer menschenköpfigen, etruskischen Henkelattasche auf der Heuneburg (Abb. 88) legt für den nun eintretenden Umschwung ein erstes, freilich um so beredteres Zeugnis ab. Doch auch in der frühen Latènezeit bleibt die Abbildung des menschlichen Antlitzes der Irrealität verhaftet. Nichts symbolisiert dies deutlicher als die ins Dämonische verzerrten Köpfe auf den Maskenfibeln der Stufe Latène A, denen fraglos ein wie auch immer gearteter Abwehrzauber innewohnt.

Da mithin die wenigen Bilddenkmäler des Westhallstattkreises schon von ihrer Thematik her für unsere Fragestellung überfordert würden, stehen allein noch die Gräberfunde zur Rekonstruktion des Aussehens, der Gestalt, der Kleidung und der Tracht der frühen Kelten zur Verfügung. Auswertbar sind die Skelette als die beinernen Zeugnisse der Menschen selbst und die im Boden erhalten gebliebenen Waffen, Schmuckstücke und Trachtbestandteile.

Um eine Vorstellung vom Aussehen und Schicksal einzelner Menschen zu gewinnen, ist eine sorgfältige anthropologische Bestimmung der aus den Gräbern geborgenen Skelettreste unumgänglich. Für die späte Hallstattkultur sind zufolge der üblichen Körperbestattung die Voraussetzungen an sich nicht ungünstig. Doch erhalten sich die Knochen in den stark durchlüfteten Grabhügeln meist schlecht. Außerdem liegen aus Mangel an Fachleuten einstweilen aus unserem Arbeitsgebiet nur wenige einschlägige Auswertungen vor. Eine erfreuliche Ausnahme bilden die Fundlandschaften Württembergs und Hohenzollerns, aus denen Sophie Ehrhardt und Peter Simon fast 200 Skelette und Skelettreste späthallstattzeitlicher Individuen bestimmt haben.[4] Des weiteren untersuchte Gretel Gallay die knöchernen Überreste aus dem Friedhof vom Magdalenenberg.[5]

Vorweg ist zu sagen, daß die Geschlechtsdiagnose von archäologischer (Beigaben) und anthropologischer Seite (morphologische Merkmale am Skelett) in der Regel recht gut übereinstimmt. Auch die Verteilung der Geschlechter ist ausgewogen; es herrschte also weder ein Frauenmangel noch ein Männerüberschuß.

Die Männer erreichten ein durchschnittliches Lebensalter von 35 bis 40 Jahren. Die Frauen lebten wohl wegen der stärkeren Beanspruchung durch Arbeit und Geburten nicht so lange, durchschnittlich 30 bis 35 Jahre, also rund fünf Jahre weniger als die Männer. Über die Kindersterblichkeit lassen sich keine sicheren Aussagen treffen, da die zarten Skelette im Boden meist vollständig vergangen sind.

Interessante Beobachtungen ergaben die Größenmessungen. Die erwachsenen Männer erreichten im Durchschnitt eine Körpergröße von 172 cm, die Frauen eine solche von 159 cm. Die frühen Kelten zeigten demnach eine stattliche Wuchshöhe, die z. B. merklich über der der mittelalterlichen Bevölkerung liegt. Allein dies ist ein gewichtiges Argument für gesunde Lebensführung und Ernährungsweise. Beachtung verdient auch die Tatsache, daß die absolut größten Menschen der Späthallstattzeit der oberen sozialen Schicht angehörten: Den höchsten Wuchs besaß der Fürst vom Grafenbühl mit 183 cm. Er würde selbst heute im Jahrhundert der Akzeleration die meisten seiner Mitbürger überragen. Ihm stand der Fürst von Hochdorf mit 180 cm Körpergröße kaum nach.[6] Großwüchsigkeit ist wegen der besseren Lebensbedingungen in Adelskreisen eine den Anthropologen seit langem vertraute Erscheinung.

Einige der von Ehrhardt und Simon untersuchten Skelette wiesen pathologische Veränderungen auf. Nicht selten sind die zwar lästigen, aber die Arbeitskraft nicht erheblich einschränkenden Erkrankungen

wie Karies oder Wirbelsäulenschäden (Rheuma). Bei einigen Toten
ließen sich sogar die Todesursache bestimmen oder Verletzungen
erkennen. Der Fürst von Talhau 4 muß einmal fürchterlich zusam-
mengeschlagen worden sein. Er erlitt dabei einen Schädelbruch sowie
Traumata am rechten Oberarm und am rechten Schienbein. Er wurde
ärztlich hervorragend versorgt, denn er überlebte selbst die schwere
Kopffraktur, die zeitlebens ein talergroßes Loch im Schädeldach hin-
terließ.
Nicht ganz so glimpflich verliefen die Angriffe auf Leib und Leben der
beiden Männer von Münsingen. Bei dem einen zieht eine glatte
Hiebspur vom rechten Auge schräg durch die Stirn über die linke
Schläfe bis zum Ohr. Dieser Schädel wurde durch einen gewaltigen
Schwertstreich gespalten. Auf ähnliche Weise starb auch der andere
Mann. Ihn traf der tödliche Hieb mitten auf den Scheitel, so daß der
Kopf in einen kleineren rechten und einen größeren linken Anteil
getrennt wurde.
Haben wir damit einen knappen Einblick in Leben und Sterben der
frühkeltischen Populationen gegeben, so soll im folgenden in einer
raschen Skizze die Tracht und damit die äußere Erscheinungsform
der Menschen im Westhallstattkreis beschrieben werden. Einschrän-
kend muß freilich hinzugefügt werden, daß letztlich nur die Trage-
weise der in den Gräbern vorgefundenen Trachtutensilien für entsprechende Aussagen zur Verfügung steht. Auch die Bewaffnung
des Mannes läßt sich nur insoweit rekonstruieren, als Schwerter,
Dolche, Lanzen und Pfeile mit ins Grab gelegt wurden. Eine
Zusammenstellung gut beobachteter Grabfunde gibt sofort zu
erkennen, daß regional sehr unterschiedliche Trachtkombinationen
vorliegen. Zugleich ändert sich die Mode mehrmals im Verlauf der
Späthallstattzeit, so daß auch chronologisch differente Trachteigentümlichkeiten relevant werden.

## Die Tracht der Frau

Über die Ausstattung der Frau im Westhallstattkreis mit Schmuck und
metallenen Trachtutensilien geben die Gräberfunde hinreichende Aus-
künfte.[7] Gleichwohl wissen wir nicht, wie das Verhältnis dessen, was
der Frau auf ihrem letzten Weg mit ins Grab gegeben wurde, zum
jeweiligen gesamten Sachbesitz steht. Als Voraussetzung für die verschiedenen Denkmodelle gilt die grundsätzliche Beobachtung, daß die

Trachtbestandteile im Westhallstattkreis auch in Trachtlage deponiert wurden, d. h. die Armringe sind um das Handgelenk gelegt, die Fußringe um die Fesseln, die Halsringe um den Hals usw. Die Toten wurden folglich in der Tracht der Lebenden beigesetzt. Diese Regel nimmt selbstverständlich die Brandgräber aus. Darüber hinaus kommt das Niederlegen von Schmuck- und Trachtgegenständen außerhalb der Trachtlage im Grab zwar vor, bleibt aber im allgemeinen die Ausnahme.

Folgende Möglichkeiten sind denkbar:
1. Die Frau bekommt ihren gesamten Besitz an Schmuck- und Trachtzubehör mit ins Grab. In diesem Fall bestand ihre Habe lediglich aus einer einzigen, je nach Stand und Vermögen mehr oder weniger kompletten Trachtausstattung.
2. Man gab der Frau aus ihrem Besitz nur bestimmte, eigens für die Totenzeremonie ausgewählte Gegenstände mit ins Grab. Die Auswahl könnte nach übergeordneten funeralen Regeln getroffen worden sein, um der Verstorbenen ein standesgemäßes Auftreten im Jenseits zu gewährleisten. Sie könnte aber auch den Wünschen entsprechen, die die Person vor dem Tode geäußert hatte (Testament). Ihr übriger Besitz würde dann den Erben zufallen.
3. Es wurden nur diejenigen Trachtbestandteile ins Grab gegeben, die die Bestattete zufällig zum Zeitpunkt ihres Todes trug oder vor ihrem Tode zu tragen pflegte.
4. Die Trachtkombination wurde eigens für das Begräbnis zusammengestellt. In Frage kämen Spenden der Hinterbliebenen aus vorhandenem Bestand (d. h. die Totenausstattung übersteigt den Wert des ehemaligen Besitzes der Verstorbenen) oder speziell für die Totenfeierlichkeiten gefertigte Gegenstände.

Die Archäologie neigt zu der Auffassung, daß die Ärmlichkeit oder der Reichtum des Grabensembles die soziale Stellung wie auch den persönlichen Sachbesitz eines Verstorbenen widerspiegelt. In vielen Fällen mag dies richtig sein. Doch sollte man einer derart heuristischen Vorstellung nur bedingt folgen. Gerade das Totenbrauchtum entzieht sich häufig genug allen rationalistischen Erwägungen, weshalb von den soeben angedeuteten Möglichkeiten wohl immer verschiedene Aspekte in differenter Wertigkeit zu berücksichtigen sind. Trachtgewohnheiten der Lebenden lassen sich demnach aus Grabfunden nur hypothetisch erschließen.

Es empfiehlt sich daher am ehesten, den Schmuck und dessen Trage-
weise zu beschreiben, ohne damit ausdrücken zu wollen, daß jede
Frau auch eine vollständige Trachtgarnitur besaß. Sicher wird es
Frauen minderer sozialer Stellung gegeben haben, die schon glücklich
waren, wenn sie einen schlichten Bronzearmring besaßen und diesen
mit ins Grab bekamen. Andererseits darf man annehmen, daß die
begüterten Frauen und erst recht die Damen an den Fürstenhöfen
wohlgefüllte Schmuckschatullen ihr eigen nannten, aus denen sie
jeweils für den Alltag oder die Festlichkeiten das geziemende
Geschmeide auswählten und anlegten. Ob solche Schätze dann auf
Kosten des vererbbaren Vermögens geschlossen mit ins Grab folgten,
sollte man eher bezweifeln. Dubletten sind jedenfalls noch nie in
einem Grab zutage gekommen.

In welcher Weise sich die frühkeltische Frau das Haupthaar zu einer
Frisur legte, ist nicht bekannt. Bislang wurde nur einmal ein kleiner
Kamm aus Holz gefunden, und zwar in dem (männlichen) Fürstengrab von Hochdorf.[8] Doch darf man vermuten, daß sich auch die
Frauen das Haar kämmten, nur daß eben die Holz- oder Hornkämme
nicht erhalten bleiben. Interessant ist in diesem Zusammenhang der
Fund eines aus drei Strähnen geflochtenen Zopfes aus menschlichem
Haar vor der Südwand des Zentralgrabes im Hohmichele.[9] Der Zopf
besitzt noch 10 cm Länge. Die Haarfarbe war ursprünglich blond,
indes hatte man die Haare intensiv mit Ocker rot gefärbt. Freilich
wissen wir nicht, ob der Zopf ehemals einer Frau oder einem Mann
gehörte. Immerhin belegt er, daß man der Haartracht und Frisur eine
gewisse Sorgfalt angedeihen ließ.

Etwas mehr läßt sich über den Kopfputz der Frau aussagen. Sehr
häufig findet man im Schädelbereich der Toten sogenannte Haarnadeln.[10] Sie liegen dort einzeln, paarweise, zu mehreren, maximal bis 27
Stück.[11] Drei Typen lassen sich unterscheiden. Zahlreich sind die
kleinen Bronzenadeln mit massivem Kopf, gefolgt von den Zweischalennadeln. Seltener sind Haarnadeln mit aufgeschobenen Köpfen aus
Bernstein, Gagat oder Koralle. Als Sonderform treten vor allem in
reichen Gräbern Nadeln mit großen Köpfen (bis 4 cm Durchmesser)
auf. Diese können mit Goldfolie überzogen sein oder wieder aus
Bernstein, Gagat oder Koralle bestehen. Letztere sind fast immer – aus
Gründen der verfügbaren Rohstoffgröße – aus mehreren Segmenten
zusammengesetzt und oft höchst kunstvoll verziert, wobei die Orna-
mente nicht selten auf der Drechselbank eingedreht wurden. Die
Nadeln dienten wohl weniger zum Sichern der Frisur. Sie waren

vielmehr als Zierat in Häubchen gesteckt, wie ein gut beobachteter Befund vom Magdalenenberg zeigte.[12]

Zum Kopfschmuck zählen ferner die Ohr- und Schläfenringe.[13] Sie finden sich in beträchtlicher Typenvarianz in fast allen besser ausgestatteten Frauengräbern. Wieder ist die Funktion nicht einwandfrei zu klären. Unter Ohrringen versteht man ja eigentlich nur Schmuckformen, die im gelochten Ohrläppchen getragen werden. Da aber Sätze mit bis zu einem halben Dutzend Ringen für jede Kopfseite vorliegen[14], wird man schwerlich annehmen wollen, daß alle diese Ringe in den Ohrläppchen hingen, die durch die Last unweigerlich gerissen wären. Ein großer Teil des hier in Rede stehenden Zierats ist wohl eher an Häubchen oder Bändern angebracht gewesen, weshalb die neutrale Bezeichnung Schläfenringe vielleicht besser geeignet ist.

Der Schläfenschmuck besteht durchweg aus Bronze und nur in wenigen Fällen aus Gold. Fast immer handelt es sich bei den Goldringen um sogenannte Kahnohrringe, also kleine Ringe mit 1 bis 2 cm Durchmesser und mit bauchig ausgetriebener Rundung. Beispiele liegen von rund 40 Fundplätzen im Westhallstattkreis vor.[15] Sie kommen meist einzeln oder zu Paaren, selten in Sätzen mit bis zu neun (Schöckingen) oder gar 18 Exemplaren (Esslingen-Sirnau) vor. Verbreitungsschwerpunkte sind die mittlere Schwäbische Alb und das mittlere Neckarland. Eine Bindung an die beiden herausragenden Zentralsiedlungen Heuneburg und Hohenasperg ist unverkennbar. In Einklang damit steht die zeitliche Zuordnung, da goldene Kahnohrringe hauptsächlich in die Spätphase (Ha D 2) fallen, in eine Zeit also, in der auch der Hohenasperg als Fürstensitz hervortritt. Vereinzelte Funde liegen darüber hinaus aus dem Hegau, dem schweizerischen Mittelland, dem Oberrheintal und der Côte-d'Or vor, so daß sich selbst mit dieser an sich nebensächlichen Modeerscheinung die weiträumigen Trachtbeziehungen insbesondere in Adelskreisen innerhalb des Westhallstattkreises aufzeigen lassen.

Zwar gibt es die genannten Kahnohrringe auch aus Bronze, doch überwiegen bei dem bronzenen Schläfenschmuck die großen, bandförmigen Ringe mit Durchmesser um 6 bis 8 cm bei weitem.[16] Allen diesen Ringen ist eine lang ausgezogene, nadelförmige Spitze gemeinsam. Der Verschluß geschieht entweder durch eine Hülse am Gegenende oder durch ein Loch. Daneben sind auch Hohlohrringe beliebt, also jene Ringform, die kunstvoll aus dünn getriebenen Bronzeröhren gebogen wird.

Hatten wir soeben erwogen, ob man nicht den vielfältigen Kopfschmuck auf Hauben oder an Stirnbändern befestigte und allenfalls
einzeln oder paarweise gefundene Ohrringe in die Ohrläppchen eingehängt waren, so lassen winzige im Kopfbereich von Frauen gebor-
gene Fibeln auch an das Tragen von Schleiern bzw. Haarnetzen denken,
die mit diesen zierlichen Haften drapiert wurden. Mehrfach kamen solche Kleinstfibeln von nur wenigen Zentimetern Länge beispielsweise
in den Nachbestattungen des Magdalenenbergs in Schädellage zutage.[17]

Als Halsschmuck der Frauen dienten ausschließlich Bronzeringe,
wenn wir die schönen Perlenkolliers zum Brustschmuck rechnen. Die
Halsringe sind entweder hohl gearbeitet oder massiv gegossen. Aus
technischen Gründen sind die Hohlhalsringe immer offen und besitzen einen Steck- oder Stöpselverschluß. Bei den massiven Ringen
treten sowohl geschlossene als auch offene Formen auf. Die Verzierung ist zumeist anspruchslos und beschränkt sich auf Strichgruppen-
muster an den Enden der offenen Exemplare. Dies ist ein Hinweis
darauf, daß die Öffnung bzw. der Stöpselverschluß nach vorn getragen
wurde. Reich verzierte Stücke wie ein tordierter Ring vom Magdalenenberg (Taf. 14) zählen zu Fremdformen, die im Westhallstattkreis
ungewöhnlich bleiben, aber auf Verbindungen zu den nördlich
angrenzenden Hallstattgruppen aufmerksam machen, wo solche Ringe
– als Extremform seien die Wendelringe genannt – zum üblichen
Formenschatz gehören. Gelegentlich besitzen die Halsringe mitgegos-
sene Auflagen in Form von Schlangen (Abb. 104), doch zeigen sich
auch diese Beispiele nur vereinzelt. Eine apotropäische Wirkung ist
sicher beabsichtigt.

Manche der geschlossenen Halsringe haben einen so geringen Durchmesser (weniger als 15 cm), daß sie sich beim Erwachsenen nicht über
den Kopf streifen lassen. Es besteht daher kein Zweifel, daß man die
Ringe schon den kleinen Mädchen anlegte, die sie zeitlebens nicht
mehr abnahmen.

Wohlhabendere Frauen schmückten sich gern mit kostbaren Perlenkolliers, bei denen die einzelnen Kettfäden mittels Schiebern aus
Knochen, Geweih, Bernstein, Gagat oder Bronze auseinandergehalten
wurden. Die Perlen bestehen aus denselben Materialien sowie aus Glas
(Abb. 61). Da in einigen Gräbern nur Schieber und keine Perlen
gefunden wurden, ist anzunehmen, daß man für diese auch weniger
edle Stoffe wie Holz oder Samenkapseln verwendete.

Eine Sonderform bilden jene großen, durchbrochen gearbeiteten Zier-

scheiben[18] mit zwei bis vier losen Ringen (Abb. 63), deren Funktion
unklar ist und die deshalb nur provisorisch unter Brustschmuck geführt werden. Sie sind immer zweiseitig verziert, besitzen also keine
Schauseite. Freilich ist auch die Deutung als Tintinnabula, eine Art

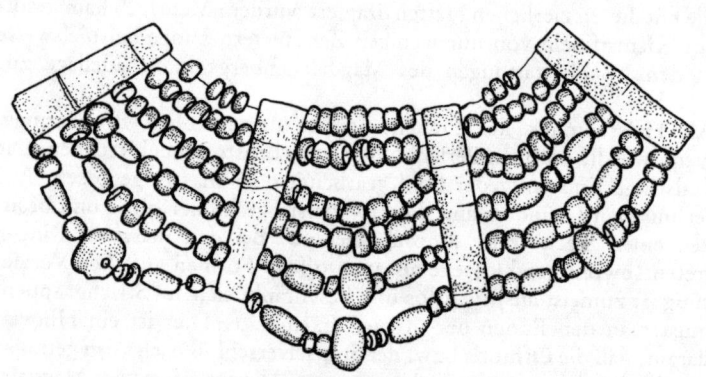

*Abb. 61.* Kollier aus Gagat- und Bernsteinperlen, von vier Rechteckschiebern
aus Gagat auseinandergehalten; aus dem Grabhügelfeld »Heidenschlag« bei
Bad Rappenau, Kr. Heilbronn, Baden-Württemberg (nach NELLISSEN 1975).
Breite etwa 27,5 cm.

Zimbeln, die von den Frauen bei bestimmten Gelegenheiten als
klingender Schmuck getragen worden sein sollen, recht fraglich. Vorwiegend fand man sie in der Beckengegend der Verstorbenen. Bisweilen ließ sich eine Lederunterlage beobachten. Einmal sah man auch
Reste von Lederriemen als Aufhängevorrichtung. Aber auch diese Details helfen bei einer Deutung nicht weiter. Das Vorkommen begrenzt
sich deutlich auf die Fundgebiete beiderseits des französisch-schweizerischen Jura: Wallis, Mittelland von Bern bis zum Genfer See, Sa-
voyen und Doubs.
Ein ganz ähnliches Verbreitungsgebiet weisen die großen Ziergehänge
auf (Abb. 64),[19] wenn sie auch in der Schweiz merklich seltener sind als in
Ostfrankreich. Sie bestehen aus einer etwa 20 cm langen, schmalrecht-
eckigen, durchbrochenen Platte, an deren unterem Rand mittels Ringen
oder Kettchen allerlei Anhänger wie Bleche, Rasseln oder Rädchen
baumeln. Diesen prächtigen, stets geräuscherzeugenden Schmuck-

*Abb. 62.* Gravurverziertes, bronzenes Tonnenarmband aus einem Grabhügel von den Moidons Sepois bei Ivory, Arr. Lons-le-Saunier, Dep. Jura (nach G. WAMSER 1975). Höhe 14 cm.

stücken wird man wohl ebenfalls irgendeine besondere Funktion bei kultischen Zeremonien zukommen lassen. Mit den beiden auffallenden Schmucktypen, den Zierscheiben und den Ziergehängen, zeichnet sich jedenfalls deutlich eine circumjurassische Modeprovinz innerhalb des Westhallstattkreises ab.

Ziersinn und Schmuckfreude äußern sich vor allem in einer ungemein vielfältigen Gestaltung der Armringe, -spangen und -bänder. Sie fehlen in fast keinem Frauengrab. In den wenigen Fürstengräbern, in denen Frauen bestattet wurden, bestehen die Armbänder oft aus dünnem, punzverziertem Goldblech. Selten sind Armkettchen aus Glas- oder Gagatperlen. Die Masse des Armschmucks wurde aus Bronze gefertigt; aber auch der Sapropelit, jene schwarz glänzende Pechkohle, spielte als Rohmaterial eine nicht geringe Rolle. Die Typenvielfalt ist kaum mit ein paar Worten zu beschreiben. Wichtig ist aber, daß die frühkeltischen Frauen den Armschmuck paarig trugen, wobei Symmetrie zwar angestrebt, aber keineswegs immer eingehalten wurde.

Aus Bronze kennt man drahtförmigen, hohl gearbeiteten, massiv gegossenen und bandförmig getriebenen Armschmuck. Offene Ringe sind sichtlich häufiger als geschlossene.[20]

Von den zahlreichen Formen verdienen es insbesondere zwei Typen, herausgestellt zu werden. Es sind dies die Tonnenarmbänder aus Sapropelit[21] (Abb. 47) und aus Bronzeblech[22] (Abb. 62). Mit ihnen erreicht der Armschmuck eine schon fast hypertrophe Ausbildung. Sie

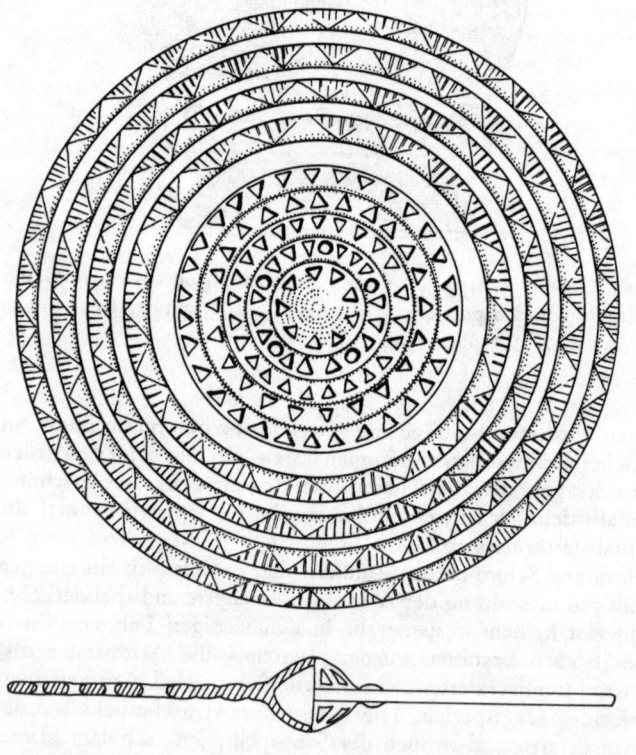

*Abb. 63.* Durchbrochen gearbeitete, bronzene Zierscheibe aus einem Grabhügel im Fôret des Moidons – La Châtelaine bei Ivory, Arr. Lons-le-Saunier, Dep. Jura (nach G. Wamser 1975). Durchmesser 19,4 cm.

stellen überhaupt die aufwendigsten vorgeschichtlichen Schmuckstücke dar, die wir kennen. Wieder ist anzunehmen, daß diese Armbänder bereits in jungen Jahren angelegt wurden, um niemals mehr –
auch beim Schlafen nicht – abgenommen zu werden. Versuche haben
gezeigt, daß sie sich mit ihrer lichten Weite selbst über eine sehr
schmale Frauenhand nicht ohne weiteres streifen lassen. Die nicht
selten Flickungen und Reparaturen an den Stücken weisen auf ihre
Empfindlichkeit hin. Man fragt sich, ob die Frauen mit solchen
sperrigen Stulpen, die mit Höhen um 20 cm ja den gesamten Unterarm
bedeckten, überhaupt arbeiten konnten. Da nun die Tonnenarmbänder regelhaft in gut bis reich ausgestatteten Gräbern auftauchen,
drängt sich sogleich der Verdacht auf, daß ihre Besitzerinnen gar nicht
zu arbeiten brauchten. Möglicherweise gewinnt man mit dieser Beobachtung gewisse Anzeichen für die Verteilung der Arbeitslast innerhalb der frühkeltischen Gesellschaft. Die reichen Damen pflegten
allem Anschein nach den Müßiggang und beaufsichtigten lediglich das
Gesinde, das um so schwerer arbeiten mußte.

Die Wahrscheinlichkeit, mit den Trägerinnen der Tonnenarmbänder
vornehmlich Angehörige der sozialen Oberschicht zu fassen, erhöht
sich um so mehr, als wir den ziemlich zahlreichen Wagen- und
Fürstengräbern, in denen männliche Tote beerdigt waren, nur eine
erheblich geringere Zahl ebenbürtiger Frauenbestattungen gegenüber-
stellen können. Man wird also die weiblichen Angehörigen des Adels
und nicht zuletzt auch der Dorfältesten in jenen besser ausgestatteten
Frauengräbern erkennen, in denen die vornehmen männlichen Attribute wie Goldschmuck, Import und Wagen zwar fehlen, die sich aber
durch ihre sonstige Ausstattung von den gewöhnlichen Frauengräbern
abheben. Und dies scheinen in erster Linie die Tonnenarmband-
Gräber zu sein.

Als Beispiel seien etwa die Verhältnisse am Magdalenenberg kurz
herangezogen. Dem zwar beraubten, aber doch mit einem unerhörten
Bestattungsaufwand errichteten zentralen Fürstengrab[23] läßt sich kein
gleichwertiges Frauengrab an die Seite stellen. Folglich wird man den
weiblichen Hochadel wohl eben in den auffallend reichen Frauengräbern der Nachbestattungsnekropole suchen. In der Tat setzt sich eine
Grablege, das Nebengrab 97, in mehrfacher Hinsicht von den übrigen
weiblichen Bestattungen des Magdalenenberges auffällig ab.[24] Mit
einer Größe von 2,15 auf 4,25 m bildet die Grabgrube eine der größten
des gesamten Friedhofs, von dem ohne das zentrale Fürstengrab 126
Gräber während der Ausgrabungen freigelegt wurden. Auch die höl-

zerne Sargkammer steht mit Ausmaßen von 3,2 auf 1,0 m ziemlich an
der Spitze der meßbaren Bohlenkammern jenes Grabhügels. Eigentümlicherweise waren die Arme weit vom Rumpfskelett abgespreizt,
so daß die Handgelenke der Toten fast 0,7 m auseinander lagen. Im
Vergleich mit den sonstigen Körperhaltungen der Leichen muß man
diese außergewöhnliche Stellung der Arme wohl damit erklären, daß
die Verstorbene ausgesprochen fettleibig war; auch dies ist ein Anzeichen für geringe körperliche Bewegung bei zu guter Ernährungsweise.
Die Leiche war mit einer reichen Schmuckgarnitur ausgestattet. Um
den Schädel herum lagen drei Bronzenadeln mit massiven Köpfen und
eine kleine Schlangenfibel als Besatz einer Haube oder eines Schleiers.
An den Schläfen trug sie rechts und links je vier große bandförmige
Zierringe. Im Brust-Hals-Bereich fanden sich zwei Knochenschieber
sowie 30 Knochen- und 191 Bernsteinperlen, die nach wie vor den
umfänglichsten Bernsteinfund des Westhallstattkreises bilden. Die
Unterarme schmückten je ein Tonnenarmband aus getriebenem, punzverziertem Bronzeblech von 22,5 cm Höhe, dazu links zwölf und
rechts 19 drahtförmige Armringe mit Hakenverschluß. Um den Leib
hatte sie einen Riemen mit Bronzezweckenbesatz und Gürtelblech
geschlungen.
Die weitaus größte Grabgrube der Magdalenenbergnekropole besaß
das Frauengrab 78, das noch in anderer Hinsicht den weit überdurch-
schnittlichen Rang der Toten demonstrierte.[25] Der 5 auf 3 m große
Grabschacht war mit einer mehrere Tonnen schweren Steinpackung
gefüllt. Die Kammer selbst zeigte eine Größe von 3,8 auf 1,65 m und
bildete damit die geräumigste Holzkammer des Begräbnisplatzes,
abgesehen vom Zentralgrab. Auch in diesem Falle lagen die Arme
wieder weit abgespreizt vom Oberkörper. Zudem bestätigte die exakt
meßbare Gürtellänge von 1,2 m den beträchtlichen Leibesumfang der
Bestatteten. Galt vielleicht die Korpulenz der Frauen als Schönheits-
ideal der frühen Kelten?
Die Verstorbene trug am Kopf zwei kleine Haarnadeln und an den
Schläfen je einen Satz Zierringe. Um die Unterarme waren Tonnenarmbänder aus Sapropelit von jeweils 17 cm Höhe gelegt, dazu je ein
verzierter, rundstabiger Bronzearmring. Man hatte sie mit einem 9 cm
breiten Lederriemen gegürtet, der mit etwa 6500 bis 7000 winzigen
Bronzeagraffen besetzt war. Das fast 40 cm lange Gürtelblech zeigte
eine exzeptionelle Punzmusterung mit osthallstättischen Motiven. Zu
Füßen des Leichnams standen zwei in Alb-Hegau-Tradition verzierte

Kegelhalsgefäße sowie zwei zugehörige Schöpfschälchen. Neben diesen Tongefäßen fanden sich – außerhalb der Trachtlage – noch insgesamt sechs Bronzenadeln. Offenbar hatte man hier zusätzliche Kleiderbündel deponiert, die mit diesen feinen, hübsch verzierten Nadeln zusammengesteckt waren. Hebt sich die Bestattete schon mit ihrer einzigartigen Ausstattung vom üblichen Standard ab, so wird ihre vornehme Stellung noch durch einen Akt der Totenfolge nachdrück-

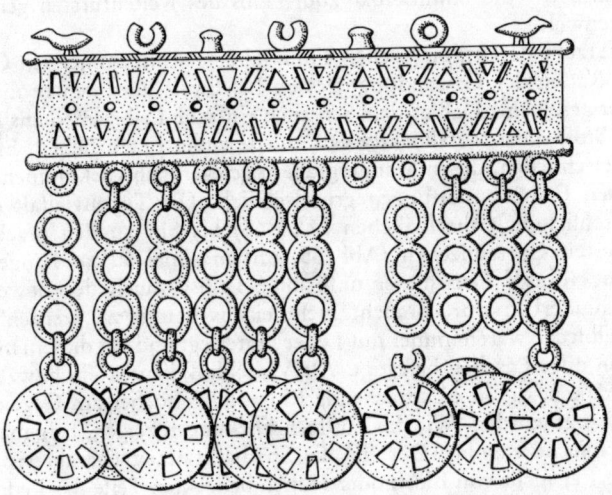

*Abb. 64.* Bronzenes Ziergehänge aus einem Grabhügel von den Moidons Sepois bei Ivory, Arr. Lons-le-Saunier, Dep. Jura (nach G. Wamser 1975). Breite 23 cm.

lich unterstrichen. Über der Steinpackung kam im Grabschacht das Skelett eines Mädchens bzw. einer jungen Frau in der schlichten Tracht der einfachen Bevölkerung zutage. An Beigaben fanden sich nur zwei Ohrringe, eine Haarnadel und ein 3 cm schmaler, bronzezweckenbesetzter Gürtel. Die somit deutlich als ärmer, mithin rangniedriger gekennzeichnete Tote war vermutlich die Zofe der unter ihr bestatteten, vornehmen Dame (sog. Etagengrab) und ging freiwillig oder gezwungenermaßen mit ihr in den Tod. Die eng an den Körper gelegten Arme deuten im Gegensatz zu ihrer stattlichen Herrin auf eine schlanke Gestalt hin.

Die beiden Bestattungen vom Magdalenenberg, die hier als Beispiele reicher Frauengräber vorgestellt wurden, sind fraglos als Grablegen einer oberen, wenn nicht sogar der höchsten sozialen Schicht aufzufassen. Möglicherweise repräsentieren sie mit dem ausgefallenen Schmuckbesitz – neben Bernsteinkollier und ungewöhnlichem Gürtelblech[26] vor allem die pompöse Armzier wie auch in einem Fall die Totenfolge – die unmittelbar zum Haus des Keltenfürsten gehörige Damenwelt.

Zur Tracht der frühkeltischen Frau gehörte wohl immer ein Gürtel zum Raffen der Gewandung, dessen Nachweis über den bronzenen Zierat geschieht. Daß es daneben auch einfache Leibriemen aus Leder oder Stoff ohne Metallbesatz gab, dürfte außer Frage stehen. Eiserne Gürtelschließen, die in Männergräbern gelegentlich vorkommen, fehlen den Frauenbestattungen grundsätzlich. Die Typenvielfalt reicht von schlichten Gürtelhäkchen (Abb. 66) bis hin zu den prachtvoll verzierten Gürtelblechen (Abb. 65) mit maximal 60 cm Länge und 20 cm Höhe.[27] Daß dieser unförmige Leibschmuck der Bewegung eher hinderlich war, braucht nicht eigens betont zu werden. Die Gürtelbleche waren immer mit Leder hinterlegt und auf diesem mittels Nieten oder Laschen befestigt. Als Verschluß dienten ein bzw. mehrere Haken, die in entsprechende Ringe oder Löcher am Gegenende eingehängt wurden. Wie die häufigen Flickungen zeigen, trug man die Gürtelbleche ständig. Der für die Späthallstattzeit charakteristische Besatz der nicht von Blech oder Haken bedeckten Teile des Lederriemens mit oft Tausenden von dicht an dicht gesetzten Zwecken verlieh dem Leibgurt ein prachtvolles, goldglänzendes Aussehen.

Als weiterer Hüftschmuck sind große Bronzeringe (Ausnahme: ein eiserner Leibring zusammen mit einem bronzenen von Mauenheim) anzuführen, die in Südwestdeutschland mit einigen Exemplaren belegt sind, in der Schweiz und in Ostfrankreich hingegen zu fehlen scheinen. Sie wurden einzeln oder paarweise sozusagen als Ersatz für die mit Zierblechen versehenen Gürtel getragen und kennzeichnen eine Modeerscheinung der Spätphase (Ha D 2). Noch jünger sind die bronzenen Gürtelketten aus beringten Stangengliedern[28] (Ha D 3). Ihre Hauptverbreitung reicht vom Bodensee über die Südwestalb bis in das mittlere Neckarland. Ausläufer dieser Trachteigentümlichkeit, die ebenfalls dem südwestdeutschen Raum verhaftet ist, finden sich vereinzelt bis Worms und Hallstatt, wo sie freilich nicht mehr als

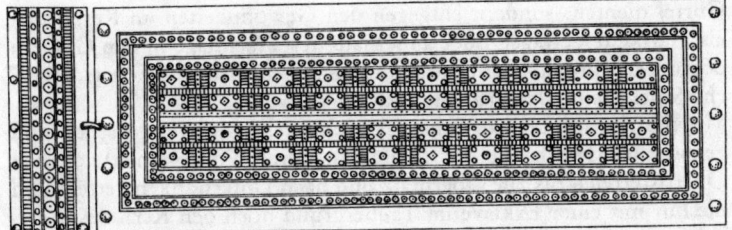

*Abb. 65.* Teilweise ergänztes, bronzenes, punzverziertes Gürtelblech aus einem Grabhügel von Harthouse, Arr. Haguenau, Dep. Bas-Rhin (nach NORMAND 1973). Länge etwa 47 cm.

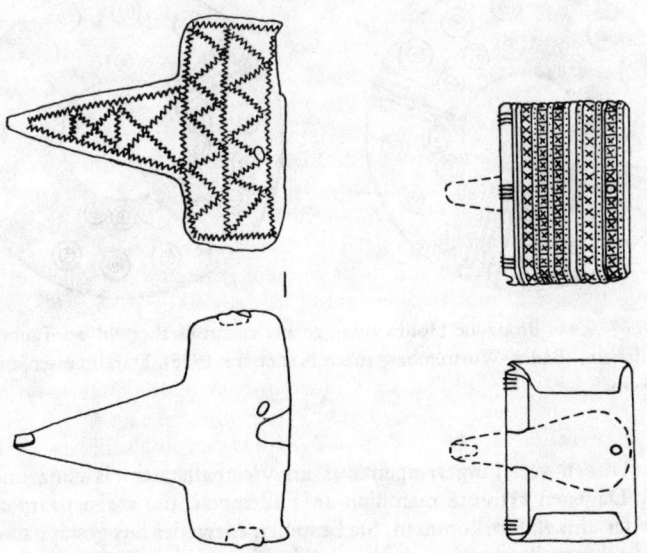

*Abb. 66.* Bronzene Gürtelhaken mit Verzierung in Tremolierstich- bzw. Gravurtechnik aus Grabhügeln von Camp de Mine bei Amancy, Arr. Besançon, Dep. Jura (nach G. WAMSER 1975). Breite 6,3 bzw. 4,8 cm.

Gürtel dienten, sondern entgegen den Gewohnheiten im Kerngebiet als Halskette getragen oder außerhalb der Trachtlage in den Gräbern deponiert wurden, meist zusammen mit Beigaben, die bereits deutliche Stilelemente der Frühlatènekultur aufweisen.

Mit die eigentümlichste Schmucktracht stellen jene gegossenen und getriebenen Hohlringe dar (Abb. 67), deren Vorkommen sich von Oberösterreich bis zur Oberpfalz und nach Unterfranken verteilt und die nur mit einer Exklave im Taubergrund noch den Kern des Westhallstattkreises erreichen.[29] Trotz ihrer Größe – sie haben Durchmesser bis 20 cm und bis 1 kg Gewicht – handelt es sich um eine Gürtelzier, da sie in Gräbern stets paarig im Becken- bzw. Hüftbereich lagen. Daß den »bombastischen« Hohlwulstringen darüber hinaus auch ein gewisser Status- und Symbolwert zukam, soll damit nicht abgestritten werden.

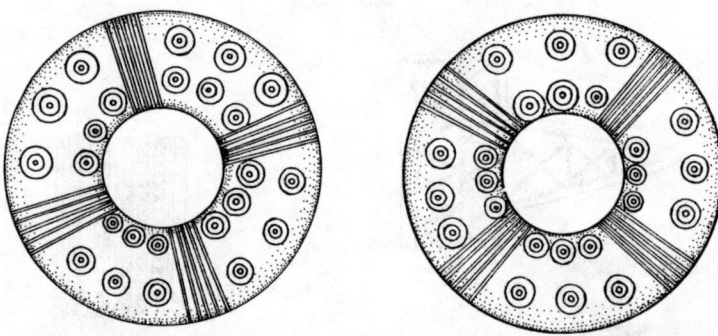

*Abb. 67.* Zwei bronzene Hohlwulstringe aus einem Gräberfeld bei Tauberbischofsheim, Baden-Württemberg (nach NELLISSEN 1975). Durchmesser jeweils 10,3 cm.

Das Tragen von Fingerringen war im Westhallstattkreis ganz unüblich. Dagegen erfreute man sich an Fußringen, die meist paarweise, seltener einzeln vorkommen. Sie bestehen entweder aus geschlossenen rundstabigen Bronzeringen oder sind hohl gearbeitet. Verzierte Exemplare fehlen.

Damit sind die wichtigsten Trachtbestandteile der frühkeltischen Frau, teilweise auch vor ihrem sozialen Hintergrund, kurz beleuchtet. Nicht alles, was die Frau zierte, konnte bis in Einzelheiten aufgezählt werden. Namentlich der variantenreiche Anhängerschmuck blieb etwas vernachlässigt, doch wird manches noch im Rahmen der Amulettbeigaben (siehe Kap. 10) zur Sprache kommen. Die Betrachtung lehrt, daß im Grunde keine Trachtausstattung der anderen gleicht, nicht einmal innerhalb eines geschlossenen Gräberfeldes oder eines einzelnen Grabhügels. Jede Frau wollte durch etwas besonders Auffälliges, Seltenes oder Kostbares hervorstechen, jedenfalls soweit es ihre persönlichen Vermögensverhältnisse (bzw. die ihres Mannes) erlaubten und die Gebräuche gestatteten: Kein Unterschied zu heute! Die Frau in der frühkeltischen Gesellschaft war Individuum und begriff sich als solches. Sie brachte dies – für uns archäologisch einwandfrei ablesbar – durch eine immer individuell ausgeprägte Schmucktracht zum Ausdruck. Die vornehme Dame besaß kostbares Geschmeide; ihr stand ebenso eine Dienerschaft zur Verfügung, die ihr die groben Arbeiten abnehmen mußte. Man kann sie sich gut als Herrin eines gediegenen Hausstandes vorstellen. Gleichwohl ordnete sie sich – gemessen am Bestattungsaufwand – dem Mann unter. Denn in den extrem reichen Gräbern ruhen die Herren der Schöpfung als Besitzer der wirtschaftlichen und politischen Macht innerhalb der gesellschaftlichen Ordnung der Stammesverbände.

## Tracht und Bewaffnung des Mannes

Der Rekonstruktion der Männertracht[30] liegen generell die gleichen Probleme zugrunde wie der Darstellung der Frauentracht. Da bildliche Vorlagen fehlen, geben allein die Grabfunde – mit den nötigen Einschränkungen – Auskunft.
Zur Kleidung zählt die Kopfbedeckung. Ein entsprechender Fund im Fürstengrab von Hochdorf wie auch der Krieger von Hirschlanden (Abb. 25) zeigen an, daß zumindest in Adelskreisen ein flachkonischer Hut aus Birkenrinde (Durchmesser etwa 40 cm) getragen wurde. Spärliche Textilreste vom Hohmichele[31] deuten darauf hin, daß sich der Mann in hosenähnliche Beinkleider, in einen gegürteten Kittel und darüber wohl – je nach Jahreszeit – in einen warmen Mantel hüllte. Wieder nur durch den bislang einzigen Nachweis von Hochdorf läßt sich der Schnabelschuh, also ein Stiefel mit niedrigem Schaft und hochgezogener Spitze, belegen.[32] Die Oberkleidung wurde durch Nadeln und Fibeln gesichert.

Mit Gewißheit läßt sich zur Haarpflege nur sagen, daß sich die Männer den Bart schabten. Rasiermesser und Toilettenbesteck gehören zu den geläufigen Beigaben in Männergräbern.

Im Vergleich zur Ausstattung der Frau ist die Schmucktracht des Mannes eher bescheiden. Einzeln getragene Ohrringe aus Gold oder Bronze kommen gelegentlich vor. Wichtig ist vor allem der Halsreif, der in den Fürstengräbern aus Gold besteht und der das herausragende Statussymbol des frühkeltischen Männeradels bildet. In weniger aufwendigen Bestattungen finden sich auch Halsringe aus Bronze. Solche aus Eisen beschränken sich zur Zeit auf zwei Beispiele (Magdalenenberg – Nachbestattung 94[33] und Hohmichele – Wagengrab VI[34]). Allgemein ist aber die Halsringmode bei Männern nur gering verbreitet und hebt den Betreffenden allemal aus dem Kreis seiner Zeitgenossen hervor. Gleiches gilt für den Armschmuck, der aber im Gegensatz zur Frauentracht von den Männern stets nur an *einem* Handgelenk oder an *einem* Oberarm getragen wird. Der soziale Rang kennzeichnet sich, wie nicht anders zu erwarten, am Material: Die Fürsten besitzen Armbänder aus Gold, die Angehörigen der niederen Schichten solche aus Bronze. Die Gürtelzier besteht aus meist unverzierten, bronzenen oder eisernen Blechen bzw. Haken. Am Magdalenenberg ließ sich eine interessante Differenzierung treffen. Die Männer mit einem eisernen Gürtelhaken pflegten ihr Obergewand mit einer Nadel, diejenigen mit einem Bronzegürtelblech mit einer Fibel zu schließen. Möglicherweise drückt sich darin ein zeitlich bedingter Modewechsel aus: Die Nadelträger könnten einer älteren Generation angehören, die Fibelbesitzer der nächstjüngeren. Damit ist schon das Wichtigste beisammen, was die Grabfunde derzeit zur Männertracht im Westhallstattkreis aussagen können.

Sehr viel mehr Beachtung widmete indes die Forschung seit jeher der Bewaffnung des frühkeltischen Mannes. Gleichwohl sind gerade auf diesem Gebiet die Beobachtungsmöglichkeiten höchst eingegrenzt. Grund dafür ist der Filter des Bestattungsritus, der es den Männern nur in bestimmten Fällen gestattete, ihre Kampfesbewaffnung mit ins Grab zu nehmen. Sehen wir von dem unsicheren Befund im Hohmichele ab, wo möglicherweise ein Rundschild vor der Südwand der Zentralkammer niedergelegt wurde,[35] so kennen wir keine einzige Schutzwaffe der späten Hallstattzeit aus unserem Arbeitsgebiet. Obwohl Helme, Schilde, Brustpanzer und Beinschienen seit der Urnenfelderzeit in Mitteleuropa gebräuchlich sind und späterhin im Ostkreis der Hallstattkultur regelhaft zur Bewaffnung der Nobilitas zählen, fehlen einstweilen alle diesbezüglichen Belege im Westhallstattkreis. Es ist kaum glaublich, daß die frühen Kelten, insbesondere die Fürsten, auf solche repräsentativen Schutzwaffen verzichteten, weshalb der mangelnde Fundbestand nur mit einer Überlieferungslücke zu erklären ist.

Die häufigste Waffenbeigabe bildet die Lanze, die freilich nur in etwa 10 % aller Männergräber auftritt.[36] Meist wird ein Exemplar mit ins Grab gelegt, etwas weniger oft zwei Stücke (Abb. 19); sehr selten ist die Beigabe von drei Lanzen. Im Kampf wie auf der Jagd werden die Lanzen zum Wurf oder zum Stoß benutzt. Mit sehr langen Lanzenblättern kann man auch hauen und Angriffe parieren. Man hat versucht, aufgrund der unterschiedlichen Form der eisernen Spitzen zwischen Speer (Wurf) bzw. Lanze und Spieß (Stoß) zu unterscheiden, was nicht überzeugend gelungen ist. Im Schnitt mißt die Länge der Spitzen zwischen 20 und 40 cm. Das Blatt kann unabhängig von der Länge sehr breit bis ganz schmal sein. Es gibt Beispiele mit bis zu einem halben Meter Länge und darüber (max. 65 cm), aber auch solche, die wegen ihrer Kleinheit nur durch die

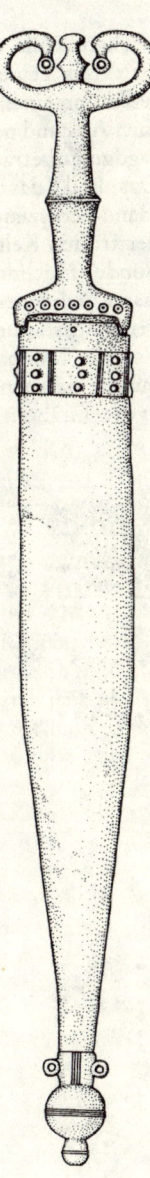

*Abb. 68.* Antennendolch; Griff und Scheide aus Bronze, Klinge aus Eisen; gefunden in einer Nachbestattung der Grabhügelgruppe im Gießübel-Talhau bei der Heuneburg, Herbertingen-Hundersingen, Kr. Sigmaringen, Baden-Württemberg (nach ZÜRN 1970). Länge 42,5 cm.

stärkere Tülle von den Pfeilspitzen zu trennen sind. Da im Westhallstattkreis keine Normierung der Typen festzustellen ist, wird man
wohl von einer speziellen funktionalen Zuweisung der einzelnen Formen Abstand nehmen müssen und die Lanze als Allzweckwaffe wie als
Jagdgerät betrachten wollen.

Das Beil, das in vielen Kulturen sowohl als Waffe wie auch als
Handwerkszeug von eminenter Bedeutung ist, spielte im Grabbrauch
der frühen Kelten überhaupt keine Rolle. Die wenigen einschlägigen
Funde (Hochdorf, Gießübel 1, La Butte, Grafenbühl, ev. Savoyeux)
lassen sich an einer Hand abzählen und sind zudem regelmäßig an die
Prunkausstattungen der Fürstengräber gebunden.

Von der Kampf- und Jagdausrüstung mit Pfeil und Bogen sind immer
nur die eisernen bzw. bronzenen Pfeilköpfe erhalten. Diese finden sich
in den Gräbern einzeln bis hin zu ganzen Köcherfüllungen (Abb. 69).

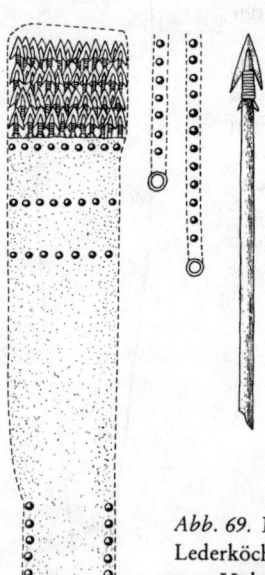

*Abb. 69.* Mit bronzenen Hohlbuckelzwingen beschlagener
Lederköcher und dessen Aufhängevorrichtung aus Grab VI
vom Hohmichele bei Altheim-Heiligkreuztal, Kr. Biberach,
Baden-Württemberg. Die etwa 49 cm langen Weidenholz-
Pfeile besaßen eiserne Spitzen mit doppelten Widerhaken-
paaren. Insgesamt enthielt der 60 cm lange Köcher 51 Pfeile
(nach RIEK/HUNDT 1962).

Sicher ist der bekannte Fundanteil nicht verbindlich, da die kleinen Eisenspitzen bei Ausgrabungen wohl oft übersehen wurden, wenn sie nicht schon völlig verrottet waren. Dennoch stellt der Bogenschütze – wenigstens im Bestattungsbrauch – eine Ausnahme dar. An Häufigkeit liegt die Beigabe von Bogen und Köcher jedenfalls weit hinter den Lanzen.

Noch seltener ist die Mitgabe eines Schwertes (Länge mit Griff über 60 cm). Selbst wenn man Kurzschwerter mit Längen um 40 bis 50 cm hinzuzählt, lassen sich im Westhallstattkreis nur 13 Beispiele benennen (Abb. 70).

Nicht zu den eigentlichen Waffen können die bezeichnenden Späthallstattdolche gerechnet werden (Abb. 45 und 68). Sie liegen mit etwa 140 Exemplaren aus dem Arbeitsgebiet vor, d. h., nicht einmal jeder zwanzigste Mann wurde mit einem Dolch bestattet. Die frühkeltischen Dolche gehören zu den Meisterleistungen der vorgeschichtlichen Metallhandwerker. Sie wurden stets mit bemerkenswertem Arbeitsaufwand hergestellt und oft kunstvoll verziert. Kein Stück gleicht dem anderen. Ihre Untauglichkeit für eine kriegerische Auseinandersetzung steht außer Frage. Die Forschung ist sich darin einig, daß den zierlichen Hallstattdolchen ausschließlich ein Wert als Statussymbol zukommt. Auch vom sonstigen Bestattungsmuster her heben sich die Dolchgräber durchweg von den übrigen Grablegen in den Nekropolen ab.

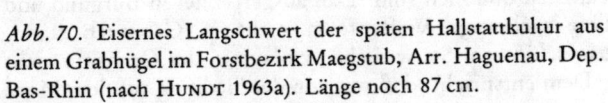

*Abb. 70.* Eisernes Langschwert der späten Hallstattkultur aus einem Grabhügel im Forstbezirk Maegstub, Arr. Haguenau, Dep. Bas-Rhin (nach HUNDT 1963a). Länge noch 87 cm.

Die Zusammenschau der frühkeltischen Bewaffnung, soweit die Grabfunde entsprechende Beiträge liefern, hat nur ein mageres Ergebnis
gebracht. Deutlich wird, daß die Waffenbeigaben allein keineswegs die
Norm der tatsächlichen Waffenausrüstung widerspiegeln, wollen wir
nicht auf eine ungewöhnlich friedfertige Gesinnung der Bevölkerung
im Westhallstattkreis schließen. Daß dem nicht so war, dafür reden die
Zerstörungshorizonte auf der Heuneburg eine nur zu deutliche Sprache. Und in der Tat fand man bei den Ausgrabungen auf diesem
schicksalsträchtigen Bollwerk zahlreiche eiförmige Schleudersteine
und bolzenartige Geschoßspitzen[37], die eine realistische Vorstellung
von der damaligen Kampftechnik vermitteln. Die archäologisch sonst
kaum nachweisbare Schleuder (David und Goliath!) wie auch der
harte, kurzgespannte Bogen zum Bolzenschuß bildeten demnach die
wirkungsvollen Fernwaffen. Ohnedies muß man damit rechnen, daß
neben metallenen Waffen auch Wehrgerät aus organischen Materialien
eingesetzt wurde. Man denke etwa an Holzkeulen, Holz-, Leder- oder
Flechtschilde, derbe Leder- oder Filzkappen als Kopfschutz und
anderes mehr.
Doch damit allein läßt sich der Gesamtbefund nicht erklären. Vor
allem die fehlende Schwertbeigabe, die in der frühen Hallstattzeit
(Ha C) wie auch in der folgenden Latènekultur den vornehmen Krieger auszeichnet, gibt zu denken. Daß diese wichtige Nahkampfwaffe
nicht völlig unbekannt war und für 200 Jahre unversehens außer
Gebrauch kam, beweisen zumindest die wenigen Schwertfunde. Und
daß den beiden Münsinger Männern der Schädel mit dem Schwert
gespalten wurde,[38] steht gleichfalls außer Frage. Schließlich gemahnt
auch die Darstellung von Schwerttänzern auf der Rückenlehne der
Kline von Hochdorf[39] an die Existenz dieser Langwaffe, ebenso wie an
die von Schilden. Wir müssen uns folglich mit der Feststellung begnügen, daß der wirkliche Waffenbesitz und die Waffenbeigabe im Grab
nicht miteinander korrespondieren. Da der Mann dem funeralen Ritus
entsprechend Waffen nur in Einzelfällen und dann auch hauptsächlich
nur als Würdezeichen mit ins Grab bekam, ist eine typisch frühkeltische Bewaffnung nicht herauszuarbeiten.
Wie sehr die Fundartbedingungen das Bild verschleiern, veranschaulicht etwa die Tatsache, daß Lanzenspitzen als Grabbeigabe in Ostfrankreich gänzlich unüblich sind. Daß ausgerechnet in Burgund und
im Jura diese vielseitige Waffenform nicht in Gebrauch stand,
erscheint ausgeschlossen. Sie war eben einfach in der Grabsitte nicht
vorgesehen. Dem entspricht, daß wir von der Siedlung auf dem Mont

Lassois gleich mehrere Lanzenspitzen kennen.[40] Zudem kamen auf
diesem Fürstensitz, der sicher auch manchen Sturm über sich ergehen
lassen mußte, eine Reihe von tönernen Schleudergeschossen (etwa 30 g
Gewicht pro Stück) zutage.[41]
Eine für den Westhallstattkreis ganz außergewöhnliche Fundstatistik
weisen die Dolche in der Schweiz auf. Von den insgesamt 16 Beispielen stammen allein sieben aus Gewässern. Letztere folgten also nicht
etwa den Toten ins Grab, sondern wurden anscheinend von ihren
Besitzern selbst dem Neuenburger See, der Zihl und der Rhône
geweiht, auf daß sie ihnen als eine Art Selbstausstattung im Jenseits zur
Verfügung stünden.
Die beiden geschilderten Fälle schaffen hinreichend Klarheit, daß wir
in den Lanzengräbern nicht *den* Lanzenträger und in den Dolchgrä-
bern nicht *den* Dolchträger schlechthin fassen, sondern lediglich einzelne Personen, die durch eine spezielle Beigabe für das Leben nach
dem Tode besonders hervorgehoben und vor den übrigen Waffenträ-
gern ausgezeichnet wurden. Somit ist es unmöglich, anhand der
Grabausstattung Rückschlüsse auf den Umfang des Waffenbesitzes,
auf die Art und Menge der Schutz- und Trutzwaffen bzw. auf die
Kampftechnik zu ziehen.

## Die Ausstattung der Kinder

Kinder unterliegen als unzeitige Tote gesonderten Bestattungsregeln,
weshalb es fast noch schwieriger ist, eine Vorstellung von ihrer Tracht
zu gewinnen, als bei den Erwachsenen.
Perinatale Todesfälle fanden nur selten Aufnahme in den regulären
Friedhöfen. Fehl- oder Totgeburten sowie im Säuglingsalter verstorbene Kinder begrub man meist ohne großen Aufwand. Auf der
Heuneburg kamen wenigstens acht Kleinkinderskelette in den Siedlungsschichten, mehr verscharrt denn beerdigt, zutage.[42] Insofern
bildet das Embryograb 53/6–1 vom Grabhügelfeld Singen-Rußäcker
im Hegau einen Sonderfall. Die Skelettreste der Fehlgeburt ruhten in
einer 0,9 m tiefen Grube unter einer Phonolithplatte mit auffallend
vielen Beigaben: ein Fußring von 12,8 cm Durchmesser, ein bronzener
Körbchenanhänger mit Kreisaugenverzierung und eingesetzten Korallenstiften, dabei Leinsamenkörner, die Hälfte eines Sapropelit-Arm-
ringes von 11 cm Durchmesser, eine Bernsteinperle, zwei Wildschweinhauer, der kleinere als Anhänger gelocht, ein Hohlhalsring

von 15 cm Durchmesser und ein großes punzverziertes Gürtelblech. Dieses Ensemble setzt sich aus zwei Kategorien zusammen. Einmal handelt es sich um Teile der Schmuckausstattung einer erwachsenen Frau (Halsring, Arm- und Fußring, Gürtelblech); das übrige fällt unter den Begriff Amulette, mithin Gegenstände, die sich einer profanen Nutzung entziehen. Vielmehr stellen sie seit jeher, vor allem im volkskundlichen Bereich, Mittel zur Abwehr von Krankheiten, des bösen Blicks, von übelwollenden Geistern und anderen Unheils dar. Solche Sammelsurien von apotropäischen Gütern liegen recht häufig gerade in Gräbern von Kindern, die wohl eines besonderen Schutzes bedurften.

Im übrigen orientiert sich die Kindertracht an der der Erwachsenen, wenngleich gewisse Unterschiede deutlich werden. So existieren beispielsweise keine Fürstengräber mit im Kindes- oder Jugendalter verstorbenen Personen. Auch gab man herausragende Beigaben, denen ein Statuswert beizumessen ist, niemals den jung Gestorbenen mit ins Grab. Goldschmuck, Blechgeschirr, Waffen oder Wagen waren immer nur Attribute der Erwachsenen. Offensichtlich traten die Kinder, auch die des Adels, erst nach der Geschlechtsreife in Rang und Rechte der Hierarchie ein. Selbst aufwendigere Trachtutensilien wie etwa die Tonnenarmbänder aus Bronze oder Sapropelit fehlen in Kindergräbern.

Die Trachtausstattung ist durchweg schlicht. Drei Kategorien lassen sich sondern. Es gibt Schmuckbeigaben, die von vornherein in Kindergröße hergestellt wurden. Dann solche, bei denen man normale Utensilien auf Kindergröße zurechtbog. Und schließlich finden sich nicht selten Ausstattungsgegenstände, die für Erwachsene bestimmt waren, aber Kindern ins Grab gelegt wurden. Es fragt sich daher, ob Kinder überhaupt in vollem Umfang besitzberechtigt waren. Eher drängt sich der Eindruck auf, als sei für die Ausrichtung eines Kinderbegräbnisses das Beigabeninventar überwiegend erst eigens zusammengestellt worden.

Einige Beispiele mögen dies veranschaulichen. In der nur 0,3 auf 0,7 m großen Grabgrube des Hügels 8 von Tailfingen bei Böblingen fand man ein Kinderskelett, angetan mit zwei Fußringen, einem großen Eisenring und einer Kahnfibel von nur 9 mm Länge, sowie drei Feuersteinartefakte und ein tönernes Idol in Menschenform.[43] Bemerkenswerterweise hatte das Kind einen eigenen Grabhügel – ohne weitere Nachbestattungen – bekommen, was an sich ganz unüblich ist. Fußringe und Eisenring gehören zur Erwachsenentracht; die Fußringe zur Frau, der Eisenring eher zum Mann. Das winzige Fibelchen ist speziell für das Kind gefertigt worden. Der Beigabenrest trägt Amulettcharakter. Das Geschlecht des Kindes ist wegen des Fußringpaares wohl als weiblich zu bestimmen.

Das Kind in Grab 42 vom Magdalenenberg führte zwei Bogenfibeln von je 15 cm Länge sowie einen Hohlhalsring von 16 cm Durchmesser als Trachtausstattung bei sich. Die beiden sehr großen Fibeln gehören üblicherweise zur Ausrüstung des erwachsenen Mannes, der *Hohlhalsring* aus Bronze zu der der Frau. Als Rarität ist eine kleine Goldspirale, am Hals liegend, zu bezeichnen – der einzige Goldfund aus der 127 Gräber umfassenden Nekropole! Diesem wurde wohl eine hoch eingeschätzte, apotropäische Kraft zuerkannt. Bei der Bestattung dürfte es sich wegen der Männerfibeln um ein Knabenbegräbnis gehandelt haben.[44]

Ganz anders dagegen die Mädchenausstattung aus dem Doppelgrab 93 vom selben Fundplatz (Abb. 19).[45] Das Kind trug zwei Ohrringe von 2 cm Durchmesser, zwei Bronzearmringe von 4 cm Durchmesser, die aus größeren auf Kinderformat zurechtgebogen waren, und zwei geschlossene Fußringe, die mit 5 cm lichter Weite von vornherein für den Kinderfuß gegossen wurden. Amulettbeigaben fehlten. Mit Ohr-, Arm- und Fußschmuck besaß das Mädchen eine typisch weibliche Tracht, die zwar der Kindergröße angepaßt war, in dieser Zusammenstellung aber auch bei Erwachsenen auftaucht. Das Fehlen unheilwehrender Gegenstände ist möglicherweise damit zu erklären, daß das Mädchen nicht »unzeitig« starb. Es wurde wohl in voller Absicht getötet, um den erwachsenen Lanzenkrieger als Totenopfer zu begleiten.

Den Beobachtungen zur Kindertracht in Südwestdeutschland entsprechen die Verhältnisse in Ostfrankreich. So barg der große Hügel von Larry insgesamt 29 Gräber, darunter drei Kinderbestattungen.[46] Einige der Toten, von denen über die Hälfte beigabenlos war, ruhten so dicht nebeneinander, daß mit Mehrfachbestattungen zu rechnen ist; doch läßt sich dies mangels vorgelegter Gräberpläne nicht entscheiden. Die Erwachsenen besitzen – wenn überhaupt – die schlichte Tracht der bäuerlichen Bevölkerung in der Côte-d'Or mit Fibeln, Armringen und einem schönen Halsring für die vornehmste Tote. Alle Gräber datieren in die Schlußphase der Hallstattkultur (Ha D 3).

Bei dem etwa zehnjährigen Kind aus Grab 2 fanden sich auf dem Kopf eine Eisenfibel und eine weitere – außerhalb der Trachtlage – auf dem Knie. Seine beiden feingerippten Armringe, die übrigens stark abgewetzt waren, hatte man auf Kindergröße zusammengebogen. Sie waren demnach vorher schon längere Zeit von jemand anderem getragen worden. Das Kind aus Grab 12 besaß nur einen kleinen drahtförmigen Armring. Offensichtlich war es gemeinsam mit einer erwachsenen Frau bestattet. Bei dem einzeln beerdigten Kind in Grab 18 lagen neben einem eisernen Fibelfragment eine halbe blaue Glasperle und eine Bernsteinperle als bezeichnende Amulettbeigaben.

Man könnte die Reihe auffälliger Sonderbestattungen für Kinder noch weiter fortführen, doch lassen wir es mit einem einschlägigen Befund aus der Schweiz bewenden. Der Grabhügel II von Jaberg im Kanton Bern enthielt eine zentrale Dreierbestattung. Zu Füßen eines kindlichen und eines erwachsenen Skelettes, die parallel nebeneinander aufgebahrt waren, stand eine tönerne Urne mit dem Leichenbrand eines dritten Toten. Das eine Gerippe trug nur einen schlichten Armring als Schmucktracht des Mannes. Das andere hingegen besaß einen Halsring normaler Größe, einen Kinderarmring von nur 5 cm Durchmesser, drei Fibeln (Ha D 3) und drei Haarnadeln sowie einen reichen Amulettsatz, bestehend aus zwei blauen Glasperlen, einer Bronzeperle, einem Körbchenanhänger, einem kleinen Bronzestift mit Öse und zwei Bronzeringlein.[47]

Will man aus den geschilderten Beobachtungen ein Bild der frühkeltischen Kindertracht ableiten, so kommt man zu dem Schluß, daß die Knaben nur in den seltensten Fällen eine Schmuckzier trugen. Den Mädchen legte man öfters einfache Bronzeringe an Ohr, um Hals, Handgelenke und Waden an. Ob die vielfältigen Amulette den Kindern als besonders schutzbedürftigen Wesen schon zu Lebzeiten gegeben oder erst beim Todesfall zusammengestellt wurden, ist unklar.[48] Die Beigabe von Erwachsenenschmuck in Kindergräbern ist wiederum ein sicheres Indiz dafür, daß zumindest Teile der Beigabenausstattung erst anläßlich des Begräbnisses gespendet wurden.

## Die Fibeln

Fibeln sind nach dem Prinzip unserer Sicherheitsnadeln konstruierte Gewandhaften (Abb. 71–77). Sie zerfallen einmal in die Nadel, die durch den Stoff gesteckt wird. An diese schließt sich die Federung an, die meist durch ganz unterschiedliche Spiralwindungen bewirkt wird. Die Spiralkonstruktion verhindert zugleich das Aufrutschen der Gewandfalten auf den Bügel. Nur die Schlangenfibeln (Abb. 71,2/6;

72,2/3) besitzen keine Spiralfederung; bei ihnen wird die Spannung durch den mehrfach gewundenen Bügel erzeugt. Das Abgleiten des durchstochenen Gewebes vermied man durch Aufschieben oder Aufgießen eines kleinen Scheibchens, des sogenannten Gewandhalters, am Übergang von der Nadel zum Bügel. Der Bügel, unter dem sich die Gewandfalten bauschen, wird gern als Verzierungsträger genutzt. Auf den Bügel folgt der immer mehr oder weniger abgeknickte Fuß, der die Rille zur Aufnahme der Nadel, die Nadelrast, trägt. Der Fibelfuß endigt mit dem höchst variabel und wieder gern als Verzierungselement gestalteten Schlußstück.

Die Fibeln bestehen etwa zu gleichen Anteilen aus Bronze bzw. Eisen. Freilich pflegen unter den Fundbeständen die Bronzefibeln zu überwiegen, da die vielfach arg verrotteten Eisenfibeln häufig nicht geborgen oder konserviert werden konnten. Gelegentlich weisen Bronzefibeln auch Einzelteile aus Eisen auf. So wurden z. B. die stabförmigen Spiralstützen der Fibeln mit Armbrustkonstruktion fast immer aus Eisen gefertigt (Abb. 72,6), oder der Fußknopf einer Eisenfibel kontrastiert in Bronze. Einzigartig sind im Westhallstattkreis die beiden massiv goldenen Schlangenfibeln aus dem Adelsgrab von Hochdorf,[49] doch handelt es sich bei ihnen um Stücke, die eigens für die Funeralzeremonie hergestellt wurden. Zum Sichern seiner Kleidung benutzte der Fürst hingegen die bewährten Bronzefibeln. Kostbare Fibeln zeigen Einlagen in Koralle oder Bernstein (Abb. 72,6; 75) bzw. Auflagen aus Goldfolie (Abb. 74; 77).

Die frühkeltischen Fibeln besitzen eine durchschnittliche Länge von 4 bis 7 cm. Die kleinste Späthallstattfibel weist eine solche von 9 mm[50], die größte von 16 cm auf[51]. Fibeln gehören gleichermaßen zur Männer-, Frauen- und Kindertracht. Etwa 20 bis 30 % aller Grabfunde enthalten die oft kunstvoll und mit viel Liebe gefertigten Gewandhaften. In der Spätphase (Ha D 2/3) der Hallstattkultur wird eine Tendenz zur Mehrfibeltracht spürbar. Die größte Fibelzahl kam im Grab 18 von Hegnach bei Waiblingen mit 13 Exemplaren zum Vorschein.[52] Normalerweise treten die Fibeln indes einzeln oder paarweise auf; für die Frühphase (Ha D 1) gilt dies fast als Regel.

Alle Grabfunde, in denen die Lage der Fibeln genau dokumentiert wurde, zeigen an, daß die Gewandhaften in erster Linie zum Sichern der Oberbekleidung verwendet wurden. Man verschloß damit den blusenartigen Kittel und auch den Mantel. Neben dieser praktischen Funktion ist immer auch die Schmuckwirkung im Auge zu behalten. Vor allem bei der Mehrfibeltracht ist dies sehr wahrscheinlich, so wie

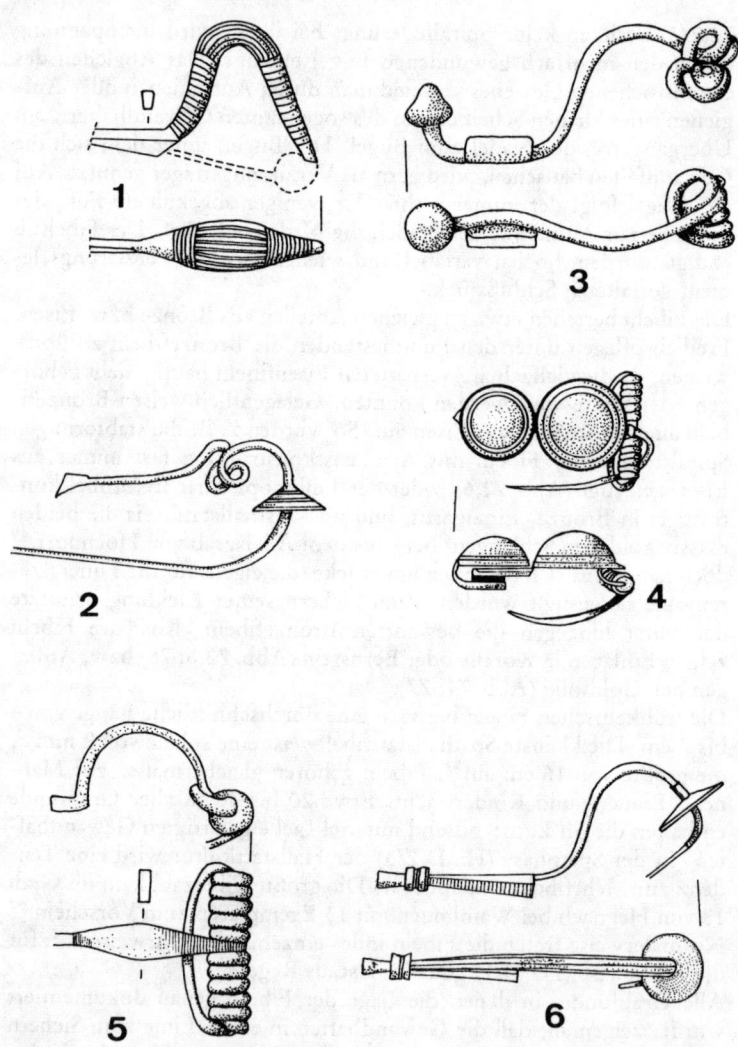

*Abb. 71.* Fibeln der späten Hallstatt- (1–2, 4–6) und frühen Latènezeit (3) vom Britzgyberg bei Illfurth, Arr. Mulhouse, Dep. Haute-Rhin; Eisen (1, 3, 5) und Bronze (2, 4, 6) (nach SCHWEITZER 1973). Länge 2,6–5,5 cm.

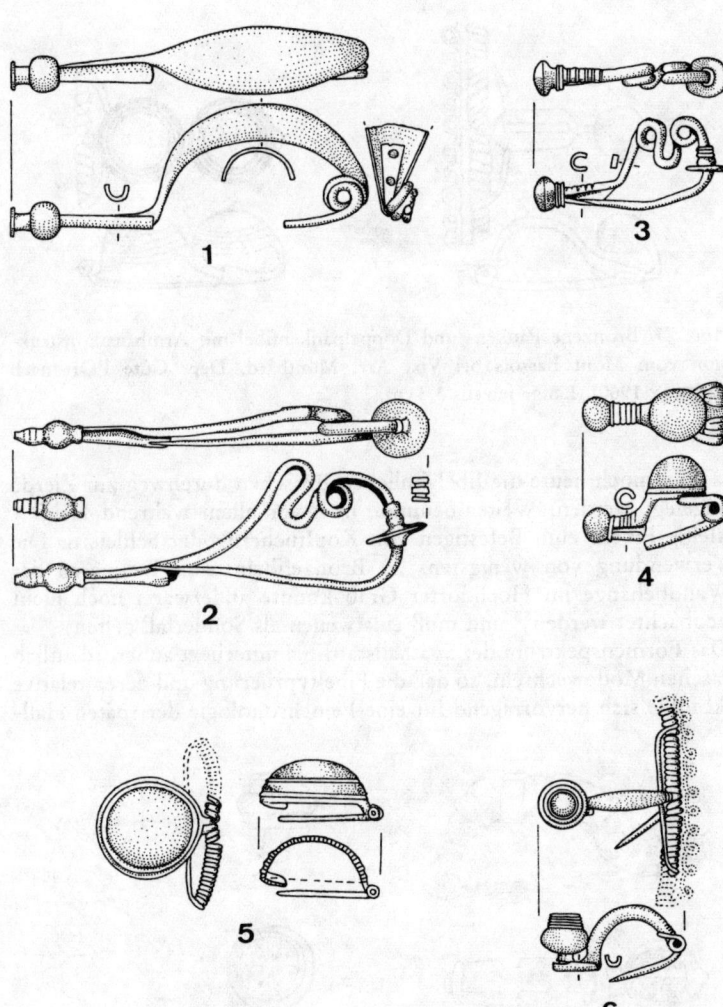

*Abb. 72.* Kahn-, Schlangen-, Pauken- und Fußzierfibeln aus Bronze von der Heuneburg bei Herbertingen-Hundersingen, Kr. Sigmaringen, Baden-Württemberg (nach MANSFELD 1973). Alle im gleichen Maßstab; Länge der Kahnfibel links oben 7,3 cm.

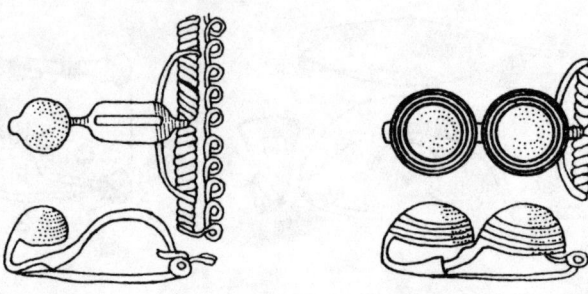

*Abb. 73.* Bronzene Pauken- und Doppelpaukenfibel mit Armbrustkonstruktion vom Mont Lassois bei Vix, Arr. Montbard, Dep. Côte-d'Or (nach JOFFROY 1960). Länge jeweils 3,3 cm.

ja auch noch heute die fibelähnlichen Broschen durchweg zur Zierde angelegt werden. Weiter benutzte man vor allem während Ha D 1 kleine Fibeln zum Befestigen von Kopftüchern oder Schleiern. Die Verwendung von wenigstens 20 Bronzefibeln zum Drapieren der Wandbehänge im Hochdorfer Grab konnte anderwärts noch nicht beobachtet werden[53] und muß einstweilen als Sonderfall gelten.

Das Formenspektrum der Späthallstattfibel unterliegt außerordentlich raschen Modewechseln, so daß die Fibeltypisierung und deren relative Abfolge sich hervorragend für eine Feinchronologie der späten Hall-

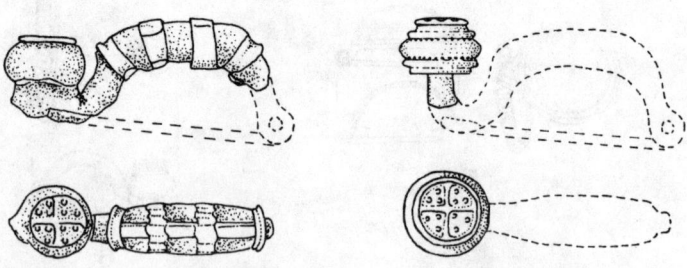

*Abb. 74.* Fragmente der beiden eisernen, mit Goldblech belegten Fußzierfibeln aus dem Fürstengrabhügel vom Grafenbühl bei Asperg, Kr. Ludwigsburg, Baden-Württemberg. Die punzverzierten Goldblechscheiben sind mit schwarzem Pech aufgeklebt (nach ZÜRN 1970). Länge des linken Stücks noch 4 cm.

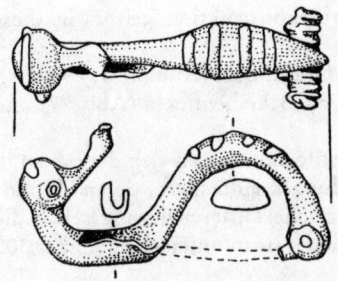
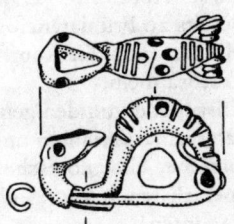

*Abb. 75.* Bronzene Vogelkopffibeln mit Armbrustkonstruktion latènoider Formgebung von der Heuneburg bei Herbertingen-Hundersingen, Kr. Sigmaringen, Baden-Württemberg (nach MANSFELD 1973). Länge 4,7 und 2,7 cm.

stattkultur eignen.[54] An ihr orientiert sich die Phasengliederung mit den jeweiligen Sachinhalten (Ha D 1, Ha D 2, Ha D 3).
Für Hallstatt D 1 gelten Schlangenfibeln (Abb. 71,2/6; 72,2/3), Bogenfibeln (Abb. 71,1) und Kahnfibeln (Abb. 72,1) als kennzeichnend.
Hallstatt D 2 wird durch Paukenfibeln (Abb. 72,4) charakterisiert.
Zur Phase Ha D 3 rechnen die Doppelpaukenfibeln (Abb. 71,4; 73 rechts), Fußzierfibeln (Abb. 72,6; 74), ebenso solche mit flachem Bügel und Fußpauke (Abb. 73 links; 76 links). Auch der überwiegende

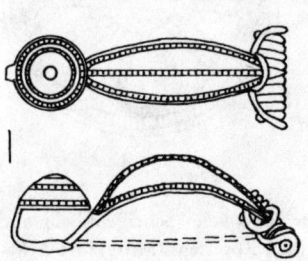
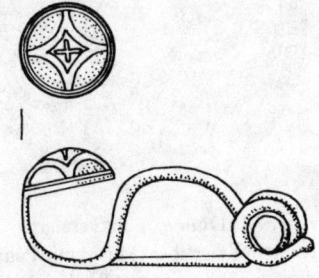

*Abb. 76.* Bronzene Fibeln mit verzierter Fußpauke im Frühlatèneschema aus Grabhügeln von Bas de Comet bei Essarois und Meulson, Arr. Montbard, Dep. Côte-d'Or (nach G. WAMSER 1975). Länge jeweils 5,2 cm.

Teil der Fibeln mit breiter Armbrustkonstruktion gehört in diese Phase (Abb. 71,5; 72,5).

Bereits zu Frühlatèneformen zählen Drahtfibeln (Abb. 71,3; 76 links), Masken- und Tierkopffibeln (Abb. 75), Scheibenfibeln (Abb. 77) und Certosafibeln.[55]

Ausgehend von den genannten Grundformen lassen sich die Fibeln in zahlreiche Varianten und Sonderbildungen auffächern, deren chronologische, chorologische und typologische Differenzierung selbst die Spezialisten in Verlegenheit bringen kann (man unterscheidet über 300 Varianten!).

Selbstverständlich sind die Fibelvorkommen nicht gleichmäßig über den Westhallstattkreis verbreitet. Einige Typen greifen weit über die Grenzen unseres Arbeitsgebietes bis nach Norddeutschland und Oberitalien hinaus. Mit der Ausweitung des keltischen Siedelraumes zur frühen Latènezeit finden sich die spezifischen Fibeln von der Atlantikküste bis in die ungarische Tiefebene verteilt. Typisiert man die Fibeln nach technologischen Merkmalen in einzelne Varianten, so erkennt man nicht selten recht kleinräumige Vorkommen, die ein Werkstattzentrum mit örtlichem Absatzgebiet markieren.

*Abb. 77.* Dünne, punzverzierte Goldblechbeläge zweier Scheibenfibeln und einer Fußzierfibel (Mitte) mit Palmetten- (links), Rosetten- (Mitte) und Arkadenmuster (rechts). Alle drei Folien waren auf Eisenunterlagen montiert, an denen jeweils die Fibelkonstruktionen befestigt waren. Aus dem Fürstengrabhügel vom Üetliberg bei Uitikon, Kt. Zürich (nach Drack 1981). Durchmesser 10, 22 und 26,5 mm.

Dies mag am Beispiel der Schlangenfibeln erläutert werden. Schlangenfibeln mit einfacher Bügelspirale (Abb. 71,2; 72,2) sind diesseits und jenseits der Alpen mit Ausläufern bis nach Mittel- und Ostdeutschland verbreitet. Vornehmlich aus chronologischen Erwägungen sucht man ihre Entstehung im Gebiet zwischen Po und Südalpen. Die Form mit doppelter Bügelspirale hingegen gibt es vornehmlich in Südwestdeutschland, im Elsaß und in der Nordschweiz mit versprengten Stücken in Nordost- und Oberbayern. Östlichster Fundpunkt ist Hallstatt.[56] Entsprechend seinem Verbreitungsschwerpunkt wurde dieser Schlangenfibeltyp sicherlich auf der Schwäbischen Alb erfunden und stellt damit eine selbständige Entwicklung der hier ansässigen frühkeltischen Stämme dar.

# Siebtes Kapitel
## Die wirtschaftliche Struktur

Ackerbau und Viehzucht bildeten die wirtschaftliche Grundlage der frühkeltischen Bevölkerung im Westhallstattkreis. Der aneignenden Wirtschaftsform, der Jagd, dem Fischfang und dem Sammeln von Wildfrüchten, kam eine zwar untergeordnete, aber dennoch nicht geringe Bedeutung als zusätzlicher Nahrungserwerb zu. Wie die Aufteilung der einzelnen Produktivkräfte innerhalb der örtlichen Gemeinschaften geschah, ist weitgehend unbekannt. Sicher wird sich der größere Teil der arbeitsfähigen Personen in der Landwirtschaft betätigt haben. Ein kleiner Teil arbeitete in der gewerblichen und handwerklichen Produktion sowie bei der Rohstoffgewinnung (z. B. Salz, Eisen). Auch mit einer gewissen Sparte an Händlern und Kaufleuten ist zu rechnen. Inwieweit die Handwerker, Gewerbetreibenden und Kaufleute ganzjährig oder nur saisonal in ihrem Metier tätig waren, ist nicht zu überblicken. Doch sind vor allem im Umkreis der Zentralsiedlungen ständig außerhalb der Landwirtschaft arbeitende Spezialisten anzunehmen.

Wichtig ist, daß insbesondere für die umfangreichen Gemeinschaftsleistungen wie Festungsbau und Grabhügelaufschüttung wesentliche Teile des Arbeitskräftepotentials dem allgemeinen Wirtschaftsprozeß entzogen wurden. Wir wissen nicht, ob solche Dienste freiwillig, aufgrund moralischer Verpflichtung oder zwangsweise geleistet wurden. Jedenfalls muß der unproduktive Einsatz an solchen Unternehmungen die Produktivität der Landwirtschaft gelegentlich erheblich beeinträchtigt haben.

Bei allen positiven Aspekten, die uns die materielle Hinterlassenschaft der späten Hallstattkultur vermittelt, ist nicht zu übersehen, daß dem größten Teil der Bevölkerung allenfalls ein bescheidenes Existenzminimum gesichert war. Normalerweise läßt sich in vor- und frühgeschichtlicher Zeit bei nur extensiv betriebenem Ackerbau und Viehzucht lediglich der Grundnahrungsbedarf erwirtschaften. Mißernten und Viehseuchen führen regelmäßig zu Hungersnöten, die in den meisten Fällen durch das Sammeln von Wildfrüchten und durch die Jagd nur höchst unzureichend behoben werden können. Zudem waren die frühen Kelten durch die Eigenarten ihrer Kulturäußerungen in einem Maße belastet, das weit über die Leistungsfähigkeit einer landwirtschaftlich strukturierten Gesellschaftsform hinausgeht.

So mußte beispielsweise für den immensen Import an Fertigerzeugnissen (Geschirr, Möbel, Schmuck u. a.) und Rohstoffen (Gold, Kupfer, Zinn, Bernstein, Koralle, Graphit u. a.) irgendein Gegenwert geboten werden. Es ist bis heute rätselhaft, was für die Gütereinfuhr im Gegenhandel geliefert wurde. Zwar werden immer wieder Produkte genannt wie etwa Sklaven, Pelze, Honig oder Wachs (für den Guß *à cire perdue*), doch fehlen dafür einstweilen jegliche Belege. Sie sind – da archäologisch nicht nachweisbar und historisch für die Mitte des 1. vorchristlichen Jahrtausends nicht überliefert – wohl auch in Zukunft nicht zu erbringen.

Eine weitere nicht zu unterschätzende Belastung bildete der Grabbrauch, der letztlich eine kontinuierliche Minderung des Sachbesitzes der Bevölkerung bewirkte. Alles das, was an Grabbeigaben für immer unter der Erde verschwand und was teilweise für die Nachlebenden sicher von höchstem Wert gewesen wäre, mußte ja irgendwie ersetzt bzw. neu erworben werden.

Auf die Beanspruchung der Arbeitskraft des einzelnen für unproduktive Leistungen wurde bereits hingewiesen.

Man sollte es deshalb nicht als Zufall betrachten, daß sich die Organisationsform und das Gesellschaftssystem des Westhallstattkreises nur einige Generationen lang halten konnte. Die tiefgreifenden bevölkerungspolitischen Umwälzungen zu Beginn der frühen Latènezeit, die zugleich auch der späthallstättischen Adelsgesellschaft ein Ende bereiteten, haben gewiß eine ihrer maßgeblichen Ursachen darin, daß die Produktivkräfte der frühkeltischen Bevölkerung über Gebühr strapaziert worden waren.

## Ackerbau

Obgleich die Agrargeschichte heute über relativ gute Unterlagen zur Entwicklung und Technik des urzeitlichen Ackerbaues in Alteuropa verfügt[1], sind die entsprechenden Zeugnisse aus unserem Arbeitsgebiet vorerst noch recht spärlich. Gleichwohl möchte ich die Ergebnisse zu diesen Fragen, die aus anderen Zeitabschnitten und in anderen Kulturgebieten gewonnen wurden, nicht vorbehaltlos auf den Westhallstattkreis übertragen. Auf diese Weise würde der tatsächliche

Forschungsstand nur verschleiert, und es käme unweigerlich zu Fehldeutungen. Es muß daher genügen, die einschlägigen Befunde anzuführen und kurz zu kommentieren. Doch auch diese vermitteln ein hinreichendes Bild über die landwirtschaftliche Betätigung der frühen Kelten.

Allein schon die dichte Aufsiedlung der Landschaften mit ertragreichen Böden stellt die Bedeutung der ackerbaulichen Nutzung der Fluren außer Diskussion. Freilich sind die Formen des Geräts (Hakken, Spaten, Haken, Pflug) weder durch Abbildungen noch durch Bodenfunde zu erläutern. Lage und Größe der Äcker entziehen sich jedem Nachweis. Auch über die Art der Felderwirtschaft (Fruchtwechsel, Brache) läßt sich nichts sagen.

Den einzigen Hinweis zur Anbautechnik liefert ein in seiner Art einzigartiger Fund. Es ist dies die sogenannte Ackerschleppe vom Magdalenenberg bei Villingen im Schwarzwald (Taf. 18).[2] Der Gegenstand besteht aus zwei vierkantig zurechtgehauenen Längshölzern von jeweils 2,2 m Länge. Die beiden Längsholme werden durch fünf Querhölzer von durchschnittlich 1,55 m Länge miteinander verbunden. Alle Enden der Querhölzer sind zu flachrechteckigen Zapfen gearbeitet, die so tief in entsprechende Zapfenlöcher der Längsholme eingelassen sind, daß die halbrund geschnitzten Enden immer seitlich etwas vorstehen. Nur die Zapfen der beiden äußeren Querholme sind gelocht und mit kleinen, vertikal eingeschlagenen Zäpfchen gesichert. Die aus Fichtenstämmen gefertigte Ackerschleppe zeigte keine Gebrauchsspuren; sie gelangte sozusagen werkstattfrisch in den Boden. Das Gerät fand sich unter der Schütterde des Fürstengrabhügels am Südrand des das zentrale Kammergrab ummantelnden Steinsatzes und lag völlig plan in Höhe der antiken Oberfläche. Sie hatte sich in der Staunässe des Kügelkernes so gut erhalten, daß man sogar die Scharten des Beils erkennen konnte, mit dem die Hölzer geschlichtet worden waren.

Man fragt natürlich sogleich, was ein solches Ackergerät unter einem Fürstentumulus zu suchen hat. Offensichtlich ist es als eine Art Grabbeigabe zu verstehen, die zwar außerhalb der Kammer deponiert wurde, jedoch in einem sinnfälligen Bezug zur fürstlichen Bestattung steht. Wie die jahrringchronologische Analyse erwies, wurde sie im gleichen Spätjahr 551 v. Chr. hergestellt, in dem man auch die Eichen für das Kammergrab fällte. Die Mitgabe der Ackerschleppe erhöht den Fürsten gleichsam zum Herrn über die Fruchtbarkeit der Felder. Man erhoffte sich allem Anschein nach ein günstiges Einwirken des Verstorbenen auf die glückliche Aussaat und reiche Ernte bei den überirdischen Mächten.

Aufgrund etwa zeitgleicher Felsbilder[3] (Abb. 78) und volkskundlicher Parallelen[4] ist der Gegenstand eindeutig als Ackerschleppe zu identifizieren. So sind z. B. im Val Fontanalba in den italienischen Seealpen mehrfach Szenen aus der Landwirtschaft dargestellt, die einmal mit der bildnerischen Umsetzung des Themas die große Wichtigkeit des Ackerbaues im Leben der vorgeschichtlichen Völker aufzeigen und zum anderen den Stand der Agrartechnik hervorragend illustrieren. Wir erkennen beispielsweise ein Rindergespann mit gewaltigen Hörnern (in Aufsicht), das unter dem gemeinsamen Joch eine Ackerschleppe zieht. Nicht gezeigt wird der Landwirt, der mit seinem eigenen Gewicht die Schleppe beschwert und zugleich die Zugtiere antreibt. Des weiteren wurden dem Fund vom Magdalenenberg vergleichbare Geräte bis in unser Jahrhundert hinein in entlegenen, ländlichen Kulturen Europas benutzt. In Portugal habe ich selbst noch solche Ackerschleppen gesehen, zwar nicht mehr in Aktion, aber noch – leicht verstaubt – an den Wänden der Scheunen hängend.

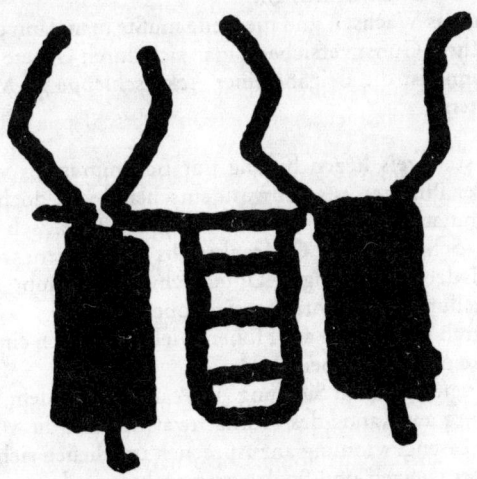

*Abb. 78.* Rindergespann mit Ackerschleppe in Aufsicht; Felsbild im Val Fontanalba, Alpi Marittime, Italien (nach K.-R. SCHULTZ-KLINKEN in SPINDLER 1980).

Die Felderbestellung hat man sich etwa folgendermaßen vorzustellen. Zunächst läßt man das Unkraut durch Rinder, Schafe und Ziegen abweiden; die unterschiedliche Viehtrift bewirkt eine optimale Entfernung des Bewuchses, da die genannten Tiere jeweils andersartige Pflanzen fressen. Dann wird der Rest, vor allem die Stoppeln und das Stroh des Vorjahres, abgebrannt. Sowohl durch den dabei anfallenden Kot als auch durch die Pflanzenasche erhält der Boden die erforderliche Düngung. Als nächstes umbricht man die Ackeroberfläche. Am einfachsten ist es, mit einem Holzhaken Furchen zu ziehen. Fortschrittlicher ist der Einsatz von Sohlenhaken bzw. -pflügen, weil dabei die tierische Arbeitskraft eingesetzt werden kann. Das Einsäen der Samenkörner erfolgt per Hand in die Furche. Anschließend füllt man die Furche mit der rechts und links durch den Haken oder den Pflug angehäufelten Erde. Man kann dafür eine gewöhnliche Feldhacke nehmen. Sehr viel rationeller ist die Verwendung einer Ackerschleppe, mit der man den gleichen Effekt erzielt, jedoch mehrere Furchen auf einmal schließt und zusätzlich den Boden zum Schutz gegen Vögel festigt. Moderne Versuche haben gezeigt, daß auf diese Weise das Saatkorn etwa 2,5 cm tief eingelagert wird, wie es auch heute noch in der Landwirtschaft als Norm gilt.

Das Keimen, das Wachsen und die Reife mußte man dann den Göttern überlassen. Ihrer Gunst versicherte man sich durch Gebete und Opfer. In diesem Sinne ist die Beigabe einer Ackerschleppe im Magdalenenberg zu deuten.

Im Westhallstattkreis liegen bislang nur Bestimmungen von Funden domestizierter Pflanzen aus Südwestdeutschland vor, doch dürfen die Ergebnisse mutatis mutandis auf die übrigen frühkeltisch besiedelten Gebiete der Schweiz und Ostfrankreichs übertragen werden. Die geringe Zahl der einschlägigen Untersuchungen erlaubt eine rasche Zusammenstellung der wichtigsten Stationen.

Im Embryograb von Singen am Hohentwiel fanden sich einige Samenkörner des Leins als Grabbeigabe.[5]

In der frühlatènezeitlichen Siedlung (Lt A und B) auf dem Schloßberg von Neuenburg am Rande des Nordschwarzwaldes, die vor allem als Zentrum der Eisengewinnung anzusprechen ist[6], ließen sich Reste von Einkorn, Zwergweizen und Spelzgerste nachweisen[7].

Von einem weiteren frühlatènezeitlichen Wohnplatz bei Bondorf im Kreis Böblingen stammen zahlreiche verkohlte Nutzpflanzenreste:[8]

218 Körner Gerste
199 Körner Dinkel, 4 Spelzen Dinkel
 15 Körner Emmer
 15 Körner Einkorn $\left.\rule{0pt}{4.5em}\right\}$ Spelzweizen-Arten
 48 Körner Einkorn oder Emmer
 65 Körner Spelzweizen-Arten
 41 Körner Roggen
 13 Körner Saatweizen
166 nicht näher bestimmbare Getreidekörner
  4 Linsen

Aus einer hallstattzeitlichen Siedlungsgrube von Tübingen-Unterjesingen liegen Nachweise des Einkorns und der Spelzgerste vor.[9]
Aus einer weiteren späthallstattzeitlichen Grube von Tamm-Hohenstange bei Ludwigsburg wurden folgende Pflanzenreste bestimmt:[10]

 240 Körner Gerste
2552 Körner Dinkel, 4 Spelzen Dinkel
 202 Körner Emmer, 196 Spelzen Emmer
   2 Körner Einkorn $\left.\rule{0pt}{4em}\right\}$ Spelzweizen-Arten
  38 Körner Emmer oder Dinkel
 169 Körner Spelzweizen-Arten
  16 Körner Roggen
   6 Körner Saatweizen
 270 Rispenhirse
   2 Linsen

Besonders aufschlußreich sind die als Abdrücke in Tonscherben nachgewiesenen Pflanzenreste von der Heuneburg:[11]

107 Körner Gerste
 23 Körner Dinkel
 16 Körner Emmer $\left.\rule{0pt}{4em}\right\}$ Spelzweizen-Arten
 16 Körner Einkorn
 49 Spelzweizen-Arten
 15 Körner Roggen
 10 Körner Saatweizen
  5 nicht näher bestimmbare Weizenkörner
 20 Körner Hafer
 21 Linsen

14 Erbsen
1 Feldbohne
6 Samen des Leindotters
6 Teile von Fruchtständen des Färberwaids

Darüber hinaus sind an genutzten Wildpflanzen noch die Wilde Weinrebe und die Weberkarde auf der Heuneburg belegt.

Faßt man die vorliegenden Ergebnisse zusammen, so ergibt sich, daß als Getreide die Spelzgerste und die Spelzweizen-Arten Dinkel, Emmer und Einkorn am häufigsten angebaut wurden. Roggen und Hafer treten demgegenüber zwar zurück, bilden aber durchaus spürbare Anteile. Saatweizen bleibt noch spärlich.

An weiteren domestizierten Pflanzen wurden Hirse, Linse, Erbse, Bohne, Leindotter, Lein und Färberwaid wirtschaftlich genutzt und angebaut. Insgesamt liegen demnach Nachweise von sieben Getreidesorten vor, und zwar in der Reihenfolge ihrer wirtschaftlichen Bedeutung: Gerste, Dinkel, Emmer, Einkorn, Roggen, Hafer und Weizen. Dazu kommen Hirse und als Hülsenfrüchte Erbsen, Linsen und Feldbohnen. Als Ölfrüchte wurden Lein (zugleich als Faserlieferant: Flachs) und Leindotter kultiviert.

Deutlich wird mit diesen Belegen eine bemerkenswerte Umstrukturierung der Agrarwirtschaft in der späten Hallstattzeit. Zwar werden die seit dem Neolithikum bekannten Getreidearten Gerste, Einkorn, Emmer, Dinkel und Weizen nach wie vor angebaut. Erstmals nimmt man aber die ertragreichen Sorten Roggen und Hafer mit in das Anbauprogramm auf. Damit wird durch die frühen Kelten ein landwirtschaftliches System eingeleitet, das letztlich bis in unsere Tage fortwirkt. Die geringerwertigen Getreide wie Emmer, Einkorn und Dinkel sind heute in Mitteleuropa für die Ernährung belanglos (ebenso die Hirse). Die Gerste bewahrte hingegen ihre Bedeutung und bildet zusammen mit Weizen, Roggen und Hafer die wichtigsten Getreidepflanzen der Gegenwart.

Der Anbau von bis zu sieben verschiedenen Getreidearten auf einem Acker – eine getrennte Aussaat (Monokultur) auf einzelnen Fluren ist auszuschließen – erwirkt eine hohe produktive Effizienz. Es werden so einerseits Mißernten durch Schädlingsbefall, Krankheiten und Dürreperioden gemindert, andererseits läßt sich die Verunkrautung auf diese Weise wesentlich eindämmen.

Zwar können die bislang vorliegenden Bestimmungen noch nicht als repräsentativ für den gesamten Westhallstattkreis gelten, doch zeigt

der Vielfruchtanbau wenigstens regional einen bemerkenswert fortschrittlichen Stand der Landwirtschaft an. Die frühen Kelten waren in
der Lage, ihren Kohlehydratbedarf durch den Anbau von Getreide
und Hirse zu decken. Eiweiß- und Fettzufuhr wurden durch die
Kultivierung von Hülsen- und Ölfrüchten ergänzt.

Zusätzlich baute man Färberwaid zum Blaufärben der Textilien an und
sammelte die stacheligen Fruchtstände der Weberkarde (eine wilde,
hochwüchsige, distelartige Pflanze), die noch in historischer Zeit zum
Aufrauhen von Wollstoffen genutzt wurden.

Nicht ohne Interesse ist der Nachweis der Wilden Weinrebe, deren
wohlschmeckende Trauben sich durch Trocknen (Rosinen!) haltbar
machen lassen und zum Süßen von Speisen geeignet sind. Ob man die
Beeren indessen auch kelterte, ist höchst zweifelhaft. Die Kontakte
mit den in der Weinherstellung erfahrenen Südländern und nicht
zuletzt der Import von mediterranen Weinamphoren (mit Inhalt)
zusammen mit dem zugehörigen Trinkgeschirr lassen eine solche
Frage zumindest nicht unberechtigt erscheinen.

## Viehzucht

Die Wirtschaftstiere der frühen Kelten waren das Rind, das Pferd, das
Schwein, das Schaf, die Ziege und der Hund. Eine Sonderrolle nimmt
das Huhn ein.[12] Daß in den Siedlungen auch Wildfänge gehalten und
gezähmt wurden, erscheint möglich. Letzteres dürfte vor allem für den
Hirsch gelten.

Die vorgeschichtliche Fauna läßt sich in erster Linie anhand von
Tierknochenfunden aus Siedlungen rekonstruieren. Dabei handelt es
sich in der Regel um Speiseabfälle. Weiter kommen Überreste von
Teil- und Ganzkadavern hinzu, die aus unterschiedlichen Gründen in
die Kulturschichten gelangten. Ferner finden sich Knochen als natürliche Beimischungen von Tieren (Vögel, Kleinsäuger, Lurche, Repti-
lien), die ohne Einwirkung des Menschen zufällig in der Siedlung
verendeten.

Eine zusätzliche Quelle bilden Speise- und Tierbeigaben in Gräbern.
Systematische Untersuchungen über Art und Menge von Fleischbeigaben in späthallstattzeitlichen Bestattungen liegen zwar noch nicht vor,
doch ist nicht zu verkennen, daß vor allem Schweinefleisch als beliebte
Wegzehrung für die Reise ins Jenseits galt. Gar nicht selten wurden
ganze Skelette geschlachteter Schweine in den Kammergräbern, haupt-

sächlich der oberen sozialen Bevölkerungsschichten, beobachtet. So hatte man z. B. dem Fürst vom Magdalenenberg ein halbjähriges Jungschwein als Proviant beigegeben.[13] Nicht so häufig sind Grabopfer von Tieren, die aus rituellen Gründen den Verstorbenen begleiten sollten. Diese Sitte war insbesondere den frühkeltischen Stämmen Ostfrankreichs eigen. Dort kamen verschiedentlich die vollständigen Skelette von Pferden, Hunden und Hirschen entweder separat im Tumulus oder zusammen mit dem menschlichen Leichnam in der Grabkammer liegend zum Vorschein.[14] Leider stammen diese Befunde allesamt aus älteren Grabungen, so daß die Beobachtungen durchweg unklar sind und auch keine verläßlichen, osteologischen Bestimmungen vorliegen.

Die Aussagekraft von Untersuchungen an prähistorischen Tierknochenmaterialien hängt von mehreren Faktoren ab. Einmal muß die Gewähr bestehen, daß die ergrabenen Siedlungsschichten wirklich nur einer einzigen Kultur, in unserem Falle also der späten Hallstatt- und frühen Latènezeit, zugewiesen werden können. Das ist leider oft nicht der Fall. Zum anderen ist es wichtig, daß auch alle Knochen, selbst die kleinsten Knöchelchen und Splitter, gesammelt werden. Ideal ist das Ausschlämmen zumindest von ergiebigen Kulturschichtproben. Geschieht dies nicht, so sind die Kleintierknochen stets unterrepräsentiert. Und schließlich erlauben nur umfangreiche Tierknochenkomplexe tragfähige Schlüsse über Viehhaltung und -zucht sowie Jagdbeute und zufällige Beimengungen von Kleintieren. Diese Voraussetzungen erfüllt bislang noch keine Station im Westhallstattkreis.

Zwar liegen einige Tierknochenuntersuchungen von mehrperiodigen Wohnplätzen vor, doch sind die Schichtenzuordnungen für die frühkeltischen Siedelphasen nicht sauber genug durchführbar gewesen.[15] Der Fundkomplex von Saint-Romain in der Côte-d'Or ist relativ klein[16], auch wurden dort nur größere Knochen ausgelesen. Doch gestattet er einige allgemeine Aussagen über den Artenbestand in einer ostfranzösischen Siedlung bäuerlich-ländlichen Charakters. Sehr sorgfältig geschah die Tierknochenanalyse aus der frühlatènezeitlichen Siedlungsgrube von Gelterkinden im Kanton Baselland[17] (mit Schlämmung!), indes ist die Gesamtfundmenge zu gering, um die Ergebnisse verallgemeinern zu können. Die wichtigsten Untersuchungen stammen von der Heuneburg,[18] wenngleich auch hier die kleinen Tierarten mangels der Anwendung feiner Auslesemethoden nur spärlich vertreten sind.

Für die im folgenden zu behandelnde frühkeltische Haustierzucht bietet jedoch die Faunenliste der Heuneburg eine hinreichende Grundlage. Von diesem Fürstensitz wurden insgesamt 29 Zentner Tierknochen aus den acht Grabungskampagnen 1950 bis 1957 summarisch bestimmt sowie unter subtiler Auszählung der Einzelfunde weitere 44 233 Tierknochen aus den Grabungen der Jahre 1959, 1963, 1964 und 1965.

Das wichtigste Wirtschaftstier war das Rind, in dichtem Abstand gefolgt vom Schwein. Sehr viel geringer sind die Anteile von Schaf und Ziege. Die übrigen Haustiere (Pferd, Hund, Huhn) und die Jagdbeute spielten als Fleischlieferanten nur eine untergeordnete Rolle, wie die folgende Tabelle zeigt (alle Angaben in Prozent):

| Tierart | Fundzahl der Knochen | Mindestindividuenzahl | Gesamtschlachtgewicht |
|---|---|---|---|
| Rind | 59,3 | 45,6 | 74,1 |
| Schwein | 34,0 | 41,7 | 21,2 |
| Schaf/Ziege | 5,4 | 9,9 | 2,1 |
| Hirsch | 1,3 | 2,8 | 2,6 |

Aus der Tabelle, in die zum Vergleich noch der Hirsch als das weitaus häufigste Wildbret mitaufgenommen wurde, ergibt sich, daß die Bewohner der Heuneburg fast drei Viertel ihres Fleischbedarfs durch Rinderschlachtung deckten. Gut ein Fünftel des Fleischkonsums lieferten die Schweine. Die restlichen knapp 5 % steuerten Schaf und Ziege sowie der Hirsch bei, wobei unter letzteren das Fleisch der Jagdbeute sogar den Anteil der beiden kleinen Hauswiederkäuer übertrifft.

Wohlgemerkt sind die genannten Verhältnisse nur für die Heuneburg gültig. Vergleichen wir nämlich diese mit der Station von Saint-Romain, so bemerken wir – vorbehaltlich der geringen Fundmenge (nur 246 Kochen) – eine völlig andere Relation. Es können nur die Mindestindividuenzahlen (in Prozenten) gegenübergestellt werden, da vom Fundplatz in der Côte-d'Or die Knochen nicht gewogen wurden.

| Tierart | Heuneburg | Saint-Romain |
|---|---|---|
| Rind | 45,6 | 31,8 |
| Schwein | 41,7 | 29,6 |
| Schaf/Ziege | 9,9 | 15,9 |
| Hirsch | 2,8 | 6,8 |
| Wildschwein | — | 15,9 |

An beiden Fundplätzen gleichen sich ungefähr die relativen Kopfzah-
len der Rinder- und Schweineherden. In Saint-Romain wurden aber
deutlich mehr Ziegen und Schafe gehalten als auf der Heuneburg. Hier
wird der soziale Gegensatz zwischen einem Fürstensitz und einer
normalen ländlichen Siedlung deutlich. Offensichtlich galt die Größe
der Rinderherde mit als Statussymbol in der frühkeltischen Gesellschaft. Sehr viel größer ist der Anteil des in Saint-Romain verzehrten
Wildfleisches. Dieser Befund läßt sich am ehesten dahingehend deuten, daß die Reviere um die bevölkerungsreiche Großsiedlung der
Heuneburg sehr viel intensiver bejagt wurden und sich das Wild
dementsprechend stärker zurückzog. Möglicherweise war die Jagdausübung auf den Adelssitzen überwiegend Privileg und Sport der Nobilitas. Für das Gehöft von Saint-Romain indessen bedeutete das Wildbret
eine sehr viel wichtigere Ergänzung des Speisezettels.
In frühkeltischer Zeit waren die *Rinder* vergleichsweise klein. Bei fast
allen Haustieren ist seit der beginnenden Domestikation im Frühneoli-
thikum eine spürbare Größenminderung festzustellen. Dies hängt in
erster Linie mit der schlechten Fütterung zusammen. Einesteils mögen
die Herden aus Gründen der Repräsentation zu groß gehalten worden
sein, so daß Futtermangel eintrat. Mehr noch dürfte die ungenügende
Versorgung des Viehs über den Winter hinweg ausschlaggebend gewesen sein. Die Widerristhöhe (Schulterhöhe) betrug bei den Kühen nur
0,95 bis 1,15 m, bei den Stieren etwa 1,0 bis 1,25 m (heutige Rinder
besitzen um 30 cm mehr Widerristhöhe). Etwa ein Drittel der Stierkäl-
ber wurde kastriert. In den Herden kamen auf einen Bullen durchschnittlich vier bis fünf Kühe. Die Tiere wurden erst relativ spät
geschlachtet. Nur 7 % der Rinder verarbeitete man zu Kalbfleisch.
60 % wurden älter als 3 ½ Jahre. Man führte das Rindvieh so spät wie
möglich zur Schlachtbank. Kühe und Ochsen leisteten entscheidende

Arbeitshilfe auf dem Felde. Ja sie wurden sogar zum Steinetransport beim Grabhügelbau eingesetzt, wie Funde von Kuhfladen im Magdalenenberg beweisen. Die Kühe lieferten Milch, die man teilweise wohl auch zu Käse gerinnen ließ. Gelegentlich findet man in den Siedlungen tönerne Siebgefäße für die Käsezubereitung. Vor allem aber hatten die Tiere für den Nachwuchs zur Mehrung des kostbaren Herdenbesitzes zu sorgen.

An zweiter Stelle der wirtschaftlichen Nutzung stand das *Schwein*. Noch zu Caesars Zeiten rühmte man den gallischen (keltischen) Schinken. Auch die Schweine waren recht klein, verglichen mit ihrer Wildform, dem europäischen Wildschwein, oder mit heutigen Rassen. Das Verhältnis der Eber zu den Sauen betrug etwa drei zu fünf. Das Hauptschlachtalter lag zwischen eineinhalb und zwei Jahren. Einige Schweine gelangten als Spanferkel auf den Tisch. Im Herbst trieb man die Herden zur Eichel- und Bucheckernmast in die Wälder. Nicht selten weisen die Hinterbeine schlecht verheilte Frakturen auf, ein Zeichen dafür, daß man die Tiere »tüderte« (d. h. mit einem Strick am Fuß festband). Da das Schwein sehr schreckhaft ist, bricht es rasch aus, wobei es zu Knochenbrüchen kommen kann. Gleichwohl wurde es in einem solchen Falle nicht notgeschlachtet, sondern man ließ das Tier so lange auf drei Beinen humpeln, bis die Verletzung wieder einigermaßen ausgeheilt war.

Im Gegensatz zum Schwein ist das *Schaf* nicht nur Fleisch-, sondern auch Woll- und vielleicht Milchlieferant. Da bislang in späthallstattzeitlichen Fundplätzen noch keine Scheren zutage kamen, ist anzunehmen, daß man die Schafe nicht schor, sondern die reife Wolle pflückte. Verglichen mit dem Viehbestand an Rindern und Schweinen waren die Schafherden ziemlich klein. Auf einen Widder kamen etwa zwei Mutterschafe. Üblich war die Kastration überzähliger männlicher Tiere. Das Hauptschlachtalter lag zwischen drei und 24 Monaten mit einem Schwerpunkt im ersten Lebensjahr und einem mit spätestens zwei Jahren. Noch heute schlachtet man in der Lämmermast die Tiere mit vier bis acht Monaten, in der Hammelmast mit höchstens zwei Jahren. Die Größe der ausgewachsenen Schafe lag im Vergleich zu heutigen Rassen ungefähr zwischen der von süddeutschen Landschafen und den zierlichen Heidschnucken.

In sehr viel geringerem Umfang hielt man die *Ziege*. Drei bis fünf Schafen stand eine Ziege gegenüber. Beide Tierarten trieb man, wie auch in der Gegenwart noch üblich, in einer gemeinsamen Herde auf die Weide. Die Ziegen waren – im Gegensatz zu den übrigen Wirtschaftstieren – nicht von der allgemeinen domestikationsbedingten Größenminderung betroffen. Die Tiere besaßen im Vergleich mit ihren Wildahnen und heutigen Rassen eine durchschnittliche Größe. Ihre geringe Kopfzahl in den Herden wie auch ihr spezialisierter Nahrungsbedarf sicherten ihnen eine ausreichende Nahrungsgrundlage. Ziegen sind bekanntlich sehr wählerisch, fressen aber auch Pflanzen, die andere Tiere meiden (z. B. Baumsprossen). So entsteht keine ausgeprägte Futterkonkurrenz zu den übrigen Haustieren.

Trotz der großen Beachtung, die das *Pferd* in der späten Hallstattkultur genoß, gehören seine Knochen zahlenmäßig mit zu den geringsten innerhalb der Fundkomplexe. In Saint-Romain fehlen solche bezeichnenderweise überhaupt. Es wurden demnach wohl nur kleine Gestüte unterhalten. Überwiegend nutzte man das Pferd als Zugtier. Ob im Westhallstattkreis auch geritten wurde, läßt sich nicht eindeutig beweisen. Auf einigen Gürtelblechen sind möglicherweise auch Reiter dargestellt. Doch sind die Abbildungen zu stark verkürzt, um zweifelsfrei gelesen werden zu können. Jedenfalls kommen in den Gräbern die Zaumzeuge immer nur paarig vor, was im Verein mit den Doppeljochen und dem Schirrungszubehör entschieden dafür spricht, daß die Tiere überwiegend und zwar stets zu zweien vor den Wagen gespannt wurden. Da der größte Teil der gefundenen Pferdeknochen genauso zur Markgewinnung zerschlagen ist wie das Gebein der gewöhnlichen Speisetiere, darf man gewiß sein, daß Pferdefleisch auch als Nahrung diente.

Die Pferde der frühen Kelten erreichten eine Widerristhöhe zwischen 1,3 und 1,5 m. Sie waren damit merklich größer als die Tiere der Bronzezeit wie auch der nachfolgenden Perioden (mit Ausnahme einiger römischer Pferderassen). Dies spricht für eine gezielte Zuchtwahl und sorgfältige Haltung in den Herden der späten Hallstattzeit. Die besondere Rolle des Pferdes als Ausdruck des Besitzstandes und im Kult wird dadurch nur unterstrichen. Kastration ließ sich nicht beobachten. Auf der Kline von Hochdorf erkennt man deutlich, daß dem Kultwagen Hengste vorgespannt waren. Falls die Darstellung die Realität wiedergibt, ist damit zu rechnen, daß die Tiere mit viel Aufwand und Geduld gezähmt und nicht zuletzt auch scharf gehalftert wurden. So geben sich die frühen Kelten als begeisterte Pferdeliebhaber zu erkennen, wenn auch dieses Hobby sicher nur den oberen Schichten vorbehalten war.

Die Siedlungen wurden selbstverständlich auch von *Hunden* bevölkert. Als Wachtiere, Jagd- und Hütehunde, Unratvertilger und Schädlingsbekämpfer (die Hauskatze gab es noch nicht) hatten sie wichtige Funktionen zu erfüllen. Da Hundefleisch nachweislich nicht oder nur in Ausnahmefällen verzehrt wurde, hielt man die Tiere kurz. Knochenfunde junger Welpen zeigen an, daß man von einem Wurf nur die besten Tiere aufzog. Sie erreichten ein Alter von drei bis sieben Jahren. Bei den Hunden der frühen Kelten handelt es sich durchweg um mittelgroße bis große Rassen, die am ehesten dem altdeutschen Schäferhund geähnelt haben dürften.

Als letztes der Haustiere ist das *Huhn* zu besprechen. Die Funde von Hühnerknochen in Siedlungen der frühen Kelten sind als eines der interessantesten osteologischen Ergebnisse der jüngsten Forschung zu betrachten. Das Haushuhn stammt vom Roten Dschungelhuhn Indiens ab und wurde in Südostasien bereits im Neolithikum domestiziert. Von dort aus breitete es sich rasch in westlicher Richtung aus und erscheint erstmals im 15. Jahrhundert v. Chr. in Ägypten. In Südeuropa ist es bereits auf frühkorinthischer Keramik des 8. Jahrhunderts v. Chr. abgebildet. Es kann kein Zweifel bestehen, daß das Haushuhn im Rahmen der intensiven Südkontakte der Späthallstattkultur auch die Zone nördlich der Alpen erreichte. Der früheste Nachweis liegt aus Schichten der Phase Ha D 1 von der Heuneburg vor, wo es Wilhelm Schüle in Fundkomplexen entdeckte, die zeitgleich mit der ebenfalls mediterran geprägten Lehmziegelmauer sind. Das exotische Federvieh wurde sogleich in das Ornamentschema frühkeltischer Gürtelbleche aufgenommen, worauf schon Otto-Friedrich Gandert völlig zu Recht hingewiesen hatte.[19] In der Endphase der Hallstattkultur (Ha D 3) und in der Frühlatènezeit war es dann allgemein bekannt. Entsprechende Knochenfunde liegen wieder aus den Schichten Ha D 3 / Lt A der Heuneburg vor. Aus einer Siedlungsgrube der frühen Latènezeit bei Ladenburg in Oberbaden kamen Skeletteile eines Hahnes zutage. Der Wohnplatz von Gelterkinden (Lt A) im Baselbiet lieferte neben Hühnerknochen auch Eierschalen. Damit ist zugleich bezeugt, daß man den Vogel nicht nur des Fleisches und der Federn, sondern auch der Eier wegen schätzte. Daß den »Vögeln, die jeden Tag gebären« (Thutmosis III., *Annalen*) darüber hinaus eine gewisse Rolle im Kult zukam, zeigt eine frühlatènezeitliche Fibel in Gestalt eines Hahnes an, die gewiß als glückbringendes oder apotropäisches Abzeichen getragen wurde.[20]

In diesem Zusammenhang soll nicht unerwähnt bleiben, daß sich auch die Hausmaus – nachgewiesen in Gelterkinden – als sicher nicht gern gesehener Gast des Menschen in den Siedlungen einfand.

## Jagd und Fischfang

Als Jagdwaffen standen Lanze und Spieß, ferner Pfeil und Bogen zur
Verfügung. Entsprechende Funde liegen aus Gräbern und Siedlungen
in genügender Zahl vor. Weitere Jagdgeräte wie Keule, Schleuder und
Wurfhölzer lassen sich zwar im Westhallstattkreis nicht nachweisen,
doch ist ihre Verwendung mit ziemlicher Sicherheit ebenfalls anzunehmen.

Über die Formen der Jagdausübung können wir gleichermaßen nur
Vermutungen anstellen. Wie bei allen Naturvölkern ist wohl das, was
wir heute unter einer waidgerechten Jagd verstehen, für die frühen
Kelten auszuschließen. Man schoß auf alles, was sich in Wald und Flur
bewegte, auch wenn es nicht von praktischem Nutzen war. Die
Jagdmotive blieben über die Jahrtausende hinweg immer die gleichen.
Wie auch noch in unseren Tagen diente die Jagd in erster Linie der
Befriedigung des der Menschheit seit ihren Uranfängen innewohnen-
den Jagdtriebes. Für die Jäger und Sammler der vorneolithischen
Epochen eine Lebensnotwendigkeit, spielte das Wildbret als Nah-
rungsmittel seit der Einführung der Haustierzucht in der jüngeren
Steinzeit nurmehr eine geringe, jedenfalls keine überlebenswichtige
Rolle. Lediglich in der Umgebung der Siedlungen hatte die Jagd zum
Vertreiben der Flurschädlinge (Wildschweine) von den Äckern einen
gewissen Sinn. Auch die Vernichtung des Raubzeuges zum Schutze
der Herden gab der Jagdausübung eine moralische Berechtigung. Jagd
ist immer ein zeitaufwendiges Vergnügen, das für eine agrarisch
strukturierte Gemeinschaft – und das waren die Kelten – einen unan-
gemessenen Luxus bedeutete. So ist es vielleicht kein Zufall, daß sich
typische Jagdwaffen, voran Pfeilspitzen, hauptsächlich in den Gräbern
der gehobenen Stände finden.

Die bekannten Jagdmethoden, wie Treib-, Drück- und Lauerjagd,
waren sicherlich üblich. Offensichtlich schoß man teilweise mit vergif-
teten Pfeilköpfen. Sehr wahrscheinlich hetzte man das Wild auch mit
Hunden, die zudem waidwund geschossene Tiere aufzuspüren hatten.
All die listigen Jagdhilfen wie Netze, Fallen, Fallgruben, Schlingen,
Köder, Lockvögel und Leimruten gehörten zweifellos zum ständigen
Repertoire des Jägers der späten Hallstattzeit.

Die Faunenliste der Jagdbeute von der Heuneburg ist beachtlich;
nachgewiesen sind folgende Arten:

| Großwild: | Auerochse |  |
|---|---|---|
|  | Wisent |  |
|  | Braunbär |  |
|  | Elch |  |
|  | Hirsch |  |
|  | Wildschwein |  |
| Niederwild: | Reh |  |
|  | Dachs |  |
|  | Biber |  |
|  | Feldhase |  |
| Raubwild: | Wolf |  |
|  | Fuchs |  |
|  | Marder |  |
|  | Wildkatze |  |
|  | Mauswiesel (in Gelterkinden belegt) |  |
| Vögel: | Kormoran | Auerhahn |
|  | Storch | Birkhuhn |
|  | Singschwan | Hohltaube |
|  | Graugans | Spießente |
|  | Saatgans | Stockente |
|  | Bläßgans | Gänsesäger |
|  | Gänsegeier | Großer Brachvogel |
|  | Bartgeier | Grauer Kranich |
|  | Steinadler | Fischreiher |
|  | Seeadler | Kolkrabe |
|  | Roter Milan | Krähe |
|  | Hühnerhabicht | Dohle |
|  | Uhu | Lachmöve (?) |

Dazu sind an Kleinsäugern der Maulwurf, die Hausspitzmaus und die Waldmaus in Gelterkinden sowie der Siebenschläfer auf der Heuneburg belegt.

Die wenigen Fischknochenfunde – Wels und Hecht von der Heuneburg – werden der Bedeutung des Fischfangs wohl nicht gerecht. Doch bleiben die zarten Gräten im Boden kaum erhalten. Dennoch war die Fischerei wahrscheinlich ein allseits beliebter Sport. In Notzeiten mag sie sogar als Eiweißquelle nicht ohne Bedeutung gewesen sein. Man stellte den Fischen mit Angel, Netz, Reuse und Speer nach. Eigentümlicherweise fanden sich die bislang einzigen Angelhaken des Westhallstattkreises im Hochdorfer Fürstengrab.

# Achtes Kapitel
## Der Handel

Vorgeschichtlicher Handel läßt sich dann nachweisen, wenn in einem Kulturraum Rohstoffe verwendet werden, die am Ort nicht anstehen und deren natürliche Vorkommen so weit vom Siedelgebiet entfernt liegen, daß sie auch in mehrtägigen Expeditionen nicht zu erreichen sind. Handelsbeziehungen sind ebenso sehr wahrscheinlich, wenn in einem gut beschreibbaren Kulturmilieu einzelne Fremdformen vorkommen, die in einer anderen Fundregion zum gewöhnlichen Inventar gehören.

Unter den genannten Gesichtspunkten läßt sich alteuropäischer Tauschhandel bis weit in die Steinzeit zurückverfolgen. Waren es zunächst ausgewählte Gesteinssorten zur Geräteherstellung und seltene Schmuckmineralien, so veränderte sich die Situation grundlegend mit dem Aufkommen der Metallurgie am Übergang vom Neolithikum zur Bronzezeit. Es mußten vor allem die Gebiete versorgt werden, die arm an abbauwürdigen Kupfer-, Zinn- und Goldvorkommen sind. So kann man gerade in der Bronzezeit sehr gut beobachten, wie sich die Kenntnis der Metallverarbeitung allmählich in der Alten Welt ausbreitet und wie die Regionen ohne ausreichende Bodenschätze in ein perfekt funktionierendes Handelsnetz integriert werden. So importierte beispielsweise der westliche Ostseeraum in ungeheuren Mengen Bronze und Gold, was zu einer einzigartigen und eigenständigen Blüte der nordischen Bronzekultur führte. Im Gegenhandel ging offenbar der Reichtum an Bernstein in den Küstengebieten der Ost- und Nordsee auf, der in dieser Zeit in großem Umfang in den Fundkomplexen Mittel- und Südeuropas auszumachen ist. Daß neben dem Handel mit Rohstoffen auch ein Tausch mit Fertigprodukten über Hunderte von Kilometern hinweg geschah, läßt sich an zahlreichen Beispielen belegen. Ich erinnere nur an die berühmte mykenische Bronzetasse von Dohnsen in der Lüneburger Heide[1], die annähernd 1 800 km (Luftlinie!) von ihrem Ursprungsland entfernt zutage kam. Wichtig ist aber, daß ein gezielter Stückguthandel in bestimmte, fest umrissene Absatzgebiete in der Bronze- und Urnenfelderzeit Mitteleuropas noch nicht zu beobachten ist.

Dies ändert sich erst, als mit Beginn der späten Hallstattkultur (Ha D)

die frühen Kelten als zahlungskräftige Handelspartner der südeurop-
äischen Völker auf den Plan traten. Gewiß sind auch in früheren Zeiten immer wieder einmal einzelne Sachgüter aus dem Mittelmeergebiet
in den Norden gekommen. Und ebenso gewiß ist, daß die Handelsrouten seit langem ausgebaut und den Kaufleuten bekannt waren.
Der entscheidende Unterschied bleibt aber, daß im Verlauf des 6. Jahrhunderts v. Chr. nicht nur ganz bestimmte Produkte in die Zone
nordwärts der Alpen geliefert wurden, sondern daß sich erstmals
in der Geschichte Mitteleuropas ein deutlich begrenzter Absatzmarkt
herausbildet. Es ist dies der Westhallstattkreis. Die Beziehungen
der frühen Kelten zu ihren südlichen Tauschpartnern währten etwa
200 Jahre und endeten in der frühen Latènezeit, als im Gefolge der
nun einsetzenden Keltenwanderungen die Unruhen nördlich und südlich der Alpen dem straff organisierten Nord-Süd-Handel ein vorläu-
figes Ende bereiteten.

Was aus dem Süden in den Westhallstattkreis geliefert wurde, läßt sich
erstaunlich klar beschreiben. Gehandelt wurde einmal Wein. Als
Transportbehälter dienten große Amphoren aus Ton (Abb. 94).
Zugleich brachte man das zugehörige Trinkgeschirr mit, und zwar
Gefäße aus Bronze (Abb. 80–88) und Keramik (Abb. 90–93). Mehr als
Beifracht sind kostbare Einzelstücke, insbesondere Möbel und
Geschmeide (Abb. 79; 96–100) aufzufassen.

Es ist bemerkenswert, daß die Nord-Süd-Verbindungen erst wieder in
der Spätlatènezeit aufgenommen wurden, als nach dem Abklingen der
Keltenwirren mit der sogenannten Oppida-Zivilisation ein leistungsfä-
higer Handelspartner auf dem Markt erschien. Noch überraschender ist
indes, daß sich der Tauschverkehr auf die gleichen Güter erstreckte wie
einige Jahrhunderte zuvor bei den frühen Kelten. Als Importe finden sich
in den spätkeltischen Städten ebenfalls die bezeichnenden Weinamphoren, nun vom frührömischen Typus, dann das Begleitgeschirr aus
Keramik (Campana) und Bronzegefäße. Dazu kommen einzelne, besonders ausgefallene Gegenstände exotischen Charakters.

Der Handel mit den nördlichen Barbaren muß für die mediterranen
Kaufleute außerordentlich einträglich gewesen sein. Denn sobald das
Römische Reich in den Jahrzehnten um die Zeitenwende die gallisch-
keltischen Stammesgebiete unterworfen und seine Grenzen bis an
Rhein und Donau vorgeschoben hatte, setzte sogleich ein lebhafter
Handel mit den Germanen als neuen Nachbarn ein. Die Handelsware
blieb die gleiche. Wein wurde der bequemeren Transportmöglichkei-
ten halber nun in Schläuchen und Fässern vertrieben. Als Trinkge-

schirr verhandelte man wie gewohnt Keramik (Terra sigillata) und Bronzegefäße. Zusätzlich bot man auch Gläser und Silbergeschirr sowie ausgesuchte Zimelien an.

Ich habe die bald tausendjährige Geschichte des Nord-Süd-Handels oder besser des Gütertausches der hochkulturlichen Mittelmeervölker mit ihren »barbarischen« Anrainern deshalb in ein paar Worten skizziert, weil er bei aller Unterschiedlichkeit des politischen Hintergrundes eine überraschend einheitliche merkantile Basis aufweist. Es beschäftigt die Forschung nämlich schon seit geraumer Zeit die Frage, wie und auf welchen Wegen ein solcher Handel überhaupt stattfinden konnte. Für die frühkeltische und die spätkeltische Phase stehen uns zur Beantwortung fast ausschließlich die archäologischen Sachaltertümer zur Verfügung, die freilich die verschiedenartigsten Ausdeutungen zulassen. Als Handelswege werden dabei reihum die Alpenpassagen sowie der Rhône-Saône-Couloir genannt. Auch die Handelsrouten vom Caput Adriae aus über die Alpen und in den (hier nicht zu behandelnden) Nordbalkanraum werden in die Diskussion gebracht. Gleichermaßen herrschen über die Art des Handels die unterschiedlichsten Auffassungen. Erwogen wird u. a. der über mehrere Etappen geleitete Zwischenhandel. Ferner soll das Südgut als Kriegsbeute, Tribute, Diplomatengeschenke und Heiratsausteuer in den Norden gelangt sein.

Erfreulicherweise stehen uns ergänzend zu den archäologischen Quellen für den römerzeitlichen Handel (etwa von Christi Geburt bis um 400 n. Chr.) auch epigraphische und literarische Zeugnisse zur Verfügung, die auf die Handelsorganisation zwischen Römern und Germanen ein sehr viel anschaulicheres Bild werfen, als es die Sachaltertümer allein vermögen. Mit den nötigen Einschränkungen erscheint es erlaubt, dieses System nicht nur in die spätkeltische Zeit, sondern noch weiter zurück bis in die Späthallstattkultur zu projizieren. Die Berechtigung dafür ergibt sich aus der Tatsache, daß das Handelsgut – wie soeben betont – letztlich immer das gleiche war. Die zweite Grundvoraussetzung für einen florierenden Handel ist, daß bestimmte Mindestanforderungen an die Rentabilität und vor allem an die Gewinnspannen erfüllt werden.

Jürgen Kunow hat in einer anregenden Studie beschrieben, wie man sich den Warenaustausch zwischen Römern und Germanen vorzustellen hat.[2] Diese Handelsusancen lassen sich einleuchtend in mancherlei Hinsicht auf den Westhallstattkreis übertragen und ergeben für unser Thema etwa folgendes.

Für einen gewinnbringenden Handel sind Ladekapazitäten, Transportkosten und Geschwindigkeit von allergrößter Bedeutung. In römischer Zeit war der Gütertransport zur See am billigsten. Etwas teurer war die Flußschiffahrt. Am kostspieligsten ging der Güterverkehr zu Lande vonstatten. Die Kostenrelation verhält sich in der aufgeführten Reihenfolge wie 1 : 5,9 : 62,5. Man darf vernünftigerweise diese Kostenfaktoren, wenn vielleicht auch mit leicht abgeänderten Zahlen, ebenso für die Mitte des 1. Jahrtausends v. Chr. veranschlagen, da sich in dieser Zeit weder die Schiffsbautechnik noch die Möglichkeiten für den Landtransport mit Karren oder Karawanen wesentlich geändert haben. Dies bedeutet, daß man für die Handelsroute in die Keltike diejenige Streckenführung auszuwählen hat, auf der die Güter so weit wie möglich zu Wasser und so wenig wie möglich zu Lande befördert werden mußten. Werfen wir nun einen Blick auf die Landkarte, so existiert nur ein Weg, der diese Voraussetzung erfüllt. Von Griechenland und Italien (insbesondere Etrurien) aus wurde die Ware zunächst über See nach Massilia (Marseille), dem antiken Hauptwarenumschlagplatz im westlichen Mittelmeer, verschifft. Ob die Kauffahrteifahrer dort ihre Handelsgüter regelmäßig auf Flußschiffe umluden, kann nicht ohne weiteres nachgewiesen werden. Da aber kleinere Seeschiffe auch die Rhône befahren können, erscheint es glaubhaft, daß wenigstens gelegentlich der Händler mit seinem Schiff, ohne die Ware erst in Massilia umzuschlagen, den Strom aufwärts strebte. Günstige Windverhältnisse (Mistral!) erlaubten zudem das Segeln, so daß auf das kostspielige Treideln verzichtet werden konnte. Nur auf diese Weise ließ sich die Fracht rasch und billig bis an die Pforte zur Keltike bringen.

Immer unter dem Gesichtspunkt des kostengünstigen Wassertransportes ist es daher fast selbstverständlich, daß auch die Weiterbeförderung weitgehend über die Flüsse und Binnenseen geschah. Es ist in diesem Sinne sicher nicht überraschend, daß der Westhallstattkreis genau im Mittelpunkt der großen Gewässersysteme Europas, der Rhône, der Seine, des Rheins und der Donau, liegt. Die Landbrücken überschreiten kaum Entfernungen von 50 km.

Daß der Fernhandel meistenteils zu Wasser abgewickelt wurde, verdeutlichen die für die Römerzeit ermittelten Werte der Tagesleistungen und Ladekapazitäten, wie nachstehende Tabelle (nach Kunow) veranschaulicht:

| | Ladekapazität (in Zentnern) | Tagesleistung (in km) | Transportkosten (Vielfaches vom Seetransport) |
|---|---|---|---|
| Landtransport | 5–6 | 18–20 | 62,5 |
| Flußtransport* | 60–140 | 30–40 | 5,9 |
| Seetransport | 600–2000 | 45–65 | 1,0 |

* gemittelt aus dem Zeitaufwand für Flußauf- und -abwärtsfahrten

Es ist demnach völlig ausgeschlossen, daß der reguläre Mittelmeerhandel des Westhallstattkreises etwa über die Alpenpässe verlief. Dem entspricht auch, daß die Hallstattgruppen Südbayerns, die ja von Norditalien aus auf kürzestem Wege über die Alpen zu erreichen sind, bislang keinen einzigen Südimport aufzuweisen haben. Es hat vielmehr den Anschein, als wenn die wenigen griechischen und etruskischen Funde Nordbayerns und der Tschechoslowakei (z. B. Feuerböcke und Bratspieße von Beilngries, Oberpfalz[3]) vom Westhallstattkreis aus über die fränkischen Gruppen[4] die Oberpfalz und Böhmen[5] erreichten.

Unter Berücksichtigung der römerzeitlichen Verhältnisse lassen sich möglicherweise auch Aussagen über die am Handel beteiligten Personen selbst treffen. Angestrebt wurde immer der Kontakt des Kaufmannes mit dem Endverbraucher. Dies hat mehrere Gründe. Erstens mindert der Etappenhandel die Gewinnraten. Zweitens genießt der Händler seit jeher eine gewisse Immunität, da ja nur der Kauffahrer selbst die kontinuierliche Lieferung mit den begehrten Luxusgütern gewährleistet. Und drittens lehren alle Beobachtungen, daß der Handel zwischen Völkern niedrigerer und höherer Zivilisationsstufe immer von letzteren bewerkstelligt wird. »Der Handel verläuft mit dem Kulturgefälle und nicht dagegen« (Kunow). Deshalb ist es sehr wahrscheinlich, daß der mediterrane Händler in persona an den frühkeltischen Fürstenhöfen erschien, um seine exotischen Waren anzubieten. Unter Einberechnung aller Fährnisse, einschließlich des Umladens vom Schiff auf Landfahrzeuge, war eine Reise von Massilia etwa zur Heuneburg durchaus in rund 30 Tagen zu bewältigen. Hin- und Rückfahrt würden demnach etwa zwei Monate gedauert haben.

Das Auftreten von Südländern würde auch manche mediterran geprägten Erscheinungen an den späthallstattzeitlichen Adelssitzen erklären helfen. Erinnert sei nur an den Mann von Hirschlanden oder an die Lehmziegelmauer auf Steinsockel von der Heuneburg. Alles zusammengenommen wird man sich wohl mit der kaum glaublichen Tatsache anfreunden müssen, daß im 6. und 5. Jahrhundert v. Chr. wagemutige Leute aus dem Mittelmeergebiet die frühkeltischen Zentralsiedlungen Südwestdeutschlands, der Schweiz und Ostfrankreichs aufsuchten und dort auch länger oder kürzer verweilten. Diese waren es denn auch, die den antiken Geographen gewisse einschlägige Kenntnisse über die Topographie der Keltike vermittelten.

Nach der schriftlichen Überlieferung verhandelten die Germanen vor allem Sklaven, Pelze, blondes Frauenhaar (für Perücken) und Bernstein an die Römer. Ob dies auch für die keltische Zeit gilt, sei dahingestellt.

## Rohstoffeinfuhr

Bezüglich der Rohstoffeinfuhr war das Kulturgebiet des Westhallstattkreises seit jeher dem alteuropäischen Handelsnetz angeschlossen. Seine Lage im Zentrum des Kontinents kam ihm dabei nur zugute. Auf die Bedeutung der Flußläufe als naturgegebene Handelsstränge wurde bereits hingewiesen. Auch scheinbare Hindernisse, wie etwa die Alpenkette im Süden oder der Bayerische Wald und der Böhmerwald im Nordosten boten mit günstigen Paßverbindungen hinreichende Verkehrsmöglichkeiten, die nachweisbar zu allen Zeiten genutzt wurden. So öffnete sich die frühe Keltike in alle Himmelsrichtungen und sammelte die Trassen des Kontinents gleichsam in einem riesigen Verkehrsknotenpunkt. Es ist klar, daß die Träger der späten Hallstattkultur nicht nur Endstation vielfältiger Handelsbeziehungen waren, sondern zugleich als Vermittler für die Versorgung benachbarter und weiter entfernt liegender Gebiete fungierten. Die bewußt gewählte Lage der Fürstensitze an verkehrstechnisch vorteilhaften Punkten wurde bei der Beschreibung der Zentralsiedlungen schon betont (Kap. 3). Fraglos bildete das geschickte Partizipieren am überregionalen Handel mit eine entscheidende Ursache dafür, daß die Adelshöfe der frühkeltischen Nobilitas eine Blüte erlebten, die ihresgleichen in der Vorgeschichte kaum findet.

Die agrarische Grundstruktur der Bevölkerung im Westhallstattkreis bot in jeder Hinsicht eine wirtschaftliche Autarkie. Die Nahrungsmittel aus pflanzlicher und tierischer Produktion sicherten allemal den Unterhalt. Auch wichtige Rohstoffe wie Salz (Salins-les-Bains, Schwäbisch Hall) und Eisen standen im Lande selbst in genügender Menge zur Verfügung. Ihr Vertrieb inner- und vielleicht auch außerhalb des frühkeltischen Kulturgebietes führte nicht selten zu lokalem Wohlstand. Der Camp-de-Château verdankte seine Prosperität sicher zu einem nicht geringen Teil der Salzgewinnung aus den Solequellen im nahegelegenen Talgrund. Im Hinblick auf den abseits des Altsiedellandes errichteten Magdalenenberg mit der zugehörigen Siedlung auf dem Kapf bei Villingen wird wohl zu Recht die Ausbeutung der Eisenerzvorkommen im Ostschwarzwald als Erklärung für das Aufstreben einer lokalen Adelsdynastie herangezogen.

Der Westhallstattkreis war, insgesamt gesehen, im Grunde wirtschaftlich unabhängig. Gleichwohl wurden verschiedene Rohstoffe importiert, die entweder gar nicht oder nicht in ausreichender Menge vorhanden waren. An vorderster Stelle steht dabei die Bronze, die mit dem ungeahnten Aufschwung der Eisenverarbeitung seit Beginn der Hallstattkultur einerseits ihre Vorrangstellung als Material zur Geräte-, Werkzeug- und Waffenherstellung vollkommen eingebüßt hatte, andererseits aber als Grundstoff für die Fertigung von Blechgeschirr, Schmuck und Zierat sich nach wie vor größter Beliebtheit erfreute. Die Legierungsmetalle Kupfer (etwa 90 %) und Zinn (etwa 10 %) mußten also in beträchtlichen Mengen eingeführt und bezahlt werden. Da *Kupfer* in zahlreichen mehr oder weniger ergiebigen Erzzonen Europas vorkommt, wissen wir über die Handelswege dieses Metalls wenig. *Zinn* dagegen steht nur in der kornisch-bretonischen Provinz, im erzführenden Halbmond Iberiens und im Erzgebirge an. Der weite Ausgriff des Westhallstattkreises bis in die Côte-d'Or mit dem Mont Lassois als westlichem Ausläufer ist sicher als vorgeschobener Handelsposten auf der Zinnroute in Richtung Bretagne und Südengland zu begreifen. Aber auch die vielfältigen Beziehungen der frühen Kelten zu den Hallstattgruppen Nordbayerns und des böhmisch-mährischen Kessels dürften hauptsächlich vor dem Hintergrund des Metallreichtums der östlichen Mittelgebirge zu verstehen sein. Als eine der erstaunlichsten Leistungen innerhalb der europäischen Vorgeschichte ist der Umstand zu bewerten, daß praktisch alle bedeutenden Kulturgebiete des Kontinents seit der Erfindung der Bronze über alle Zeitläufte hinweg kontinuierlich mit Kupfer und Zinn aus den Bergwerksgebieten beliefert wurden. Was dahinter an betrieblicher Organisation und Dynamik des Verteilernetzes steckt, können wir nur erahnen.

Die Verhältnisse beim Import von *Gold* waren etwas anders gelagert. Wir glauben heute zu wissen, daß das Aare- und Rheingold von den Hallstattleuten noch nicht gewonnen wurde. Diese innerkeltischen Vorkommen wurden offensichtlich erst in spätkeltischer Zeit ausgebeutet. Jedenfalls ergab bislang keine Analyse frühkeltischer Goldfunde das charakteristische Spektrum der Spurenelemente des Rheingoldes.[6] Die Lieferanten müssen demnach die bekannten Goldprovinzen außerhalb des Westhallstattkreises (Iberische Halbinsel, Irland, Siebenbürgen u. a.) gewesen sein. Das vorgeschichtliche Gold verteilt sich zeitlich und räumlich sehr ungleichmäßig. Es gibt Fundgebiete in Europa, die fast gar keine Goldgegenstände zutage kommen ließen; andere hatten zumindest zeitweilig einen Anteil am Fundbestand. Zu letzteren zählt der Westhallstattkreis in besonderem Maße. Die Verbreitung der Goldfunde des 6. und 5. Jahrhunderts v. Chr. in Mitteleuropa zeigt einen so deutlichen Schwerpunkt in Südwestdeutschland, der nordalpinen Schweiz und Ostfrankreich, daß ihr Vorkommen nachgerade die geographische Umgrenzung des Westhallstattkreises angibt. Der Begriff »Späthallstattgold« ist sozusagen einer der Topoi dieser eigentümlichen Kulturerscheinung. Der Grund für diese im vorgeschichtlichen Gefüge Alteuropas so einzigartige Stellung ist wohl vor allem in der kennzeichnenden sozialen Differenzierung zu sehen. Die Konzentration der Macht und des Reichtums in den Händen weniger Potentaten schuf die nötige materielle Basis, um die Goldankäufe zu finanzieren. Auch unter prähistorischen Umständen ist freilich die Bezahlung erheblicher Mengen von Edelmetall nur dann zu verwirklichen, wenn damit gleichzeitig eine spürbare Einkommensminderung der unteren Bevölkerungsschichten einhergeht. Man spürt förmlich, wie das einfache Volk unter Abgaben und Steuern gestöhnt hat. Und die Annahme geht sicher nicht fehl, daß die archäologisch so evidente Bereicherung der frühkeltischen Nobilitas zuvorderst zu Lasten des »kleinen Mannes« ging.

Gewisse Anzeichen sprechen dafür, daß das Hallstattgold wenigstens teilweise aus Spanien eingehandelt wurde. Die Goldschüssel von Zürich (Abb. 33), der Goldhalsreif von Vix (Abb. 96) und die goldenen Ohrringe von La Butte (Abb. 97) besitzen ihre besten formalen Entsprechungen auf der Pyrenäen-Halbinsel. Ein iberischer Gürtelhaken vom Magdalenenberg (Taf. 16) unterstreicht nachdrücklich diese Beziehungen. Auch in diesem Falle ist die Einfuhr nur über die allgemeine Südimportroute von Massilia rhôneaufwärts denkbar. Fast immer wurde das meist aus sehr massivem Gold bestehende Einfuhrgut, wenn es nicht von vornherein in Barrenform geliefert wurde, zu hauchdünn ausgetriebenem Schmuck und Zierat einheimischer Gestaltung umgearbeitet.

Kupfer, Zinn und Gold bildeten die hauptsächlichen Einfuhrmetalle der frühen Kelten. Sonstige Metalle wie Blei und Silber liegen nur in so wenigen Funden vor, daß von einem diesbezüglichen geregelten Rohstoffimport keine Rede sein kann. Einer gewissen Regelmäßigkeit unterlag indes die Einfuhr von Graphit und Bernstein.

*Graphit* wurde zur Bemalung von Keramik verwendet und spielte als Zierelement für Tongefäße eine nicht unwesentliche Rolle. Als Herkunftsgebiet kommen nur die im Osthallstattkreis gelegenen Passauer Graphitbergwerke in Frage. Als Handelsweg bietet sich die alte Völkerstraße längs der Donau an. Entsprechend verteilt sich kleinräumig die Häufigkeit der Graphitmusterung auf Keramik im Westhallstattkreis. Die meisten Beispiele finden sich im Umkreis der Schwäbischen Alb, die ja den Abbaugebieten am nächsten liegt. Nach Süden in Richtung Schweiz und nach Westen in Richtung Ostfrankreich nimmt die Graphitmalerei sichtlich ab.

Ebenfalls aus dem Osthallstattkreis dürfte *Bernstein* eingeführt worden sein, wenngleich sich die Quantitäten hier und dort überhaupt nicht messen lassen. Der von den Gestaden der Ost- und Nordsee in den Süden gelieferte Bernstein blieb meistenteils bereits im Osthallstattkreis hängen oder wurde von dort gleich in den Mittelmeerraum verhandelt. Andererseits wissen wir seit den Funden einer beinernen Sphinx mit Bernsteingesicht vom Grafenbühl (Abb. 100) und von Resten bernsteinintarsierter Möbel in mehreren Fürstengräbern, daß das geschätzte fossile Harz sekundär über den Südimport wieder in die Keltike gelangte. Gerade der Bernsteinhandel zeigt in aller Deutlichkeit, wie weitmaschig das Handelsnetz zur späten Hallstattzeit geknüpft war und daß es nahezu hoffnungslos erscheint, die einschlägigen, paneuropäischen Handelsrouten genauer festzulegen.

Was für den Osthallstattkreis der Bernstein, war für den Westhallstattkreis die *Koralle*[7], die bei uns – wenn auch nicht sehr häufig – doch in relativ größerer Menge belegt ist als im Osten. Bezeichnend dafür ist beispielsweise die menschengestaltige Fibel von Manětín-Hradék in Böhmen, die mit Bernsteineinlagen verziert ist, wo man sonst – wie Ludwig Pauli treffend formuliert hat – Koralle erwarten würde.[8] Korallenschnitzer-Werkstätten sind auf der Heuneburg und auf dem Mont Lassois nachgewiesen. Gehandelt wurde demnach ausschließlich Rohkoralle, die dann zu Schmuckstücken frühkeltischen Geschmacks verarbeitet wurde. Die um den Golf du Lion und sein Hinterland ziemlich verbreiteten Korallenfunde bezeugen wiederum eindringlich die Haupthandelsroute für den Südimport in die Keltike über die Rhône-Saône-Passage. Plinius (*Nat. Hist.* 32,21) nennt für seine Zeit als Zentren der Korallenfischerei Drepanum (Trapani) auf Sizilien, die Äolischen Inseln (Lipari), Neapel, Graviscae in Etrurien und die Stoichades-Inseln (Iles d'Hyères) gegenüber dem antiken Olbia. Die rote Edelkoralle des Westmittelmeeres erfreute sich bis in die frühe Latènezeit uneingeschränkter Beliebtheit, sie wurde aber mit dem Abbrechen des mediterranen Importstromes zu Beginn der Stufe Lt B zunehmend durch Blutemail ersetzt. Koralle ist damit der einzige Rohstoff, der nur während frühkeltischer Zeit in die nordalpinen Gebiete verhandelt wurde.

## Südimport

Außer mit dem Vertrieb von Rohstoffen beschäftigten sich die Kaufleute in beträchtlichem Umfang mit dem Handel von Fertigprodukten. Den weitaus wichtigsten Anteil nahm dabei der Südimport aus dem Mittelmeergebiet ein. Als Ursprungsländer der verschiedenartigen Waren lassen sich Griechenland mit allen seinen mediterranen Kolonien, Italien, Nordafrika, Spanien und die Provence benennen. Sammelpunkt des Südhandels war immer Massilia (Marseille).

Einer der wichtigsten Exportartikel war griechisches und etruskisches Bronzegeschirr, das zusammen mit attischer Keramik und mit dem Getränk, also dem Wein, den frühen Kelten angeboten wurde. Der Genuß des schweren südländischen Weins unterlag im gesamten von den Griechen besiedelten oder beeinflußten Mittelmeerraum bestimmten Ritualen. Stets wurde das berauschende Getränk mit Wasser gemischt, mit herben Kräutern gewürzt und erst dann getrunken. Dafür stand ein spezielles Service zur Verfügung, für dessen Herstellung man wahlweise Metall oder Keramik verwendete und das sich – hier etwas erweitert – aus folgenden Bestandteilen zusammensetzte:[9]

Vorrats- und Handelsgefäß aus Ton:      Amphore (Abb. 94)

Gefäße zum Mischen von Wasser und Wein:  Krater (Abb. 82, 90)

Dose zum Aufbewahren von Gewürzen u. a.:  Pyxis (Abb. 79)

| | |
|---|---|
| Wassergefäß: | Hydria (Abb. 81) |
| Weinkanne: | Oinochoe (Abb. 80) |
| Sieb, Sieblöffel und Siebtrichter zum Abseihen der Gewürzkräuter: | Infundibulum, Colum (Abb. 32) |
| Trinkschale: | Kylix (Abb. 91–93) |
| Trinkhorn: | Rhyton |
| Flache Schalen: | Patera, Phiale |
| Eimer: | Ziste (Abb. 59), Situla (Abb. 95) |
| Kessel (oft auf Dreibein): | Cortina mit Tripus (Abb. 86, 87) |
| Gefäße unbestimmten Charakters: | Amphora (Abb. 84), Stamnos |
| Röhrenkanne, Schnabelkanne: | antike Namen unbekannt (Abb. 89) |

Alle diese Formen, deren antike – lateinische und griechische – sowie moderne archäologische Bezeichnungen hier etwas vereinfacht gegenübergestellt sind, fanden nach Ausweis der Grab- und Siedlungsfunde bei den frühen Kelten des Westhallstattkreises Verwendung. In der griechischen Welt bildete das Trinkgelage, das Symposion, einen Ausdruck gehobenen, gesellschaftlichen Lebens. Man darf davon ausgehen, daß die Kelten derartige aus dem Süden vermittelte Bräuche zu imitieren versuchten. Daraus entstand wohl auch das Bedürfnis, originale Gefäße zu erwerben, wenn auch der Besitz nur den oberen Schichten vorbehalten war. Selbstverständlich benutzten sie die Importbehälter nicht nur für Gelage, sondern auch für kultische Zwecke aller Art sowie im Haushalt. Besonders kostbare Gefäße – wie etwa der Krater von Vix – blieben generationenlang unberührt in der Schatzkammer stehen. Insbesondere in den Grabbrauch fand der Gedanke des Symposions Eingang, indem man den Verstorbenen nach Möglichkeit mit den dafür nötigen Behältnissen und Trinkschalen ausstattete. Die imaginäre Teilnahme des Toten am Leichenschmaus hatte in den nordalpinenKulturen eine bis weit in die Urnenfelderzeit zurückreichende Tradition, die sich in der Beigabe vielteiliger

*Abb.79.* Pyxis etruskischer Art
aus Bronze und Holz mit liegenden Löwen auf dem Deckel und
Griffknauf in Blütenform aus
dem Fürstengrab im Kastenwald
bei Appenwihr, Dep. Haute-
Rhin; Mitte bis zweite Hälfte
7. Jahrhundert v. Chr. (nach
STRAUB 1980). Höhe ohne Griff
14,3 cm.

Geschirrsätze in den urnenfelder- und frühhallstattzeitlichen Gräbern
zu erkennen gibt. Insofern bildete der aus dem Süden angeregte
Brauch, das Symposion der Lebenden in das Reich der Toten zu
transferieren, letztlich keine radikale Änderung althergebrachter Sit-
ten. Vielmehr gliederte sich diese Idee sinnfällig in überkommene
Funeralriten ein.

Griechische, großgriechische (d. h. aus den mittelmeerischen Pflanz-
städten des griechischen Mutterlandes stammende) und etruskische
Bronzegefäße wurden serienweise in den Norden exportiert, wenn wir
berücksichtigen, daß die in den frühkeltischen Fundkomplexen bis
heute zutage gekommenen Exemplare nur einen verschwindend geringen Bruchteil des ursprünglichen Bestandes ausmachen. Der Bedarf
muß enorm gewesen sein, so daß er durch den Handel allein überhaupt
nicht gedeckt werden konnte. Für die Kelten war dies allem Anschein
nach kein großes Problem, denn sie gingen sogleich daran, die einge-
führten Originale zu kopieren. Man formte sie in Ton und Bronze
nach, zum Teil offensichtlich auch in Holz. So finden sich mitunter
keramische Rippenschalen[10] (auch Zungenphialen genannt), Rippenzi-

sten (Abb. 59) und Schnabelkannen[11], deren frühkeltische Provenienz
über jeden Zweifel erhaben ist.
Sehr viel problematischer ist indes die Situation beim Bronzegeschirr.
Nur in relativ wenigen Fällen – über die noch zu sprechen sein wird –
können wir mit Bestimmtheit sagen, daß es aus dem Süden stammt.

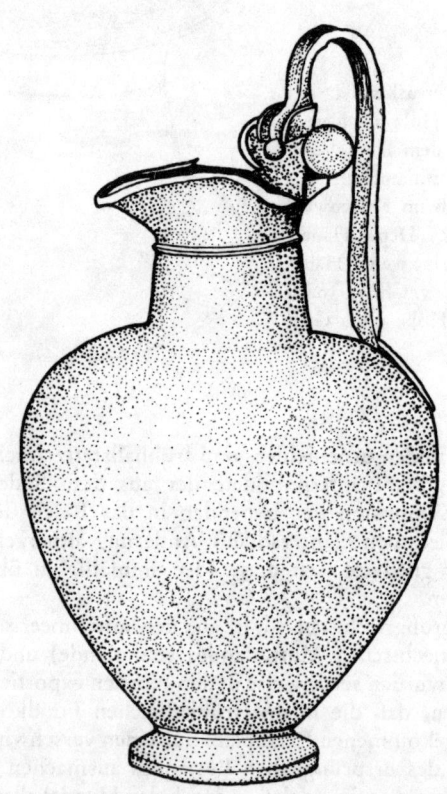

*Abb. 80.* Sogenannte »rhodische« Bronzekanne mit kleeblattförmiger Mündung aus dem Fürstengrab von Inzigkofen-Vilsingen. Kr. Sigmaringen, Baden-
Württemberg; die stark ergänzte Oinochoe wurde wahrscheinlich um 600
v. Chr. in Griechenland hergestellt (nach Bittel u. a. 1981). Rekonstruierte
Höhe mit Griff etwa 40 cm.

Die vielen aus späthallstatt- bis frühlatènezeitlichen Fundverbänden erhobenen Bronzegefäße einfacherer Form wie Zisten, Situlen, Bekken, Kessel und Schalen gehören zu allgemein gebräuchlichen Grundformen, die in zahlreichen Werkstätten nördlich und südlich der Alpen verfertigt wurden. Im Einzelfall ist kaum zu entscheiden, was

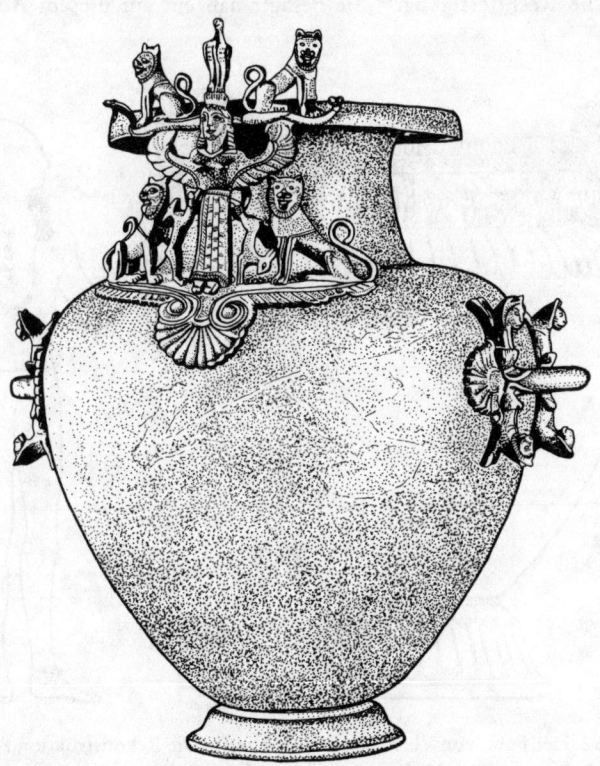

*Abb. 81.* Bronzene Hydria aus einem Grabhügel bei Grächwil, Meikirch, Bez. Aarberg, Kt. Bern: wohl tarentinische Arbeit der Zeit um 580/570 v. Chr. Erhalten sind nur die Figurengruppe der Potnia theron (»Herrin der Tiere«), die Hälfte eines Henkels, die Mündungslippe und Teile des Halses wie der Schulter. Gefäßkörper und Fuß dürften im wesentlichen richtig ergänzt sein (nach H. JUCKER in DRACK 1974). Rekonstruierte Gesamthöhe etwa 58 cm.

Import und was heimische Produktion darstellt.[12] Man wird sich sogar entschließen müssen, den weitaus größten Teil des frühkeltischen Blechgeschirrs als lokale Fertigungen nach mediterranen Vorbildern anzuerkennen.

Für eine solche Entscheidung bietet der sensationelle Fund einer Gußform für Henkelattaschen von der Heuneburg (Abb. 88) die maßgebliche Rechtfertigung.[13] Sie besagt, daß ein auf diesem Adelssitz

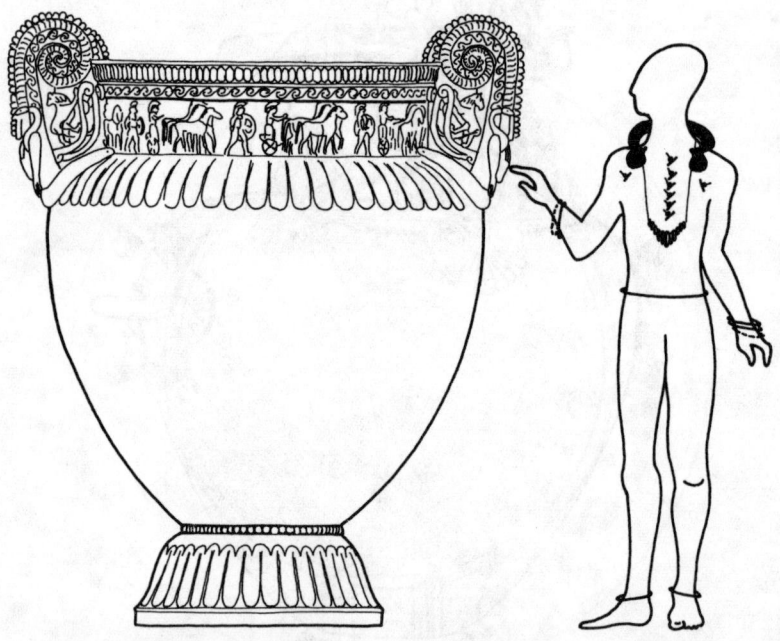

*Abb. 82.* Der Fürst von Vix neben seinem Krater. Die Rekonstruktion zeigt die Silhouette einer menschlichen Gestalt mit den angelegten, im Grab von Vix, Arr. Montbard, Dep. Côte-d'Or, aufgefundenen Tracht- und Schmuckbeigaben (goldener Halsreif, acht Fibeln – davon je eine auf den Schultern und sechs vor der Brust –, Halskette mit Stein und Bernsteinperlen, zwei bzw. drei Armringe, Leibring und zwei Knöchelringe) im gleichen Maßstab zu dem im selben Grab entdeckten griechischen Volutenkrater aus Bronze von 1,64 m Höhe, 1100 l Fassungsvermögen und 208,6 kg Gewicht.

tätiger Handwerker einen originalen (selbst das ist fraglich), etruskischen Kannenbügel abformte und nachgoß. Da werkgetreue Abgüsse nicht von Originalen zu unterscheiden sind, gelingt die Identifizierung echter mediterraner Importe letztlich nur bei wenigen Stücken. Da weiterhin nicht nur stumpfsinnig kopiert, sondern auch eigenes frühkeltisches Stilempfinden in die Toreutik eingebracht wurde, ist manches Stück von vornherein als lokales Erzeugnis zu bestimmen. Bekanntestes

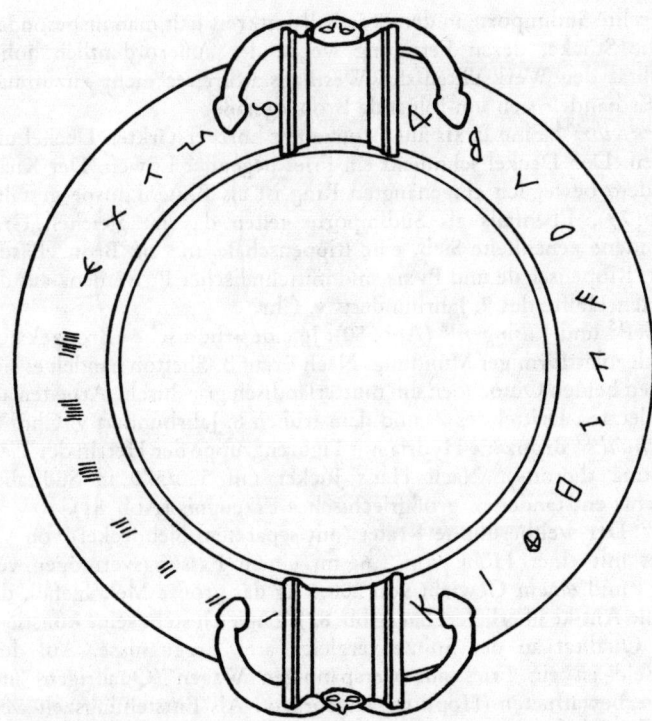

*Abb. 83.* Schematisierte Aufsicht auf den Volutenkrater von Vix mit Angabe der griechischen Buchstaben und Zahlen auf dem Gefäßhals. Diesen Signaturen entsprechen gleichartige Zeichen auf der Rückseite des Hopliten- und Quadrigenfrieses und ermöglichten es so dem Kesselschmied, der den Krater zusammenfügte, die Appliken richtig zu plazieren (nach JOFFROY 1962).

Beispiel ist die im frühlatènezeitlichen Maskenstil verzierte Schnabelkanne aus dem Nebengrab vom Kleinaspergle (Abb. 89). Das Gesamt-
problem kompliziert sich noch dadurch, daß möglicherweise südländische Bronzegießer im Auftrag oder vielleicht gar an den Höfen der
frühkeltischen Fürsten selbst arbeiteten, wofür gewisse Argumente
angeführt werden können. Wenn sich diese dann dem Geschmack
ihrer neuen Auftraggeber mehr oder weniger anpaßten, gerät die
Erörterung über Original oder Imitation schließlich in den Bereich der
Spekulation.

Für echte Südimporte in den Westhallstattkreis hält man insbesondere
solche Stücke, deren Fertigung wegen der außerordentlich hohen
Qualität den Werkstätten des Westhallstattkreises nicht zuzutrauen
ist. Es handelt sich um folgende Bronzegefäße:

*Appenwihr:*[14] Eine Pyxis aus Bronze mit holzverstärkten Deckel und
Boden. Den Deckel schmückt ein Fries liegender Löwen. Der Knauf
mit dem beweglich eingehängten Ring ist als Blütenknospe gestaltet
(Abb. 79). Ebenfalls als Südimporte gelten das im gleichen Grab
gefundene gehenkelte Sieb, eine Rippenschale und ein Bronzefläsch-
chen. Rippenschale und Pyxis sind mittelitalischer Provenienz aus der
zweiten Hälfte des 7. Jahrhunderts v. Chr.

*Kappel*[15] und *Vilsingen*[16] (Abb. 80): Je eine »rhodische« Bronzekanne
mit kleeblattförmiger Mündung. Nach Brian B. Shefton handelt es sich
bei den beiden Oinochoen um mutterländisch griechische Arbeiten aus
dem letzten Drittel des 7. und dem frühen 6. Jahrhundert v. Chr.

*Grächwil:*[17] Bronzene Hydria mit Figurengruppe der Herrin der Tiere
(»Potnia theron«). Nach Hans Jucker um 580/570 in Süditalien
(Tarent) entstandenes, großgriechisches Erzeugnis (Abb. 81).

*Vix:*[18] Der weltberühmte Krater (mit separatem Siebdeckel) von Vix
bildet mit einer Höhe von 1,64 m, einem Fassungsvermögen von
1100 l und einem Gewicht von 208,6 kg das größte Metallgefäß, das
uns die Antike überliefert hat (Abb. 82). Zugleich steht seine künstlerische Qualität an der Spitze vergleichbarer Erzeugnisse. Auf dem
Halsfeld ist ein Fries aus vierspännigen Wagen (Quadrigen) und
Schwerbewaffneten (Hopliten) angebracht. Als Entstehungszeit werden die Jahre um 530 v. Chr. angegeben. Als Herstellungsort gilt
Lakonien[19] auf der Peloponnes (Südgriechenland). Es ist sehr wahrscheinlich, daß der Krater nicht als Ganzes, sondern wegen der
bequemeren Transportmöglichkeiten in seine Einzelteile zerlegt (Fuß,
Körper, Henkel, Friesteile, Rand) die Werkstatt verließ und erst am
endgültigen Zielort zusammengefügt wurde. Aus diesem Grunde wur-

den auf die Rückseiten der Hopliten- und Quadrigenappliken in der Folge des griechischen Alphabets Kennbuchstaben und die Ziffern 1 bis 7 eingeritzt, denen gleichartige Signaturen auf dem Halsfeld des Kraters entsprechen (Abb. 83). Der Monteur auf dem Mont Lassois mußte also zumindest das griechische Alphabet lesen können. Vermutlich war er selbst Grieche, der für den Keltenfürsten arbeitete. Er besaß wohl auch die nötigen Beziehungen, um ein solches, für klassische Dimensionen nahezu monströses Objekt in die Keltike zu lotsen.

Als weitere Einfuhrgüter aus dem Grabfund von Vix werden die beiden Henkelbecken, das große Becken und die Schnabelkanne bezeichnet, deren Heimat in Etrurien gesucht wird. Unter Bezug auf das oben zur Imitationsproblematik Gesagte muß – bei aller Wahrscheinlichkeit des Importes – letzten Endes diese Frage offen bleiben.

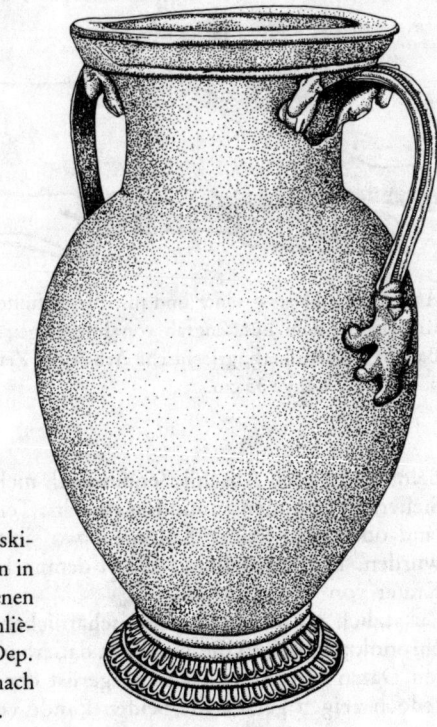

*Abb. 84.* Bronzeamphore etruskischer Art mit Henkelattaschen in Gestalt von Pferden und Sirenen aus dem Fürstengrab von Conliège, Arr. Lons-le-Saunier, Dep. Jura; um 500 v. Chr. (nach STRAUB 1980). Höhe 31,5 cm.

Gleiches gilt für die Silberphiale mit Goldomphalos, bei der weder Herkunftsort noch Entstehungszeit näher eingegrenzt werden können. Fraglos iberischer Provenienz ist der großartige Goldhalsreif (Abb. 96). Zu den beiden attischen Kylikes siehe weiter unten.

*Conliège:*[20] Für die Bronzeamphora mit Henkelattaschen in Form von Pferdeprotomen und Sirenen (Abb. 84) wird eine Entstehung um 500 v. Chr. in Etrurien angenommen.

*Hochdorf:*[21] Bei dem Löwenkessel von Hochdorf dürfte es sich um eines der interessantesten Fremdgüter des Westhallstattkreises han-

*Abb. 85.* Hohl gegossener und mit Blei gefüllter, bronzener Aufsatzlöwe des Kessels aus dem Fürstengrab von Eberdingen-Hochdorf, Kr. Ludwigsburg, Baden-Württemberg, griechische Arbeit der Zeit um 530 v. Chr. (nach BITTEL u. a. 1981). Länge 35 cm.

deln, wenn auch Abschließendes noch nicht gesagt werden kann. Mit Sicherheit stammen zumindest einzelne Teile des Stücks aus Griechenland oder einer seiner Kolonien, wo sie um 530 v. Chr. geschaffen wurden. Die Herstellungszeit ist demnach etwa die gleiche wie beim Krater von Vix.

Zusätzlich zu den naturwissenschaftlichen Methoden (u. a. Dendrochronologie) liefern die meist gut datierbaren Importgüter die absoluten Daten für das Chronologiegerüst der Hallstatt- und Latènezeit. Jedoch zeigen gerade die beiden Funde von Vix und Hochdorf, mit welchen Schwierigkeiten sich der Archäologe herumzuschlagen hat. Der Krater von Vix wirkte bei seiner Auffindung wie neu und zeigte nicht die geringsten Abnutzungsspuren. Ganz anders dagegen der Kessel von Hochdorf. Der Behälter besteht aus einem bauchigen, rundbodigen Körper von etwa 1 m Durchmesser und 0,7 m Höhe bei einem Inhalt von 300 bis 400 l. Er ist höchst gekonnt aus nur einer Bronzescheibe getrieben worden. Auf seiner Schulter sind alternierend drei liegende Bronzelöwen und drei ebenfalls bronzene, bewegliche Henkel an Rollenattaschen angebracht. Die drei Löwen von jeweils 35 cm Länge wie auch die drei Attaschen von etwa gleicher Länge bilden die mit Abstand größten Stücke ihrer Art, die aus dem Altertum bekannt sind. Sie wirken vergleichsweise unproportioniert im Verhältnis zur Kesselgröße. Der Eindruck bestätigt sich bei genauer Betrachtung der technischen Details: Löwen und Attaschen zeigen kräftige Spuren von Umarbeitung; sie sind an den Unterseiten sekundär beschnitten und wurden zudem grob mit Bronze- und Eisennieten durch neu gebohrte Löcher auf der Kesselwand befestigt. Sie gehören demnach von Hause aus gar nicht zu dem jetzigen Körper, sondern befanden sich zunächst auf einem Kessel von wahrscheinlich erheblich größerer Dimension. Man kann sogar sagen, wo diese Umarbeitung stattfand. Nur zwei der Löwen (Abb. 85) wurden im Süden gegossen. Das dritte Tier fällt qualitativ von den beiden anderen so stark ab, daß es ohne Zweifel als unbeholfener, keltischer Nachguß zu bestimmen ist. Anders ausgedrückt, der Hochdorfer Kessel wurde erst am Fürstenhof vom Hohenasperg aus verschiedenen Altteilen und einem Imitat zusammengestückt. Sehr wahrscheinlich stellte man hier auch den Körper her, nachdem der ursprüngliche Kessel irreparabel geborsten war. Zudem versuchte sich ein frühkeltischer Künstler an einem der Originallöwen, indem er ihm eine Mähne einpunzte, deren Musterung bereits Elemente des kommenden Latènestils vorwegnimmt. Gleichwohl bedeutet der Nachguß des einen Löwen für eine späthallstattzeitliche Werkstatt eine höchst beachtliche Leistung, und wieder muß man sich fragen, ob hier nicht eine hilfreiche südländische Hand zur Seite stand.

Betrachten wir nun unter den Gesichtspunkten der Fabrikfrische und intensiver Umarbeitung die Vergrabungszeiten der Bronzegefäße von Vix und Hochdorf, so sind die Relationen genau umgekehrt. Der grundlegend renovierte Kessel von Hochdorf kam am Übergang von Ha D 1 zu D 2 in die Erde, der werkstattneue Krater von Vix erst im Verlauf der Phase Ha D 3. Zwischen den beiden Grablegen klaffen

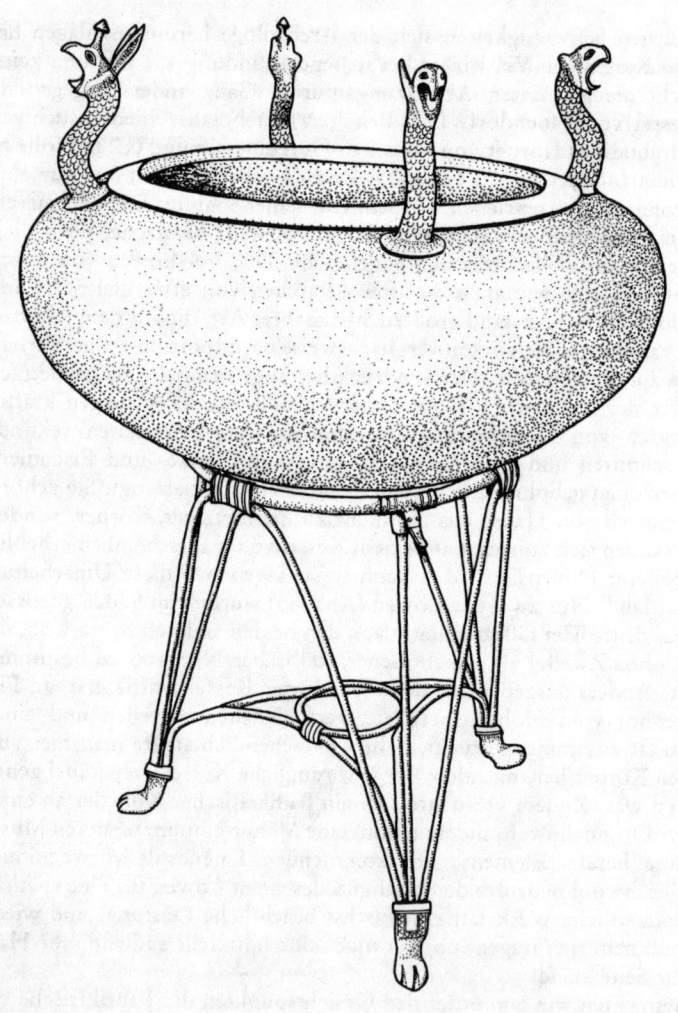

*Abb. 86.* Bronzener Greifenkessel auf eisernem Dreifuß aus dem Fürstengrab-hügel »La Garenne« bei Sainte Colombe, Arr. Montbard, Dep. Côte-d'Or (nach JOFFROY 1979). Durchmesser des Kessels 70 cm.

rund 100 Jahre. Dieses Beispiel zeigt die Grenzen der Datierungsmöglichkeiten mit Hilfe des Südimports mehr als deutlich auf.

*La Garenne:*[22] Der Greifenkessel und der zugehörige Stabdreifuß mit Löwenklauen aus dem Grabhügel bei Sainte Colombe (Abb. 86) wurde nach Hans-Volkmar Herrmann im zweiten Viertel des 6. Jahrhunderts gefertigt. Als Herkunftsgebiet wird Etrurien angegeben, obschon die Abgrenzung zwischen etruskischen und großgriechischen handwerklichen Erzeugnissen nicht immer eindeutig möglich ist.

*Grafenbühl:*[23] Die Reste des qualitätsvollen Stabdreifußes aus dem Fürstengrab am Fuße des Hohenasperg (Abb. 87) werden in die Zeit vom Ende des 7. bis in das frühe 6. Jahrhundert v. Chr. datiert. Als Herstellungsort erwägt man eine Werkstatt auf der Peloponnes.

Bei den vermutlichen Dreifußteilen aus dem zweiten Fürstengrab von

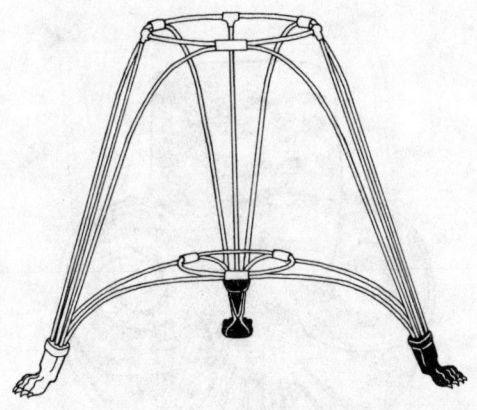

*Abb. 87.* Rekonstruktion des Stabdreifußes aus dem Fürstengrab vom Grafenbühl bei Asperg, Kr. Ludwigsburg, Baden-Württemberg. Im antik geplünderten Grab fanden sich nur zwei der ursprünglich drei Füße, diese aber noch in Originallage, vom dritten lediglich der Abdruck, woraus sich die dreieckige Anordnung mit jeweils 1 m Abstand ergab (vgl. auch Abb. 86). Die beiden erhaltenen Füße (schwarz) bestehen aus Bronze; in diese waren die Eisenstäbe des Gestänges eingelassen und mittels Blei festgegossen. Daraus erklärt sich das hohe Gewicht von 2960 und 3080 g der 13,1 und 13,6 cm hohen Füße in Form von Löwentatzen. Griechische Arbeit um 600 v. Chr., möglicherweise aus einer peloponnesischen Werkstatt (nach ZÜRN 1970).

Kappel[24] wie auch bei den Spuren eines Dreifußes aus dem Fund von Horgenauergreut bei Augsburg[25] muß man die Entscheidung, ob es sich um südliche Importe oder einheimische Nachschöpfungen handelt, vorerst zurückstellen.

*Hatten:*[26] Die Kanne mit Kleeblattmündung und Löwenhenkel aus dem Grabfund vom Hagenauer Wald wird von Otto-Herman Frey als etruskisches Importstück »noch aus dem 6. Jahrhundert v. Chr.« eingeschätzt. Ihr stehen Reste einer weiteren Kleeblattkanne aus alten Grabungen im Hügelfeld von Gündlingen[27] bei Freiburg i. Br. zur Seite. Auch für diese beiden Kannen muß das für die Schnabelkannen Gesagte herangezogen werden, daß nämlich eine örtliche Imitation nicht auszuschließen ist. Eine fundortlose »etruskische« Kanne mit Gorgonenattasche im Museum Mühlhausen (Elsaß) ist hier in gleichem Sinne anzumerken.[28]

*Kleinaspergle*[29] und *La Motte Saint-Valentin:*[30] Bei den Bronzestam-

*Abb. 88.* Geglätteter Ausguß einer Gußform für die Attasche einer Bronzekanne nach etruskischer Art von der Heuneburg bei Herbertingen-Hundersingen, Kr. Sigmaringen, Baden-Württemberg; Silenskopf über Doppelvolute mit Palmette. Die aus Ton hergestellte Mantelform diente für den Guß *à cire perdue* (Wachsausschmelzverfahren) in verlorener Form. Attaschen dieser Art wurden besonders von mittelitalienischen Toreuten (Umkreis Vulci?) zwischen 480 und 460 v. Chr. bevorzugt (nach BITTEL u. a. 1981). Höhe 4,4 cm.

noi aus den beiden Frühlatène-Fürstengräbern handelt es sich mit
größter Wahrscheinlichkeit um etruskische Importe des 5. Jahrhunderts v. Chr.

*Schnabelkannen:*[31] Im Gebiet des Westhallstattkreises wurden bislang
neun sogenannte etruskische Bronzeschnabelkannen gefunden: Mercey-sur-Saône, Vix, Sesenheim, Hagenauer Wald (ohne genauen
Fundort), Hatten, Soufflenheim, Kleinaspergle (Abb. 89), Iffezheim
und Museum Besançon[32] (ohne Fundort). Bei den Exemplaren vom
Kleinaspergle und aus dem Museum Besançon ist wegen der Ornamentik im Frühlatènestil die einheimische Produktion gesichert. Weiter fällt auf, daß die nordalpinen Kannen im Durchschnitt einige
Zentimeter höher sind als die italischen.[33] Mit aus diesem Grund wird
man einen vorläufig unbekannten, jedoch
sicher recht hohen Prozentsatz der in
den frühkeltischen Gräbern gefundenen

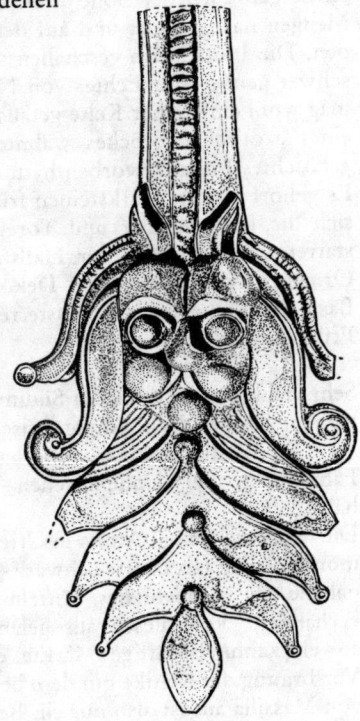

*Abb. 89.* Henkelattasche einer bronzenen Schnabelkanne nach keltischer
Art vom Kleinaspergle bei Asperg,
Kr. Ludwigsburg, Baden-Württemberg (nach BITTEL u. a. 1981). Breite
etwa 5 cm.

Schnabelkannen für Erzeugnisse aus örtlichen Werkstätten halten müssen. Mit Gewißheit bestand ein solches Atelier auf der Heuneburg.

*Fellbach:*[34] Als Hinweis auf ein frühlatènezeitliches Fürstengrab wird der Einzelfund eines »etruskischen« Bronzehenkels mit Herzattaschen von Fellbach bei Waiblingen betrachtet. Er gehörte ehedem zu einem Becken mit gegenständigem Rechteckhenkelpaar, zu welcher Gruppe auch die beiden flachen Bronzebecken von Vix zählen. In diesem Fall wird die Frage, ob Einfuhrgut oder Nachbildung, ebenfalls offen bleiben müssen.

*Châtillon-sur-Glâne:*[35] Die Bronzetülle einer Röhrenkanne stammt eher von einem Gefäß frühkeltischer Produktion.

Es steht außer Frage, daß zahlreiches südliches Bronzegeschirr in den Westhallstattkreis verhandelt wurde. Dies war bei den Kelten so begehrt, daß der Nachschub den Bedarf nicht decken konnte. Vielleicht gab auch der hohe Preis den Ausschlag, daß die Importe in Mengen nachgebildet und auf den heimischen Markt geworfen wurden. Die Imitationen geschahen so souverän, daß es selbst uns heute schwer genug fällt, Echtes von Nachgemachtem zu trennen. Wie oft mag wohl ein reicher Kelte getäuscht worden sein, der sich im Besitz eines exotischen Stückes wähnte, in Wahrheit aber ein geschickt gefälschtes Imitat erworben hatte?

Es gehört zu den Marksteinen frühkeltischer Kunstentwicklung, daß sich die Bronzegießer und Toreuten alsbald von den geometrisch-starren Zierelementen der Hallstattkultur lösten und die südlichen Ornamentsysteme in ihren Dekorschatz aufnahmen, um auf dieser Basis ein völlig eigenes Musterrepertoire zu schaffen, das wir den Frühlatènestil nennen.

Sehr viel klarer läßt sich der Südimport anhand der Keramik nachvollziehen, da die Nachbildung attisch-schwarz- und -rotfiguriger Tonware im Westhallstattkreis überhaupt nicht geübt wurde und sie die Fähigkeiten der einheimischen Töpfer bei weitem überfordert hätte.[36]

Die hauptsächlich in Attika in Griechenland (später auch in Süditalien) monopolartig fabrizierte schwarz- und rotfigurige Keramik wurde in nahezu alle Gebiete des Mittelmeerraumes und seiner Randzonen verhandelt. Von diesen aus gelangte die Tonware ins Hinterland, soweit zahlungskräftige Märkte erschlossen werden konnten. Die Versorgung der Keltike mit dem beliebten, unnachahmlichen Geschirr von Massilia aus ist also nur ein Beispiel dieses Verteilersystems, dem

gleichartige im Randbereich des Schwarzen Meeres, im Ostmittel-
meerraum, im Umkreis der nördlichen Adria (Caput Adriae) oder an
den Gestaden der spanischen Levante zur Seite stehen. In Massilia und
ihrer Nachbarschaft wie überhaupt längs der Küste des Golf du Lion
ist attische Tonware aus Siedlungen und Gräbern in erstaunlichen
Quantitäten zutage gekommen.[37] Die phokäische Gründung an der
Rhônemündung bildete ohne Zweifel *die* Handelsmetropole im westlichen Mittelmeer. Daß dieser Handel gezielt auch auf die frühkeltischen Zentralsiedlungen gerichtet war, zeigt sich nicht zuletzt daran,
daß die Gebiete zwischen Nordcevennen und Westalpen beiderseits
des unteren Rhônelaufs fast ausgespart blieben, da dort wohl keine
kaufkräftige Kundschaft ansässig war.[38]
Ab der zweiten Hälfte des 6. Jahrhunderts v. Chr. gelangte auf diese
Weise die Tonware des älteren Stils, die attisch-schwarzfigurige Keramik, an fast alle Fürstenhöfe des Westhallstattkreises. Ihr Vorkommen dort ist so charakteristisch, daß es als definierendes Kriterium für
die Herausstellung des Siedlungstyps herangezogen werden konnte.

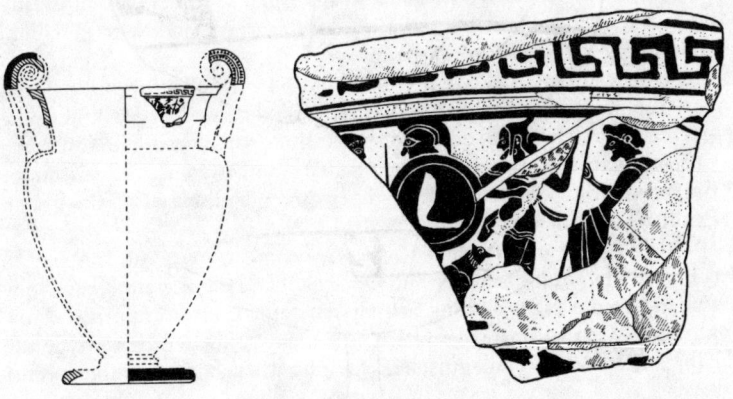

*Abb. 90.* Scherben eines attisch-schwarzfigurigen Volutenkraters mit einer
Darstellung, die als »Kriegers Abschied« gedeutet wird; Fundort »Heuneburg«
bei Herbertingen-Hundersingen, Kr. Sigmaringen, Baden-Württemberg. Um
530–520 v. Chr., daneben Gefäßrekonstruktion; nach den zuweisbaren Fragmenten vom Halsteil, von einer Henkelvolute und vom Fuß muß der Krater
eine Höhe von etwa 0,7 m besessen haben (nach BITTEL u. a. 1981). Höhe des
Scherbens 10 cm.

Von den etwa 16 frühkeltischen Zentralsiedlungen weist über die Hälfte Funde schwarzfiguriger griechischer Scherben auf. In der Bestattung von Vix am Fuße des Mont Lassois taucht diese zusätzlich als Grabbeigabe auf. Die zahlenmäßigen Belege hängen dabei sichtlich von den Forschungsmöglichkeiten und Ausgrabungsintensitäten ab:

*Bragny-sur-Saône:*[39] Drei Scherben schwarzfiguriger Gefäße.

*Mont Lassois:*[40] Etwa 300 Scherben schwarzfiguriger Ware von etwa 70 Gefäßen; folgende Formen sind belegt: Stamnos, Amphora, Kylix, Skyphos, Kolonettenkrater, Volutenkrater; eine schwarzfigurige und eine schwarzgefirniste Kylix aus dem Grab von Vix.

*Camp-de-Château:*[41] Zahlreiche Scherben schwarzfiguriger Schalen.

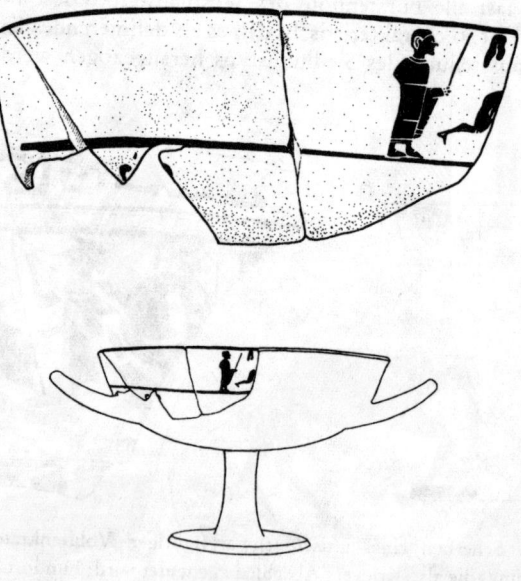

*Abb. 91.* Randscherben einer attisch-schwarzfigurigen Kleinmeisterschale mit Darstellung eines Ringkampfes unter Aufsicht eines Trainers oder Schiedsrichters; Fundort »Heuneburg« bei Herbertingen-Hundersingen, Kr. Sigmaringen, Baden-Württemberg. Um 540 v. Chr., darunter Gefäßrekonstruktion (nach BITTEL u. a. 1981). Höhe des Scherbens etwa 5,5 cm.

*Châtillon-sur-Glâne:*[42] 42 Scherben schwarzfiguriger Keramik, darunter auch das Fragment eines Kolonettenkraters.

*Üetliberg:*[43] Henkelplatte eines attisch-schwarzfigurigen Kolonettenkraters, zusätzlich kleine und kleinste schwarzgefirniste Scherben.

*Heuneburg:*[44] Über 70 Fragmente von wenigstens 15 attisch-schwarzfigurigen Gefäßen, darunter folgende Formen: Volutenkrater, Kolonettenkrater, Amphora (?), Skyphos, Kylix (Abb. 90 und 91).

*Britzgyberg:*[45] Zehn Scherben attisch-schwarzfiguriger Keramik, davon mindestens sechs zu einer Kylix gehörend (Abb. 92).

*Ipf bei Bopfingen:*[46] Eine schwarzgefirniste Scherbe.

*Marienberg von Würzburg:*[47] Mehrere Scherben eines Kraters oder einer Amphora, Scherben zweier Kylikes.

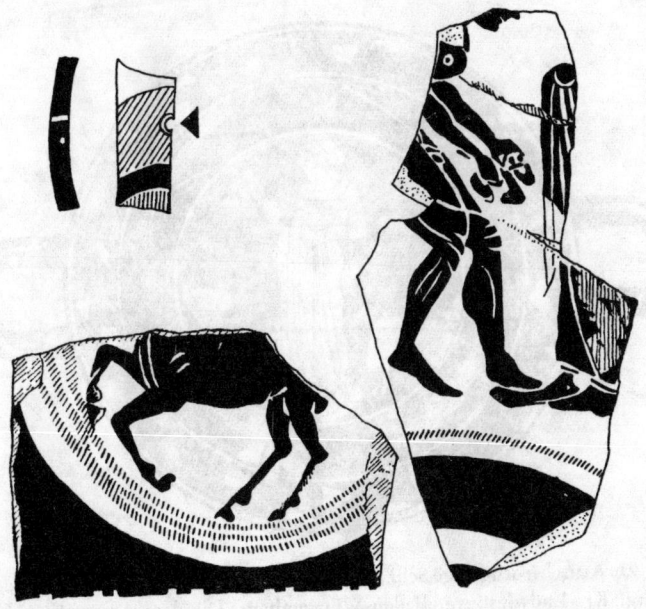

*Abb. 92.* Attisch-schwarzfigurige Keramik vom Britzgyberg bei Illfurth, Arr. Mulhouse, Dep. Haute-Rhin. Um 520 v. Chr. (nach SCHWEITZER 1973). Höhe des rechten Scherbens 6,7 cm.

Auf dem gleichen Wege wie die attisch-schwarzfigurige Keramik sind ab dem 5. Jahrhundert v. Chr. auch Proben des jüngeren Stiles, der attisch-rotfigurigen Ware, in den Norden gelangt. Wieder ist das auffällig dichte Vorkommen in den Küstenstrichen des Golf du Lion bemerkenswert. Von dort aus dringt die rotfigurige Keramik rhône-aufwärts, erreicht aber nur den Camp-de-Château als bislang einzige Zentralsiedlung des Westhallstattkreises. Sie lieferte Reste von drei Gefäßen, dabei zwei Kylikes mit zentralem Medaillon[48]. Darüber hinaus sind Grabgefäße aus zwei Bestattungen bekannt. Im Hügel von La Motte Saint-Valentin fand sich ein Schuppenkantharos[49] und im Nebengrab des Kleinaspergle eine Kylix des Amphitrite-Malers (Abb. 93) sowie eine weitere schwarzgefirniste Schale[50]. Alle drei Gefäße sind um 450 v. Chr. in Griechenland entstanden.

Fassen wir die Belege zusammen, so lassen sich im Westhallstatt-

*Abb. 93.* Attisch-rotfigurige Schale aus dem Fürstengrab vom Kleinaspergle bei Asperg, Kr. Ludwigsburg, Baden-Württemberg. Die dem Amphitrite-Maler zugeschriebene Schale (um 450 v. Chr.) ist mit in keltischer Manier verziertem und mittels Bronzestiften befestigtem Goldflitter als »barbarische« Zutat geschmückt (nach BITTEL u. a. 1981). Durchmesser ohne Henkel 15,4 cm.

kreis derzeit weit über 100 attisch-schwarzfigurige Gefäßindividuen nachweisen, die in frühkeltischer Zeit ihren Weg in die Zone nördlich der Alpen gefunden haben. Da der bislang bekannte Bestand zumeist nur aus kleinflächigen Sondagen stammt – lediglich die Heuneburg (ohne Außenanlage!) wurde zu etwa einem Drittel untersucht –, ist mit Tausenden solcher Importstücke zu rechnen. Diese Zahlen zeigen mehr als alles andere an, daß die Einfuhrgüter nicht nur gelegentlich und zufällig in die Keltike gelangten, sondern daß sie einem regelmäßigen und effektiv organisierten Südhandel ihre weite Reise verdankten. Wie das chinesische Porzellan an den neuzeitlichen Fürstenhöfen zum gewöhnlichen Hausstand gehörte, so bediente man sich an den frühkeltischen Adelssitzen des griechischen Geschirrs bei den festlichen Mahlzeiten und Gelagen.

Der merklich geringere Import der jüngeren, rotfigurigen Keramik (im Westhallstattkreis einstweilen nur sechs Gefäßindividuen) ist in erster Linie damit zu erklären, daß die Blüte dieses Stiles in eine Zeit fällt, in der die einsetzenden keltischen Unruhen einem geregelten Handel abträglich waren.

Zusammen mit der figural verzierten Tonware kamen die für den Weintransport benötigten graeco-massiliotischen Amphoren in die Keltike. Die wichtigsten Fundstationen sind wieder Mont Lassois, Britzgyberg, Camp-de-Château, Bragny-sur-Saône und Heuneburg (Abb. 94), wo allein über 150 Scherben von mindestens 15 Amphoren erhoben wurden. Dazu fanden sie an der oberen Saône um Gray als Grabgefäße Verwendung. Und schließlich gehört auch das vielfältige Spektrum der graeco-provenzalischen Keramik mit zum Südimport wie phokäische, pseudophokäische und pseudoionische Ware sowie etruskischer Bucchero[51].

Insbesondere für die südliche Keramik bildet aufgrund der beträchtlichen Fundzahlen in den Stationen des Westhallstattkreises der kontinuierlich über den Rhône-Saône-Couloir fließende Handelsstrom die einzig mögliche Erklärung. Daneben gibt es aber zahlreiche weitere südliche Einzelstücke aus nordalpinen Fundkomplexen, deren Beurteilung sehr viel komplizierter erscheint. Darunter fallen auserlesene Kostbarkeiten genauso wie ganz unauffällige Kleinaltertümer, die kaum einen Handelswert besitzen. Ein Teil von ihnen gelangte sicher aus der Provence mit dem allgemeinen Transfer in den Norden. Anderes kam allem Anschein nach direkt über die Alpen in die Keltike. Vor allem eine Reihe von Fundsachen oberitalischer Provenienz wird weniger durch regulären Handel, für den die Alpenpassagen von vornherein auszuschließen sind, als vielmehr im Gepäck von Personen, die aus unterschiedlichen Gründen das Gebirge überquerten, in den Besitz der frühen Kelten gelangt sein. In gewissem Sinne ereignete sich sogar ein bescheidener Kulturaustausch, wenn man sieht, daß bestimmte Gruppen von Fundtypen in freilich meist begrenzten Gebieten der Randzonen nördlich und südlich des Alpenkammes gleichermaßen auftauchen. So wird man beispielsweise das relativ seltene Vorkommen oberitalischer, speziell westpadanischer Keramik im Westhallstattkreis nicht im Sinne eines regulären, transalpinen Handels werten dürfen. Die Beispiele, meist Este-Situlen, von der Heuneburg[52] (Abb. 95), von Großeibstadt (Unterfranken)[53] und Châtillon-sur-Glâne[54] bleiben gegenüber dem Massilia-Handel zu vereinzelt.

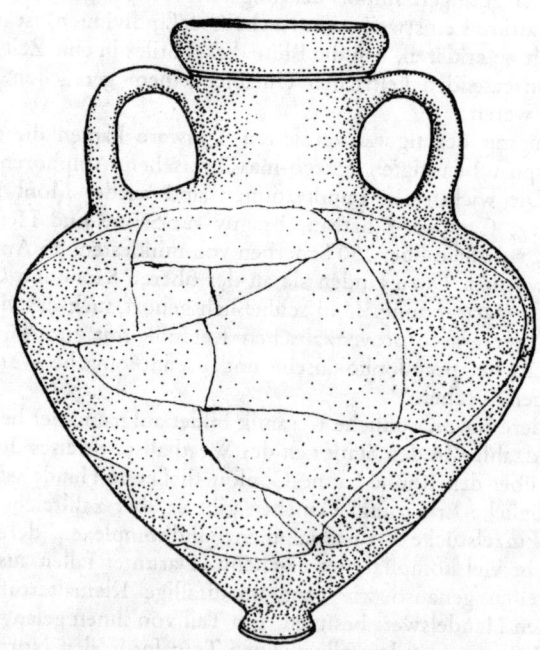

*Abb. 94.* Graeco-massiliotische Amphore mit ergänztem Hals- und Fußteil von der Heuneburg bei Herbertingen-Hundersingen, Kr. Sigmaringen, Baden-Württemberg (nach KIMMIG 1968). Rekonstruierte Höhe etwa 45 cm.

Sehr viel klarer geben sich indes die Beziehungen der westpadanisch-südalpinen Golasecca-Kultur zum Westhallstattkreis zu erkennen.[55] Zwar fehlen auch hier durchweg die wertvollen Handelsgüter, doch bezeugen nord- wie südalpine Funde von vergleichbaren Fibeln, Rasseln, Schuh- oder Körbchenanhängern die wechselseitigen Verbindungen deutlich genug. Nicht selten entwickelten sich aus diesen Anregungen eigenständige Formenprovinzen. So wird man beispielsweise das Aufkommen der Fibelmode zu Beginn der Stufe Hallstatt D auf direkte südalpine Vermittlung zurückführen müssen. Auch einzelne Typen wie etwa die für den französisch-schweizerischen Jura besonders kennzeichnenden Rasselanhänger sind ohne transalpine Übertragung kaum denkbar.

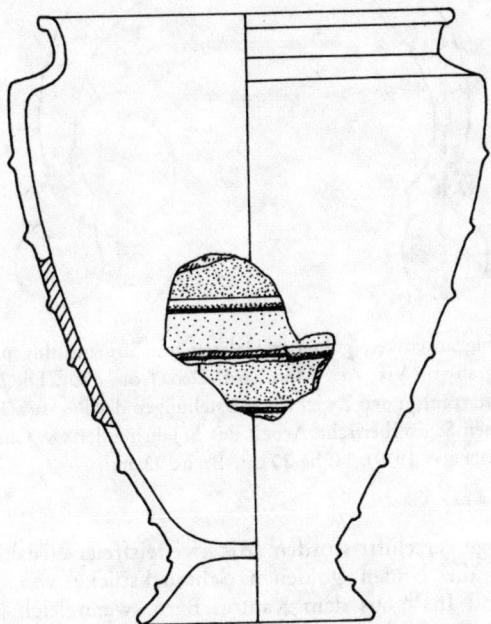

*Abb. 95.* Schwarz-rot-gebänderte und mit Leisten verzierte Scherbe einer tönernen Situla nach Este-Art von der Heuneburg bei Herbertingen-Hundersingen, Kr. Sigmaringen, Baden-Württemberg (nach KIMMIG 1974). Höhe des rekonstruierten Gefäßes etwa 49 cm.

Bei etruskischen Importen hingegen, für die die bisherige Forschung fast diskussionslos den Alpentransfer in Anspruch nimmt, ist der Einfuhrweg sicher sehr viel differenzierter und im Einzelfall nur mittelbar zu rekonstruieren. Schon aus Gründen des Transportaufwandes dürfte der Wasserweg bevorzugt worden sein. Wie etwa das spanische Gold (Abb. 33, 96, 97) mit einiger Gewißheit über die Massilia-Rhône-Route gehandelt worden sein dürfte, so ist wohl auch das Handelsgut aus Mittel- und Süditalien hauptsächlich auf dem

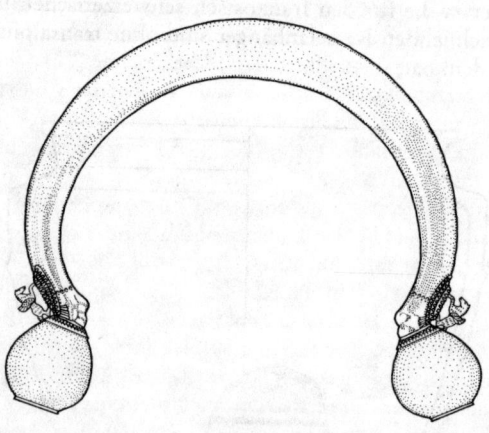

*Abb. 96.* Hohlgearbeiteter, goldener Halsreif mit birnenförmigen Enden aus dem Fürstengrab von Vix, Arr. Montbard, Dep. Côte-d'Or. Die Bogenenden bilden Löwentatzen, in den Zwickeln Darstellungen des Pegasus (Flügelpferd) der griechischen Sage. Iberische Arbeit des 5. Jahrhunderts v. Chr.; Gewicht 480 g (nach JOFFROY 1979). Höhe 20 cm, Breite 23 cm.

gleichen Wege verschifft worden. Als zweifelsfreier etruskischer Import gelten die beiden goldenen Schmuckstücke von Jegenstorf (Abb. 98) und Ins[56] aus dem Kanton Bern, wenngleich gerade bei solch kleinen Kostbarkeiten nicht unbedingt die Haupthandelsstränge in Anspruch genommen werden müssen.

Vornehmlich über Campanien und Etrurien lief wohl auch der Elfenbeinhandel. Nach Wilhelm Schüle[57] dürfte der weitaus überwiegende Teil des seinerzeit im Mittelmeerraum verarbeiteten Rohelfenbeins vom nordafrikanischen Elefanten stammen, aus dessen Herden ja noch Hannibal seine Kriegselefanten rekrutierte. Durch phönizischen Handel gelangte es dann nach Griechenland und Italien, wo es dem dortigen Geschmack und Formempfinden entsprechend umgestaltet wurde. In den Westhallstattkreis wurde es – im Gegensatz zur Koralle – ausschließlich als Fertigware exportiert. Die reichsten Elfenbeinfunde kamen im Fürstengrab vom Grafenbühl zutage, das – wenn auch geplündert – immerhin noch Teile eines im orientalisierenden Stil geschmückten Fächers (Abb. 99) und Reste von Möbeln mit Besatzstücken und Löwenfüßen aus dem exotischen Material lieferte.[58] Zu diesem Ensemble gehört auch eine Sphinx aus Elfenbein, leider unvollständig erhalten und in mehrere Teile zerbrochen. Ihr fast komplett bewahrtes Pendant besteht indessen aus Knochen; es besitzt ein fein geschnitztes, eingesetztes Gesichtchen aus Bernstein (Abb. 100). Die beiden Sphingen entstanden um 600 v. Chr. vermutlich in der dorischen Pflanzstadt Tarent.[59]

Weitere Elfenbeinartefakte stammen aus dem Fürstengrab von Apremont[60] (drei Ringlein, ein profilierter Stab) und aus dem Bürgle bei Buchheim im Breisgau[61] (ein Ring, drei profilierte Aufsätze).

Ebenfalls im phönizischen Nordafrika (Karthago?) ist die Heimat jener beiden gläsernen Maskenanhänger zu suchen, die in einem frühlatènezeitlichen Grab bei Saint-Sulpice im Kanton Waadt gefunden wurden.[62] Als Handelsweg ist gewiß die gleiche Route über die Rhône-Passage zu vermuten, auf der auch die buntfarbigen Glasbalsamarien von Bragny-sur-Saône[63], Châtillon-sur-Glâne[64] und vom Ipf bei Bopfingen[65] in den Norden kamen.

Der Verlauf der Ferntrassen, die dem zumal im westlichen Hallstattkreis eindrucksvoll nachzuweisenden, überregionalen Handel dienten, läßt sich freilich nur großräumig erschließen. Im allgemeinen ist dafür die Ausrichtung der großen Flußsysteme in Anspruch zu nehmen. So kann man etwa die bedeutende Südstraße, die von Massilia aus rhôneaufwärts der Keltike zustrebte, anhand der Fundpunkte attischer Keramik und graeco-massiliotischer Weinamphoren sicher nachzeichnen. Allem Anschein nach teilte sich diese in Höhe der Saône-Mündung bei Lyon, um einmal – dem Jura südlich ausweichend – über Genfer See und schweizerisches Mittelland den Hochrhein zu erreichen, wie Funde griechischer Scherben von Voiron (Isère), Châtillon-sur-Glâne (Fribourg) und Zürich nahelegen.

Am Hochrhein gabelte sie sich noch einmal und führte einerseits die Donau abwärts Richtung Heuneburg, andererseits zwängte sie sich

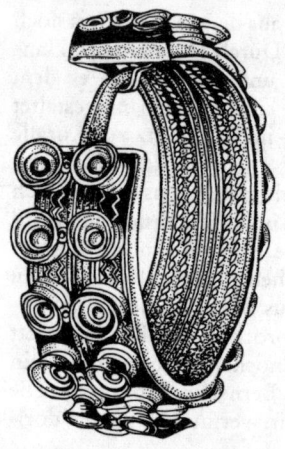

*Abb. 97.* Goldener Ohrring iberischer Art aus dem Fürstengrabhügel »La Butte« bei Sainte Colombe, Arr. Montbard, Dep. Côte-d'Or (nach STRAUB 1980). Durchmesser 4,9 cm.

durch die Enge zwischen Schwarzwald und Schwäbischer Alb hindurch ins Neckarland (Hohenasperg) mindestens bis zum Main-Dreieck (Marienberg bei Würzburg), mit einem Stichweg zum Ipf bei Bopfingen. Über Nordbayern läßt sich diese Route letztlich bis in das böhmische Becken verfolgen.

Der andere große Strang führte von Lyon aus die Saône weiter flußaufwärts und teilte sich dann bei Bragny-sur-Saône in eine Strecke, die am Nordfuß des französisch-schweizerischen Jura entlang durch die Burgundische Pforte (Britzgyberg) und die Oberrheinebene (Breisacher Münsterberg und Rastatt) bis in das Mittelrheingebiet führte. Trotz aller um die Jahrzehnte von 400 n. Chr.

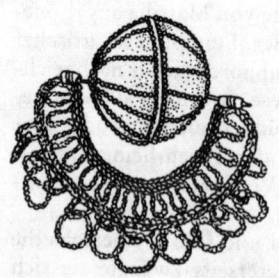

*Abb. 98.* In Granulationstechnik verziertes, gelötetes Goldgehänge etruskischer Art aus einem Grabhügel bei Jegenstorf, Bez. Fraubrunnen, Kt. Bern (nach DRACK 1974). Durchmesser der Perle 1,2 cm.

einsetzenden Unruhen konnte der Südhandel auf dieser Trasse zur
Belieferung des frühlatènezeitlichen Fürstenkreises am Rhein und an
der Mosel noch einmal zu einer ungeahnten, wenn auch letzten
Intensität gesteigert werden.

Der andere Strang verließ den Saônelauf in Höhe von Verdun, um in
nordwestlicher Richtung den Mont Lassois bei Châtillon-sur-Seine
und damit den Anschluß an das zum Atlantik hin entwässernde
Flußsystem zu erreichen. Mit gutem Recht erwägt die Forschung, ob

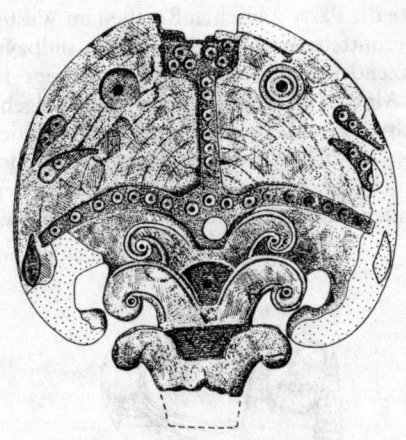

*Abb. 99.* Im orientalisierenden Stil wohl in Etrurien gefertigte, elfenbeinerne
Fächerscheibe aus dem Fürstengrab vom Grafenbühl bei Asperg, Kr. Ludwigsburg, Baden-Württemberg (nach ZÜRN 1970). Durchmesser 10 cm.

mit der letztgenannten Route eine Verbindung zu den kornisch-
bretonischen Zinnfeldern geschaffen werden sollte.

Dieser südlichen Hauptstraße, die rhôneaufwärts führend und den
großen Flüssen folgend bzw. diese anstrebend sich in der Keltike
entsprechend auffächerte, standen zumindest zwei Passagen gegenüber, mit denen – so erstaunlich dies klingen mag – die Gebirgskette
der Alpen überwunden wurde, wodurch eine regelmäßige Verbindung
zwischen Oberitalien und dem nördlichen Alpenvorland gewährleistet
wurde. Die primär dem Personen- und Ideen-, weniger dem Waren-

austausch dienenden Paßstrecken zeichneten diejenigen Wege vor, auf denen spätestens seit Beginn des 4. Jahrhunderts v. Chr. die Kelten aus ihren heimatlichen Siedelgebieten in die Poebene eindrangen und die Völker des Südens in Angst und Schrecken versetzten.

Die eine Strecke überschreitet das Alpenmassiv vom Lago Maggiore und Comer See aus in nördlicher und nordwestlicher Richtung und wird entsprechend ihrem Ausgangsgebiet als Golasecca-Tessin-Passage bezeichnet. Wichtigste Pässe in das schweizerische Gebiet dürften Lukmanier, Kleiner und Großer Sankt Bernhardin, Sankt Gotthard und Splügen gewesen sein. Die zweite Hauptroute, die Etsch-Eisack-Passage, benutzte die Pässe zwischen Reschen im Westen und Brenner im Osten. Sie vermittelte nach Norden in den südbayerischen Raum und die angrenzenden Donaugebiete. Es verdient festgehalten zu werden, daß die Alpen – im Gegensatz zu den Mittelgebirgen wie Jura, Vogesen und Schwarzwald, die eher umgangen wurden – keinesfalls als Barriere wirkten. Vielmehr drang die reguläre Besiedlung bis weit in die Gebirgstäler vor, so daß die Überwindung der Norden und Süden verbindenden Alpenpässe nur relativ geringe Zwischenstrecken erforderte.

*Abb. 100.* Beinerne Sphinx mit Bernsteingesicht aus dem Fürstengrab vom Grafenbühl bei Asperg, Kr. Ludwigsburg, Baden-Württemberg. Das Stück wurde in sekundärer Verwendung mittels goldplattierter Bronzenieten vielleicht auf einem Möbel oder einem Bettgestell (Kline) befestigt. Ein zweites, nahezu identisches, aber weniger gut erhaltenes Exemplar aus Elfenbein wurde im gleichen Grab gefunden. Vermutlich in einer der dorischen Griechenstädte Unteritaliens (Tarent?) um 600 v. Chr. hergestellt (nach ZÜRN 1970). Höhe 4,8 cm.

## Sonstige Fremdgüter

Dem außerordentlich intensiven Südhandel mit Fertiggütern, den die mittelmeerische Welt mit den frühen Kelten unterhielt, entspricht die Regel, daß der Warenaustausch dem Kulturgefälle folgt. In der Tat bestanden zwischen dem Westhallstattkreis und den übrigen europäischen Völkern des Westens, Nordens und Ostens keine vergleichbaren Handelsbeziehungen. Wohl orderten die Träger der Späthallstattkultur Rohstoffe auch aus entfernten Gegenden Europas, doch formten sie diese zu Gebrauchs- und Schmuckgegenständen einheimischen Stils um. Alle Dinge, die außerhalb der mediterranen Hochkulturen verfertigt wurden, konnten nämlich auch von den Kelten ohne weiteres selbst hergestellt werden. Als Handelsware besaß also nur der Rohstoff, der im eigenen Lande fehlte, einen Wert. Gleichwohl können wir diese Beziehungen, die sich nicht nur im friedlichen Handelsverkehr entwickeln, sondern in allen Formen des Kontakts, der zwischen Nachbarvölkern zu bestehen pflegt (Beutezüge, Stammesfehden, Expeditionen, gegenseitige Einladungen, Freundschaften, Exogamien u. a.), anhand zahlreicher Kulturäußerungen fassen. Wechselseitige Einflüsse sind vor allem zwischen dem West- und dem Osthallstattkreis spürbar, wofür die Verwandtschaft zahlreicher Sachgruppen beredtes Zeugnis ablegt. Nicht so stark, aber unverkennbar sind die Kulturbeziehungen zu den nördlichen und westlichen Nachbarn.

Nur in relativ wenigen Fällen schlagen sich diese Verbindungen in Fundstücken nieder, die sich als eindeutige Fremdlinge im frühkeltischen Kulturmilieu abheben. Diese bilden die geringen Spuren weiträumiger Kontakte in Europa nördlich der mittelmeerischen Hochkulturen. Zu nennen ist eine kleine, nur 13,5 cm hohe Linsenflasche, die in einer späthallstatt-frühlatènezeitlichen Abfallgrube auf dem Breisacher Münsterberg zutage kam.[66] Sie gehört einer vornehmlich im ostdanubischen Raum verbreiteten Formengruppe an, deren westliche Ausläufer gerade noch die Oberpfalz erreichen.[67] In das südostalpine Gebiet weist eine slowenische Prunkfibel[68] (Taf. 17), die in einer Nachbestattung des Magdalenenberges gefunden wurde. Ganz an der Nordgrenze des Westhallstattkreises, schon in der Kontaktzone zu den mittelrheinischen Eisenzeitkulturen, kam eine sogenannte Billendorfer Nadel zum Vorschein, deren Heimat ohne Zweifel im östlichen Mitteldeutschland bzw. in Westpolen zu suchen ist. Hartmut Polenz, der diesen Typ der Spatelkopfnadel eingehend gewürdigt hat, meint sogar, daß sie möglicherweise durch Exogamie

(Verheiratung einer Frau in die Fremde) nach Lengfeld am Untermain gekommen ist.[69]

Damit erschöpfen sich die Beispiele von Fremdgütern, die als echte Importe in den Westhallstattkreis anzusprechen sind. Alle übrigen Fremdformen (»Marnekeramik«, »Tonware nach Rhein-Mosel-Art«, »rheinische Kalenderberg-Keramik« u. a.), die immer wieder in der Fachliteratur angeführt werden, sind eher als lokale Nachempfindungen auswärtiger Vorbilder aufzufassen.[70]

# Neuntes Kapitel
## Zur sozialen Struktur

In den vorangegangenen Kapiteln sind immer wieder Hinweise zur sozialen Struktur im Westhallstattkreis eingeflossen, soweit sie bei der Darstellung der archäologischen Sachverhalte nötig erschienen. Dazu bedarf es noch einiger grundlegender Bemerkungen, die zugleich ein Stück Forschungsgeschichte und die Grenzen der archäologischen Aussagemöglichkeiten umreißen. Generell orientiert sich in den prähistorischen Wissenschaften jeder Versuch zur Rekonstruktion gesellschaftlicher Verhältnisse an den Ausstattungsmustern der Grabinventare.

So sehr sich die späthallstattzeitlichen Fürstengräber seit Beginn ihrer Entdeckung in der zweiten Hälfte des 19. Jahrhunderts einer populären wie wissenschaftlichen Faszination erfreuten, so wenig beachtete man zunächst die gleichzeitigen normalen Gräber jener Kulturepoche. Zwar waren zusammen mit den spektakulären Funden auch zahllose Beigabenensembles schlichter Art in die Museen gelangt, doch fielen sie dort in einen Dornröschenschlaf, in dem sie vielerorts noch heute ruhen. Dies kommt nicht nur in der Bezeichnung »Fürstengräberkultur« zum Ausdruck, die sich allmählich einbürgerte, sondern auch in einschlägigen Bearbeitungen. So schrieb Ulrich Kahrstedt[1] noch im Jahre 1938, daß »in der späten Hallstattzeit große Herren aus ihren Familiengräbern zu uns sprechen; daneben gibt es nur noch so armselige Kätner, daß sie nichts Nennenswertes zu hinterlassen hatten«.

In der Diskussion wurde von vornherein betont, daß unter allen vorgeschichtlichen Kulturen die späte Hallstattzeit (Ha D) als erste eine, dann aber auch gleich eklatante soziale Differenzierung aufgewiesen hätte. Wie aber neben jener Herrenschicht das einfache Volk aussähe, darüber machte man sich kaum Gedanken. Die Äußerung Kahrstedts muß als symptomatisch für die Forschungsmeinung bis zum Beginn der sechziger Jahre angesehen werden: Einer feudalen Adelsschicht war eine unfreie, überwiegend bäuerliche Schicht zu Dienstleistungen, etwa zum Bau der Riesengrabhügel oder der Befestigungsanlagen, verpflichtet. Mit einem so vordergründig gezeichneten Bild erklärte sich Edward Sangmeister[2] in einer 1964 leider an apokrypher Stelle vorgelegten Studie über das Gräberfeld von Mauenheim im Hegau nicht einverstanden.

Mauenheim war seinerzeit eines der wenigen hallstattzeitlichen Grabhügelfelder, das in Teilpartien untersucht werden konnte und inzwischen vollständig ausgegraben ist.[3] Sangmeister sah in den unterschiedlichen Ausstattungsmustern die Vertreter zweier sozialer Schichten: einmal die freien Hofbauern, deren Gräber sich durch die Beigabe eines ganzen geschlachteten Schweines oder eines vierrädrigen Wagens abhoben, und zum anderen die Hintersassen, die wohl in ihrer Tracht, nicht aber mit zusätzlichen Beigaben beerdigt worden waren. Schließlich deutete er – freilich ohne irgendwelche Anhaltspunkte dafür zu haben – die Existenz einer untersten Klasse von armen und unfreien Leuten an.

Dieser horizontalen Schichtung fügte er eine vertikale hinzu, die er im wesentlichen neben die freien Hofbauern stellte. Es handelte sich um vermögend gewordene Handwerker wie Goldschmiede, Bronzegießer, Schwertfeger, Kunsttöpfer, endlich noch Händler und eine Kriegerkaste.

Es ist an dieser Stelle vielleicht angebracht, die Verwendung des Begriffes »soziale Schicht« in der Urgeschichte kurz zu erläutern, um Mißverständnisse zu vermeiden. Mit einer solchen Stufung beabsichtigt der Prähistoriker keineswegs, moderne, historische oder ethologische Gesellungsformen auf vorgeschichtliche Verhältnisse zu projizieren. »Soziale Schicht« ist lediglich ein Terminus technicus für bestimmte Fundkombinationen, die aus dem archäologischen Materialspektrum isoliert werden, wobei der geistige Hintergrund, der zur Niederlegung wechselnder Sachgruppen führte, mit dem Fachausdruck »soziale Schicht« gewiß nur sehr einseitig umschrieben ist. Im Grunde können wir nicht mehr als eine »Ausstattungssoziologie« betreiben.

Das Sangmeistersche Schema wurde erst 1970 wieder von Hartwig Zürn[4] modifiziert, als er mit der Vorlage des Fürstengrabes aus dem Grafenbühl neue Akzente zu setzen vermochte. Zürn war nämlich aufgefallen, daß die Fürstengräber ihrerseits unterschiedlichen Reichtum zeigen. Vor allem sonderte sich eine Gruppe ab, die durch zahlreichen südlichen Import gekennzeichnet war, so z. B. Vix und eben der Grafenbühl. Die übrigen goldführenden Fürstengräber faßte er dann zu einer zweiten Garnitur zusammen, zu der er Angehörige »reicher Familien« zählte, die über einen größeren Landbesitz verfügten und die den Fürsten der ersten Garnitur verpflichtet waren.

Den Untersuchungen Sangmeisters und Zürns lassen sich noch einige weitere Arbeiten anschließen, die sich mit den gesellschaftlichen Verhältnissen in der Späthallstattkultur befassen, so ein Aufsatz von Imma Kilian-Dirlmeier[5]. Darin gliedert sie am Beispiel des von Zürn ergrabenen Friedhofs von Mühlacker in Nordwürttemberg die Hintersassen Sangmeisters mit Hilfe reicherer und ärmerer Trachtgestaltung noch einmal in eine privilegierte und eine untergeordnete Schicht. Summarisch kann damit die Forschung das auf S. 358 abgebildete Schema zur sozialen Struktur der frühen Kelten anbieten.

In diesem Zusammenhang darf eine Publikation von Wolfgang Kimmig[6] nicht unerwähnt bleiben. Kimmig geht es hauptsächlich um die Bestimmung des Begriffes »Fürstensitz« im späthallstattzeitlichen Milieu Mitteleuropas. Dabei stellt er auf der einen Seite den Adelssitzen wie Heuneburg, Hohenasperg und Mont Lassois mit südländischen Importen und umgebenden Großgrabhügeln einfacher ausgerichtete hallstattzeitliche Siedlungstypen wie Wittnauer Horn[7], Goldberg[8] und Kyberg bei Unterhaching[9] gegenüber. Dort fehlten Güter mediterraner Herkunft, und in deren Nähe sind auch keine Fürstengrabhügel bekannt. Jene stellten die Dynastenburgen mächtiger Stammesfürsten dar, diese die Sitze mehr provinziell-bäuerlicher Sippenhäuptlinge.

Eine weitere bemerkenswerte Arbeit von Georg Kossack[10] beschäftigt sich mit einer durch eigentümlich einheitliche Grabausstattung auffallenden Gräbergruppe bei Großeibstadt an der fränkischen Saale – schon an der nordöstlichen Peripherie des Westhallstattkreises gelegen. Zwar gliedert Kossack diesen Personenverband einem in sich geschlossenen, männerbündischen Sozialverein ein, doch stuft er ihn weder vertikal noch horizontal in die hallstattzeitliche Gesellschaftsstruktur ein. Er resigniert zu Recht, »daß es ein methodisches Prinzip, nach dem das Material aus Gräbern soziologisch zu behandeln wäre, bisher nicht gibt«.

Sind also die Bemühungen um eine Rekonstruktion sozialer Strukturen im westlichen Hallstattkreis aufgrund vordergründiger Betrachtungsweise einerseits ausgeufert, andererseits in den Ansätzen steckengeblieben, so ist zu fragen, wo überhaupt methodische Möglichkeiten zum Erkennen gesellschaftlicher Verhältnisse innerhalb des umgrenzten Rahmens liegen. Dabei gilt es zu versuchen, den nachgerade zu einem Topos gereiften Begriff von der plötzlichen Herausbildung eines feudalistischen Systems zu Beginn von Hallstatt D, deren Ursachen nicht zuletzt den starken mediterranen Einflüssen zu verdanken

Die gesellschaftliche Struktur der Hallstattkultur

Bisherige Modelle:

| Kahrstedt 1938 | Sangmeister 1964 | Zürn 1970 | Kilian-Dirlmeier 1974 | Summe | Kennzeichen |
|---|---|---|---|---|---|
| »große Herren« | »Adelsherren« | »erste Garnitur« | | 1. erste Garnitur | Gold, Wagen, südl. Import |
| | | »zweite Garnitur« | | 2. zweite Garnitur | Gold, Wagen |
| | »freie Hofbauern« | | | 3. freie Hofbauern | Wagen, Schwein |
| | »Hintersassen« | »Gesinde« | »privilegiert« | 4. privilegierte Schicht | reichere Tracht |
| | | | »untergeordnet« | 5. untergeordnete Schicht | ärmere Tracht |
| »armselige Kätner« | »arme, unfreie Leute« | | | 6. Unfreie | beigabenlos |

wären, etwas zu nivellieren. Notwendigerweise führt dabei der Weg zurück zu den archäologischen Quellen, also zu den Ausgrabungsbefunden.

Zur Verfügung stehen Gräber und Siedlungsfunde. Die dritte gewöhnliche Quellengattung der Prähistorie, die Schatzfunde im Sinne von Horten und Weihedepots, entfällt nahezu völlig. Bei dieser Tatsache muß zunächst verweilt werden. Möglicherweise bietet sie einen Schlüssel zur Lösung eines der Teilprobleme, ob sich nämlich mit den Hallstattfürsten wirklich zum erstenmal in der Vorgeschichte soziale Differenzierungen aufzeigen lassen. Diese Vorstellung erwuchs aus der Voraussetzung, »daß es ein ungeschriebenes Recht gäbe, was dem Toten ins Grab zu folgen habe, und daß dann der Reichtum oder die Armut der Grabausstattung als Maßstab für Reichtum oder Armut zu Lebzeiten gewertet werden darf«[11].

Bei näherer Betrachtung gibt es zwar hin und wieder reiche Gräber unter der Masse der Beisetzungen in nahezu allen vorgeschichtlichen Kulturen. Man denke etwa an die mitteldeutschen Fürstengräber der frühen Bronzezeit, an überdurchschnittlich ausgestattete Einzelgräber der Hügelbronzezeit wie der Urnenfelderkultur, und selbst in der Frühstufe der Hallstattkultur (Ha C) finden wir mit Gräbern wie Gomadingen-Sternberg[12] oder Wehringen[13] eine deutliche Hervorhebung durch das Ausstattungsmuster. Diesen Gräbern fehlen nicht einmal Beigaben aus Gold, mit denen sich insbesondere die Adelsbestattungen der Späthallstatt- und Frühlatènekultur auszeichnen. Freilich wird die Üppigkeit der frühkeltischen Adelsgräber niemals erreicht. Überprüft man aber die jeweiligen kulturell zuzuordnenden Hort- und Weihefunde, so sind Golddeponierungen seit der frühen Bronzezeit üblich und erreichen in der Urnenfelderkultur mit den bekannten Goldhüten von Schifferstadt und Ezelsdorf[14] einen gewiß nicht zufälligen Höhepunkt. So stellt sich grundsätzlich die Frage, ob sich soziale Differenzierungen in jenen Zeitläuften weniger in den Grabbeigaben als vielmehr im Hortwesen widerspiegeln. Vergleichbare Verhältnisse lassen sich denn auch in der Spätlatènezeit beobachten, die wieder durch eine erhöhte Weihe- und Deponierungsfreudigkeit gekennzeichnet ist.

Doch nun wieder zur Späthallstattzeit selbst. An sich ist die Quellenlage nicht ungünstig, denn durch die Sitte des Grabhügelbaues bieten sich die Denkmäler dem archäologischen Zugriff gleichsam von sich aus an, im Gegensatz zur Flachgrabsitte, deren Nekropolen nur durch Zufall aufzuspüren sind. Doch schon die naheliegenden Überlegungen schaffen Unsicherheitsfaktoren. Wurden überhaupt alle Angehörigen der Bevölkerung bestattet? Wenn ja, in Hügeln? Mit Beigaben? Keine der drei Fragen kann vorbehaltlos bejaht werden. Es gibt beispielsweise im Westhallstattkreis kaum Gräber von Kindern perinatalen und frühjuvenilen Alters. Ihre Leichen müssen in einer archäologisch nicht oder nur unzureichend faßbaren Weise beseitigt worden sein. Weiter sind auch Flachgräber bekannt, zum Teil sogar in unmittelbarer Nähe und selbst innerhalb der Hügelfelder, und schließlich gelingt es mitunter, aufgrund identischen Bestattungsbrauches ansonsten undatierbare, beigabenlose Gräber mit einiger Gewähr als hallstättisch anzusprechen.

Unterstellen wir einmal, daß mit solchen Funeralgruppen bereits ein bestimmter sozialer Status faßbar wird, so wird die eigentliche Problematik des Themas klar. Können die aus beigabenführenden Grabhügeln bekannten Bestattungen ohne weiteres für die soziale Struktur repräsentativ sein? Die Frage ist bislang nicht zu beantworten.

Erst recht nicht läßt sich die späthallstattzeitliche Population durch die bereits untersuchten Grabhügel demographisch aufschlüsseln. Seit durch moderne Grabungen nachgewiesen ist, daß die Grabhügel der frühen Kelten außer dem Zentralgrab noch weitere Nachbestattungen zu enthalten pflegen – an der Spitze stehen der Magdalenenberg mit 126 und der Hügel von Bressey-sur-Tille mit über 100 Nebengräbern –, müssen praktisch alle bereits früher einmal zentral angetrichterten Grabhügel noch einmal untersucht werden, will man eine vollgültige Aussage gewinnen. Stellt man diese Forderung an unsere frühkeltischen Grabhügel, so darf allenfalls etwa 1 % als erschöpfend ergraben gelten. Die Ausgrabungsergebnisse lehren zudem, daß die Befunde durch Grabraub oder spätere Störungen fast immer erheblich dezimiert angetroffen werden. Lediglich unter dem Vorbehalt einer fragwürdigen, verminderten und ungleichmäßigen Quellenbasis sind demnach alle Ausführungen zu werten.

Für die Klassifizierung von Grabfunden ist primär die sichere Sexualdiagnose unerläßlich. Wie wichtig dies ist, zeigt exemplarisch die Untersuchung des Gräberfeldes von Mühlacker, bei der aufgrund »quantitativ armer« bzw. »reicher« Trachtausstattung eine sozial untergeordnete und eine sozial privilegierte Schicht postuliert wurde.[15] In Wirklichkeit handelte es sich einerseits um Männergräber, andererseits um Frauengräber. Seit nämlich nach einer Analyse der Nachbestattungsnekropole auf dem Magdalenenberg die Vorstellungen zur hallstattzeitlichen Männer- und Frauentracht konkretisiert werden konnten[16], weiß man, daß die Männer mit einer deutlich schlichteren Ausstattung beerdigt wurden als die Frauen. Dieses Ergebnis war insofern von Bedeutung, als damit die Art der Grundausstattung einer mit 140 Individuen bezeugten Populationsgruppe erhellt und durch gleichläufige anthropologische Bestimmung abgestützt werden konnte.

Die Grundausstattung des Ha-D-Mannes besteht lediglich aus zwei Fibeln, die an der Schulter getragen werden. Oft findet sich auch nur eine Fibel oder statt deren eine Nadel. Manchmal fehlen metallene Kleiderverschlüsse überhaupt. Da aber die Anlage des Grabes eines solcherart Beigabenlosen mit hölzerner Sargkammer und Steinschutz sich auch in der Größe nicht vom Bestattungsaufwand für einen Mann mit den besagten zwei Fibeln unterscheidet, ist zwischen ihnen kein sozialer Unterschied anzunehmen.

Die Regelausstattung des Mannes kann erweitert sein; gelegentlich findet sich Schmuck, ein Halsreif, ein oder zwei Armringe – beim Mann indes immer nur an einem Handgelenk –, eine metallene Gürtelzier, ein Ohrring oder Toilettengerät. Die Grundausstattung wird, wenn auch selten, durch die Beigabe von Waffen ergänzt. Zumal die Waffenträger werden gern und in fast allen einschlägigen Arbeiten als Angehörige einer höheren sozialen Schicht apostrophiert. Doch ist die Waffenbeigabe immer besonderen Regeln unterworfen, die nur sehr schwer mit unmittelbar erkennbaren sozialen Schichtungen in Einklang zu bringen sind.[17] Der Umfang des Bestattungsaufwandes fügt sich bei der Auswertung geschlossener Nekropolen wie etwa Mauenheim, Mühlacker oder Magdalenenberg jeweils in eine Norm, die weder nach oben noch nach unten spürbar über- bzw. unterschritten wird.

Die gleichen Beobachtungen gelten für die Frauengräber, wobei es unter diesen noch deutlicher wird als bei den Männergräbern, daß der Reichtum der Trachtbeigaben im wesentlichen eine Funktion der Stellung des Individuums in der Familie ist.[18] Wieder bemerken wir eine Regelausstattung. Diese besteht aus Kopf- und Haar- bzw. Ohrschmuck, einem Halsring, Fibeln, Gürtelblech, Armbändern oder -ringsätzen und Fußreifen. Die Standardtracht kann reduziert sein, sicherlich nicht allein wegen der Vergänglichkeit etwaiger organischer Schmuckbestandteile. Sie kann aber auch durch ein besonders schönes oder exotisches Schmuckstück hervorgehoben sein, etwa durch ein kostbares Bernsteinkollier oder einen fremdländischen Gürtelhaken (Taf. 16).

Unter diesen Umständen, ergänzt durch die Befunde des Bestattungsaufwandes wie Größe der Grabgrube, der Sargkammer und des Stein-
schutzes, läßt sich wiederum keine offenkundige soziale Schichtung
erkennen. Vielmehr wird deutlich, daß es keinen begründbaren Einschnitt zwischen sogenannten reichen und armen Gräbern auf Friedhöfen wie Mauenheim und Mühlacker gibt.

Dies gilt – um es noch einmal ausdrücklich zu betonen – nur, wenn
man die Betrachtung von einer Regelausstattung aus führt, die sozusagen nach oben ergänzt und nach unten vermindert sein kann, so daß
im Verein mit dem einheitlichen Bestattungsaufwand innerhalb des
angeführten Gräberfeldtypes keine gesellschaftlichen Differenzierungen transparent werden. Wertet man die Befunde isoliert – und das
ist ja bei nur unzulänglich erforschten Gräberfeldern fast unvermeidlich –, also jeweils das reichste Frauengrab neben der ärmsten Bestattung, so entsteht von dieser Warte her durchaus der Eindruck eines
sozialen Gefälles.

Bleibt noch ein Vergleich der Gräberfelder untereinander. Gewisse
Unterschiede, jetzt einmal abgesehen von chronologisch bzw. regional
bedingten Sonderheiten, sind nicht zu übersehen. Insgesamt ist z. B.
die Ausstaffierung der Nachbestattungsnekropole vom Magdalenenberg reicher als die der Gräberfelder von Mühlacker oder Mauenheim.
Dies kommt u. a. in der durchschnittlichen höheren Zahl von Tonnenarmbändern oder Waffenbeigaben zum Ausdruck.

Doch möchte man auch darin keine soziale Differenzierung sehen, als
vielmehr Folgen lokal bedingter, günstigerer wirtschaftlicher Gegebenheiten. Die Grundausstattungen gleichen einander völlig, nur pendeln sie sich am Magdalenenberg zu einem eher ergänzten, in Mauenheim und Mühlacker zu einem eher geschmälerten Beigabenensemble
ein. Es scheint aus diesen Gründen nicht gerechtfertigt, insgesamt ein
wenig reicher ausgestattete Gräber etwa einer bevorzugten, den Dyna-
stengeschlechtern näherstehenden Klientel zuzusprechen.

Nun zu den Fürstengräbern selbst. Es ist klar, daß wir hier vielfach
nur der Historie entlehnte Metaphern für Definition und Terminologie verwenden. Indes steht kein anderes Vokabular zur Verfügung;
bleiben wir also bei unseren Hallstattfürsten und unserem Keltenadel.
Ein Grundsatz zeichnet sich deutlich ab. Bei fast allen Fürstengräbern
handelt es sich um Männerbestattungen. Das gilt für Stuttgart-Bad
Cannstatt trotz reicher Schmuckbeigaben aufgrund der mitgeführten
Waffen, das gilt für den Grafenbühl, ebenfalls mit kostbarem
Geschmeide, nicht nur aufgrund des anthropologischen Befundes,

sondern auch wegen der Beigabe eiserner Votivbeilchen, und dies gilt
vor allem auch für das Grab von Vix.

Bevor wir jedoch versuchen, auch für die Fürstengräber eine Grundausstattung herauszuarbeiten, sind einige methodische Bemerkungen
einzustreuen. Wir bezeichnen heute einen Grabfund als reich oder gar
fürstlich nur dann, wenn er Beigaben aus Materialien enthält, die der
zehrenden Kraft unserer mineralischen Böden widerstehen. Dazu
zählen in erster Linie Gegenstände aus Edelmetallen und Keramik,
weiter Bronze, obschon auch diese unter ungünstigen Umständen
vergehen kann, weniger schon Eisen, das gelegentlich zwar gut, öfter
aber ganz liederlich erhalten oder als Rostspur überhaupt nicht mehr
zu bergen ist. In der Regel gehen Beigaben aus organischen Materialien
restlos zugrunde. Leider besitzen wir in Mitteleuropa keinen hallstattzeitlichen Grabfund, bei dem dank ungewöhnlicher Konservierungs-
bedingungen die Ausstattung aus organischen Bestandteilen erhalten
geblieben wäre. Um zu demonstrieren, worauf ich hinaus will, muß
ich deshalb noch einmal auf die einzigartigen Befunde aus dem etwa
gleichzeitigen, vielleicht etwas jüngeren Gräberbezirk von Pazyryk im
sibirischen Altai-Gebirge zurückgreifen.[19] Bei diesen Bestattungsanla-
gen hatte sich unter den Hügeln eine Eislinse gebildet, in der sich alle
organischen Materialien wie in einer Tiefkühltruhe erhalten hatten.

Sicherlich zu Recht werden die dort Bestatteten wegen der außerordentlich kostbaren Grabausstattung als Angehörige einer sozial privi-
legierten Schicht bezeichnet. Unter den Beigaben fanden sich Teppi-
che, teils aus chinesischer Seide, Musikinstrumente mit hölzernem
Klangkörper und Darmsaiten, köstlich geschnitztes Pferdegeschirr,
Leder- und Holzgegenstände und auch ein vierrädriger Wagen.
Betrachten wir nun das Grabinventar genauer, so stellen wir fest, daß
es nahezu ausschließlich aus rein organischen Bestandteilen gefertigt
wurde. Selbst der Wagen samt Joch und Deichsel besitzt nicht das
geringste metallene Teil. Alle diese Beigaben wären bei einem Grabfund in unseren Böden restlos vergangen gewesen. Eine Bestattung
vom Typ Pazyryk hätte hier lediglich eine eiserne Trense und eine
schlichte tönerne Flasche geliefert und wäre mit Sicherheit in eine
untere soziale Kategorie eingeordnet worden.

Dieses Beispiel warnt vor einer vorschnellen Ausdeutung der einheimischen Grabfunde. So wäre es keineswegs von der Hand zu weisen,
daß sich die zu den Fürstengräbern gehörigen Frauenbestattungen
aufgrund anderer Ausstattungsmuster unter Grabfunden verbergen,
deren Überlieferungsgrad auf uns heute sehr bescheiden wirkt. Dies

läßt sich am reichsten frühkeltischen Frauengrab beleuchten, das wir bislang kennen, am Grab von Schöckingen[20] in Nordwürttemberg. Diesem Grab fehlt alles, was in den fürstlichen Männergräbern erscheint, als da sind ein Wagen, Bronzegeschirr, Importgüter und ein goldener Halsreif. Vielmehr wirken einige Trachtbestandteile eher schlicht, so der bronzene Halsring, der Fußring und die Oberarmspiralen. Nur durch die Armbänder, die Ohrringe und die Haarnadeln aus dünnem Goldblech im Gesamtgewicht von 45 g hebt sich das Grabensemble von der gewöhnlichen Trachtausstattung ab.

Die Schwierigkeit bei der Identifizierung der weiblichen Pendants zu den Fürstengräbern setzt den Möglichkeiten einer Ausdeutung der sozialen Stellung deutliche Grenzen. In der Regel jedoch besteht im Bestattungsaufwand ein markanter Unterschied zwischen Fürstengräbern und den Nekropolen vom Typ Mauenheim und Mühlacker. Fürstengräber finden sich immer mit einem vergleichsweise großen Hügel überdeckt, wenn auch die schon in antiker Zeit erfolgte Grabplünderung die Beurteilung beeinträchtigt.

Bei den wenigen ungestörten Gräbern zeigt sich nun ein gewisses zum Bestattungsaufwand hinzutretendes Ausstattungsmuster. Dazu gehört einmal der goldene Halsreif, der auch auf der Grabstele von Hirschlanden (Abb. 25) bildlich überliefert ist. Gewöhnlich kann auch die Beigabe eines Wagens vermerkt werden; wo er fehlt, müssen hölzerne Modelle erwogen werden. Dazu ein Beispiel: In den ziemlich stereotyp ausgestatteten Gräbern von Großeibstadt[21] ist in einigen Totengrüften die Beigabe des Wagens durch aufgefundene Wagenbestandteile wie eiserne Naben und Felgen gesichert. In anderen weist lediglich der freie Raum in der Grabkammer darauf hin, daß dort einmal ein Wagen gestanden haben muß, der ohne metallene Ausrüstung vollständig vergangen ist. Die Wertung des Bearbeiters Kossack, man habe lediglich eine symbolische Wagenbeigabe implizieren wollen, braucht deshalb nicht einmal vom archäologischen Befund her stichhaltig zu sein.

Neben der Wagenbeigabe, nachweisbar oder nicht, trifft man in den Fürstengräbern fast immer Bronzegeschirr an, dabei nicht selten griechische, großgriechische oder etruskische Importe. Die übrige Ausstattung der Toten gleicht der vom Typ Mauenheim und Mühlacker, wenn auch das einzelne Trachtutensil oft, aber keineswegs immer, kostbar etwa aus Gold oder mit aufwendiger Verzierung gestaltet ist.

Diese fürstliche Grundausstattung hebt sich von der des Typs Mauen-

heim und Mühlacker deutlich ab und kennzeichnet damit eine von ihm
abgesetzte privilegierte Schicht. Andererseits aber unterliegt diese wie
jene individuellen Schwankungen. Die obere Grenze ist möglicherweise mit Gräbern wie Vix, Grafenbühl und Hochdorf erreicht, die
alle mit außergewöhnlichem Südimport versehen sind. Dennoch
erscheint es nicht ausgeschlossen, daß es noch reichere frühkeltische
Gräber gegeben hat, wenn man an die so gründlich geplünderte
Zentralkammer im Magdalenenberg denkt, deren Grundfläche immerhin doppelt so groß ist wie die von Hochdorf und gar viermal so groß
wie die von Vix. Ebenso wie eine merklich nach oben erweiterte
Grabausstattung läßt sich auch ein reduziertes Beigabeninventar feststellen. Wenn wesentliche Bestandteile fehlen, z. B. der Goldhalsreif,
wird es überhaupt problematisch, eine Bestattung als Fürstengrab
anzusprechen; es müssen dann weitere Merkmale wie Größe der
Grabkammer oder des Grabhügels, also ein angemessener Bestattungsaufwand, hinzutreten. Bei beraubten Gräbern zählen ohnehin
nur die letztgenannten Hinweise.

Vor allem aber wird eine Zuweisung reduziert ausgestatteter Fürstengräber deshalb schwierig, weil fraglos Berührungen, wenn nicht gar
Überschneidungen mit besonders aufwendigen Gräbern des Typs
Mauenheim und Mühlacker auftreten. Dies um so mehr, wenn solche
Gräber mit einem Wagen versehen sind. Eine gültige Trennung in
diesen Fällen erscheint vom Einzelbefund her unmöglich und sollte
auch gar nicht versucht werden. Sie ist nur über die vollständige
Untersuchung ganzer Nekropolen und Grabhügelfelder und, von
diesen ausgehend, geschlossener Siedlungs- und Kulturlandschaften
erfolgversprechend.

Welche Ergebnisse lassen sich nun aus diesen Betrachtungen gewinnen? Mit den vorangegangenen Bemerkungen ist hinreichend aufgezeigt worden, daß vom archäologischen Quellenfundus her eine horizontale Schichtung der frühkeltischen Bevölkerung lediglich in zwei
Ausstattungsmustern begründbar ist. Dabei war angedeutet worden,
daß in Grenzfällen selbst Gräber der oberen Schicht, mag man sie nun
Fürsten oder Adelsherren nennen, im Befund insgesamt weniger reich
erscheinen können als besser ausgestattete Gräber des Typs Mauenheim und Mühlacker. Wollen wir eine Interpretation wagen, so könnten letztere einer breiten, wohl in bäuerlichen Familieneinheiten lebenden Bevölkerungsschicht angehören, deren Dorfälteste nach Ausweis
der Funde hin und wieder zu einem beträchtlichen Wohlstand gelan-
gen konnten.

Eine wesentliche damit zusammenhängende Frage war noch ausgeklammert worden, und wir greifen damit das Problem der Besiedlungsstruktur auf. Wie steht es mit den sogenannten Adelssitzen vom
Typ Heuneburg – Hohenasperg – Mont Lassois? Die historischen
Gebäude, die auf diesen »exponierten Dynastenburgen« aufgebaut
werden, scheinen dem gegenwärtigen Forschungsstand nicht mehr
gerecht zu werden. Denn die Zahl der hallstattzeitlichen Siedlungen,
aus denen südländischer Import zutage kam, hat sich in den letzten
Jahren gleichläufig mit der Zunahme der Siedlungsforschung sprung-
haft erhöht (Abb. 1).
Damit nuanciert sich das Bild, das von den »Machtzentren« entworfen
wurde, nicht unmaßgeblich. Vornehmlich die südwestdeutsche, teilweise auch die französische Forschung sah in den drei genannten
Höhensiedlungen die Sitze mächtiger Herrengeschlechter, die ein
weites Gebiet beherrschten und die ihre Toten in den Riesentumuli am
Fuße ihrer Burgen zu bestatten pflegten. Dort hätten sich endlich jene
keltischen Stämme gesammelt, die dann zum Sturm auf die südlichen
Gefilde ansetzten. Im Gefolge dieser Unruhen wäre zugleich das Ende
der Dynastien eingeläutet worden. Man versuchte sogar, die Grenze
zwischen den jeweiligen Machtsphären – beispielsweise auf halber
Strecke zwischen Heuneburg und Hohenasperg – zu markieren.
In Wahrheit dürfte – und das zeigen die neuen Ausgrabungen – die
frühkeltische Siedlungsstruktur wesentlich kleinräumiger organisiert,
im Einzelfall auch differenzierter gewesen sein. Es soll hier nicht der
bemerkenswerten Tatsache das Wort geredet werden, daß durchweg
eine Polarität zwischen Siedlungen und Fürstenhügeln zu bemerken
ist. Doch beschränkt sich dies keineswegs auf die genannten drei
Stationen, sondern läßt sich auch bei vielen anderen Plätzen erweisen
oder wahrscheinlich machen. Unter Berücksichtigung dieser Gegebenheiten zeigt sich die frühkeltische Bevölkerung in keiner Weise in
Stammesverbänden politisch organisiert. Die Quellen zeichnen kein
anderes Bild, als daß man in kleinen Streusiedlungen lebte. Diese
gingen in der Mehrzahl der Fälle nicht über die Größe eines Gehöftes
oder Weilers hinaus. Dabei ist unverkennbar, daß den einzelnen
Siedlungen privilegierte Familien vorstanden, sobald die Wohnplätze
eine gewisse Größe erreichten und befestigt wurden. Selbstverständlich konnte sich in den jeweiligen Gemeinschaften dank der Gunst der
wirtschaftlichen Verhältnisse ein entsprechend geringerer oder höherer
Wohlstand entwickeln. Auf diese Weise wurden sie auch für handwerkliche Spezialisten attraktiv, und es entstanden lokale Absatz-

märkte. Da der Reichtum nicht im Rahmen einer Geldwirtschaft kapitalisierbar war, legte man Überschüsse gegebenenfalls in kostbaren oder exotischen Gütern an. Der Fernhandel begann zu blühen.

Eine erfolgreiche Wirtschaft basierte im Westhallstattkreis auf einem Bündel von Faktoren, das sich bei wechselndem Vorrang aus dem Ertrag von Ackerbau, Viehzucht und Gewerbe, aus der Nutzung von Bodenschätzen und nicht zuletzt auch aus einer vorteilhaften Position innerhalb des vorgeschichtlichen Handels- und Wegenetzes zusammensetzte. Freilich darf auch nicht die besondere Begabung und Persönlichkeit einzelner Individuen in dieser hochzivilisierten Gesellschaft unterschätzt werden.

Dergleichen Aspekte rühren unmittelbar an Fragen der vertikalen Schichtung. Auch dieser Komplex ist archäologisch nur ganz unzulänglich zu begreifen. Wir kennen seit langem höchst kunstfertige Produkte der frühen Kelten aus Gold, Bronze, Eisen, Stein, Keramik, Sapropelit, Bernstein, Elfenbein, Koralle u. a. Indes wissen wir nicht, wo die Grenzen liegen zwischen handwerklichem Geschick, das zum selbstverständlichen Rüstzeug des vorgeschichtlichen Menschen gehörte, und einer unerläßlichen gewerblichen Spezialisierung.

Sinngemäß schließt sich diesen Betrachtungen eine Reihe bewegender Fragen an. Eine davon zielt auf das gegenseitige Verhältnis der von uns dargestellten, offenkundig sehr kleinräumig strukturierten Populationsgruppen ab. Wie traten diese Menschen miteinander in Kontakt, fühlten sie sich in irgendeiner Weise zusammengehörig, etwa als ethnische Einheit, als religiös-kultische Gemeinschaft oder als politischer Stammesverband? Redeten sie die gleiche Sprache? Wir stehen heute auf dem Standpunkt, daß sich archäologische Formengruppen nicht mit ethnischen Einheiten zu decken brauchen, wie dies früher einmal Forschungsauffassung war. Und der Versuch, durch betonte Herausstellung einiger zufällig ergrabener Siedlungen Herrschaftsbereiche zu rekonstruieren, erwies sich als nicht tragfähig. So können wir aus archäologischer Sicht auch die Frage, wo und wie sich jene Heerscharen formierten, die dann als Kelten seit Beginn des 4. Jahrhunderts v. Chr. die ihnen sicher nicht völlig unbekannte Mediterraneis bedrohten, vorerst beim besten Willen nicht lösen.

# Zehntes Kapitel
## Die geistige Kultur

Bei einem Volk wie den frühen Kelten, das keinerlei Schriftdenkmäler hinterlassen hat, sind die Äußerungen zur geistigen Kultur nur in Andeutungen zu fassen. Das immaterielle Denken, die religiösen Auffassungen, die Vorstellungen über die Erscheinung und Folgen des Todes, das eigene Geschichtsbewußtsein, die Verklärung vergangener Heldentaten in Mythen und Sagen, die Tradition geistiger Leistungen, die Formulierung von Stammesverfassungen und gesellschaftlichen Regeln wie auch die intellektuelle Position des Einzelnen bleiben uns im wesentlichen verschlossen.

Die Überlieferung der geistigen Kultur als Grundlage der Darstellung einer historischen Nation ist für die Mitte des 1. Jahrtausends v. Chr. bei den Kulturgruppen abseits der mediterranen und vorderorientalischen Zivilisationen der Alten Welt nicht gegeben. Das vorliegende Buch schließt deshalb mit einem Kapitel, das zwangsläufig die geistige Sphäre der frühen Kelten lediglich in dürren Fragmenten schildern kann. Gleichwohl dürfen selbst die mehr als dürftigen Hinweise, die das archäologische Quellenmaterial bereit hält, nicht übergangen werden. Denn sie zeigen uns zumindest in geringen Ausschnitten, wie sich die Menschen der vorgeschichtlichen Epochen mit den für sie in vielen Bereichen unbegreiflichen Elementen der Natur auseinanderzusetzen und diese zu bewältigen suchten. Das Schicksal des Individuums wie auch des Gesellungsverbandes war bei den Naturvölkern in sehr viel größerem Umfang vom Walten der Naturmächte abhängig, als dies bei hochzivilisierten Gemeinschaften der Fall ist.

Eine anhaltende Dürreperiode oder eine unheilvolle Viehseuche vermochte bei jenen die Katastrophe heraufzubeschwören. Bei diesen schufen etwa künstliche Bewässerung oder gewisse veterinärmedizinische Praktiken sehr viel günstigere Bedingungen zum Überleben. Immer aber suchte man das letztlich als unvermeidlich geltende Geschick durch religiöse Verhaltensweisen günstig zu beeinflussen. Der Tod wurde nicht zum Schlußpunkt des Lebens erklärt, vielmehr entwickelte man offensichtlich sehr konkrete Jenseitsvorstellungen, die das Abschiednehmen von dieser Welt erleichtern sollten. Die Naturgewalten, von deren Gunst und Ungunst Glück und Unglück abhingen, wurden dadurch, daß man sie in eine Götterfamilie transponierte, begreiflich und damit imaginär beeinflußbar gemacht. Daraus entstanden folgerichtig bestimmte rituelle Muster, deren Ausübung und Einhaltung von elitären Persönlichkeiten zu überwachen waren. Zeugung, Geburt, Reife, Liebe, Ehe und Lebenserfolg, aber auch Unfruchtbarkeit, Krankheit, Mißgunst und Hader überließ man nicht dem Zufall, sondern integrierte sie in ein dichtes Netz ritueller, magischer wie apotropäischer Anweisungen, die dem Individuum und der Gemeinschaft alltäglich bzw. periodisch zur Verfügung standen.

## *Jenseitsvorstellungen*

Die Anfänge des kontinentalen Keltentums im Westhallstattkreis manifestieren sich neben anderem zugleich in einem Wechsel des Bestattungsbrauchtums vom Brand- zum Körpergrab. Grundsätzlich braucht dies nicht zu bedeuten, daß damit auch ein Wandel der Jenseitsvorstellungen einhergeht. Prinzipiell änderte sich die Idee ja nicht, den Verstorbenen mit Besitz und Beigaben auszustatten. In beiden Fällen rüstete man den Toten mit Trachtutensilien und Gebrauchsgegenständen aus, die ebenso in den Brand- wie in den Körpergräbern zu finden sind. Da ohnehin die Brandbestattungen nie vollständig aufgegeben, sondern lediglich durch die im Verlauf der Späthallstattzeit zunehmende Zahl von Körperbestattungen überdeckt wurden, verliert die Auffassung von einem damit verbundenen Wechsel eschatologischer Vorstellungen an Gewicht. Der unterschiedliche Funeralritus scheint vor allem die Schwelle zwischen dem Diesseits und Jenseits und deren Überschreiten zu markieren. Die Frage, ob man den Verstorbenen verbrannte oder körperbestattete, betraf letztlich wohl nur die Weise, wie der Übertritt von der Welt der Lebenden in das Totenreich geschah, nicht so sehr dagegen das Bild, das die keltische Religion für die Weiterexistenz nach dem Tode entworfen hatte.
Über die Art und Dauer der Reise in das Jenseits lassen sich nicht einmal Mutmaßungen anstellen. Ebensowenig wissen wir, ob die Speiseopfer, deren Überreste meist als Knochen in den Gräbern liegen, als Wegzehrung dienen sollten, und ob der bisweilen beigegebene Wagen als Gefährt nur für die Überreise gedacht war.
Wenn – was ja nicht völlig sicher ist – die Ausrichtung des Beigabenensembles den sozialen Rang des Verstorbenen auch nur einigermaßen

widerspiegelt, so bedeutet dies zwingend, daß sich die Stellung des Toten, die er unter den Lebenden innegehabt hatte, im Jenseits nicht änderte. Selbst wenn durch bestimmte Ausstattungsmuster eine Überhöhung des Verstorbenen angestrebt wurde, dann betraf dies wohl alle Bevölkerungsschichten mehr oder weniger gleichmäßig; man hoffte bzw. erwartete, daß es den Toten etwas oder ganz entschieden besser gehen sollte als auf dieser Welt.

Eine derart positivistische Jenseitsauffassung läßt sich erstmals durch die einzigartigen Befunde im Fürstengrab von Hochdorf näher begründen. Aus der Fülle der Beigaben sticht eine Reihe von Gegenständen heraus, die eigens für die Bestattungszeremonie angefertigt oder verändert wurden. Sicher nicht ohne Absicht verwandte man dafür ausschließlich Gold.[1] Trinkhörner, Dolch, Gürtelblech und Schnabelschuhe aus dem Besitz des Verstorbenen wurden mit dünnem, punzverziertem Goldblech umkleidet. Da diese Applikationen zum Teil die ursprünglichen Verzierungen der Gegenstände verbergen, ist die sekundäre Anbringung erwiesen. Aufgrund der Punzengleichheit lassen sich die zwei Goldfibeln und der ebenfalls goldene Armreif dieser speziellen Totenausstattung anschließen. Die Herstellung der Goldarbeiten am Ort der Bestattungszeremonie ist durch das Auffinden von Werkstattschutt im Hochdorfer Grabhügel gesichert.

Obwohl der Tote von Hochdorf durch exquisite Beigaben gewiß schon genügend ausgezeichnet war, beabsichtigten die Hinterbliebenen eine weitere Erhöhung seiner Person, indem sie ihn sozusagen von oben bis unten in Gold einhüllten. Er sollte also im Jenseits glänzender auftreten können, als er es zu Lebzeiten gewöhnlich tat.

Wir gewinnen damit einen entscheidenden Hinweis über die funktionale Bestimmung der Grabbeigaben überhaupt. Sie dienten in erster Linie dazu, irdische Gepflogenheiten im Jenseits fortzusetzen, und zwar insbesondere solche, die Annehmlichkeiten versprachen. Eine chemische und mikroskopische Analyse des Kesselinhaltes von Hochdorf ergab, daß dieser mit etwa 300 l Honigmet gefüllt war. Das mitgegebene, vielteilige Trink- und Eßgeschirr ermöglichte demnach festliche Gelage, die der Tote mit seinen Gefährten abzuhalten trachtete. Man darf davon ausgehen, daß in den Jenseitsvorstellungen der frühen Kelten durchaus handfeste Vergnügungen eingeplant waren.

In diesem Sinne ist allem Anschein nach die Sitte der in Adelskreisen gelegentlich zu beobachtenden Totenfolge aufzufassen. Von dieser waren nicht nur Angehörige der Dienerschaft, sondern wohl auch

Ehefrauen, besonders geschätzte Mitglieder der Familie, der Gefolgschaft und nicht zuletzt Kebsweiber betroffen.

Ein weiterer wesentlicher Wesenszug frühkeltischer Jenseitsvorstellungen kommt in der Beigabe des Waffensortiments zum Ausdruck. Hier wird ein tragender Unterschied nicht nur zur vorangehenden frühen Hallstattkultur (Ha C) und zur folgenden Latènezeit deutlich, sondern auch im Verhältnis zu gleichzeitigen nachbarlichen Kulturerscheinungen wie vor allem zum Osthallstattkreis. Während wir aus den genannten Kulturen über die Bewaffnung des Kriegers nach Ausweis der Weihe-, Hort- und Grabfunde hinreichend informiert sind, fehlen für die späte Hallstattzeit (Ha D) maßgebliche Teile der Schutz- und Trutzwaffen. Die zierlichen und kostbaren Späthallstattdolche entbehren jedweder Kampftauglichkeit. Sie dienten im Leben wie im Tode ausschließlich Repräsentationszwecken, vergleichbar den Offiziersdolchen der Gegenwart. Von ganz wenigen Ausnahmen abgesehen, mangeln in den frühkeltischen Gräbern die wichtigsten Kampfwaffen, nämlich Schwert und Beil, die beispielsweise in der Frühstufe der Hallstattkultur oder in der ostalpinen Hallstattkultur zur gewöhnlichen Grabausstattung des Kriegers gehören. Lediglich Lanzen und Speere finden sich im Westhallstattkreis in einer gewissen Anzahl. Doch können diese, ebenso wie Pfeil und Bogen, durchaus Zeugnis jagdlicher Betätigung sein und eher sportlichen denn kriegerischen Ambitionen entsprechen. Unterstützt wird eine solche Deutung zumal durch das völlige Ausbleiben jeglicher Schutzbewaffnung wie Helm, Schild, Panzer und Beinschiene, die uns aus den zeitlich und räumlich angrenzenden Kulturbereichen wohlbekannt sind. Die Abneigung der Bewohner des Westhallstattkreises, ihren verstorbenen Männern Streitwaffen ins Grab zu legen, zieht notwendigerweise den Schluß nach sich, daß man ihrer im Jenseits nicht bedurfte. Damit soll nicht gesagt sein, daß Kriegstauglichkeit und Kampfesmut den frühen Kelten nicht etwa als Tugend und Ideal galten. Was sie auf diesem Sektor zu leisten in der Lage waren, bewiesen sie spätestens auf ihren angst- und schreckenerregenden Zügen in den Süden. Für das Leben nach dem Tode jedenfalls war ein Auftreten als bewaffneter Krieger nicht vorgesehen. Man malte sich das Jenseits offenbar als friedfertiges Gefilde mit allen Wonnen und Vergnügungen aus, die man im Leben vielleicht zeitweilig missen mußte und deren man erst nach dem Tode immerwährend teilhaftig wurde.

Der Tod bedeutete nicht den Eintritt in ein düsteres, strafendes Schattenreich. Daß die frühen Kelten ein sorgenfreies und wohlgefälliges Weiterleben erwarteten, muß – wenn die den Bestattungsbräuchen entnehmbaren Zeichen nicht trügen – als sie in besonderem Maße kennzeichnender und für vorgeschichtliche Jenseitsvorstellungen fast einmaliger Wesenszug gewertet werden.

## Brandopferplätze

Im Westhallstattkreis gibt es eine Reihe von Fundplätzen, deren archäologischer Charakter nicht in das übliche Bild prähistorischer Stationen paßt. Der Heimatforschung sind solche Stellen vielfach schon seit langem aufgefallen. Sie erfuhren die verschiedensten Deutungen, wobei die Bezeichnung »Opferplatz« meist in den Vordergrund trat. Der rationalistischen Fachforschung hingegen blieben die Anlagen suspekt, und das ist wohl auch der Grund dafür, daß diese interessanten Objekte von den hauptamtlichen Fachleuten kaum beachtet wurden. Es ist das Verdienst von Werner Krämer, das schwierige Problem aufgegriffen, die einschlägigen Fundplätze zusammengestellt und ihre kulturhistorische Bedeutung hervorgehoben zu haben.[2] In unserem Arbeitsgebiet lassen sich derzeit sieben solche Brandopferplätze benennen:

*Eggli* bei Spiez, Kt. Bern: Auf dem markanten Sporn, dem Eggli, des Rustwaldes im Berner Oberland erhebt sich ein auffälliger Monolith. Im Umkreis dieses Steines wurde ein Scherbenhaufen von etwa 0,4 m Höhe und 6 auf 7 m Umfang entdeckt. Dabei befanden sich zwei Brandstellen mit Knochensplittern von Schaf und Ziege sowie drei trichterförmige Gruben, gefüllt mit Scherbengrus. Insgesamt ließen sich Zehntausende von Scherben im Gewicht von 30 Zentnern bergen. Es kamen auch eine vollständige und zwei fragmentierte Bronzesicheln zum Vorschein. Die Anlage ist in die Urnenfelder- und Hallstattzeit zu datieren.[3]

*Dellingen* bei Waldhausen, Schwarzwald-Baar-Kreis: Etwa 15 km südlich des Magdalenenberges schiebt sich ein Schwarzwaldsporn weit in den Talgrund der Breg vor. Er trägt die Ruine der Burg Dellingen. Wenige Schritte neben dem Turmstumpf befindet sich ein Brandopferplatz von 3,5 auf 5,0 m Größe, dessen Untersuchung Reste von über 1000, meist geglühten Gefäßen erbrachte. Dicht daneben lagen Brandstellen und kalzinierte Knochenreste von Schaf, Ziege und Rind. Die Fundstelle gehört an den Übergang von Ha C zu Ha D bzw. ganz an den Anfang der Späthallstattkultur.[4]

*Rockenbusch* bei Buchheim, Kr. Tuttlingen: Die in das Durchbruchstal der Donau vorspringende Felsnase bildet eine nach drei Seiten steil abfallende, jetzt bewaldete Kuppe mit einigen übereinander gestaffelten kleinen Terrassen. Diese sind mit Scherbennestern übersät. Neben unzähligen Gefäßresten fanden sich auch Brandspuren. Dicht unter der Oberfläche kam ein halbmondförmiges Rasiermesser der Urnenfelderkultur zutage. Die Anlage ist chronologisch in eben diese und in die Hallstattzeit einzuordnen.[5]

*Scheuerlesfels* bei Buchheim, Kr. Tuttlingen: Nur 1 km oberhalb der Rockenbuschs erhebt sich in einer heute trockenen Flußschleife des Donautals ein spitzer Felskegel. Die Schuttfächer am Fuße der teils senkrechten Hangwände sind mit Scherben der Urnenfelder- und Hallstattzeit geradezu durchsetzt.[6]

*Hägelesberg* bei Urspring, Kr. Ulm: Auf einem steil abfallenden Felsen fanden sich zahlreiche Scherben, wohl meist hallstattzeitliche, auf engem Raum.[7]

*Messelstein* bei Donzdorf, Kr. Göppingen: An einem kleinen Felsvorsprung des Nordabfalls der Schwäbischen Alb kamen große Scherbenmassen der Bronze- bis Hallstattzeit in dicker, schwarzer Schicht zum Vorschein.[8]

*Osterstein* bei Unterfinningen, Kr. Dillingen: Auf dem kleinen, exponiert stehenden Felsturm fanden sich eigentümliche, vielleicht künstliche Steinsetzungen. Zwischen diesen lagen in einer etwa 0,3 bis 0,5 m starken Humusschicht über 70 000 Scherben der Bronze-, Urnenfelder- und Hallstattzeit sowie etliche, teils angebrannte Tierknochen.[9]

Diese Anlagen weisen manche gemeinsame, aber auch gewisse unterschiedliche Merkmale auf. Einheitlich ist vor allem die topographische Lage auf herausragenden Bergvorsprüngen oder isolierten Felskuppen, die weithin einsehbar sind, sich freilich für Dauersiedlungen nicht eignen. In der Regel werden Brandspuren, geglühte Scherben und Holzkohlenschichten gemeldet. Besonders bezeichnend ist das massenhafte Auftreten von Scherben auf engstem Raum. Häufig lassen sich auch kalzinierte Tierknochenreste nachweisen. Gelegentlich sind große Einzelsteine bzw. Steinsetzungen beobachtet worden. Alle diese Anzeichen deuten auf Opferhandlungen hin. Zu denken ist dabei an unblutige Spenden von Speisen und Getränken in Tongefäßen. Auf fast allen Fundstellen überwiegen Schalen und Schüsseln. Nicht selten sind offenbar auch Tiere geschlachtet und die Fleischteile dem Feuer übergeben worden.

Neben einphasigen Opferplätzen (Dellingen, Hägelesberg) existieren solche, die bereits in der Bronzezeit (Messelstein, Osterstein) bzw. in der Urnenfelderzeit begründet und allem Anschein nach kontinuierlich bis in die Hallstattzeit begangen wurden. Die teilweise vielhundertjährige Nutzung der Plätze erklärt die bisweilen erheblichen Scherbenanhäufungen. Wichtiger ist aber wohl der Nachweis der Kontinuität von Opferhandlungen selbst über mehrere vorgeschichtliche Perioden hinweg. Sie erweist eine ortsansässige Bevölkerung, die ihre Kultäußerungen durch alle Zeitläufte an ihre Nachfahren weitergab. Die frühen Kelten übernahmen die Rituale von ihren Altvordern und übten die Bräuche nach überkommener Sitte aus. An den geheiligten Plätzen traten sie in Verbindung mit ihrer Gottheit, dankten für die Erfüllung von Bitten und erheischten Hilfe für die Zukunft. Die jeweils exponierte Lage der Opferstellen wie auch die Übergabe der Spenden im emporsteigenden Flammenrauch weisen auf eine Verehrung überirdischer, himmlischer Götter hin.

Dabei ist nicht zu übersehen, daß keiner der bislang bekannten Brandopferplätze Material aus der nachfolgenden Latènezeit geliefert hat. Spätestens mit dem Ende der Hallstattkultur brachen die Kulttraditionen allenthalben ab. Dies kann nur mit einem abrupten Wechsel religiöser Vorstellungen begründet werden. Auch die sonstigen archäologischen Funde lassen diesen Wandel erkennen. Im Übergang von der Hallstatt- zur Latènezeit muß eine tiefgreifende Neuerung auf allen Gebieten des kulturellen und geistigen Lebens stattgefunden haben, und zwar von einer Tragweite, wie sie niemals zuvor spürbar gewesen ist.

Es mag Zufall sein, daß sich für die ausgehende Hallstattzeit (Ha D 3 / Lt A) nur ein Befund im Westhallstattkreis namhaft machen läßt, der wiederum weder an normale Siedlungs- noch Grabobjekte angeschlossen werden kann. Die Fundstelle liegt in der Flur »Des Joncs« bei Tournus unweit des Saône-Laufes im südlichsten Zipfel des Westhallstattkreises, etwa 40 km unterhalb der Zentralsiedlung von Bragny-sur-Saône.[10] Hier am südlichen Eingang zur Keltike konnten die mediterranen Einflüsse am ehesten zum Tragen kommen, und dies hilft uns möglicherweise bei der Deutung der eigentümlichen Anlage.

Es handelt sich um eine Grube, die bei einem oberen Durchmesser von 5 m zunächst trichterförmig absinkt und sich ab etwa 2,5 m Tiefe rasch zu einer Schachtröhre von 1 m lichter Weite verengt, bis sie im felsigen Untergrund in 4,5 m Tiefe ihre Sohle erreicht. Die Schachtgrube war von unten bis oben mit scherben- und knochenhaltigen

Sedimenten angefüllt; dabei fanden sich immer wieder Aschenreste und Brandspuren. Die Knochen stammten ausschließlich von Haustieren (Schwein 41,6 %, Schaf 29,2 %, Rind 12,5 %, Pferd 8,3 %, Ziege 4,2 % und Hund 4,2 %) und waren teilweise angebrannt. Unter den rund 3500 Fundscherben gibt es zwar die verschiedensten Gefäßformen, es überwiegen aber eindeutig die Schüsseln und Schalen. Eine Interpretation als Opferschacht bietet sich an, nur wurden in Des Joncs die Spenden nicht in luftiger Höhe dargebracht, sondern der Tiefe des Erdbodens anvertraut.

Sechs spätesthallstattzeitliche Fibeln aus der Schachtfüllung datieren die Anlage in die Schlußphase der Hallstattkultur.[11] Mittelmeerische Verbindungen erweisen sich durch mitgefundene Scherben zweier massiliotischer Gefäße.[12]

Die Verehrung chthonischer Gottheiten, soweit sie ihren Ausdruck in der Einrichtung von Opferschächten findet, ist den mitteleuropäischen Kulturen ursprünglich fremd. Es drängt sich daher gleichsam von selbst der Gedanke auf, hierin gewisse Einflüsse mediterraner Glaubensvorstellungen zu sehen, die ja ein unterirdisches Schattenreich mit allen zugehörigen Göttern seit langem in den Jenseitsglauben integriert hatten. Es ist durchaus nicht unwahrscheinlich, daß in jener Sphäre des kulturellen und geistigen Umbruchs am Übergang von der Hallstatt- zur Latènezeit die frühen Kelten neue religiöse Ideen bereitwillig aufgriffen. Der Kultschacht von Des Joncs mag dafür als eines der frühesten Zeugnisse gelten. In der Spätlatènezeit jedenfalls gehören die Viereckschanzen mit ihren Tempeln und bis zu 32 m tiefen Opferschächten in weiten Gebieten der Keltike zum festen Bestand der Kultszene.[13]

## Glaube und Aberglaube

Bei Naturvölkern sind Glaube im Sinne einer offiziellen Religion und abergläubische Praktiken als zusätzliche spirituelle Hilfsmittel im privaten Bereich letztlich nicht voneinander zu trennen. Zwar besitzen wir über die Götterwelt der spätkeltischen Zeit durch Berichte antiker Autoren und durch die Akkommodation keltischer Gottheiten in den römischen Kult relativ gute Informationen, doch liegen für das frühe Keltentum keinerlei historische Nachrichten vor. Es erscheint auch nicht erlaubt, das Bekannte weiter als bis in die beginnende Latènezeit zurückzuführen, da nach allem Ermessen gerade der Kulturwandel

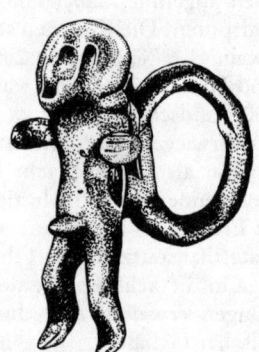

*Abb. 101.* Als Anhängerfigürchen gearbeitete, bronzene Darstellungen von Mann und Frau; Nacktheit und drastische Demonstration der Geschlechtsmerkmale verweisen die amuletthaften Gestalten in den Fruchtbarkeitskult. Gefunden mit einem weiteren, ganz ähnlichen Paar sowie zwei Tieranhängern (vgl. Abb. 102) im Grabhügel »Tannenschopf« bei Stuttgart-Uhlbach, Baden-Württemberg (nach BITTEL u. a. 1981). Höhe etwa 2,5 cm.

*Abb. 102.* Als Anhängerfigürchen gearbeitete, bronzene Darstellungen von Hirsch und Hindin; aus dem bereits 1821 geöffneten Grabhügel »Tannenschopf« bei Stuttgart-Uhlbach, Baden-Württemberg (nach BITTEL u. a. 1981). Höhe etwa 2,5 cm.

*Abb. 103.* Bronzene Sphinx mediterranen Stils vom Mont Lassois, Arr. Montbard, Dep. Côte-d'Or, und männliches Anhängerfigürchen aus Bronze von einem Grabhügel bei Unterlunkhofen, Kt. Aargau (nach JOFFROY 1960). Höhe 2,3 cm und 4,4 cm.

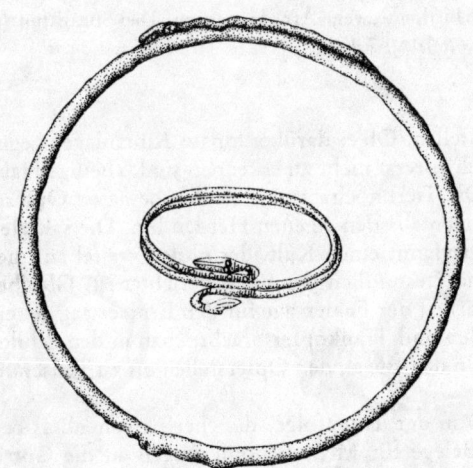

*Abb. 104.* Geschlossener Halsring mit Schlangenauflage von Königsbruck, Arr. Haguenau, Dep. Bas-Rhin, und Armring mit zurückgebogenen Schlangenkopfenden von Ditzingen-Schöckingen, Kr. Ludwigsburg, Baden-Württemberg; beides Bronze (nach KIMMIG 1979 und MAIER 1962). Durchmesser 7,6 bzw. 16,8 cm.

von Hallstatt zu Latène zugleich mit einer grundlegenden Änderung
der religiösen Vorstellungen verbunden ist. Glaube und Aberglaube
der frühen Kelten im Westhallstattkreis lassen sich demnach nur aus
den archäologischen Quellen erschließen.

Im Vordergrund religiöser Handlungen standen Gebete, Bitten und
Danksagungen an Gottheiten in der Hoffnung, damit die Existenzgrundlagen zu sichern. Als Sammelplätze der Adoration dienten die

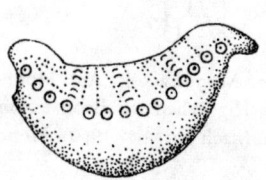 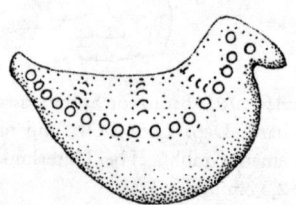

*Abb. 105.* Tönerne, stempel- und kommaverzierte Vogelrasseln von Maegstub
(links) und Schirrheinerweg, Arr. Haguenau, Dep. Bas-Rhin (nach KIMMIG
1979). Länge 6,6 bzw. 7,4 cm.

Brandopferstellen. Ob es darüber hinaus Kultanlagen gegeben hat, die
archäologisch vorerst nicht zu erkennen sind (»heilige Haine«), wissen
wir nicht. Die Tierknochenfunde an den besagten Opferplätzen weisen auf Spenden aus den eigenen Herden hin. Die sakralen Handlungen bezeugen damit einen Kult, der ohne Zweifel auf die Erhaltung,
Mehrung und Gesundheit des Viehs gerichtet ist. Gleiches dürfte für
die Fruchtbarkeit der Felder wie für den Ernteertrag gelten. Vegetabi-
lische Spenden und Trankopfer brachte man in den zahllosen Schalen
und Schüsseln dar, die an den Opferstellen oft zu Tausenden gefunden
wurden.

Abgesehen von der Totenfolge, die eher personenbezogen erscheint,
lassen sich Belege für Menschenopferungen an die Gottheiten nicht
erbringen.

Es ist in diesem Zusammenhang noch auf die Verwalter der kultisch-
religiösen Rituale einzugehen. Mit Gräbern wie Stuttgart-Bad Cannstatt[14] und Vix[15] erfassen wir eine der obersten sozialen Schicht
angehörige Personengruppe, die sich einerseits durch die Ausstattung
mit männlichen Attributen wie Waffen, Goldhalsreif oder Wagen,

andererseits durch das Anlegen von weiblicher Tracht als Zwitterwesen zu erkennen gibt. Kultischer Transvestitismus kennzeichnet in der Regel Personen mit priesterlichen Funktionen,[16] wobei religiöse wie weltliche Macht durchaus kombiniert sein können.

Sehr viel deutlicher werden allerlei magisch-abergläubische Verhaltensweisen, soweit sie sich durch amuletthafte Gegenstände unter den Grabbeigaben anschaulich machen lassen. Bevorzugt finden sich sol-

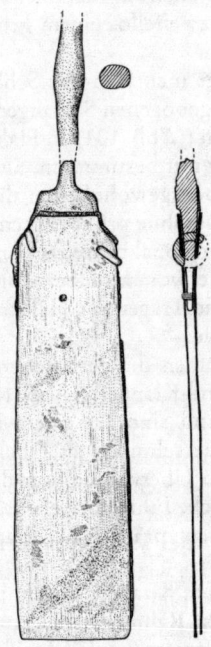

*Abb. 106.* Gegenstand unbekannter Funktion, vielleicht »Klapperblech« aus dem Fürstengrab vom Grafenbühl bei Asperg, Kr. Ludwigsburg, Baden-Württemberg. Das Stück besteht aus einem lediglich fragmentarisch erhaltenen Eisengriff, an dessen verbreitertem Ende das eine Bronzeblech mittels einer Niete starr befestigt ist. Das andere Bronzeblech wurde nur durch die beiden seitlichen Eisenringe lose verbunden, so daß durch ruckartige Bewegungen blechern klappernde Geräusche zu erzielen waren (nach ZÜRN 1970). Länge der Bronzebleche ohne Griff 19 cm.

che funktionslose Realien in Gräbern von Kindern und jungen Frauen, die als unzeitige Tote (*mors immatura*) besonders gefährlich bzw. gefährdet waren.

Die im Grunde bilderfeindliche Späthallstattkultur gestattete nur in wenigen Ausnahmefällen die Darstellung von Mensch und Tier. Demnach fällt es leicht, den wenigen figürlichen Abbildungen einen kultisch-apotropäischen Charakter zu hinterlegen. Dies gilt vor allem für die stets paarweise auftretenden nackten Menschenfigürchen (Abb. 101 und 103), aber auch für männliche und weibliche Tierpaare (Abb. 102 und 108), die zweifellos einem Fruchtbarkeitszauber zuzuordnen sind.

Eigentümlicherweise liegt mehrfach das Schlangenmotiv vor, einmal als Armringe mit zurückgebogenen Schlangenkopfenden[17], ein andermal als Schlangenauflagen ((Abb. 104) an Hals- und Armringen[18]. Seit jeher ist die Schlange eng mit bestimmten, altweltlichen Kultäußerungen verbunden. Die Lebensgewohnheiten des Kriechtieres wie auch die Eigenschaften der Giftzähne provozierten geradezu die Aufnahme in den Kult, so daß eine regional begrenzte Entstehung des Schlangenkultes und die vielfach erwogene Übernahme des Motivs aus dem Mittelmeerraum durch die Träger der Hallstattkultur wohl allzu vordergründig gesehen wurde.

Einen breiten Raum nehmen die geräuscherzeugenden Gegenstände wie Rasseln (Abb. 105) und Klappern (Abb. 106) ein.[19] Sie dienten der Abwehr böser Geister und sind vor allem im Osthallstattkreis mit seinem vielfältigen Klapperschmuck an Fibeln, Gürteln und Pferdeschmuck verbreitet. Eine Übernahme von dorther in den Westhallstattkreis erscheint möglich, führt aber ebenso zu eigener Gestaltung, die beispielsweise in den prächtigen Klappergehängen des Jura (Abb. 64) sichtbar wird.

Weitere Amulettkategorien[20] fallen durch ihre sonst unerklärliche äußere Form (Rad, Schuh, Rähmchen, Drei- und Vierpaß, Ringwürfel) oder durch ihren Stoffwert (natürlich gelochte Steine, Knochen-, Geweih- und Zahnanhänger, Altstücke wie Steinbeile oder Feuersteinpfeilspitzen, Glas, Bernstein, Gagat u. a.) auf.

## Pferd und Wagen

Im Westhallstattkreis sind knapp 100 Gräber bekannt, in denen
dem Toten ein Wagen mitgegeben wurde.[21] Fast immer ist die Wagenbeigabe durch Schirrungszubehör und Zaumzeug für das Gespann
komplettiert. Vermutlich ist die Zahl der Gräber noch durch Befunde
zu erhöhen, aus denen zwar keine Wagenbestandteile überliefert
sind, bei denen aber die Größe der Grabkammer genügend Raum
für ein solches Gefährt bot. In diesen Fällen ist mit Wagen zu rechnen, die keine Metallausrüstung besaßen, sondern lediglich aus Holz
gefertigt waren. Insbesondere dürfte dies für Bestattungen gelten, in
denen nur Pferdegeschirrteile, wie etwa eiserne Trensen, gefunden
wurden.
Grundsätzlich war der frühkeltische Wagen vierrädrig konstruiert. Es
gibt keinen gesicherten Fall, der von dieser Regel abweicht. Die
Räderpaare waren durch zwei Achsen verbunden, die den meist

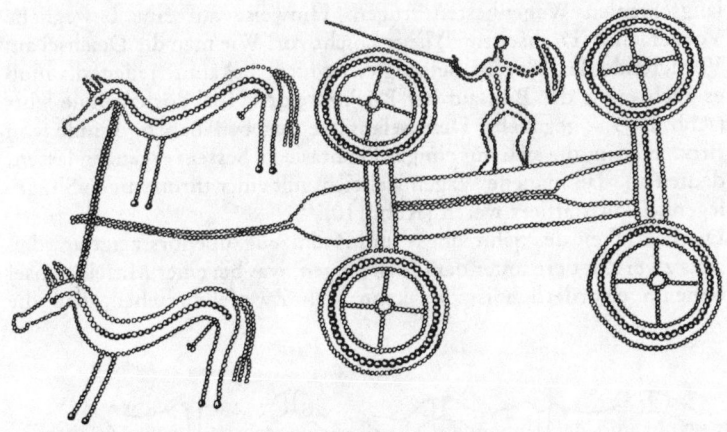

*Abb. 107.* In eigenwilliger Perspektive auf die Rückwand einer bronzenen
Sitzbank (vgl. Abb. 15) eingepunzte Darstellung einer kultischen Wagenum-
fahrt. Die vierspeichigen Räder werden allesamt in Seitenansicht neben dem
Wagenkasten gezeigt, auf dem ein Mann mit Schild und Pferdestachel steht.
Die beiden ithyphallischen Hengste beugen sich unter dem an die gegabelte
Deichsel geschirrten Doppeljoch; aus dem Fürstengrab von Eberdingen-Hoch-
dorf, Kr. Ludwigsburg, Baden-Württemberg (nach BITTEL u. a. 1981).

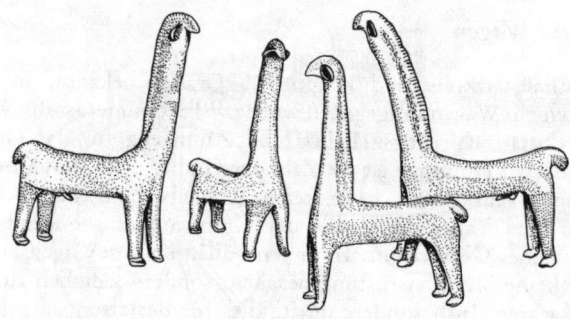

*Abb. 108.* Pferdegruppe mit je zwei Stuten und Hengsten aus Ton, teilweise ergänzt; Beigaben aus einem Grabhügel bei Römerstein-Zainingen, Kr. Reutlingen, Baden-Württemberg (nach BITTEL u. a. 1981). Höhe 11,5 bzw. 13,5 cm.

langschmalen Wagenkasten trugen. Hinweise auf eine bewegliche Vorderachse (Drehschemel) liegen nicht vor. Wie man die Deichsel am Vorderende des Wagens befestigte, ist nicht bekannt. Jedenfalls muß es auch – wie das Bild auf der Rückseite der Hochdorfer Kline lehrt (Abb. 107) – gegabelte Deichselansätze gegeben haben. Funde von Bronzeteilen, die sich mit einiger Phantasie zu Sesseln ergänzen lassen, deuten an, daß manche Wagen vielleicht mit einer thronartigen Sitzgelegenheit ausstaffiert waren (Abb. 110).[22]
Die Paarigkeit des Schirrungs- und Zaumzeugzubehörs zeigt an, daß stets zwei Zugtiere unter dem Joch gingen, was bei einer Mitteldeichsel ohnehin erforderlich ist. Es kann kein Zweifel bestehen, daß die

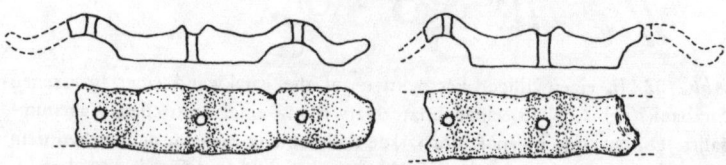

*Abb. 109.* Tönerne Jochmodelle aus einem Grabhügel bei Berndorf, Markt Thurna, Kr. Kulmbach, Bayern (nach PESCHECK 1975). Erhaltene Länge 5,3 bzw. 3,9 cm.

*Abb. 110.* Rekonstruktion des vierrädrigen Prunkwagens mit Sessel aus dem Hügelgrab von Ohnenheim, Dep. Bas-Rhin (nach FORRER 1921).

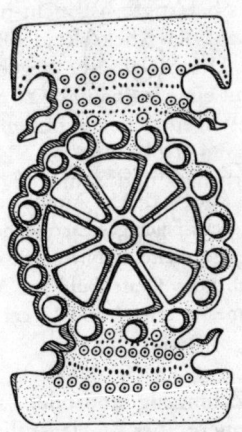

*Abb. 111.* Durchbrochen gearbeitetes Zierstück aus Bronze; die insgesamt 14 gefundenen, gleichartigen Stücke verteilen sich nach der Lage im Grab zu je sieben auf die beiden Längsseiten des gegitterten Wagenkastens. Aus dem Fürstengrab von Vix, Arr. Montbard, Dep. Côte-d'Or (nach JOFFROY 1962). Höhe etwa 12 cm.

späthallstattzeitlichen Prunkwagen von Pferden gezogen wurden. Rinder setzte man wohl nur für die Feldarbeit, möglicherweise auch für das Ziehen schwerer Lastkarren und Stangenschleifen ein.
Der Besitz von Pferden eignete vornehmlich den höheren Ständen. Das erklärt sich nicht nur aus der prozentual geringen Zahl von Pferdeknochen an den Fundstationen; in manchen einfacheren Siedlungen fehlen solche überhaupt. Welcher Wert den Pferden zukam, erhellt schlaglichtartig der bislang einzigartige Fund einer ganzen Herde dieser Tiere in einem Grab von Zainingen in Nordwürttemberg (Abb. 108).[23] Von den vier kaum spannenlangen Tonfiguren sind jeweils zwei als Hengste bzw. Stuten gekennzeichnet. Anders drückt sich der Besitz eines Gespannes in einem Begräbnis von Berndorf in Unterfranken aus, wo die kultische Umfahrt durch die Beigabe zweier tönerner Jochmodelle von nur gut 5 cm Länge symbolische Gestalt gewinnt (Abb. 109).

  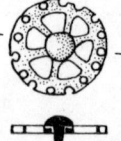

*Abb. 112.* Rosettenartige Zierbeschläge aus Bronze vermutlich vom Wagenkasten aus dem Fürstengrab von Vix, Arr. Montbard, Dep. Côte-d'Or (nach JOFFROY 1979); daneben: sechsspeichiges Zierrädchen aus Bronze, ursprünglich mittels eines gesondert gearbeiteten Nietes auf einer Eisenunterlage befestigt; aus dem Fürstengrab vom Grafenbühl bei Asperg, Kr. Ludwigsburg (nach ZÜRN 1970). Durchmesser etwa 7 und 2,2 cm (rechts).

Die Ausstattung mit Zaumzeug und/oder Wagen beschränkt sich ausschließlich auf Männergräber. Gelegentliche Funde weiblicher Trachtutensilien in Wagengräbern sind wohl durchweg auf unerkannte Fälle von Totenfolge oder auf rituellen Transvestitismus zurückzuführen. Das Anspannen der Tiere und das Ausfahren mit dem Wagen war reine Männersache.
In den Fürstengräbern gehört die Wagenbeigabe zum verbindlichen

Muster des Bestattungsensembles. Finden sich Wagengräber in einfacheren Nekropolen, hebt sich das Begräbnis fast immer durch weitere aus der Norm fallende Beigaben ab, so daß die Gewähr besteht, daß der Tote durch das Aufstellen eines Wagens in der Grabkammer von den gewöhnlichen Sterblichen abgehoben werden sollte. Die nicht seltene, kostbare Gestaltung der Wagen mit Bronzebeschlägen (Abb. 111 und 112) und Zierblechen (Abb. 113) erweist, daß das Gefährt keineswegs für den alltäglichen Gebrauch vorgesehen war.

In erster Linie benutzte man den Wagen für kultische Umzüge und Prozessionen. Anläßlich der Totenzeremonien mag er auch der Überführung des Leichnams vom Sterbeort zum Begräbnisplatz (Ekphora) gedient haben. Das schwer zu lenkende Gefährt ließ sich vor allem für feierliche Ausfahrten, für die friedliche Umfahrt verwenden. Dem entspricht die im Westhallstattkreis unübliche Mitgabe von Kampfwagen, wie offenbar der leichte, zweirädrige Streitwagen den frühen

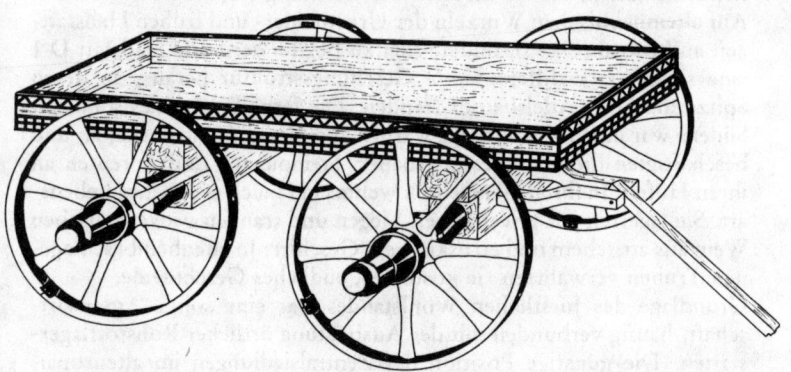

*Abb. 113.* Rekonstruktion des eisenbeschlagenen Prunkwagens aus dem Großgrabhügel von Repperndorf, Kr. Kitzingen, Bayern (nach L. Wamser 1981).

Kelten fremd blieb und erst im Verlauf der Latènezeit mit Bodenfunden zu belegen ist. Wenn auch die Einzelheiten der zeremonialen Nutzung in Dunkel gehüllt sind, so ist doch die zentrale Stellung von Pferd und Wagen im Kult der Lebenden wie im Totenbrauchtum unverkennbar.

# Schlußbemerkung

Die Frühphase der keltischen Kultur spielte sich noch in einem rein prähistorischen Milieu ab. Die wenigen historischen Notizen aus der Zeit der Entstehung bleiben durchaus marginal, scheinen freilich ausreichend genug, die Anfänge frühen Keltentums räumlich und zeitlich zu fixieren. Es ist kein bloßer Zufall, daß wir mit dem Westhallstattkreis jene Stammesgruppen fassen können, von denen die mittelmeerische Welt um die Mitte des 1. Jahrtausends v. Chr. erstmals Kunde erhielt. Wenn nicht alles täuscht, waren es südländische Kaufleute, die auf ihren weiten Reisen rhôneaufwärts in die Keltike die Kontakte zu den Barbarenfürsten knüpften und in ihnen potente Handelspartner fanden. Diese stießen dort auf Menschen, die in manchen Aspekten der kulturellen Entwicklung Lebensformen angenommen hatten, die für mediterrane Gesittung empfänglich waren. Auf alteinheimischen Wurzeln der Urnenfelder- und frühen Hallstattzeit aufbauend (Ha C), bildete sich zu Beginn der Stufe Hallstatt D 1 eine sozial stark differenzierte Gesellungsstruktur heraus, an deren Spitze mächtige Adelshäuser standen. Die ferne Sphäre des sonnigen Südens war ihnen Vorbild. Sie warben auswärtige Handwerker an und beschäftigten diese als Festungsbauer, Steinmetzen und Toreuten an ihren Höfen. In ihren Gemächern wehte ein Hauch exotischer Lebensart. Sie lagerten auf griechischen Liegen und tranken provenzalischen Wein aus attischem und etruskischem Geschirr. In elfenbeinbeschlagenen Truhen verwahrten sie kostbares, südliches Geschmeide.

Grundlage des fürstlichen Wohlstandes war eine solide Agrarwirtschaft, häufig verbunden mit der Ausbeutung örtlicher Rohstofflagerstätten. Die günstige Position der Zentralsiedlungen im alteuropäischen Handelsnetz erleichterte den Vertrieb lokaler Produkte und mehrte den Gewinn durch Beteiligung am Fernhandel.

Die Angehörigen der unteren Schichten wurden zu Dienstleistungen herangezogen. Ihnen oblag die Aufschüttung der gewaltigen Grabhügel und die Errichtung der wehrhaften Befestigungsanlagen. Möglicherweise hatten sie auch Naturalsteuern an ihre Herren abzuliefern; denn daß die Adeligen selbst hinter dem Pflug hergingen oder das Vieh auf die Weide trieben, ist kaum vorstellbar.

Die Absonderung des Adels auf stark gesicherten Burgen, die Konzentration von Macht und Reichtum in den Händen einer Nobilitas und die Pressung der allgemeinen Bevölkerung zu Fron und Abgaben muß im Verlauf der Späthallstattkultur immer wieder zu sozialen Spannungen geführt haben. Auch Streitereien und räuberische Überfälle der Kleinfürsten untereinander mögen stattgefunden haben. Dafür reden die verheerenden Zerstörungshorizonte über den Zentralsiedlungen eine nur zu deutliche Sprache. Jedenfalls stand das frühkeltische

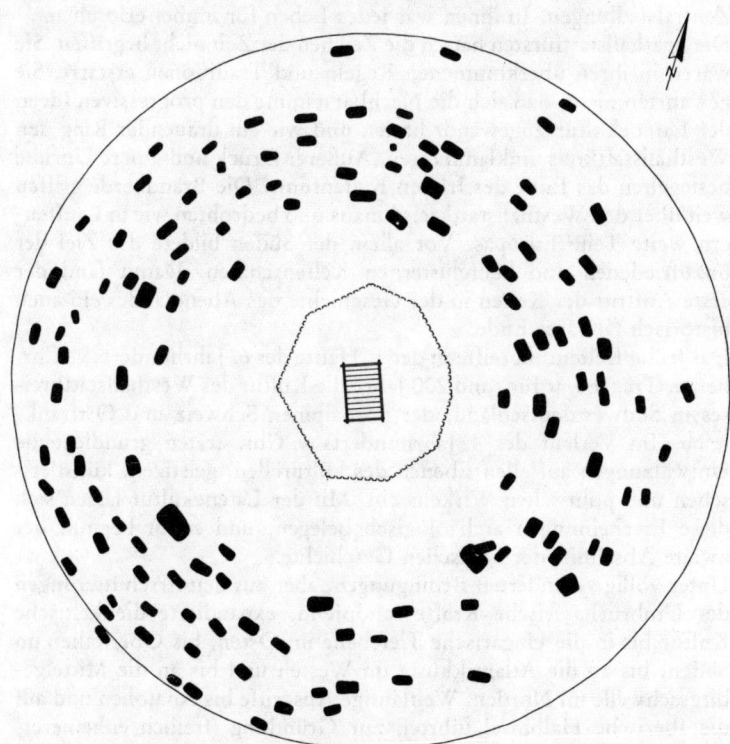

*Abb. 114.* Die mit 126 Gräbern (schwarze Rechtecke) wohl größte Nachbestattungsnekropole des westlichen Hallstattkreises im Fürstengrabhügel »Magdalenenberg« bei Villingen-Schwenningen, Schwarzwald-Baar-Kreis, Baden-Württemberg. In der Bildmitte das Zentralgrab (vgl. Abb. 14) mit dem ummantelnden Steintumulus (polygonaler Umriß). Antiker Durchmesser des Monumentes 102 m (nach SPINDLER 1975).

Herrschertum, das sich zu einer für vorgeschichtliche Verhältnisse kaum glaublichen Blüte entwickelt hatte, schon nach wenigen Generationen vor dem Bankrott. In der Schlußphase der Hallstattkultur, die allenthalben bereits die Neuerungen der beginnenden Latènekultur durchdrangen, wurden die prunkvollen Fürstenhöfe wie in einem Sturm hinweggefegt. Kaum ein Adelssitz überlebte die Phase Hallstatt D 3. Der Wald überwucherte die Ruinen der einst so glanzvollen Zentralsiedlungen. In ihnen war jedes Leben für immer erloschen.

Die Späthallstattfürsten hatten die Zeichen der Zeit nicht begriffen. Sie waren in ihren überkommenen Regeln und Traditionen erstarrt. Sie gewahrten nicht, daß sich die Nachbarstämme den progressiven Ideen der Latènekultur zugewandt hatten und wie ein dräuender Ring den Westhallstattkreis umklammerten. Äußerer Druck und innere Unruhe besiegelten das Ende des frühen Keltentums. Die Brandherde griffen weit über den Westhallstattkreis hinaus und bedrohten wie in Lauffeuern weite Teile Europas. Vor allem der Süden bildete das Ziel der unzufriedenen und beutelüsternen Keltenscharen. Damit fand der erste Auftritt der Kelten in der Geschichte des Abendlandes ein auch historisch faßbares Ende.

Das frühe Keltentum reifte in der 1. Hälfte des 6. Jahrhunderts v. Chr. heran. Träger war für rund 200 Jahre die Kultur des Westhallstattkreises in Südwestdeutschland, der nordalpinen Schweiz und Ostfrankreich. Im Verlauf des 4. Jahrhunderts v. Chr. traten grundlegende Umwälzungen auf allen Ebenen des kulturellen, geistigen, künstlerischen und politischen Wirkens ein. Mit der Latènekultur lassen sich diese Erscheinungen archäologisch belegen, und somit beginnt der zweite Abschnitt der keltischen Geschichte.

Unter völlig veränderten Bedingungen, aber aus den Erschütterungen des Umbruchs frische Kräfte schöpfend, expandierte die keltische Kultur bis in die Ungarische Tiefebene im Osten, bis Oberitalien im Süden, bis an die Atlantikküste im Westen und bis an die Mittelgebirgsschwelle im Norden. Weitläufige Ausgriffe bis Anatolien und auf die Iberische Halbinsel führten zur Gründung (freilich ephemerer) galatischer bzw. galizischer (keltischer) Sonderreiche. Diese Phase der neuerlichen Konsolidierung und Ausbreitung des Keltentums, getragen von einer kriegerisch geprägten Männerschaft (zahlreiche Waffengräber, Übernahme des zweirädrigen Streitwagens) dauerte wiederum knappe 200 Jahre.

Erst zu Anfang des 2. Jahrhunderts v. Chr. formten sich die keltischen Stämme bei einem weitgehend einheitlichen Kulturhabitus wieder zu (wenn auch kleinräumigen) politischen Verbänden. Zentralorte entstanden in den spätkeltischen Oppida als Sammelpunkte des wirtschaftlichen, religiösen und politischen Lebens.

Noch einmal entwickelte sich die keltische Zivilisation zu einer erstaunlichen Höhe, die mit ihren stadtartigen Siedlungen, mit ständischer Organisation, mit arbeitsteiliger Produktion und einsetzender Schriftlichkeit nachgerade die Schwelle zur Hochkultur erreichte. Doch war die Zeit für eine Vereinigung der in zahlreiche regionale Stammesverbände zersplitterten keltischen Ökumene zu einer kraftvollen staatlichen Einheit nicht reif. Allzu früh ging das so hoffnungsvoll in die Zukunft strebende Volk im Mahlstrom römischer Imperialgewalt und germanischer Okkupationsgelüste zugrunde. In den Jahrzehnten um die Zeitenwende erlosch das kontinentale Keltentum.

# Anmerkungen

*Erstes Kapitel*

Zur Einführung in den Themenkreis, insbesondere auch über das Keltentum des 4. bis 1. Jahrhunderts v. Chr. sowie über das Nachleben keltischer Elemente bis in christliche Zeit, siehe u. a. folgende Werke: CUNCLIFFE 1979; DILLON/CHADWICK 1966; DUVAL 1978; FILIP 1961; LESSING 1980; LESSING/KRUTA 1979; MOREAU 1958; PAULI 1980; POWELL 1959; SCHLETTE 1976.

1 FISCHER 1972.
2 SANGMEISTER 1960.
3 FISCHER 1973.

*Zweites Kapitel*

Absolute und relative Chronologie der späten Hallstattkultur werden von der Forschung durchaus nicht einheitlich beurteilt. Den Beginn der Stufe Hallstatt D setzen ins späte 7. Jahrhundert v. Chr. u. a.: DÄMMER 1978; KOSSACK 1959. Die in diesem Buch vorgeschlagenen Daten versuchen die Ergebnisse der Dendrochronologie (HOLLSTEIN 1980) mit den archäologischen Befunden und Datierungen in Einklang zu bringen, was m. E. zufriedenstellend gelingt. Dies führte notwendigerweise zu jüngeren Daten: Beginn von Hallstatt D kurz vor 550 v. Chr. Die Auffindung griechischer Importkeramik, hergestellt in der Zeit um 530/520 v. Chr., auf der Heuneburg aus Schichten der Phase Ha D 1 vermag diesen Ansatz zu stützen (GERSBACH 1981a).

1 ABELS 1978.
2 SPINDLER 1980b.
3 U. FISCHER 1979.
4 KIMMIG/REST 1954.
5 SCHIEK 1954.
6 SPINDLER 1975.
7 Eine monographische Vorlage des im Jahre 1879 geborgenen Kleinaspergle-Fundes steht noch aus; siehe einstweilen BITTEL u. a. 1981, S. 393; JACOBSTHAL 1944, S. 166, passim; PARET 1921, S. 73–77, 178 f.; ders. 1961, S. 232 f.
8 BIEL 1982.
9 JOFFROY 1954; ders. 1962; ders. 1979.
10 HOLLSTEIN 1980.
11 SPINDLER 1981.
12 HAFFNER 1979.
13 STÖCKLI 1975, S. 79.
14 DRACK 1981.
15 JOFFROY 1960.
16 BENDER 1976.
17 Zusammenfassend BITTEL u. a. 1981, S. 390–400.
18 Kurze Mitteilung bei LANG 1976, S. 21 f.
19 MILDENBERGER 1963; ders. 1975.
20 SCHWEITZER 1973.

21 SCHWAB 1975.
22 KIMMIG 1969, S. 105 f.
23 DAYET 1967.
24 SCHULTZE-NAUMBURG 1969.
25 SPINDLER 1976a.
26 GESSNER 1947; RIETH 1950.
27 SIEVERS 1980.

*Drittes Kapitel*

1 CHRISTLEIN/BRAASCH 1982, S. 52 f.
2 So der Magdalenenberg bei Villingen-Schwenningen im Schwarzwald mit 127 nachgewiesenen Gräbern: SPINDLER 1971; ders. 1972; ders. 1973; ders. 1974; oder der Grabhügel Clair-Bois bei Bressey-sur-Tille (Côte-d'Or) mit etwa 200 Bestatteten: RATEL 1977.
3 CHRISTLEIN/BRAASCH 1982, S. 88–90.
4 DRACK 1974, Karte S. 31; PARET 1961, Karte 1; G. WAMSER 1975, Beil. 1.
5 FILZER 1976.
6 FILZER 1938.
7 Rudolf HAUFF, Ergebnisse der pollenanalytischen Untersuchung des Schüttmaterials vom Magdalenenberg, in: SPINDLER 1973, S. 61–67.
8 Fritz SCHWEINGRUBER, Die botanische Untersuchung der Hölzer aus dem Magdalenenberg, in: SPINDLER 1981, S. 211–215.
9 Udelgard KÖRBER-GROHNE / Otti WILMANNS, Eine Vegetation aus dem hallstattzeitlichen Fürstengrabhügel Magdalenenberg bei Villingen – Folgerungen aus pflanzlichen Großresten, in: SPINDLER 1977, S. 51–68; Walter FRITZ, Zur ökologischen Interpretation einer Moosvegetation aus dem Grabhügel Magdalenenberg, in: SPINDLER 1977, S. 21–49; Walter FRITZ, Die aktualistische Rekonstruktion der hallstattzeitlichen Vegetation am Magdalenenberg auf Grund pflanzlicher Subfossilien, in: SPINDLER 1980, S. 27–114.
10 Konrad SPINDLER / Wolfgang HÜBENER, Die hallstattzeitliche Siedlung auf dem Kapf bei Villingen im Schwarzwald, in: SPINDLER 1972, S. 51–90.
11 MARTIN u. a. 1973.
12 Fritz SCHWEINGRUBER, Die Holzarten, in: MARTIN u. a. 1973, S. 207–209.
13 BIEL 1982.
14 KÖRBER-GROHNE 1980.
15 PITTIONI 1966. Vgl. auch die Kartenskizze bei BENOIT 1965, Fig. 1, der, ohne damals Bragny-sur-Saône kennen zu können, an eben dieser Stelle die Rhône-Saône-Passage in vier Stränge (Richtung Seine, Marne, Burgundische Pforte und Schweizer Mittelland) auffächern läßt!
16 GUILLOT 1976.
17 Zur Fibelchronologie siehe Kap. 6.
18 JOFFROY 1950; ders. 1952; ders. 1952a; ders. 1953; ders. 1954a (hier auch die ältere Literatur); ders. 1960; WERNERT 1949.
19 JOFFROY 1960, Pl. 17, 14–18.
20 KIMMIG 1969, S. 105 f.
21 Der gleiche Schluß e silentio liegt auch beim Hohenasperg vor: BITTEL u. a. 1981; ZÜRN 1970, S. 118–121.
22 DAYET 1967; DÉCHELETTE 1913, S. 696–699; MILLOTTE 1963, S. 205 und 336 f.; PIROUTET 1931; ders. 1933; ders. 1937; PIROUTET/DÉCHELETTE 1909.

23 JOFFROY 1957, S. 8–30.
24 LERAT 1958; MILLOTTE 1963, S. 284; MILLOTTE/VIGNARD 1962, S. 29 f.; STRAUB 1980, S. 237.
25 DRACK 1958; ders. 1959; ders. 1960; ders. 1964.
26 MAGGETTI/GALETTI 1980; MAGGETTI/SCHWAB 1982; RAMSEYER 1980; SCHWAB 1975; dies. 1976; dies. 1982.
27 DEGEN 1977; KAENEL 1981; SCHWAB 1979.
28 DRACK 1981; DRACK/SCHNEIDER 1979; REIM 1968.
29 DRACK 1977.
30 KNECHT 1931–34; SCHWEITZER 1970; ders. 1971; ders. 1973; ders. 1981.
31 SCHWEITZER 1973, S. 62, Pl. 7.
32 SCHWEITZER 1981, Abb. 6.
33 Zusammenfassend BENDER 1976. Siehe auch R. DEHN/FINGERLIN 1976.
34 LANG 1974, S. 20 f.
35 SCHIEK 1956, S. 38–42; ders. 1981; WAGNER 1885, S. 29–31; ders. 1911, S. 52–54.
36 SCHIEK 1956, S. 93 f.; WAGNER 1885, S. 31; ders. 1911, S. 54 f.
37 JACOBSTHAL/LANGSDORFF 1929, S. 25; WAGNER 1911, S. 55 f.
38 JACOBSTHAL/LANGSDORFF 1929, S. 36; NAUE 1905, S. 200–202.
39 FREY 1969, S. 117.
40 FREY 1957; JACOBSTHAL/LANGSDORFF 1929, S. 33 f.; NAUE 1905, S. 10–17; NORMAND 1973, S. 89.
41 Konrad SPINDLER/Wolfgang HÜBENER, Die hallstattzeitliche Siedlung auf dem Kapf bei Villingen im Schwarzwald, in: SPINDLER 1972, S. 51–90.
42 Zur dendrochronologischen Datierung siehe HOLLSTEIN 1980, S. 184 f.; SPINDLER 1981.
43 SPINDLER 1980, S. 196.
44 Die Literatur bis 1968 vollständig bei KIMMIG 1968, S. 126 f. (40 Arbeiten); seitdem erschienen: BITTEL u. a. 1981, S. 369–390; DÄMMER 1974; ders. 1977; ders. 1978; EHRHARDT/SIMON 1971, S. 15 f., 27 f., 34 f.; FILZER 1976; FOŘT-LINKSFEILER 1978; GERSBACH 1969; ders. 1973; ders. 1974; ders. 1975; ders. 1976; ders. 1977; ders. 1978; ders. 1981; ders. 1981a; GERSBACH/OEFTIGER 1977; KILIAN-DIRLMEIER 1972a; KIMMIG 1971; ders. 1974; ders. 1975; ders. 1980; KIMMIG/GERSBACH 1966; KIMMIG/v. VACANO 1973; KÖRBER-GROHNE 1981, S. 166–182; KURZ 1982; LANG 1974; dies. 1976; NOLL 1977; MANSFELD 1973; SCHIEK 1978; SPERBER 1979; ders. 1980; ders. 1981; SPINDLER 1975a. Die 75 bislang über die Heuneburg und ihre Grabhügel publizierten Arbeiten können zum größten Teil als Primärliteratur gelten; die Sekundärliteratur ist unübersehbar.
45 GOESSLER 1923, S. 229–232.
46 BITTEL/RIETH 1951.
47 FISCHER 1973.
48 SCHIEK 1978.
49 LANG 1974, S. 21 f.
50 ZÜRN 1970, S. 122–124 mit Literatur; BITTEL u. a. 1981, S. 432 f.
51 ZÜRN 1970, S. 118 f.; BITTEL u. a. 1981, S. 390–400.
52 LANG 1974, S. 22.
53 Wir gehen auf diese Bestattungsplätze hier nicht näher ein, da dies mangels jeglicher Erforschung höchst spekulativ bliebe. Gleichwohl unterstreichen sie letztlich den besonderen Rang des Hohenasperg; zu nennen sind beispielsweise

der Tannenschopf bei Stuttgart-Uhlbach, ein Hügel bei Esslingen – Obere Kastenäcker, der Lehenbühl bei Renningen, der Bühl von Wolfschlugen, der Lehenbühl bei Schlaitdorf oder der Hügel von Neuhausen, Kr. Nürtingen: vgl. Zürn 1970, S. 123 f. Weitere vollständig abgeflachte Hügel sind durch Luftbildarchäologie nachgewiesen.

54 Literatur bei Zürn 1970, S. 118, Anm. 6.

55 Bittel u. a. 1981, S. 310–313 (Eberhard Wagner); Hertlein 1907; ders. 1908; Schultze-Naumburg 1969.

56 W. Dehn 1951.

57 Mildenberger 1963; ders. 1975.

58 L. Wamser 1981, insbes. Abb. 23.

59 Vgl. z. B. Härke 1979, bes. S. 201 ff.

60 Zürn 1970, S. 118–128.

61 Gessner 1947; Rieth 1950.

62 G. Wamser 1975, S. 165 f.

63 Degen 1968; ders. 1968a; Kimmig 1979, S. 162.

64 Bragny-sur-Saône: Beginn während Ha D 2 mit späten Pauken- und Fußzierfibeln; Ende in Lt A wegen des Armrings mit Pufferenden (Guillot 1976, Fig. 4 und 5,4).

Mont Lassois: Beginn am Übergang Ha D 1 / D 2 mit späten Schlangenfibeln; Ende in Ha D 3 mit Späthallstattfibeln im Certosa-Stil, keine echten Latèneformen (Joffroy 1960, Pl. 19,1–3 und 20,2–3).

Gray: nach den Grabfunden (Goldhalsreif u. a.) Bestehen der Siedlung während Ha D 2; bislang kein Formengut der Stufe Ha D 3 / Lt A (Joffroy 1957, Pl. 1, Fig. 7,2/3).

Camp-de-Château: Beginn mit Schlangenfibeln in Ha D 1; Ende erst während Lt B mit Frühlatènefibeln (Dayet 1967, Pl. 1,1–6 und 4,30).

Châtillon-sur-Glâne: Beginn in Ha D 2 mit Pauken- und Fußzierfibeln; Ende in Lt A mit Certosa-Fibeln (Ramseyer 1980, S. 69).

Mont Vully: nach den Gräberfunden (Goldhalsring u. a.) auf jeden Fall während Ha D 2 (Drack 1958, Taf. A).

Üetliberg: vorläufig nur für Lt A belegt (Grabfund vom Sonnenbühl), aller Wahrscheinlichkeit nach gehört die Goldschale von Zürich-Altstetten nach Ha D 2 (Drack 1974, Abb. 16; ders. 1981).

Britzgyberg: für den Beginn Schlangenfibeln der Phase Ha D 1, für das Ende eine Latène-A-Drahtfibel (Schweitzer 1973, Pl. 7).

Münsterberg von Breisach: mit dem Grab vom Kastenwald bei Colmar Beginn in Ha D 1, die sonstigen Gräber sind Ha D 2 (Goldschmuck), Siedlungsfunde mit Riefenkeramik, böhmischer Flasche und Fußzierfibeln reichen bis Ha D 3 (freundliche Mitteilung von Ludwig Pauli; Jehl/Bonnet 1957; Lang 1974, S. 20 f.; Kimmig/Rest 1954).

Rastatt: mit den Grabfunden von Söllingen und Hügelsheim Beginn sicher in Ha D 1; die Schnabelkannengräber gehören wohl schon nach Lt A (Jacobsthal/Langsdorff 1929, S. 25 und 36; Schiek 1956, S. 93 f.; ders. 1981).

Kapf/Magdalenenberg: nur Ha D 1 (Spindler 1975).

Heuneburg: von Ha D 1 bis Ha D 3; einwandfreie Latènefunde fehlen (Gersbach 1981; ders. 1981a; Spindler 1975a).

Hohennagold: nach Grab- und Siedlungsfunden vorerst nur Ha D 1 und D 2 zu belegen (Schiek 1956, S. 9 f.; Lang 1974, S. 21 f.).

Hohenasperg: nur nach Grabfunden zu beurteilen; der älteste, Hochdorf (Biel

1982), ist Übergang Ha D 1 / D 2; der jüngste ist das Kleinaspergle mit echtem Latène (JACOBSTHAL 1944, S. 166, passim).
Ipf bei Bopfingen: chronologisch nicht zu beurteilen, da unveröffentlicht.
Marienberg: nach den bislang veröffentlichten Funden ist nur Ha D 2 (Paukenfibel) zu belegen (MILDENBERGER 1975, Abb. 10).

65 Vielleicht gehört auch der Ipf bei Bopfingen zu dieser frühen Gruppe. Friedrich HERTLEIN meldet den Fund einer Kahnfibel, die nach Ha D 1 zu datieren wäre. Da das Stück aber nicht abgebildet ist und ich es auch sonst nicht kenne, möchte ich eine definitive Entscheidung vorerst nicht treffen: HERTLEIN 1907, S. 38.

66 MANSFELD 1973, Taf. 11,93; 20,773; 21,780/781; KIMMIG 1980, Abb. 1,3.

67 Dazu zusammenfassend und mit den nötigen ökonomischen Grundlagen dieser Erscheinung: DRIEHAUS 1965. Fundstatistisch nach wie vor gültig: JACOBSTHAL/LANGSDORFF 1929, passim.

68 SCHAAFF 1969.

69 LINDENSCHMIT 1871. Zur Datierung des Grabfundes aufgrund der mitgegebenen tarentinischen Bronzesitula siehe SCHIERING 1975.

70 Wenn auch für den unmittelbaren Umkreis des Mont Lassois keine echten Latènefunde namhaft gemacht werden können, so ist doch in diesem Zusammenhang auf das unfern gelegene Latène-A-Grab aus dem Riesengrabhügel, genannt La Motte-Saint Valentin, bei Courcelles-en-Montagne, Dep. Haute-Marne, hinzuweisen, der abseits der bedeutenden Frühlatènezentren, aber innerhalb des Westhallstattkreises liegt. Er enthielt u. a. einen griechischen Schuppenkantharos, einen Bronzestamnos und ein Eisenschwert und nimmt damit eine ähnliche Sonderstellung ein wie die Gräber vom Kleinaspergle und vom Sonnenbühl auf dem Üetliberg, wobei man sich bei der nicht geringen Zahl solcher Befunde fragen muß, ob dies überhaupt Ausnahmeerscheinungen sind: DÉCHELETTE 1913a, S. 101–151.

71 Wesentlich günstiger ist die Forschungssituation in Bayern, wo sich inzwischen ein relativ einheitlicher Typ des ländlichen Gehöftes der Späthallstattzeit abzeichnet. Es ist dies ein meist in sanfter Hanglage oder auf flachem Höhenrücken gelegenes, mittelgroßes Gehöft mit Ständerbauten, das von Palisaden und Gräben umgeben ist. Gelegentlich agglomerieren sich mehrere solcher Anwesen zu einen kleinen Dorf. Vgl. einstweilen: BECKER u. a. 1979; CHRISTLEIN/BRAASCH 1982, S. 51–55; PÄTZOLD/SCHWARZ 1961.

72 BERSU 1930; BITTEL u. a. 1981, S. 451 f.; FREI/KRAHE 1979; SCHRÖTER 1975.

73 BIEL/JOACHIM 1979.

74 ZWICKER 1979.

75 JOACHIM/BIEL 1977.

76 GARSCHA/REST 1936.

77 EGGERS u. a. 1980.

78 LÜNING 1980.

79 MARTIN u. a. 1973.

80 KIMMIG 1933.

81 G. WAMSER 1975b.

82 G. WAMSER 1975a.

*Viertes Kapitel*

1 PARET 1961, S. 194.
2 Als Beispiel braucht hier nur die Luftbildkarte von Niederbayern angegeben zu werden: CHRISTLEIN/BRAASCH 1982, Abb. 88. Bis 1977 waren dort 136 Grabhügelfelder vorwiegend im waldbedeckten, tertiären Hügelland bekannt. Notwendigerweise führte dies in der älteren Forschung zu der Ansicht, daß »die schweren ... Lößböden im allgemeinen gemieden wurden, ... da der hier notwendige Aufwand an Arbeitskraft und auch technischem Vermögen in keinem Verhältnis zu den Bedürfnissen der Lebensführung stand« (KOSSACK 1959, S. 87). Seit der regelmäßigen Überfliegung eben dieser Lößlandschaften haben sich die Hügelfelder (bisher 114 Neuentdeckungen) in gleicher Dichte wie in Waldgebieten eingestellt, womit sich die Zahl der in Niederbayern registrierten Fundpunkte in nur vier Jahren nahezu verdoppelt hat. Vgl. dazu auch unsere Taf. 8.
3 BIEL 1982.
4 JOFFROY 1954; ders. 1979.
5 Zu den einzeln oder paarweise vorkommenden Großgrabhügeln und deren Sonderrolle siehe unten.
6 BITTEL u. a. 1981; ZÜRN 1957.
7 GUYAN 1951.
8 SCHAEFFER 1930, S. 86, Fig. 76.
9 AUFDERMAUER 1963; L. WAMSER 1972.
10 Die vollständige Ausgrabung hallstatt-latènezeitlicher Gräberfelder bildet nach wie vor ein lebhaft bedauertes Desiderat der Forschung. Um die siedlungshistorischen Dimensionen frühen Keltentums begründet darstellen zu können, bedarf es noch erheblicher ausgräberischer wie publikatorischer Anstrengungen. Zur vorläufigen Information sei folgende Literatur genannt. Für Nordbaden zusammenfassend: NELLISSEN 1975. Für Nordwürttemberg sind die Nekropolen von Zainingen, Mühlacker und Böblingen beispielhaft: ZÜRN 1957; ders. 1970; ders. 1979. Für das Elsaß nach wie vor unerläßlich die Grabhügelgruppen vom Hagenauer Forst: SCHAEFFER 1930. Für Baden kann das zwar komplett ausgegrabene, aber nur teilpublizierte Gräberfeld von Mauenheim/Bargen namhaft gemacht werden: AUFDERMAUER 1963; L. WAMSER 1972. Für die Schweiz wichtig die Nekropole vom Sankert bei Hemishofen: GUYAN 1951 sowie die Aufarbeitungen der westschweizerischen Kantone: DRACK 1958; ders. 1959; ders. 1960; ders. 1964. Für Ostfrankreich die vorzügliche Darstellung: G. WAMSER 1975 sowie der Friedhofshügel von Bressey-sur-Tille: RATEL 1977.
11 GRUBE 1957.
12 GUILLOT 1976, S. 112–126.
13 JOFFROY 1954; ders. 1962; ders. 1979.
14 Robert-P. CHARLES, Anthropologie, in: JOFFROY 1954, Annexe III.
15 BITTEL u. a. 1981, S. 331; PARET 1935–38; ders. 1936; SCHIEK 1956, S. 30–33.
16 HATT/ROUALET 1976, S. 8 und 11.
17 JOFFROY 1957, S. 51–64; ders. 1962, S. 140–147; ders. 1979, S. 101–113. Zusammenfassend: FISCHER/BIEL 1982, S. 47–49.
18 Hans-Volkmar HERRMANN, Die südländischen Importe des Fürstengrabes vom Asperg, in: ZÜRN 1970, S. 28–30.
19 JOFFROY 1957, S. 64–73; ders. 1962, S. 147–150; ders. 1979, S. 114–120; zusammenfassend: FISCHER/BIEL 1982, S. 49 f.

20 JOFFROY 1960, S. 25; FISCHER/BIEL 1982, S. 49 f.
21 JOFFROY 1962, S. 151.
22 JOFFROY 1957, S. 30–40; G. WAMSER 1975, S. 111 f.
23 DÉCHELETTE 1914, S. 1047–49; G. WAMSER 1975, S. 137.
24 DÉCHELETTE 1914, S. 1046 f.; FISCHER/BIEL 1982, S. 52 f.; JACOBSTHAL/
   LANGSDORFF 1929, S. 35; JOFFROY 1957, S. 40–46; KIMMIG 1969, S. 105;
   PERRON 1882, S. 66 und 72; G. WAMSER 1975, S. 139 und 153.
25 JOFFROY 1957, S. 8–30.
26 Vgl. JOFFROY 1957, S. 259, Fig. 80; dazu Étrochey: JOFFROY 1962, S. 151. – Zur
   Erläuterung: Drei der insgesamt 16 französischen Wagengräber liegen außerhalb des Westhallstattkreises (Jogasses, Séneret bei Quinçay und Gras-Guignon
   bei Savigné). Von den restlichen 13 werden oben im Text neun den Zentralsiedlungen Gray, Mont Lassois und Camp-de-Château zugeordnet. Von den
   verbleibenden vier Wagengräbern wird ohne weiteren Kommentar die Entfernung zum jeweils nächsten Fürstensitz angegeben: Ohnenheim – Münsterberg
   von Breisach 16 km; Grandvillars – Britzgyberg 26 km; Veuxhaulles – Mont
   Lassois 20 km; Tremblois – Mont Lassois 24 km.
27 Bei G. WAMSER 1975, S. 152, ist als Hügelname »Croix du Gros Murger«
   angegeben.
28 DÉCHELETTE 1914, S. 1048; MILLOTTE/VIGNARD 1962, S. 19–21; STRAUB 1980,
   S. 237; G. WAMSER 1975, S. 121 f.
29 KIMMIG 1969, S. 108.
30 DÉCHELETTE 1913a, S. 101–151.
31 DRACK 1958, passim.
32 DRACK 1958, S. 1–3, 7–20.
33 DRACK 1958, S. 5 f.
34 DRACK 1959, S. 8–13, 26–28. Zur Bronzehydria siehe auch JUCKER 1973.
35 DRACK 1959, S. 16–21.
36 DRACK 1974, S. 26; ders. 1977, S. 103 (mit älterer Literatur).
37 DRACK 1981.
38 Vgl. Kap. 3, Anm. 32, mit Hinweis auf eine etruskische Kanne im Historischen Museum von Mühlhausen als mögliche Spur eines weiteren Fürstengrabes.
39 Siehe Anm. 26.
40 JOFFROY 1957, S. 46–51; G. WAMSER 1975, S. 129.
41 BITTEL u. a. 1981, S. 408–410; KIMMIG/REST 1954; SCHIEK 1956, S. 72–77;
   WAGNER 1885, S. 27–29; ders. 1908, S. 209–213.
42 SCHEFTON 1979, passim.
43 BEYER/R. DEHN 1977; BITTEL u. a. 1981, S. 408–410; R. DEHN 1979; R. DEHN/
   FINGERLIN 1978, S. 5–9.
44 NAUE 1905, S. 436–441 (mit weiterer Literatur).
45 JEHL/BONNET 1957; dies. 1968.
46 BITTEL u. a. 1981, S. 317 f., 403–405, 425 f.; SCHIEK 1956, S. 71; STRUCK 1980,
   S. 26–28; THOMAS 1982; WAGNER 1908, S. 181–185, 187–195.
47 BITTEL u. a. 1981, S. 302–304; KRAFT/REST 1933–36.
48 BITTEL u. a. 1981, S. 424 f.; WAGNER 1885, S. 24–26; ders. 1908, S. 214–217.
49 FORRER 1921.
50 SPINDLER 1980b, S. 222.
51 NAUE 1905, S. 10–17; FREY 1957.
52 SCHIEK 1981; WAGNER 1885, S. 29–33; ders. 1911, S. 52–55.

53 Athanasi KIRCHERI, E. Soc. Jesu, Mundi Subterranei Tom. II, Amsteldami 1678 (zit. nach WAGNER 1911, S. 52 f.).

54 So waren bei dem modern untersuchten Gräberfeld von Mauenheim fast alle primären Zentralgräber durch Nachbestattungen mehr oder weniger gestört worden: AUFDERMAUER 1963; L. WAMSER 1972.

55 Bei dem von SCHIEK 1981, Abb. 8,17 gezeigten Zierstück handelt es sich m. E. nicht um die Antenne eines Dolchgriffs, sondern um einen gegabelten Tüllenfortsatz von einem Joch; vgl. KOSSACK 1970, Abb. 11, Taf. 39,64/65. Auf einem mit Leder beschlagenen Joch ließen sich insbesondere auch die Hügelsheimer Zwecken wie SCHIEK 1981, Abb. 8,1, und anderes auf der gleichen Abbildung unterbringen.

56 SCHIEK 1956, S. 93 f.; WAGNER 1885, S. 31; ders. 1911, S. 54 f.

57 JACOBSTHAL/LANGSDORFF 1929, S. 25; WAGNER 1911, S. 55 f.

58 JACOBSTHAL/LANGSDORFF 1929, S. 36; NAUE 1905, S. 200–202.

59 FREY 1969, S. 117.

60 SPINDLER 1971; ders. 1972; ders. 1973; ders. 1976; ders. 1977 (mit vollständiger Literatur S. 15), 1980; WAGNER 1908, S. 109–113.

61 BITTEL u. a. 1981, S. 383; KIMMIG 1965, S. 96–100; RIEK/HUNDT 1962.

62 BITTEL u. a. 1981, S. 383; GOESSLER 1923, S. 206; KIMMIG 1965, S. 100; SCHIEK 1956, S. 36.

63 BITTEL u. a. 1981, S. 383; GOESSLER 1923, S. 208.

64 BITTEL u. a. 1981, S. 385 f.; GOESSLER 1923, S. 216–218; KIMMIG 1965, S. 107–110; SCHIEK 1956, S. 68–70.

65 BITTEL u. a. 1981, S. 385; KIMMIG 1965, S. 111 f.

66 BITTEL u. a. 1981, S. 384; KIMMIG 1965, S. 112–114; SCHIEK 1956, S. 26 bis 29.

67 BITTEL u. a. 1981, S. 386–389; FISCHER/BIEL 1982, S. 18–20; GOESSLER 1923, S. 208–216; KIMMIG 1965, S. 101–106; KURZ 1982; SCHIEK 1956, S. 43–67; ders. 1957; ders. 1959; SPERBER 1979; ders. 1980; ders. 1981.

68 GERSBACH 1969.

69 Ludwig PAULI, Ein hallstattzeitliches Hügelgrab bei Burggriesbach, Ldkr. Beilngries, in: Bayerische Vorgeschichtsblätter 31 (1966) S. 68–79; hier bes. S. 77.

70 ZÜRN 1970, S. 108, Taf. OA.

71 ZÜRN 1970, S. 108, Taf. PA.

72 BITTEL u. a. 1981, S. 407; SCHIEK 1954; ders. 1956, S. 100–105.

73 BITTEL u. a. 1981, S. 432 f.; ZÜRN 1970, S. 124.

74 BITTEL u. a. 1981, S. 454–456; SCHIEK 1956, S. 9 f.; ZÜRN 1970, S. 122.

75 ZÜRN 1970, S. 124.

76 BITTEL u. a. 1981, S. 326 f.; SCHIEK 1956, S. 22–25; ZÜRN 1970, S. 122.

77 Zu einem bereits um 1580 in der Umgebung von Asperg entdeckten Fürstengrab mit Goldringen und Bronzekessel vgl. GRUBE 1957. Es besteht eine gewisse Wahrscheinlichkeit, daß dieser Fund aus dem Grafenbühl stammt: SCHIEK 1974.

78 BITTEL u. a. 1981, S. 390–393; ZÜRN 1970, S. 7–51; ders. 1975a; ZÜRN/HERRMANN 1966.

79 Vgl. dazu Konrad SPINDLER, in: Acta Praehistorica et Archaeologica 3 (1972) S. 227–230: Rez. ZÜRN 1970, hier bes. S. 227 f.

80 BITTEL u. a. 1981, S. 393; ZÜRN 1965.

81 BITTEL 1934, S. 10; BITTEL u. a. 1981, S. 393; DÉCHELETTE 1913, S. 125 f.;

JACOBSTHAL/LANGSDORFF 1929, S. 30 f.; PARET 1921, S. 73–77, 178 f.; ders. 1961, S. 232 f.

82 HEINRICH 1982.

83 ZÜRN 1965.

84 BITTEL u. a. 1981, S. 393 f.; PARET 1921, S. 68–70; SCHIEK 1956, S. 78–90.

85 Vgl. ZÜRN 1970, S. 14.

86 BIEL 1982, S. 61, Anm. 2; Fundberichte aus Baden-Württemberg 5 (1980) S. 72.

87 FISCHER/BIEL 1982, S. 37, Abb. 57.

88 BIEL 1978; ders. 1979; ders. 1980; ders. 1980a; ders. 1980b; ders. 1981; ders. 1982; BITTEL u. a. 1981, S. 395–398; FISCHER/BIEL 1982, S. 22–37; KÖRBER-GROHNE 1980; RÜCKLE-SEEGER/BIEL 1979.

89 BITTEL u. a. 1981, S. 398; PARET 1938–51; ders. 1951; SCHIEK 1956, S. 91 f.

90 BITTEL u. a. 1981, S. 478 f.; PARET 1933–35; ders. 1935–38a; SCHIEK 1956, S. 11–21.

91 BITTEL u. a. 1981, S. 331 f.; PARET 1935–38; ders. 1936; SCHIEK 1956, S. 30–33.

92 L. WAMSER 1981, S. 255 mit Abb. 23.

93 L. WAMSER 1981.

94 REIM 1977.

95 L. WAMSER 1972.

96 SPINDLER 1976.

97 RATEL 1977.

98 BIEL 1978a; BITTEL u. a. 1981, S. 489–491, 502–504; MAUSER 1970; NELLISSEN 1975, S. 203, 225–229; G. WAMSER 1974; dies. 1974a.

99 KIRCHNER 1955.

100 Abgebildet bei KIMMIG 1973, Abb. 1.

101 L. WAMSER 1970.

102 BITTEL u. a. 1981, S. 344 mit Abb. 25; Fundberichte aus Schwaben N. F. 11 (1938–1950) S. 81 (O. PARET); RIEK 1941; Josef RÖDER, Die Steintechnik der Stele, in: ZÜRN 1970, S. 69 f.

103 BECK 1974; BITTEL u. a. 1981, S. 492–494 mit Abb. 50 und 86.

104 BITTEL u. a. 1981, S. 398–400 mit Abb. 27 und 28; KIMMIG 1965; ZÜRN 1964; ders. 1965a; ders. 1966/69; ders. 1970, S. 67 f.; ders. 1975.

105 Handbuch der Archäologie VI 2 (1954) S. 392 mit älterer Literatur. Siehe auch DANNHEIMER 1969, S. 48 f. mit Abb. 3 und 4.

106 BAĆIĆ u. a. 1978, S. 35–37; FREY 1980, S. 100 f.; MLADIN 1966.

107 WYSS 1974, S. 172 f.

108 Jüngere Versuche (Steinenbronn, Holzgerlingen) bleiben hier außer Betracht; siehe dazu zusammenfassend ZÜRN 1966/69; Josef RÖDER, Die Steintechnik der Stele, in: ZÜRN 1970, S. 69–72.

109 Siehe Anm. 104.

110 BIEL 1978a, S. 38.

111 DOBIAT 1980; SCHMID 1927.

112 FILOW 1927.

113 ABELS 1978; ders. 1978/79.

114 Siehe dazu FREY 1966, Abb. 6 und Taf. 4,1.

115 BITTEL u. a. 1981, S. 88 f.; STRÖBEL 1938–51; Josef RÖDER, Die Steintechnik der Stele, in: ZÜRN 1970, S. 70; ZÜRN 1966/69, S. 65.

116 ANTHES 1920; JAKOB 1964, S. 88, Abb. 5b.

117 DANNHEIMER 1969, S. 45 f., Taf. 8 und 9.

118 DANNHEIMER 1969.
119 Unveröff.; die Fotovorlagen (hier Taf. 10) und die Publikationserlaubnis verdanke ich Herrn Dr. Rolf-Heiner BEHRENDS, Karlsruhe.
120 JAKOB 1964.
121 JAKOB 1967.
122 Zusammenfassende Darstellungen der Bestattungssitten für Südwestdeutschland: BITTEL u. a. 1981, S. 118–137 (Siegwalt SCHIEK); für Ostfrankreich: G. WAMSER 1975, S. 17–20; für die Schweiz: SCHWAB 1974; WYSS 1974.
123 BITTEL u. a. 1981, S. 128 f. und 363; BIEL 1978b.
124 L. WAMSER 1972, passim.
125 Sibylle BOESKEN-HARTMANN / Klaus Dieter POHL / Peter VOLK, Analytische und morphologische Untersuchungen an Faser-Relikten aus zwei hallstattzeitlichen Gräbern vom Magdalenenberg bei Villingen, in: SPINDLER 1977, S. 145–151.
126 SPINDLER 1971, Taf. 11,1.
127 BITTEL u. a. 1981, S. 224 und 389; ECKERLE 1975, S. 47.
128 KÖRBER-GROHNE 1980.
129 Walter VON STROKAR in: PARET 1935–1938a.
130 PAULI 1975.
131 EHRHARDT/SIMON 1971, S. 15 f. und 28.
132 MARINGER 1942/43; SPINDLER 1982; siehe auch die noch ungedruckte Tübinger Dissertation von Claus OEFTIGER, Mehrfachbestattungen im Westhallstattkreis – Zum Problem der Totenfolge (1981).
133 AUFDERMAUER 1963; L. WAMSER 1972.
134 ZÜRN 1979.
135 ZÜRN 1970, S. 73–105.
136 ZÜRN 1970, S. 39–67.
137 SPINDLER 1971; ders. 1972; ders. 1973; ders. 1976.
138 RIEK/HUNDT 1962.
139 BITTEL u. a. 1981, S. 386 f.; SCHIEK 1956, S. 45–50, 59–61.
140 G. WAMSER 1975, S. 20; RATEL 1977, Pl. 19.
141 Sergei I. RUDENKO, Frozen Tombs of Siberia – The Pazyryk Burials of Iron Age Horsemen, London 1970.
142 SPINDLER 1971.
143 HOLLSTEIN 1974; ders. 1980, S. 185 f.; SPINDLER 1981, S. 57.
144 RIEK/HUNDT 1962, S. 42 f.
145 Hans-Jürgen HUNDT, Die Textilreste aus dem Hohmichele, in: RIEK/HUNDT 1962, S. 199–214.
146 ZÜRN 1970, S. 10–13.
147 Allgemein, aber mit Einschränkungen, auch: DRIEHAUS 1978.
148 PARET 1921, S. 179.

## Fünftes Kapitel

1 HARTMANN 1970, S. 46–49.
2 SCHÜLE 1960, Abb. 30,4 und 32,2; ders. 1965.
3 DRACK 1958, S. 12, Taf. B 3; ders. 1974, S. 27, Abb. 19. Parallele zur Flechtbandtechnik der Inser Kette etwa in Vetulonia, Tomba della Straniera: Oscar MONTELIUS, La civilisation primitive en Italie B, Stockholm 1895, S. 452 f., Pl. 98,4; zur Goldkugel gibt es ein gutes Vergleichsstück von Marzabotto: ebd., S. 517, Pl. 109,4.

4 DRACK 1959, S. 19, Taf. G 1; ders. 1974, S. 27, Abb. 20; eine gute Parallele zum Jegenstorfer Schmuckgehänge ist von der Certosa-Nekropole bei Bologna bekannt: Oscar MONTELIUS (wie Anm. 3), S. 479 f., Pl. 102,10.

5 Zuletzt DRACK 1974, S. 26, Abb. 16.

6 Wilhelm SCHÜLE, Der bronzezeitliche Schatzfund von Villena (Prov. Alicante), in: Madrider Mitteilungen 17 (1976) S. 142–179. Der Hort von Villena wird freilich von der Forschung derzeit in die Jahre um 1000 v. Chr. datiert, was natürlich zu erheblichen synchronistischen Problemen führt, wenn – wie ich annehme – die Züricher Schale in der Tat aus einem späthallstättischen Fürstengrab stammt. Diese Fragestellung möchte ich hier nicht aufrollen, sondern nur darauf hinweisen, daß Villena auch Eisengegenstände führt, die demnach als die mit Abstand ältesten auf der Iberischen Halbinsel einzustufen wären. Es bleibt höchst zweifelhaft, ob in dieser Zeit dort schon Eisen verhüttet und geschmiedet wurde. Aufgrund des Analysenergebnisses ist eine urnenfelderzeitliche Entstehung der Züricher Schale auszuschließen: Axel HARTMANN, Ergebnisse spektralanalytischer Untersuchung späthallstatt- und latènezeitlicher Goldfunde vom Dürrnberg, aus Südwestdeutschland, Frankreich und der Schweiz, in: PAULI 1978, S. 601–617, hier bes. S. 603 mit Anm. 4. Allem Anschein nach wird man den Goldschatz von Villena doch wohl um einiges jünger ansetzen müssen. Dem kommt entgegen, daß seine Mustersysteme nicht nur auf der Schale von Zürich-Altstetten, sondern auch auf weiteren nordalpinen Goldarbeiten auftauchen, was bei den vielfältigen Beziehungen zwischen Iberien und dem Westhallstattkreis im 6. und 5. Jahrhundert v. Chr. nicht weiter verwundert; vgl. beispielsweise die Schale Villena Nr. 30 (Wilhelm SCHÜLE, Der bronzezeitliche Schatzfund von Villena [Prov. Alicante], in: Madrider Mitteilungen 17, 1976, S. 172, Taf. 19) mit dem Armreif von Gießübel 1 – Nachbestattung 2 (SCHIEK 1956, S. 54, Taf. 19,3; HARTMANN 1970, S. 122, Taf. 55 Au 14).

7 PARET 1936, S. 247.

8 BIEL 1982, passim.

9 JOFFROY 1957, S. 31–34, Pl. 1 und Fig. 7,3; PARET 1941–1943, S. 84, Taf. 39,10.

10 PARET 1941–1943, S. 83, Taf. 36,6; SCHIEK 1956, S. 22, Taf. 7,26 und 52,2.

11 KIMMIG/REST 1954, Taf. 13,2; NAUE 1905, S. 437–439, Taf. 32,207.

12 BIEL 1982, S. 73–78, Abb. 9 und 10.

13 PARET 1941–1943, S. 83, Taf. 35,3; SCHIEK 1956, S. 57, Taf. 21,5 und 53,1.

14 PARET 1941–1943, S. 83, Taf. 35,5; SCHIEK 1956, S. 81, Taf. 31,7 und 52,1.

15 JACOBSTHAL/LANGSDORFF 1929, S. 35; PARET 1941–1943, S. 83, Taf. 39,11.

16 DRACK 1964, S. 52, Taf. 23,8 und A 1.

17 PARET 1941–1943, S. 84, Taf. 42,13; SCHIEK 1956, S. 10, Taf. 4,2 und 51,1.

18 PARET 1941–1943, S. 83, Taf. 36,7; SCHIEK 1956, S. 12, Taf. 4,15 und 51,3.

19 PARET 1941–1943, S. 84, Taf. 37,8; SCHIEK 1956, S. 19 f., Taf. 6,7 und 51,4.

20 DRACK 1964, S. 5, Taf. 1,13 und A 2.

21 KIMMIG/REST 1954, S. 180, Abb. 5,2 und Taf. 11; PARET 1941–1943, S. 84, Taf. 38,9.

22 JOFFROY 1957, S. 42, Fig. 9,4.

23 DRACK 1958, S. 2, Taf. 1,3 und A 3.

24 PARET 1941–1943, S. 83, Taf. 34,1; SCHIEK 1956, S. 50, Taf. 15,2 und 52,4.

25 PARET 1941–1943, S. 83, Taf. 34,2; SCHIEK 1956, S. 54, Taf. 19,5 und 53,2.

26 PARET 1941–1943, S. 83, Taf. 35,4; SCHIEK 1956, S. 55, Taf. 20,18 und 52,3.

27 JOFFROY 1957, S. 35, Fig. 7,10; PARET 1941–43, S. 85, Taf. 42,21.
28 BIEL 1982, S. 89 f., Abb. 22.
29 PARET 1933–1935, S. 11–14, Taf. 4; ders. 1941–1943, S. 85, Taf. 42,20.
30 HARTMANN 1970, S. 47, 122–125.
31 BITTEL/RIETH 1951, S. 26 f., Taf. 9.
32 Benno URBON, Zu den Goldfunden, in: ZÜRN 1970, S. 37 f.
33 RIEK/HUNDT 1962, S. 75 f., 102, Taf. 18.
34 HEINRICH 1982; PARET 1943–1948.
35 BIEL 1982.
36 JOFFROY 1954, Pl. 17 und 18; ders. 1962, S. 70; ders. 1979, Abb. 40–42 und Farbtaf. VII.
37 JOFFROY 1954, Pl. 25,1; ders. 1962, S. 92; ders. 1979, Abb. 59.
38 Abgebildet bei Ludwig LINDENSCHMIT, Die Alterthümer unserer heidnischen Vorzeit, Bd. 3, H. 12, Mainz 1881, Taf. 5,6.
39 DRACK 1974, S. 30–32, Abb. 24.
40 Vgl. SPINDLER 1980b, S. 213; auch die Unterlagen der Goldscheibenfibeln vom Üetliberg-Sonnenbühl bestehen aus Silber: DRACK 1981, S. 14 f. Bronzenieten mit vergoldetem Silberüberzug sind vom Grafenbühl bekannt, doch dürfte es sich bei diesen wohl um Import handeln: ZÜRN 1970, S. 38, Taf. G 2.
41 BITTEL u. a. 1981, S. 177, Abb. 95.
42 KIMMIG/REST 1954, S. 182, Abb. 2,4 und 6; SIEVERS 1982, S. 53, Taf. 37,200. Die Datierung einer einzeln gefundenen Bronzedolchklinge von Crailsheim in die späte Hallstattzeit ist nicht gesichert: ebd., Taf. 36,199.
43 GUILLOT 1976, S. 120, Fig. 5,1.
44 ZWICKER 1979.
45 Britzgyberg: SCHWEITZER 1973, S. 63, Pl. 9,6; Bragny-sur-Saône: GUILLOT 1976, S. 120, Fig. 5,2.
46 BITTEL/RIETH 1951, S. 32, Taf. 11,5.
47 SCHIEK 1959, S. 120, Abb. 2.
48 DRESCHER 1958.
49 DÄMMER 1974; MANSFELD 1971, S. 94–98; SCHAEFFER 1930, S. 261–267.
50 DRACK 1970, S. 25–33; MANSFELD 1971, S. 98–102; SCHAEFFER 1930, S. 258–260.
51 Hans-Jürgen HUNDT, Beobachtungen zur Herstellung frühlatènezeitlicher Hohlarmringe vom Dürrnberg, in: PAULI 1978, S. 619–623.
52 MANSFELD 1973; ergänzend und korrigierend: GERSBACH 1981.
53 Zuletzt KIMMIG 1979, S. 133 mit Karte 4 und Liste 5 auf S. 163 f.
54 DRACK 1966/67; FREY 1957, S. 244 f.; MANSFELD 1971, S. 102–105.
55 DRACK 1970; GESSNER 1947; KIMMIG 1979, S. 104–110; RIETH 1950; SCHAEFFER 1930, S. 239–248.
56 Gerhard JACOBI, Drahtzieheisen der Latènezeit, in: Germania 57 (1979) S. 111–115.
57 KILIAN-DIRLMEIER 1972; MAIER 1958.
58 BITTEL/RIETH 1951, S. 30, Taf. 10,13.
59 WEGNER 1978; BIEL 1982, S. 70.
60 DRACK 1972/73; SIEVERS 1982.
61 DRACK 1958a; JOFFROY 1957; SCHIEK 1954, S. 162–167; ders. 1956, S. 183–210 mit Liste 5 auf S. 271–279, Ergänzungen: ders. 1981, S. 289, Anm. 25.
62 RIEK/HUNDT 1962, S. 91, Taf. 8,144.

63 DRACK 1977, S. 105–109; SCHIEK 1981, S. 298 f., mit Verbreitungskarte Abb. 14 und Liste S. 306–308.

64 Fundort: Heuneburg; unveröff.

65 DRACK 1977, S. 110–114; MERHARDT 1952, S. 3–15 mit Karte 1 und Liste S. 63–65; dazu Neufunde von Bargen, Grafenbühl und Hundersingen: ECKERLE 1970, S. 20, Abb. 5; ders. 1975, S. 12, Abb. 12; BITTEL u. a. 1981, S. 388 f., Abb. 274; SCHIEK 1957, S. 141, Taf. 24 A 1a; ZÜRN 1970, S. 21, Taf. 12.

66 SCHIEK 1981, S. 297; STJERNQUIST 1967.

67 BEYER/R. DEHN 1977; BITTEL u. a. 1981, S. 408–410; R. DEHN 1979; R. DEHN/ FINGERLIN 1978, S. 5–9.

68 DRACK 1977, S. 103–105; DRESCHER 1980; KIMMIG 1962–1963, passim; KOS-SACK 1970, S. 59, Taf. 40,96/97; MERHARDT 1952, S. 29–38; PAULI 1971, S. 14–23; L. WAMSER 1981, S. 246.

69 DÄMMER 1978, S. 126, Taf. 107; SCHIEK 1959, Abb. 4,1/2.

70 Wie Anm. 67.

71 W. DEHN 1965; ders. 1971; SCHIEK 1981, S. 293–296; dazu Neufunde von Weinsfeld (L. WAMSER 1982, S. 180, Abb. 14,1) und Großeibstadt (ders. 1981a, Abb. 79).

72 DEHN 1971, S. 88 (dazu ein Stück aus Südböhmen); LANG 1974, S. 107 f.

73 FREY 1963, S. 22, Anm. 3; SCHIEK 1956, S. 224 f.; EICHHORN 1982, S. 123, Abb. 7 und 8.

74 MERHARDT 1952, S. 22–29 mit Karte 4 und Liste S. 68 f.; SCHIEK 1956, S. 218–220; L. WAMSER 1981, S. 246. Bei dem von SCHMIDT 1972 vorgestellten angeblichen Rinderkopfkännchen von Tauberbischofsheim handelt es sich um ein aus einem Hohlwulstring »restauriertes« Phantasieprodukt.

75 MERHARDT 1952, S. 15–19 mit Karte 2 und Liste S. 65–67; DRACK 1977, S. 116; FREY 1957, S. 232, Abb. 2,2; SCHIEK 1956, S. 218–223.

76 Kappel: R. DEHN 1979, S. 6 und Titelbild; Appenwihr: JEHL/BONNET 1957, S. 23, Fig. 6; Großeibstadt: L. WAMSER 1981, S. 246, Abb. 10 und Titelbild; Tannheim: GEYR VON SCHWEPPENBURG/GOESSLER 1910, S. 28, Taf. 11,3.

77 KOSSACK 1970, S. 59, Taf. 40 und 41.

78 FREY 1968, S. 115–117 mit Karte Abb. 49; JACOBSTHAL/LANGSDORFF 1929, passim.

79 KIMMIG / v. VACANO 1973.

80 LANG 1974, S. 11, Taf. 25,288–291.

81 Zur Eisentechnik allgemein siehe: Radomír PLEINER, Die Eisenverhüttung in der »Germania Magna« zur römischen Kaiserzeit, in: Berichte der Römisch-Germanischen Kommission 45 (1964) S. 11–86, mit einem Einführungskapitel: Das keltische Eisenhüttenwesen und seine Bedeutung in Mitteleuropa, S. 15–18. Ferner: P. WEIERSHAUSEN, Vorgeschichtliche Eisenhütten Deutschlands, Mannus-Bücherei 65, Leipzig 1939. Speziell für die Hallstattzeit: RIETH 1942. Desgl. knappe Übersichten bei BITTEL u. a. 1981, S. 205–211; WYSS 1974a, S. 105–112.

82 Vgl. Otto KLEEMANN, Der erste Fund vorgeschichtlicher Eisenbarren in Franken, in: Mainfränkisches Jahrbuch für Kunst und Geschichte 18 (1966) S. 121–134 mit Karte Abb. 4.

83 KIMMIG/GERSBACH 1971, S. 54–56.

84 Für die Spätlatènezeit, deren Werkzeug- und Gerätebestand zumindest teil-

weise in die Hallstattzeit zurückprojiziert werden darf, siehe Gerhard Jacobi, Werkzeug und Gerät aus dem Oppidum von Manching, Die Ausgrabungen in Manching 5, Wiesbaden 1974; Johann Nothdurfter, Die Eisenfunde von Sanzeno im Nonsberg, Römisch-Germanische Forschungen 38, Mainz 1979.

85  Joffroy 1957, S. 44, Fig. 9,7; Rieth 1942, S. 66, Abb. 48a5.

86  Drack 1972/73, S. 157–162, Abb. 28–30; Joffroy 1960, S. 98, Pl. 31; Rieth 1938, S. 101, Abb. 40,2–7; ders. 1942, S. 58, Abb. 42.

87  Bittel/Rieth 1951, S. 33, Taf. 11,1.

88  Schiek 1954, S. 153, Taf. 25,1.

89  Biel 1982, S. 68.

90  Biel 1982, S. 68; Joffroy 1957, S. 44 und 68, Fig. 9,8; und 16,4; Schiek 1956, S. 181, Taf. 14,3 Zürn 1970, S. 23, Taf. 19,5/6.

91  Drack 1972/73, S. 162–165, Abb. 31 und 32; Rieth 1942, S. 58, Abb. 42,12; Spindler 1971, S. 35, Taf. 3,1 und 4; ders. 1975, S. 277, Abb. 14.

92  Drack 1972/73, S. 150–157; Pauli 1978, S. 218–238; Rieth 1942, S. 39–64; Sievers 1982; Spindler 1980b; Wegner 1978.

93  Hundt 1963; Rieth 1969; Sievers 1982, S. 29–33, Taf. 16–21.

94  Rieth 1969, S. 57, Taf. 5b.

95  Eichhorn u. a. 1974; Rieth 1935; ders. 1942, S. 103–109; ders. 1969, S. 53–55; Schröder 1959. Neufund einer tauschierten Lanzenspitze: Ulrich 1973, bezeichnenderweise in einem Wagengrab.

96  Schiek 1981, S. 286.

97  Drack 1972/73, S. 160, Abb. 29,5.

98  L. Wamser 1982, S. 180, Abb. 15,5.

99  Spindler 1976, S. 56, Taf. 41,3.

100 Bittel/Rieth 1951, S. 32, Taf. 10,15.

101 Schweitzer 1973, S. 55, Pl. 11,2.

102 Kimmig/Gersbach 1971, S. 49, Abb. 11,1.

103 Maier 1959, S. 196, Taf. 34,3; Mansfeld 1973, S. 98, Abb. 32,1. Von der Heuneburg bzw. ihrer Außensiedlung auch als Siedlungsfunde bekannt: Bittel/Rieth 1951, S. 32; Schiek 1956, S. 143, Taf. 71,1–10; Kimmig 1968, S. 90, Abb. 49.

104 Spindler 1976, S. 46, Taf. 25 oben.

105 Bittel/Rieth 1951, S. 32, Abb. 4b; Schiek 1956, S. 143, Taf. 71,9.

106 Kilian-Dirlmeier 1972a; Kimmig 1968, S. 90 f., Abb. 50; Kimmig/Gersbach 1971, S. 59 f., Taf. 8,3/4 und 6; Schiek 1956, S. 57, Taf. 71,7.

107 Spindler 1971, S. 94, Taf. 28,6; ders. 1973, S. 20, Taf. 4,9/10; ders. 1976, S. 12, 34, 46, Taf. 11,5; 25,1/2; 67,11.

108 Wagner 1908, S. 24, Fig. 17a.

109 Erwähnt bei Kimmig/Gersbach 1971, S. 59.

110 Wie Anm. 109.

111 Zürn 1979, S. 57, Abb. 58,3.

112 Allgemein zu vorrömischen Glasperlen nördlich der Alpen: Reinecke 1911.

113 Joffroy 1960, S. 57, Pl. 12,1–7.

114 Eine Gesamtübersicht zu geben verbietet der unterschiedliche Forschungsstand; siehe vorläufig für Ostfrankreich: G. Wamser 1975, S. 77; für die Schweiz: Drack 1958; ders. 1959; ders. 1960; ders. 1964, passim; für das nördliche Elsaß: Schaeffer 1930, S. 267–272; für Nordbaden: Nellissen 1975, S. 82 f.; allgemein Pauli 1975, bes. S. 131 f.

Anmerkungen 405

115 RIEK/HUNDT 1962, S. 82 und 95, Taf. 1,5/8; 11,242.
116 ZÜRN 1970, S. 63, Taf. 93 und 94.
117 SCHAEFFER 1930, S. 28, Fig. 26a; S. 124, Fig. 105.
118 BITTEL u. a. 1981, S. 384, Abb. 271; SCHIEK 1956, S. 27, Taf. 8,19–24; 58,17–22.
119 Thea Elisabeth HAEVERNICK, Die Glasperlen des Grabhügels Magdalenenberg bei Villingen, in: SPINDLER 1977, S. 137–139.
120 Dazu erschöpfend: ROCHNA 1961; ders. 1962; Otto ROCHNA, Die Sapropelit- und Gagatfunde vom Dürrnberg, in: MOOSLEITNER u. a. 1974, S. 153–167; Otto ROCHNA, Die Sapropelit- und Gagatfunde vom Magdalenenberg, in: SPINDLER 1980, S. 11–26.
121 Es ist hier zu bemerken, daß sich metallisches Zinn wegen seiner Zersetzung durch die Zinnpest normalerweise innerhalb archäologischer Fundverbände nicht nachweisen läßt. Vgl. dazu: Friedrich AHLFELD, Zinn und Wolfram, Die metallischen Rohstoffe 11, Stuttgart 1958, S. 1.
122 Neuere Literatur zur geologischen Herkunft des Bernsteins, zum Handel und zu den sogenannten »Bernsteinstraßen«: Dietrich ANKNER, Zur naturwissenschaftlichen Begründung des Begriffes der »Bernsteinstraßen«, in: Jahrbuch des Römisch-Germanischen Zentralmuseums Mainz 13 (1966) S. 296–301; Curt W. BECK, Bemerkungen zur infrarotspektroskopischen Herkunftsbestimmung von Bernstein, ebd. S. 292–295; K. SCHWOCHAU/Thea Elisabeth HAEVERNICK/ Dietrich ANKNER, Zur infrarotspektroskopischen Herkunftsbestimmung von Bernstein, ebd. 10 (1963) S. 171–176; Fritz FREISING, Die Bernsteinstraße aus der Sicht der Straßentrassierung, Archiv für die Geschichte des Straßenwesens 5, Bonn-Bad Godesberg 1977; Wolfgang LA BAUME, Die Lagerstätten des Bernsteins und ihre kulturgeschichtliche Bedeutung im Altertum, in: Die Kunde 20 (1969) S. 3–10.
123 ZÜRN 1970, S. 25.
124 Ebd., S. 28–30.
125 Ebd., S. 14, Abb. 6.
126 JOFFROY 1957, S. 64, Fig. 15,13.
127 Ravensburg: KOSSACK 1959, S. 277; Hohmichele: RIEK/HUNDT 1962, S. 163 f., Taf. 1,8a; Heuneburg: MAIER 1958, S. 196, Taf. 34,2; MANSFELD 1973, S. 98, Abb. 32,1.
128 Aufgelistet bei KOSSACK 1959, S. 277.
129 Aufgelistet bei PAULI 1975, S. 132; Neufund von Böblingen: ZÜRN 1979, S. 62, Abb. 63,9.
130 Ostfrankreich: G. WAMSER 1975, S. 75 und 77. – Hagenauer Forst: SCHAEFFER 1930, S. 276 f. – Nordbaden: NELLISSEN 1975, S. 83 f. – Magdalenenberg: SPINDLER 1971, S. 86, Taf. 17,6/7; ders. 1976, S. 49 f., Taf. 37,7 und 133i. – Hegnach: PLANCK 1981, S. 247 und 250, Abb. 33,2–7 und 36,7–11. – Mühlakker: ZÜRN 1970, S. 99, Taf. 52,2–5. – Schweiz: DRACK 1958, S. 8, 11, 16, 18 f., Taf. 5,4; 6,32; 18,177/181; 20,209; 22,228/229.
131 PAULI 1975, S. 132.
132 SPINDLER 1971, S. 97, Taf. 33,4.
133 SCHIEK 1956, S. 165.
134 RIEK/HUNDT 1962, S. 94, 165, Taf. 11,225/241.
135 SPINDLER 1976, S. 46, Taf. 25, 26 und 142b.
136 NELLISSEN 1975, S. 84, Taf. 1 E 1.
137 G. WAMSER 1975, S. 75 und 77.

406    *Anmerkungen*

138  JOFFROY 1954, S. 44–46, Fig. 6 und 7,1/2; ders. 1962, S. 108–110; ders. 1979, Farbtaf. XVI 3/4 und 6e/f.
139  BIEL 1982, S. 70.
140  JOFFROY 1957, S. 34, Fig. 7,8.
141  Ebd., S. 41, Fig. 9,2/3.
142  EICHHORN 1982, S. 129.
143  Aufgelistet bei SCHIEK 1956, S. 266 f.
144  SPINDLER 1973, S. 19 f., Abb. 2; Taf. 3,5–20.
145  KIMMIG/GERSBACH 1971, S. 56 f.
146  JOFFROY 1960, S. 58, Pl. 12,15–19.
147  KIMMIG 1975, S. 199, Abb. 7; dort irrig als Cardium spec. bezeichnet.
148  WAGNER 1908, S. 10 f., Fig. 7a; MAIER 1958, S. 214 f., Taf. 50.
149  ZÜRN 1970, S. 46, Taf. 25,5.
150  SCHAEFFER 1930, S. 120, Fig. 106g.
151  MAIER 1958, S. 229, Taf. 59 B.
152  Zusammenstellungen von Koralleneinlagen in Schmuckgegenständen finden sich bei JACOBSTHAL 1944, S. 132 f.; F. Josef KELLER, Seltener Schmuck aus den Keltengräbern von Saint-Sulpice, in: Jahrbuch der Schweizerischen Gesellschaft für Urgeschichte 52 (1965) S. 40–57.
153  KIMMIG/GERSBACH 1971, S. 57–59, Taf. 8,5.
154  JOFFROY 1960, S. 71 f., Pl. 17,18.
155  STAEHLE 1923, S. 85, Abb. 12,17.
156  MAIER 1958, S. 228, Taf. 59 A 1–34; SCHAEFFER 1930, S. 273 f.
157  ZÜRN 1970, S. 84, Taf. 41 B 5.
158  SPINDLER 1976, S. 74, Taf. 67,12 und 134a.
159  PARET 1938–1951, S. 39, Taf. 10,1.
160  PARET 1935–38, S. 62 f., Taf. 18.
161  Auflistung bei SCHIEK 1956, S. 267 f.
162  JOFFROY 1960, S. 72, Pl. 17,15.
163  JOFFROY 1960, S. 72, Pl. 17,16/17.
164  PARET 1935–38, S. 62 f., Taf. 18; ders. 1938–1951, S. 39, Taf. 10,1.
165  WAGNER 1908, S. 23, Fig. 17.
166  z. B. Hohmichele, Grafenbühl, Magdalenenberg.
167  Fritz SCHWEINGRUBER, Die botanische Untersuchung der Hölzer aus dem Magdalenenberg, in: SPINDLER 1980, S. 214 mit Anm. 1.
168  BIEL 1982, S. 86.
169  R. DEHN 1979, S. 6.
170  SPINDLER 1971, S. 38, Taf. 11,1; allgemein zur Drechseltechnik: RIETH 1940.
171  JACOBSTHAL/LANGSDORFF 1929, S. 31; PARET 1921, S. 74 und 179; RIETH 1939–1940, S. 93.
172  NAUE 1905, S. 54.
173  ECKERLE 1975, S. 47.
174  SPINDLER 1971, S. 38, Taf. 9,1.
175  BIEL 1982, S. 90 f.
176  SPINDLER 1971, S. 38, Taf. 9,2.
177  DRACK 1958, S. 11, Taf. 8,48/49; SPINDLER 1971, S. 36 f., Taf. 4–6.
178  BIEL 1982, S. 91 f.
179  SPINDLER 1980, S. 156 f., Abb. 7; Taf. 40 und 41; Beil. 10 und 17.
180  SPINDLER 1971, S. 38, Taf. 10; ders. 1980, S. 163–170, Abb. 13–17.
181  SPINDLER 1971, S. 38, Taf. 11,4.

182 SPINDLER 1973, S. 20, Taf. 3,1.
183 BIEL 1982, S. 69 f., Abb. 4.
184 KÖRBER-GROHNE 1980, S. 251 f., Taf. 36,1/2.
185 Hans-Jürgen HUNDT, Die Textilreste aus dem Hohmichele, in: RIEK/HUNDT 1962, S. 199–214; KÖRBER-GROHNE 1980. Siehe auch Hans-Jürgen HUNDT, Gewebefunde aus Hallstatt – Webkunst und Tracht der Hallstattzeit. Krieger und Salzherren – Hallstattkultur im Ostalpenraum, Römisch-Germanisches Zentralmuseum Ausstellungskataloge 4, Mainz 1970, S. 53–71.
186 KÖRBER-GROHNE 1980.
187 KÖRBER-GROHNE 1981, S. 194.
188 RIEK/HUNDT 1962, S. 182.
189 PARET 1933–1935a, S. 74, Taf. 16,2.
190 BEYER / R. DEHN 1977, S. 276.
191 GEYR VON SCHWEPPENBURG/GOESSLER 1910, S. 28, Taf. 11,1b.
192 18. Bericht der Schweizerischen Gesellschaft für Urgeschichte (1926) S. 69.
193 SPINDLER 1980, S. 158 f., Abb. 10 und 11; Taf. 49 und 50.
194 WEGNER 1978, S. 101, Abb. 6,7.
195 A. KÜNTZEL, in: SPINDLER 1980, S. 209 f.
196 EICHHORN 1982, S. 121 f., Abb. 3–6.
197 DRACK 1958, S. 12, Taf. 12 und 13.
198 SPINDLER 1971, S. 36–41, Abb. 3; Taf. 4–7.
199 RIEK/HUNDT 1962, S. 65.
200 RIETH 1936; siehe ferner grundlegend: Adolf RIETH, Die Entwicklung der Töpferscheibe, Leipzig 1942; Adolf RIETH, 5000 Jahre Töpferscheibe, Konstanz 1960.
201 SPINDLER 1971; ders. 1972; ders. 1973; ders. 1976.
202 BERSU 1945, S. 82–86.
203 GARSCHA/REST 1936.
204 BIEL/JOACHIM 1979.
205 JOACHIM/BIEL 1977.
206 G. WAMSER 1975a.
207 G. WAMSER 1975b.
208 So sind beispielsweise vom Mont Lassois nur ausgewählte Beispiele der Feinkeramik publiziert: JOFFROY 1960, passim. Von der Heuneburg als dem am umfänglichsten untersuchten späthallstattzeitlichen Wohnplatz sind veröffentlicht die bemalte Keramik: DÄMMER 1977; ders. 1978; sowie die geriefte Drehscheibenkeramik: LANG 1974; dies. 1976. Für die Schüsseln und Schalen steht nur ein Vorbericht zur Verfügung: FOŘT-LINKSFEILER 1978.
209 NOLL 1977.
210 KELLER 1939. Früher auch »Alb-Salem-Keramik« genannt.
211 Dazu grundlegend: ZÜRN 1957a; DÄMMER 1978, S. 27–29.
212 Vgl. JOFFROY 1960, Pl. 43–63.
213 DÄMMER 1977; ders. 1978; ZÜRN 1943.
214 DÄMMER 1977, Abb. 7.
215 Wie Anm. 212.
216 JOFFROY 1960, Pl. 60.
217 LANG 1974; dies. 1976. Siehe auch W. DEHN 1962/63.
218 Ebd.
219 LANG 1974, S. 38.
220 Ebd.

221 LANG 1974, S. 37 f.
222 DRACK 1982.
223 SCHWAB 1976, Fig. 7–10.
224 JOFFROY 1960, Pl. 64 und 65.

*Sechstes Kapitel*

1 KILIAN-DIRLMEIER 1972, passim, mit Gürtelblechen auf Taf. 23,283: Bofflens,
  Kt. Waadt (Mensch); Taf. 37,385: Beihingen, Kr. Ludwigsburg (Frau mit
  erhobenen Armen); Taf. 39,391 und 40,392: Großengstingen, Kr. Reutlingen
  (Mensch mit ausgebreiteten Armen, Pferd); Taf. 41,400: Maegstub, Hagenauer
  Forst (Mensch mit ausgebreiteten Armen); Taf. 41,403: dass. (Mensch in
  tänzerischer Haltung); Taf. 41,404: Habsthal, Kr. Sigmaringen (Mensch mit
  erhobenen Armen, »Kamel«); Taf. 44,415: Hemishofen, Kt. Schaffhausen
  (Mensch mit ausgebreiteten Armen); Taf. 45,425: Kaltbrunn, Kr. Konstanz
  (Pferd, Hirsch, Mensch mit erhobenen Armen); Taf. 45,425a (Hahn, Pferd,
  Mensch mit erhobenen Armen); Taf. 45,426: Kappel, Fürstengrab (dass.);
  Taf. 45,427: Habsthal, Kr. Sigmaringen (Mensch mit erhobenen Armen und
  gegrätschten Beinen, »Vogel«); Taf. 45,432: Weitbruch, Hagenauer Forst (Tier,
  Hirsch, Mensch = Frau? mit erhobenen Armen); Taf. 46,429: Aichstetten, Kr.
  Wangen (Mensch mit erhobenen Armen, Pferd); Taf. 46,430: Upflamör, Kr.
  Saulgau (Pferd, Mensch mit erhobenen Armen); Taf. 46,431: Sigmaringen-Laiz
  (drei verschiedene Pferdepunzen); Taf. 46,433: Ihringen, Kr. Freiburg (Pferd,
  Mensch); Taf. 46,434: Kreenheimstetten, Kr. Stockach (Pferd); Taf. 46,435:
  Hailtingen, Kr. Saulgau (Mensch mit erhobenen Armen, Pferd). – PARET
  1933–1935, S. 17, mit Bronzeblechbeschlag des Wagenkastens auf Taf. 7: Stuttgart-Bad Cannstatt, Fürstengrab 1 (Pferd, Mensch mit erhobenen Armen,
  unklare Tierfigur).
2 Vgl. PAULI 1975, S. 40, Abb. 13 mit Nachweisen.
3 SPINDLER 1976, S. 50 f., Taf. 33,2.
4 EHRHARDT/SIMON 1971.
5 Gretel GALLAY, Die Körpergräber aus dem Magdalenenberg bei Villingen, in:
  SPINDLER 1977, S. 79–118.
6 BIEL 1982, S. 68.
7 Trachtgeschichtliche Studien liegen nur vereinzelt vor. Die Abhandlungen
  beschränken sich auf zumeist ausgewählte Einzelschmucktypen, allenfalls auf
  spezielle Grabungsobjekte. Zum Thema vgl. einstweilen: POLENZ 1976; SANG-
  MEISTER 1969.
8 BIEL 1982, S. 70.
9 RIEK/HUNDT 1962, S. 54 und 203 f.
10 Listen bei SCHIEK 1956, S. 266–270.
11 Mühlacker (Kr. Vaihingen), Hügel 10, Grab 1: ZÜRN 1970, S. 98, Taf. 52,1.
12 SPINDLER 1973, S. 18–20, Abb. 2.
13 DRACK 1970; MANSFELD 1971, S. 98–102.
14 SPINDLER 1976, S. 40 f. und 52 f.
15 KIMMIG 1979, S. 121–123; SCHIEK 1956, S. 264–266.
16 Siehe auch KIMMIG 1979, S. 119–121.
17 SPINDLER 1971; ders. 1972; ders. 1973; ders. 1976, passim.
18 DRACK 1966/67, S. 35–39, 54–56; G. WAMSER 1975, S. 164 f., Beil. 8.
19 DRACK 1966/67, S. 45–48; G. WAMSER 1975, S. 164 f., Beil. 8.

20 Für die Schweiz siehe Drack 1970, S. 33–53; für Ostfrankreich: G. Wamser 1975, passim; für den Hagenauer Forst: Kimmig 1979, S. 104–110; die Sonderform mit Kugelenden aus dem Oberrheintal behandelt Degen 1968; ders. 1968a; ergänzend Sangmeister 1982; für Nordbaden: Nellissen 1975, S. 91–98; für Baden-Württemberg östlich des Schwarzwaldes liegt noch keine zusammenfassende Bearbeitung der Armringe vor; vom Zitieren ungedruckter Dissertationen sehen wir hier ab.

21 Rochna 1962; Otto Rochna, Die Sapropelit- und Gagatfunde vom Magdalenenberg, in: Spindler 1980, S. 11–26.

22 Gessner 1947; Kimmig 1979, S. 106–110; Rieth 1950; G. Wamser 1975, S. 165 f., Beil. 9.

23 Spindler 1971, S. 34–47; ders. 1980, S. 134–138.

24 Spindler 1976, S. 44–47.

25 Spindler 1973, S. 47–53.

26 Kilian 1973.

27 Drack 1968/69; Maier 1958; Kilian-Dirlmeier 1972.

28 Pauli 1978, S. 180–182, Abb. 24; Schaaff 1971, S. 68–73, Abb. 9.

29 Nellissen 1975, S. 84 f.; Torbrügge 1979, S. 140–149; L. Wamser 1981, S. 242 f.

30 Zum Thema liegt jetzt eine ausgezeichnete Gesamtübersicht vor: Sievers 1980; dies. 1982. Vgl. weiterhin: Drack 1972/73 (Schweiz); G. Wamser 1975, passim (Ostfrankreich); Nellissen 1975, S. 100 f. (Nordbaden); Rieth 1938, S. 99–102 (Schwäbische Alb); ders. 1969 (Eisendolche); Spindler 1980b (Schwerter); Wegner 1978 (Pfeilspitzen).

31 Riek/Hundt 1962, S. 199–214.

32 Biel 1982, S. 82, Abb. 13–15.

33 Spindler 1976, S. 39 f., Taf. 18,2.

34 Riek/Hundt 1962, S. 167 f., Taf. 9,147.

35 Der fragliche Befund wird vom Ausgräber als Wagenrad interpretiert; eine Deutung als Rundschild scheint mir indes wahrscheinlicher, jedoch keinesfalls gesichert: Riek/Hundt 1962, S. 53, Abb. 12.

36 Im Westhallstattkreis sind etwa 300 Exemplare bekannt. Die Zahl der einigermaßen beobachteten Gräber ist kaum abzuschätzen. Nach einer groben Sichtung beläuft sie sich auf mindestens 6000 Bestattungen.

37 Sievers 1982, S. 102.

38 Ehrhardt/Simon 1971, S. 54 f.

39 Biel 1982, S. 95–97, Abb. 27.

40 Joffroy 1960, S. 96, Pl. 28,6/7. Freilich ist die Datierung in die späte Hallstattzeit wegen der Mehrphasigkeit der Siedlung nicht völlig gesichert.

41 Joffroy 1960, S. 97, Pl. 30,4–7.

42 Ehrhardt/Simon 1971, S. 15, 28, 35.

43 Fundberichte aus Schwaben N. F. 11,1 (1938–1950) S. 82.

44 Spindler 1972, S. 37 f.

45 Spindler 1976, S. 36–38.

46 Joffroy 1964–1965.

47 Drack 1959, S. 14 f.

48 Dazu ausführlich Pauli 1975, passim.

49 Biel 1982, S. 73, 78 f., Abb. 6 und 11.

50 Bronzene Kahnfibel von Tailfingen: Fundberichte aus Schwaben N. F. 11,1 (1938–1950) S. 82.

410    *Anmerkungen*

51  Eiserne Bogenfibel vom Magdalenenberg: SPINDLER 1976, S. 61, Taf. 48,1 und 132m.
52  PLANCK 1981, S. 247, Abb. 33 und 34.
53  BIEL 1982, S. 99, Abb. 5,1–10.
54  Umfassend, wenngleich mit gewissen Chronologiefehlern: MANSFELD 1973; korrigierend Ludwig PAULI (Rez.), in: Bonner Jahrbücher 173 (1973) S. 506–518; SPINDLER 1975; GERSBACH 1981.
55  PRIMAS 1967.
56  SCHIEK 1981, S. 300 f., Abb. 15.

*Siebtes Kapitel*

1  Vgl. SCHULTZ-KLINKEN 1981.
2  SPINDLER 1980, S. 139 f. und 156 f.
3  Nach SCHULTZ-KLINKEN 1981, S. 18, Abb. 5; dort in die ausgehende Jungsteinzeit und frühe Bronzezeit datiert. Die alpinen Felszeichnungen reichen indes bis weit in die Eisenzeit hinein.
4  Vgl. z. B. Fernando GALHANO, Grades, in: Trabalhos de Antropologia e Etnologia 13 (1951) S. 103–135; bes. S. 132, Fig. 22 oben.
5  MAIER 1957, S. 254; ders. 1958, S. 229 (Bestimmung Maria HOPF).
6  BITTEL u. a. 1981, S. 437–441 (Inken JENSEN).
7  BERTSCH 1947, passim; KÖRBER-GROHNE 1981, S. 206.
8  KÖRBER-GROHNE/PIENING 1979; der archäologische Befund ist noch nicht publiziert.
9  BERTSCH 1947, passim; KÖRBER-GROHNE 1981, S. 206.
10  KÖRBER-GROHNE 1981, S. 206.
11  KÖRBER-GROHNE 1981, S. 166–182.
12  Dazu allgemein, wenn auch teilweise überholt: ZEUNER 1967.
13  Angela VON DEN DRIESCH, Zu den Tierknochenfunden aus dem hallstattzeitlichen Fürstengrabhügel Magdalenenberg bei Villingen im Schwarzwald, in: SPINDLER 1971, S. 49 f.
14  G. WAMSER 1975, passim: Tumulus de Charfoique 1: Leichenbrand, Skelettreste und 2 oder 3 Hundeskelette. – Tumulus de Combe Bernon: 7 Körperbestattungen, jeweils mit einem Pferdeskelett. – Tumulus des Feuilles 4: Skelettreste und Hirschknochen. – Tumulus des Petites Montfordes: Skelettreste und Pferdeknochen. – Tumulus de Pré Maillot: Körperbestattung und Pferdeskelett. – Tumulus Sur Scey A: Skelettreste und Knochen von Pferd, Schwein, Hirsch. – Tumulus Sur Scey B: Skelettreste und Knochen von Pferd, Schwein, Hund. – Tumulus Sur Scey C: Mehrere Skelette und Pferdeskelette. – Tumulus Sur Scey D: Skelettreste und Pferdeknochen. – Tumulus Sur Scey E: Skelettreste und Pferdeknochen. – Tumulus Sur Scey F: Skelettreste und Knochen von Pferd, Hund. – Tumulus Sur Scey G: Skelett und Pferdeskelett. – Tumulus Sur Scey H: Skelett und Pferdeskelett. – Tumulus Vaux d'Alaise: Körperbestattungen und Schweineknochen. – Tumulus Camp de Mine 1: Leichenbrand, Körperbestattungen und Knochen von Pferd, Hund, Schwein. – Tumulus de la Petite Chapelle: Körperbestattung und Knochen von Pferd, Schwein. – Tumulus du Bois 1: Körperbestattung und Pferdeknochen. – Tumulus du Grand Buisson 2: Körpernachbestattung und Pferdeknochen. – Tumulus du Champ de la Combe à la Boiteuse: Körpernachbestattung und Pferdeknochen. – Tumulus des Moidons-Parançot 1: Brandbestattung und Knochen von Rind,

Schaf, Hirsch. – Tumulus Crais de Vauchebaux 1: Körperbestattung und
Knochen von Rind, Hirsch. – Tumulus de la Moloise 10: Skelettreste und
Knochen von Pferd, Schwein. – Tumulus aux Champs Latins: Körperbestattungen und Knochen von Pferd, Hund sowie Schweinezähne. – Tumulus
Corne Guerriot 1 und 13: Körperbestattung und Pferdeknochen bzw. Brandbestattung und Pferdeknochen. – Tumulus Essarts Poulets 2: Körperbestattung
und Hundeskelett. – Tumulus de la Ferme Simorin B: Skelettreste und Pferdeknochen. – Tumulus de la Ferme Simorin C, D und E: 3 Hügel, jeweils
mit Skelettresten und Knochen von Pferd, Hund. – Tumulus Sur le Mont 3:
Skelettreste und Knochen von Pferd, Hund. – Tumulus Sur le Mont 5:
Zentralgrab in Steinkiste mit zwei Skeletten und Pferdeknochen, daneben
10 weitere Körperbestattungen mit Knochen von Pferd, Hund, Schwein. –
Tumulus Sur le Mont 6–9: 4 Hügel, jeweils mit Körperbestattungen und Pferdeknochen. – Tumulus Croix du Gros Murger: doppelte Körpernachbestattung mit Pferdeskelett. – Tumulus Jean-Jaques: Körperbestattung mit Schaf-
knochen.

15 So wurden z. B. die Tierknochenfunde aus den urnenfelderzeitlichen, frühkeltischen und römischen Schichten des Wittnauer Horns im Kanton Aargau
miteinander vermengt zur Untersuchung gegeben: Jakob RÜEGER, Die tierischen Reste, in: BERSU 1945, S. 105–110.

16 JOSIEN 1955.

17 Elisabeth SCHMID, Die Tierknochen – Die Eierschalen, in: MARTIN u. a. 1973,
S. 201–207.

18 GERINGER 1967; GERLACH 1967; GRAF 1967; REISS 1967; SCABELL 1966;
SCHÜLE 1960a. – Eine Vermischung des von diesen Bearbeitern untersuchten,
überwiegend späthallstattzeitlichen Tierknochenmaterials von der Heuneburg
mit solchem aus jüngeren Schichten, insbesondere des frühen Mittelalters, ist
nicht völlig ausgeschlossen. Einzelbefunde sind deshalb nicht unbedingt verbindlich.

19 Vgl. KILIAN-DIRLMEIER 1972, Taf. 45,425a. – Joachim BOESSNECK, Zur Entwicklung vor- und frühgeschichtlicher Haus- und Wildtiere Bayerns im Rahmen der gleichzeitigen Tierwelt Europas. Studien an vor- und frühgeschichtlichen Tierresten Bayerns 2. München 1958, S. 109; Otto Friedrich GANDERT,
Zur Abstammungs- und Kulturgeschichte des Hausgeflügels, insbesondere des
Haushuhnes. Beiträge zur Frühgeschichte der Landwirtschaft 1, Berlin 1953,
S. 69–81.

20 Josef KELLER, Seltener Schmuck aus den Keltengräbern von Saint-Sulpice, in:
Jahrbuch der Schweizerischen Gesellschaft für Urgeschichte 52 (1965) S. 43,
Abb. 1,5.

*Achtes Kapitel*

1 Zuletzt: Hartmut MATTHÄUS, Neues zur Bronzetasse von Dohnsen, Kr. Celle,
in: Die Kunde N. F. 28/29 (1977/78) S. 51–69.

2 Jürgen KUNOW, Negotiator et vectura – Händler und Transport im freien
Germanien, Kleine Schriften aus dem Vorgeschichtlichen Seminar Marburg 6,
Marburg 1980.

3 TORBRÜGGE 1965, S. 85, Taf. 28.

4 Den Funden von Beilngries vergleichbare etruskische Bratspieße fanden sich
neuerdings in Großeibstadt (Unterfranken): L. WAMSER 1981, S. 246.

412    *Anmerkungen*

5  Jan BOUZEK/Drahomír KOUTECKÝ, Ein attisches Gefäßfragment aus Böhmen,
    in: Germania 53 (1975) S. 157–160 (Fundort: Kadaň/Kaaden an der Eger).
6  HARTMANN 1970, S. 46–51.
7  KIMMIG/GERSBACH 1971, S. 57–59.
8  PAULI 1978, S. 407.
9  Vgl. dazu: Werner HILGERS, Lateinische Gefäßnamen – Bezeichnungen, Funk-
    tion und Form römischer Gefäße nach den antiken Schriftquellen, Düsseldorf
    1969; über den angekündigten Titel hinaus behandelt diese Arbeit fast immer
    auch die griechische Nomenklatur.
10  Ein Beispiel ist von der Heuneburg bekannt: LANG 1976, S. 53, Abb. 6,65.
11  Zusammenstellung bei KIMMIG/GERSBACH 1971, S. 47, Anm. 85.
12  Ausführlich zu diesem Problem: PAULI 1978, S. 345–349.
13  KIMMIG/v. VACANO 1973.
14  JEHL/BONNET 1957; dies. 1968.
15  Zuletzt: SHEFTON 1979, S. 67.
16  Zuletzt: SHEFTON 1979, S. 73 f.
17  JUCKER 1973.
18  JOFFROY 1954; ders. 1962; ders. 1979.
19  Die alphabetische Buchstabenfolge auf dem Halsfeld und auf den Rückseiten
    der Appliken hat m. E. zu Recht als lakonisch identifiziert: Lilian H. JEFFERY,
    The Local Scripts of Archaic Greece, Oxford 1961, S. 191 f., 202, 375,
    Pl. 39,66.
20  MILLOTTE/VIGNARD 1962, S. 19 f., Pl. 7–10; STRAUB 1980, S. 237, Nr. 12.33
    (mit Abb.).
21  BIEL 1982, S. 86–89; FISCHER/BIEL 1982, S. 34 f.
22  ZÜRN/HERRMANN 1966, S. 92–96.
23  Hans-Volkmar HERRMANN, Die südländischen Importstücke des Fürstengrabes
    vom Asperg, in: ZÜRN 1970, S. 31–34.
24  R. DEHN 1979.
25  Hermann MÜLLER-KARPE, Zu einem Späthallstattgrab von Horgenauergreut,
    Ldkr. Augsburg, in: Germania 39 (1961) S. 155–163.
26  FREY 1957.
27  GIESSLER/KRAFT 1942, S. 34, Abb. 7,10.
28  SCHWEITZER 1981, Abb. 6.
29  PARET 1943–1948.
30  DÉCHELETTE 1913a, S. 104, Pl. 30.
31  Letzte Auflistung bei SCHAAFF/TAYLOR 1975; hier die Nr. 21, 23, 26, 27, 28,
    29, 67, 68.
32  FREY 1955.
33  PAULI 1978, S. 347.
34  SCHAAFF 1969.
35  SCHWAB 1976, S. 8, Fig. 12.
36  Dem von DÄMMER 1978, S. 47, Abb. 6, unternommenen Versuch, rotbemalte
    Schalen mit Streifen- und Schachbrettmustern in Graumalerei und Graphit von
    der Heuneburg als Imitationen griechischer Kleinmeisterschalen zu erklären,
    vermag ich nicht zu folgen.
37  Verbreitungskarte bei BITTEL u. a. 1981, S. 256, Abb. 147 (schwarzfigurige
    Keramik); ebd., S. 258, Abb. 149 (graeco-massiliotische Amphoren); ebd.,
    S. 267, Abb. 157 (rotfigurige Keramik).

38 Der Fund schwarzfiguriger Keramik von Voiron (Isère) ist apokryph: REIM 1968, S. 285.
39 GUILLOT 1976.
40 JOFFROY 1960, S. 120 f., Pl. 67–70; ders. 1979, S. 74 f., Pl. 56–58; XI.
41 DAYET 1967, S. 98 f.; PIROUTET 1933; PIROUTET/DÉCHELETTE 1909.
42 RAMSEYER 1982 (mit weiterer Literatur).
43 DRACK 1982; REIM 1968.
44 BITTEL u. a. 1981, S. 378; GERSBACH/OEFTIGER 1977, S. 44–46; KIMMIG 1975, S. 204; KIMMIG/GERSBACH 1971.
45 SCHWEITZER 1973.
46 SCHULTZE-NAUMBURG 1969.
47 MILDENBERGER 1975, S. 49.
48 DAYET 1967, S. 99.
49 DÉCHELETTE 1913a, S. 105, Pl. 31.
50 PARET 1943–1948.
51 Eine umfassende Bearbeitung des außerhalb der attisch-schwarz- und -rotfigu-rigen Tonware stehenden keramischen Imports fehlt noch, weshalb hier auf Einzelnachweise verzichtet wird. Zumeist wird diese Einfuhrware ohnehin in der unter Anm. 40–44 zitierten Literatur aufgeführt. Eine vorbildliche Aus-nahme bildet die Behandlung der phokäischen und pseudophokäischen Ware von Châtillon-sur-Glâne durch SCHWAB 1982. Vom Breisacher Münsterberg liegt ein streifenbemaltes, pseudoionisches (?) Kannenfragment vor: BITTEL u. a. 1981, S. 316, Abb. 205.
52 KIMMIG 1974.
53 KOSSACK 1970, S. 60, Taf. 44,114.
54 SCHWAB 1982, S. 364 (Reste von drei estensischen Tonsitulen).
55 Ausführlich mit allen Belegen: PAULI 1971.
56 DRACK 1974, S. 27, Abb. 19 und 20.
57 Wilhelm SCHÜLE, Die Meseta-Kulturen der Iberischen Halbinsel – Mediterrane und eurasische Elemente in früheisenzeitlichen Kulturen Südwesteuropas, Madrider Forschungen 3, Berlin 1969, S. 16 f.
58 SPINDLER 1980a; ZÜRN 1970, S. 17–20.
59 Hans-Volkmar HERRMANN, Die südländischen Importstücke des Fürstengrabes vom Asperg, in: ZÜRN 1970, S. 25–31.
60 JOFFROY 1957, S. 34, Fig. 7,8/9.
61 WYSS 1974a, S. 130, Abb. 25,4/5.
62 WAGNER 1885, S. 25, Taf. 3,5.
63 GUILLOT 1976, S. 124, Fig. 8.
64 SCHWAB 1975, S. 81.
65 W. DEHN 1951, S. 25–32, Abb. 1a/b.
66 BENDER 1976, S. 221, Taf. 53,2.
67 Verbreitungskarte bei Frank SCHWAPPACH, Zur Chronologie der östlichen Frühlatène-Keramik, Die Keramik der Latènekultur 2, Bad Bramstedt 1979, S. 11, Abb. 2.
68 SPINDLER 1973, S. 58, Taf. 50,1 und 91b.
69 POLENZ 1979/80.
70 Vgl. dazu KIMMIG 1975, passim.

*Neuntes Kapitel*

1 KAHRSTEDT 1937/38.
2 SANGMEISTER 1964.
3 AUFDERMAUER 1963; L. WAMSER 1972.
4 ZÜRN 1970, S. 118–128.
5 KILIAN-DIRLMEIER 1974.
6 KIMMIG 1969.
7 BERSU 1945.
8 BERSU 1930; SCHRÖTER 1975.
9 PÄTZOLD/SCHWARZ 1961.
10 KOSSACK 1970.
11 SANGMEISTER 1964.
12 BITTEL u. a. 1981, S. 342–344; FÖHR/MAYER 1892, S. 37–40.
13 KRAHE 1963.
14 Vgl. Wilfried MENGHIN / Peter SCHAUER, Magisches Gold – Kultgerät der späten Bronzezeit, Ausstellung des Germanischen Nationalmuseums Nürnberg 1977.
15 Wie Anm. 5.
16 SPINDLER 1975.
17 In diesem Sinne auch SIEVERS 1982, S. 102–107.
18 PAULI 1972.
19 Sergei J. RUDENKO, Frozen Tombs of Siberia – The Pazyryk Burials of Iron Age Horsemen, London 1970.
20 PARET 1938–1951.
21 Wie Anm. 10.

*Zehntes Kapitel*

1 BIEL 1982, passim.
2 KRÄMER 1966.
3 KRÄMER 1966, S. 116; Jahrbuch des Bernerischen Historischen Museums 41/42 (1961/62) S. 478 ff.; Jahrbuch der Schweizerischen Gesellschaft für Urgeschichte 49 (1962) S. 46 f.; ebd. 53 (1966/67) S. 111 f.
4 Konrad SPINDLER, Der hallstattzeitliche Scherbenfund von Waldhausen, Schwarzwald-Baar-Kreis (in Vorbereitung). Siehe einstweilen: Konrad SPINDLER, Führer zum Magdalenenberg, Villingen 1970, S. 48 f.; Gretel GALLAY, Zur kulturellen Einordnung einzelner Scherben der Rössener Kultur, in: Archäologisches Korrespondenzblatt 1 (1970) S. 130, Abb. 2.
5 EIERMANN 1958, S. 187–190.
6 EIERMANN 1958, S. 190.
7 KRÄMER 1966, S. 116; Fundberichte aus Schwaben N. F. 12 (1938–1951) S. 44; ebd. 13 (1952–1954) S. 42.
8 KRÄMER 1966, S. 116; Fundberichte aus Schwaben N. F. (1938–1951) S. 35.
9 KRÄMER 1966, S. 116; SEITZ/SCHOTTORF 1955.
10 PERRIN 1974.
11 PERRIN 1974, S. 67–80, Pl. 10,29–31/35–38.
12 PERRIN 1974, S. 30 f., Pl. 18,6/7.
13 Ausführlich dazu: Klaus SCHWARZ, Die Geschichte eines keltischen Temenos im nördlichen Alpenvorland. Ausgrabungen in Deutschland, gefördert von der

Deutschen Forschungsgemeinschaft 1950–1975 – Monographien des Römisch-Germanischen Zentralmuseums Mainz 1,I, Mainz 1975, S. 324–358.

14 PARET 1933–1935; ders. 1935–1938a.
15 JOFFROY 1954.
16 Dazu ausführlich: PAULI 1972, S. 127–133.
17 MAIER 1962.
18 KIMMIG 1979, S. 99–101, Taf. 24 A 1; SCHAEFFER 1930, S. 222 f.
19 PAULI 1975, S. 116 f.
20 Zum Thema vgl. vor allem: PAULI 1975, S. 117–135.
21 Die Verbreitung der Wagengräber im Bereich der gesamten Hallstattkultur ist aufgelistet bei SCHIEK 1954, S. 162–167; Ergänzungen: ders. 1981, S. 289. – Für Franken siehe neuerdings L. WAMSER 1981. – Für die Schweiz erschöpfend: DRACK 1958a. – Für Frankreich vollständig: JOFFROY 1957. – Zur Konstruktion hallstattzeitlicher Wagen siehe vor allem KOSSACK 1970, S. 124–130.
22 Sogenannte Sesselteile, die sich freilich auch anderweitig am Wagen unterbringen lassen, liegen z. B. von Ohnenheim (FORRER 1921), Grafenbühl (ZÜRN 1970, S. 24, Taf. 21) und Birmenstorf vor (DRACK 1958a, S. 58, Abb. 38,28/29).
23 ZÜRN 1957, S. 12, Taf. 33,1/2.

# Literaturverzeichnis

ABELS 1978    Björn-Uwe Abels: Vorbericht zu einer Grabung hallstattzeitlicher Grabhügel in Prächting, Ldkr. Lichtenfels, Oberfranken. Archäologisches Korrespondenzblatt 8 (1978) S. 203–207.

ABELS 1978/79    Björn-Uwe Abels: Ausgrabungen und Funde in Oberfranken 1, 1977–1978. Geschichte am Obermain – Jahrbuch Colloquium Wirsbergense 12 (1978/79) S. 145–199.

ANTHES 1920    E. Anthes: Bildwerk aus dem Odenwald. Germania 4 (1920) S. 37–39.

AUFDERMAUER 1963    Jörg Aufdermauer: Ein Grabhügelfeld der Hallstattzeit bei Mauenheim, Ldkrs. Donaueschingen. Badische Fundberichte Sonderheft 3. Freiburg i. Br. 1963.

BABEŞ 1974    Mircea Babeş: Die relative Chronologie des späthallstattzeitlichen Gräberfeldes von Les Jogasses, Gemeinde Choully (Marne). Saarbrücker Beiträge zur Altertumskunde 13. Bonn 1974.

BAĆIĆ u. a. 1978    Boris Baćić / Stefan Mlakar / Branko Marusić: Archäologisches Museum Istriens in Pula. Führer 3. Pula 1978.

BECK 1974    Adelheid Beck: Der hallstattzeitliche Grabhügel von Tübingen-Kilchberg. Fundberichte aus Baden-Württemberg 1 (1974) S. 251–281.

BECKER u. a. 1979    Helmut Becker / Rainer Christlein / Peter S. Wells: Die hallstattzeitliche Siedlung von Landshut-Hascherkeller, Niederbayern – Vorbericht über die Untersuchung des Jahres 1978. Archäologisches Korrespondenzblatt 9 (1979) S. 285–302.

BENDER 1976    Helmut Bender: Neuere Untersuchungen auf dem Münsterberg in Breisach (1966–1975) 1 – Die vorrömische Zeit. Archäologisches Korrespondenzblatt 6 (1976) S. 213–224.

BENOIT 1965    Fernand Benoit: Recherches sur l'Hellénisation du Midi de la Gaule. Publications des Annales de la Faculté des Lettres Aix-en-Provence N. S. 43. Aix-en-Provence 1965.

BERSU 1930    Gerhard Bersu: Vorgeschichtliche Siedlungen auf dem Goldberg bei Nördlingen. Neue deutsche Ausgrabungen – Deutschtum und Ausland 23/24. Münster i. W. 1930. S. 130–143.

BERSU 1945    Gerhard Bersu: Das Wittnauer Horn im Kanton Aargau – Seine ur- und frühgeschichtlichen Befestigungsanlagen. Monographien zur Ur- und Frühgeschichte der Schweiz 4. Basel 1945.

BERTSCH 1947    Karl und Franz Bertsch: Geschichte unserer Kulturpflanzen. Stuttgart 1947.

BEYER / R. DEHN 1977    Claudia Beyer / Rolf Dehn: Ein zweiter, reich ausgestatteter Grabfund der Hallstattzeit von Kappel a. Rh. (Ortenaukreis). Archäologisches Korrespondenzblatt 7 (1977) S. 273–277.

BIEL 1978    Jörg Biel: Das frühkeltische Fürstengrab von Eberdingen-Hochdorf, Landkreis Ludwigsburg. Denkmalpflege in Baden-Württemberg – Nachrichtenblatt des Landesdenkmalamtes 7 (1978) S. 168–175.

BIEL 1978a    Jörg Biel: Ausgrabungen in einem Hallstattfriedhof bei Werbach, Main-Tauber-Kreis. Archäologische Ausgrabungen 1977 (1978) S. 36–39.

BIEL 1978b    Jörg Biel: Ein Brandgräberfeld der späten Hallstattzeit bei Heidenheim-Schnaitheim. Archäologische Ausgrabungen 1977 (1978) S. 32–35.

BIEL 1979    Jörg Biel: Ein Fürstengrabhügel der späten Hallstattzeit bei Eberdingen-Hochdorf, Kreis Ludwigsburg. Archäologische Ausgrabungen 1978 (1979) S. 27–35.

BIEL 1980    Jörg Biel: Der frühkeltische Fund von Hochdorf im Rahmen der Fürstengräber Südwestdeutschlands. Ludwigsburger Geschichtsblätter 32 (1980) S. 7–21.

BIEL 1980a    Jörg Biel: Die abschließende Untersuchung des späthallstattzeitlichen Fürstengrabhügels von Eberdingen-Hochdorf, Kreis Ludwigsburg. Archäologische Ausgrabungen 1979 (1980) S. 45–49.

BIEL 1980b    Jörg Biel: Treasure from a Celtic Tomb. National Geographic 157 (1980) S. 428–438.

BIEL 1981    Jörg Biel: The late Hallstatt chieftain's grave at Hochdorf. Antiquity 55 (1981) S. 16–18.

BIEL 1982    Jörg Biel: Ein Fürstengrabhügel der späten Hallstattzeit bei Eberdingen-Hochdorf, Kr. Ludwigsburg (Baden-Württemberg). Germania 60 (1982) S. 61–104.

BIEL/JOACHIM 1979    Jörg Biel / Walter Joachim, Vorgeschichtliche Siedlungsreste mit Gußtiegeln bei Fellbach-Schmiden, Rems-Murr-Kreis. Fundberichte aus Baden-Württemberg 4 (1979) S. 29–53.

BITTEL 1934    Kurt Bittel: Die Kelten in Württemberg. Römisch-Germanische Forschungen 8. Berlin/Leipzig 1934.

BITTEL/RIETH 1951    Kurt Bittel / Adolf Rieth: Die Heuneburg an der oberen Donau – Ein frühkeltischer Fürstensitz. Stuttgart/Köln 1951.

BITTEL u. a. 1981    Kurt Bittel / Wolfgang Kimmig / Siegwalt Schiek (Hrsg.): Die Kelten in Baden-Württemberg. Stuttgart 1981.

CHRISTLEIN/BRAASCH 1982    Rainer Christlein / Otto Braasch: Das unterirdische Bayern – 7000 Jahre Geschichte und Archäologie im Luftbild. Stuttgart 1982.

COOK 1979    R. M. Cook: Archaic Greek Trade: Three Conjectures. The Journal of Hellenic Studies 99 (1979) S. 152–155.

CUNLIFFE 1979    Barry Cunliffe: The Celtic World. New York / San Francisco / St. Louis 1979.

DÄMMER 1974    Heinz-Werner Dämmer: Zu späthallstattzeitlichen Zweischalennadeln und zur Datierung des Frauengrabes auf der Heuneburg. Fundberichte aus Baden-Württemberg 1 (1974) S. 284–292.

DÄMMER 1977    Heinz-Werner Dämmer: Die bemalte Späthallstattkeramik der Heuneburg – Ursprung–Entwicklung–Chronologie. Archäologisches Korrespondenzblatt 7 (1977) S. 43–47.

DÄMMER 1978    Heinz-Werner Dämmer: Die bemalte Keramik der Heuneburg. Römisch-Germanische Forschungen 37 = Heuneburgstudien 4. Mainz 1978.

DANNHEIMER 1969    Hermann Dannheimer: Die Steinstele aus Birkach, Ldkr. Rothenburg o. d. T. (Mittelfranken), und verwandte Denkmale in Bayern. Bayerische Vorgeschichtsblätter 34 (1969) S. 41–54.

DAYET 1967    Maurice Dayet: Recherches archéologiques au »Camp du Château« (Salins) (1955–1959). Revue Archéologique de l'Est et du Centre-Est 18 (1967) S. 52–106.

DÉCHELETTE 1913    Joseph Déchelette: Manuel d'archéologie préhistorique, celtique et gallo-romaine II 2 – Premier age du fer ou époque de Hallstatt. Paris 1913.

DÉCHELETTE 1913a    Joseph Déchelette: La Collection Millon – Antiquités préhistoriques et gallo-romaines. Paris 1913.

DÉCHELETTE 1914    Joseph Déchelette: Manuel d'archéologie préhistorique, celtique et gallo-romaine II 3 – Second age du fer ou époque de La Tène. Paris 1914.

DEGEN 1968    Rudolf Degen: Ein späthallstättischer Armspangen-Typus am Oberrhein. Provincialia – Festschrift für Rudolf Laur-Belart. Basel/Stuttgart 1968. S. 523–550.

DEGEN 1968a    Rudolf Degen: Zwei Bronze-Armbänder der älteren Eisenzeit aus dem Baselbiet. Baselbieter Heimatblätter 33 (1968) S. 311–317.

DEGEN 1977    Rudolf Degen: Mont Vully – ein keltisches Oppidum? Helvetia Archaeologica 32 (1977) S. 114–145.

R. DEHN 1979    Rolf Dehn: Erste Ergebnisse der Restaurierung von Funden aus dem Fürstengrab von Kappel a. Rhein, Ortenaukreis. Archäologische Nachrichten aus Baden 23 (1979) S. 3–6.

R. DEHN / FINGERLIN 1976    Rolf Dehn / Gerhard Fingerlin: Ausgrabungen der archäologischen Denkmalpflege Freiburg für das Jahr 1975. Archäologische Nachrichten aus Baden 16 (1976) S. 3–16.

W. DEHN 1951    Wolfgang Dehn: Einige Bemerkungen zu süddeutschem Hallstattglas. Germania 29 (1951) S. 25–34.

W. DEHN 1952    Wolfgang Dehn: Die Ausgrabungen auf der Heuneburg beim Talhof (Donau) 1951/1952. Germania 30 (1952) S. 325–329.

W. DEHN 1957    Wolfgang Dehn: Die Heuneburg beim Talhof unweit Riedlingen (Kr. Saulgau) – Periode IV nach den Ergebnissen der Grabungen 1950 bis 1955. Fundberichte aus Schwaben N. F. 14 (1957) S. 78–99.

W. DEHN 1962/1963    Wolfgang Dehn: Frühe Drehscheibenkeramik nördlich der Alpen. Alt-Thüringen – Jahresschrift des Museums für Ur- und Frühgeschichte Thüringens 6 (1962/1963) S. 372–382.

W. DEHN 1965    Wolfgang Dehn: Die Bronzeschüssel aus dem Hohmichele, Grab VI, und ihr Verwandtenkreis. Fundberichte aus Schwaben N. F. 17 (1965) S. 126–134.

W. DEHN 1971    Wolfgang Dehn: Hohmichele Grab 6 – Hradenin Grab 28 – Vače (Watsch) Helmgrab – Ein Nachtrag zu den späthallstättischen Bronzeschüsseln. Fundberichte aus Schwaben N. F. 19 (1971) S. 82–88.

W. DEHN u. a. 1954    Wolfgang Dehn / Edward Sangmeister / Wolfgang Kimmig: Die Heuneburg beim Talhof – Vorläufige Ergebnisse der Grabungen 1950–1953. Germania 32 (1954) S. 22–59.

DILLON/CHADWICK 1966    Myles Dillon / Nora K. Chadwick: Die Kelten von der Vorgeschichte bis zum Normanneneinfall. Kindlers Kulturgeschichte. Zürich 1966.

DOBIAT 1979    Claus Dobiat: Überlegungen zur Verwendung der hallstattzeitlichen Zwergknebel. Archäologisches Korrespondenzblatt 9 (1979) S. 191 bis 198.

DOBIAT 1980    Claus Dobiat: Das hallstattzeitliche Gräberfeld von Kleinklein und seine Keramik. Schild von Steier – Beihefte zur steirischen Vor- und Frühgeschichte und Münzkunde 1. Graz 1980.

DRACK 1958, 1959, 1960, 1964    Walter Drack: Ältere Eisenzeit der Schweiz.

Materialhefte zur Ur- und Frühgeschichte der Schweiz 1–4. Basel 1958–1964.

DRACK 1958a   Walter Drack: Wagengräber und Wagenbestandteile aus Hallstattgrabhügeln der Schweiz. Zeitschrift für Schweizerische Archäologie und Kunstgeschichte 18 (1958) S. 1–67.

DRACK 1965   Walter Drack: Die hallstattzeitlichen Bronzeblech-Armbänder aus der Schweiz. Jahrbuch der Schweizerischen Gesellschaft für Urgeschichte 52 (1965) S. 7–39.

DRACK 1966   Walter Drack: Gürtelhaken mit Zierblech der Stufe Hallstatt D/3 aus dem Jura und der Waadt. Helvetia Antiqua – Festschrift Emil Vogt. Zürich 1966. S. 129–136.

DRACK 1966/67   Walter Drack: Anhängeschmuck der Hallstattzeit aus dem schweizerischen Mittelland und Jura. Jahrbuch der Schweizerischen Gesellschaft für Ur- und Frühgeschichte 53 (1966/67) S. 29–61.

DRACK 1968/69   Walter Drack: Die Gürtelhaken und Gürtelbleche der Hallstattzeit aus dem schweizerischen Mittelland und Jura. Jahrbuch der Schweizerischen Gesellschaft für Ur- und Frühgeschichte 54 (1968/69) S. 13 bis 59.

DRACK 1970   Walter Drack: Zum bronzenen Ringschmuck der Hallstattzeit aus dem schweizerischen Mittelland und Jura. Jahrbuch der Schweizerischen Gesellschaft für Ur- und Frühgeschichte 55 (1970) S. 23–87.

DRACK 1972/73   Walter Drack: Waffen und Messer der Hallstattzeit aus dem schweizerischen Mittelland und Jura. Jahrbuch der Schweizerischen Gesellschaft für Ur- und Frühgeschichte 57 (1972/73) S. 119–168.

DRACK 1974   Walter Drack: Die späte Hallstattzeit im Mittelland und Jura. Ur- und frühgeschichtliche Archäologie der Schweiz 4 – Die Eisenzeit. Basel 1974. S. 19–34.

DRACK 1977   Walter Drack: Die Bronzegefäße der Hallstattzeit aus dem schweizerischen Mittelland und Jura. Jahrbuch der Schweizerischen Gesellschaft für Ur- und Frühgeschichte 60 (1977) S. 103–120.

DRACK 1980   Walter Drack: Vier hallstattzeitliche Grabhügel auf dem Homberg bei Kloten ZH. Jahrbuch der Schweizerischen Gesellschaft für Ur- und Frühgeschichte 63 (1980) S. 93–130.

DRACK 1981   Walter Drack: Der frühlatènezeitliche Fürstengrabhügel auf dem Üetliberg (Gemeinde Uitikon, Kanton Zürich). Zeitschrift für Schweizerische Archäologie und Kunstgeschichte 38 (1981) S. 1–28.

DRACK 1982   Walter Drack: Die alten und neuen archäologischen Entdeckungen auf dem Üetliberg im Überblick. Archäologie der Schweiz 5 (1982) S. 101–104.

DRACK/SCHNEIDER 1979   Walter Drack / Hugo Schneider: Der Üetliberg – Die archäologischen Denkmäler. Archäologische Führer der Schweiz 10. Zürich 1979.

DRESCHER 1958   Hans Drescher: Der Überfangguß – Ein Beitrag zur vorgeschichtlichen Metalltechnik. Mainz 1958.

DRESCHER 1980   Hans Drescher: Zur Technik der Hallstattzeit. Die Hallstattkultur – Frühform europäischer Einheit – Katalog der Int. Ausstellung des Landes Oberösterreich in Steyr. Linz 1980. S. 54–66.

DRIEHAUS 1965   Jürgen Driehaus: »Fürstengräber« und Eisenerze zwischen Mittelrhein, Mosel und Saar. Germania 43 (1965) S. 32–49.

DRIEHAUS 1972   Jürgen Driehaus: Der absolut-chronologische Beginn des frühen

Latène-Stils (LTA; Early Style) und das Problem Hallstatt-D3. Hamburger Beiträge zur Archäologie 2 (1972) S. 319–343.

DRIEHAUS 1978    Jürgen Driehaus: Der Grabraub in Mitteleuropa während der älteren Eisenzeit. Zum Grabfrevel in vor- und frühgeschichtlicher Zeit – Abhandl. d. Akad. d. Wiss. in Göttingen; Phil.-Hist. Klasse 3. Folge Nr. 113. Göttingen 1978. S. 18–47.

DUVAL 1978    Paul-Marie Duval: Die Kelten. Universum der Kunst. München 1978.

ECKERLE 1970    Klaus Eckerle: Neue archäologische Funde in Baden – Von der Steinzeit bis zum frühen Mittelalter. Ausstellung im Gartensaal des Karlsruher Schlosses. Karlsruhe 1970.

ECKERLE 1975    Frühe Kelten in Baden-Württemberg. Badisches Landesmuseum Karlsruhe – Ausstellung. Karlsruhe 1975.

EGGERS u. a. 1980    Otto Eggers / Jörg Biel / Maria Hopf: Möckmühl (Kreis Heilbronn). Fundberichte aus Baden-Württemberg 5 (1980) S. 78–81.

EHRHARDT/SIMON 1971    Sophie Ehrhardt / Peter Simon: Skelettfunde der Urnenfelder- und Hallstattkultur in Württemberg und Hohenzollern. Naturwissenschaftliche Untersuchungen zur Vor- und Frühgeschichte in Württemberg und Hohenzollern 9. Stuttgart 1971.

EICHHORN 1982    Peter Eichhorn: Das keltische Fürstengrab von Hochdorf – Problemstellungen für die Restauratoren. Arbeitsblätter für Restauratoren 15 (1982) S. 116–129.

EICHHORN u. a. 1974    Peter Eichhorn / Hans Rollig / Ute Schwarz / Benno Urbon / Ulrich Zwicker: Untersuchungen über die hallstattzeitliche Technik für Bronzeeinlagen in Eisen. Fundberichte aus Baden-Württemberg 1 (1974) S. 293–312.

EIERMANN 1958    Eugen Eiermann: Menschen der Hallstattzeit an der oberen Donau. Hegau – Zeitschrift für Geschichte, Volkskunde und Naturgeschichte des Gebietes zwischen Rhein, Donau und Bodensee 6 (1958) S. 182–190.

FILIP 1961    Jan Filip: Die keltische Zivilisation und ihr Erbe. Neue Horizonte. Prag 1961.

FILOW 1927    Bogdan D. Filow: Die archaische Nekropole von Trebenischte am Ochrida-See. Bulgarisches Nationalmuseum in Sofia. Berlin/Leipzig 1927.

FILZER 1938    Paul Filzer: Die Bestimmung prähistorischer Hölzer und Holzkohlenreste (Mit Bestimmungen an Hand von Fundmaterial aus dem Hohmichele bei Hundersingen a. D.). Jahreshefte des Vereins für Württembergische Naturkunde in Württemberg 94 (1938) S. XLVIII f.

FILZER 1976    Paul Filzer: Die Bauhölzer der Heuneburg bei Hundersingen a. d. D. Mitteilungen des Vereins für forstliche Standortkunde und Forstpflanzenzüchtung 24 (1976) S. 39–42.

FISCHER 1972    Franz Fischer: Die Kelten bei Herodot – Bemerkungen zu einigen geographischen und ethnographischen Problemen. Madrider Mitteilungen 13 (1972) S. 109–124.

FISCHER 1973    Franz Fischer: KEIMHΛIA – Bemerkungen zur kulturgeschichtlichen Interpretation des sogenannten Südimports in der späten Hallstatt- und frühen Latène-Kultur des westlichen Mitteleuropa. Germania 51 (1973) S. 436–459.

FISCHER 1979    Franz Fischer: Hallstattzeitliche Fürstengräber in Südwestdeutschland. Bausteine zur geschichtlichen Landeskunde von Baden-Württemberg. Stuttgart 1979. S. 49–70.

FISCHER/BIEL 1982    Franz Fischer / Jörg Biel: Frühkeltische Fürstengräber in Mitteleuropa. Antike Welt – Zeitschrift für Archäologie und Urgeschichte 13 (1982) Sondernummer.

U. FISCHER 1979    Ulrich Fischer: Ein Grabhügel der Bronze- und Eisenzeit im Frankfurter Stadtwald. Schriften des Frankfurter Museums für Vor- und Frühgeschichte 4. Frankfurt a. M. 1979.

FÖHR/MAYER 1892    Julius von Föhr / Ludwig Mayer: Hügelgräber auf der Schwäbischen Alb. Stuttgart 1892.

FORRER 1921    Robert Forrer: Un char de culte, a quatre roues et trone, découvert dans un tumulus gaulois a Ohnenheim (Alsace). Cahiers d'Archéologie et d'Histoire d'Alsace (1921) S. 1195–1242.

FOŘT-LINKSFEILER 1978    Daniela Fořt-Linksfeiler: Die Schüsseln und Schalen der Heuneburg – Vorbericht. Germania 56 (1978) S. 434–460.

FRANKENSTEIN/ROWLANDS 1978    Susan Frankenstein / M. J. Rowlands: The internal structure and regional context of Early Iron Age society in south-western Germany. Institute of Archaeology Bulletin 15 (1978) S. 73–112.

FREI/KRAHE 1979    Hans Frei / Günther Krahe: Archäologische Wanderungen im Ries. Führer zu archäologischen Denkmälern in Bayern – Schwaben 2. Stuttgart/Aalen 1979.

FREY 1955    Otto-Herman Frey: Eine etruskische Bronzeschnabelkanne. Au Musée de Besançon 1 – Annales Littéraires de l'Université de Besançon 2. Sér. 2,1 = Archéologie 2. Paris 1962.

FREY 1957    Otto-Herman Frey: Die Zeitstellung des Fürstengrabes von Hatten im Elsaß. Germania 35 (1957) S. 229–249.

FREY 1963    Otto-Herman Frey: Zu den »rhodischen« Bronzekannen aus Hallstattgräbern. Marburger Winkelmann-Programm (1963) S. 18–26.

FREY 1966    Otto-Herman Frey: Der Ostalpenraum und die antike Welt in der frühen Eisenzeit. Germania 44 (1966) S. 48–66.

FREY 1969    Otto-Herman Frey: Die Entstehung der Situlenkunst – Studien zur figürlich verzierten Toreutik von Este. Römisch-Germanische Forschungen 31. Berlin 1969.

FREY 1980    Otto-Herman Frey: Der Westhallstattkreis im 6. Jahrhundert v. Chr. Die Hallstattkultur – Frühform europäischer Einheit – Katalog der Int. Ausstellung des Landes Oberösterreich in Steyr. Linz 1980. S. 80–121.

GARSCHA/REST 1936    Friedrich Garscha / Walter Rest: Eine Hallstatt- und Latène-Siedlung am Mägdeberg (Hegau). Marburger Studien – Gero von Merhardt-Festschrift zum 50. Geburtstag. Darmstadt 1936. S. 54–69.

GERINGER 1967    Jürgen Geringer: Tierknochenfunde von der Heuneburg, einem frühkeltischen Herrensitz bei Hundersingen an der Donau (Grabungen 1959 und 1963): Die Paarhufer ohne die Bovini. Naturwissenschaftliche Untersuchungen zur Vor- und Frühgeschichte in Württemberg und Hohenzollern 5. Stuttgart 1967.

GERLACH 1967    Rainalt Gerlach: Tierknochenfunde von der Heuneburg, einem frühkeltischen Herrensitz bei Hundersingen an der Donau (Grabungen 1964 und 1965): Die Wiederkäuer. Naturwissenschaftliche Untersuchungen zur Vor- und Frühgeschichte in Württemberg und Hohenzollern 7. Stuttgart 1967.

GERSBACH 1969    Egon Gersbach: Heuneburg – Außensiedlung – jüngere Adelsnekropole – eine historische Studie. Marburger Beiträge zur Archäologie der Kelten – Festschrift für Wolfgang Dehn – Fundberichte aus Hessen Beiheft 1. Bonn 1969. S. 29–34.

GERSBACH 1973    Egon Gersbach: Die mittelbronzezeitlichen Wehranlagen der Heuneburg bei Hundersingen a. d. Donau. Archäologisches Korrespondenzblatt 3 (1973) S. 37–39.

GERSBACH 1974    Egon Gersbach: Vorläufige Ergebnisse der Ausgrabungen 1959–1969 auf der Heuneburg (Die Siedlungsstadien der Periode IV). Symposium zu Problemen der jüngeren Hallstattzeit in Mitteleuropa Bratislava 1970. Bratislava 1974. S. 189–204.

GERSBACH 1975    Egon Gersbach: Das Modell der Heuneburg. Ausgrabungen in Deutschland gefördert von der Deutschen Forschungsgemeinschaft 1950–1975 – Monographien des Römisch-Germanischen Zentralmuseums Mainz 1,III. Mainz 1975. S. 317–319.

GERSBACH 1976    Egon Gersbach: Das Osttor (Donautor) der Heuneburg bei Hundersingen (Donau). Germania 54 (1976) S. 16–42.

GERSBACH 1977    Egon Gersbach: Zu Beginn und Funktion der Heuneburg bei Hundersingen a. d. Donau (Kr. Sigmaringen) in der Merowingerzeit. Festschrift Walter Drack zu seinem 60. Geburtstag – Beiträge zur Archäologie und Denkmalpflege. Zürich 1977. S. 129–136.

GERSBACH 1978    Egon Gersbach: Ergebnisse der letzten Ausgrabungen auf der Heuneburg bei Hundersingen (Donau). Archäologisches Korrespondenzblatt 8 (1978) S. 301–310.

GERSBACH 1981    Egon Gersbach: Die Paukenfibel und die Chronologie der Heuneburg bei Hundersingen/Donau. Fundberichte aus Baden-Württemberg 6 (1981) S. 213–223.

GERSBACH 1981a    Egon Gersbach: Neue Aspekte zur Geschichte des späthallstatt-frühlatènezeitlichen Fürstensitzes auf der Heuneburg. Die Hallstattkultur – Ber. über das Symposium in Steyr 1980 aus Anlaß der Int. Ausstellung des Landes Oberösterreich. Linz 1981. S. 357–374.

GERSBACH/OEFTIGER 1977    Egon Gersbach / Claus Oeftiger: Die Heuneburg bei Hundersingen an der Donau (Kreis Sigmaringen) – Ein frühkeltischer Fürstensitz. Kunst und Altertum – Ausstellungskataloge der Universität Tübingen 7. Tübingen 1977. S. 27–48.

GESSNER 1947    Verena Gessner: Die Verbreitung und Datierung der hallstattzeitlichen Tonnenarmbänder. Zeitschrift für Schweizerische Archäologie und Kunstgeschichte 9 (1947) S. 129–140.

GEYR VON SCHWEPPENBURG/GOESSLER 1910    Max Freiherr Geyr von Schweppenburg / Peter Goeßler: Hügelgräber im Illertal bei Tannheim. Esslingen a. N. 1910.

GIESSLER/KRAFT 1942    Ruprecht Giessler / Georg Kraft: Untersuchungen zur frühen und älteren Latènezeit am Oberrhein und in der Schweiz. Bericht der Römisch-Germanischen Kommission 32 (1942) S. 20–115.

GOESSLER 1923    Peter Goeßler: Die vor- und frühgeschichtliche Besiedlung des Oberamts Riedlingen – herausgegeben vom Württ. Statistischen Landesamt. Stuttgart 1923. S. 167–264.

GRAF 1967    Günter Graf: Tierknochenfunde von der Heuneburg, einem frühkeltischen Herrensitz bei Hundersingen an der Donau (Grabungen von 1959 und 1963): Nichtpaarhufer. Naturwissenschaftliche Untersuchungen zur Vor- und Frühgeschichte in Württemberg und Hohenzollern 6. Stuttgart 1967.

GROSS 1980    Walter H. Gross: Zu Problemen des »Fürstengrabes« in Vix. Hamburger Beiträge zur Archäologie 7 (1980) S. 69–77.

GRUBE 1957    Walter Grube: Ein vorgeschichtlicher Fund beim Asperg im Jahre 1580. Fundberichte aus Schwaben N. F. 14 (1957) S. 138.

GUILLOT 1976    A. Guillot: Le confluent de la Saône et du Doubs au premier Age du Fer. Revue Archéologique de l'Est et du Centre-Est 27 (1976) S. 109–133.

GUYAN 1951    Walter Ulrich Guyan: Das Grabhügelfeld im Sankert bei Hemishofen. Schriften des Instituts für Ur- und Frühgeschichte 8. Basel 1951.

HAFFNER 1979    Alfred Haffner: Zur absoluten Chronologie der Mittellatènezeit. Archäologisches Korrespondenzblatt 9 (1979) S. 405–409.

HÄRKE 1979    Heinrich G. H. Härke: Settlement Types and Patterns in the West Hallstatt Province. B. A. R. International Series 57. Oxford 1979.

HARTMANN 1970    Axel Hartmann: Prähistorische Goldfunde aus Europa – Spektralanalytische Untersuchungen und deren Auswertung. Studien zu den Anfängen der Metallurgie 3. Berlin 1970.

HATT/ROUALET 1977    Jean-Jacques Hatt / Pierre Roualet: La chronologie de La Tene en Champagne. Revue Archéologique de l'Est et du Centre-Est 28 (1977) S. 7–36.

HEINRICH 1982    Peter Heinrich: Die Restaurierung eines Trinkhornbeschlags von Kleinaspergle. Arbeitsblätter für Restauratoren Gr. 12, 15 (1982) S. 64–69.

HERTLEIN 1907    Friedrich Hertlein: Die Ringwälle Buigen und Ipf, untersucht 1907. Fundberichte aus Schwaben 15 (1907) S. 33–38.

HERTLEIN 1908    Friedrich Hertlein: Grabungen auf dem Ipf bei Bopfingen. Fundberichte aus Schwaben 16 (1908) S. 28–33.

HOLLSTEIN 1974    Ernst Hollstein: Die Jahresringe vom Magdalenenberg – Dendrochronologische Datierung des hallstattzeitlichen Fürstengrabes bei Villingen im Schwarzwald. Villingen 1974.

HOLLSTEIN 1980    Ernst Hollstein: Mitteleuropäische Eichenchronologie – Trierer dendrochronologische Forschungen zur Archäologie und Kunstgeschichte. Trierer Grabungen und Forschungen 11. Mainz 1980.

HUNDT 1963    Hans-Jürgen Hundt: Technische Untersuchung eines hallstattzeitlichen Dolches von Estavayer-le-Lac. Jahrbuch des Römisch-Germanischen Zentralmuseums Mainz 10 (1963) S. 182–189.

HUNDT 1963a    Hans-Jürgen Hundt: Ein Späthallstattschwert aus dem Hagenauer Wald. Jahrbuch des Römisch-Germanischen Zentralmuseums Mainz 10 (1963) S. 177–181.

HUNDT 1969    Hans-Jürgen Hundt: Über vorgeschichtliche Seidenfunde. Jahrbuch des Römisch-Germanischen Zentralmuseums Mainz 16 (1969) S. 59–71.

JACOBSTHAL 1944    Paul Jacobsthal: Early Celtic Art. Oxford 1944; Repr. 1969.

JACOBSTHAL/LANGSDORFF 1929    Paul Jacobsthal / Alexander Langsdorff: Die Bronzeschnabelkannen – Ein Beitrag zur Geschichte des vorrömischen Imports nördlich der Alpen. Berlin-Wilmersdorf 1929.

JAKOB 1964    Hans Jakob: Der Bildstein von Ebrach. Bericht des Historischen Vereins Bamberg 100 (1964) S. 81–94.

JAKOB 1967    Hans Jakob: Die Bamberger Götzen – Relikte eines attilazeitlichen Fürstengrabes. Bericht des Historischen Vereins Bamberg 103 (1967) S. 283–314.

JEHL/BONNET 1957    Madeleine Jehl / Charles Bonnet: Nouvelles fouilles et impor-
tantes trouvailles dans la Fôret du Kastenwald près de Colmar. Cahiers
Alsaciens d'Archéologie, d'Art et d'Histoire (1957) S. 19–32.

JEHL/BONNET 1968    Madeleine Jehl / Charles Bonnet: La pyxide d'Appenwihr
(Haut-Rhin). Gallia 26 (1968) S. 295–300.

JOACHIM/BIEL 1977    Walter Joachim / Jörg Biel: Untersuchung einer späthallstatt-
frühlatènezeitlichen Siedlung in Kornwestheim, Kreis Ludwigsburg. Fundberichte aus Baden-Württemberg 3 (1977) S. 173–203.

JOFFROY 1950    René Joffroy: La poterie peinte hallstattienne à motifs zoomorphes
du Mont-Lassois, commune de Vix (Côte-d'Or). Bulletin de la Société
Préhistorique Française 47 (1950) S. 281–285.

JOFFROY 1952    René Joffroy: Firules hallstattiennes du Mont-Lassois, commune
de Vix (Côte-d'Or). Congrès Préhistorique de France – Compte rendu de la
13. Session Paris 1950. Paris 1952. S. 394–398.

JOFFROY 1952a    René Joffroy: Un curieux tesson céramique du Mont-Lassois,
commune de Vix (Côte-d'Or). Congrès Préhistorique de France – Compte
rendu de la 13. Session Paris 1950. Paris 1952. S. 399–401.

JOFFROY 1953    René Joffroy: La station hallstattienne du Mont Lassois (Commune de Vix, Côte-d'Or). Revue Archéologique de l'Est et du Centre-
Est 4 (1953) S. 97–107.

JOFFROY 1954    René Joffroy: La tombe de Vix. Fondation Eugène Piot – Monu-
ments et Mémoires 48,1. Paris 1954.

JOFFROY 1954a    René Joffroy: Das Oppidum Mont Lassois, Gemeinde Vix, Dep.
Côte-d'Or. Germania 32 (1954) S. 59–65.

JOFFROY 1957    René Joffroy: Les sépultures a char du premier Age du Fer en
France. Revue Archéologique de l'Est et du Centre-Est 8 (1957) S. 7–73,
192–263.

JOFFROY 1960    René Joffroy: L'Oppidum de Vix et la civilisation hallstattienne
finale. Publications de l'Université de Dijon 20. Paris 1960.

JOFFROY 1962    René Joffroy: Le trésor de Vix – Histoire et portée d'une grande
découverte. Paris 1962.

JOFFROY 1964–1965    René Joffroy: Le grand tumulus de Larry (Côte-d'Or).
Bulletin de la Societé Archéologique et Historique du Châtillonnais 4. Sér.
5–6 (1964–1965) S. 183–190.

JOFFROY 1979    René Joffroy: Vix et ses trésors. Paris 1979.

JORNS 1979/80    Werner Jorns: Das hallstattzeitliche Holzerdewerk Koberstadt im
einstigen Reichsforst Dreieich. Fundberichte aus Hessen 19/20 (1979/80)
S. 545–558.

JOSIEN 1955    Thérèse Josien: La Faune de la Station de Saint-Romain (Côte-d'Or).
Bulletin de la Société Préhistorique Française 52 (1955) S. 177–185.

JUCKER 1973    Hans Jucker: Altes und Neues zur Grächwiler Hydria. Zur griechischen Kunst – Hansjörg Bloesch zum 60. Geburtstag – Beiheft zur Halbjah-
resschrift Antike Kunst 9. Bern 1973. S. 42–62.

KAENEL 1981    Gilbert Kaenel: Mont Vully – campagne de sondages exploratoires
1979. Jahrbuch der Schweizerischen Gesellschaft für Ur- und Frühgeschichte 64 (1981) S. 157–199.

KAHRSTEDT 1937–38    Ulrich Kahrstedt: Eine historische Betrachtung zu einem
prähistorischen Problem. Praehistorische Zeitschrift 28–29 (1937–38)
S. 401–405.

KAPPEL 1979/80   Irene Kappel: Ein Gräberfeld der Hallstattzeit in Ahnatal-Weimar, Kreis Kassel. Fundberichte aus Hessen 19/20 (1979/80) S. 559–574.

KEEFER 1977   Erwin Keefer: Hallstattzeitliche Grabhügel in Tübingen, Flur »Geigerle«. Fundberichte aus Baden-Württemberg 3 (1977) S. 204–222.

KELLER 1939   Josef Keller: Die Alb-Hegau-Keramik der älteren Eisenzeit. Tübinger Forschungen zur Archäologie und Kunstgeschichte 18. Reutlingen 1939.

KILIAN-DIRLMEIER 1972   Imma Kilian-Dirlmeier: Die hallstattzeitlichen Gürtelbleche und Blechgürtel Mitteleuropas. Prähistorische Bronzefunde XII 1. München 1972.

KILIAN-DIRLMEIER 1972a   Imma Kilian-Dirlmeier: Bemerkung zu einem Hirschhornschieber von der Heuneburg. Archäologisches Korrespondenzblatt 2 (1972) S. 37–39.

KILIAN 1973   Imma Kilian (-Dirlmeier): Der Gürtel aus Grab 78 des Magdalenenberges bei Villingen. Archäologisches Korrespondenzblatt 3 (1973) S. 29–32.

KILIAN-DIRLMEIER 1974   Imma Kilian-Dirlmeier: Zur späthallstattzeitlichen Nekropole von Mühlacker. Germania 52 (1974) S. 141–146.

KIMMIG 1933   Wolfgang Kimmig: Späthallstättische Keramik von Mengen, A. Freiburg. Badische Fundberichte 3 (1933) S. 423–428.

KIMMIG 1962–1963   Wolfgang Kimmig: Bronzesitulen aus dem Rheinischen Gebirge – Hunsrück-Eifel-Westerwald. Berichte der Römisch-Germanischen Kommission 43–44 (1962–1963) S. 31–106.

KIMMIG 1965   Wolfgang Kimmig: Der Krieger von Hirschlanden. Le rayonnemant des civilisations grecque et romaine sur les cultures périphériques – 8. Congres International d'Archéologie Classique Paris 1963. Paris 1965. S. 94–101.

KIMMIG 1968   Wolfgang Kimmig: Die Heuneburg an der oberen Donau. Führer zu vor- und frühgeschichtlichen Denkmälern in Württemberg und Hohenzollern 1. Stuttgart 1968.

KIMMIG 1969   Wolfgang Kimmig: Zum Problem späthallstättischer Adelssitze. Siedlung, Burg und Stadt – Festschrift Paul Grimm – Akademieschriften 25 Berlin. Berlin 1969. S. 95–113.

KIMMIG 1971   Wolfgang Kimmig: Frühe Kelten an der oberen Donau. Bild der Wissenschaft (1971) S. 1132–1143.

KIMMIG 1973   Wolfgang Kimmig: Vorgeschichte zwischen Neckar und Nördlinger Ries. Württembergisch Franken 57 (1973) unpag. 72 S.

KIMMIG 1974   Wolfgang Kimmig: Zum Fragment eines Este-Gefäßes von der Heuneburg an der oberen Donau. Hamburger Beiträge zur Archäologie 4 (1974) S. 33–96.

KIMMIG 1975   Wolfgang Kimmig: Die Heuneburg an der oberen Donau. Ausgrabungen in Deutschland gefördert von der Deutschen Forschungsgemeinschaft 1950–1975 – Monographien des Römisch-Germanischen Zentralmuseums Mainz 1,I. Mainz 1975. S. 192–211.

KIMMIG 1976   Wolfgang Kimmig: Artikel Bewaffnung C 6 – Hallstattzeit. Reallexikon der Germanischen Altertumskunde 2. Berlin / New York ²1976. S. 398–409.

KIMMIG 1979   Wolfgang Kimmig: Les tertres funéraires dans la fôret de Haguenau – Rück- und Ausblick. Praehistorische Zeitschrift 54 (1979) S. 47–176.

KIMMIG 1980  Wolfgang Kimmig: Zu einigen Späthallstattfibeln östlichen Zuschnitts von der Heuneburg. Zbornik posvečen Stanetu Grabrovcu ob šestdesetletnici – Situla 20/21. Ljubljana 1980. S. 315–323.

KIMMIG/GERSBACH 1966  Wolfgang Kimmig / Egon Gersbach: Die neuen Ausgrabungen auf der Heuneburg. Germania 44 (1966) S. 102–136.

KIMMIG/GERSBACH 1971  Wolfgang Kimmig / Egon Gersbach: Die Grabungen auf der Heuneburg 1966–1969. Germania 49 (1971) S. 21–91.

KIMMIG/REST 1954  Wolfgang Kimmig / Walter Rest: Ein Fürstengrab der späten Hallstattzeit von Kappel am Rhein. Jahrbuch des Römisch-Germanischen Zentralmuseums Mainz 1 (1954) S. 179–216.

KIMMIG/v. VACANO 1973  Wolfgang Kimmig / Otto-Wilhelm v. Vacano: Zu einem Gußform-Fragment einer etruskischen Bronzekanne von der Heuneburg a. d. oberen Donau. Germania 51 (1973) S. 72–85.

KIRCHNER 1955  Horst Kirchner: Die Menhire in Mitteleuropa und der Menhirgedanke. Akademie d. Wiss. u. d. Lit. Mainz – Abhandl. d. Geistes- u. Sozialwiss. Kl. Wiesbaden 1955.

KNECHT 1931–34  Josef Knecht: Refugium der Hallstattzeit auf dem Britzgyberg bei Illfurth. Anzeiger für Elsässische Altertumskunde 6 (1931–34) S. 8–10.

KÖRBER-GROHNE 1980  Udelgard Körber-Grohne: Biologische Untersuchungen am keltischen Fürstengrab von Hochdorf, Kr. Ludwigsburg (Vorbericht). Archäologisches Korrespondenzblatt 10 (1980) S. 249–252.

KÖRBER-GROHNE 1981  Udelgard Körber-Grohne: Pflanzliche Abdrücke in eisenzeitlicher Keramik – Spiegelbild damaliger Nutzpflanzen? Fundberichte aus Baden-Württemberg 6 (1981) S. 165–211.

KÖRBER-GROHNE/PIENING 1979  Udelgard Körber-Grohne / Ulrike Piening: Verkohlte Nutz- und Wildpflanzenreste aus Bondorf, Kreis Böblingen. Fundberichte aus Baden-Württemberg 4 (1979) S. 152–169.

KOSSACK 1959  Georg Kossack: Südbayern während der Hallstattzeit. Römisch-Germanische Forschungen 24. Berlin 1959.

KOSSACK 1970  Georg Kossack: Gräberfelder der Hallstattzeit an Main und fränkischer Saale. Materialhefte zur Bayerischen Vorgeschichte 24. Kallmünz 1970.

KRAFT/REST 1933–1936  Georg Kraft / Walter Rest: Der Hallstattgrabhügel von Schlatt A. Staufen. Badische Fundberichte 3 (1933–1936) S. 406–421.

KRAHE 1963  Günther Krahe: Eine Grabhügelgruppe der mittleren Hallstattzeit bei Wehringen, Ldkr. Schwabmünchen. Germania 41 (1963) S. 100 f.

KRÄMER 1966  Werner Krämer: Prähistorische Brandopferplätze. Helvetia Antiqua – Festschrift Emil Vogt. Zürich 1966. S. 111–122.

KURZ 1982  Siegfried Kurz: Ein hallstattzeitlicher Grabhügel und die Heuneburg-Außensiedlung – Hundersingen-Gießübel Hügel 1, Gde. Herbertingen, Kreis Sigmaringen. Archäologische Ausgrabungen in Baden-Württemberg 1981 (1982) S. 67–72.

LANG 1974  Amei Lang: Die geriefte Drehscheibenkeramik der Heuneburg 1950–1970 und verwandte Gruppen. Römisch-Germanische Forschungen 34 = Heuneburgstudien 3. Berlin 1974.

LANG 1976  Amei Lang: Neue geriefte Drehscheibenkeramik von der Heuneburg. Germania 54 (1976) S. 43–62.

LERAT 1958  L. Lerat: L'Amphore de Bronze de Conliege (Jura). Actes du Colloque sur les influences hellénistiques en Gaule – Publications de l'Université de Dijon 16. Paris 1958. S. 89 ff.

LESSING 1980    Erich Lessing: Hallstatt – Bilder aus der Frühzeit Europas. Wien 1980.

LESSING/KRUTA 1979    Erich Lessing / Venceslas Kruta: Die Kelten – Entwicklung und Geschichte einer europäischen Kultur. Freiburg i. Br. / Basel / Wien 1979.

LINDENSCHMIT 1871    Ludwig Lindenschmit: Grabfunde von Waldalgesheim. Die Alterthümer unserer heidnischen Vorzeit 3. Mainz 1871. Taf. 1 und 2.

LÜNING 1980    Jens Lüning: Siedlungsfunde der späten Hallstattzeit und des Mittelalters aus Schernau, Ldkr. Kitzingen, Unterfranken. Bayerische Vorgeschichtsblätter 45 (1980) S. 11–58.

MAGGETTI/GALETTI 1980    M. Maggetti / G. Galetti: Composition of Iron Age Fine Ceramics from Châtillon-s-Glâne (Kt. Fribourg, Switzerland) and the Heuneburg (Kr. Sigmaringen, West Germany). Journal of Archaeological Science 7 (1980) S. 87–91.

MAGGETTI/SCHWAB 1982    M. Maggetti / Hanni Schwab: Iron age fine pottery from Châtillon-s-Glâne and the Heuneburg. Archaeometry 24 (1982) S. 21–36.

MAIER 1957    Ferdinand Maier: Geometrisch verzierte Gürtelbleche aus Gräbern der späten Hallstattzeit von Singen am Hohentwiel (Ldkr. Konstanz). Germania 35 (1957) S. 249–265.

MAIER 1958    Ferdinand Maier: Zur Herstellungstechnik und Zierweise der späthallstattzeitlichen Gürtelbleche Südwestdeutschlands. Bericht der Römisch-Germanischen Kommission 39 (1958) S. 131–249.

MAIER 1962    Ferdinand Maier: Bemerkungen zu einigen späthallstattzeitlichen Armringen mit Schlangenkopfenden. Fundberichte aus Schwaben N. F. 16 (1962) S. 39–44.

MANSFELD 1971    Günter Mansfeld: Späthallstattzeitliche Kleinfunde von Indelhausen (Kr. Münsingen). Fundberichte aus Schwaben N. F. 19 (1971) S. 89–117.

MANSFELD 1973    Günter Mansfeld: Die Fibeln der Heuneburg 1950–1970 – Ein Beitrag zur Geschichte der Späthallstattfibel. Römisch-Germanische Forschungen 33 = Heuneburgstudien 2. Berlin 1973.

MARINGER 1942–43    Johannes Maringer: Menschenopfer im Bestattungsbrauch Alteuropas. Anthropos – Internationale Zeitschrift für Völker- und Sprachenkunde 37–38 (1942–43) S. 1–112.

MARTIN u. a. 1973    Max Martin / Erich Roost / Elisabeth Schmid mit Beiträgen von Irmgard Grüninger / Fritz Schweingruber: Eine Frühlatène-Siedlung bei Gelterkinden. Baselbieter Heimatbuch 12 (1973) S. 169–213.

MAUSER 1970    Peter Florian Mauser: Ein neuartiges Hallstatt-Flachgräberfeld von Werbach (Ldkrs. Tauberbischofsheim). Archäologische Nachrichten aus Baden 5 (1970) S. 19–23.

MERHARDT 1952    Gero von Merhardt: Studien über einige Gattungen von Bronzegefäßen. Festschrift des Römisch-Germanischen Zentralmuseums Mainz zur Feier seines hundertjährigen Bestehens 2. Mainz 1952. S. 1–71; Wiederabdruck in: Hallstatt und Italien. Mainz 1969. S. 280–379.

MILDENBERGER 1963    Gerhard Mildenberger: Griechische Scherben vom Marienberg in Würzburg. Germania 41 (1963) S. 103 f.

MILDENBERGER 1975    Gerhard Mildenberger: Der Marienberg in Würzburg – Eine urgeschichtliche Befestigung. Antike Welt – Zeitschrift für Archäologie und Urgeschichte 6 (1975) S. 44–51.

MILLOTTE 1963    Jacques Pierre Millotte: Le Jura et les Plaines de Saône aux âges de méteaux. Annales Littéraires de l'Université de Besançon 59. Paris 1963.

MILLOTTE/VIGNARD 1962    Jacques-Pierre Millotte / M. Vignard: Catalogue des collections archeologiques de Lons-le-Saunier 2 – Les antiquités de l'Age du Fer. Annales Littéraires de l'Université de Besançon 48 = Archéologie 13. Paris 1962.

MLADIN 1966    Josip Mladin: Umjetnički spomenici prahistorijskog Nezakcija. Kulturno-provijesni Spomenici Istre 5. Pula 1966.

MOOSLEITNER 1979    Friedrich Moosleitner: Ein hallstattzeitlicher »Fürstensitz« am Hellbrunnerberg bei Salzburg. Germania 57 (1979) S. 53–74.

MOOSLEITNER u. a. 1974    Fritz Moosleitner / Ludwig Pauli / Ernst Penninger: Der Dürrnberg bei Hallein 2. Münchner Beiträge zur Vor- und Frühgeschichte 17. München 1974.

MOREAU 1958    Jacques Moreau: Die Welt der Kelten. Große Kulturen der Frühzeit N. F. Stuttgart/Zürich/Salzburg 1958.

NABER 1978    Friedrich B. Naber: Metrologische Betrachtungen zum Grabfund von Vix. Bonner Hefte zur Vorgeschichte 18 = Certamina Praehistorica 4/2 (1978) S. 361–393.

NAUE 1905    A. W. Naue: Die Denkmäler der vorrömischen Metallzeit im Elsass. Straßburg 1905.

NELLISSEN 1975    Hans-Engelbert Nellissen: Hallstattzeitliche Funde aus Nordbaden. Bonn 1975.

NOLL 1977    W. Noll: Hallstattzeitliche Keramik der Heuneburg an der oberen Donau. Archäologie und Naturwissenschaften 1 (1977) S. 1–19.

NORMAND 1973    Bernard Normand: L'Age du Fer en Basse-Alsace. Publications de la Société savante d'Alsace et des Régions de l'Est – Coll. Recherches et Documents 14. Strasbourg 1973.

PARET 1921    Oskar Paret: Urgeschichte Württembergs mit besonderer Berücksichtigung des mittleren Neckarlandes. Stuttgart 1921.

PARET 1933–1935    Oscar Paret: Das Fürstengrab der Hallstattzeit von Bad Cannstatt. Fundberichte aus Schwaben N. F. 8 (1933–1935) Anhang 1.

PARET 1933–1935a    Oscar Paret: Ein Fund aus dem Fürstengrabhügel Rauher Lehen bei Ertingen. Fundberichte aus Schwaben N. F. 8 (1933–1935) S. 73–75.

PARET 1935–1938    Oscar Paret: Das Hallstattgrab von Sirnau bei Eßlingen. Fundberichte aus Schwaben N. F. 9 (1935–1938) S. 60–66.

PARET 1935–1938a    Oscar Paret: Ein zweites Fürstengrab der Hallstattzeit von Stuttgart-Bad Cannstatt. Fundberichte aus Schwaben N. F. 9 (1935–1938) S. 55–60.

PARET 1936    Oscar Paret: Das Hallstattgrab von Sirnau bei Eßlingen, Württemberg. Germania 20 (1936) S. 246–252.

PARET 1938–1951    Oscar Paret: Das reiche späthallstattzeitliche Grab von Schökkingen (Kr. Leonberg). Fundberichte aus Schwaben N. F. 12 (1938–1951) S. 37–40.

PARET 1941–1942    Oscar Paret: Der Goldreichtum im hallstattzeitlichen Südwestdeutschland. IPEK = Jahrbuch für Prähistorische und Ethnographische Kunst 15–16 (1941–1942) S. 76–85.

PARET 1943–1948    Oscar Paret: Das Kleinaspergle – Ein Fürstengrabhügel der Späthallstattzeit. IPEK = Jahrbuch für Prähistorische und Ethnographische Kunst 17 (1943–1948) S. 47–51.

PARET 1951    Oscar Paret: Ein reiches Hallstattgrab von Schöckingen, Kr. Leonberg. Germania 29 (1951) S. 318–320.

PARET 1961    Oscar Paret: Württemberg in vor- und frühgeschichtlicher Zeit. Veröffentlichungen der Kommission für geschichtliche Landeskunde in Baden-Württemberg B 17. Stuttgart 1961.

PÄTZOLD/SCHWARZ 1961    Johannes Pätzold / Klaus Schwarz: Ein späthallstattzeitlicher Herrensitz am Kyberg bei Oberhaching im Landkreis München. Jahresbericht der Bayerischen Bodendenkmalpflege (1961) S. 5–15.

PAULI 1971    Ludwig Pauli: Die Golasecca-Kultur und Mitteleuropa – Ein Beitrag zur Geschichte des Handels über die Alpen. Hamburger Beiträge zur Archäologie 1 (1971) S. 1–58.

PAULI 1972    Ludwig Pauli: Untersuchungen zur Späthallstattkultur in Nordwürttemberg – Analyse eines Kleinraumes im Grenzbereich zweier Kulturen. Hamburger Beiträge zur Archäologie 2 (1972) S. 1–166.

PAULI 1975    Ludwig Pauli: Keltischer Volksglaube – Amulette und Sonderbestattungen am Dürrnberg bei Hallein und im eisenzeitlichen Mitteleuropa. Münchner Beiträge zur Vor- und Frühgeschichte 28. München 1975.

PAULI 1978    Ludwig Pauli: Der Dürrnberg bei Hallein 3. Münchner Beiträge zur Vor- und Frühgeschichte 18. München 1978.

PAULI 1980    Ludwig Pauli (Red.): Die Kelten in Mitteleuropa – Kultur, Kunst, Wirtschaft – Landesausstellung 1980 im Keltenmuseum Hallein. Salzburg 1980.

PENNINGER 1972    Ernst Penninger: Der Dürrnberg bei Hallein 1. Münchner Beiträge zur Vor- und Frühgeschichte 16. München 1972.

PERLER 1962    Othmar Perler: Der Antennendolch von Estavayer-le-Lac. Jahrbuch der Schweizerischen Gesellschaft für Urgeschichte 49 (1962) S. 25–28.

PERRIN 1974    Michel Perrin: La fosse hallstattienne »Des Joncs« a Tournus (S.-et-L.). Bulletin de la Société des Arts et des Sciences de Tournus 72 (1974) S. 1–113.

PERRON 1882    E. Perron: Les Tumulus de la vallée de la Sâone supérieure. Revue Archeologique 2. Ser. 43 (1882) S. 65 ff. u. 129 ff.

PESCHECK 1975    Christian Pescheck: Die wichtigsten Bodenfunde und Ausgrabungen des Jahres 1975 – 11. Arbeitsbericht der Außenstelle Würzburg des Bayerischen Landesamtes für Denkmalpflege. Frankenland N. F. 27(1975) S. 267–286.

PÉTRY 1972    François Pétry: Circonscription d'Alsace – Haut-Rhin: Illfurth (Britzgyberg). Gallia 30 (1972) S. 379–382.

PIROUTET 1931    Maurice Piroutet: Une campagne de fouilles en 1930 à la citadelle hallstattienne de Château-sur-Salins. Revue des Musées et Collections Archéologiques 31/32 (1931).

PIROUTET 1933    Maurice Piroutet: La Citadelle Hallstattienne, à Poteries Helléniques, de Château sur Salins (Jura). 5. Congrès International d'Archéologie Alger 1930. 1933. S. 47 ff.

PIROUTET 1937    Maurice Piroutet: La Tène A ou La Tène Iᵃ, leur date et les fouilles de Château-sur-Salins (Jura). Congrès Préhistorique de France – Compte rendu de la 12. Session Poulouse-Foix 1936. Paris 1937. S. 832 ff.

PIROUTET/DÉCHELETTE 1909    Maurice Piroutet / Joseph Déchelette: Découverte de vases grecs dans un oppidum hallstattien du Jura. Revue Archéologique 13 (1909) S. 193 ff.

PITTIONI 1966    Richard Pittioni: Grächwil und Vix handelsgeschichtlich gesehen. Helvetia Antiqua – Festschrift Emil Vogt. Zürich 1966. S. 123–128.

PLANCK 1981    Dieter Planck: Ein späthallstattzeitlicher Grabhügel in Hegnach, Stadt Waiblingen, Rems-Murr-Kreis. Fundberichte aus Baden-Württemberg 6 (1981) S. 225–272.

POLENZ 1976    Hartmut Polenz: Reicher Trachtschmuck aus südhessischen Späthallstattgräbern. Nassauische Annalen 87 (1976) S. 1–25.

POLENZ 1979/80    Hartmut Polenz: Heimisches und Fremdes in einem Grabfund der Späthallstattzeit aus dem »Hanauer Raum«. Fundberichte aus Hessen 19/20 (1979/80) S. 575–607.

POWELL 1959    T. G. E. Powell: Die Kelten. Alte Kulturen und Völker. Köln 1959.

PRIMAS 1967    Margarita Primas: Zur Verbreitung und Zeitstellung der Certosafibeln. Jahrbuch des Römisch-Germanischen Zentralmuseums Mainz 14 (1967) S. 99–133.

RADDATZ 1969    Klaus Raddatz: Die Schatzfunde der Iberischen Halbinsel vom Ende des dritten bis zur Mitte des ersten Jahrhunderts vor Chr. Geb. Madrider Forschungen 5. Berlin 1969.

RAMSEYER 1980    Denis Ramseyer: Châtillon-sur-Glâne – un centre commercial du premier âge du fer en suisse. Archéologia 146 (1980) S. 64–71.

RAMSEYER 1982    Denis Ramseyer: L'habitat protohistorique de Châtillon-sur-Glâne. Archäologie der Schweiz 5 (1982) S. 94–99.

RATEL 1977    Roger Ratel: Un tumulus de l'âge du fer a Bressy-sur-Tille (Côte-d'Or). Revue Archéologique de l'Est et du Centre-Est 2. Suppl. Dijon 1977.

REIM 1968    Hartmann Reim: Zur Henkelplatte eines attischen Kolonettenkraters vom Uetliberg (Zürich). Germania 46 (1968) S. 274–285.

REIM 1977    Hartmann Reim: Ausgrabungen in einem Grabhügelfeld der Hallstattkultur bei Dautmergen, Zollernalbkreis. Archäologische Ausgrabungen 1976 (1977) S. 18–21.

REINECKE 1911    Paul Reinecke: Glasperlen vorrömischer Zeiten aus Funden nördlich der Alpen. Die Altertümer unserer heidnischen Vorzeit 5. Mainz 1911. S. 60–72.

REISS 1967    Barbara Reiß: Tierknochenfunde von der Heuneburg, einem frühkeltischen Herrensitz bei Hundersingen an der Donau (Grabungen 1964 und 1965): Nichtwiederkäuer. Naturwissenschaftliche Untersuchungen zur Vor- und Frühgeschichte in Württemberg und Hohenzollern 4. Stuttgart 1967.

RIEK 1941    Gustav Riek: Ein hallstättischer Grabhügel mit Menschendarstellung bei Stockach, Kr. Reutlingen. Germania 25 (1941) S. 85–89.

RIEK/HUNDT 1962    Gustav Riek / Hans-Jürgen Hundt: Der Hohmichele – Ein Fürstengrabhügel der späten Hallstattzeit bei der Heuneburg. Römisch-Germanische Forschungen 25 = Heuneburgstudien 1. Berlin 1962.

RIEK/JOHANNSEN 1952    Gustav Riek / Otto Johannsen: Späthallstättische Gewebereste aus dem Fürstengrabhügel Hohmichele bei Hundersingen an der Donau, Kr. Saulgau. Germania 30 (1952) S. 30–38.

RIETH 1935    Adolf Rieth: Die Tauschiertechnik der Hallstattzeit. Mannus – Zeitschrift für Deutsche Vorgeschichte 27 (1935) S. 102–110.

RIETH 1936    Adolf Rieth: Töpferkunst der Hallstattzeit auf der Schwäbischen Alb. Germanenerbe – Monatsschrift für Deutsche Vorgeschichte (1936) S. 253–258.

RIETH 1938    Adolf Rieth: Vorgeschichte der Schwäbischen Alb unter besonderer Berücksichtigung des Fundbestandes der mittleren Alb. Mannus-Bücherei 61. Leipzig 1938.

RIETH 1939–1940    Adolf Rieth: Zur Technik antiker und prähistorischer Kunst: Das Holzdrechseln. IPEK = Jahrbuch für Prähistorische und Ethnographische Kunst 13–14 (1939–1940) S. 85–107.

RIETH 1940    Adolf Rieth: Entwicklung der Drechseltechnik. Archäologischer Anzeiger 55 (1940) S. 616–634.

RIETH 1942    Adolf Rieth: Die Eisentechnik der Hallstattzeit. Mannus-Bücherei 70. Leipzig 1942.

RIETH 1950    Adolf Rieth: Werkstattkreise und Herstellungstechnik der hallstattzeitlichen Tonnenarmbänder. Zeitschrift für Schweizerische Archäologie und Kunstgeschichte 11 (1950) S. 1–16.

RIETH 1951    Adolf Rieth: Die Ausgrabungen auf der Heuneburg an der Donau. Germania 29 (1951) S. 168.

RIETH 1969    Adolf Rieth: Zur Herstellungstechnik der Eisendolche der späten Hallstattzeit. Jahrbuch des Römisch-Germanischen Zentralmuseums Mainz 16 (1969) S. 17–58.

ROCHNA 1961    Otto Rochna: Zur Herkunft der Manchinger Sapropelitringe. Germania 39 (1961) S. 329–354.

ROCHNA 1962    Otto Rochna: Hallstattzeitlicher Lignit- und Gagat-Schmuck – Zur Verbreitung, Zeitstellung und Herkunft. Fundberichte aus Schwaben N. F. 16 (1962) S. 44–83.

RÜCKLE-SEEGER/BIEL 1979    Christine Rückle-Seeger/Jörg Biel: Das Keltengrab von Hochdorf – Ein Jahrhundertfund in Deutschland. Reportagen aus der alten Welt – Neue Methoden und Erkenntnisse der Archäologie 2. Frankfurt a. M. 1979. S. 11–54.

SANGMEISTER 1960    Edward Sangmeister: Die Kelten in Spanien. Madrider Mitteilungen 1 (1960) S. 75–100.

SANGMEISTER 1964    Edward Sangmeister: Die Stellung des Grabhügelfeldes von Mauenheim in der westlichen Hallstattkultur. Hegau – Zeitschrift für Geschichte, Volkskunde und Naturgeschichte des Gebietes zwischen Rhein, Donau und Bodensee 9 (1964) S. 5–13.

SANGMEISTER 1969    Edward Sangmeister: Die Hallstattgräber im Hagenauer Forst und die relative Chronologie der jüngeren Hallstattkultur im Westen. Marburger Beiträge zur Archäologie der Kelten – Festschrift für Wolfgang Dehn – Fundberichte aus Hessen Beiheft 1. Bonn 1969. S. 154–187.

SANGMEISTER 1982    Edward Sangmeister: Ein Fund der jüngeren Hallstattzeit von Lörrach. Archäologische Nachrichten aus Baden 29 (1982) S. 6–17.

SCABELL 1966    Jürgen Scabell: Die Rinderknochen von der Heuneburg, einem frühkeltischen Herrensitz bei Hundersingen an der Donau (Grabungen 1959 und 1963). Naturwissenschaftliche Untersuchungen zur Vor- und Frühgeschichte in Württemberg und Hohenzollern 1. Stuttgart 1966.

SCHAAFF 1969    Ulrich Schaaff: Versuch einer regionalen Gliederung frühlatènezeitlicher Fürstengräber. Marburger Beiträge zur Archäologie der Kelten – Festschrift für Wolfgang Dehn – Fundberichte aus Hessen Beiheft 1. Bonn 1969. S. 187–202.

SCHAAFF 1971    Ulrich Schaaff: Ein keltisches Fürstengrab von Worms-Herrnsheim. Jahrbuch des Römisch-Germanischen Zentralmuseums Mainz 18 (1971) S. 51–113.

Schaaff/Taylor 1975    Ulrich Schaaff / Annable K. Taylor: Südimporte im Raum nördlich der Alpen (6.–4. Jahrhundert v. Chr.). Ausgrabungen in Deutschland gefördert von der Deutschen Forschungsgemeinschaft 1950–1975 – Monographien des Römisch-Germanischen Zentralmuseums Mainz 1,III. Mainz 1975. S. 312–316.

Schaeffer 1930    Claude F. A. Schaeffer: Les Tertres funéraires préhistoriques dans la Forêt de Haguenau 2 – Les Tumulus de l'Age du Fer. Haguenau 1930.

Schiek 1954    Siegwalt Schiek: Das Hallstattgrab von Vilsingen – Zur Chronologie der späthallstattzeitlichen Fürstengräber in Südwestdeutschland. Festschrift für Peter Goessler – Tübinger Beiträge zur Vor- und Frühgeschichte. Stuttgart 1954. S. 150–167.

Schiek 1956    Siegwalt Schiek: Fürstengräber der jüngeren Hallstatt-Kultur in Südwestdeutschland. Ungedr. Dissertation Tübingen 1956.

Schiek 1957    Siegwalt Schiek: Fürstengrabhügel 4 bei der Heuneburg auf Markung Hundersingen (Kr. Saulgau) Vorbericht. Fundberichte aus Schwaben N. F. 14 (1957) S. 139–142.

Schiek 1959    Siegwalt Schiek: Vorbericht über die Ausgrabung des vierten Fürstengrabhügels bei der Heuneburg. Germania 37 (1959) S. 117–131.

Schiek 1974    Siegwalt Schiek: Zum Grafenbühl bei Asperg, Kreis Ludwigsburg. Fundberichte aus Baden-Württemberg 1 (1974) S. 321–325.

Schiek 1978    Siegwalt Schiek: Zur »Viereckschanze« bei Hundersingen, Gemeinde Herbertingen, Kreis Sigmaringen. Archäologische Ausgrabungen 1977 (1978) S. 39–43.

Schiek 1981    Siegwalt Schiek: Der »Heiligenbuck« bei Hügelsheim – Ein Fürstengrabhügel der jüngeren Hallstattkultur. Fundberichte aus Baden-Württemberg 6 (1981) S. 273–310.

Schiering 1975    Wolfgang Schiering: Zeitstellung und Herkunft der Bronzesitula von Waldalgesheim. Hamburger Beiträge zur Archäologie 5 (1975) S. 77 bis 97.

Schlette 1976    Friedrich Schlette: Kelten zwischen Alesia und Pergamon. Leipzig/Jena/Berlin 1976.

Schmid 1932    Walter Schmid: Die Fürstengräber von Klein Glein in Steiermark. Praehistorische Zeitschrift 23 (1932) S. 219–282.

Schmidt 1972    Gertrudis Schmidt (= Wamser): Ein hallstattzeitliches Bronzekännchen aus Tauberbischofsheim. Archäologische Nachrichten aus Baden 9 (1972) S. 11–14.

Schröder 1959    Manfred Schröder: Drei neue Tauschierungen der Hallstattkultur aus Württemberg. Fundberichte aus Schwaben N. F. 15 (1959) S. 108–110.

Schröter 1975    Peter Schröter: Zur Besiedlung des Goldberges im Nördlinger Ries. Ausgrabungen in Deutschland gefördert von der Deutschen Forschungsgemeinschaft 1950–1975 – Monographien des Römisch-Germanischen Zentralmuseums Mainz 1,I. Mainz 1975. S. 98–114.

Schüle 1960    Wilhelm Schüle: Probleme der Eisenzeit auf der Iberischen Halbinsel. Jahrbuch des Römisch-Germanischen Zentralmuseums Mainz 7 (1960) S. 59–125.

Schüle 1960a    Wilhelm Schüle: Eisenzeitliche Tierknochen von der Heuneburg bei Hundersingen (Donau). Stuttgarter Beiträge zur Naturkunde 33 (1960) S. 1–36.

SCHÜLE 1961    Wilhelm Schüle: Vorformen von Fußzier und Armbrustkonstruktion der Hallstatt-D-Fibeln. Madrider Mitteilungen 2 (1961) S. 55–69.

SCHÜLE 1965    Wilhelm Schüle: Nordalpines Hallstatt-Gold und Südwesteuropa. Fundberichte aus Schwaben N. F. 17 (1965) S. 173–180.

SCHULTZ-KLINKEN 1981    Karl-Rolf Schultz-Klinken: Haken, Pflug und Ackerbau – Ackerbausysteme des Saatfurchen- und Saatbettbaues in urgeschichtlicher und geschichtlicher Zeit sowie ihr Einfluß auf die Bodenentwicklung. Schriftenreihe für das Deutsche Landwirtschaftsmuseum 1. Hildesheim 1981.

SCHULTZE-NAUMBURG 1969    Franziska Schultze-Naumburg: Eine griechische Scherbe vom Ipf bei Bopfingen/Württemberg. Marburger Beiträge zur Archäologie der Kelten – Festschrift für Wolfgang Dehn – Fundberichte aus Hessen Beiheft 1. Bonn 1969. S. 210–212.

SCHWAB 1974    Hanni Schwab: Grabriten und weitere Belege zur geistigen Kultur der Hallstattzeit. Ur- und frühgeschichtliche Archäologie der Schweiz 4 – Die Eisenzeit. Basel 1974. S. 155–166.

SCHWAB 1975    Hanni Schwab: Châtillon-sur-Glâne – Ein Fürstensitz der Hallstattzeit bei Freiburg im Üechtland. Germania 53 (1975) S. 79–84.

SCHWAB 1976    Hanni Schwab: Un oppidum de l'époque de Hallstatt près Fribourg en Suisse. Mitteilungsblatt der Schweizerischen Gesellschaft für Ur- und Frühgeschichte 7 (1976) H. 25/26, S. 2–11.

SCHWAB 1979    Hanni Schwab: Mont Vully 1978 – Rapport préliminaires sur les résultats des fouilles de sondage 1978. Service cantonal d'archéologie. Fribourg 1979.

SCHWAB 1982    Hanni Schwab: Pseudophokäische und phokäische Keramik in Châtillon-sur-Glâne. Archäologisches Korrespondenzblatt 12 (1982) S. 363–372.

SCHWEINGRUBER 1976    Fritz Hans Schweingruber: Prähistorisches Holz – Die Bedeutung von Holzfunden aus Mitteleuropa für die Lösung archäologischer und vegetationskundlicher Probleme. Academica helvetica 2. Bern/Stuttgart 1976.

SCHWEITZER 1970    Roger Schweitzer: Illfurth. Gallia Préhistoire 13 (1970) S. 402–406.

SCHWEITZER 1971    Roger Schweitzer: Découverte de tessons attiques à figures noires au Britzgyberg près Illfurth. Bulletin du Musée Historique de Mulhouse 79 (1971) S. 39–44.

SCHWEITZER 1973    Roger Schweitzer: Le Britzgyberg – Station du Hallstatt. Bulletin du Musée Historique de Mulhouse 81 (1973) S. 43–64.

SCHWEITZER 1981    Roger Schweitzer: Der Fürstensitz auf dem Britzgyberg bei Illfurth (Dép. Haut-Rhin). Faltblatt zur Jahrestagung des West- und Süddeutschen Verbandes für Altertumsforschung in Basel (1981).

SEITZ/SCHOTTORF 1955    Hermann Josef Seitz / Rudolf Schottorf: Der Osterstein bei Unterfinningen (Ldkr. Dillingen), eine vorgeschichtliche Kultstätte. Bayerische Vorgeschichtsblätter 21 (1955) S. 75–85.

SHEFTON 1979    Brian B. Shefton: Die »rhodischen« Bronzekannen. Marburger Studien zur Vor- und Frühgeschichte 2. Mainz 1979.

SIEVERS 1980    Susanne Sievers: Die mitteleuropäischen Hallstattdolche – Ein Beitrag zur Waffenbeigabe im Westhallstattkreis. Kleine Schriften aus dem Vorgeschichtlichen Seminar Marburg 7. Marburg 1980.

SIEVERS 1982    Susanne Sievers: Die mitteleuropäischen Hallstattdolche. Prähistorische Bronzefunde VI 6. München 1982.

SPERBER 1979    Lothar Sperber: Nachuntersuchung der hallstattzeitlichen Fürstengrabhügel auf dem Gießübel bei Hundersingen, Gemeinde Herbertingen,
Kreis Sigmaringen. Archäologische Ausgrabungen 1978 (1979) S. 35–39.

SPERBER 1980    Lothar Sperber: Grabungen in den hallstattzeitlichen Fürstengrabhügeln und in der Heuneburg-Außensiedlung auf dem Gießübel bei Hundersingen, Gemeinde Herbertingen, Kreis Sigmaringen. Archäologische
Ausgrabungen 1979 (1980) S. 39–44.

SPERBER 1981    Lothar Sperber: Fürstengrabhügel und Heuneburg-Außensiedlung
auf dem »Gießübel« bei Hundersingen, Gemeinde Herbertingen, Kreis
Sigmaringen. Archäologische Ausgrabungen 1980 (1981) S. 43–49.

SPINDLER 1971, 1972, 1973, 1976, 1977, 1980    Konrad Spindler: Magdalenenberg – Der hallstattzeitliche Fürstengrabhügel bei Villingen im Schwarzwald
1–6. Villingen-Schwenningen 1971–1980.

SPINDLER 1975    Konrad Spindler: Grabfunde der Hallstattzeit vom Magdalenenberg bei Villingen im Schwarzwald. Ausgrabungen in Deutschland, gefördert von der Deutschen Forschungsgemeinschaft 1950–1975 – Monographien des Römisch-Germanischen Zentralmuseums Mainz 1,I. Mainz 1975.
S. 221–242.

SPINDLER 1975a    Konrad Spindler: Zum Beginn der hallstattzeitlichen Besiedlung
auf der Heuneburg. Archäologisches Korrespondenzblatt 5 (1975) S. 41 bis
45.

SPINDLER 1976a    Konrad Spindler: Der Magdalenenberg bei Villingen – Ein
Fürstengrabhügel des 6. vorchristlichen Jahrhunderts. Führer zu vor- und
frühgeschichtlichen Denkmälern in Baden-Württemberg 5. Stuttgart/Aalen
1976.

SPINDLER 1980a    Konrad Spindler: Zur Elfenbeinscheibe aus dem hallstattzeitlichen Fürstengrab vom Grafenbühl. Archäologisches Korrespondenzblatt 10
(1980) S. 239–248.

SPINDLER 1980b    Konrad Spindler: Das Eisenschwert von Möhrendorf, Lkr.
Erlangen-Höchstadt – Ein Beitrag zu den Hallstatt D-Schwertern. Vorzeit
zwischen Main und Donau – Erlanger Forschungen A 26. Erlangen 1980.
S. 206–226.

SPINDLER 1981    Konrad Spindler: Zur absoluten Chronologie der Hallstattkultur.
Die Hallstattkultur – Ber. über das Symposium in Steyr 1980 aus Anlaß der
Int. Ausstellung des Landes Oberösterreich. Linz 1981. S. 47–64.

SPINDLER 1982    Konrad Spindler: Totenfolge bei Skythen, Thrakern und Kelten.
Festschrift zum 100jährigen Bestehen der Abteilung für Vorgeschichte –
Abhandlungen der Naturhistorischen Gesellschaft Nürnberg 39 (1982)
S. 197–214.

STAEHLE 1923    Karl Friedrich Staehle: Urgeschichte des Enzgebietes – Ein Beitrag
zur Kulturgeschichte der schwäbischen Heimat. Augsburg 1923.

STJERNQUIST 1967    Berta Stjernquist: Ciste a cordoni (Rippenzisten) – Produktion –
Funktion – Diffusion. Acta Archaeologica Lundensia Ser. in 4°. 6. Bonn/
Lund 1967.

STÖCKLI 1975    Werner Ernst Stöckli: Chronologie der jüngeren Eisenzeit im
Tessin. Antiqua 2 – Veröffentlichungen der Schweizerischen Gesellschaft für
Ur- und Frühgeschichte. Basel 1975.

STRAUB 1980    Dietmar Straub (Schriftlt.): Die Hallstattkultur – Frühform europäischer Einheit – Katalog der Int. Ausstellung des Landes Oberösterreich in
Steyr. Linz 1980.

Ströbel 1938–1951    Rudolf Ströbel: Vorgeschichtliche Steinfigur von Stammheim (Kr. Calw). Fundberichte aus Schwaben N. F. 12 (1938–1951) S. 41–43, 148.

Struck 1980    Wolfgang Struck: Ein Goldarmband der späten Hallstattkultur von Ihringen, Landkr. Breisgau-Hochschwarzwald. Archäologische Nachrichten aus Baden 25 (1980) S. 26–28.

Thomas 1982    Klaus Volquardt Thomas: Ein hallstattzeitliches Bronzeblechkännchen aus Ihringen, Kr. Breisgau-Hochschwarzwald. Archäologisches Korrespondenzblatt 12 (1982) S. 69–73.

Torbrügge 1965    Walter Torbrügge: Die Hallstattzeit in der Oberpfalz II – Die Funde und Fundplätze in der Gemeinde Beilngries. Materialhefte zur Bayerischen Vorgeschichte 20. Kallmünz 1965.

Torbrügge 1979    Walter Torbrügge: Die Hallstattzeit in der Oberpfalz I – Auswertung und Gesamtkatalog. Materialhefte zur Bayerischen Vorgeschichte A 39. Kallmünz 1979.

Ulrich 1973    Klaus Ulrich: Ein späthallstattzeitliches Wagengrab von Offenbach-Rumpenheim. Archäologisches Korrespondenzblatt 3 (1973) S. 313 bis 315.

Wagner 1885    Ernst Wagner: Hügelgräber und Urnen-Friedhöfe in Baden mit besonderer Berücksichtigung ihrer Thongefässe. Karlsruhe 1885.

Wagner 1908/1911    Ernst Wagner: Fundstätten und Funde aus vorgeschichtlicher, römischer und alamannisch-fränkischer Zeit im Großherzogtum Baden 1 – Das badische Oberland. Tübingen 1908; dto. 2 – Das badische Unterland. Tübingen 1911.

G. Wamser 1974    Gertrudis Wamser: Ein hallstattzeitliches Grabhügelfeld von Tauberbischofsheim-Impfingen, Tauberkreis. Denkmalpflege in Baden-Württemberg 3, 2 (1974) S. 19–24.

G. Wamser 1974a    Gertrudis Wamser: Bronzeschmuck aus hallstattzeitlichen Gräbern des Taubergebietes. Archäologische Nachrichten aus Baden 13 (1974) S. 3–9.

G. Wamser 1975    Gertrudis Wamser: Zur Hallstattkultur in Ostfrankreich – Die Fundgruppen im Jura und in Burgund. Bericht der Römisch-Germanischen Kommission 56 (1975) S. 1–177.

G. Wamser 1975a    Gertrudis Wamser: Klepsau (Lkr. Buchen). Fundberichte aus Baden-Württemberg 2 (1975) S. 93–98.

G. Wamser 1975b    Gertrudis Wamser: Kirchardt (Lkr. Sinsheim). Fundberichte aus Baden-Württemberg 2 (1975) S. 93.

L. Wamser 1970    Ludwig Wamser: Der »Bernetbuck« bei Oberrimsingen, Ldkrs. Freiburg, ein Grabhügel der Hallstatt- und Frühlatènezeit. Archäologische Nachrichten aus Baden 4 (1970) S. 13–17.

L. Wamser 1972    Ludwig Wamser: Mauenheim und Bargen – Zwei Grabhügelfelder der Hallstatt- und Frühlatènezeit aus dem nördlichen Hegau. Ungedr. Dissertation Freiburg i. Br. 1972.

L. Wamser 1981    Ludwig Wamser: Wagengräber der Hallstattzeit in Franken. Frankenland – Zeitschrift für Fränkische Landeskunde und Kulturpflege N. F. 33 (1981) S. 225–261.

L. Wamser 1981a    Ludwig Wamser: Neue Kammergräber der Hallstattzeit von Großeibstadt, Landkreis Rhön-Grabfeld, Unterfranken. Das archäologische Jahr in Bayern 1980 (1981) S. 100 f.

L. Wamser 1982   Ludwig Wamser: Ein Grabhügel der Bronze- und Eisenzeit bei Weinsfeld, Gde. Meckenhausen, Lkr. Roth. Festschrift zum 100jährigen Bestehen der Abteilung für Vorgeschichte – Abhandlungen der Naturhistorischen Gesellschaft Nürnberg 39 (1982) S. 163–196.

Wegner 1978   Günter Wegner: Ein Grab der jüngeren Hallstattzeit mit Köcher und Pfeilen aus Kleinostheim, Ldkr. Aschaffenburg. Germania 56 (1978) S. 94–124.

Wernert 1949   Paul Wernert: Mont Lassois, commune de Vix. Gallia 7 (1949) S. 247–250.

Wyss 1974   René Wyss: Grabriten, Opferplätze und weitere Belege zur geistigen Kultur der Latènezeit. Ur- und frühgeschichtliche Archäologie der Schweiz 4 – Die Eisenzeit. Basel 1974. S. 167–196.

Wyss 1974a   René Wyss: Wirtschaft, Handel und Kriegswesen der Eisenzeit. Ur- und frühgeschichtliche Archäologie der Schweiz 4 – Die Eisenzeit. Basel 1974. S. 105–138.

Zeuner 1967   Frederick E. Zeuner: Geschichte der Haustiere. München/Basel/Wien 1967.

Zürn 1942   Hartwig Zürn: Zur Chronologie der späten Hallstattzeit. Germania 26 (1942) S. 116–124.

Zürn 1943   Hartwig Zürn: Zur Keramik der späten Hallstattzeit. Germania 27 (1943) S. 20–35.

Zürn 1952   Hartwig Zürn: Zum Übergang von Späthallstatt zu Latène A im südwestdeutschen Raum. Germania 30 (1952) S. 38–45.

Zürn 1957   Hartwig Zürn: Katalog Zaininger – Ein hallstattzeitliches Grabhügelfeld. Veröffentlichungen des Staatl. Amtes für Denkmalpflege Stuttgart A 4. Stuttgart 1957.

Zürn 1957a   Hartwig Zürn: Zur Chronologie der Alb-Salem-Keramik. Germania 35 (1957) S. 224–229.

Zürn 1964   Hartwig Zürn: Eine hallstattzeitliche Stele von Hirschlanden Kr. Leonberg (Württbg.). Germania 42 (1964) S. 27–36.

Zürn 1965   Hartwig Zürn: Grabungen beim und am Kleinaspergle auf Markung Asperg (Kr. Ludwigsburg). Fundberichte aus Schwaben N. F. 17 (1965) S. 194–198.

Zürn 1965a   Hartwig Zürn: Eine hallstattzeitliche Kriegerstele von Hirschlanden (Württemberg). Celticum 12 – Actes du 4. Congrès International d'Études Gauloises, Celtiques et Protoceltiques Sarrebruck 1964 = Suppl. à Ogam – Tradition Celtique 98. Rennes 1965. S. 103–113.

Zürn 1966/1969   Hartwig Zürn: Die hallstattzeitliche steinerne Kriegerstele von Hirschlanden, Württemberg. IPEK = Jahrbuch für Prähistorische und Ethnographische Kunst 22 (1966/1969) S. 62–66.

Zürn 1970   Hartwig Zürn: Hallstattforschungen in Nordwürttemberg. Veröffentlichungen des Staatl. Amtes für Denkmalpflege Stuttgart A 16. Stuttgart 1970.

Zürn 1975   Hartwig Zürn: Die hallstattzeitliche Kriegerstele von Hirschlanden. Ausgrabungen in Deutschland gefördert von der Deutschen Forschungsgemeinschaft 1950–1975 – Monographien des Römisch-Germanischen Zentralmuseums Mainz 1,I. Mainz 1975. S. 212–215.

Zürn 1975a   Hartwig Zürn: Der »Grafenbühl«, ein späthallstattzeitlicher Fürstengrabhügel bei Asperg. Ausgrabungen in Deutschland gefördert von der

Deutschen Forschungsgemeinschaft 1950–1975 – Monographien des Römisch-Germanischen Zentralmuseums Mainz 1.I. Mainz 1975. S. 216–220.

ZÜRN 1979    Hartwig Zürn: Grabhügel bei Böblingen. Fundberichte aus Baden-Württemberg 4 (1979) S. 54–117.

ZÜRN/HERRMANN 1966    Hartwig Zürn / Hans-Volkmar Herrmann: Der »Grafen-bühl« auf der Markung Asperg, Kr. Ludwigsburg – Ein Fürstengrabhügel der späten Hallstattzeit. Germania 44 (1966) S. 74–102.

ZWICKER 1979    Ulrich Zwicker: Untersuchungen an schiffchenförmigen Schmelz-tiegeln und Schlackenresten aus der späten Hallstattzeit. Fundberichte aus Baden-Württemberg 4 (1979) S. 118–129.

# Tafelnachweis

1 Der Mont Lassois mit der hallstattzeitlichen Zentralsiedlung bei Châtillon-sur-Seine, Arr. Montbard, Dep. Côte-d'Or. In der Bildmitte rechts die Häuser des Dörfchens Vix, an dessen Ortsrand das berühmte Fürstengrab gefunden wurde. Foto: W.-D. Pfeifer, Abenberg.

2 Der Grabhügel »Kleinaspergle« mit dem Hohenasperg im Hintergrund bei Asperg, Kr. Ludwigsburg, Baden-Württemberg: einer der insgesamt acht im Umkreis bekannten Großgrabhügel, deren zugehörige Zentralsiedlung auf dem mittelalterlich-neuzeitlich völlig umgestalteten und überbauten Plateau des Zeugenberges zu vermuten ist. Foto: W.-D. Pfeifer, Abenberg.

3 Lehenbühl und Baumburg (links im Hintergrund): zwei der insgesamt elf Großgrabhügel im Umkreis der hallstattzeitlichen Zentralsiedlung »Heuneburg« bei Herbertingen-Hundersingen, Kr. Sigmaringen, Baden-Württemberg. Foto: W.-D. Pfeifer, Abenberg.

4 Der Magdalenenberg bei Villingen-Schwenningen, Schwarzwald-Baar-Kreis, Baden-Württemberg, nach seiner Wiederaufschüttung. Mit 102 m antikem Durchmesser bildet er den größten Grabhügel der Hallstattkultur. Foto: W.-D. Pfeifer, Abenberg.

5 Ausgrabung des zentralen Kammergrabes vom Magdalenenberg bei Villingen-Schwenningen, Schwarzwald-Baar-Kreis, Baden Württemberg, im Jahre 1890 (vgl. auch Taf. 6). Foto: Michelis, Villingen.

6 Ausgrabung des zentralen Kammergrabes vom Magdalenenberg bei Villingen-Schwenningen, Schwarzwald-Baar-Kreis, Baden-Württemberg, im Jahre 1971. Blick auf die Holzkammer im Steinsatz mit sich nach Westen anschließender terrassierter Schnittführung in der Hügelschüttung; vorn rechts Aushub (vgl. auch Taf. 5). Foto: K. Spindler, Erlangen.

7 Durch Überackerung stark verflachter Riesengrabhügel von etwa 100 m Durchmesser in unmittelbarer Nachbarschaft der hallstattzeitlichen Zentralsiedlung auf dem Britzgyberg bei Illfurth, Arr. Mulhouse, Dep. Haute-Rhin. Foto: W.-D. Pfeifer, Abenberg.

8 Völlig verebneter und bereits von einer Straße angeschnittener Großgrabhügel von Volkach-Eichfeld, Kr. Kitzingen, Bayern. Durchmesser 65 m. Foto: O. Braasch, LfD. Landshut; Luftbild freigegeben Reg. Oberbayern Nr. GS 300/8871–81.

9 Der nach der Ausgrabung wiederaufgeschüttete, hallstattzeitliche Grabhügel von Tübingen-Kilchberg, Kr. Tübingen, Baden-Württemberg, mit Steinkreis von 13 m Durchmesser und anthropoider Steinstele. Foto: W.-D. Pfeifer, Abenberg.

10 Anthropomorphe Steinstele von Neudenau-Herbolzheim (Jagst), Kr. Heilbronn, Baden-Württemberg, in Vorder- und Seitenansicht. Die stark verwitterte, unten abgebrochene Skulptur zeigt Reste der Gesichtszüge mit ausgeprägtem Kinn, eckig hochgezogene Schultern, vor der Brust verschränkte Arme sowie den erigierten Phallus. Höhe noch 0,64 m. Foto: LfD. Karlsruhe.

11 Eichenes Grabscheit vom Magdalenenberg bei Villingen-Schwenningen, Schwarzwald-Baar-Kreis, Baden-Württemberg. Nach Ausweis der Jahrringanalyse (E. Hollstein) kurz nach 367 v. Chr. von Leichenfledderern bei einem Beraubungsversuch des zentralen Fürstengrabes zurückgelassen. Länge 36 cm.
Foto: Sauer, Villingen.

12 Aus dem Holz eines Kernobstbaumes (Apfel, Birne) geschnitzte Speiche des Wagens aus dem Fürstengrab vom Magdalenenberg bei Villingen-Schwenningen, Schwarzwald-Baar-Kreis, Baden-Württemberg. Die Nagellochreihe zeigt an, daß die Speiche ursprünglich mit Leder umkleidet war. Länge 27,2 cm.
Foto: Sauer, Villingen.

13 Südwestliche Ecke des zentralen Kammergrabes mit unterer, in Blockbautechnik verfugter Balkenlage der Seitenwände als Beispiel der virtuosen Zimmermannskunst der Hallstattleute: Detail vom Fürstengrab im Magdalenenberg bei Villingen-Schwenningen, Schwarzwald-Baar-Kreis, Baden-Württemberg; Stärke der Balken etwa 0,35 auf 0,25 m.
Foto: G. Gallay, Schöneck.

14 In falscher Torsion verzierter Halsring aus einem Frauengrab vom Magdalenenberg bei Villingen-Schwenningen, Schwarzwald-Baar-Kreis, Baden-Württemberg. Durchmesser 14,2 cm.
Foto: Schreiber, St. Peter.

15 Bronzenes Oberarmringpaar aus einem Frauengrab vom Magdalenenberg bei Villingen-Schwenningen, Schwarzwald-Baar-kreis, Baden-Württemberg. Durchmesser je 8 cm.
Foto: Schreiber, St. Peter.

16 Bronzener Gürtelhaken iberischer Art aus einem Frauengrab vom Magdalenenberg bei Villingen-Schwenningen, Schwarzwald-Baar-Kreis, Baden-Württemberg. Länge 8,8 cm.
Foto: F. Hugel, Villingen.

17 Bronzene Drago-Fibel slowenischer Art vom Magdalenenberg bei Villingen-Schwenningen, Schwarzwald-Baar-Kreis, Baden-Württemberg. Länge 15,5 cm.
Foto: F. Hugel, Villingen.

18 Ackerschleppe aus Fichtenholz vom Magdalenenberg bei Villingen-Schwenningen, Schwarzwald-Baar-Kreis, Baden-Württemberg, unmittelbar nach ihrer Auffindung. Breite 1,56 m.
Foto: W. Frey, Karlsruhe.

# Ortsregister

# Das tägliche Leben in früheren Zeiten

# Philipp Reclam jun. Stuttgart